Doce meses de campaña con Zumalacárregui
durante la guerra en Navarra
y Provincias Vascongadas

The Most Striking Events of a Twelvemonth's Campaign
with Zumalacarregui in Navarre and
the Basque Provinces

Zumalakarregi Bilduma, 1

Charles Frederick Henningsen
Captain of Lancers
in the Service of
Don Carlos

Doce meses de campaña con Zumalacárregui durante la guerra en Navarra y Provincias Vascongadas

The Most Striking Events of a Twelvemonth's Campaign with Zumalacarregui in Navarre and the Basque Provinces

Edición / Edition
Xabier Irujo

Zumalakarregi Museoa

Ormaiztegi
2015

Zumalakarregi bilduma, 1

Zumalakarregi Museoa
Muxika Egurastokia, 6, 20216
Ormaiztegi, Gipuzkoa
Tel.: +34 943 88 99 00
E-mail: mzumalakarregi@gipuzkoa.eus
Web: www.zumalakarregimuseoa.eus

Edición 2015 © Zumalakarregi Museoa
Traducción al castellano de Román Oyarzun (1937)

Todos los derechos reservados. Queda prohibida la reproducción total o parcial de este libro, así como su almacenamiento en sistemas de recuperación o su transmisión en ninguna forma o por ningún medio electrónico, mecánico, fotocopiado, escaneado o cualquier otro, sin el permiso previo y por escrito del autor.

La presente edición ha sido posible gracias a la colaboración del Centro de Estudios Vascos de la Universidad de Nevada, Reno.

Agradecemos asimismo la generosidad de la Biblioteca Municipal de Eibar, que nos facilitó la traducción de Román Oyarzun al castellano de 1937 que hemos utilizado para la presente edición.

Primera edición. Segunda impresión.
Impreso en los Estados Unidos.

Diseño de cubierta © 2012 TIM & Co.
Imagen cubierta: Carlist Lancer of Navarre. Drawing by Henningsen. Zumalakarregi Museoa. Gipuzkoako Foru Aldundia.

ISBN-10 primera edición: 0692358536
ISBN-13 primera edición: 978-0692358535

Índice / Table of Contents

Introducción   13
                     Preface by the author   27

Capítulo 1   Chapter 1   31
Estado de la sociedad en   State of society in Spain.
España. El campesino   The Spanish peasant parties.
español. Partidos. El clero. The clergy. Monastic orders.
Órdenes   monásticas.   Royalist feelings of the
Sentimientos monárquicos   peasant. The Prince's
de   los   campesinos.   chances of success.
Probabilidades de éxito del
Príncipe.

Capítulo 2   Chapter 2   53
Sucesos anteriores a la   Events previous to
muerte de Fernando. Don   Ferdinand's death. Don
Carlos en Portugal. Sarsfield Carlos in Portugal. Sarsfield
y Rodil. Don Carlos y don   and Rodil. Don Carlos and
Miguel.   Don Miguel.

Capítulo 3   Chapter 3   69
Primeros esfuerzos de los   Early efforts of the
realistas. Zabala y sus hijas. Royalists. Zabala and his
Eraso. Descripción de   daughters. Eraso.
Navarra. La Rivera.   Description of Navarre. The
Costumbres de los navarros.   Rivera. Habits of the
Vascos. Su lengua. Nobleza   Navarrese. Basques. Their
de Navarra y las Provincias. Language. Nobility of
Fueros y Privilegios.   Navarre and the Provinces.
Guipúzcoa y Vizcaya. Traje   Fueros and Privileges.
Nacional.   Guipuzcoa and Biscay.
                              National costume.

Capítulo 4   Chapter 4   105
El general Santos Ladrón   General Santos Ladron
proclama a Don Carlos en   proclaims Don Carlos in
Navarra. Es aprisionado por   Navarre. Taken by Lorenzo.
Lorenzo. Sospechas de   Suspicion of treachery.
traición. Ejemplo de   Example of ingratitude.
ingratitud. Santos Ladrón,   Santos Ladron shot at
fusilado en Pamplona.   Pamplona. Desperate
Desesperada situación de los Condition of the Carlists.
carlistas. El Coronel   First Appearance of Colonel

Zumalacárregui aparece por primera vez. Arresta a Iturralde. Retrato de Zumalacárregui.

Capítulo 5
Zumalacárregui. Su desinterés y pobreza. Anécdota. Su sobrenombre. Dificultades con las que tenía que luchar. Fuerzas con las que empezó la guerra. Sus partidarios. Su equipo. Mensajeros y espías carlistas. Bloqueo de las plazas fuertes y partidas. Carabineros y "peseteros". Bayonetas hechas para causar heridas incurables. "Chapelgorris" de Vizcaya y Gipuzkoa. Ataque a Vitoria por Zumalacárregui.

Capítulo 6
Partida de Bayona. Cruzando los Pirineos. Caserío vasco. Contrabandistas. Vigilancia de los franceses. Cruzando el Nivelle. Frontera. Urdax. Una posada española. Valle de Baztán-Santesteban. Carlistas y cristinos. Recogiendo raciones. Sagastibeltza. Tropas carlistas. Elizondo. Cólera. Escaramuzas con Lorenzo.

Capítulo 7
Quesada, atacado y vencido por Zumalacárregui en Alsasua. O'Donnell, conde de La Bisbal, es hecho prisionero y fusilado como represalia. Muere su padre al oír la noticia. Breve resumen de su carrera

Zumalacarregui. Arrests Iturralde. Portrait of Zumalacarregui.

Chapter 5   125
Zumalacarregui. His disinterestedness and poverty. Anecdote. His surname. Difficulties he had to contend with. Force with which he began the war. His partisans. Their equipment. Carlist messengers and spies. Blockade of the fortified towns and partidas. Carabineros and peseteros. Bayonets made to give incurable wounds. Chapelgorris of Biscay and Guipuzcoa. Attack of Vitoria by Zumalacarregui.

Chapter 6   157
Departure from Bayonne. Crossing the Pyrenees. Basque cottage. Smugglers. Vigilance of the French. Crossing the Nivelle. Frontier. Urdax. A Spanish Posada. Valley of Baztan. Santesteban. Carlists and Cristinos. Levying rations. Sagastibeltza. Carlist troops. Elizondo. Cholera. Skirmish with Lorenzo.

Chapter 7   185
Quesada first attacked and beaten by Zumalacarregui at Alsasua. O'Donnell, Count de La Bisbal, taken prisoner. Shot by way of reprisal. Death of his father, on hearing the intelligence. Brief account of his political

política. Ataque de Gulina o de Las Dos Hermanas. Anécdota de un soldado. El sistema de Zumalacárregui al principio de la campaña. Su prudencia. Por qué no dejó las Provincias.

Capítulo 8
El cura Merino. Merino y Zumalacárregui. Los viejos castellanos. Rodil. Su proclama a los insurrectos al cruzar el Ebro. Anécdota de Rodil durante su defensa del castillo de El Callao. Persecución del Rey. Incomodidades a las que se vio reducido. Fatigas que tenían que soportar los carlistas. Espíritu de partido de mujeres y niños. Un pueblo al paso del ejército carlista. Al de las tropas de la Reina. El barbero español. El brigadier carlista. Armencha hecho prisionero y fusilado en Bilbao. Descripción de su muerte por un veterano francés.

Capítulo 9
Carandolet. Sorpresa en San Fausto. Conde de Vía Manuel. Un Grande de España, prisionero. Fusilado. Intentona para sorprender a Echarri Aranaz. Fracaso. Castigo de dos compañías por sorpresa. Ataque a, Viana. Interviú con Zumalacárregui. Castigo de su jefe de Intendencia. Castigo de un desertor.

career. Attack of Gulina or Las Dos Hermanas. Anecdote of a soldier. Zumalacarregui's system in the early part of the campaign. His prudence. Why he did not quit the Provinces.

Chapter 8   207
The curate Merino. Merino and Zumalacarregui. The old Castilians. Rodil. His proclamation to the insurgents on crossing the Ebro. Anecdote of Rodil during his defence of the castle of Callao. His pursuit of the king. Straits to which he was reduced. Fatigues the Carlists had to undergo. Party-spirit of the women and children. A village on the passage of the Carlist Army. On that of the Queen's Troops. The Spanish barber. The Carlist Brigadier-General Armencha taken prisoner and shot at Bilbao. Description of his death by a French veteran.

Chapter 9   239
Carandolet. Surprise at San Faustus. Count Via Manuel. A Spanish Grandee taken. Shot. Attempt to surprise Echarri Aranaz. Failure. Punishment of two companies for cowardice. Attack on Viana. Interview with Zumalacarregui. Punishment of his quartermaster. Punishment of a deserter. Mutiny

Motín suprimido. Malcasco cae en desgracia. El cura de Allo.	suppressed. Malcasco disgraced. Curate of Allo.
Capítulo 10 Zumalacárregui vuelve a cruzar el Ebro. Batalla de las llanuras de Vitoria el 27 de octubre, y derrota de las tropas de la Reina. El general O'Doyle es hecho prisionero y fusilado. Batalla del 28 y derrota de Osma.	Chapter 10 271 Zumalacarregui re-crosses the Ebro. Battle on the Plains of Vitoria, 27th of October, and defeat of the Queen's troops. General O'Doyle taken prisoner and shot. Battle of the 28th, and defeat of Osma.
Capítulo 11 Escaramuza en Sesma. Historia de un oficial vendeano. Estratagema. Captura de espías. Jiménez. Dos "urbanos". Ataque de una iglesia fortificada. Incendio en la torre. Rendición de los sitiados. Maestro de escuela marcial.	Chapter 11 293 Skirmish at Sesma. Story of a Vendean officer. Stratagem. Capture of spies. Ximenez. The Urbanos. Attack on a fortified church. Conflagration of the steeple. Surrender of the besieged martial schoolmaster.
Capítulo 12 Jiménez y su hijo. Muerte del hijo. La ermita. Carlos, vizconde de Barrez. Derrota de Mendaza. Un emigrante. Muerte de Barrez. El corneta Moriones.	Chapter 12 323 Ximenez and his son. Death of the son. The hermitage. Charles, Vicomte de Barrez. Defeat of Mendaza. An Emigrant. Death of Barrez. The fifer Moriones.
Capítulo 13 El día siguiente a la derrota. Bezard. Posición de Zúñiga. Batalla de Arquijas y derrota de Córdoba. Desnudando a los muertos. Deserción de un oficial polaco. El valle de las Amezcoas.	Chapter 13 365 The day after a defeat. Bezard. Position of Zuñiga. Battle of Arquijas and defeat of Cordova. Stripping of the dead. Desertion of a Polish officer. The Amezcoas.
Capítulo 14 Conducción de despachos. Concentración del ejército cristino. Posición de las tropas carlistas. Batalla de Segura. Enterrando los muertos. Una sorpresa de	Chapter 14 403 Conveyance of despatches. Junction of the Cristino army. Disposition of Carlist troops. Battle of Segura. Burying the dead. A night surprise. Lacour's

noche. Ascenso de Lacour. Retirada del 3 de enero. Destrucción del regimiento de Granada. Persecución del enemigo.

Capítulo 15

Ataque en las alturas de Orbiso. Dando calor a los cañones de los fusiles. Un día de servicio con la infantería. La derrota. Expedición nocturna. Fundición de cañones. Derrota de Oraá. Crueldad de Mina.

Capítulo 16

Segunda batalla de Arquijas. Mina fusila a los bueyes. Ataque a Los Arcos. Trato de los heridos. Alarma ridícula de un fraile. Contratiempo en Larraga. Acción de Ilarregui. Retirada de Mina.

Capítulo 17

"El Abuelo". Sitio de Echarri Aranaz. Una sorpresa. Artillería carlista. Salvándose por un cabello. El fuerte intenta capitular. Destrucción del mismo. Trato de los prisioneros.

Capítulo 18

Los guías de Navarra. El 3° y 6° batallones. Caballería. Desafío de O'Donnell. López y O'Donnell. Anécdota de López. Matanza de los cristinos.

promotion. Retreat of the 3rd January. Destruction of the regiment of Granada. Pursuit of the enemy.

Chapter 15   431

Attack on the heights of Orbiso. Colouring of musket barrels. A day's service with the infantry. The rout. Nocturnal expedition. Casting of cannon. Defeat of Oraa. Cruelty of Mina.

Chapter 16   453

Second Battle of Arquijas. Mina shooting the oxen. Attack on Los Arcos. Treatment of the wounded. Ludicrous alarm of a friar. Check at Larraga. Action of Ilarregui. Retreat of Mina.

Chapter 17   475

The "Abuela." Siege of Echarri Aranaz. A surprise. Carlist artillery. Narrow escape. The fort attempts to Capitulate. Destruction in it. Treatment of the prisoners. Mezquínez. Defeat of Mina.

Chapter 18   495

The Guides of Navarre. The Third and Sixth Battalions. Cavalry. Challenge of O'Donnell. Lopez and O'Donnell. Anecdote of Lopez. Bravery of O'Donnell. Slaughter of the Cristinos.

Capítulo 19 Valdés toma el mando. Sus proyectos. Entra en el valle de las Amezcoas. Rápida marcha de Zumalacárregui. Valdés se retira. El valle de las Amezcoas. Huída de los vecinos. Marcha de Valdés rechazada. Confusión de las tropas de la reina. Venganza de los vecinos. Caída de las inversiones.	Chapter 19 511 Valdes assumes the command. His projects. Enters the Amezcoas. Rapid march of Zumalacarregui. Valdes retires. The Amezcoas. Flight of the inhabitants. March of Valdes vigorously opposed. Discomfiture of the Queen's troops. Vengeance of the peasantry. Fall in the funds.
Capítulo 20 La misión de Lord Eliot. La fuerza carlista. Visita a un convento. Sitio de Irurzun. Cirujano inglés. Rigidez militar. Progreso de los carlistas. Posición de montaña. Retirada de los cristinos. Carlos O'Donnell.	Chapter 20 543 Lord Eliot's Mission. The Carlist force. Visit to a convent. Siege of Irurzun. English surgeon. Military harshness. Progress of the Carlists. Mountain position. Retreat of the Cristinos. Carlos O'Donnell.
Capítulo 21 Los carlistas en Estella. Derrota de Oraá. Valde-Luna. Abandono de los heridos. Una escapada. Sitio de Villafranca. El primer asalto. El capitán Lachica. Movimiento repentino de Espartero. Derrota de Espartero. Rendición de Villafranca. Rendición de Bergara. Evacuacuación de Salvatierra. Ataque de Ochandiano. Rendición de Ochandiano. Tristeza del "tío Tomás".	Chapter 21 575 The Carlists in Estella. Defeat of Oraa. Val de Lana. Neglect of the Wounded. An escape. Siege of Villafranca. The forlorn. Hope. Captain Lachica. Sudden movement of Espartero. Defeat of Espartero. Surrender of Villafranca. Surrender of Bergara. Evacuation of Salvatierra. Attack on Ochandiano. Fall of Ochandiano. Gloom of Uncle Tomas.
Capítulo 22 Bilbao. Portugalete. Sitio de Bilbao. Falta de pólvora. Zumalacárregui, herido. Efectos de esta desgracia. Su interviú con el Rey. Actividad del enemigo. Mala	Chapter 22 623 Bilbao. Portugalete. Siege of Bilbao. Failure of ammunition. Zumalacarregui wounded. Effects of it. His interview with the king. Activity of the

inteligencia. Explicación. Una conferencia. Debilidad de Don Carlos. Se intenta entrar en Bilbao. Muerte de Zumalacárregui.

Capítulo 23
Esperanzas de los cristinos después de la muerte deZumalacárregui. Se levanta el sitio de Bilbao. Ejecución de dos desertores cristinos. Muerte de Eraso y Reina. El autor abandona el Ejército. Origen de este trabajo.

Capítulo 24
Observaciones sobre la Casi Intervención. Refutación del derecho de la Reina a ella. Demostración de la falsedad con que se engañaba al público. El coronel Evans y los "auxiliares". Lo que se encontrarán si salen a campaña. Las consecuencias, si permanecen en guarnición.

Tabla de correspondencias de los topónimos y nombres propios originales utilizados por el autor

Tabla de correspondencias de los topónimos y nombres propios originales utilizados por el traductor

Notas

enemy. Misunderstanding. Explanation. A parley. Weakness of Don Carlos. Attempt to enter Bilbao. Death of Zumalacarregui.

Chapter 23 653
Hopes of the Cristinos after Zumalacarregui's death. Siege of Bilbao raised. Execution of two deserters. Cristinos. Death of Eraso and Reina. Lopez Reina. The writer leaves the army. Origin of the work.

Chapter 24 669
Observations on the Quasi Intervention. Refutation of the queen's right to it. Falsehood practised to deceive the public demonstrated. Of Colonel Evans and the auxiliaries. What they will probably meet with if they take the field. The consequences if they remain in garrison.

693

699

Notes 701

Introducción

Algunos autores afirman que Charles Frederick Henningsen nació el 21 de febrero de 1815 en Bruselas, otros en Escocia y otros en Inglaterra, pero su epitafio en el cementerio del Congreso en Washington reza:

> "Scandinavian in blood
> Briton by birth
> and at all points
> a truly noble gentleman"

Es decir, británico de nacimiento, escandinavo de sangre, pero un auténtico caballero en todas partes. El autor de esta obra fue un verdadero aventurero romántico, de carácter político complejo y contradictorio, dueño de una profunda formación intelectual que le llevó a publicar más de una docena de libros, desde sus inicios como poeta romántico a una serie de obras muy ligadas a sus diversas e internacionales experiencias vitales. Experto en armamento, destacó como analista de la política internacional de la época que le tocó vivir.

A los catorce años publica el primer libro en Bruselas y Londres, un poema romántico[1] ambientado en la guerra de la independencia griega, más concretamente en el sitio de Missholongi, acontecimiento histórico y lugar en el que tres años antes había fallecido Lord Byron. No pudo elegir tema más romántico.

Dos años después, siguiendo en esta línea, publicó otro poema épico[2] sobre un príncipe persa que se refugia entre los tártaros de Daghestan, en el Cáucaso Norte. Las notas finales explicativas de lo relatado en el poema demuestran un amplio conocimiento sobre las culturas árabe, persa y de las caucásicas de las cercanías del mar Caspio.

Al año siguiente, 1832, y también en Londres, publica otro poema épico sobre la revolución belga, con la única intención, dice en la introducción, de detallar algunas escenas que observó

personalmente. Sus ideas absolutistas se ponen en evidencia en el siguiente párrafo del prefacio:

> "En la presente Era de Revolución, cuando la causa de la libertad
> se confunde con la causa del pueblo, cuando la *libertad* es generalmente sustituida por la *anarquía* y *liberal* por *revolucionario*...³"

Adopta una clara posición en contra de los revolucionarios belgas, afirmando que cuando mejor estuvo el pueblo belga fue unido a Holanda. Los detalles que aporta en su relato nos confirman su presencia en el otoño de 1830 en Bruselas.

Considera al gaditano Juan Van Halen como una de las claves del triunfo revolucionario belga por su protagonismo en la defensa de Bruselas. Admite además su admiración por el militar español cuya vida, aunque defendió la causa liberal, pudo ser un buen ejemplo para Henningsen. "Este hombre extraordinario ha escrito sus memorias, que podrían ser una auténtica novela".

Las numerosas referencias históricas que encontramos en el poema y en las notas finales en prosa, en las que aparece mencionado hasta el Duque de Alba, indican también una formación intelectual de gran nivel para su juventud.

El hecho de que ésta fuera la primera obra relativamente conocida de las publicadas por Henningsen puede ser la razón por la que algunos autores afirman que nació en Bruselas.

Por lo que conocemos, su siguiente aventura fue la de unirse a las filas carlistas a mediados de 1834 en Euskal Herria. Más adelante analizamos el libro y sus circunstancias por lo que no profundizaremos aquí en el año en el que acompañó a Tomas Zumalakarregi.

Dos años después, el verano de 1837, Henningsen volvió a la península y participó en la Expedición Real. Esta expedición dirigida por el propio Don Carlos, que tras recorrer Cataluña y Aragón llevó a más de 10.000 carlistas a las puertas de Madrid, para retirarse inmediatamente sin realizar ningún ataque, supuso un terrible fracaso para la causa y el inicio de su definitivo declive.

Tomó parte en la batalla de Villar de los Navarros (Zaragoza) junto al polaco príncipe Lichnowski y el prusiano barón

Von Radhen, que en su libro sobre sus andanzas en España se refería a él como "el valeroso capitán inglés Henningsen".

Cuando Henningsen fue apresado junto al corresponsal de *Morning Post* Gruneisen el 19 de octubre en Munilla (La Rioja) y fueron trasladados a la prisión de Valbuena en Logroño, parte de la Expedición Real se había disuelto y las tropas carlistas se retiraban hacia Euskal Herria. Fue necesaria la intervención de Lord Palmerston, ministro de Asuntos Exteriores británico, su representante en España el coronel Wylde, agregado en el cuartel general cristino, e incluso el bajo-navarro general Harizpe, responsable del ejército francés en la frontera durante la guerra carlista, para salvar la vida de nuestro héroe y el periodista británico ya que Espartero pretendía aplicarles la misma medicina que recibían sus compatriotas de la Legión Auxiliar Británica que luchaban en el norte junto a los liberales. El *Decreto de Durango* con el que Don Carlos dejó fuera de los beneficios del *Tratado Eliot* a los miembros de esta Legión, por lo que eran pasados por las armas cada vez que eran capturados por los carlistas. Espartero afirmó que al permitir regresar a Inglaterra desde Santander a Gruneisen y Henningsen, con la promesa de que jamás volvieran a la península, hacía la última excepción por atender los deseos de tan ilustres defensores. Sabemos pues que a finales de noviembre de 1837 Henningsen se embarcó hacia el Reino Unido.

Su siguiente intervención le llevó a luchar contra el Imperio Ruso en la región de Circasia junto al iman Shamil de Daghestan, líder de la resistencia musulmana anti-rusa en la guerra del Cáucaso. No conocemos los detalles de su participación en este conflicto bélico, pero fruto de su estancia en estos territorios publicó varios artículos sobre Rusia en la revista New Monthly Magazine que reunió y amplió en la publicación en tres tomos *Revelations of Russia*[4]. Al año siguiente, 1845, publicó una novela[5] en cuyo prólogo confiesa su objetivo de denunciar la situación de los siervos rusos y la tiranía de sus gobernantes.

No tardó más de un año en publicar un nuevo ensayo[6] sobre el tema, no sin pedir disculpas por haber publicado ocho tomos sobre la misma cuestión. En el mismo prólogo se defiende de las acusaciones de rusofobia que había recibido por sus obras anteriores, aduciendo que sólo ataca al sistema, "el más amplio sistema esclavista del mundo", no a los rusos.

No se limitó a publicar sus propias obras porque este mismo año 1846 editará la obra de un polaco, Michal Kubrakiewicz, sobre Austria [7]. En el prólogo que escribió Henningsen para esta obra, afirma que hay tres despotismos en el Este de Europa: Rusia, Austria y Prusia. Cree que la publicación de esta obra es de gran interés a pesar de no estar de acuerdo en algunas de las afirmaciones del polaco, especialmente cuando Kubrakiewicz sostiene que sus compatriotas en Austria están peor que en Rusia. Para Henningsen el imperio ruso es el más despótico, siendo el prusiano el gobierno menos autoritario de los tres.

Así, podemos considerar a Henningsen como uno de los mayores expertos en temas relacionados con el Este europeo cuando siguiendo su fecunda producción literaria nos encontramos con una sorpresa. En 1847 publica una novela de ciencia-ficción[8], cuya acción sitúa en 1906 y entre imágenes catastróficas en las que los jesuitas instigan la destrucción del Parlamento británico, pronostica la división del mundo entre capitalistas y comunistas.

Al año siguiente, 1848, año revolucionario en todo el continente, vuelve a publicar dos libros sobre política europea. En el primero[9], después de repasar la situación política europea tras la caída de Luis Felipe, el último rey de Francia, desarrolla un amplio análisis de analogías y contrastes entre Gran Bretaña y Francia. En el segundo[10], probablemente una separata del anterior, estudia las defensas militares del Reino Unido ante una hipotética invasión francesa.

Hungría será una de las protagonistas del ciclo revolucionario de 1848. Con la dirección de Lajos Kossuth conseguirá independizarse del Imperio austríaco que tendrá que solicitar la ayuda de Rusia para recuperar el dominio sobre los húngaros en 1849. Henningsen también apoyará la revuelta húngara y llegará a ser colaborador del líder independentista Kossuth. Éste tuvo que exiliarse primero a Turquía y, más tarde al Reino Unido, donde la Reina Victoria le impidió instalarse por temor a represalias de las potencias continentales por acoger a un revolucionario. Henningsen ya estaba junto Kossuth y publicó un folleto[11] en el que defendía su reputación ante las acusaciones de corrupción por parte de *The Times*. Al año siguiente, firmando como secretario del gobernador Louis Kossuth, publicará un trabajo sobre la situación de Hungría[12]. En esta obra compara a

Kossuth con Mazzini, héroe de la lucha por la unificación de Italia. También compara a los magiares con los vascos por su similitud como razas aisladas en su entorno y su característico amor al principio de autogobierno. Incluye, además, 5 mapas explicativos de las tres invasiones austríacas a Hungría.

Tras su experiencia húngara Henningsen acompañó a Kossuth a los Estados Unidos donde defendió los intereses de su proyecto independentista. Allí, en 1852, tuvo oportunidad de mostrar sus habilidades como experto en armamento al colaborar con el magnate naviero George Law, que había comprado 150.000 fusiles viejos al ejército de los Estados Unidos y pretendía vender parte de ellos a Kossuth. Henningsen, que ya había experimentado con el fusil de aguja prusiano y los cohetes Hale en Inglaterra, se encargó de convertirlos en rifles Minié, de mayor capacidad de tiro y que eran en ese momento los que usaban en el ejército británico.

Durante estos años se hace ciudadano norteamericano y se integra a la aristocracia sureña al casarse con una viuda rica, Williamina Belt Connelly, sobrina del senador John MacPherson Berrien, de Georgia (procurador general en la administración del Presidente Jackson), y se instala en Nueva York, donde dedica los ratos de ocio a escribir y a reformar armas de fuego para mejorarlas.

Su siguiente proyecto estará unido al "filibustero" William Walker aventurero norteamericano que impulsó un proyecto de creación de un estado esclavista en Centroamérica. Walker llegó a ser presidente de Nicaragua en junio de 1856, lo que le llevó a enfrentarse a una coalición entre los gobiernos de Honduras, Guatemala, Costa Rica y El Salvador. Fue entonces cuando se le unió Henningsen que llegó a Nicaragua el 16 de octubre de 1856 en el vapor *Tennessee* con armamento, municiones y otros 60 filibusteros bajo sus órdenes.

Su experiencia y su abundante aportación a la causa, hizo que Walker lo nombrara general de brigada y le encargara de la artillería del ejército filibustero. En noviembre le responsabilizó de la defensa de Granada, capital de Nicaragua, y tras 20 días de sitio Walker ordenó a Henningsen la destrucción total de la ciudad. Al abandonarla, asolada y en ruinas, Henningsen colocó un cartel "Here was Granada" ("Aquí estuvo Granada").

Henningsen siguió luchando junto a Walker hasta mayo de 1857, cuando abandonaron Nicaragua en una nave de la marina

estadounidense. A su vuelta a los Estados Unidos siguió en contacto con Walker e incluso le recogió en su casa pero no estuvo de acuerdo en promover una nueva invasión a Nicaragua por no tener el visto bueno del gobierno americano, lo que acabó alejándole del líder filibustero. Henningsen al parecer también publicó una obra sobre su experiencia centroamericana[13].

En mayo de 1858 encontramos a Henningsen en Monterrey reunido con el gobernador del recién creado estado libre y soberano de Nuevo León y Coahuila, José Santiago Vidaurri, promotor pocos años antes de un proyecto separatista llamado la República de la Sierra Madre.

Su siguiente publicación fue un alegato esclavista en respuesta a un texto de Victor Hugo[14]. Mostrando gran respeto y admiración hacia el autor francés, trata de aleccionarle en la incapacidad de los negros para la libertad. Llega a afirmar que un negro en una plantación sureña es más feliz que uno libre en África, Haití o Canadá. Argumenta, además, que la abolición de la esclavitud en los estados del Sur supondría algo similar a la caída del imperio romano: la barbarie. No es de extrañar por lo tanto que al estallar la Guerra de Secesión Henningsen se alistara con la confederación, en el 59 Regimiento de Voluntarios de Virginia, con el que luchó desde octubre de 1861 hasta noviembre de 1862 en Virginia, West Virginia y Carolina del Norte. Mientras tanto su mujer fundó el hospital Henningsen en Richmond.

También en esta guerra tuvo Henningsen un controvertido episodio al abandonar Elizabeth City, tras la derrota de la Marina confederada frente a la ciudad, ordenó incendiarla para que los unionistas no pudieran hacer uso de sus infraestructuras. Este mismo año dirigió un documento[15] al Congreso de los Estados Confederados en el que proponía el uso de torpedos para atacar a la Marina unionista. Al parecer abandonó el ejército en noviembre de 1862.

En la posguerra se interesó en la guerra de independencia cubana, pero se retiró a Washington D.C. y abandonó su vida como activista.

Conocemos un último escrito de Henningsen aunque no fuera publicado en su época. Se trata de una carta dirigida al congresista por Pennsylvania Samuel Jackson Randall en julio de 1876 bajo el título de "Notes on Sioux war and Indian affairs".

Escrita tras el desastre del general Custer, aboga por un cambio humanitario en la política hacia los indígenas americanos.

Por lo que sabemos, tras separarse de su mujer, murió con pocos medios económicos en Washington D.C. el 14 de junio de 1877. Fue atendido en sus últimos años por dos buenos amigos, los generales de la Confederación, Albert Pike y John Thomas Pickett.

Volviendo a la obra que ahora editamos, el manuscrito de Henningsen no constituye una historia de la Primera Guerra Carlista y en ello precisamente radica su inmenso valor. Son las notas de un soldado sobre su participación en la campaña militar carlista. El relato de Henningsen abarca desde el otoño de 1833 cuando, tras la muerte de Fernando VII de Castilla y III de Navarra, Zumalakarregi huye de Pamplona por la puerta del Carmen y se une a la causa carlista hasta su muerte en Cegama dos años más tarde, el 24 de junio de 1835 a las diez y media de la mañana tal como relató Henningsen. Es por tanto el relato de primera mano, eminentemente militar, de los acontecimientos que tuvieron lugar durante la primera fase de la guerra, entre 1833 y 1835. Tras la muerte de Zumalakarregi Henningsen abandonó Euskadi.

Henningsen llegó al suelo vasco sin saber dónde se hallaba y sin saber apenas nada sobre lo vasco. De hecho, si bien desconocemos las causas exactas que guiaron a este aventurero a unirse a las filas carlistas, tal como él mismo narra en su obra, se guió por el Quijote de Cervantes para hacerse una idea de cómo era Euskal Herria. No obstante, cuando dos años más tarde abandonó el país se trasluce de sus escritos que tenía un conocimiento profundo de su orografía, de su cultura y de sus gentes.

Uno de los rasgos más remarcables de la crónica del autor es que Henningsen entendió la guerra como una campaña de "desnacionalización" similar a la ocurrida en la Vendée entre 1793 y 1796. Hoy lo denominamos genocidio. En sus propias palabras, "las provincias del Norte sólo pueden ser sometidas por el exterminio de la población masculina, el trasplante de las familias, el incendio de las cosechas y la destrucción de toda habitación humana, como intentó la Convención francesa en La Vendée. Mas el hacer todo esto en un país como el actual teatro de la guerra, que burló al genio de Napoleón con todas sus legiones, y donde todo acto arbitrario, en lugar de sembrar el terror, arma nuevas masas de

población, requería, yo creo, un ejército más grande que el que jamás se ha reunido bajo hombre alguno desde los días de Jerjes[16]".

Y esa es precisamente una de las razones más importantes de su aventura vasca. Si hacemos relación de las guerras en las que este militar participó observamos que en la práctica totalidad de los casos se trata de guerras que en términos contemporáneos denominaríamos "de colonización interior". Henningsen participó una tras otra en las campañas de Euskadi (1833-1835 y 1837); en la Guerra Ruso-Circasiana a cuyo fin el imperio ruso incorporó Circasia provocando un éxodo masivo de civiles; en la revolución húngara de 1848 liderada por Lajos Kossuth en su intento de obtener la independencia de Hungría del imperio austríaco de los Habsburgo; en el contexto de la guerra civil americana luchó en las filas confederadas o secesionistas durante un año. Tan sólo su aventura nicaragüense de 1856 parece distanciarse de esta línea política secesionista. Curiosamente, fue precisamente en Nicaragua donde Henningsen imitó a Espartero al ordenar incendiar Granada y colocar un cartel con la inscripción "aquí fue Granada".

En este sentido, uno de los valores de la obra radica en la precisión con la que el autor relata las masacres ordenadas por el mando liberal en suelo vasco, de algunas de las cuales fue testigo presencial. Uno tras otro, los generales liberales Francisco Espoz y Mina, José Ramón Rodil, Jerónimo Valdés, Vicente Quesada y Baldomero Espartero cometieron numerosas atrocidades, hasta el punto de que Henningsen expresó que hasta la firma del convenio de Eliot en abril de 1835 cuando voluntarios carlistas eran hechos prisioneros por las tropas liberales, heridos o no, "fueron casi siempre brutalmente asesinados".

La política de tierra quemada e incautación de bienes fue iniciada por el general Manuel Lorenzo quien en el 18 de agosto de 1834 ordenó destruir todos los molinos harineros de los valles de Deierri y Gesalatz. Mediante un bando hecho público el 2 de octubre de 1834 (el mismo día que Espoz y Mina era nombrado virrey de Navarra) ordenó el castigo de las localidades que obedeciesen la causa carlista y la ejecución de los responsables así como el sanción de sus familiares. El general Quesada continuó en 1834 la política iniciada por sus predecesores impulsando la práctica de degollar prisioneros de guerra así como de incautar arbitrariamente las propiedades de aquellas personas consideradas contrarias a la causa liberal y destruir aquéllas que no pudieran ser

requisadas. Rodil, apodado "el incendiario", que sucedió en el mando del ejército del norte a Quesada en junio de 1834, continuó esta política y ordenó quemar además de casas particulares, el convento de Bera, "hasta la librería y los manuscritos fueron quemados por este general, en su bárbaro celo" apuntó Henningsen. Y añadió, "Rodil marcaba su camino con fuego y sangre. Quesada, en verdad, había fusilado a los carlistas enfermos y heridos que cayeron en sus manos; pero el primero comenzó a perseguir a los habitantes, método que continuaron los generales cristinos que le sucedieron. Las casas que habían ofrecido al monarca fugitivo un asilo, que no les era posible rehusar a sus dueños, eran quemadas por completo; se fusilaba a los alcaldes por no entregar las raciones que habían prometido a los carlistas, o por no informar a los cristinos de los movimientos de los insurrectos, de quienes hubieran recibido igual castigo espiar". Rodil ordenó asimismo incendiar el santuario de Arantzazu el 18 de Agosto de 1834. Zumalakarregi expresó en el edicto sobre el derecho de represalia que promulgó en Lekunberri el primero de noviembre de 1834 que, desconociendo las leyes de la guerra, el Ejército del Norte había ordenado degollar a cuantos prisioneros carlistas cayeran en sus manos. Y rubricó el general que el cruel Quesada y el incendiario Rodil tan sólo podían ser considerados humanos en comparación con el fratricida Manuel Lorenzo. Por su parte, tras la derrota de Iriarte en Otxandio, Espartero ordenó incendiar Gernika y colocar una inscripción sobre sus ruinas en la que se leyera "aquí fue Gernika". Afortunadamente sus órdenes no pudieron ser cumplidas.

Espoz y Mina también cometió atrocidades a su paso por el mando del ejército del norte. Su proceder con los civiles se basaba en que los primeros castigos debían caer sobre los habitantes y no sobre los soldados. Así, por ejemplo, registra Henningsen que tras destruir la fundición carlista de Donamaria, el brigadier Barrena, obedeciendo sus órdenes, asesinó a cuarenta heridos carlistas (acuchillados) y fusiló a aquellos civiles que creía tenían información sobre el paradero de armas carlistas. Espoz y Mina ordenó quemar Lekarotz y, tal como relata Henningsen "hizo una horrible lotería con la sangre de sus compatriotas, fusilando a un habitante varón de cada cinco". Desde Narbarte, el propio Mina escribió una proclama anunciando lo que había hecho y la intención de repetirlo donde a su juicio fuese necesario: "el pueblo

de Lekarotz, infiel a S. M. y a la patria, protector decidido de los enemigos que la devoran, ocultador de sus armas y municiones, quebrantando todas las leyes vigentes, fugándose sus moradores al aproximarse las tropas, y no dando parte de nada a las autoridades legítimas, según está prevenido, fue entregado esta tarde a las llamas, y sus habitantes quintados y fusilados en el momento, en justo castigo de sus delitos. Igual suerte espera a toda población o individuo que siga el ejemplo de Lekarotz". Derrotado por Zumalakarregi, fue destituido y enviado a Catalunya donde continuó destacando por su crueldad, llegando incluso a fusilar a la madre de Ramón Cabrera, apodado "el tigre del Maestrazgo". Tal como constata el propio general en sus memorias, Espoz y Mina había practicado este tipo de operaciones de castigo contra la población civil desde la guerra realista, cuando ordenó quemar Castellfullit en octubre de 1822: "!Miserables! Venid, venid a contemplar el desgraciado suelo que aquéllas ocuparon y sólo hallaréis, en su lugar, ruinas y escombros... y una terrible inscripción ('Aquí existió Castellfullit. Pueblos, tomad ejemplo: No abriguéis a los enemigos de la patria')".

Algunos de estos hechos fueron registrados por Henningsen, que fue testigo ocular de los mismos. El general Valdés fue nombrado por la reina regente María Cristina ministro de la guerra en 1834 y, después de declamar en las Cortes de Madrid contra Rodil y Mina prometiendo que él empujaría al mando de una enorme fuerza a los carlistas al mar o más allá de los Pirineos, asumió el mando del Ejército del Norte. Tal como narró Henningsen, tras la incursión de Rodil en Baztan se propaló "a bombo y platillo" que el ejército liberal había barrido el último bastión de los carlistas de modo que Valdés imaginó que reuniendo una fuerza tan numerosa que impidiese a los carlistas a aceptar batalla, forzaría a Zumalakarregi a retirarse hacia la costa o hacia los Pirineos. A los pocos días de llegar a Gasteiz decidió emprender una operación de castigo sobre el valle de las Amezcoas, centro de operaciones carlista en Navarra. Habiendo reunido un ejército compuesto de cerca de 20.000 hombres cometió las atrocidades propias de este tipo de acciones: ordenó la quema de casas, campos y grano, la confiscación de ganado y otros bienes de valor y la muerte de prisioneros de guerra y de civiles.

Estas acciones no fueron espontaneas ni resultado de una derrota inesperada, sino que se produjeron desde el inicio mismo

de la operación encabezada por Valdés y, tal como juzga Henningsen, se debió a instrucciones dictadas desde el gobierno de Madrid desde el mismo inicio de la guerra, en el sentido de que esperaban que se "tratase a sus enemigos como rebeldes, con todo rigor". De hecho, cuando en el primer día de marcha sobre el valle Valdés se hizo en el puerto de Contrasta con varios heridos carlistas, les perdonó la vida, algo insólito en opinión de Henningsen. No obstante, el general liberal ordenó la muerte de varios civiles y la quema del hospital carlista y de varias casas, así como de los depósitos de grano (principal reserva de alimento de la población civil); las casas de las localidades que atravesaron las tropas liberales (fundamentalmente Contrasta, Larraona, Aranaratxe, Eulate, Ecala y Amezcoa) fueron objeto de pillaje. Valdés ordenó la incautación del ganado y de todos los objetos de valor que las tropas encontraran en las casas de las localidades del valle, tal como ropa blanca. Los bienes que por su tamaño o por carecer de valor no serían requisados, tales como utensilios de cocina y muebles, fueron destruidos o quemados. Posteriormente, el general liberal forzó a un grupo de mujeres y niños a cargar los objetos incautados y ordenó el fusilamiento de civiles. A esto se añadieron las muertes fortuitas ocurridas en la desbandada del ejército liberal, tras una humillante derrota: "A un niño de catorce años, después de haber sido golpeado repetidas veces por un carabinero por no avanzar más deprisa con su burro cargado de monedas, le saltaron la tapa de los sesos". La nieve y la lluvia que se sucedieron en aquellos días de abril hicieron que el sufrimiento de los habitantes del valle fuera aun mayor, ya que se vieron obligados a huir y a pasar la noche en las montañas, acampando junto con las tropas carlistas al aire libre.

Tras los encuentros del 20 de abril de 1835, Valdés decidió retirarse hacia Estella siguiendo el curso del Urederra y durante los tres días siguientes su ejército fue duramente castigado por Zumalakarregi. Henningsen consideró que las pérdidas del bando liberal durante estos tres días de abril fueron de entre 800 a 1.000 hombres, además de 300 heridos que, abandonados por Valdés en el campo de batalla, fueron capturados por los carlistas, quienes respetaron sus vidas. A éstos hay que sumar un número indeterminado de desertores. Más de 3.500 hombres se dieron por desaparecidos en tres días. Unido a todo ello, Valdés perdió todo el bagaje y la munición y, aproximadamente 3.500 fusiles y 300

caballos y mulos fueron capturados por los carlistas. Esta experiencia le costó su puesto y al partido liberal la más grave derrota que había experimentado hasta aquel día. Tal vez las consecuencias más directas de la derrota fueron la desmoralización del ejército liberal y el apoyo de la población rural a la causa carlista a la vista de los excesos ocurridos en las Amezcoas. En pocos meses, con la excepción de las cuatro capitales vascas, el partido liberal perdería el control del país. Desde un punto de vista estratégico, la derrota de Valdés dejó abierta la vía a Madrid pero, tal como comentó Henningsen, afortunadamente para la causa liberal, la falta de municiones impidió a los carlistas aprovecharse de esta ventaja.

El mediador británico Lord Eliot acompañado del coronel John Gurwood había llegado al cuartel general carlista el 20 de abril a fin de organizar la firma de un acuerdo que pusiera fin a la matanza indiscriminada de prisioneros de guerra. El bando liberal se mostró en un principio reacio a firmar un acuerdo que diera al bando carlista la calidad de "bando beligerante" pero, los acontecimientos ocurridos los días siguientes y el gran número de prisioneros en manos carlistas tras el desastre de Valdés aceleraron el proceso y la firma del acuerdo. El coronel Wilde cenó con Zumalakarregi en Eulate el 20 de abril, y el general carlista firmó el convenio tras la batalla. Pocos días después de la derrota, Valdés recibió a Lord Eliot y el 27 de abril de 1835 firmó el convenio por medio del cual se ponía fin a la política de represalias. Posteriormente se procedió al canje de prisioneros si bien los carlistas hacían, según los cálculos más conservadores de Henningsen, veinte prisioneros por uno que hacían los liberales.

Henningsen pudo reunirse con Eliot ya que, como él mismo menciona en su libro, es el primer compatriota con el que tuvo ocasión de conversar desde su llegada a suelo vasco. Precisamente a Eliot dedicó su obra y, el telescopio que Eliot dio en regalo al general carlista y que éste tanto apreció, se halla hoy depositado en el Museo Zumalakarregi de Ormaiztegi. Ésta y otras operaciones militares fueron detalladas por el autor, el cual prestó especial atención al desarrollo de las acciones de guerra y a la estrategia que subyacía tras cada uno de los encuentros que tuvieron lugar en los tres primeros años de la guerra. Asimismo, el manuscrito reviste un gran interés desde el punto de vista de la microhistoria, ya que el autor describió pormenorizadamente

diversos detalles de la guerra, tales como el sistema hospitalario, la intendencia, los uniformes de las diversas compañías y unidades, armas y otros muchos detalles de interés histórico y cultural. Tal vez la minuciosidad de las descripciones se deba a que la aventura vasca fue su primera campaña militar. Henningsen se unió a las filas carlistas con tan sólo 17 años.

Henningsen se sintió inmediatamente atraído por la figura del general carlista al que admiró por sus evidentes dotes militares pero también por su pericia como comandante en todo lo referente a la organización de la intendencia y mando de la tropa. Subraya en este sentido que este sentimiento no era propio sino compartido por la gran mayoría de los hombres que lucharon bajo sus órdenes y dio numerosos detalles interesantes de la personalidad y psicología de Zumalakarregi, así como gran número de anécdotas. El presente libro tiene además el valor de contener uno de los primeros y más detallados semblantes del general carlista.

Por último, destaca Henningsen por ser un gran dibujante. Sus dibujos de la guerra y el retrato de Zumalakarregi que se hallan en los depósitos del Museo Zumalakarregi de Ormaiztegi, constituyen a día de hoy uno de los más valiosos testimonios gráficos de la Primera Guerra Carlista, entre ellos el único retrato de Zumalakarregi hecho en vida. Por su gran valor histórico hemos incluido estas láminas en la presente edición.

La edición en inglés de la obra de Henningsen procede de su primera edición, una copia de la cual se encuentra depositada en el Museo Zumalakarregi. Hemos mantenido la ortografía original de los topónimos y nombres propios, pero hemos corregido algunas expresiones que el autor introdujo en castellano. El autor puede consultar la tabla de correspondencias de los topónimos y nombres propios originales utilizados por el autor al final del libro. Hemos utilizado la traducción de Román Oyarzun al castellano de 1937. En este caso también, el lector podrá consultar en la tabla de correspondencias los topónimos y nombres propios y cotejarlos con los originales utilizados por el traductor.

Mikel Alberdi
Xabier Irujo

Preface by the author

It is now two years since the insurrection of the Basque Provinces commenced, and the remnant of an expiring faction, as it was termed, hunted like a band of robbers amongst the mountains, repenting that it had ever embraced the cause of an outlawed Prince, has already swelled, as all sides admit, into an imposing party. The partisans of Don Carlos were represented as only the blind and bigoted few, or an assemblage of those lawless characters who are wont (like the seabird which takes advantage of a wreck or havoc, to appear on a clouded horizon) to profit, for purposes of plunder, or ambition, by the moment of incertitude which always follows the change of any ancient and established mode of government, marked and branded by public opinion, without friends or partisans. It was asserted that, aware how desperate was the cause they had embraced, they were rather endeavouring to escape from punishment than struggling with any hope of success.

Day after day, it was announced, both in the French and English journals, that the last bands of Carlists had been dispersed, and that their leaders were about to cross the frontier. The French telegraph and the Queen's bulletins were their oracles, and the Morning Herald, whose correspondent all along gave consistent intelligence, was not for a long time credited by any party, and is not generally so to this day, on the affairs of the peninsula.

At last, however, they have been forced to admit, that whether the name and success of Don Carlos was a means or an end, his succession a pretext or an object without foreign intervention, it was impossible to quell the insurrection of the Basque Provinces; and this after announcing, for more than a year and a half, the successes of the Queen's troops during a war against a "faction" which, from its commencement had been announced as "at its last gasp," for the thousandth time.

It is true that the game began against fearful odds, affording an addition to those examples which history reproduces at intervals under a varied form, of what the determined spirit of a people, and the talent of a leader, can affect a people without arms, without money, without any succours from abroad, boldly

proclaiming the cause of a favourite Prince, in the face of large and disciplined armies, and of the treaties of two powerful nations, even when they had reason to believe that that Prince had abandoned his own cause. Rodil, in his famous proclamation on passing the Ebro, seemed not to draw an overcharged picture, when he described them as without means to resist, fortresses to screen, ally to lend them succour, or friend or arbiter to intercede for them.

Now that Zumalacarregui's memory must descend, whatever be the issue of the contest, as an heirloom to all classes of his countrymen, as long as the Spanish language endures, and that his name must be mingled in the songs of the peasantry with that of the Cid, it would be superfluous to say that he was no ordinary man: but, although on the roll of those who have acquired a title to immortality, by the immense share he had in the early successes of the Royalist army, justice is scarcely done him. There is no doubt but that it required the iron frame and indomitable spirit of the mountaineers he commanded, to battle so long against man, want, and the elements. But now that it is an established fact that he has left behind him a disciplined and warlike army, and has awakened such a spirit in the north of Spain that the cause of King Charles would be difficult to lose, it would be gross ingratitude to deny that nothing less than his extraordinary genius could have overcome the apparently insurmountable difficulties which encompassed the Royalist party.

When he placed himself at the head of the partisans of the exiled Prince, they had been defeated, dispersed, or disarmed in all of the provinces. All that Zumalacarregui could then rally of his discouraged followers scarcely exceeded 800 undisciplined and badly-armed men. With this force he bade defiance to the usurping government, which had then on foot in the Peninsula above 120,000 men, including the veteran army of the constitutional war. For months, reinforcement succeeded reinforcement, and one general followed another, even to the redoubted Mina, each with new plans and great projects, till their renown shrunk successively away before that of the Carlist leader like waves that shiver against a rock.

After destroying upwards of 50,000 men, and a number of officers, which is fearful to think of, nearly clearing Navarre and the provinces, and taking or causing the enemy to evacuate sixteen

Doce meses de campaña - Twelvemonth's campaign

fortified places, he died in the hour when his fortune was taking those wide and rapid leaps, which we so often see in the career of a great character.

He found, as I have said, 800 badly-armed peasants and fourteen horses, and he left to the sovereign he had served so well, on the day of his death, 28,000 men of well-organized and disciplined infantry, and 800 horse well mounted and appointed, 28 pieces of artillery, and 12,000 spare muskets, all won by his own good sword. For although the country offered him willing hands to wield them, it had been so completely disarmed that every weapon he gave them he was obliged to take from a living foe, and his arsenal, as he expressed it, "was in the ranks of the enemy." From thence, almost all the Carlist equipment, including muskets, horses, and cannons, with the exception of 1500 muskets (all that he ever received from abroad), and 200 horses, would about supply the place of those lost in the campaign had been taken. Whole battalions were armed with new muskets having the Tower proof on them, or the marks of the French manufactories, supplied to the Queen in virtue of the quadruple alliance, by the ministers of France and England, who little imagined they were sending them eventually to arm the partisans of Don Carlos.

As the man whose genius mainly contributed to produce such a result, and the people who maintained what everybody must admit to have been an extraordinary struggle, may not be entirely uninteresting; and as at a distance of 800 miles, and more than that, behind the barrier which the French government had hitherto established, it is difficult for people here to gather any information, except from sources whose intelligence, in a case of such party interest, is at least to be suspected, and who, like the two knights, always see the different faces of the black and white statue, I have drawn a few sketches from which the reader may form an incomplete, but, as far as it goes, a correct idea of this desolating civil war. I have interspersed them with some anecdotes of the man who disappeared from the theatre of his glory at the moment when he had attained the greatest eminence.

I served a year under his orders, having thrown myself with more enthusiasm than prudence into a party whose existence was then precarious, but which I left when it had grown under his guidance from the dwarf to struggle on full equality of stature with its opponent, whose efforts during its early growth his skill enabled

it to baffle. The circumstance of my having followed him in every action and skirmish during that period, from the time when he was at the head of 6,000 men till he left nearly 30,000, and polished by a distant and random shot from the walls of Bilbao, when the road to Madrid lay open to him, enabled me to see much of the nature of the civil war, and the character of its great leader, which I studied in storm and in sunshine, in hours of peril and disappointment, as well as of victory and success.

Being, as the reader may naturally suppose, of Carlist opinions, and identified in sentiments with those in whose defence I have been engaged, and whose cause I still regard with attachment, I have, as much as possible, confined myself to the narration of facts, as these reason more powerfully than any arguments. The sketches here offered may be rough and unpolished, as they fell from the pen of a soldier, the greater part written during the moments snatched from the active life of this singular campaign; but if the reader should tire by the way, he can but raise the siege and close the unamusing chapter. I have merely drawn a rough sketch with charcoal on a guard-house wall neither memoir, travels, nor history but which may have the merit, perhaps only the merit (but that is the province of the reader, not of the writer, to judge) of being a sketch from the life.

Charles Frederick Henningsen

Capítulo 1

Estado de la sociedad en España. El campesino español. Partidos. El clero. Órdenes monásticas. Sentimientos monárquicos de los campesinos. Probabilidades de éxito del Príncipe.

España, ya sea a causa del carácter de su pueblo, de su historia política o de la naturaleza del país, está mucho más distante de Francia de lo que parecen indicar los mapas postales o los Pirineos que dividen los dos reinos. Está habitada por una raza de hombres con ideas, sentimientos y costumbres diferentes de sus vecinos del Norte. Son una raza aparte, y no pueden medirse con la misma medida que sus vecinos. Es necesario un largo e íntimo conocimiento para juzgarlos con justicia: tienen cualidades sobresalientes y grandes defectos; pero para apreciar ambos tiene uno que haber frecuentado el trato con ellos durante esas escenas emocionantes que hacen salir a la superficie las pasiones que anidan en el fondo de los hombres. El forastero que sólo ha visto a sus habitantes en la

Chapter 1

State of Society in Spain. The Spanish peasant parties. The clergy. Monastic orders. Royalist feelings of the peasant. The Prince's chances of success.

Spain, whether on account of the character of its people, its political history, or the nature of the country, is infinitely farther from France than the distance in the post-book, or the Pyrenees that divide the two kingdoms, would seem to indicate. It is inhabited by a race of men with ideas, feelings, and habits all different from those of their northern neighbours. They are a people apart, and cannot be weighed in the same balance with their neighbours: it requires a long and familiar knowledge to estimate them justly; they have exalted qualities and great defects; but to appreciate both, one must have become acquainted with them during those moving scenes which stir up the passions in men's bosoms to the surface. The stranger who has only viewed the inhabitants in their capital,

capital, en las grandes ciudades y a lo largo del camino real, mientras viaja en su coche, no conoce nada de la nación española. Poco poblada y poco cultivada—habiendo, por las extrañas vicisitudes de su historia política, retrocedido, mientras todo el mundo avanzaba—, España está considerablemente detrás del resto de Europa en civilización, así como en sus vicios y en sus virtudes. Este atraso puede ser debido, en gran parte, al efecto del oro de América, que envenenó sus energías, y a las desoladoras guerras de los últimos años; pues la guerra es como la sangría de un enfermo, que le deja, ya momentáneamente fortalecido, ya larga y fatalmente debilitado. En ella influye más bien la decadencia de una civilización anterior que los restos del barbarismo que lentamente desaparecen.

En el momento actual se puede dividir a la sociedad en España en dos clases: la agrícola y la que en francés se llama tan apropiadamente "industrielle", que incluye a todos los interesados en la parte artificial de una nación; los que fabrican y los que proveen del lujo a aquellas clases que en Inglaterra

their large towns, and along the Camino Real while travelling in his carriage, knows nothing of the Spanish nation. Scantily peopled, and little cultivated–having, by the strange vicissitudes of her political history, retrograded while all the world advanced– Spain is considerably behind the rest of Europe in civilization, and also in its vices as well as in its virtues. This backwardness may be in a great degree the effect of the American gold which poisoned her energies, and of the desolating wars of latter years; for war is like the bleeding of a patient, which leaves him either eventually strengthened, or long and fatally debilitated. With her, it is rather the ebb of a former civilization than the remnant of barbarism slowly dwindling away.

At the present moment, society in Spain may be divided into two classes–the agricultural and that which, in French, is so appropriately termed the "industrielle," which includes all those concerned in the artificial part of a nation's prosperity those who traffic, who manufacture, and who administer to the luxury of those classes which we are in England accustomed

Doce meses de campaña - Twelvemonth's campaign

estamos acostumbrados a considerar, si no como las únicas, sí, por lo menos, como las más respetables de la nación, pero que, sin producir nada en realidad, están viviendo del sudor de la frente del labrador. Estas, en vez de ser clases de importancia principal, más bien debían ser subordinadas en todos los países, pero más aún en España, donde, excepto el campesino y los que viven el ambiente de los labradores, lejos de las ciudades, y tienen una mezcla extraña de pretensiones, sangre aristocrática y sencillez, todas las clases están completamente degeneradas y desmoralizadas —egoístas, traidoras y afeminadas—. Una ferocidad mora es todo lo que queda de su anterior valor y espíritu elevado. El tradicional amor al honor ha descendido a una vanidad pretenciosa, y ahora asoma a la superficie la avaricia nacional, sin aquellos rasgos de magnificencia y generosidad que eran perceptibles en el antiguo carácter español. Licenciosos en costumbres y en moral, de corazón frío, sórdidos, collones, no tienen ni los vicios ni las virtudes de los bárbaros: la corrupción universal ha destruido su civilización. Esto parece un

to look upon, if not as exclusively respectable, at least as the most so in the nation, but which, producing nothing, in reality are living on the sweat of the labourers' brow. These, instead of being classes of predominant weight, ought rather to be subservient, in every country, but more so in Spain, where, excepting the peasantry, and those who, living in the midst of the peasantry, far from cities, mingle aristocratic blood and pretensions with their simplicity, all orders are totally degenerated and demoralized– selfish, treacherous, and effeminate. A Moorish ferocity is all that remains of their former high spirit and courage–the national love of honour is dwindled to a self-sufficient vanity, and the national avarice now pierces through, without those redeeming traits of magnificence and generosity which were perceptible in the old Spanish character. Licentious in manners and in morals–cold-hearted, sordid, and dastardly, they have not the vices or the virtues of barbarians; universal corruption has destroyed their civilization. This seems a melancholy picture; but those who have mingled with their

Capítulo 1 / Chapter 1

triste cuadro; pero los que han tratado con los nobles de título, sus políticos, las altas clases del clero, la clase comercial, los ciudadanos en general, los militares y el populacho, temo que no la encontrarán exagerada.

Esta opinión puede parecer apasionada; no es, sin embargo, éste el juicio que me merece la nación española en general, sino una parte de la misma, la que felizmente sólo comprende su décima parte, aunque incluye todo lo que acostumbramos a llamar la "gente respetable" y que posee toda la riqueza, el comercio y el gobierno del Estado; como esta porción cae inmediatamente bajo la vista del viajero, éste acostumbra juzgar por ella a todos los españoles. Pero hay una grande y notable diferencia entre las clases que he nombrado y la inmensa mayoría de los que cultivan el suelo, en mayor o menor escala, que se compone principalmente de sencillos campesinos no contaminados por la corrupción que durante el siglo pasado ha enervado a los habitantes de las ciudades. Independiente y de espíritu elevado, el labrador español, aislado de las masas reunidas,

titled nobles, their statesmen, their higher orders of clergy, their commercial classes, their citizens generally, their military, and their rabble, will, I fear, not find it overcharged.

Sweeping as this judgment may seem, it is not, however, the character I must give to the Spanish nation in general, but to a portion of the community which, happily, only forms about one-tenth part of it, although including all that we are wont to term the "respectability," and possessing the wealth, the commerce, and the government of the state. By this fraction, as it comes immediately under the eye of the traveller, he is too apt to judge of all Spaniards. But there is a wide and striking difference between the classes I have mentioned and the immense majority of those who cultivate, on a larger or a lesser scale, the soil, consisting chiefly of a peasantry simple and untainted by the corruption which for the last century has enervated the inhabitants of her cities. Independent and high-spirited, the Spanish peasant, isolated from those congregated masses amongst which all revolutions of manners and

entre las cuales todas las revoluciones de costumbres y de ideas para mejorar o para empeorar se abren paso tan rápidamente, ha permanecido el mismo, o muy poco cambiado, de lo que era hace siglos. Tiene muchos defectos, que nacen principalmente de su cielo del Sur y de su origen meridional: es indolente y cruel, pero sus faltas están redimidas por muchos nobles rasgos; y, en conjunto, he encontrado que en su carácter hay más digno de admiración que de censura.

Estas observaciones, según he visto, se pueden aplicar también a Portugal, y explican fácilmente por qué durante la guerra, tanto en este país como en España, el afeminamiento y cobardía de los oficiales ofrecía un contraste tan notable con el comportamiento de los soldados, porque en España todos aquellos que estamos acostumbrados a ver al frente de la nación fueron los primeros en someterse al francés, mientras los campesinos resistieron incansables a sus opresores; y mientras que ningún país ofrece tantos ejemplos de abnegación y heroísmo, ninguno presenta tantos de

ideas for the better or the worse so speedily take place, has remained the same, or but little changed from what he was centuries ago. He has many defects, chiefly arising from his southern sky and his southern origin: he is indolent and cruel, but his faults are redeemed by many noble traits; and, on the whole, I have found in his character more to admire than to blame.

These observations are, from all I have heard, applicable also to Portugal, and readily explain why, during the war, both in that country and in Spain, the effeminacy and cowardice of the officers offered so remarkable a contrast to the behaviour of the men ; why, in Spain, all those whom we are accustomed to see leading in a nation were the first to bow to the French, while the peasant untiringly resisted his oppressors; and why, although no country offers so many examples of self-devotion and heroism, none presents so many of treachery and pusillanimity–the latter, I fear, all to be found in the classes I have first described.

The nobility of Spain, once the most warlike in Europe, has sunk into the most complete

traición y de pusilanimidad. Temo que todos los últimos se encontrarán entre las clases que he descrito al principio.

La nobleza de España, que fue en un tiempo la más guerrera de Europa, se ha hundido en la más completa insignificancia, como sucede siempre con la aristocracia cuando la espada ha llegado a ser demasiado pesada para el que la sostiene. Los industriales, que hace tiempo han sacudido el yugo del clero, intentan adueñarse delpoder, que ha desaparecido de los nobles, y gobernar con su oro al agricultor, privando al clero de la autoridad que retiene aún sobre él. Los primeros, como he dicho, poseen en sus rangos la riqueza del reino y la mayoría de los oficiales del Ejército; también poseen todas las plazas fuertes y el material del país, que son lo único que les ha capacitado y les capacita para mantenerse como un partido. Ellos han abrazado la causa del gobierno usurpador por interés personal; algunos, con miras de ver cumplidos sus propios deseos; otros, para conservar sus situaciones o por miedo de perder sus propiedades. Ninguno, yo puedo decirlo con toda seguridad, por adhesión. Gran

insignificance, as is always the case with an aristocracy when the sword has become too heavy for its grasp. The industrielles, who have already long thrown off the yoke of the clergy, seek to appropriate to themselves the power which has passed away from the nobles, and to rule with their gold the agriculturist, depriving the clergy of the authority the latter still retain over him. The former, as I have said, possess in their ranks the wealth of the kingdom, and the majority of the officers of the army; they also possess all the strong places and materiel of the country, which alone have enabled and enable them to sustain themselves as a party. They have adopted the cause of the usurping government from personal interest, some with a view of forwarding their own designs, others to retain their situations, or from fear of losing their property–none, I may safely say, from attachment. A large portion are exaltados, ultras in liberal opinions, who aim either at anarchy or a republic. At the same time, there is a striking difference between republicanism in France and England, and republicanism in Spain. In the latter country, perhaps, it would be the

parte de ellos son "exaltados, ultras" en opiniones liberales, que aspiran o a la anarquía o a la república. Al mismo tiempo, hay una sorprendente diferencia entre el republicanismo en Francia e Inglaterra y el republicanismo en España. En este último país los demócratas y los republicanos acaso sean los más decididos adversarios de reformar las leyes agrarias, a diferencia de Francia e Inglaterra, pues en España las ideas liberales se hallan confinadas a los ricos, que desean la mayor independencia posible para sus propias ciudades, con el fin de establecer en ellas una aristocracia del dinero, y a una minoría de la clase baja que vive en las grandes ciudades, la que espera ansiosamente tiempos de anarquía y confusión, no sólo como un escalón para sus ambiciones, sino también para satisfacer sus pasiones brutales. A esto se oponen los campesinos, que son todos carlistas y forman la gran masa del pueblo, los únicos que han retenido el sello del carácter español y quienes, cuando se les excita todavía, muestran destellos de su antiguo espíritu independiente y enérgico. Orgullosos, indolentes y

bitterest enemy to anything like Agrarian laws, democratic sentiments being chiefly confined to the rich (who wish for as perfect an independence as possible for their own cities, where they could establish an aristocracy of wealth) and a small portion of the lower classes in the large towns, who look forward eagerly towards times of anarchy and confusion, not only as a stepping-stone to their ambition, but to satisfy their brutal passions. To these are opposed the peasantry, who are all Carlists, and form the great mass of the population, who alone have retained the original stamp of the Spanish character, and who, when roused, still exhibit flashes of its former independence and energy. Proud, indolent, and attached to their ancient usages, they are all royalists and legitimatists. Accustomed, from their ancient mode of government, to a great degree of personal liberty under a despotic form, they look with suspicion on the modern innovations which the liberals, in their march of new ideas, wish to introduce. Experience has perhaps given them an exaggerated horror of that revolutionary fever which has for the last half century

apegados a sus antiguas costumbres, son todos realistas y legitimistas. Acostumbrados por su antigua forma de gobierno a un alto grado de libertad personal bajo una forma despótica, miran con recelo las modernas innovaciones que los liberales, en su afán de ideas nuevas, desean introducir. Su experiencia les ha hecho sentir, sin duda, un exagerado horror a esta fiebre revolucionaria que ha agitado a Europa durante el último medio siglo, y de la cual hombres insidiosos (o traidores) se han aprovechado para perturbar las naciones, las que, volviendo al mismo punto, se encuentran, a menudo, con que no han hecho más que dar vueltas en redondo y con que los charlatanes que dirigen el movimiento son los únicos que se elevan a lo más alto por el cambio de política. El campesino, o más bien el agricultor, particularmente en las provincias del Norte—y de éstos hablo principalmente—, es, no sólo fiel a su antiguo modo de gobierno y línea de monarcas, a consecuencia de su recelo hacia todo lo que viene de fuera, sino también por sus costumbres, sentimientos y tradiciones. No habiendo nunca sufrido del

agitated Europe, and of which designing men have taken advantage to disturb nations, that, ever and anon returning to the same point, find they have only gone round a circle, and that the charlatans, who led the movement, alone rise uppermost by the changing of the wheel. The peasant, or rather the agriculturist, particularly in the northern provinces–and of these principally I speak–is not only devoted to his ancient mode of government and line of monarchs, in consequence of his jealousy of all that comes from abroad, but also from his habits, feelings, and traditions. Having never suffered from the abuse of royalty, and, however it fared with the courtier and the citizen, having always enjoyed a great degree of personal independence in the most arbitrary times, he supports the rights of his sovereign with the same tenacity with which he would defend his own privileges if they were attacked. The sufferings of his country–and Spain, in the remembrance of the present generation, has been afflicted by many–are all associated with his recollection of the invasion of the French, who, although then slaves in fact, as undergoing the

Doce meses de campaña - Twelvemonth's campaign

abuso de la monarquía, sucediera lo que sucediera al cortesano y al ciudadano; habiendo siempre gozado un alto grado de independencia personal, aun en los tiempos de mayor arbitrariedad, mantiene los derechos de su soberano con la misma tenacidad con que defendería sus propios privilegios si fueran atacados. Los sufrimientos de su país (y España, como puede recordar la generación presente, ha sido afligida por muchos) están asociados en su recuerdo a la invasión de los franceses, que, aunque eran esclavos de hecho (pues sufrían la transición de la república al despotismo), llegaron predicando las doctrinas de libertad e igualdad.

Así, pues, nada tiene de extraño que el pueblo, influido por el clero, no viese ninguna ventaja en cambiar una tiranía bajo la cual era libre, por una libertad tiránica y opresora. ¿Debemos admirarnos si ellos recuerdan que bajo sus reyes y las antiguas leyes de España eran prósperos y felices, que sus flotas surcaban el océano y que el oro afluía de las Indias sometidas, que Austria, Bélgica e Italia estaban bajo su dominio, que desde la llegada

transition from a republic to despotism, came with the words of liberty and equality in their mouths.

Is it then altogether so strange and unaccountable, that a people should be so deluded and priest-ridden as not to see the advantages of progressing from a tyranny under which they are free, to a freedom rife with massacre and oppression? Are we to wonder if they remember that, under their kings and the ancient laws of Spain, they were prosperous and happy; that their fleets swept the ocean, and gold flowed in from the conquered Indies; that Austria, Belgium and Italy were under their dominion; that, since the march of liberal ideas, Spain has been bankrupt in the scale of power, the jest of the stranger, overrun by his armies, ground down by his avarice, and deeply wounded in her national and proverbial pride. Besides these evils, and the experience they have had of the dominion of their patriots under the government of the Cortes, the people are well aware that by the laws of Spain no female can wield the sceptre; and they feel it to be an insult to Spanish dignity to be governed by a woman. The

de las ideas liberales España ha estado en bancarrota en cuanto al poder, ha sido la burla del extranjero, recorrida por sus ejércitos, aplastada por su avaricia y profundamente herida en su proverbial orgullo nacional?

Además de estos males y de la experiencia que han tenido del dominio de los "patriotas" bajo el gobierno de las Cortes, el pueblo sabe bien que, según las leyes de España, ninguna mujer puede empuñar el cetro y encuentran que es un insulto a la dignidad española el ser gobernados por una mujer. La reina Cristina conocía tan a la perfección lo impopular que sería cerrar el paso a la sucesión del infante Don Carlos, que, cuando supo que Fernando VII no tendría descendencia masculina, se vio obligada a echarse sin reservas en los brazos del partido liberal. Este partido había arreglado su boda con la esperanza de excluir legalmente del trono a Don Carlos, al cual tenían motivos para temer a causa de su carácter inflexible.

El Ejército, que estaba en favor del Infante, sufrió cambios en su oficialidad y fue colocado bajo el mando de

Queen Christina so well knew how unpopular it would be to set aside the succession of the infant, Don Carlos, that when it was found that Ferdinand VII was to have no male issue, she was obliged to throw herself unreservedly into the arms of the liberal party. That party had indeed brought about her marriage, in the hope of legally excluding Don Carlos from the throne, who, on account of his uncompromising character, they had every reason to fear.

The army, which was in favour of the Infant, was officered anew, and placed entirely under the command either of the officers of the constitutional army, who had rebelled against him, or of men of known liberal opinions. The country was then divided into two parties, and so continues to this day. The majority of the inhabitants of the large towns, less than one-tenth of the population of Spain, are in favour of the Queen, either as a preliminary step towards a republic, or from interested motives. Wielding all the artificial resources of the country against the other nine-tenths, they have for a moment manacled the latter, who had no resource but the

Doce meses de campaña - Twelvemonth's campaign

oficiales procedentes de las fuerzas constitucionales, que se habían rebelado contra él, o de hombres de conocidas ideas liberales. El país se dividió entonces en dos partidos, y así continúa hasta ahora. La mayoría de los habitantes de las grandes ciudades —menos de una décima parte de la población de España— están en favor de la Reina, ya sea como un escalón preliminar hacia una república, o por móviles interesados. Manejando todos los recursos artificiales del país contra las restantes nueve décimas partes, han domeñado por un momento a las últimas, que no tenían más recurso que el campo, las montañas, su número y su espíritu enérgico e indomable. A estas ventajas se añadía, aunque no era el móvil principal, el sentimiento religioso. La persecución de sus frailes y clero (a los que los liberales, dominados todavía por la cólera que les produjo haberse visto obligados a devolver las tierras de la Iglesia compradas en tiempo de la Constitución, habían, no sólo manifestado su intención de atacar, sino que ya empezaron a despojarlos) produjo una impresión altamente favorable a la causa del Infante.

country, the mountains, their numbers, and their energetic and indomitable spirit. To these advantages were added, although not their main inducement, feelings of religious enthusiasm. The persecution of their monks and clergy, whom the liberals, still rankling with hatred at having been obliged to disgorge the church-lands bought in the time of the Constitution, had not only avowed their intention of attacking, but already proceeded to strip, produced an impression highly favourable to the cause of the Infant.

The period thus chosen for assailing the Spanish clergy was the worst that could have been selected. The many and terrible abuses which had crept, as is so often the case, into an unpersecuted church, where ambitious men make a stepping-stone to their evil purposes of the sacerdotal character, had disappeared and become things of the past.

The abolition of the Inquisition, which Don Carlos is falsely charged with wishing to re-establish, and the difference the peasant found between the insensible rule of

Capítulo 1 / Chapter 1

El período así escogido para asaltar al clero español fue el peor que pudieron elegir. Los muchos y terribles abusos que habían perpetrado, como sucede a menudo en una Iglesia que no es perseguida, en la qué hombres ambiciosos se aprovechan de su carácter sacerdotal como punto de apoyo para lograr sus malvados intentos, habían desaparecido y eran cosas del pasado.

La abolición de la Inquisición, la que se dice, sin motivo, que quería restablecer Don Carlos, y la diferencia que encontraban los campesinos entre la influencia imperceptible del clero y la de los "patriotas" de 1820, ha confirmado su adhesión, no sólo a los párrocos y al clero secular, sino también a las órdenes monásticas, a las que resultaba altamente impolítico atacar abiertamente. La riqueza de los conventos y monasterios, cuando el campesino ve la vida de mortificación que se lleva dentro (especialmente en el Norte de España, donde las órdenes son, por lo general, muy rígidas) no excita su ambición. El pobre tiene el derecho de aprovecharse de sus riquezas, y si el día de mañana decide abandonar el

his clergy and that of his patriots in 1820, has confirmed him in his attachment not only to his curates and secular clergy, but also to the monastic orders, which it thus became highly impolitic openly to attack. The wealth of the convents and monasteries, when the peasant sees the life of mortification which is led within, (particularly in the north of Spain, where the orders are mostly very rigid) this does not excite his cupidity: the poor have a right to profit by their endowments, and if he chooses tomorrow to abandon the world and enter their walls for shelter, it is at his option to share the cowl and cell, and the riches of the religious community. The people of Spain, although not more sanctified than those in most other parts of the world, have a sincere faith in their religion and a deep and superstitious reverence both for its forms and its ministers; and when they witnessed the unprovoked ill treatment of men who usually led quiet and peaceful lives, it was not difficult to interest them in their behalf, and make them believe that the subversion of their religion itself was aimed at.

mundo y entra a refugiarse entre los muros, tiene opción a participar de la cogulla y la celda y las riquezas de la comunidad religiosa.

El pueblo español, aunque no más santificado que el de otras partes del mundo, tiene fe en su religión y una profunda y supersticiosa reverencia para sus formas y sus ministros, y cuando vio el inmerecido mal trato que se daba a hombres que, generalmente, llevaban vidas pacíficas y tranquilas, no fue difícil interesarle en su favor y hacerle creer que se pretendía la subversión de su propia religión.

Nos dicen que las provincias del Norte están luchando, no por Don Carlos, sino por sus propios privilegios. Esto no es así: el realismo en los campesinos españoles es un sentimiento que no se concibe ahora fácilmente en el resto de Europa —aquel espíritu que animaba a los franceses hace un siglo, cuando las últimas palabras de un francés moribundo eran: "Pour Dieu et le roi", y cuyo rescoldo apagó con tanta dificultad en La Vendée la República que conquistó Europa—. Es natural que el español, habiendo visto que sus

We are told that the northern provinces are struggling, not for Don Carlos, but for their own privileges. This is not the case: royalism in the Spanish peasant is that feeling not now easily conceived by the rest of Europe–that spirit which animated the French of a past century, when the last words on the lips of a dying Frenchman were "Pour Dieu et le Roi!" and the embers of which the republic that conquered Europe found it so difficult to quench in La Vendée. It is natural that the Spaniard having seen his rights and privileges, which, from time immemorial, were respected by his monarchs, now trampled underfoot by the liberals, should be strengthened in this feeling. The cause of Don Carlos, it will be seen, thus became identified with the laws, religion, and liberties of the peasant, not only in the northern provinces, but all over Spain. The modern and so called liberal innovations which have been attempted to be introduced, while they have left one class free and independent, have given it an ascendency over the other but little deserved, and which the latter will never brook, having so immense a numerical

derechos y privilegios, que desde tiempo inmemorial eran respetados por los monarcas, eran ahora pisoteados por los liberales, se sintiera fortalecido en estos sentimientos. Así se verá que la causa de Don Carlos se identificó con las leyes, religión y libertades de los campesinos, no sólo en las provincias del Norte, sino en toda España. Las modernas innovaciones, que se denominan a sí mismas liberales, que se ha intentado introducir al conceder a una clase la libertad y la independencia, le han dado un ascendiente tan poco merecido sobre las demás, que estas últimas nunca lo tolerarán teniendo una superioridad numérica tan inmensa. El campesino, que recuerda vividamente las batallas en que sus abuelos han luchado tan a menudo por su independencia contra el espíritu del liberalismo —un espíritu que en España ha atacado su felicidad y sus libertades, afortunadamente sin ningún antifaz, mientras que en otros países ha disimulado su horror hasta que fue demasiado tarde para luchar— mira estas innovaciones con un odio lógico y natural. Él es indolente e ignorante, pero no está rebajado por el servilismo.

superiority. The peasant, whose recollection is still animated with the battles which his forefathers have fought so often for their independence against the spirit of liberalism–a spirit that in Spain has attacked his happiness and his liberties with the mask fortunately from her visage, while in other lands she has veiled her hideousness till it became too late to struggle– looks upon these innovations with a natural hatred. He is indolent and ignorant, but not debased by servility. Time and tradition have attached him (and he is violent in all his feelings) to the royal authority which is but remotely felt, and to his clergy, who claim his respect, not for their merits as men, but as ministers of a superior power.

Ignorant as the peasant often is, he observes a nice distinction between the clergy in their sacerdotal and their individual character–at least in the northern provinces such a distinction is at the present day infinitely better understood than I could possibly have believed; but this has diminished in no manner his attachment to the usages of the religion of his forefathers. I have seen a priest, while he

Doce meses de campaña - Twelvemonth's campaign

El fiempo y la tradición le han apegado (y es apasionado en todos sus sentimientos) a la autoridad real, que sólo se siente remotamente, y a su clero, que reclama respeto, no por su mérito como hombres, sino como ministros de un poder superior.

A pesar de que es con frecuencia ignorante, el campesino distingue entre el clero en su carácter sacerdotal y en su carácter individual; al menos en las provincias del Norte, tal distinción es hoy día infinitamente mejor comprendida que lo que yo hubiera podido imaginar; pero esto no ha disminuido en manera alguna su apego a las costumbres de la religión de sus antepasados. Yo he visto a un sacerdote, mientras era nuestro prisionero por alguna causa política, rodeado por las bayonetas de los guardias, pero acompañado por los soldados en sus oraciones con el mayor fervor: mas si un instante después hubiese hecho una tentativa para escaparse, o, si hubiese sido dada la orden, los mismos soldados le hubieran fusilado en el acto, y los espectadores no hubiesen hecho más comentario sobre su muerte que si hubiera sido un seglar.

was our prisoner for some political misdemeanor, and surrounded by the bayonets of the guards, joined by the soldiers in his devotions with the utmost fervour; but the instant after, had he made an attempt to escape, or had the order been given, the same soldiers would have shot him on the spot, and the bystanders would have made no further comment upon his death than if he had been a layman.

Whatever may be held out to the peasant as an inducement to change, he judges of the future by the past, with all the gravity and shrewdness of the Spanish character. He has found that all liberal improvements rendered him only subservient to the inhabitants of cities, and deprived him of his wild freedom and of institutions which age had hallowed in his estimation. Therefore he looks on all constitutional theories as a tyranny which would rob his princes of their heritage and himself of his independence, being satisfied as he is, even if he avoids the gloomier side of the picture, that they hold not out to him the prospect of benefit.

Capítulo 1 / Chapter 1

Aunque se ofrezca cualquier cosa al campesino como un incentivo para cambiar, él juzga del futuro por el pasado con toda la gravedad y astucia del carácter español. Ha visto que todas las mejoras liberales sólo le hacían depender de los habitantes de las ciudades y le privaban de su salvaje libertad y de las instituciones que el tiempo había santificado en su estimación. Así, pues, todas las teorías constitucionales le parecen una tiranía que privará de su herencia a sus príncipes y a él mismo de su independencia, sabiendo como sabe que, aunque se borre la parte más triste del cuadro, nunca le proporcionará a él ningún beneficio.

Habiendo intentado describir los sentimientos que animan al pueblo, ahora pasaré rápidamente sobre los acontecimientos que precedieron y siguieron a la muerte de Fernando VII. Este resumen puede ser la respuesta más satisfactoria a la pregunta de: ¿Por qué Don Carlos no ha marchado ya sobre Madrid? Una pregunta que, naturalmente, se la hará el lector cuando lea mi afirmación de que nueve décimas partes del país están

Having endeavoured to depict the feelings by which the people are animated, I shall now pass rapidly over the events that preceded and followed the death of Ferdinand. Such a summary may be the most satisfactory answer to the question of—"Why Don Carlos has not already advanced upon Madrid?"—a question which will naturally be asked, when I have stated that nine-tenths of the country are decidedly in his favour. The account of what occurred previous to Ferdinand's death shall be but brief, it being my intention principally to detail the enthusiastic devotion,—the sacrifices of fortune, life, and family made by the followers of Don Carlos, in the northern provinces, even before he came to risk his person amidst a handful of followers in the mountains of his hereditary dominions, like Charles Stuart in the Highlands. Hitherto, it is true, his success has not been decisive; but of his eventual triumph those who are acquainted with the popularity of his cause in the Peninsula, protracted as the struggle may be, can have but little doubt. The northern provinces can only be subdued by the extermination of the male

[46]

decididamente en su favor. El relato de lo que ocurrió antes de la muerte de Fernando será breve, pues mi intención es principalmente detallar la entusiasta adhesión, los sacrificios de fortuna, vida y familia hechos por los partidarios de Don Carlos en las provincias del Norte, aun antes de que viniera en persona a arriesgarse en medio de un puñado de partidarios en las montañas de sus dominios hereditarios, como Carlos Estuardo en las altas montañas de Escocia. Hasta ahora, es verdad, su éxito no ha sido decisivo; pero los que conocen la popularidad de su causa en la Península no pueden dudar de su éxito futuro, por mucho que se prolongue la lucha. Las provincias del Norte sólo pueden ser sometidas por el exterminio de la población masculina, el trasplante de las familias, el incendio de las cosechas y la destrucción de toda habitación humana, como intentó la Convención francesa en La Vendée. Mas el hacer todo esto en un país como el actual teatro de la guerra, que burló al genio de Napoleón con todas sus legiones, y donde todo acto arbitrario, en lugar de sembrar el terror, arma nuevas masas de población, requería, yo creo,

population, the transplanting of families, burning of harvests, and destroying every human habitation, as was attempted by the French Convention in La Vendée. But to effect all this ill a country like the present seat of war, which baffled the genius of Napoleon with all his legions, and where every arbitrary act, instead of striking terror, arms fresh masses of its population, would require, I apprehend, a larger army than was ever marshalled under any man since the days of Xerxes. It would, moreover, be forced to feed upon itself, like a swarm of lemmings, when its work was done. I am aware that the public at a distance has been accustomed to receive very different impressions; but people have so long been kept in ignorance of facts by the intrigues of the Stock Exchange and the confederate Jews, its rulers, the Rothschilds and Mendizabals, who, like the jackals and vultures, fatten their carrion carcasses where the fray has been, and, as Byron so appropriately expresses it-"Stand afresh; to cut from nations' hearts their pound of flesh" that it is time they should be made acquainted with the real state of things. In the whole of the

un ejército más grande que el que jamás se ha reunido bajo hombre alguno desde los días de Jerjes. Además, se vería forzado a alimentarse de sí mismo como un enjambre de abejas una vez terminado su trabajo. Bien sé que el público lejano está acostumbrado a recibir impresiones muy diferentes; pero la gente ha sido mantenida tanto tiempo en la ignorancia de los hechos por las intrigas de la Bolsa y los judíos confederados, sus jefes, los Rotschild y los Mendizábal, que, como chacales y cuervos se alimentan con los cadáveres putrefactos donde ha habido batalla, y que, como Byron tan apropiadamente expresó:

Stand afresh,
To cut from nations hearts their pound of flesh!

que ya es hora de que se enteren del estado real de las cosas. En todo el Norte de España, los distritos son, con excepciones insignificantes, favorables a Don Carlos; y la Reina, en todos sus dominios usurpados, no ha conseguido con sus intrigas obtener una ciudad o pueblo tan completamente fiel a ella como lo son a su Rey las provincias hoy teatro de la guerra. Es tan

north of Spain, the country districts are, with trifling exceptions, favourable to Don Carlos; and the Queen, in all her usurped domains, has not by her intrigues been able to secure one town or village so entirely devoted to her, as the provinces now the seat of war are to the King. So intense is the interest they take in the war, that it exceeds belief: now, as in the case of Pizarro, when he had burned his navy, retreat is impossible; they have only to conquer, or die in the struggle. When we recollect that they are engaged against a purely artificial force, which diminishes day by day, while they are cheered on by the wishes of nine-tenths of Spain, who hail the royal army as saviours and liberators, the issue may be guessed. The death of Zumalacarregui, the modern Scanderbeg, no doubt has retarded for many months the triumph of the King; indeed, had that general died four months sooner, it would probably have proved fatal to the cause in that part of Spain; although I am convinced that the smouldering fire would, ere long, have broken out in another. But, in dying, he bequeathed to his party all the elements of success; he had, besides, destroyed that part of

Doce meses de campaña - Twelvemonth's campaign

intenso el interés que toman én la guerra, que parece increíble: ahora, como en el caso de Cortés cuando éste quemó sus naves, la retirada es imposible; tienen que vencer o morir en la lucha. Cuando observamos que están luchando contra una fuerza completamente artificial, que disminuye de día en día, mientras ellos están apoyados por los deseos de nueve décimas partes de España, que acogen al ejército real como a su salvador y libertador, se puede adivinar el fin. La muerte de Zumalacárregui, el Scanderberg moderno, sin duda ha retrasado muchos meses el triunfo del Rey; en verdad, si hubiese muerto este general cuatro meses antes, probablemente hubiera sido fatal a la causa en esa parte de España, aunque estoy convencido de que el rescoldo hubiera muy pronto producido otro fuego. Pero al morir legó a su partido todos sus elementos de éxito; además, había destruido aquella parte del ejército enemigo que estaba compuesta de los veteranos de la guerra constitucional, así como las reputaciones de los mejores generales que habían sido sucesivamente enviados contra él.

the opposing army which was composed of veterans of the Constitutional war, as well as the reputations of the best generals, who had been successively sent against him.

Although it is impossible to foresee the final issue of the contest, as this war has added another proof to the number already existing, that the race is not always to the swift, nor the battle to the strong yet those who have really seen the spirit by which the people are animated, and the nature of the country, will judge, as well as myself, that even in case the royal army should meet with many and fatal reverses, it would be impossible to subdue the people otherwise than by extermination. Besides the sentiments by which they are animated, their families and fortunes are so entirely compromised, that they must risk the last chance. Their fathers, sons, and relations have either fallen, or are fighting in the Royalist ranks. If the cause of Don Carlos's triumph, they behold a prospect of happiness before them; if it fails, of total ruin. For all they have already paid in contributions and rations they have his full receipt: with this they are content, knowing

A pesar de que es imposible predecir el resultado final de la lucha (esta guerra ha añadido otra prueba al número que ya existía de que no siempre ganan la carrera los veloces, ni la guerra los fuertes), sin embargo, aquellos que realmente han visto el espíritu que animaba al pueblo y la naturaleza del país, opinarán, así como yo mismo, que aun en el caso de que el ejército real sufriera muchas y fatales derrotas, sería imposible someter al país de otra manera que por el exterminio. Además de los sentimientos de que están alentados, sus familias y fortunas se hallan tan enteramente comprometidas que deben correr el último riesgo. Sus padres, hijos y parientes han sucumbido o están luchando en las filas carlistas. Si la causa de Don Carlos triunfa, ellos contemplan un horizonte de felicidad; si fracasa, su total ruina. Ellos tienen su recibo de todo lo que han pagado ya en contribuciones y raciones; con todo están contentos, sabiendo que, si llegan a Madrid, les será concedida una indemnización por todas sus pérdidas. En el presente período de la guerra, con una victoria decisiva en las llanuras de Vitoria, los insurgentes marcharían sobre

that, if he reach Madrid, indemnification will be granted for all their losses. At the present period of the war, one decisive victory in the plains of Vitoria, and the insurgents march on the capital; while such a battle, if won by the constitutionalists, would but little advance them,–if lost, would be decidedly fatal.

la capital, mientras que si esta batalla fuera ganada por los constitucionalistas, les haría avanzar poco; si la perdiesen, sería completamente fatal.

Capítulo 2

Sucesos anteriores a la muerte de Fernando. Don Carlos en Portugal. Sarsfield y Rodil. Don Carlos y don Miguel.

Chapter 2

Events previous to Ferdinand's death. Don Carlos in Portugal. Sarsfield and Rodil. Don Carlos and Don Miguel.

En toda España la población es realista, excepto en Extremadura, donde la propiedad territorial está dividida entre unos pocos nobles, la mayoría de los cuales pertenece al partido liberal y ejerce sobre una población poco numerosa la misma influencia de que goza el clero en otras partes. Los habitantes de la costa de Andalucía y Cataluña, de las ciudades marítimas y de las ciudades populosas, que no forman, como en otros países, una gran parte de la población, en medio de la cual están colocadas a grandes distancias, se pueden considerar también como excepciones. No quiero decir que las gentes de estos distritos sean tan intensamente adictas a la causa realista como en las provincias del Norte en el momento actual, donde cada sufrimiento y cada sacrificio ha aumentado su adhesión, y con esta tenacidad propia del carácter español les ha ligado

In the whole of Spain, the population is Royalist, with the exception of Estremadura, where the landed property is divided between a few nobles, the majority of whom belong to the liberal class, and exercise over a scattered population the same influence which in other parts is enjoyed by the clergy. The inhabitants of the coast of Andalusia and Catalonia, of the maritime towns and the larger cities, which do not, as in other countries, form a large part of the population, in the midst of which they are placed at wide intervals, may also be considered as exceptions. I do not mean to say that the people in these districts are so intensely devoted to the Royalist cause as in the northern provinces at the present hour, where every suffering and sacrifice has added a fresh ink to their attachment, and, with that tenacity peculiar to the Spanish

con más firmeza a sus opiniones. Pero hay tanto realista ahora en las anteriores provincias como había en las últimas al principio de la insurrección. Como los andaluces y catalanes son menos guerreros y su país menos preparado para una lucha contra un enemigo que había tomado todas las precauciones para aplastar el mal en sus comienzos, y que tenía ejércitos disciplinados y todos los recursos del reino en su poder, fueron fácilmente sometidos, aunque se levantaron más simultáneamente y con más entusiasmo que sus compañeros del Norte. El partido que deseaba privar a Don Carlos de sus derechos—que se había asegurado el ejército durante el Ministerio de Zea Bermúdez, reemplazando y expulsando a todos los que sabían o sospechaban que tenían ideas favorables a la legitimidad, apoderándose, por medio de una policía numerosa y bien pagada, de todos los que les molestaban, y armando a sus partidarios bajo el nombre de "urbanos" o guardia cívica—encontró posible, a la muerte de Fernando, el hacer lo que sin esas precauciones hubiera causado una sublevación en

character, has bound them more firmly to their opinions. But there is fully as much royalism in the former provinces now, as there was in the latter at the commencement of their insurrection. The Andalusians and Catalans being less warlike, and their country less calculated for a struggle against an enemy who had taken all the precautions to crush the evil growing against him in the bud, and who had disciplined armies and all the resources of the kingdom in his power, were easily put down, although they rose more simultaneously and enthusiastically than their fellow subjects of the north. The party who wished to deprive Don Carlos of his rights, having secured the army, during the ministry of Zea Bermudez, by replacing all the officers of the Cortes, and expelling those who were known or suspected of entertaining opinions favourable to legitimacy; having also, by means of a numerous and highly paid police, laid hands on all who were obnoxious to them, and armed their partisans under the name of Urbanos, or civic guard, were enabled, on the death of Ferdinand, to effect easily that, which, without

masa de las tres cuartas partes de España.

Aunque los realistas previeron el golpe de Estado que estaba preparándose, y Fernando era muy poco popular entre ellos, le consideraron como su soberano legítimo, y, fieles a sus opiniones, como era opuesto a sus principios rebelarse contra él en favor de quien entoncesno era aún más que heredero de la corona, permitieron, aun viéndolo, que les pusieran trabas para el porvenir. Es verdad que unos pocos, especialmente en el ejército, persuadidos de que el Rey había perdido sus facultades a causa de su enfermedad, indignados de que favoreciese el intento de privar a su hermano de su herencia, querían sublevarse inmediatamente y proclamar regente al infante Don Carlos, cosa que éste tuvo gran dificultad en impedir, a pesar de sus órdenes estrictas y terminantes. Los oficiales de la Guardia tuvieron muchas entrevistas privadas con él, pero siempre les negó su consentimiento, y como se descubrieran estas proposiciones, fueron destituidos del Ejército, poco después, por el Ministerio.

these precautions, would have caused a rising *en masse* of three-fourths of Spain.

Although the Royalists foresaw the *coup d'état* that was preparing, and Ferdinand was highly unpopular with them, they considered him as their lawful sovereign; and true to the tenor of their opinions, as it was contrary to their principles to rebel against him in favour of one who was still only heir to the crown, they allowed themselves, with their eyes open, to be shackled for a future day. Some few, indeed, and particularly the army, being well persuaded that the King was rendered imbecile by his malady, and indignant at his countenancing the attempt to deprive his brother of his heritage, were for rising immediately, and proclaiming the Infant Don Carlos regent, an event which, even by his strict and positive orders, he had great difficulty in preventing. The officers of the guard had many private interviews with him, but he constantly refused his consent; and these propositions being discovered, they were in consequence shortly afterwards dismissed by the ministry from the army.

Capítulo 2 / Chapter 2

El lector puede enterarse de la larga serie de intrigas por medio de las cuales fue arrancado el testamento al difunto monarca, en el interesante trabajo del barón de los Valles. Algunos afirman que se consiguió su última voluntad cuando se hallaba en estado de imbecilidad, y otros dicen que fue una falsificación completa; aunque dado su carácter inmoral, no es necesario sorprenderse de que hubiera concedido lo que, aunque suyo, nunca podía haber regalado. Es cierto que cuando estaba sin habla y casi sin sentido se le torturó llevándole en su coche oficial y␣ sosteniéndole para que se mantuviera derecho a fin de apaciguar, tanto al partido realista, como al ultraliberal; y en los últimos días de su vida, el privar a su hermano de su derecho, los ataques de remordimiento a que estuvo sometido, su retractación y el volver a hacer lo que evidentemente creía que era una injusticia, nos da el lamentable cuadro de la segunda niñez de un carácter débil e inmoral.

Los amigos y adictos de Don Carlos, estaban ya sujetos a la persecución de los liberales, principalmente aquellos que,

For the long series of intrigues by which the will of the deceased monarch was extorted from him, I refer the reader to the interesting work of the Baron de Los Valles. By some it is affirmed that his last will was extorted from him when in a state of imbecility, and by others it is said to have been c complete forgery; although, from his unprincipled character, it is unnecessary to account for his having given away that which, although his, was never in his gift. It is certain that when speechless, and almost senseless, he was tortured by being driven, literally held upright, in his state-carriage, to quiet the royalist and ultraliberal party; and in the latter days of his life, the depriving his brother of his right—the fits of remorse to which he was subject, his retractation—and then his again doing that which he evidently knew to be an injustice, affords the miserable picture of the second childhood of a weak and immoral character.

The friends and adherents of Don Carlos were already subjected to the persecution of the Liberals, particularly those who, from their known attachment to that prince, were

por su conocido afecto al príncipe, eran más temidos. El venerable obispo de León, que había sido conocido durante largo tiempo por uno de los más valiosos y desinteresados Consejeros de la Corona, fue destituido de su cargo de Consejero de Estado, y llevaron los liberales tan lejos las cosas, que hasta se desterró a la duquesa de Beira, una princesa de la familia real de Portugal y hermana de la esposa del Infante, que era odiada a consecuencia de la firmeza de su carácter y la adhesión que le tenían los realistas.

Tan querida era esta princesa, que todos los que la rodeaban la siguieron al destierro. Don Carlos, dándose cuenta de que pronto no tendría otra alternativa que el quedarse como cautivo o autorizar una guerra civil contra su hermano, acompañó a su hermana política a Portugal, llevando con él a su mujer y familia. Salieron de Madrid el 16 de marzo de 1833 y aunque el Gobierno hizo todos los esfuerzos posibles para prevenirlo, a todo lo largo de la carretera el príncipe recibió las más halagadoras muestras de cariño. Zea Bermúdez reunió entonces las Cortes

most feared. The venerable Bishop of Leon, who had been long known as one of the most valuable and disinterested advisers of the crown, was dismissed from his office of councilor of state; and so far did the liberals proceed, that even the Duchess of Beira, a princess of the family of Portugal, and sister of the Infant's wife, who was hated on account of her firmness of character, and the attachment evinced to her by the Royalists, was banished.

So beloved was this princess, that all those around her followed her in her exile. Don Carlos, finding that very soon no alternative would be left him but of remaining a captive, or authorising a civil war against his brother, accompanied his sister-in-law to Portugal, taking with him his wife and family. They left Madrid on the 16th of March, 1833, and although every effort was made by the government to prevent it, all along the road the prince received the most flattering marks of esteem. Zea Bermudez then assembled the Cortes, for the ancient ceremony of the Jura, or taking the oath of fidelity to the King's daughter, Isabella, who

Capítulo 2 / Chapter 2

para la antigua ceremonia de la jura o la toma de juramento de fidelidad a la hija del Rey, Isabel, que fue proclamada princesa de Asturias y heredera del Trono. Pero aunque la ceremonia de la jura se hizo tan pomposa y brillante como fue posible, el sombrío silencio del pueblo, tan poco usual en una asamblea española, que manifiesta su satisfacción de una manera más bien ruidosa, demostró claramente que no le parecía bien lo que ocurría. La ausencia del más alto prelado de la Iglesia española, el Arzobispo de Toledo, D. Pedro Inguanzo, a quien, según una antigua tradición seguida durante muchos siglos, tenían que prestar juramento los príncipes, obispos y grandes del reino, pareció hacerla inválida e incompleta.

Córdoba fue enviado a Portugal para pedir al Infante, en nombre de su hermano, que reconociese públicamente a su sobrina María Isabel como princesa de Asturias y heredera del Trono.

Don Carlos une a un temperamento suave una firmeza de carácter que desde hace tiempo parecía haber desaparecido en su familia. Cuando, por un acto de

was proclaimed Princess of the Asturias, and heiress to the throne. But though the ceremony of the Jura was rendered as magnificent and pompous as possible, the gloomy silence of the people, so unusual to a Spanish assembly, who evince their satisfaction in rather a noisy manner, clearly evinced that they did not acquiesce in what was going on. The absence of the highest prelate of the Spanish church, the Archbishop of Toledo, Don Pedro Inguanzo, to whom, according to an ancient custom observed for many centuries, the princes, bishops, and grandees of the kingdom were in the habit of taking the oath, appeared to render it invalid and incomplete.

Cordoba was sent to the Infant in Portugal, to demand, in the name of his brother, that he should publicly recognize his niece, Maria Isabella, as Princess of the Asturias, and heiress to the throne.

Don Carlos unites to a mild disposition a firmness of character which had long seemed lost in the family. When, by an act of unparalleled treachery on the

Doce meses de campaña - Twelvemonth's campaign

traición sin igual por parte de Napoleón, en 1808, el príncipe fue llevado como prisionero a Bayona con su familia, el Emperador, después de haber celebrado un Consejo en el castillo de Marans (que ha sido quemado después, pero cuyas ruinas se conservan en medio de un gran jardín), propuso a los infantes que renunciasen a sus derechos a la Corona de España y aceptasen en cambio la de Etruria. Atemorizados por sus amenazas, Fernando y sus consejeros (exceptuando al marqués de Labrador, uno de los pocos Grandes de España que se han conducido siempre dignamente) aceptaron y firmaron el acuerdo; pero Don Carlos, aunque tenía pocas probabilidades entonces de ascender al Trono, se negó a abdicar sus derechos, diciendo que "sería una concesión deshonrosa y que antes moriría". Teniendo en cuenta esto, era poco probable que, estando en Portugal, fuera del poder de sus enemigos, cometiese el acto de imbecilidad que se le pedía. Publicó una declaración, que mandó a todas las Cortes de Europa, y, además, envió la siguiente carta a su hermano:

Mi muy querido hermano de mi corazón, Fernando mío de mi vida:

part of Napoleon, in 1808, the prince was led prisoner to Bayonne with his family, and after a council held at the chateau of Marans (which has since been burned, and still stands in ruins in the midst of its vast garden), the Emperor proposed to the Infants to renounce their rights to the crown of Spain and accept in exchange that of Etruria—frightened at his threats, Ferdinand and his advisers (excepting the Marquess of Labrador, one of the few Spanish grandees who have uniformly conducted themselves honourably) acquiesced and signed the agreement. But Don Carlos, although there was little chance then of his ever coming to the throne, refused to abdicate his rights, saying, "It would be a dishonourable concession, and that he would die first." It was, therefore, unlikely that, when in Portugal, out of the power of his enemies, he would commit the act of imbecility demanded of him. He published a declaration, which he sent to all the courts of Europe, and besides addressed the following epistle to his brother:

Dearest Brother, —This morning, at

He visto con el mayor gusto por tu carta del 23 que me has escrito, aunque sin tiempo, lo que es motivo de agradecerte más, que estabas bueno, y Cristina y tus hijas; nosotros lo estamos, gracias a Dios. Esta mañana, a las diez poco más o menos, vino mi secretario Plazaola a darme cuenta de un oficio que había recibido de tu ministro en esta Corte, Córdoba, pidiéndome hora para comunicarme una Real orden que había recibido; le cité a las doce, y habiendo venido a la una menos minutos, le hice entrar inmediatamente, me entregó el oficio para que yo mismo me enterase de él, le leí y le dije que yo directamente te respondería, porque así convenía a mi dignidad y carácter y porque siendo tú mi Rey y Señor, eres al mismo tiempo mi hermano, y tan querido toda la vida, habiendo tenido el gusto de acompañarte en todas tus desgracias.

Lo que deseas saber es si tengo o no intención de jurar a tu hija por princesa de Asturias. ¡Cuánto desearía poder hacerlo! Debes creerme, pues me conoces y hablo con el corazón, que el mayor gusto que pudiera tener sería el de jurar el primero y no darte este disgusto y los que de él resulten; pero mi conciencia y mi honor no me lo permiten. Tengo unos derechos tan legítimos a la Corona, siempre que te sobreviva y no dejes varón, que no puedo prescindir de ellos; derechos que Dios

ten o'clock, my secretary, Plazaola, came to inform me that Cordoba, your envoy, desired to know at what hour it would suit me to receive the communication of a royal order. I sent to say that twelve would be a convenient hour. He came a few minutes before one, and I immediately received him. He gave me the official document, which I read; after which I told him that my dignity and character allowed me only to answer in a direct manner, that you were my king and lord, and moreover my brother--a brother well beloved, whom I had attended in his adversity.

You desire to know whether I intend to take the oath of fidelity to your daughter, as Princess of the Asturias. I need not tell you how much I should wish to take that oath; you know me, and can judge that I speak from my heart. Nothing would be more agreeable to me than to be the first to recognise your daughter, and save you all the trouble and embarrassment my refusal must occasion; but my conscience and my honour forbid it. The rights I possess are so sacred that I cannot put them aside rights which I derived from God, when he caused me to be born in my present station, and of which he only can deprive me by giving you a son, an event I desire perhaps more than yourself. Besides, it is my duty to defend the rights of those who may

Doce meses de campaña - Twelvemonth's campaign

me ha dado cuando fue su santa voluntad que naciese, y sólo Dios me los puede quitar concediéndote un hijo varón, que tanto deseo yo, puede ser aún más que tú. Además con ello defiendo la justicia que tienen todos los llamados después que yo y así me veo precisado a enviarte la adjunta declaración que hago con toda formalidad a ti y a todos los Soberanos, a quienes espero se la harás comunicar. Adiós, mi muy querido hermano de mi corazón; siempre lo será tuyo, siempre te querrá, siempre te tendrá presente en sus oraciones, este tu amante hermano. Carlos.

A esta carta acompañaba la siguiente protesta:

Señor: Yo, Carlos María Isidro de Borbón y Borbón, Infante de España, hallándome bien convencido de los derechos que me asisten a la Corona de España, siempre que, sobreviviendo a Vuestra Majestad, no deje un hijo varón, digo: que mi conciencia y mi honor no me permiten jurar ni reconocer otros derechos, y así lo declaro. Señor, a los Reales pies de V. M. Su más amante hermano y fiel vasallo. M. El Infante Don Carlos.

Cinco meses después tuvo lugar la muerte del Rey. Expiró en la tarde del 29 de septiembre, creyéndole sus

come after me, and therefore I think myself bound to transmit the accompanying Declaration, which I address to you in the most solemn manner—to you, and to all the sovereigns, to whom I hope you will communicate it. Adieu, my dear brother; doubt not that I shall be ever devoted to you, and that your happiness shall ever be the object of your brother,

Carlos

Declaration

I, Carlos-Maria-Isidore de Borbon-y-Borbon, Infant of Spain, fully convinced of my legitimate rights to the crown of Spain, if I survive your majesty, you leaving no male issue, do declare that my conscience and my honour forbid my acknowledging any other rights but my own. To our King, from his affectionate brother and faithful vassal,

(Signed)
The Infant Don Carlos de Borbon-y-Borbon
Palace of Ramalhao, April 29th, 1833.

Five months after, the death of the King took place. In the afternoon of the 29th of September, he expired, his attendants still thinking him asleep. Don Carlos was then in Portugal, where he had been

Capítulo 2 / Chapter 2

cortesanos todavía dormido. Don Carlos estaba entonces en Portugal, donde había sido recibido por Don Miguel, que le trató de una manera vacilante, dando una prueba más de la indecisión que en breve le hizo perder su corona. El Infante había sido seguido a ese país por una escolta numerosa, y se le unieron después otros muchos españoles, a pesar de que la mayor parte de los que intentaban unírsele fueron detenidos en su camino. El cura Merino —el Mina de las llanuras—, que tenía a la sazón más de sesenta años, y era ya famoso en dos guerras, procedió a ofrecer sus servicios a Don Carlos, y el brigadier Cuevillas, ex gobernador de Zaragoza, intentó unirse a él con 500 caballos, la mayor parte de los cuales tuvo la desgracia de perder en el camino. Cuevillas obtuvo la Orden de Carlos III de una manera singular, cuando fue introducido en las habitaciones del Rey y dijo: "Yo he venido a unirme a Vuestra Majestad, pero no solo: 500 bravos castellanos, armados y montados, vinieron conmigo a ofrecer sus servicios a los pies de su Soberano." El Rey, encantado de un refuerzo tan inesperado,

received by Don Miguel, who treated him in a way that soon evinced the indecision which eventually lost him his crown. The Infant had been followed to that country by a numerous suite, and was afterwards joined by many other Spaniards, although the greater part of those who attempted to reach him were cut off on the road. The Curate Merino—the Mina of the plains—now more than sixty years of age, and already famous in two wars, proceeded to offer his services to Don Carlos; and Brigadier Cuevillas, ex-governor of Saragossa, endeavoured to join him with 500 horses, the greater part of which he was unfortunate enough to lose on the way. Cuevillas obtained in a singular manner the order of Charles III. On being introduced into the King's apartment, he said, "I have come to join your majesty, but not alone; five hundred brave Castilians, armed and mounted, came with me to lay their services at their sovereign's feet." The King, delighted at such an unexpected reinforcement, and not yet knowing that the five hundred had dwindled to a few horsemen on their long and perilous route, instantly threw the ribbon round his

y sin saber todavía que los 500 se habían reducido a unos pocos caballeros en su largo y peligroso camino, colocó el cordón alrededor de su cuello, como una recompensa a su fidelidad. Ambos volvieron a España por orden del Infante para estar prontos a levantar partidarios en su favor. Mucho pudo haber hecho Don Carlos antes de la muerte de su hermano para contrabalancear los enérgicos esfuerzos de los cristinos, como se denominaba a los partidarios de la niña Princesa y la reina Cristina; pero, desgraciadamente, aunque de un modo más honroso, el infante Don Carlos poseía la misma debilidad que Fernando. Cuando se rompió toda relación entre ellos, y el sentido común le exigía que contrarrestase las intrigas de la Reina y se preparase para la muerte del Rey, asegurando a sus numerosos amigos que su intención era unirse a ellos y de esta manera animarles en sus esfuerzos, lo rehusó obstinadamente, diciendo que para él era un caso de conciencia no moverse mientras su hermano viviera. Este fue uno de los primeros de los muchos errores contra los que tan maravillosamente luchó después el partido del Rey, pues si no se ha perdido

neck as a reward for his fidelity. They both returned to Spain by order of the Infant, to be ready to raise partisans in his favour. Much might have been done by Don Carlos before his brother's death to counterbalance the energetic efforts of the Cristinos, as the supporters of the infant princess and Queen Christina were termed; but unfortunately, although in a more honourable way, the Infant Don Carlos possessed the same weakness as Ferdinand. When every tie was broken between them, and common prudence required of him to counteract the intrigues of the Queen and prepare for the death of the King, by giving assurance to his numerous friends that it was his intention to join them, and thus encourage their efforts, he obstinately refused, saying that it was a point of conscience with him not to stir while his brother lived. This was one of the first of those numerous errors against which the King's cause has so marvellously struggled; for if it has not been lost a hundred times, it is not the fault of those engaged in its support.

When the death of the King became known, the intrigues

Capítulo 2 / Chapter 2

cien veces no ha sido por falta de los encargados de sostenerlo.

Cuando se supo la muerte del Rey, las intrigas del partido que había usurpado el Gobierno en nombre de Isabel II fueron recibidas con pública indignación. A pesar de las medidas de precaución que habían tomado, todas aquellas provincias donde la gente no había sido desarmada o dominada por los "urbanos" (quienes, componiéndose de las clases más ricas, favorecían casi todos al nuevo Gobierno como un paso hacia la aceptación de sus opiniones liberales) se hubieran levantado en favor de Don Carlos, y si entonces él se hubiese presentado, el partido de la Reina hubiera sido barrido. Aun siendo así, a no mediar la deplorable falta de actividad y habilidad por parte de los realistas y la manera absurda en que habían quedado, sin organización, comunicación o espionaje, podían haber quedado en posesión de Castilla, León, Navarra y las Provincias Vascongadas, que estaban en totalidad en sus manos; pero de esto hablaremos con más detenimiento más tarde. Evitó el que Don Carlos se uniera a

of the party who had usurped the government in the name of Isabella II were met by public indignation. Notwithstanding the precautionary measures which they had taken, all those provinces where the people had not yet been disarmed, or not kept down by the Urbanos, (who, being composed of the wealthier classes, nearly all favoured the new government as a step towards the adoption of their liberal opinions), would have risen in favour of Don Carlos, and, if he had then presented himself, the Queen's party would have been overwhelmed. As it was, had it not been for the deplorable want of skill and activity on the part of the Royalists, and the absurd way in which they remained without organisation, communication, or intelligence, they might have retained possession of Castile, Leon, Navarre, and the Basque provinces, which were then all in their hands; but of this we shall speak hereafter at length. Don Carlos was prevented from joining them by the army of observation of Rodil, which, under the command of Sarsfield, was stationed on that frontier: thus the prince was necessarily subjected to the reproach of being a weak and

ellas el ejército de observación de Rodil, el cual, bajo el mando de Sarsfield, estaba acuartelado en aquella frontera. De esta forma, el Príncipe se vio necesariamente sujeto al reproche de tener un carácter débil y pusilánime, temeroso de desenvainar aquella espada que él intentaba persuadir a sus compatriotas que usaran en su favor. Esta era la opinión del extranjero; opinión que antes de su llegada a Navarra compartían muchos de sus partidarios.

Sarsfield, cuyo padre era irlandés, que mandaba uno de los batallones de la Legión irlandesa, había sido siempre considerado como legitimista. A la muerte del Rey permaneció cinco días sin enviar su adhesión al Gobierno de la Reina, esperando evidentemente alguna indicación de Don Carlos, que era ahora Carlos V, de la línea de Borbón. Los consejeros del Rey, bien a impulsos de celos inspirados en el origen extranjero del general, bien porque les fuera imposible comunicar con él, incurrieron en el imperdonable error de enviar la primera solicitud a Rodil. No se podía haber cometido un yerro más desgraciado para la causa del

pusillanimous character, afraid to draw that sword which he endeavoured to persuade his countrymen to use for him. This was the received opinion abroad; and before his arrival in Navarre, it was participated by many of his partisans.

Sarsfield, whose father was Irish and commanded one of the battalions of the Irish Legion, had always been known as a legitimist. On the death of the King, he remained five days without sending in his adhesion to the Queen's government, evidently waiting for overtures from Don Carlos, who had now become Charles V, of the line of Bourbon. Whether the King's counsellors were actuated by jealousy of the general's foreign extraction, or that it was impossible to communicate with him, they committed the unpardonable blunder of sending in the first instance to Rodil. A more unfortunate error for the King's cause could not have been committed. Rodil was, in all his opinions, a staunch republican; and Sarsfield, stung at the idea of proposals having been made to one under his orders, instantly sent in his submission to the Queen.

Rey. Rodil era en todas sus opiniones un decidido republicano; y Sarsfield, ofendido por la idea de que sus proposiciones fueran hechas a uno que estaba bajo sus órdenes, inmediatamente envió su adhesión a la Reina.

En medio del desastre del ejército de Miguel, sin protección, sin dinero, a menudo sin provisiones y, al fin, perseguido por Rodil, que tenía órdenes de capturarlos, el Rey y su familia sufrieron privaciones y humillaciones que parecen increíbles. La Reina y la princesa de Beira vendieron sus joyas, por valor de 5.000 libras, para alivio de sus partidarios, que no tenían caballos ni vestidos; y cuando embarcaron y fueron obligados a dejar atrás muchos fieles partidarios, la Princesa se despojó del último artículo valioso que tenía, una peineta de diamantes, que por tratarse de un regalo, estimaba por encima de todo precio. En esta ocasión, el coronel Wilde se portó muy bien. La familia real estaba reducida a tal estado, que cuando se vio obligada, a causa de la persecución de Rodil, a huir a Zamusca, habiendo perdido todo su equipaje, se encontró sin una muda de ropa. En una ocasión

In the midst of the wreck of Miguel's army, without protection, without money, often without provisions, and at last pursued by Rodil, who had orders to capture them, the King and his family suffered privations and humiliations which almost exceed belief. The Queen and Princess of Beira sold their jewels for 5,000 l. for the relief of their followers, who were without horses or clothing; and when they embarked and were obliged to leave many faithful adherents behind, the princess parted with the last valuable article she possessed, a diamond comb, which, on account of its being a gift, she esteemed above all price. On this occasion Colonel Wylde behaved very handsomely. To such a state were the royal family reduced, that when obliged to fly to Zamusca, from the pursuit of Rodil, having lost all their equipage, they found themselves without a change of clothes. On one occasion they were so badly lodged that the rain, piercing through the roof, deluged their beds, and the Queen, already in ill health, was obliged to sit up all night wrapped in a mantle. On another occasion food was so scarce that the royal children stole out and

tuvieron tan mal alojamiento, que la lluvia, cayendo a través del tejado, inundaba sus camas, y la Reina, ya enferma, se vio obligada a estar sentada toda la noche envuelta en un manto. En otra ocasión escaseaba tanto la comida, que los reales infantes salieron y pidieron pan a los guardias de Corps, quienes, habiendo ya devorado su pequeña pitanza, no tenían nada que darles. La Reina, al enterarse de este caso, aunque era mujer de gran fortaleza, no pudo contener sus lágrimas. En medio de estos sufrimientos, el Rey, sin embargo, guardó la mayor ecuanimidad, y siempre tenía la sonrisa en sus labios, aunque debía de estar lejos de su corazón. Cuando iba a ser firmada la vergonzosa capitulación de Evora, él propuso un plan demasiado atrevido para haber sido ideado por un hombre conocido hasta entonces por su carácter tranquilo y pacífico. Consistía en que D. Miguel se encerrase en Elvas con una fuerte guarnición, mientras que él intentaba, con 13.000 hombres todavía disponibles, efectuar la conquista de sus dominios, y si tenía fortuna, volvería para libertad a su aliado. El plan, sin embargo, era más arriesgado que

asked for bread from the gardes-du-corps, who, having eagerly devoured their own scanty pittance, had nothing to give them. The Queen, having discovered the circumstance, although a woman of great fortitude, could not help shedding tears. In the midst of all these sufferings, the King, however, preserved the greatest equanimity, and had always the usual smile on his lips which must have been far absent from his heart. When the disgraceful capitulation of Evora was about to be signed, he proposed a plan, too bold to have been expected from a man hitherto remarkable for his mild and unadventurous spirit. It was that Don Miguel should shut himself up in Elvas with a strong garrison, while he should attempt, with 13,000 men (still disposable), to effect the conquest of his dominions, and, if successful, then to return and liberate his ally. The plan was, however, more daring than feasible; for the Spanish army was too obedient to its officers, as the event proved, to have passed over to his standard; and he would have found himself between Rodil on the one side, and the Pedroites on the other. The venerable Bishop of Leon did all in his power to

hacedero, pues el Ejército español era demasiado obediente a sus oficiales, como lo probaron los acontecimientos, para pasarse a su campo, y se hubiera encontrado entre Rodil, de un lado, y los partidarios de Pedro, de otro. El venerable obispo de León hizo todo lo posible para persuadir a Miguel, aunque en vano, diciendo: "Su Majestad puede todavía recobrar la Corona; pero para encontrarla tiene que pasar a través de Madrid con nosotros." "Haría como usted desea —replicó Miguel—; mas estoy seguro de que nadie me seguirá", y la capitulación fue firmada.

persuade Miguel, but in vain, saying, "Your majesty may yet recover your crown; but, to find it, you must pass through Madrid with us."

"I would do as you wish," replied Miguel, "but I am convinced no one would follow me." And the capitulation was signed.

Capítulo 3	Chapter 3
Primeros esfuerzos de los realistas. Zabala y sus hijas. Eraso. Descripción de Navarra. La Rivera. Costumbres de los navarros. Vascos. Su lengua. Nobleza de Navarra y las Provincias. Fueros y Privilegios. Guipúzcoa y Vizcaya. Traje Nacional.	Early Efforts of the Royalists. Zabala and his daughters. Eraso. Description of Navarre. The Rivera. Habits of the Navarrese. Basques. Their language. Nobility of Navarre and the Provinces. Fueros and Privileges. Guipuzcoa and Biscay. National costume.
Es un error frecuente, en este lado de los Pirineos, imaginar que los partidarios de Don Carlos están reducidos a las provincias vascas. A la muerte de Fernando, en ninguna parte se abrazó su causa con tanto ardor como en Castilla. Los voluntarios realistas en estas provincias y en Vizcaya, que no habían sido desarmados entonces, y que sumaban más de 38 batallones, proclamaron a Don Carlos. Partidas de hombres armados se reunían (el campesino blandiendo su mosquete, que había permanecido ocioso, al menos, desde los días de la Constitución) oficiales retirados e hidalgos de la clase de hidalgos de pueblo (mitad campesinos y mitad caballeros), según el tipo que describe Cervantes como	It is a common error on this side of the Pyrenees to imagine that the partisans of Don Carlos are confined to the Basque provinces. On the death of Ferdinand, his cause was nowhere so warmly embraced as in Castile. The Royalist volunteers in that province and in Biscay, who had not then been disarmed, amounting to more than thirty-eight battalions, proclaimed Don Carlos. Bands of armed men assembled—the peasant furbished up his musket which had lain idle at least since the days of the constitution—and retired officers and hidalgos of the class half peasant and half gentleman, of which Cervantes describes his hero as a member, took down their swords which had hung

Capítulo 3 / Chapter 3

héroe de su obra, tomaron sus espadas, que colgaban ociosas en las paredes desde los días en que era gloriosa España. Estas armas eran la larga espada recta de la pesada caballería francesa, la espada curva del jinete alemán o el ancho sable de nuestra propia caballería. Tales eran los jefes que, montando en sus caballos, se pusieron a la cabeza de grupos de insurrectos, que gradualmente se convirtieron en masas imponentes, si bien, después de todo, no eran más que muchedumbres armadas, un cuerpo sin alma donde todos mandaban y nadie obedecía, hasta que, sin esfuerzo casi, fueron dispersados por las tropas del Gobierno. Cada uno volvió entonces a su casa, y la "facción" fue desarmada y castigada en de talle, por carecer de algunos hombres de habilidad que se aprovechasen de la disposición de los habitantes. Si Zumalacárregui hubiera estado con ellos, entonces acaso pudieran haber marchado sobre Madrid sin disparar un tiro, pues lo menos 30.000 hombres se hallaban bajo las órdenes de Merino, Cuevillas y Berástegui, y más de 20.000 se habían levantado con Zabala, el marqués de Valdespina, Armencha, Eraso

useless on their walls since the days when Spain was glorious. These weapons were the long straight *espadon* of the heavy horse of France, the curved sword of the German trooper, or the broad-edged sabre of our own cavalry. Such were the leaders who, mounting their steeds, placed themselves at the head of knots of insurgents, which gradually swelled into imposing bands, but which, after all, were nothing more than armed crowds, a body without a soul, every one commanding and no one obeying, till they were dispersed by the government troops almost without an effort. Each one then returned to his home, and the faction was disarmed and punished in detail, for the want of some men of ability to take advantage of the disposition of the inhabitants. If Zumalacarregui had then been with them, they might perhaps have marched on Madrid without a shot being fired; for besides at least thirty thousand men under the orders of Merino, Cuevillas, and Berastegui in Biscay, upwards of twenty thousand men had been raised by Zabala, the Marquess of Valdespina, Armencha, Eraso, and Simeon de la Torre, and held

Doce meses de campaña - Twelvemonth's campaign

y Simón de la Torre y tenían en su poder a Vitoria y Bilbao. Rodil se hallaba entonces ocupado en vigilar la frontera de Portugal. Se habían formado guerrillas en Aragón y Cataluña, pues los carlistas no podían encontrar armas suficientes para luchar de otra manera, y todo el territorio de España estaba dominado por las tropas de la Reina, de forma tan incierta, que su ejército no podía disponer en ninguna parte de destacamentos. Con un décimo de los sacrificios que desde entonces se han hecho, sólo los carlistas de Vizcaya[17] podían haber conseguido un fácil triunfo; pero la apatía que existía en las filas carlistas era tanta como la energía que desplegaban los partidarios de la Reina. Los primeros estaban desarmados y dispersos por toda Castilla de tal modo que ni ellos mismos se lo explican aún. El cura Merino, tan sólo con 200 caballos, se mantenía en el campo y ha continuado haciéndolo hasta la hora presente, aunque le han dado por muerto tan repetidas veces los periódicos ingleses y franceses. Gran número de castellanos pasaron también a la provincia de Álava; mas poco después participaron de la misma suerte, al entrar

possession of Vitoria and Bilbao. Rodil was at that time occupied in watching the frontier of Portugal; guerrillas had been formed in Aragón and Catalonia, as the Carlists could not find arms sufficient to take the field there in any other way, and the whole of Spain was held on so uncertain a tenure by the Queen, that her army could nowhere spare detachments. With one-tenth of the sacrifices they have since made, the Royalists of Biscay alone might have procured an easy triumph; but as much apathy seemed to pervade the ranks of the Carlists as there was energy displayed by the Queen's party. The former were disarmed and dispersed throughout Castile, in a manner which to this day they have themselves difficulty in accounting for. The Curate Merino with two hundred horses alone maintained himself, and has continued to do so down to the present hour, although so repeatedly killed by the French and English papers. A large body of Castilians also passed into the province of Álava; but on the entry of Sarsfield into Vitoria, which place General Uranga, who commanded the Royalists, was obliged to abandon in consequence of

[71]

Capítulo 3 / Chapter 3

Sarsfield en Vitoria, plaza que se vio obligado a abandonar el general Uranga, que mandaba a los realistas, a causa del, poco apoyo que le prestaron aquéllos. Sarsfield fue nombrado Virrey de Navarra y recibió órdenes de dominar la insurrección en las provincias del Norte; pero, habiendo abrazado la causa de la Reina más por un pique que por otros motivos, actuó como un hombre que luchaba contra la opinión de su propia conciencia. Sarsfield es descendiente del renombrado general de Jacobo II del mismo nombre, y tiene reputación de ser el mejor y más bravo jefe de España; pero se le atribuye un temperamento precipitado y el ser demasiado aficionado a la bebida, lo que a veces le lleva a cometer las mayores locuras. Se cuenta de él que en una ocasión, durante la guerra de la Independencia, habiendo tenido una discusión con Minio, después coronel de Coraceros de la Guardia, le desafió a meter un clavo en las puertas de Barcelona (que entonces se hallaba guarnecida por los franceses) delante de él, y gritando a sus ayudantes que los que no le siguieran eran unos cobardes, montó su caballo y marchó al galope con

being unsupported, they shortly afterwards shared the same fate. Sarsfield had been made viceroy of Navarre, and had received orders to quell the insurrection in the northern provinces; but having embraced the Queen's cause more from pique than any other motive, he acted like a man fighting against his conscientious opinions. Sarsfield is descended from the celebrated general of James II of the same name, and has the reputation of being the best and bravest officer in Spain, but is said to be of a very hasty disposition, and to indulge in an excessive passion for drink, which often leads him to commit the maddest acts. It is related of him, that on one occasion during the war of independence, having had some dispute with Minio, afterwards colonel of cuirassiers of the guard, he defied him to strike a nail in the gates of Barcelona (which was then garrisoned by the French) before him, and calling out to his staff that all who did not follow were cowards, he mounted his horse and proceeded full gallop with a hammer and nail in his hand, and it was only when half the officers around him had been swept down by the grape of

un martillo y un clavo en su mano, y solamente cuando la mitad de los oficiales que le rodeaban habían caído derribados por las granadas de la fortaleza, pudo persuadírsele a que se retirara.

A pesar de habérsele confiado el mando de las tropas de la Reina, no se podía dudar de que él estaba ya arrepentido de haber abrazado la causa revolucionaria.

Verdaderamente hizo todo lo que pudo para favorecer a los insurrectos hasta donde le fue dado sin comprometerse a sí mismo, y es evidente que su intención era el haberse pasado con su división y proclamado a Don Carlos V, si hubiera visto una probabilidad razonable de éxito. En lugar de marchar sobre Bilbao, lo que debía haber hecho al principio, permaneció veinte días en Vitoria, dando así a los jefes carlistas el tiempo necesario para prepararse a resistir. Sin embargo, se perdió todo a causa de su mala dirección: los brigadieres Zabala y Armencha, que más tarde fue fusilado, y el marqués de Valdespina, ya de edad avanzada, que había perdido un brazo en la Guerra de la Independencia y sacrificado una fortuna principesca a sus

the fortress that he could be persuaded to retire.

Notwithstanding the command of the Queen's troops had been confided to him, there was but little doubt that he repented already of having embraced the revolutionary cause; indeed, he did everything in his power to favour the insurgents as far as he could without compromising himself; and it is evident that it was his intention to have passed over with all his division, and proclaimed Charles V, had he seen a reasonable chance of success. Instead of marching on Bilbao, which he ought to have done in the first instance, he remained twenty days at Vitoria, thus giving the Carlist leaders all necessary time to make preparations for resistance. Everything was, however, lost by their mismanagement. The Brigadiers Zabala and Armencha, who was afterwards shot, and the Marquess of Valdespina, who already at an advanced age, and having lost an arm in the war of independence, had sacrificed a princely fortune to his opinions, advanced upon Oñate with upwards of 14,000 men to meet the Queen's

Capítulo 3 / Chapter 3

opiniones, avanzaron sobre Oñate con más de 14.000 hombres para enfrentarse con el ejército de la Reina; pero, habiendo dejado a sus partidarios durante varios días sin municiones, sin raciones y sin organización, la mayor parte de ellos, cansados y disgustados, se retiraron a sus casas.

Los alaveses se dispersaron de modo semejante, así como los castellanos que se les habían unido; los alaveses acusaban a los castellanos de haberles abandonado, y éstos censuraban a aquéllos por su inacción. Sarsfield, dándose cuenta de que se comprometería muy seriamente con nuevas demoras, avanzó al fin. Cuando se hallaba en Durango, a unas 18 millas de Bilbao, las autoridades, que eran sospechosas de adhesión a Don Carlos, le entregaron varios cientos de fusiles; en lugar de tomar posesión de ellos, Sarsfield contestó: "No tengo tiempo de recibirlos; guárdenlos hasta mañana". Esto suponía una peligrosa confianza en aquellas autoridades y hacía sospechar que él esperaba que los harían desaparecer durante la noche; pero era tal el

army. But his followers having been left for several days without ammunition, without rations, and without organization, the greater part, tired and disgusted, retired to their own homes.

The Alavese dispersed in a similar manner, as well as the Castilians who had joined them; the Alavese reproaching the Castilians with having abandoned them, and the latter taunting the Alavese with their inaction. Sarsfield, finding that he would seriously compromise himself by further delay, at length advanced. When at Durango, about eighteen miles from Bilbao, the authorities, who were suspected of attachment to Don Carlos, surrendered to him several hundred muskets; instead of taking possession of them, Sarsfield replied, "I have no time now to receive them. Keep them till tomorrow." This was reposing a dangerous confidence in them, which looked almost like the hope that they would carry them off during the night; but such was the discouragement that prevailed that it was not attempted; and the next day the Queen's army entered Bilbao without resistance. The general behaved with the

descorazonamiento que les dominaba, que ni siquiera lo intentaron, y al siguiente día el ejército de la Reina entró en Bilbao sin resistencia. El general se portó con la mayor benignidad y, a causa de esto, poco tiempo después fue destituido del mando, bajo el pretexto de que su salud era delicada. Cuando después de la derrota de Valdés se pidió a Sarsfield que aceptara el mando como último recurso, él contestó irónicamente que "su salud no se lo permitía".

Armencha, Zabala, Eraso, todos ellos oficiales de alta graduación e influencia en el país, y Simón de la Torre, que había sido un subteniente de la Guardia, continuaron, sin embargo, a la cabeza de los más determinados de sus partidarios, sosteniendo la causa de Don Carlos en las montañas de Vizcaya y Guipúzcoa, donde mantenían con éxito variable una guerra de guerrillas sin causar una alarma seria en Madrid. Todos los días sostenían pequeñas escaramuzas, pero los carlistas eran incapaces de conservar sus posiciones contra la más pequeña columna de tropas regulares. Como Bilbao, al igual que la mayor parte de las ciudades comerciales, contenía

greatest lenity, and was in consequence a very short time afterwards removed from the command, under the pretence that his health was too delicate. When, after the defeat of Valdes, as a last resource Sarsfield was begged to accept the command, he replied ironically, that "His health would not permit him."

Armencha, Zabala, Eraso, all officers of high rank and influence in the country, and Simeon de la Torre, who had been a lieutenant of the guard, continued, however, at the head of the most determined of their partisans, to proclaim the cause of Charles V in the mountains of Biscay and Guipuzcoa, where they maintained, with varying success, a guerrilla warfare, without exciting any serious alarm at Madrid. Petty skirmishes took place every day, but the Carlists were unable to keep their ground against the smallest corps of the regular troops. As Bilbao, like most commercial cities, contained a large population very favourable to liberal ideas, and as in a country like Spain, where opinions on both sides are carried to extremes, it is idle to look for anything like moderation, a degree of

Capítulo 3 / Chapter 3

una gran parte de su población de ideas liberales, y como en un país del estilo de España, donde las opiniones en ambos bandos son sostenidas con extrema pasión, es inútil buscar nada que se parezca a la moderación, se creó un grado de enemistad contra los realistas mucho más intenso de lo que autorizarían meras diferencias de criterio.

Mucho antes de la muerte de Fernando, grupos así políticos como privados perturbaban la ciudad, y núcleos armados de ambos partidos acostumbraban salir con el pretexto de cazar, pero en realidad iban a encontrarse unos con otros en las viñas y bosques que rodeaban la plaza. El comienzo de la guerra civil fue, por tanto, y particularmente en Vizcaya, acompañado de tal grado de barbarie, que solamente puede presenciarse en guerras donde la familia se arma contra la familia. Yo citaré un ejemplo de crueldad ejercida contra Zabala, que parecería increíble en Europa y en el partido que afirma que sólo desea el progreso de España.

Habiéndose defendido varias veces obstinadamente cuando era perseguido, sus dos hijas,

enmity was excited there against the Royalists beyond what party differences can warrant.

Private as well as political feuds had, long before the death of Ferdinand, disturbed the city, and armed groups of either party used to go out, on the pretext of shooting game, but in reality to meet each other in the vineyards and woodlands around the town. The commencement of the civil war was therefore carried on (particularly in Biscay) with a degree of barbarity which is only witnessed in wars where family is armed against family. I will give an example of cruelty exercised against Zabala, beyond what Europe would believe of the modern ages and of the party who profess to desire nothing but the improvement of Spain.

Having, when pursued, sometimes obstinately defended himself, his two daughters, who had fallen into the hands of the Cristinos, were dragged about, and always carried forward with the tirailleurs in every encounter by the garrison of Bilbao, which had daily skirmishes with him. Zabala, fearful of injuring his own

Doce meses de campaña - Twelvemonth's campaign

que habían caído en manos de los cristinos, fueron arrastradas y conducidas delante de los tiradores en todo encuentro que con él sostenía la guarnición de Bilbao, la que libraba escaramuzas diarias con Zabala. Este, temeroso de herir a sus propias hijas, se vio obligado a ordenar a sus partidarios que no contestasen al fuego enemigo y se retirasen precipitadamente. Por fin, presa su espíritu de la desesperación, al luchar en él los sentimientos paternales, por una parte, y los reproches del partido, por otra, sacrificó aquellos sentimientos al cumplimiento del deber, y habiendo arengado a sus partidarios, les colocó en una emboscada cerca de una pequeña aldea, de la que he olvidado el nombre, situada entre Gurnica y el mar [18]. Informado el enemigo del caso, avanzó a lo largo del camino, llevando delante, como de costumbre, a las dos hijas de Zabala. Este, con voz firme, pero con lágrimas en los ojos, ordenó a sus hombres que abrieran fuego, y, avanzando rápidamente con la bayoneta, fue lo bastante afortunado para recobrar a sus hijas completamente sanas y salvas; ellas, sin embargo, se salvaron milagrosamente, pues

children, was obliged to prevent his partisans from returning the enemy's fire, and precipitately to retreat. At length, driven almost to desperation between the reproaches of his party and his paternal feelings, he sacrificed the latter to his duty; and having harangued his followers, placed them in ambush near a little village, of which I have forgotten the name, situated between Gurnica and the sea. The enemy, being informed of the circumstance, advanced along the road, leading forward as usual his two daughters. Zabala, in a firm voice, but with tears in his eyes, ordered his men to open their fire; and, instantly rushing in with the bayonet, was fortunate enough to recover his children unhurt: they had, however, narrowly escaped, two of those who held them being killed by the first discharge. His devotion was rewarded with victory; the enemy was dispersed and routed, and the regiment of Chinchilla left several hundred dead and wounded on the field.

Although this may appear more like a fiction, of the time of the Moslem dominion, or the dark ages, when chivalry

Capítulo 3 / Chapter 3

dos de los que las tenían prisioneras fueron muertos a la primera descarga. Su fidelidad fue premiada con la victoria; el enemigo fue dispersado y derrotado, y el regimiento de Chinchilla dejó varios cientos de muertos y heridos en el campo.

Aunque, pueda esto parecer una fantasía del tiempo del dominio musulmán o de épocas primitivas, cuando la civilización luchaba con la barbarie, más bien que una realidad, no solamente es una historia bien acreditada y conocida en las Provincias, sino atestiguada por muchos testigos dignos de crédito, a los que yo he visto y oído. En tiempos de lucha civil aparecen tanto los vicios como las virtudes de los hombres, generalmente en grado extremo; y en España, ya sea por el clima, o por la civilización limitada, o por la mezcla de sangre mora, sus habitantes parecen hallarse siempre bajo la influencia de pasiones más fuertes que las de los países norteños, lo que hace que sean mayores sus virtudes y sus vicios.

A Zabala se le censuraba generalmente por su timidez al exponer sus hombres, aunque

was struggling with barbarism, than a reality, not only is it a story well known and accredited in the provinces, but attested by many credible witnesses whom I have seen and heard. In times of civil warfare, generally, men's virtues and vices are seen in extremes; and in Spain, whether from its climate, its limited civilization, or its remains of Moorish blood, its inhabitants seem always under the influence of stronger passions—which lead alike to crimes and virtues—than those known to our northern regions.

Zabala was usually reproached with his timidity in exposing his men, although his personal bravery was incontestable. Simeon de la Torre had nothing in his favour but his valour. Eraso was, in reality, the man who organized the insurrection, and the only one capable of commanding with success. Of one of the richest families in the Roncal, he had distinguished himself in previous wars, having risen to the rank of colonel in the regular army, and commanded the frontier line of the western Pyrenees for several years. Attended only by a handful of men, he proclaimed Charles V.

su valor personal era indiscutido. Simón de la Torre nada tenía a su favor más que su valentía. Eraso era, en realidad, el hombre que organizó la insurrección y el único capaz de mandar con éxito. Hijo de una de las familias más ricas del Roncal[19], se había distinguido en guerras anteriores, habiendo alcanzado el grado de coronel en el Ejército regular y mandado la línea fronteriza de los Pirineos occidentales durante varios años. Acompañado solamente de un grupo de hombres, proclamó a Carlos V en 12 de octubre de 1833 en Roncesvalles, lugar celebrado en la Historia por la derrota de Carlomagno por los vascos en 774 e inmortalizado por la muerte de Roland, uno de los invasores y héroes de las antiguas crónicas y cantos legendarios. Eraso tenía, sin embargo, un enemigo con quien luchar mucho más despiadado que los partidarios de la Reina: una enfermedad que hacía tiempo minaba su salud, y por la cual fue, al fin, dominado de tal modo, que tuvo que ser trasladado a la frontera francesa, donde se refugió en una "borda", como se llaman las casas aisladas de los Pirineos. Aun estos refugios de contrabandistas,

on the 12th of October, 1833, at Roncesvalles, a spot already celebrated in history for the defeat of Charlemagne's army by the Basques, in 774, and immortalized as the place where Roland, one of the invaders, and the hero of ancient chronicle and legendary song, breathed his last. Eraso had, however, an enemy to struggle with far more merciless than the Queen's partisans; an illness which had long been undermining him, and by which at length he was so overcome, that he was obliged to be carried over the French frontier, where he took refuge in a *borda*, as Bthe isolated cottages in the Pyrenees are called. Even these resorts of the smugglers, which in ordinary times the French police do not care to visit, were then strictly searched, so great was their vigilance, and he was taken and sent prisoner as far as Angouleme. In many other parts of Spain partial risings were effected; but although brave and full of hope, without plan or arrangement, or any chief worthy of notice to guide them, the insurgents were quickly crushed by the generals, who overran the provinces, proclaiming martial

Capítulo 3 / Chapter 3

que en tiempos ordinarios no cuida de visitar la Policía francesa, fueron entonces rigurosamente registrados, ¡tan grande era su vigilancia!, y fue cogido y llevado prisionero a Angulema. En muchas otras partes de España se efectuaron levantamientos parciales, y aunque los insurrectos eran bravos y estaban llenos de esperanza, como no tenían plan ni jefe capaz de guiarlos, fueron rápidamente aplastados por los generales que recorrían las provincias proclamando la ley marcial y llevándola a la práctica con severidad por medio de fuerzas conquistadas mediante promesa de premios y de inmediatas liberalidades. Generalmente, los carlistas eran castigados con tal eficacia y rapidez, que los nombres de aquellos que levantaron el estandarte de la legitimidad permanecían desconocidos para sus correligionarios de otras provincias—Andalucía, Cataluña y Aragón—, donde, por largo tiempo, las partidas de Carnicer (posteriormente hecho prisionero en Castilla, a donde viajaba disfrazado, y fusilado [20] no eran mencionadas, aunque tuvieron sus mártires; pero nosotros sabemos muy poco en realidad de lo que ocurrió en ellas, salvo que se hizo algún

law, and executing it with severity by means of a force gained over by promised rewards and immediate largesse. Generally the Carlists were punished so effectually and so promptly, that the very names of those who raised the standard of legitimacy remained unknown to their fellow-partizans of other provinces. Andalusia, Granada, Catalonia, and Aragón, where for a long time the bands of Carnicer (afterwards taken in Castille, where he was travelling in disguise, and shot) were never heard of, all had their martyrs to the popular opinion; but we know in reality of little more of what took place, than that some movements were made. On the death of Santos-Ladron, ex-governor of Pamplona, who had proclaimed Don Carlos in Navarre, his party was at its lowest ebb; but as this circumstance forms a remarkable epoch in the sanguinary civil war of which it is my intention to detail a few passages, it may not be uninteresting to give a short account of that kingdom and its adjacent provinces, as well as of the character of the inhabitants.

movimiento. A la muerte de Santos Ladrón, ex gobernador de Pamplona, que proclamó a Don Carlos en Navarra, su partido se hallaba en la mayor decadencia; mas, como esta circunstancia constituye una parte muy notable de la sanguinaria guerra civil, de la cual voy a relatar en detalle algunos pasajes, juzgo que es de interés el hacer una breve descripción de aquel reino y sus provincias adyacentes, así como del carácter de sus habitantes.

Navarra está situada entre los Pirineos, al Norte; Aragón, al Este; las Provincias Vascas, al Oeste; y el Ebro y Castilla, al Sur. Su población se calcula en 280.000 habitantes; pero por encima de los límites de este pequeño reino, los navarros miran a los demás españoles más bien como subditos que como compatriotas. Desde el extremo Norte hasta las fértiles y grandes llanuras del Ebro, denominada la Rivera, no es otra cosa que una sucesión de montañas donde el forastero se encuentra perdido y desorientado en aquel laberinto de largos y estrechos valles, profundas cañadas y salvajes y gigantescas rocas. En la zona Norte, próxima a los Pirineos, las montañas son más

Navarre is situated between the Pyrenees on the north, Aragón on the east, the Basque provinces on the west, and the Ebro and Castille on the south. Its population is computed at about two hundred and eighty thousand souls; but beyond the limits of his tiny kingdom, the Navarrese looks rather on the other Spaniards as his fellow-subjects than his fellow-countrymen. From the northernmost extremity to the large and fertile plains in the vicinity of the Ebro, called *La Rivera*, it is but one succession of mountains, where the stranger is lost and confused in the labyrinth of long and narrow valleys, deep glens, and wild and gigantic rocks. In the northern part, adjoining the Pyrenees, the hills are higher and bolder than in the southern districts; but there is no part where cavalry can march a whole day without dismounting. In some parts the mountains are girt at their base by forests of chestnut trees or the Spanish oak, called *encina* whose acorn roasted is as palatable as the chestnut; higher up they are clothed with brushwood, or mere heath or furze, and their summits exhibit in all its nakedness the

altas y más imponentes que en los distritos del Sur, pero en ninguna parte puede marchar la caballería un día entero sin desmontar. En algunos lugares las montañas están cubiertas en su base por bosques de castaños y de encinas, cuya bellota asada es tan sabrosa como la castaña; más arriba, se hallan cubiertas de arbustos, brezo o tojo, y sus cumbres ofrecen en toda su desnudez la piedra gris o negra, de la cual, más abajo, se presentan grandes y fantásticas masas. Algunas de las alturas se hallan completamente desnudas y ofrecen escasa, pero aromática hierba a los rebaños de peludas yeguas de montaña o manadas de ovejas y cabras.

La cabaña de un pastor cubierta con grandes piedras, o una capilla solitaria a la cual encamina una línea de cruces, son los únicos objetos que llaman la atención, con la excepción, aquí y allá, de un árbol solitario que ha sido hendido o por el viento o por el rayo, y cuyo tronco parece que ha sobrevivido a la ambición de levantarse por encima de los otros compañeros enanos de la tierra. Generalmente, la tierra habla más de la indolencia de sus habitantes que de la

grey or black stone of which lower down huge and fantastic masses show themselves. Some of the heights are almost wholly barren, affording a scanty but aromatic herbage to herds of shagged mountain colts, or flocks of sheep and goats.

The hut of a shepherd, covered with large flakes of stone, or a lonely chapel to which a line of crosses points the way, is the only object which arrests the attention, with the exception here and there of a solitary tree which often either the wind or lightning has shivered, and whose trunk seems to have outlived the ambition of rising above its dwarf companions of the soil. Generally, the earth speaks more of the indolence of the inhabitants than of the avarice of nature; and there are thousands and thousands of acres on the mountains which, if planted, would produce a grape that would sparkle high in the glass of the epicure, and far surpass the heavy and luscious beverage grown in the fatness of the plains. In some parts the ever-green arbutus darken the hills with its deep foliage, which is like that of the laurel, bearing in autumn a fruit, a perfect strawberry in

avaricia de la Naturaleza, y hay miles y miles de hectáreas en las montañas que, si estuvieran plantadas, producirían un vino que chispearía en el vaso del más epicúreo y sería mejor que la bebida pesada y lustrosa que se cría en las fértiles tierras de los llanos. En algunas partes, los siempre verdes arbustos oscurecen las colinas con su profundo follaje, que es parecido al del laurel, produciendo en otoño una fruta que en apariencia es igual a una fresa, pero de gusto insípido y de efectos intoxicantes. De vez en cuando, en medio de este terreno salvaje, se extiende un profundo valle, abundante en trigo y maíz y salpicado de pueblos; algunas veces es de considerable extensión, como las llanuras de Pamplona o las de Vitoria y Salvatierra, en las que, desde las alturas de la sierra, se ven cuarenta o cincuenta pueblos extendidos bajo los pies, entre el observador y la cadena azul de colinas que cierra el horizonte al lado opuesto. En la parte Sur, la viña y el olivo substituyen al maíz. De un valle a otro hay muchos caminos, y a veces, a consecuencia de los obstáculos naturales, se desvían tanto, que la distancia es doble que por

appearance, but insipid to the taste and intoxicating in its effect. Occasionally in this wilderness stretches a deep valley abounding in corn and maize, and studded with villages; sometimes it is of considerable extent, like the plains of Pamplona or those of Vitoria and Salvatierra, in which, from the heights of the Sierra, you look down on forty or fifty villages stretched beneath your feet, between you and the blue ridge of hills which walls them in on the other side. In the southern part, the vine and olive succeed to the Indian corn. From one valley to another lead many roads; and sometimes, on account of the natural obstacles, they deviate so much that they are double the distance of the innumerable paths which cut straight across the mountain, but difficult for anything save a goat or a Navarrese to tread,–rugged and steep, and at times so narrow that, you may almost span the way with your extended fingers, with perhaps a ravine of some hundred feet gaping or a torrent roaring below. From one cluster of villages to another, the distance is usually from five to twelve miles; but generally there are formidable defiles

Capítulo 3 / Chapter 3

los innumerables senderos que van derechos a través de la montaña, pero muy difíciles de seguir, excepto para una cabra o para un navarro—abruptos y empinados, y a veces tan estrechos, que casi se puede medir el camino con la mano extendida, teniendo quizás debajo un precipicio de unos cien metros o un torrente—. Desde un grupo de pueblos a otro, la distancia suele ser de cinco a doce millas; pero generalmente se encuentran formidables desfiladeros y hondos precipicios antes de llegar a ellos. En invierno, el camino, que ha sido desgastado en las pendientes de sólida roca, y en el que la lluvia ha batido el suelo, formando una sucesión de charcos de barro de un pie o dos de profundidad, estorba considerablemente la marcha del viajero; y en verano ofrece una especie de escalera abrupta e irregular, donde a cada instante las herraduras de las muías o de los caballos resbalan en la piedra desnuda. Los hombres que han de atravesar tal terreno, particularmente si tienen que llevar el bagaje de las tropas regulares, quedan exhaustos aun con las más cortas marchas, mientras que los naturales del país van a través

and deep precipices to encounter ere you reach them. In winter, the way which has been worn in the ascents of the solid rock, and into which the rain has beaten the soil, forming a succession of reservoirs of mud a foot or two in depth, considerably impedes the traveller's progress; and in summer presents a rugged and irregular flight of steps, where every instant the iron of the mules' or horses' shoes is slipping on the naked stone. Men who have to traverse such ground, particularly if they have to carry the baggage of regular troops, are exhausted by the shortest marches, while the people of the country go through wood and ravine, straight as the fox or wolf, and can always overtake, without the possibility of being overtaken. In some places the ground is so much covered, that an invading force has no idea of the proximity of the enemy. That enemy has his spies and guerrillas, and the invaders cannot detach men on expeditions of discovery, because when a few hundred yards from the main body they are always liable to be cut off. Go which road they will, still he has always time to take another–to leave them if

de los bosques y de los barrancos derechos como la zorra o el lobo, y siempre pueden pasarle a uno sin la posibilidad de ser alcanzados. En algunos lugares el terreno está tan cubierto, que una fuerza invasora no tiene idea de la proximidad del enemigo. Este posee sus espías y guerrillas, y los invasores no pueden destacar hombres en una expedición exploradora, porque cuando se alejan unos cientos de yardas de la fuerza principal se exponen a ser cortados. Vayan por el camino que vayan, siempre tienen tiempo de tomar otro, de dejarles, si le persiguen exhaustos por la caza, en localidades donde el acampar o acuartelar es igualmente incómodo o peligroso.

Los pueblos se diferencian bastante en extensión y limpieza; la iglesia y el campanario ocupan un lugar preeminente entre el grupo de casas, que están construidas de una piedra rojiza y grisácea. Comúnmente, los pueblos o aldeas están en grupos, y recibe una sorpresa agradable el oído del forastero cuando, al dar la hora, la oye repetida en un ancho valle por innumerables lenguas de bronce, como si unas fueran el

pursuing, exhausted with the chace, in localities where to encamp or to quarter is equally incommodious or perilous.

The villages differ considerably in size and cleanliness; the church and steeple being a very prominent feature in the midst of the group of houses which are either built in reddish or greyish stone. Generally the *pueblos* or villages are in clusters, and it has a pleasing effect on the ear of the stranger when, at the termination of the hour, he hears it tolled forth in a wide valley from innumerable brazen tongues, as it were, echoing one another.

In the north the villages are usually built in hollows; in the south, on the contrary, they seem to prefer a rising ground to the valley. The houses are of a middling size, and the shell solidly built, but incommodious. Perhaps the curate's house is partly painted white, and has, by way of luxury, a few panes of glass; but even this is rare in the mountain-villages. The ground floor is occupied by the stables: the kitchen, which, in the real Basque cottages, is only the base of an enormous chimney, being on the first or

Capítulo 3 / Chapter 3

eco de las otras.

En el Norte, los pueblos se hallan construidos generalmente en hondonadas; en el Sur, por el contrario, parecen preferir un terreno alto al del llano. Las casas son de un tamaño regular y el armazón construido con solidez, pero incómodas. Así, la casa del cura está en parte pintada de blanco y tiene como gran lujo algunas vidrieras de cristal; pero aun esto es raro en los pueblos de la montaña. El piso bajo está ocupado por establos; la cocina, que en el verdadero caserío vasco es solamente la base de una enorme chimenea, está en el primero o segundo piso. Un detalle singular de cada casa, por pequeña que sea, es el escudo, rudamente esculpido sobre la puerta. Donde el fuego no se hace en mitad de la cocina, detrás de los morillos, en los que suele ser colocado medio tronco de árbol, aparece una enorme lámina de hierro, en la que están grabados en relieve el escudo de Navarra o las flores de lis. En sus guerras con una dinastía anterior, los reyes de Francia no se figuraban que el real emblema de la Casa de los Borbones se vería un día relegado a los caseríos de

second story. One singular feature of every house, however mean, is the arms rudely sculptured over the doorway. Where the fire is not made in the middle of the kitchen, behind the dogs on which half the trunk of a tree is thrown, appears an enormous iron sheet, on which the arms of Navarre or the *fleurs-de-lis* are figured in relief. In their wars with an earlier dynasty, the kings of France little thought that the loyal emblem of the House of Bourbon would one day be banished to the cottages of Spain. The furniture is rude and simple; but in some houses a few chests, inlaid with ebony and ivory, and of antique workmanship, show that their forefathers were either wealthier or more luxurious than the present generation.

Excepting in the *Rivera*, where many possess large properties, few of the inhabitants are rich; on the other hand, however, few are absolutely poor; and none need be so if moderately industrious. Wealth does not, however, seem to hold out sufficient temptation to induce them to continued exertion. It is true, that what they have of superfluous produce they can

España. Los muebles son rudos y sencillos; pero en algunas casas unos pocos cofres incrustados de ébano y marfil y de trabajo muy antiguo demuestran que sus antepasados eran o más ricos o más lujosos que la presente generación.

Exceptuando -la Rivera, en donde muchos poseen grandes propiedades, pocos de los habitantes son ricos; por el contrario, pocos son completamente pobres; y ninguno necesita serlo si es lo bastante trabajador. La riqueza, sin embargo, no parece ser lo suficientemente tentadora para inducirles a continuar su esfuerzo. Es verdad que lo que tienen de superfluo pueden cambiarlo por oro, que, cuando lo poseen, queda ocioso en sus cofres, sin que procuren multiplicarlo u obtener aquellos lujos que lo hacen deseable. En la Rivera hay muchos individuos que, poseyendo muchos miles de dólares en dinero, los esconden en tiempo de guerra y los dejan sin empleo en tiempo de paz, y ni viven ni visten un poco mejor que sus vecinos. Tienen todos la indolencia común de los del Sur, que explica el hecho de haber soportado durante

turn to gold; which, when they have it, lies idle in their coffers, without their seeking to multiply it or procure those luxuries which render it desirable. In the Rivera are many individuals, who, possessing many thousand dollars in specie, conceal them in time of war, and leave them unemployed in time of peace, and live and clothe themselves not a degree better than their neighbours. They have all the indolence common to the Southron, which explains the fact of their having for so many years supported the contending armies of friend and foe; a fact which, without a knowledge of the people and their resources, it is difficult to understand. In time of peace, the peasant tills no more of his field than he requires, although his own exertions might suffice for producing three or four times more of bread and wine than he requires. In time of war, when he must furnish rations, he is obliged to work; and, therefore, excepting that he is forced to labour, remains much in the same condition as before—the unquiet times, which ruin other lands, serving strangely enough to develop the natural resources of that country. In the war of independence, as it is called,

tantos años los ejércitos de amigos y enemigos, detalle que, sin el conocimiento del pueblo y de sus recursos, es difícil de entender. En tiempo de paz, los campesinos no labran en su campo más que lo que necesitan, a pesar de que su propio esfuerzo pudiera bastar para producir tres o cuatro veces más pan y vino del que necesitan. En tiempo de guerra, cuando tiene que proveer de raciones, está obligado a trabajar, por consiguiente, exceptuando esta circunstancia, se queda poco más o menos en la misma condición que antes. Los tiempos turbados, que arruinan a otras tierras, sirven aquí, aunque sea extraño, para desenvolver los recursos naturales del país [21]. En la guerra de la Independencia, como se le llama a aquella que se sostuvo tan largo tiempo contra los franceses bajo Napoleón, aunque sus tropas quemaron y destruyeron poblaciones enteras en las montañas, un año o dos después, con gran sorpresa, encontraron otras floreciendo en su lugar. Esta fertilidad de las provincias del Norte es un elemento que facilita la continuación de la guerra y puede explicar la memorable resistencia de los jefes de

that which was waged so long against the French under Napoleon, although his troops burned and destroyed whole villages in the mountains, a year or two after, to their surprise, they found others flourishing in their room. This fertility of the northern provinces is an element which facilitates the continuance of war, and may account for the memorable stand of the guerrilla chieftains of Napoleon's time, and the no less extraordinary struggle of the last two years.

On advancing to the south of Pamplona —a city of about 20,000 inhabitants, situated at the farther extremity of a wide valley, and strongly fortified— the traveller finds the plains larger, and the towns and villages more populous and more considerable in size. The inhabitants, too, no longer speak the Basque, but genuine Castilian. The richest part of the country, however, with the exception of a few plains which, like the Carrascal, may be barren and sandy, is the Rivera, as all the flat lands bordering on the Ebro and Aragón are called. Let the reader imagine a continued succession of vines and corn, excepting where the peach-tree

Doce meses de campaña - Twelvemonth's campaign

guerrilla en tiempo de Napoleón y la no menos extraordinaria lucha de los dos últimos años.

Al avanzar al sur de Pamplona—una ciudad de unos 20.000 habitantes, situada en el último extremo de un ancho valle y muy bien fortificada—, el viajero se encuentra con que las llanuras son más extensas, y las ciudades y aldeas, más populosas y de mayores dimensiones. Los habitantes ya no hablan el vasco, sino el auténtico castellano. La parte más rica del país, sin embargo, salvando unas pocas llanuras, que, como el Carrascal, pueden ser estériles y arenosas, es la Rivera, como se llama a todas las tierras bajas que bordean el Ebro y el Aragón. Imagínese el lector una continua sucesión de viñas y trigo, excepto donde aparecen el melocotonero y el olivo, un río fresco y rápido que serpentea entre verdes orillas y azuladas colinas arenosas en la lejanía, como si fueran la venguardia de las nebulosas y distantes montañas, donde todo es tan salvaje y escabroso como es aquí hermoso y fértil; un país en que abunda de todo: el pan es el más fino y blanco del mundo; el vino, sabroso y

and olive appear, a cool and rapid river winding amid green banks, and blue sandhills in the distance, the advanced guard as it were of the dim and distant mountains, where all is as wild and rugged as it is here beautiful and luxurious–a country abounding in everything; the bread the finest and the whitest in the world; the wine luscious and rich; and the fig, the melon, and the peach in abundance. When there is snow knee-deep on the mountains of Navarre, the sun shines brightly on the Rivera; and if ever the snow fall there for half a day, it is such a curiosity that the children run out and catch it in their hands.

In Navarre two-thirds of the labour is done by women. Whether this is partly caused by the present war having drained from the working class so many of its most useful members, I know not, but it is not at all uncommon to see females turning up a field with a sort of three-pronged spade, which, by the united efforts of two or three female labourers, throws up from the rich clay soil a mass of earth eight times larger than the plough turns over. At other times they are seen driving their rude carts, which are so constructed that

delicioso, y donde el higo, el melón y el melocotón se dan con esplendidez. Cuando la nieve llega hasta la rodilla en las montañas de Navarra, el sol brilla en la Rivera, y si alguna vez nieva durante medio día, es una cosa tan curiosa, que los niños corren para coger la nieve en sus manos.

En Navarra las mujeres hacen las dos terceras partes del trabajo. Yo no sé si esto es a causa, en parte, de que la guerra actual ha absorbido de las clases trabajadoras tantos de sus más útiles miembros; pero no es nada raro el ver mujeres labrar en un campo con una especie de azada de tres puntas [22], que con los esfuerzos unidos de dos o tres mujeres levanta del rico suelo calizo una masa de tierra ocho veces mayor que la que levanta el arado. Otras veces se las ve conducir sus toscos carros, que están construidos de tal modo que el eje da vueltas a la vez que las ruedas: éstas son círculos macizos en los cuales está fijo el eje, y tiran de ellos un par de bueyes uncidos por el yugo y guiados por medio de una pértiga, que es manejada por el que los conduce, y la cual en uno de los extremos tiene un clavo que la hace punzante. Según en donde

the axle turns with the wheels: the wheels are solid circles, in which the axle is fixed, and are drawn by a pair of oxen yoked together, governed by means of a stick which the driver wields, and which at one extremity is rendered pungent by a nail. According to the part on which the oxen are touched by this goad, they turn to the right or to the left. The peasant, as I have said, seldom tills more of his field than is necessary for his subsistence; excepting during the short period when it is indispensable for him to sow and reap, and attend to his vintage—he is entirely idle. Whether rich or poor, there is little variation in his costume; if old or middle-aged, he wears a cap, breeches, and jacket, of the coarse brown cloth used by the Franciscan friars, having round the waist a red or blue sash; if young, he sports a beret, or blue round cap, woven all in one piece, and black velveteen trousers. In the mountains, sandals, manufactured of hemp, are worn instead of shoes, and the peasantry wrap in winter a piece of cloth around the leg, which is tied by a horse-hair cord.

The mode of living of the Navarrese is sober in the

inchen a los bueyes con el aguijón, se dirigen a la derecha o a la izquierda. Los compesinos, como he dicho, rara vez labran su campo más de lo que es necesario para su subsistencia; el labrador, salvo durante el corto período en que es indispensable que siembre y recoja y atienda a su vendimia, está completamente ocioso. Bien sea rico o pobre, su traje varía muy poco; si es viejo o de edad madura, lleva una gorra, calzones y chaqueta de paño marrón ordinario, como el usado por los frailes franciscanos, y alrededor de la cintura, una faja encarnada o azul; si es joven, lleva una boina azul redonda, toda tejida en una pieza, y pantalones de pana negra. En las montañas se usan alpargatas hechas de cáñamo, en lugar de zapatos, y los campesinos, en invierno, se rodean las piernas con unas bandas de paño que se atan con una cuerda de crin de caballo.

El modo de vivir de los navarros es sumamente sobrio. Si es un hombre robusto, al levantarse toma su taza de chocolate, como se hace en España —disolviendo una onza en una pequeña cantidad de agua, hirviéndolo hasta que se haga una pasta espesa, que

extreme. If at all a substantial man, on rising he takes his cup of chocolate, as it is made in Spain—one ounce dissolved in a small quantity of water, and boiled to the consistency of paste, which is served up in a cup the size of a very small coffee-cup—with some thin pieces of toasted bread, which he dips in it; he then takes a large glass of water--water being a luxury enjoyed alike by prince and peasant and taken at all hours of the day. In the towns they offer with it *bolados*, a sort of very light puff made of highly-refined sugar, flavoured with lemon, and which instantly dissolves in the glass. At twelve o'clock the Navarrese dines, living much during the season upon tomata and pimento, which are introduced into every dish; and the remainder of the day until supper-time he lounges about the village, sitting in the sun in winter, and under the shade in summer, at his own door, under the piazzas of the "plaza," or the portico of the church, where the notables of the village love to assemble and hold their public *consejo*, the village council, or enjoy the *dolce far niente*. So long as he has got his paper cigar, and can lead this life of dreamy idleness, he lets the world wag

se sirve en una taza del tamaño de una de café, con algunas rebanadas de pan muy delgadas, que moja en él—; luego toma un vaso grande de agua —el agua es un lujo del cual tanto goza el príncipe como el campesino, y que se toma a todas horas del día—. En la ciudad la ofrecen con bolados, una especie de pasta muy ligera, hecha con azúcar muy refinado, aromado con limón y que al instante se disuelve en el vaso. Los navarros almuerzan a las doce, y durante la estación propicia se alimentan mucho de pimientos y tomates, los cuales se emplean en todos los platos, y el resto del día, hasta la hora de cenar, está ocioso en el pueblo, sentado al sol en el invierno y bajo la sombra en verano, en su propia puerta, bajo los pórticos de la plaza o el atrio de la iglesia, donde los principales del pueblo gustan de reunirse y tener su consejo público o junta del pueblo, o disfrutar del "dolce far niente". Con que tenga su cigarrillo y pueda llevar esta vida de ociosos ensueños, él deja que el mundo se mueva como quiera, y sigue fumando. Sin embargo, una vez despierto, es cierto que él se despabila seriamente. Si adopta la profesión precaria e incierta de

as it will, and smokes away. Yet, when once awakened, it is certain that he seriously arouses. Does he adopt the precarious and uncertain trade of a smuggler, or even muleteer, he will traverse thirty, forty, or fifty miles in the four-and-twenty hours, walking day and night without thinking it any hardship; sleeping on the bare ground, and supping on a piece of bread and pimento, with a draught of wine from his goat-skin. He is equally active in time of war, for which, from habit or natural taste, he has a decided inclination. The old and middle-aged are all men who have carried arms in the war of independence, which proved so fatal to the conquerors of Austerlitz and Marengo. Brave and disciplined as were the troops of the empire, then the finest in the world, and able to sweep their enemies like chaff before the wind on the field of battle, the number that fell, and fell unavenged, seems scarcely credible. There is not a pass or valley which is not pointed out as the spot where many of the French invaders lie buried. I have often watched the countenances of the elders of a village: although they have now sunk back to their natural

un contrabandista o de un arriero, atravesará 30, 40 o 50 millas en las veinticuatro horas, andando-día y noche sin pensar en ningún sufrimiento, durmiendo en el desnudo suelo y comiendo un pedazo de pan y pimiento con un trago de su bota. El es igualmente activo en tiempo de guerra, para la cual, por costumbre o por tendencia nativa, tiene una decidida inclinación. Los viejos y los de edad madura, son todos hombres que han luchado en la guerra de la Independencia, que resultó ser tan fatal a los conquistadores de Austerlitz y Marengo. Bravas y disciplinadas como eran las tropas del Imperio, entonces las mejores del mundo, y capaces de barrer a sus enemigos (como una pluma ante el viento) en el campo de batalla, el número de ellas que cayó, y cayó sin ser vengado, parece casi increíble. No hay ningún paso o valle en que no haya una señal o lápida donde los invasores franceses estén enterrados. Yo he examinado a menudo las fisonomías de los más ancianos del pueblo: a pesar de que ahora han vuelto a su expresión natural de "nonchalance" o indiferencia, que parece tan propia de su carácter, todavía tienen

expression of nonchalance and indifference which seems so congenial to their character, still they bear deep traces, like the old crater of a burnt-out volcano, of a more stormy period of their existence. Although they are not very communicative, still, on knowing their habits and entering into their feelings, I have drawn from them startling recitals of *la antigua guerra*, or "the old war," of which the campaigns of the British army formed only a brief, and comparatively bloodless, episode. The war of the constitution which followed did not allow their natural taste for a half-brigand life to subside.

Although Ferdinand was universally disliked–and to this, not to the liberal sentiments that animated the population, may be attributed the success of the constitutionalists–Navarre remained faithful to him, and even raised five battalions of volunteers in his favour, called *el ejército de la fe*, "the army of the faith." Nearly all the Carlist officers and soldiers I have conversed with have told me that for Ferdinand they would never have taken arms, though wishing well to his cause.

Capítulo 3 / Chapter 3

profundos rasgos, como el viejo cráter de un volcán apagado, de un período más tormentoso de su existencia. No obstante ser poco comunicativos, sin embargo, conociendo sus costumbres y penetrando en sus sentimientos, yo he sacado de ellos algunas historias sorprendentes de la vieja guerra, en la cual las campañas del ejército británico constituyeron un episodio breve y relativamente poco sangriento. La guerra de la Constitución, que siguió a ésta, no les permitió continuar con la vida de semibandtdaje que era tan de su gusto. Aunque Fernando era universalmente odiado, y a esto y no a los sentimientos liberales que animaban a la población debe atribuirse el éxito de los constitucionalistas, Navarra le permaneció fiel y aun levantó cinco batallones de voluntarios, denominados el "ejército de la fe", en su favor. Casi todos los oficiales y soldados carlistas con los que he hablado me han dicho que ellos no hubieran tomado las armas a favor de Fernando VII, aunque deseaban bien a su causa.

He dicho ya cuan enemigo es el navarro de un trabajo

I have already said how averse the Navarrese is from all continued labour, and how in the patient endurance of hunger and fatigue he is unrivalled. From habit, tradition, and inclination, he is fitted for nothing better than that kind of guerilla warfare, which has always made his mountains, sooner or later, the graves of foreign invaders. The nature of the country and its people is too favourable to the inhabitants to render usurpation, domestic or foreign, like anything but an unhealthy plant, which, though fostered with all the care of power, must wither in the ungenial clime.

The courage of the Navarrese, and not only of the Navarrese, but of the Spaniards generally, is of a nature that requires some explanation. Of late years they have made the worst regular troops in Europe; but this springs from a total want of confidence in their own officers, who are drawn from those classes I have described as utterly demoralized, and who have often abandoned or betrayed their followers, or sacrificed them through ignorance. It is also true, that generally, in a

continuado, así como no tiene rival en el paciente sufrimiento del hambre y la fatiga. Por hábito, tradición e inclinación, él no está para nada mejor dotado que para la guerra de guerrillas, que ha hecho siempre de sus montañas, más tarde o más temprano, las fosas de los invasores extranjeros.

La naturaleza del país y de su población es tan favorable a sus habitantes, que hacen que la usurpación, doméstica o extranjera, sea como una planta enferma que, aunque cultivada con todos los cuidados que proporciona el poder, está destinada a morir en un clima poco propicio.

El valor de los navarros, y no sólo de los navarros, sino de los españoles en general, es de tal naturaleza, que necesita una explicación. En los últimos años, ellos han sido las peores tropas regulares de Europa; pero esto tiene su origen en la total falta de confianza en sus oficiales, los que proceden de aquellas clases que yo he descrito como completamente desmoralizadas y que a menudo han abandonado o traicionado a sus partidarios o los han sacrificado debido a la ignorancia. Es también verdad

fair, stand-up fight, the Spaniards will not behave with the determination of French or English soldiers, who like a few decisive actions, and then to have done. The reluctance of Napoleon's marshals and generals towards the close of his career to enter on fresh battles, in which, when once engaged, they behaved with so much heroism, is a striking proof of this disposition; and the French veterans with whom I have conversed, as well as some French deserters serving in our ranks—as brave men as ever wielded a musket— bear me out in the assertion, that whenever the troops of that nation have reaped a harvest of glory, they grow tired of fighting. This I believe to be the case with all the nations of the north. Their soldiers have cheerfully run the most imminent personal hazard in the actions in which they have been engaged; but, after a time, they like to sit under the shelter of the laurels they have gathered. The courage of the Spaniard, on the contrary, although it will not urge him with such determined bravery in the face of danger, will lead him to run a greater risk by remaining for years, or a whole lifetime, in warfare, the continuance of

Capítulo 3 / Chapter 3

que, generalmente, en una lucha franca y decisiva, los españoles no se portan con la misma decisión que los soldados franceses o ingleses, los que son partidarios de pocas acciones decisivas y de terminar la guerra con ellas. La oposición de los mariscales y generales de Napoleón, al final de sus carreras, a entrar en nuevas batallas, en las cuales, una vez empeñados, se portaban con tanto heroísmo, es una prueba concluyente de esta disposición de ánimo; y los veteranos franceses con los cuales he hablado, así como los desertores franceses que servían en nuestras filas (tan bravos como los más bravos que manejaron un fusil) atestiguan mi afirmación de que siempre que las tropas de aquella nación han recogido una cosecha de gloria quedaron cansadas de luchar. Sus soldados han sobrellevado alegremente los mayores riesgos personales en las acciones en las que han tomado parte; pero después de algún tiempo les gusta sentarse a la sombra de los laureles que han cosechado.

El valor del español, por el contrario, aunque no le empuje con tan resuelta bravura enfrente del peligro, le hará

which sweeps his race from the earth, with more certainty than the most bloody battles of a brief campaign or two.

In common with his neighbours of the Basque provinces, Biscay and Guipuzcoa, the Navarrese forms part of the remnant of an ancient people, whose origin is lost in the obscurity of time; but as far back as anything is distinctly traced on the records of history, he has been unconquered and independent, and he retains to this day his own language–a language that has no affinity to any other with which I am acquainted. Perhaps it may be that of the Gauls before they were overrun by the Latins and Franks. It is harsh in pronunciation, but rich and expressive; and, if I may judge, was never formed to flow from the soft lips of a Southron. In Spanish it is termed *Vascuence*, or *lengua Vascongada*. The following is the Lord's prayer, which I have given to show the little analogy it has to our northern tongues:

Gure aitan ceruetan çarena, erabel bedi sainduqui çure icena; Ethor bedi çure erresuma; Eguin bedi çure borondatea, ceruan beçala lurrean

sufrir un mayor riesgo durante muchos años, y aun toda la vida en guerra, cuya continuidad barrerá su raza de la tierra con más seguridad que las más crueles batallas de una o dos breves campañas.

En común con sus vecinos de las Provincias vascas, Álava, Guipúzcoa y Vizcaya, el navarro forma parte de los restos de un antiguo pueblo cuyo origen se pierde en las oscuridad de los tiempos; pero en tanto en cuanto puede descubrirse desde que la Historia existe, él ha sido independiente, inconquistado, y conserva hasta el día de hoy su propia lengua, una lengua que no tiene afinidad con ninguna otra de las que yo conozco. Acaso puede ser la de los galos antes de que fueran dominados por los latinos y los francos. Es dura de pronunciación, pero rica y expresiva, y si se me permite opinar, creo que no fue formada para fluir de los suaves labios de un meridional. En español se le denomina vascuence o lengua vascongada. Lo que sigue es el Padrenuestro, que escribo para mostrar la poca analogía que tiene con las lenguas del Norte:

ere; Igucu egun gure eguneco oguia. Eta barka dictcagutçu gure corrac, guc gure gana cordon direna barkatcen derauztegun beçala. Eta es gaitçatçula utz tentamendutan erortcera. Bainin beguira gaitçatçu gaitcetic. Halabiz.

From this stock the inhabitants of the northern provinces are descended, although so many have mingled with those who were for so many centuries under the dominion of the Saracen, that, except within sight of the Pyrenees, the Basque language is beginning to be forgotten. The farther you go from the mountains, (where, like their own mists which dwell there when they have cleared away from the valley, the old customs, traditions, and primitive races love to linger), the inhabitants present less of the distinctive character of an ancient people; they become gradually darker and of a different stature, till, on the banks of the Ebro, they are to all appearance a new race. The Basques are tall and thin, but firmly made and strong-boned, with grey eyes; they are generally less dark than the other Spaniards, and the Navarrese partake of the character of the one or the other according as they are

Gure aitan ceruetan çarena, erabel bedi sainduqui çure icena; Ethor bedi çure erresuma; Eguin bedi çure borondatea, ceruan beçala lurrean ere: Igucu egun gure eguneco oguia. Eta barka dictcagutçu gure corrac, guc gure gana cordon direna barkatcen derauztegun beçala. Eta es gaitçatçula utz tentamendutan erortcera. Bainin beguira gaitçatçu gaitcetic. Halabiz.

De este tronco descienden los habitantes de las provincias del Norte, aunque muchos se han mezclado con aquellos que estuvieron durante muchas centurias bajo el dominio de los sarracenos, lo que es causa de que la lengua vasca empiece a ser olvidada, salvo en las tierras situadas a la vista de los Pirineos. Cuanto más al Sur se va de las montañas, donde, a semejanza de sus nieblas, que permanecen allí cuando ya ha clareado en el valle, gustan de vivir las antiguas costumbres, tradiciones y razas primitivas, los habitantes presentan menos rasgos distintivos de un pueblo antiguo; son cada vez más morenos y de diferente estatura, hasta que en las márgenes del Ebro son, a juzgar por su aspecto, como de una nueva raza. Los vascos son altos y delgados, pero sólidamente construidos y huesudos, con ojos grises; son

nearer to or more remote from the Pyrenees or the Ebro. It is a common error in England to imagine that Don Carlos has been entirely supported by the Basques—at least the genuine Basques, who still retain the primitive tongue and distinguishing character of that people. These do not form one-third of the population of Navarre and of the three provinces of Guipuzcoa, Álava, and Biscay; and do not, in fact, compose half the army now under the banners of the King.

How or when the Basques were converted to Christianity I am ignorant. But it is certain that, after the Gothic princes of Spain had been obliged by the followers of the Prophet, who overran nearly the whole country, to take refuge in the Asturias, where they shook off in its mountain-air the effeminacy which had undone their predecessors, and resisted for centuries all the efforts of the African conquerors,—they found on descending into the plains, to re-possess themselves of all that had been wrested from the weakness of their ancestors, that Navarre was already governed by a race of princes of its own who had expelled the Moors from their

generalmente menos morenos que los demás españoles, y los navarros participan de uno o de otro carácter, según sean de más cerca o de más lejos de los Pirineos y del Ebro. Es un error común a Inglaterra el imaginarse que Don Carlos estaba apoyado solamente por los vascos, al menos por los auténticos vascos, que todavía conservan su lengua primitiva y el carácter distintivo de aquel pueblo. Estos no forman un tercio de la población de Navarra y de las tres provincias de Guipúzcoa, Álava y Vizcaya, ni componen de hecho la mitad del ejército que se halla ahora bajo las banderas del Rey.

Cómo y cuándo fueron convertidos los vascos al cristianismo, lo ignoro; mas es cierto que después de los príncipes godos de España fueron obligados por los secuaces del Profeta, que dominaron casi todo el país, a refugiarse en Asturias, donde desterraron, con el aire de la montaña, el afeminamiento que había destruido a sus predecesores y resistieron durante centurias los esfuerzos de los conquistadores africanos, se encontraron, al descender a los llanos para volver a poseer todo aquello territory, of which these southern invaders had never been able to possess themselves entirely.

When in the fifteenth century, all that part of Navarre which lies on the peninsular side of the Pyrenees was united to the crown of Spain by Ferdinand the Catholic, it was allowed to retain all its ancient laws, customs, and usages, on account of its having been for five centuries an independent kingdom. By reason moreover of the numerous adventurers who went forth to gather wealth and laurels under the kings of the Asturias, Leon, and Castille, and who in consequence received knighthood and nobility, many of the inhabitants had become noble, and *fueros*, or particular privileges were granted to the people. Of a population of 280,000, there are now more than 15,000 who claim an aristocratic descent; and in every village it is a common thing to see a peasant labouring in his own field with a spade instead of a plough, though descended from the chivalrous knights who were at one time the admiration of Europe and the terror of the infidel. All that he retains of his nobility may be seen in his

Capítulo 3 / Chapter 3

que había sido arrancado a la debilidad de sus antecesores, que Navarra se hallaba ya gobernada por una raza de príncipes propios que habían lanzado a los moros de su territorio, del cual estos invasores meridionales jamás pudieron apoderarse totalmente.

Cuando en el siglo XV toda aquella parte de Navarra que se halla al lado sur de los Pirineos se unió a la Corona de España por Fernando el Católico [23], Navarra fue autorizada a guardar sus antiguas leyes, usos y costumbres, a causa de haber sido por más de cinco centurias un reino independiente. Además, por razón de los numerosos aventureros que se alistaron bajo las banderas de Asturias, León y Castilla para cosechar riqueza y laureles, a consecuencia de lo que recibieron títulos de nobleza, muchos de sus habitantes devinieron nobles y se concedieron al pueblo privilegios o fueros. De una población de 280.000, hay ahora más de 15.000 que alegan una ascendencia aristocrática; y es cosa corriente ver en cada aldea un campesino arando su propio

arms rudely sculptured over the doorway (generally they are Moorish emblems—palm-trees, scimitars, and crescents), and in the pride which he shares with all the population of calling himself Navarro. The privileges enjoyed by this province, or rather kingdom, for such it is still termed, being governed by a viceroy, are exemption from all duties, as well as from all levies of men and money, excepting when demanded on extraordinary occasions—such as a threatened invasion of the kingdom or some danger menacing the throne. There not being here, as there are in other parts of Spain, conscriptions, *quintos* are consequently not levied; and yet, in case of war, none of the provinces have furnished such numerous and willing troops. In everything the ancient mode of government is retained. Similar *fueros* are also enjoyed by the provinces of Guipuzcoa, Biscay, and Álava, which recognise no monarch, the King of Spain being only lord of these provinces, which are merely seignories of the crown; and so tenacious are they in this particular, that even when the King reviewed the Carlist army, after the battalions of Navarre and Castille had been deafening the

campo con su azada en vez del arado, que es descendiente de los hidalgos caballeros que fueron algún tiempo la admiración de Europa y el terror de los infieles. Todo lo que él retiene de su nobleza puede verse en sus armas, rudamente esculpidas sobre el portal (generalmenae son emblemas moriscos: palmeras, cimitarras y medias lunas), y en el orgullo que siente, con toda la población, de llamarse a sí mismo navarro. Los privilegios que goza esta provincia, o más bien reino, pues así se la denomina, aunque es gobernado por un virrey, son la exención de todos los impuestos, así como de todas las levas de hombres y de dinero, excepto cuando se pide en ocasiones extraordinarias, como la amenaza de invasión del reino o algún peligro que se cierna sobre el Trono. No habiendo en Navarra, como lo hay en otras partes de España, reclutamiento, no se exigen quintos, y, sin embargo, en casos de guerra, ninguna de las provincias ha tenido tan numerosas y valientes tropas. Se conservan todos los aspectos del antiguo modo de gobernar. De fueros similares gozan también las provincias de Guipúzcoa, Vizcaya y Álava, las que no reconocen

air with their shouts of "¡Viva Carlos V!", "¡Viva nuestro Rey!" those of the provinces, although much more clamorous, as he passed instantly changed the cry to "¡Viva Nuestro Señor! " "Long live our Lord!" or modifying it to "¡Viva el Rey nuestro Señor!" "Long live the King our Lord!" Founding their ideas, most probably, on this and similar circumstances, the journalists have long gravely told the public that the insurgents fight with such determination and success, not for the cause of Charles V, or from any feeling approaching to royalism, but for their own rights and *fueros*. This certainly seems highly plausible and probable; yet, in fact, with the immense majority, this neither seems an additional incentive to their zeal, nor appears even to have struck them at all, although the provinces were certainly on the point of having these privileges curtailed. Of those now carrying arms, not one in twenty knows even the signification of the word *fueros*, although it may be familiar to his ear.

When I was anxious to obtain some information on this subject, I interrogated the

monarca alguno, pues el rey de España es solamente "Señor" de aquellas provincias [24], las que son meros señoríos de la Corona. Y son tan tenaces en la defensa de este particular, que cuando el Rey revistaba el ejército carlista, después que los batallones de Navarra y Castilla habían ensordecido el aire con los gritos de "¡Viva Carlos V!", "¡Viva nuestro Rey!", aquellos de las Provincias, aunque más alborotadores cuando pasaba el soberano, cambiaban el grito por el de "¡Viva nuestro Señor!" o "¡Viva el Rey, nuestro Señor!" Basando sus ideas lo más probablemente en estas y similares circunstancias, los periodistas han dicho al público muchas veces que los insurrectos luchan con tal éxito y determinación, no por la causa de Carlos V, o por ningún sentimiento que se aproxime al realismo, sino por sus propios fueros y derechos. Parece esto altamente plausible y probable; sin embargo, de hecho, para la inmensa mayoría, ello no constituía un incentivo adicional a su celo o entusiasmo, "aunque las Provincias" se hallaban ciertamente a punto de ver sus privilegios cercenados. De los que en la actualidad luchan con las armas, ni uno entre veinte

soldiers many times before I could obtain an answer in the least satisfactory; and on asking what they were fighting for, they invariably replied, "For Charles V," or, "For the King!" I do not mean to say that it is always either a reasoned opinion they hold in favour of the prince for whom they are fighting, or a reasoned affection towards him, any more than is to be met with amongst the masses of all parties. So popular was his name, even before his brother's death, on account of the persecution he had endured, and perhaps from the contrast of their characters, that in this feeling any wrongs they might have suffered were merged.

The provinces bear a considerable resemblance to Navarre—with this difference that in Guipuzcoa and Biscay the mountains are nearer one to the other, and considerably lower, nearly all the valleys being so narrow that a musket-shot sweeps across them. The town-houses are cleaner and neater, and the Basque language is more generally spoken. The inhabitants also bear much resemblance to the Navarrese; but, although something more civil and

conoce el significado de la palabra "fueros", aunque ésta sea familiar a su oído.

Cuando yo ansiaba obtener alguna información acerca de este punto, tuve que preguntar a los soldados muchas veces antes de obtener una respuesta algo satisfactoria, y al preguntarles por qué era por lo que luchaban, me contestaban invariablemente: "Por Carlos V", o "Por el Rey". Yo no quiero decir que sea siempre una opinión reflexiva o un afecto razonado hacia el Rey lo que les anima, como tampoco lo es nunca entre las masas de ningún partido. Su nombre era tan popular, aun antes de la muerte de su hermano, a causa de la persecución que había sufrido y, acaso, por el contraste de sus caracteres, que se fundían en este sentimiento todas las injusticias que podían haber padecido.

Las Provincias se parecen mucho a Navarra, con la diferencia de que en Guipúzcoa y Vizcaya las montañas están más próximas una de otra y son mucho más bajas, y sus valles tan estrechos, que un disparo de fusil llega de un extremo a otro. Las ciudades son más

industrious, they are less firm and determined in character. Their costume differs in nothing–the blue cap, red sash, and *alpargatas*, or hemp-sandals, the material plaited into a flat, solid sole, and attached by blue or red ribbon to the foot, are common to both. To travel over the rugged mountain-roads nothing can be better than these sandals, excepting in wet weather, when they quickly unplait; but then the natives substitute for them (what, I believe, answers to the Scottish *brogue*) *espadillos*, a flat piece of hide, the ends of which are turned up and rudely sewn together, so as to form a sort of shoe, in which there is no want of apertures to let the water out as well as in. So accustomed are the mountaineers on long marches to their hemp sandals, that, among the Queen's troops, the regular army of Spain, distributions of sandals, as well as of shoes, are uniformly made. They are worth about a shilling the pair, and last a long while, except in wet weather; when, as I have just mentioned, they soon fall to pieces, and are far from economical. The muddy state of the roads when the movement was not of material

limpias y arregladas, y la lengua vasca es hablada por mucho mayor número. us habitantes se parecen mucho a los de Navarra, y aunque más industriosos y políticos, tienen un carácter menos firme y determinado. Sus trajes no se diferencian en nada, pues su boina azul, faja encarnada y alpargatas son comunes a ambos. Para andar por los ásperos caminos de la montaña, nada es mejor que aquellas alpargatas, menos en tiempo de lluvias, en que se destrenzan; entonces los naturales del país las substituyen por las abarcas. Están tan acostumbrados a largas marchas con sus alpargatas de cáñamo, que entre las tropas de la Reina, o sea, el Ejército regular, se distribuyen uniformemente las alpargatas a la vez que los zapatos. Cuestan alrededor de una peseta el par y duran mucho tiempo, excepto en época de lluvias que se deshacen con facilidad y es muy poco económico. El estado barroso de los caminos, cuando los movimientos no eran relevantes, producía retraso en la marcha del ejército de Zumalacárregui a causa de la pérdida de las alpargatas; éstas son usadas igualmente por ambos sexos.

importance often caused the army of Zumalacarregui to delay a march, on account of the loss of sandals which would have been sustained. They are worn alike by both sexes.

Capítulo 4

El general Santos Ladrón proclama a Don Carlos en Navarra. Es aprisionado por Lorenzo. Sospechas de traición. Ejemplo de ingratitud. Santos Ladrón, fusilado en Pamplona. Desesperada situación de los carlistas. El Coronel Zumalacárregui aparece por primera vez. Arresta a Iturralde. Retrato de Zumalacárregui.

La "facción", como se llamó al partido realista con alguna apariencia de fundamento (un nombre que, cuando el pueblo se hubo declarado por unanimidad en favor de Don Carlos, y sus huestes aumentaron hasta convertirse en un considerable ejército, sus partidarios todavía parecían tomar gusto en retenerlo), estaba en su mayor decadencia a la muerte del general Santos Ladrón. Este general, natural de Lodosa[25], en la Rivera, de la cual era uno de los más ricos propietarios, se había ya distinguido mucho en guerras anteriores: cuando la de la Constitución, mandaba a los voluntarios realistas, y después fue gobernador de Pamplona. Siendo conocido como un

Chapter 4

General Santos Ladron proclaims Don Carlos in Navarre. Taken by Lorenzo. Suspicion of treachery. Example of ingratitude. Santos Ladron shot at Pamplona. Desperate condition of the Carlists. First appearance of Colonel Zumalacarregui. Arrests Iturralde. Portrait of Zumalacarregui.

The Faction, as the Royalist party was once termed, with some appearance of reason–a name which, when the population had unanimously declared in favour of Don Carlos, and their bands had swelled into a considerable army, his partisans still seemed to take a pleasure in retaining– was at its lowest ebb on the death of General Santos Ladron. This man, a native of Lodosa, in the Rivera, of which he was one of the richest proprietors, had already much distinguished himself in previous wars; during that of the Constitution, he commanded the Royalist volunteers, and afterwards became governor of Pamplona. Being known as a

firme y decidido legitimista, fue colocado bajo vigilancia en Valladolid; desde allí, sin embargo, cuando murió Fernando VII, consiguió escaparse. Como su influencia en el país era muy grande, sin mucho esfuerzo persuadió a los navarros a pasar el Rubicón y a declararse en favor de su legítimo soberano. Desgraciadamente, fijó en la Rivera el punto de concentración, y proclamó primero a Carlos V en Estella, la segunda ciudad de Navarra[26]. Rápidamente, de los pueblos de los alrededores, Los Arcos, Viana, Lerín, Tafalla y Lodosa, más de un millar de hombres se afiliaron a su estandarte. Echeverría, párroco de Los Arcos y después presidente de la Junta de Navarra, e Iturralde, un teniente coronel retirado, eran de lo más distinguido de sus partidarios. Mil hombres formaban ya un núcleo importante para empezar la lucha en Navarra, pues una de las principales características de la raza es ser tan lenta en adoptar una resolución como fiel a ella una vez adoptada. De un navarro que haya tomado las armas se puede fiar; se adhiere al partido en la adversidad y en el peligro, y se hace más decidido y	firm and decided legitimist, he was placed under surveillance at Valladolid; thence, however, on the death of Ferdinand, he contrived to make his escape. As his influence in the country was very great, he, without much effort, persuaded the Navarrese to pass the Rubicon, and to declare in favour of their rightful sovereign. Unfortunately, he fixed on the Rivera as the rallying point, and first proclaimed Charles V at Estella, the second city of Navarre. In an instant from the surrounding towns—Los Arcos, Viana, Lerin, Tafalla, and Lodosa, more than a thousand men flocked to his standard. Echeverria, beneficiary of Los Arcos, and afterwards president of the Junta of Navarre, and Iturralde, a retired lieutenant-colonel, were amongst the most remarkable of his partisans. A thousand men formed already a brilliant commencement in Navarre; for one of the chief characteristics of its people is to be as slow in adopting a resolution as steadfast in adhering to it when adopted. Every Navarrese who once takes arms may be depended on; he clings to his party through every peril and

determinado con los reveses, o si se le trata con violencia. Apenas tuvieron tiempo los insurgentes para respirar, cuando se informaron de que Antonio de Sola, el virrey del reino, había puesto precio a la cabeza de Santos Ladrón y mandado al general Lorenzo, con 1.500 hombres [27], para castigar su temeridad. A pesar de que es imposible juzgarle por su corta carrera durante esta guerra, en la que pagó tan cara su primera falta, Santos Ladrón disfrutaba entre los navarros la reputación de ser un hombre de considerable habilidad, y esta reputación no podía ser totalmente equivocada. Al frente de la entusiasta, pero abigarrada, muchedumbre, armada con las primeras armas que se encontraron y desprovista de subordinación y disciplina, marchó a Los Arcos, un pueblo que, a pesar de estar a la vista de los montes, se halla situado en el terreno llano de la carretera de Pamplona a Logroño, en la cuenca del Ebro. Habiendo, en primer lugar, cometido la falta de enviar la mitad de sus fuerzas a Lodosa, él, con más valor que prudencia, resolvió resistir. Sin embargo, está demostrado por los habitantes y los que iban con él que en esta ocasión

hardship, and is only rendered more obstinate and determined by ill success, or by being threatened with violence. The insurgents had hardly breathing time, however, before they were informed that Antonio de Sola, the viceroy of the kingdom, had set a price upon the head of Santos Ladron, and had dispatched Lorenzo with 1,500 men to punish their temerity. Although it is impossible to judge of him from his short career during this war, in which he paid so dearly for his first fault, Santos Ladron enjoyed so undisputedly amongst the Navarrese the reputation of being a man of considerable ability, that it could not have been entirely usurped. With the enthusiastic but motley crowd around him, armed with the first weapons that came to hand, and void of all subordination or discipline, he marched to Los Arcos, a town which, although within sight of the mountains, is situated in the flat land on the road from Pamplona to Logroño, on the banks of the Ebro. Having, in the first instance, committed the fault of sending half his force to Lodosa, he, with more courage than prudence, resolved to make a stand. It is averred,

Capítulo 4 / Chapter 4

tenía la cabeza perturbada por haberle dado una droga, probablemente opio, en Los Arcos, mezclada al vino, la que produjo el efecto de privarle de sus facultades intelectuales. Lo que sí es cierto es que cuando la hora del peligro se aproximó, él no se aprovechó de la gran influencia que tenía con los campesinos, ni de la naturaleza del terreno, ni de su conocimiento del mismo, sino que, habiendo dirigido sus hombres hacia Los Arcos, incapaz de dar nuevas órdenes, se quedó esperando neciamente la hora fatal como un pájaro fascinado por una serpiente. La confusión e irresolución de la masa que tenía a sus órdenes, y que siempre había confiado en el talento de su jefe, se imagina fácilmente cuando repentinamente supieron que el enemigo estaba sobre ellos.

Santos Ladrón, despertando al fin de su letargo, mecánicamente se colocó, con su espada desenvainada, a la cabeza de algunos fieles partidarios, pero el cerebro que debía guiar a sus huestes había desaparecido.

Como se podía esperar, cuando fueron atacados por las tropas, después de disparar

however, by the inhabitants and those who were with him, that on this occasion his head was troubled—a drug (probably opium) having, at Los Arcos, been given him by treachery in his wine, which had the effect of entirely suspending his intellectual faculties. It is certain that when the hour of danger approached, he took no advantage of the immense influence he possessed with the peasantry, of the nature of the ground and his acquaintance with it; but having once led his men to Los Arcos, unable to make any further dispositions, he remained stupidly awaiting the fatal hour, like the bird fascinated by the snake. The confusion and irresolution of such a crowd as he had about him, who all along confided in the talents of their leader, may be easily imagined, when they suddenly learned that the enemy was close upon them.

Santos Ladron, on being at last aroused from his lethargic state, mechanically placed himself with his drawn sword at the head of a few devoted followers; but the head to guide the hand was gone.

As might have been expected, on the attack of the troops,

unos pocos tiros, en vez de un encuentro, hubo una dispersión y una carnicería: Santos Ladrón, incapaz de luchar o de huir, fue cercado en un monte de arena a la izquierda de Los Arcos, en la carretera que va del pueblo a las montañas; los que estaban a su alrededor fueron muertos u obligados a seguir su misma suerte. Lorenzo, con quien antes había mantenido relaciones íntimas (aunque tenía el poder, estaba poco dispuesto a fusilarle en el momento), le llevó a Pamplona, esperando al mismo tiempo que, por su gran popularidad, no se atrevería el Gobierno a quitarle la vida. Se dice que la primera observación que el prisionero hizo al volver de su estupor fue sobre la mutabilidad de las cosas terrestres: "Ayer la faja (la faja, aludiendo al rango de mariscal de campo que él tenía) era mía; mañana será tuya." El virrey y sus jueces dudaban de darle muerte sin expresa orden de Madrid, por miedo al efecto que esto produciría en el pueblo y seguramente deseando ganar tiempo y probabilidad para su perdón. Sin embargo, un oficial de Carabineros, cuya vida había salvado en otra ocasión Santos Ladrón,	after a few shots fired, instead of an engagement, it became a dispersion and a massacre. Santos Ladron, incapable of fighting or flying, was surrounded on a sand-hill to the left of Los Arcos, on the road from the town to the mountains: those about him were either slain or compelled to share the same fate as himself. Lorenzo, with whom he had formerly been on terms of intimacy, although he had the power, was unwilling to shoot him on the spot, but led him to Pamplona, to have him tried by court-martial; hoping, at the same time, that from his great popularity the government would not dare to take his life. It is said that the first observation the prisoner made, on recovering from his stupor, was on the mutability of earthly things—"Yesterday la *faja*" (the sash, alluding to the rank of Mariscal-di-Campo, which he held) "was mine, to-morrow it will be yours." The viceroy and his judges hesitated to put him to death without an express order from Madrid from fear of the effect it would produce on the people, and probably wishing also to gain time and a possibility of his pardon. An officer of Carabiniers, however, whose life Don

enterró los sentimientos de gratitud, y guiado por la exaltación del sentimiento de partido, declaró que sus órdenes eran castigar con la muerte a todos los rebeldes encontrados con armas en la mano, y que si ellos (los jueces) retrasaban la ejecución de un cabecilla tan importante, serían personalmente responsables, y él sería el primero en acusarles de falta de sinceridad y de celo. Como él era el órgano del partido exaltado, sus amenazas produjeron efecto, y el prisionero fue fusilado en el foso de la ciudadela de Pamplona el 15 de octubre de 1883. Muchos detalles corroboran la afirmación de haberle sido administrada una droga; pero su conducta puede, sin embargo, haber sido causada por una de esa, senfermedades cerebrales que algunas veces trastornan los entendimientos más brillantes. Su muerte fue sincera y universalmente sentida en toda Navarra, que no ha sido ingrata a su memoria, y tal fue la indignación provocada por su ejecución, que al día siguiente, trescientos jóvenes dejaron Pamplona para unirse a los carlistas. Esto puede dar alguna idea del espíritu que animaba a los habitantes de

Santos had on a former occasion saved, setting aside his gratitude, in the exaltation of his party-feelings, declared that it was their instructions to punish immediately with death all rebels taken with arms in their hands; and that if they delayed the execution of so notorious a ringleader, they would be rendered personally responsible, and he would be the first to accuse them of want of sincerity and zeal. As he was the organ of the exalted party, his representations had effect, and the prisoner was shot in the ditch of the citadel on the 15th of October, 1833. Many things unite to corroborate the circumstance of the draught having been administered; but his behaviour might perhaps have been caused by one of those diseases of the brain which sometimes overthrow the brightest intellects. He was sincerely and universally regretted in all Navarre, which has not been ungrateful to his memory; and such was the indignation his execution excited, that the following day three hundred young men left Pamplona to join the Carlists. This may give some idea of the spirit with which the population of this province was animated.

Doce meses de campaña - Twelvemonth's campaign

esta provincia.

Iturralde se vio obligado, después de la dispersión, a salvar parte de sus fuerzas, recogiéndolas y conduciéndolas a las montañas. Aquí, habiendo efectuado su unión con los alaveses, las formó en dos batallones; pero se hallaban en la más crítica de las situaciones, mal armados, sin ropas ni dinero y completamente descorazonados. A pesar de que los carlistas, estando ya comprometidos, hicieron lo posible para extender la insurrección, y aunque algunas de las personas más conocidas de estas localidades fueron convocadas a una especie de asamblea gubernativa en el valle de Baztán, bajo el nombre de Junta de Navarra, de la cual Echeverría, el párroco de Los Arcos, fue elegido presidente, el desaliento lo dominaba todo. El cuerpo de "peseteros" o voluntarios de la Reina, así llamados por la moneda de plata llamada peseta, que tiene, próximamente, el valor de un chelín, que ellos recibían a diario (cuatro veces la paga de soldado de línea), y compuesto de lo peor de la sociedad, aumentaba diariamente, y con

Iturralde contrived, after the dispersion, to save a part of his followers, rallying and conducting them to the mountains. Here, having effected a junction with the Alavese, he formed them into two battalions; but they were in the most destitute condition, badly armed, without clothes or money, and totally disheartened. Although the Carlists, being once compromised, did their utmost to spread the insurrection, and a number of persons best known in those localities were installed as a sort of governing assembly in the valley of the Baztan, under the name of the Junta of Navarre, of which Echeverria, the beneficiary of Los Arcos, was elected president, discouragement everywhere prevailed. The corps of *Peseteros*, or volunteers of the Queen, so called from the silver piece *peseta*, about the value of a shilling, which they receive daily (four times the pay of the line), and composed of the very refuse of society, were daily augmented; and with the Carabiniers, the gendarmerie of Spain, and which were then very numerous, they scoured the country in every direction, arresting, plundering, and

los carabineros, que entonces eran muy numerosos, castigaron el país en todas las formas imaginables, arrestando, saqueando y asesinando a todos aquellos de quienes se sospechaba tenían opiniones carlistas. Por este tiempo, la pequeña fuerza de los rebeldes fue amenazada con rápida disolución. Obligada ya a huir por medio de marchas nocturnas, el aumento de cualquier refuerzo a las tropas de la Reina hubiese sido entonces un golpe de muerte para la causa carlista. Como pasa generalmente en casos parecidos, para completar su desgracia, la desunión y la envidia reinaban entre los jefes. Hallándose las cosas en este estado, la esperanza del partido revivió, sin embargo, y desde una condición tan desesperada, caminó, en medio de peligros y sufrimientos, hacia un éxito creciente, hasta que de una partida de guerrilleros se convirtió en un ejército que amenazaba con la conquista de España. Todo esto se debió a la llegada de un solo individuo, vestido con el traje ordinario de campesino, con alpargatas y boina, el que, saliendo de Pamplona, se unió a los rebeldes. Este individuo era Zumalacárregui.

murdering those who were barely suspected of entertaining Carlist opinions. At this time the little force of the insurgents was menaced with speedy dissolution. Already obliged to fly by night-marches, the addition of any reinforcements to the Queen's army must then have been a death-blow to their cause. As usually happens in similar cases, to complete their misfortunes, jealousy and disunion reigned among the chiefs. In this state of things, nevertheless, the hopes of the party were revived; and, from so desperate a condition, it pursued, through perils and hardships, a course of gradual success, till, from a guerilla band, it became an army threatening the conquest of Spain. All this was effected by the arrival of a single individual, clothed in the usual garments of a peasant with sandals and a Basque cap, who, sallying from Pamplona, joined the insurgents. That individual was Zumalacarregui.

The Val de Araquil, a long and picturesque valley through which winds the road from Pamplona to Salvatierra, was, I believe, the place where he first presented himself to the discouraged Royalists, having

Doce meses de campaña - Twelvemonth's campaign

Araquil, un largo y pintoresco valle por el cual cruza la carretera de Pamplona a Salvatierra, era, yo creo, el sitio donde primeramente se presentó a los desalentados realistas, habiendo escapado disfrazado de la vigilancia de los cristinos. No fue tanto la reputación de ser un oficial de talento y un hábil táctico, de que, como coronel de varios regimientos, él había gozado en Navarra desde la guerra de 1823, como la confianza con que él se presentó (ofreciéndose para el mando, cuando todos estaban ansiosos de librarse de tal responsabilidad, que parecía no traer consigo sino destrucción y ruina), lo que hizo fuese mirado por los partidarios de Don Carlos como un hombre a propósito para guiarlos en su desgracia.

Tomás Zumalacárregui, de pobre, pero noble familia, nació el 29 de diciembre de 1788 en el pequeño pueblo de Ormaiztegui, en la provincia de Guipúzcoa, en la carretera principal de Francia a Vitoria y distante como una legua de Villarreal. A los dieciocho años dejó su casa, durante la guerra de la Independencia, para entrar en el Ejército como

effected his escape in disguise from the surveillance of the Cristinos. It was less the reputation of being an officer of talent and a skilfull tactician, which, as the colonel of various regiments, he had enjoyed in Navarre since the war of 1823, than the confidence with which he presented himself offering to command, when all were only anxious to get rid of a responsibility which it seemed could entail nothing but destruction and ruin, that made him to be looked up to by the partisans of Don Carlos as a man fit to guide them in their extremity.

Tomas Zumalacarregui, of a poor but noble family, was born on the 29th of December, 1788, in the little village of Ormaiztegui, in the province of Guipuzcoa, on the high road from France to Vitoria, and about a league from the town of Villarreal. At the age of eighteen he quitted his home, during the war of independence, to enter the army as cadet; under Mina, he rapidly rose to the rank of captain. It is said, that in his earliest youth, he had entertained a strong inclination to republicanism; but, soon disgusted with what he saw of

[113]

cadete, bajo el mando de Mina; rápidamente ascendió al rango de capitán. Se dice que en su primera juventud tuvo una gran tendencia hacia la República; pero pronto, asqueado con lo que vio de los "patriotas" españoles, se hizo partidario de la Monarquía y la legitimidad y audazmente declaró esas opiniones, de las que ya nunca jamás se apartó. Como él era uno de esos hombres cuyo carácter y maneras inflexibles no podían adular a los que maniobraban por obtener el poder, fue al acabarse la guerra relegado al olvido, y en 1822 le encontramos con el mismo grado de capitán; pero poco después maridaba dos batallones de la división de Quesada en el ejército monárquico contra el de la Constitución. En 1825 tuvo el mando del primer regimiento de voluntarios del Rey, como teniente coronel; y después, del regimiento del Príncipe, que era el 3° de línea; fue después coronel del 3° de Infantería ligera, y al fin, del regimiento de Extremadura, 14° de línea. Pasó así de Cuerpo en Cuerpo, a causa de su singular talento para disciplinar y organizar hombres. De este último regimiento fue, sin embargo, destituido por Llauder,

Spanish patriots, he became a partisan of monarchy and legitimacy, and boldly pronounced those opinions, from which he never afterwards swerved. As he was one of those men whose uncompromising manner and character could not flatter the minions of power, he was, on the conclusion of the war, laid upon the shelf, and we find him in 1822 with the same rank of captain; but shortly afterward, he commanded two battalions of Quesada's division in the Royalist army against that of the Constitution. In 1825 he had the command of the first regiment of the King's Volunteers, as lieutenant-colonel; and subsequently that of the prince's regiment, the third of the line; he then became full colonel of the third light, infantry; and lastly of the regiment of Estremadura, the fourteenth of the line. He had been thus often changed from corps to corps, on account of his singular talent for organizing and disciplining bodies of men. From this last regiment he was, however, removed by Lander, inspector of the infantry; who, aware of the incorruptibility of his stern principles, knew that when the

inspector de Infantería, que, apercibido de su incorruptibilidad y de sus severos principios, comprendió que cuando el Rey muriera, el Gobierno de la Reina encontraría en él un enemigo implacable de la usurpación. Depúsole y hasta le arrestó como enemigo del Estado. Cuando fue libertado, el coronel presentó su dimisión y se retiró a Pamplona, donde vivían su mujer e hijos. El llevaba allí poco tiempo cuando se anunció la muerte de Fernando. Rehusando la oferta de Sola, que le prometía el rango de brigadier general si adoptaba la causa de la Reina, a pesar de ser estrechamente vigilado, consiguió la noche del 29 de octubre escapar de la ciudad, y el 30, reunirse con los rebeldes. Siempre fue considerado como hombre de gran valor, y después de haber visto al ejército francés bajo el mando del duque de Angulema, se dedicó al estudio de la táctica, en cuyo conocimiento sobresalió.

Como coronel, tuvo una academia para la instrucción de los oficiales de las guarniciones de varios pueblos en los cuales había cuarteles; pero sobresalió principalmente como un

King's death should take place, the Queen's government would find in him a determined foe to her usurpation. He had him displaced and even arrested as an enemy to the state. On being liberated, the colonel sent in his resignation and retired to Pamplona, where his wife and children were residing. He had been there but a short time when the death of Ferdinand was announced. Refusing the offer of Sola, who promised him the rank of brigadier-general if he would embrace the Queen's cause, although strictly watched, he managed, on the night of the 29th of October, to effect his escape from the city, and on the 30th he joined the insurgents. He had always been considered a man of distinguished bravery, and after he had seen the French army under the Duke of Angouleme, he had devoted himself to the study of tactics, in the knowledge of which he was allowed to excel.

As colonel he kept an academy for the instruction of the officers of the garrisons of various towns in which he was quartered; but he was chiefly known as an excellent disciplinarian and

excelente disciplinador y administrador. El Cuerpo que él formaba y mandaba, estaba siempre en el más alto grado de disciplina; mas, a pesar de que su talento como organizador era umversalmente reconocido, la última cualidad entonces a él atribuida hubiese sido la de jefe de guerrilleros de montaña. Su fama, sin embargo, en este período era una de esas reputaciones locales que frecuentemente se encuentran y, a menudo, con tan poco fundamento. A pesar de que fue recibido con los brazos abiertos y de que los otros jefes accedieron gustosos a concederle el mando en aquel momento, su "debut" no estuvo libre de algunas dificultades, de las cuales se desembarazó gracias a esa audacia y decisión de las que más tarde dio tantas pruebas. Iturralde, entonces el principal jefe carlista, no solamente rehusó obedecerle, alegando que él había proclamado antes al Rey y tenía nombramiento anterior al suyo, sino que, siendo de temperamento violento, mandó dos compañías escogidas a arrestar al intruso. Zumalacárregui, que ya tenía sobre los soldados esa superioridad que todos los hombres de gran

administrator. The corps which he formed and commanded was always in the highest state of discipline; but, although his talent for organisation was universally acknowledged, the last quality then attributed to him would have been that of a chief of mountain *Guerrilleros*. His renown, however, at that period, was one of those local reputations so frequently met with and often so little founded. Although he was received with open arms, and the other leaders gladly acquiesced in conferring the command upon him at such a moment, his *débût* was not unattended with some difficulties, from which he extricated himself only by that boldness and decision of which he afterwards gave so many proofs. Iturralde, then the principal of the Carlist chiefs, not only refused obedience to him, alleging that he had earlier proclaimed the King and held office from him, but being of a rather violent disposition, sent two chosen companies to arrest the intruder. Zumalacarregui, who had already assumed that superiority over the soldier which men of great minds seem so easily to acquire, met the two companies as if he

[116]

Doce meses de campaña - Twelvemonth's campaign

entendimiento parece adquieren tan fácilmente, recibió a las dos compañías como si él fuese a colocarse a su frente, y, cambiando los papeles, les ordenó severamente que arrestaran a Iturralde. Fue obedecido; su rival fue hecho prisionero en Estella, e inmediatamente después le nombró para su segundo en el mando. Zumalacárregui, entonces, declaró que, hasta recibir órdenes del Rey, él no cedería el mando a nadie, si no era a Eraso, que había proclamado a Don Carlos antes que él y tenía igual rango.

Tal vez cuando hizo esta declaración no se tenía como probable la vuelta de Eraso, entonces prisionero en manos del Gobierno francés. Cuando Eraso, más tarde, consiguió escaparse, Zumalacárregui, fiel a su palabra, le ofreció el mando. Divididos como hasta entonces habían estado, desaparecieron ante la autoridad del genio de Zumalacárregui las disensiones y la envidia que existían entre los jefes carlistas, y que hasta ahora habían demostrado ser el veneno del partido.

No estará de más el agregar aquí en unas pocas líneas un

were coming to place himself at their head, and reversing the game, sternly commanded them to arrest Iturralde. He was obeyed; his rival was made prisoner in Estella; and immediately after was appointed by him second in command. Zumalacarregui then declared that until the King's orders were received, he would cede the command to no one but Eraso, who had proclaimed Don Carlos before himself. Probably, at the time he made this declaration, the return of Eraso, then a prisoner in the hands of the French government, was not anticipated. When Eraso afterwards effected his escape, Zumalacarregui proved faithful to his word, and offered to cede the command. Divided as they had hitherto been, the dissensions and jealousies which had existed between the Carlist leaders, and till now had proved the bane of the party, all vanished before the ascendency of Zumalacarregui's superior genius.

It may not be amiss to add here the rough portraiture of a few lines to the engraving of the frontispiece, which faithfully represents the modern Cid, whose name has

somero retrato que complete el grabado del frontispicio, que representa fielmente al Cid moderno, cuyo nombre será tan imperecedero como las montañas que fueron testigos de sus triunfos. En esta época era un hombre que se hallaba en lo mejor de su vida; tenía cuarenta y cinco años de edad y era de estatuía media; pero, a causa de la gran anchura de sus espaldas, su cuello de toro y su habitual encogimiento, cuyo efecto aumentaba la zamarra o chaqueta de piel que siempre llevaba, parecía más bien bajo que otra cosa. Su perfil tenía algo de antiguo; la parte baja de su cara estaba formada como la de Napoleón, y el conjunto de sus facciones tenía algún parecido con los antiguos bajorrelieves que se nos muestran como la imagen de Aníbal. Su pelo era obscuro, sin ser negro; sus bigotes se juntaban con las patillas, y sus obscuros ojos grises, sombreados por espesas cejas, tenían una singular rapidez e intensidad en su mirada; generalmente, su expresión era pensativa y severa; pero cuando desfilaban ante él, su mirada parecía en un instante recorrer toda la línea de un batallón, fijándose en tan corto tiempo en los menores detalles. Era siempre

been rendered as imperishable as the mountains which witnessed his triumphs. He was a man at that period in the prime of life, being forty-five years of age, and of middle stature; but, on account of the great width of his shoulders, his bull-neck, and habitual stoop, the effect of which was much increased by the *zamarra*, or fur jacket, which he always wore, he appeared rather short than otherwise. His profile had something of the antique–the lower part of the face being formed like that of Napoleon, and the whole cast of his features bearing some resemblance to the ancient basso-relievos, which are given us as the likeness of Hannibal. His hair was dark, without being black; his moustaches joined his whiskers; and his dark grey eyes, overshadowed by strolls' eyebrows, had a singular rapidity and intensity in their gaze–generally they had a stern and thoughtful expression; but when he looked about him, his glance seemed in an instant to travel over the whole line of a battalion, making in that short interval the minutest remarks. He was always abrupt and brief in his conversation, and habitually stern and severe in his manners; but this might

abrupto y breve en la conversación, y, de ordinario, duro y severo en sus modales; mas esto pudo ser efecto de las privaciones y peligros por los que había pasado en su difícil lucha y de la responsabilidad que había tomado sobre sí mismo. Yo he oído de gente que le conocía bien antes de ser jefe del Ejército, como también de su viuda, cuyos testimonios pueden considerarse, sin embargo, como demasiado parciales, que él había cambiado mucho de carácter en los dos últimos años de su vida. Fue siempre serio, pero sin esos repentinos accesos de pasión, de los cuales más tarde era víctima, y también sin esa inflexible severidad de porte que últimamente fue un rasgo notable de su carácter. Los que han sufrido la penosa experiencia de una guerra civil, como la que durante dos años desoló el Norte de España, coincidirán conmigo en opinar que las escenas de lucha y matanza, la muerte de sus partidarios y la imperiosa necesidad de tomar represalias contra compatriotas y a menudo aun contra amigos a quienes la virulencia de la lucha armaba para un combate mortal, expuesto a las innumerables fatigas y

have been the effect of the hardships and perils through which he had passed in his arduous struggle, and the responsibility he had drawn upon himself. I have heard from those who were well acquainted with him before he became the leader of a party, as well as from his widow, whose testimony might be considered, however, too partial, that he had much changed in temper during the last two years of his life. He had always been serious, but without those sudden gusts of passion to which he was latterly subject; and also without that unbending severity of demeanour, which became afterwards a striking feature of his character. Those who have undergone the painful experience of a civil war, like that which for two years has desolated the north of Spain, will agree with me in thinking that the scenes of strife and massacre, the death of his partisans, and the imperious necessity of reprisals on fellow countrymen and often on friends, whom the virulence of party opinion armed in mortal contest; exposure to innumerable hardships and privations, the summer's sun, and winter's wind; the sufferings and peril

Capítulo 4 / Chapter 4

privaciones que le proporcionaba el sol del verano y el frío del invierno, y el sufrimiento y peligro en el cual sus partidarios estaban constantemente; todo esto, más el peso de su responsabilidad, fue suficiente para cambiar considerablemente, aun en tan breve tiempo, el carácter de Zumalacárregui. Era muy raro verle alegre; muy a menudo se permitía una sonrisa cuando guiaba a su Estado Mayor al lugar donde las balas caían rápidas y abundantes a su alrededor, y, una vez allí, observaba a sus oficiales y creía adivinar en el porte y aspecto de algunos de ellos, que oían el silbido de las balas como se oye una música desagradable. Para él, el miedo era desconocido, y, a pesar de que al principio se imponía, para ganar el afecto y confianza de sus rudos partidarios, una conducta audaz, sobrepasó los límites de la prudencia y cometió tan innumerables actos de temeridad, que cuando recibió su herida mortal, todo el mundo dijo que solamente por milagro había escapado tanto tiempo a la muerte. Se sabe había cargado más de una vez a la cabeza de una tropa de caballería espoleando, en un

in which his followers were constantly placed, and his serious responsibility, were enough to change considerably, even in a brief space of time, Zumalacarregui's nature. It was seldom that he gave way to anything like mirth; he often indulged in a smile when he led his staff where the shots were falling thick and fast around them, and he fancied he detected in the countenances of some of his followers that they thought the whistling of the bullets an unpleasant tune. To him fear seemed a thing unknown; and although in the commencement a bold and daring conduct was necessary to gain the affections and confidence of rude partisans, he outstripped the bounds of prudence, and committed such innumerable acts of rashness that when he received his mortal wound, everybody said it was only by a miracle he had escaped so long. He has been known to charge at the head of a troop of horses, or spurring in a sudden burst of passion the white charger which he rode, to rally himself the skirmishers and lead them forward. His horse had become such a mark for the enemy that all those of a

estallido de pasión, el caballo blanco que montaba, y que ha reunido en ocasiones él mismo a los guerrilleros dispersos y los ha conducido a la pelea. Su caballo era tal blanco para el enemigo, que todos los de color parecido montados por algún oficial de su Estado Mayor eran muertos al cabo de tres meses, a pesar de que el suyo siempre escapaba. Es verdad que en muchas ocasiones escogía bien su momento y decidía más de una victoria y salvaba a su pequeño ejército en más de una retirada, por lo que parecía un acto de bravura temeraria. Su traje era invariablemente el mismo; la boina, de color escarlata vivo, tejida de lana de un tejido que parece paño, en la forma de la representada en el grabado, sin una costura, y la zamarra o chaqueta era de piel, de la piel negra de los corderos de merino, forrada con piel blanca, y un orde de terciopelo rojo con broches dorados, y pantalones grises, y últimamente rojos, y la chata y pesada espuela española con rodejuelas grises y horizontales, originalmente usadas por los caballeros para hacer sonar el pavimento cuando ellos iban correteando por las calles vestidos con sus alegres atavíos. El único

similar colour, mounted by officers of his staff were shot in the course of three months, although his own always escaped. It is true that on several occasions he chose his moment well, and decided more than one victory, and saved his little army in more than one retreat, by what seemed an act of hair-brained bravery. His costume was invariably the same—the *bouina*, the round national cap or berret of the provinces, of a bright scarlet colour, woven of wool to a texture resembling cloth, in the shape of that represented in the engraving, without a seam, and stretched out by a switch of willow inside; the *zamarra*, or fur jacket, of the black skin of the Merino lamb, lined with white fur, and an edging of red velvet with gilded clasps ; grey, and latterly red, trowsers; and the flat heavy Spanish spur, with the treble horizontal rowels, originally used by the caballeros to ring on the pavement when they went lounging through the streets in their gay attire. The only ornament he ever wore was the silver tassel on his cap. As he rode or walked, according to his wont, at the head of his column, his staff, about forty or fifty officers, following

Capítulo 4 / Chapter 4

adorno que él siempre llevó fue la borla de plata en su boina. El conjunto ofrecía una escena nueva y pintoresca cuando andaba o montaba, según su gusto, a la cabeza de su columna, con su Estado Mayor, alrededor de cuarenta o cincuenta oficiales, siguiéndole detrás, y sus batallones desfilando por el camino de las montañas tan lejos como la vista alcanzaba, con sus mosquetes brillantes y grotescos atavíos. Las facciones originales y severas del general, su chaqueta de piel y su boina, que parecía a lo lejos un turbante rojo, daban más la idea de un jefe oriental que de un general auropeo. Uno podía imaginarse a Scanderberg a la cabeza de su ejército albano, y, ciertamente, sus partidarios semibárbaros no podían haber estado en plan mucho más salvaje, en vestidos y apariencia, que los carlistas en la primera campaña. A mí, Zumalacárregui, en sentimiento y carácter, así como también en sus modales y vestido, siempre me pareció como el héroe de un siglo pasado. Él era de una época espiritualmente alejada de la nuestra, en la que los vicios y virtudes de la sociedad estaban más profundamente marcados

behind—and then his battalions threading the mountain-roads as far as the eye could reach, with their bright muskets and grotesque accoutrements—the whole presented a scene novel and picturesque. The general's stern and uncommon features, his fur jacket, and cap, resembling at a distance a red turban, gave more the idea of an Eastern chief than a European general. One might have imagined Scanderbeg at the head of his Albanian army; and certes his semi-barbarous followers could have been no wilder in dress and appearance than the Carlists in the early part of the campaign. To me Zumalacarregui in character and feeling, as well as in costume and manner, seemed always like the hero of a by-gone century. He was of a period remote from our own, when the virtues and vices of society were marked in a stronger mould—partaking of all the stern enthusiasm of the Middle Ages; a something uncommon and energetic in his features seemed to indicate a man formed for great and difficult enterprises. You might have fancied him one of those chiefs who led the populations of Europe to war in the Holy Land; he possessed the same chivalrous courage,

y participaban de aquel firme entusiasmo de la Edad Media; algo original y enérgico en sus facciones parecía indicar a un hombre formado para grandes y difíciles empresas. Se le podía haber imaginado como uno de esos jefes que guiaban al pueblo europeo a la guerra de Tierra Santa; poseía el mismo caballeroso valor, inflexible severidad y fervor desinteresado (desinteresado en cuanto se relacionaba con las cosas terrenas) que animaba a aquellos luchadores religiosos que iban allí porque encontraban más fácil ganar el cielo con su sangre en el campo de batalla que por la penitencia y la oración.

unflinching sternness, and disinterested fervour disinterested so far as mere earthly things were concerned which animated those of the religious zealots who went thither because they found it easier to win heaven with their blood on a battle-field, than through penitence and prayer.

Capítulo 5	Chapter 5
Zumalacárregui. Su desinterés y pobreza. Anécdota. Su sobrenombre. Dificultades con las que tenía que luchar. Fuerzas con las que empezó la guerra. Sus partidarios. Su equipo. Mensajeros y espías carlistas. Bloqueo de las plazas fuertes y partidas. Carabineros y "peseteros". Bayonetas hechas para causar heridas incurables. "Chapelgorris" de Vizcaya y Guipúzcoa. Ataque a Vitoria por Zumalacárregui.	Zumalacarregui. His disinterestedness and poverty. Anecdote. His surname. Difficulties he had to contend with. Force with which he began the war. His Partisans. Their equipment. Carlist messengers and spies. Blockade of the fortified towns and *partidas*. *Carabineros* and *peseteros*. Bayonets made to give incurable wounds. Chapelgorris of Biscay and Guipuzcoa. Attack of Vitoria by Zumalacarregui.
Tomás Zumalacárregui, como la mayoría de los hombres de temperamento ardiente, tenía el defecto de ser rápido y precipitado, y en su apasionamiento fue con frecuencia culpable de actos de los que (aunque, en medio de todo, no eran más que severa y estricta justicia), hubiera sido incapaz a sangre fría. Más de un oficial del ejército carlista debe su ascenso a haber sido reprendido por él en alguna ocasión en términos que él mismo reconocía que eran demasiado ásperos, una vez pasada su cólera.	Tomas Zumalacarregui, like most men of an ardent temperament, had the defect of being quick and hasty; and in his passion was often guilty of acts which, although nothing after all but a severe and unsparing justice, in cold blood he would have been incapable of. More than one officer in the Carlist army owes his rank to having been on some occasion reprimanded by him, in terms which, when his anger was over, he knew to be too severe.
Yo creo que él (en cuanto es	I believe him—as far as it is possible to judge of a man's

Capítulo 5 / Chapter 5

posible juzgar del carácter de un hombre durante un año de observación y trato) ha estado tan libre de toda ambición de engrandecimiento personal como lo estaba de amor al dinero. Entregado por completo a la causa que había adoptado, no pensaba ni soñaba sino en ella; y creo que desde que se encargó de mejorar la suerte precaria del partido realista, hasta el momento en que murió, en medio de sus triunfos, el único móvil fue ser testigo del éxito triunfal del carlismo. El deseo de aumentar su gloria militar, la fama efímera que anima al soldado en su peligrosa carrera, tal vez añadía un nuevo incentivo. Un rasgo notable de su carácter es el desprecio que siempre mostró hacia el oro.

El siguiente detalle servirá para mostrar su desinterés y para hacer ver qué ligera es, a veces, la base de las calumnias dirigidas contra hombres públicos. Recuerdo que yo leía con frecuencia en los fragmentos de periódicos franceses que nos llegaban de vez en cuando, relatos de las sumas que había enviado a Francia. El "Faro de Bayona", en particular, en una ocasión, como prueba del estado

character by a year's observation and acquaintance—to have been as free from any ambition of personal aggrandizement as he was from the love of wealth. Wrapped entirely in the cause he had adopted, he thought and dreamed but of that; and I believe that, from the hour when he undertook to repair the broken fortunes of the Royalist party, to that when he expired in the midst of his triumphs, his only motive was to witness its success. The wish of augmenting his military glory–the bubble reputation, which cheers the soldier on his perilous career—perhaps added a fresh incentive. The contempt of gold which he always evinced formed a striking feature of his character.

The following circumstance may serve to illustrate his disinterestedness, and to show how slight is often the foundation of calumnies directed against public men. I remember often seeing, in the fragments of French papers which occasionally reached us, accounts of the sums he had transmitted to France. The "Phare de Bayonne," in particular, on one occasion, as a proof of the desperate state

[126]

Doce meses de campaña - Twelvemonth's campaign

desesperado de los asuntos carlistas, manifestaba que sus jefes, y en particular Zumalacárregui, parecían decididos a "hacer heno mientras el sol brillaba" (refrán inglés cuyo sentido es claro); que Zumalacárregui acumulaba todo el dinero que podía, y que había remitido 30,000 dólares a un cierto Banco del otro lado de la frontera; que el levantamiento de las Provincias Vascongadas era, sin duda, un plan tramado por él y otros para robar y saquear a los campesinos y escapar después con el fruto de su rapiña. Todo esto se dijo de un hombre que, cuando murió, después de haber pagado al ejército durante dos años y de haber impuesto contribuciones a cuatro provincias, dejó como todo capital para ser repartido entre sus familiares, catorce onzas de oro, o sea, alrededor de 48 libras esterlinas, y cuatro o cinco caballos. Su mismo barbero, el chocarrero Robledo, era más rico que el general en jefe del ejército carlista. Cuando Zumalacárregui salió de Pamplona tenía unas, 200 libras, que constituían entonces todos los fondos de su ejército. No poseyendo nada, o casi nada, para vivir, más que su paga, que, si no me

of Carlist affairs, stated that their chiefs, and in particular Zumalacarregui, seemed determined to "make hay while the sun shone" (*mettre du foin dans leur bottes*); that he was accumulating all the money he could, and had transmitted 30,000 dollars to a certain bank across the frontier; and that the insurrection of the Basque provinces was evidently a scheme got up by him and others to rob and plunder the peasant, and then escape with the fruits of their rapine. All this was said of a man who, when he died, after paying the army for two years, and raising contributions in three provinces, left to be divided amongst his household all that he possessed in the world–fourteen ounces of gold, or about 48£ sterling, and four or five horses. Even his barber, the waggish Robledo, was richer than the Carlist commander-in-chief. When Zumalacarregui sallied forth from Pamplona, he had about 200£ about him, which then constituted all the funds of his army. Having nothing, or next to nothing, to live on but his pay, which, if I am not mistaken, was not then even so high as during the last years of Ferdinand's reign, he was proverbial for generosity, and

Capítulo 5 / Chapter 5

equivoco, era aún más baja que en los últimos días del reinado de Fernando, su generosidad era proverbial, y tenía tan poca confianza en conservar lo que recibía, que lo entregaba inmediatamente en manos de su señora. Cualquier suma que poseyera por la mañana, había desaparecido invariablemente para la noche. Lo daba, "a estilo de marinero (Sailor's-fashion)", a puñados a sus soldados o al primer mendigo que le importunase, y éstos, conociendo bien su flaco, no dejaban de rodearle. Acostumbraba exclamar de mal humor: "¡Tomad, tomad; cuando os haya dado todo lo que tengo, me dejaréis en paz!"

Por la noche, sus oficiales subalternos se veían obligados a pagarle el café; y cuando su mujer le hacía ver que no era propio de un jefe superior el permitir esto y le preguntaba qué había hecho con el dinero que ella le había entregado por la mañana, él contestaba que le asaltaban todos los desgraciados o los que fingían serlo. "Pero das más de lo razonable y de lo que te puedes permitir", replicaba su mujer. "Nos parecemos más a Dios cuando damos", era su respuesta, si estaba de buen humor. "Nos puede devolver

could so little trust himself with what he received, that he always gave it immediately into the hands of Madame Zumalacarregui. Any sum he possessed in the morning was sure by the evening to be dissipated; he gave it away, *sailor-fashion*, by handfuls to his soldiers, or the first beggars who importuned him, and who, well aware of his foible, never failed to beset him. He used, quite out of temper, to exclaim, "Here–take–take! When you have got all I have, you will leave me in peace."

Of an evening his subalterns were obliged to pay for him in the coffee-house; and on his wife's representing to him how unfit it was for a superior officer to permit such a thing, and inquiring what he had done with the money she had given him in the morning, he used to reply that he was assailed by all the unfortunate, or those who pretended to be so. "But you give more," observed his lady, "than is reasonable, or than you can afford." "We are more like God when we give," was his answer, if in a good humour; "he can return us more than we can give away, and I feel that I shall be a millionnaire someday." His friends used to

Doce meses de campaña - Twelvemonth's campaign

más de lo que podemos dar, y presiento que algún día seré millonario." Sus amigos reían y le decían que de ese modo iba camino de reunir una fortuna.

Al pasar por Libourne, después de su muerte, y visitar a la señora de Zumalacárregui, oí de sus propios labios lo que acabo de contar, al pedirle detalles acerca de la vida anterior del difunto. Un oficial que se había alojado en la misma casa que él en Madrid me dijo que en aquella época le tenían por un carácter extraño y excéntrico, que trataba con mucha sencillez y "bonhomie" a sus inferiores, pero que era tieso y rígido con los de rango superior. No soñaba mi interlocutor que el pobre coronel provinciano llegaría a ser el jefe de los ejércitos del presunto heredero que luchaba en contra de la usurpación en favor de un infante que aún no había nacido, y el vencedor de los mejores generales del "Ejército español". Parece que siempre tuvo presentimientos de que llegaría a una posición elevada; y, sin embargo, rehusó constantemente mezclarse en ninguna clase de intrigas. La brusquedad y la franqueza de sus modales le habían granjeado enemigos en todos los partidos. Mientras vivió

laugh, and say that he had taken the right way to amass a fortune as he was going on.

On passing through Libourne, and visiting Madame Zumalacarregui after his death, when inquiring into many particulars concerning the previous life of the deceased, I heard what I have just stated from her own lips. An officer, who had once lodged in the same house with him at Madrid, has told me that he was considered then a strange and eccentric character, conducting himself with much simplicity and *bonhomie* towards his inferiors, but stiff and starched towards those of a superior rank. My informant little dreamed that the poor provincial colonel would one day become the leader of the armies of the heir-apparent against a usurpation in favour of an infant yet unborn, and be the conqueror successively of the first generals in the Spanish army. It appears that he had always had some presentiment of one day rising to an exalted station; yet he uniformly refused meddling in any species of intrigue. The bluntness and frankness of his manner had, indeed, made him enemies amongst all parties. So long as Ferdinand lived,

Capítulo 5 / Chapter 5

Fernando, Zumalacárregui siempre declaró, cuando fue tanteado por los partidarios de Don Carlos (que en cierta ocasión proyectaron, y de hecho efectuaron un movimiento en contra de los deseos del Príncipe), que si hacían algo por este estilo los consideraría rebeldes y los atacaría como a tales; pero al mismo tiempo añadió que cuando muriera Fernando reconocería únicamente a Don Carlos como legítimo heredero del Trono.

Recuerdo el caso de un teniente del batallón de Guías de Navarra, que, al mandar "ad ínterin" una compañía, se había jugado el dinero que le habían entregado para pagar a sus hombres, conducta que, como se merecía, era severamente castigada en el ejército. No obstante, como carecía de recursos, tomó la resolución desesperada de arrojarse a los pies-de Zumalacárregui. "Si vienes a pedir dinero, tómalo y vete con Dios; pero si vienes a confesar tu falta, no quiero oír nada: es una cosa que nunca perdono."

Un desertor francés, que no podía andar, por indisposición, era -maltratado por un oficial,

Zumalacarregui always declared, when tampered with by the partisans of Don Carlos (who, against the wishes of that prince, were at one time projecting, and, indeed, effected a movement) that if anything of the kind were done, he would consider them, and serve against them, as rebels; but, at the same time, he added, that if the death of Ferdinand should take place, he would acknowledge no other right to the throne than that of the Infant.

I remember an instance of a lieutenant of the battalion of Guides of Navarre, who, commanding a company *ad interim*, had gambled away the money given him to pay his men; a thing which, as it deserved, was severely punished in the army. Being, however, without any resource, he took the desperate resolution of throwing himself at Zumalacarregui's feet. "If you come to ask the money from me, take it, and *vaya usted con Dios* (God be with you); but if you come to confess your fault, I will hear nothing, it is one I never pardon."

A French deserter, unable to march from indisposition, was maltreated by an officer, when

cuando el general, al pasar, lo reconoció como uno que se había portado bien en el combate; arrojándole una moneda ae oro de media onza (treinta y seis chelines), ordenó al oficial que le proporcionara una muía, aunque, como todos los españoles, tenía un prejuicio profundamente arraigado contra Francia[28].

A pesar de ser Zumalacárregui duro y severo, y de que no ahorraba fatigas a sus hombres, conduciéndoles y guiándoles en largas marchas con una rapidez que parecía imposible que resistiera el cuerpo humano, era el ídolo de los soldados. Le dieron el sobrenombre de "tío Tomás", como los franceses llamaban a Napoleón "le petit Caporal", y era más conocido por el sobrenombre de "el Tío" que por su nombre gótico [29] de Zumalacárregui. Su habilidad y valor, los peligros de los que salvó a sus soldados con frecuencia, y los éxitos a que les condujo, parecen insuficientes para explicar su apasionada adhesión al hombre a quien amaban y temían más que a nadie; una adhesión que, para poder explicarla, hace falta sentirla.

Sin ropa, sin paga, sin

the General passing, recognized him as having seen him behaving well during an action: throwing him a gold piece of half an ounce (36s.), he ordered the officer instantly to procure a mule for him, although, in common with all Spaniards, he had a deep and rooted prejudice against the French nation.

Stern and severe as Zumalacarregui was, and unsparing of fatigue for his men–leading them long marches with a rapidity which it seemed the human frame could scarcely have supported he was the soldiers' idol. He obtained the sobriquet of *El Tio Tomas*, "Uncle Thomas," as the French called Napoleon *Le petit Caporal*; and he was better known under the appellation of *El Tio*, than by his Gothic name Zumalacarregui. His skill and valour, the peril from which he so often saved his soldiers, and the successes to which he led the way, seem scarcely sufficient to account for their wild attachment to the man they loved and feared above all others–an attachment which must be felt to be understood. Without garments, without pay, without provisions, his army would have followed him barefoot all

provisiones, su ejército le hubiera seguido descalzo por todo el mundo o hubiera perecido en el camino. Se sentía por él el mismo grado de entusiasmo que el desplegado en el ejército francés por el Emperador, y esto se extendía a la población de las provincias sublevadas, aunque era difícil decir si predominaba el amor o el temor, pues en los campesinos se hallaban ambos sentimientos curiosamente mezclados. De este modo, él se había convertido en un ejército por sí solo. Si un soldado desfallecía en la acción, o estaba cansado o hambriento en la marcha, en cuanto vislumbraba el caballo blanco de "el Tío" parecían desvanecerse su miedo y su descontento.

Una vez preguntaba yo a uno de los voluntarios qué fuerza había en Piedramillera, un pueblo de la Berrueza, cuando el enemigo estaba a poca distancia, y al enterarme de que sólo había dos batallones, no pude evitar esta exclamación: "¡Sólo dos batallones!" "¡Ah, pero el general está con ellos!", dijo el navarro, y parecía tan satisfecho como si todas las tropas que pudiéramos reunir estuvieran acampadas en aquel

over the world, or have perished by the way. The same degree of enthusiasm was entertained towards him as was displayed in the French army for l'Empereur, and this extended to the populations of the revolted provinces, excepting that it was difficult to say whether love or awe predominated–with the peasant, they were certainly strangely blended. He had thus become a host in himself. If a soldier were giving way in an action, or were fatigued or hungry on a march, the instant he caught a sight of El Tio's white charger, his fear and his discontent seemed to vanish.

I was once inquiring of one of these volunteers what force was in Piedramillera, a village of the Berrueza, when the enemy was within a short distance, and, on being informed by him that there were two battalions, I could not help exclaiming, "Only two battalions!" "Oh, but the General is with them," said the Navarrese; and he looked as satisfied as if all the forces we could then muster were encamped upon the spot.

Some men, without seeming to covet them, appear endowed with the power of

lugar.

Algunos hombres, sin que lo codicien, parecen dotados del poder de ganarse el afecto de sus compañeros, por un inexplicable magnetismo inherente a su genio. Hasta que yo mismo lo sentí, no pude comprender este amor militar, del que Shakespeare, este admirable maestro de todas las emociones humanas, y que ha tratado tan exquisitamente de todas las pasiones, habla de un modo tan imperfecto. Yo también creo que el amor del soldado, si hemos de juzgar del sentimiento de los demás por el nuestro propio, sólo puede ser mi primer amor, el que, una vez desaparecido, no vuelve a palpitar por nuevos afectos.

Yo me uní a los carlistas y a Zumalacárregui cuando él no tenía sino la reputación de un jefe de guerrilla, que había hábilmente burlado la persecución de las tropas de la Reina y dado unos golpes muy atrevidos, pero a quien esperaba encontrar ignorante y feroz, de acuerdo con la descripción que de él hacían al otro lado de los Pirineos. Recuerdo que al principio me sentía incapaz de comprender

appropriating the affections of their fellow-men, by some unaccountable magnetism inherent in their genius. Until I myself shared the feeling, I could never comprehend that military love, of which Shakespeare, that admirable master of all human sympathies, and who has touched so exquisitely on all our passions, speaks but so imperfectly. I also believe that the love of the soldier, if we may judge from our own feelings of those of others, can be but a first love, which, once widowed, finds no other place in the affections.

I joined the Carlists and Zumalacarregui when he had nothing but the reputation of a guerilla chief, who had skilfully baffled the pursuit of the Queen's troops, and struck a few daring blows, but whom, from the description then given on the other side of the Pyrenees, I expected to find ferocious and ignorant. I remember at first my total inability to comprehend enthusiastic attachment, independent of private friendship, to any individual; but I ended by sharing entirely the feelings of the soldiers; and so long as he lived, in success or adversity, I would have

la adhesión entusiasta a ningún individuo, independiente de la amistad privada; pero terminé por participar completamente de los sentimientos de los soldados; y, mientras él vivió, en el triunfo y en la adversidad, yo le hubiera seguido hasta el final, aun en el caso de que no hubiera recibido muestra alguna de amabilidad por su parte. Era, sin embargo, por Don Carlos por quien yo vine a luchar; yo sentía prejuicios más bien en contra que en favor del general; mas en el breve espacio de unos pocos meses, me adherí tanto a él, que si Don Carlos hubiese abandonado su propia causa, yo hubiera seguido a Zumalacárregui.

Una prueba saliente del talento superior de este hombre extraordinario era la facilidad con que asumía, entre otros jefes de rango local infinitamente mayor, aquella superioridad que mantenía en grado tan preeminente, merced a sus éxitos. Los asuntos de los carlistas se hallaban entonces en una posición deplorable, y el valor de sus jefes podía haber fallado al contemplar un porvenir tan poco propicio. El ejército de la Reina, excluidas las guarniciones de Ceuta y las Islas Baleares, se componían

followed him to the end, even if I had experienced no acts of kindness at his hands. It was of course for Don Carlos I had come to fight. I had been rather prejudiced against than in favour of his General: yet, in the brief space of a few months, if Don Carlos had abandoned his own cause, I should have remained to follow Zumalacarregui.

One striking proof of the superior talent of this extraordinary man was the ease with which he assumed, amongst a number of chiefs, of infinitely greater local consideration, that superiority which his successes enabled him so pre-eminently to maintain. The affairs of the Carlists were then in a deplorable position, and the courage of their leaders might well have failed them when they contemplated the lowering aspect of their horizon. The army of the Queen, exclusive of the garrisons of Ceuta and the Balearic Islands, consisting of 1,500 foot, amounted to 116,000 men, besides irregular troops or volunteers to the number of 12,000 more, distributed under the name of Miqueletes in Catalonia, Salvaguardias in Biscay,

Doce meses de campaña - Twelvemonth's campaign

de 116.000 hombres, aparte de los tropas irregulares o voluntarios, que sumaban 12.000, denominados con el nombre de miqueletes, alvaguardias, "chapelgorris" y "peseteros". Para que este cómputo no parezca dudoso, adjunto una lista de las fuerzas regulares que el Gobierno usurpador tenía a su disposición, tomada de sus mismos informes:

Tenientes generales, 75
Mariscales de campo, 132
Brigadieres-generales, 323
Oficiales de Est. Mayor, 800
Oficiales, 1.300
Guardias Corps a caballo, 750
Guardias de Corps a pie, 150

Guardias a pie

4 regimientos, 8.000
4 regimientos prov., 6.400

Guardias a caballo

4 reg. de caballería, 2.000
1 escuadrón de artillería, 250

Veteranos

11 compañías, 800
Cuadros de 3 reg. suizos, 300

Infantería de línea

14 reg., de 3 bat., 29.500

Chapelgorris in Guipuzcoa, and Peseteros in Navarre. That this statement may not appear doubtful, I subjoin a list of the regular force the usurping government then had at its disposal, at least according to its own statements:

Lieutenant-Generals, 75
Field-Marshals, 132
Brigadier-Generals, 323
Staff Officers, 800
Officers, 1,300
Horse Body-guards, 750
Foot Body-guards, 150

Foot-Guards

Four regiments, 8,000
Four prov. regiments, 6,400

Horse-Guards

4 reg. of cavalry, 2,000
1 squadron of artillery, 250

Veterans

11 companies, 800
Cadres of 3 reg. of Swiss, 300

Infantry of the Line

14 reg., of 3 batt. each, 29,500
4 regiments, of 2 batt., 5,600

Light Infantry

6 reg., of 3 batt. each, 8,400

4 reg. de dos batallones, 5.600

Infantería ligera

6 regimientos de 3 bat., 8.400

Regimientos provinciales

42 reg. de un bat., 26.000

Caballería de línea

5 regimientos, 2.500

Caballería ligera

8 reg., 4.000

Artillería a pie y a caballo

Estado Mayor, 470
3 reg. de a pie, 2,500
2 batallones, 1,000
2 escuadrones, 450

Mineros, ingenieros, 2,000

Estado Mayor, 200
Un regimiento, 1.000

Fuerzas auxiliares

Carabineros a pie y a caballo, 12.000
Escopeteros, etc., 800

Para luchar contra estas fuerzas, Zumalacárregui encontró:

Provincial Regiments

42 reg., of 1 batt. each, 26,000

Cavalry of the Line

5 regiments, 2,500

Light Cavalry

8 regiments, 4,000

Horse and Foot Artillery

Staff, 470
3 regiments on foot, 2,500
2 battalions, 1,000
2 squadrons, 450

Workmen miners, engineers, 2,000

Staff, 200
1 reg. Gendarmerie, 1,000

Carabineros, horse and foot, 12,000

Escopeteros, &, 800

To contend with this force, Zumalacarregui found

Infantry, armed with fowling pieces or muskets, 800
Cavalry, 14
Artillery officers, 1
Field-pieces, 0

Doce meses de campaña - Twelvemonth's campaign

Infantería armada con escopetas de caza o mosquetes, 800
Caballería, 14
Oficiales de Artillería, 1
Piezas de campaña, 0

Un tren de batir compuesto de dos piezas enterradas en Vizcaya.
Una tesorería conteniendo 200 libras.

Es verdad que, aunque estaban aún completamente desarmados y eran incapaces de ayudarle, tenía a su favor la inmensa mayoría del pueblo, no sólo en las provincias del Norte, sino en toda España, y gradualmente, conforme iba tomando armas al enemigo, las ponía en sus manos. Si hubiese habido abundancia de armas, la lucha hubiera sido de corta duración; pero el estar cerrados los Pirineos y el Atlántico por la vigilancia de Francia e Inglaterra, y la falta .absoluta de dinero, no le permitían otra alternativa sino limitar sus actividades a un país inaccesible y montañoso, y conseguir gradualmente y con infatigable actividad los medios de efectuar sus operaciones en mayor escala.

El principio era la parte más ardua de su empresa; porque

Battering train, two old eighteen-Puders, buried in Biscay
A treasury containing, £200

It is true, that although as yet totally disarmed and unable to assist him, he had the immense majority of the people, not only in the northern provinces, but in the whole of Spain, in favour of his enterprise; and by degrees, as he won from the enemy weapons, he placed them in their hands. Had arms only been abundant, the struggle would have been but of short duration: but the Pyrenees and the Atlantic, closed by the vigilance of France and England, and the total want of money, left him no alternative but confining his exertions to a mountainous and inaccessible country; and to winning gradually and by indefatigable exertions the means of extending the scale of his operations.

It was the commencement that was the most arduous part of his task; for not only did he find the handful of partisans he had under his command without a shadow of order or subordination, and, like most mountaineers, wild, proud, and untractable, and totally averse from the discipline he

no solamente encontró al puñado de partidarios que tenía bajo su mando sin una sombra de orden y subordinación, y, como la mayoría de los montañeses, salvajes, orgullosos e intratables y completamente opuestos a la disciplina, que introdujo a medida que sus éxitos le - dieron más tiempo y tranquilidad, sino que tenía en contra suya hombres que estaban familiarizados con el sistema de Mina, de guerra de montaña, y que conocían el país "a palmos" (como dicen los españoles), mejor que él: Su primer cuidado fue hacerse temer y obedecer. Luego empezó a organizar día por día su pequeño ejército, conduciéndolo por senderos de montaña a través de los territorios más inaccesibles de Navarra, lejos del enemigo; allí los entrenaba, como a jóvenes halcones un halconero, llevándoles a escaramuzas y excitando por medio de emboscadas y sorpresas su sed de pillaje y victoria. Al principio, nunca atacaba sino donde no peligrase su seguridad. En la organización de su ejército adoptó el plan que ha resultado decididamente ser el mejor para un país montañoso, distribuyendo sus fuerzas por

introduced as his successes gave him more leisure and latitude; but he had against him men well acquainted with Mina's system of mountain warfare, and who knew the country inch by inch, *á palmas*, as the Spaniards express it, better than he did. His first care was to make himself feared and obeyed. He then began by organising and augmenting, day by day, his little army, leading them by mountain-roads through the most inaccessible territory of Navarre away from the enemy, and there training them, like the young hawks of a falconer, by bringing them into skirmishes, and exciting by surprises and ambuscades their thirst for plunder and victory never at first attacking but where he could not compromise their safety. In the organisation of his army, he adopted the plan which has been proved decidedly the best for a mountainous country distributing his force by battalions, each commanded by a colonel, instead of by regiments. Well aware that it could only be by the rapidity of his marches and the hardiness of his men that he could hope to struggle with the fearful odds against which he opened the campaign, he

batallones, cada uno de ellos mandado por un coronel, en lugar de regimientos. Dándose cuenta perfecta de que la única posibilidad de poder luchar en circunstancias tan terriblemente desfavorables sería la rapidez de sus marchas y la resistencia de sus hombres, los equipó todo lo ligeramente que le fue posible. En lugar de la cartuchera y de la espada, que, colgando sobre el muslo del soldado, le cansa mucho en una larga jornada, mandó hacer cinturones de cuero que se abrochaban atrás y contenían delante veinte tubos de estaño y dos bolsillos, en cada uno, de los cuales había dos paquetes más de cartuchos, tapados con una cubierta de cuero. Esta invención tenía la ventaja de ahorrar muchos cartuchos, que con frecuencia se dejan caer en la confusión de la batalla, cuando el soldado los tiene que sacar de su cartuchera. El cinturón, por su parte, más bien le ayuda que le estorba en la marcha, y le permite hacer fuego con mucha más rapidez. Se han hecho objeciones a esta cartuchera (cinturóncartuchera) en Francia e Inglaterra, alegando el peligro de que los cartuchos colocados delante se incendien con el fuego (la chispa) del

equipped them as lightly as possible. Instead of the cartridge-box and sword, which, dangling on a soldiers thigh, greatly fatigue him on a long day's march, he had leather belts made to buckle behind, holding in front twenty tin tubes, and two pockets containing each two packets more of cartridges all covered with a leather flap. This contrivance had the advantage of saving many cartridges, which are often let fall in the confusion of action, when the soldier has to take them from his cartouche-box. The belt, too, rather aids than incommodes him on his march, and allows him to fire much more rapidly. This cartridge-belt has hitherto been objected to in France and England, on the plea of the danger of the cartridges placed in front igniting from the fire of the musket, when the men fire in line. In a mountainous country, where men must be so much dispersed as skirmishers, this objection was overruled; and even otherwise, I am a staunch advocate for the adoption of this method, as the danger is little greater than that of the cartouche-box exploding from the fire of the second or third line, and the advantages are immense.

Capítulo 5 / Chapter 5

mosquete cuando los hombres disparan en formación. En un país montañoso, donde los hombres tienen que estar muy preparados para luchar en guerrillas, esta objeción está desechada, y, aunque no fuera así, yo soy decidido partidario de la adopción de este método, porque el peligro es poco mayor que el de la explosión de la cartuchera a causa del fuego de la segunda o tercera línea, y las ventajas son inmensas. En lugar de la mochila, adoptó saquitos de lona, en los cuales sólo se permitía llevar al soldado una camisa, un par de alpargatas y provisiones para un día, aunque después, cuando nuestras marchas fueron menos duras, se le permitió tácitamente cargar con todo lo que quisiera, aunque entonces, como es natural, no tenían derecho a quejarse. Siempre sintieron una decidida aversión a la mochila, que, juntamente con el chacó y la cartuchera, eran artículos que el enemigo siempre abandonaba en el campo como despojos inútiles. La boina regional había sustituido al pesado Chacó, un tormento inútil para el soldado, pues ni siquiera detiene un golpe de sable en una carga de caballería como vulgarmente se cree, porque

Instead of the knapsack, he adopted little canvass bags, in which the soldier was allowed to carry only a shirt, a pair of sandals, and a day's provisions; although afterwards when our marches became less arduous, they were tacitly permitted to load themselves with anything they pleased, but then, of course, they had no right to complain. They had always a decided objection to the knapsack, which, with the chako, the stock, and the cartridge-box, were articles of the enemy's spoil they always left on the field as useless. The national beret he substituted for the heavy chako–a gratuitous torment to the soldier, which does not even parry a sabre cut in a charge of cavalry, as it is vulgarly imagined, for no stroke is given perpendicularly downwards by a trooper; all are aimed diagonally, according to the rules of the sword exercise. With men who had thus nothing but their musket to carry, troops armed as heavily as those in regular armies usually are stood no chance of competing on a march.

One immense advantage the Carlist army possessed was the devotion of the inhabitants to

ningún jinete da un golpe perpendicular hacia abajo; todos están dirigidos diagonalmente, de acuerdo con las reglas de la esgrima con espada. Las tropas, armadas tan pesadamente como lo están, por lo general, los ejércitos regulares, no tenían posibilidad de competir en la marcha con hombres que no llevaban más que su fusil.

Una inmensa ventaja que tenía el ejército carlista era la simpatía de los habitantes por su causa. En cualquier sitio encontraba el carlista un hogar y una ayuda; y los liberales, terribles y decididos enemigos. Y esto no ocurría sólo en las provincias sublevadas. Yo me comprometería a ir, presentándome como un carlista, de cabana en cabana, hasta una jornada de Madrid, y ser ayudado y asistido por los campesinos con peligro de su vida. Los carlistas pueden tener siempre la seguridad de que cualquier informe que quieran transmitir a cualquier parte o a cualquier distancia será llevado con más rapidez de lo que puede hacerlo el enemigo: poseen medios superiores a los suyos, como son los fuertes miembros de un montañés. La velocidad de un caballo, en un país como es

their cause; everywhere the Carlist found a home and succour, and the Liberals bitter and determined enemies. Nor is this the case only in the insurgent provinces. I would undertake to go, representing myself as a Carlist, from cottage to cottage to within a day's march of Madrid, aided and assisted by the peasantry at the peril of their own lives. The intelligence and the orders which the Carlists wish to have conveyed to any part or to any distance, they can always depend on having carried more rapidly than the enemy could; their means are superior to what he can possess–the sturdy limbs of a mountaineer. The speed of a horse, in a country like the greater part of the north of Spain, can be but very limited, as, on account of the shortest roads being always so rough and irregular, the animal can but walk, and often rather creep along. A man unaccustomed to the country can never rival the celerity with which the inhabitants traverse the ground; they seldom keep to any path, they go almost as the crow flies. The enemy never ventures, unless in a considerable body, across the open country. In the ordinary routine of things, a Carlist officer has but to give a paper

la mayor parte del Norte de España, tiene que ser muy limitada, pues, como los caminos más cortos son tan ásperos e irregulares, el animal sólo puede andar al paso y a menudo arrastrarse a lo largo de éstos.

Un hombre que no esté acostumbrado al país, nunca puede rivalizar en rapidez con la que los habitantes emplean para atravesar su territorio: rara vez siguen sendero alguno; marchan en línea recta, como las aves.

El enemigo nunca se aventura a salir, a no ser en número considerable, al campo abierto. De ordinario, un oficial carlista no tiene más que entregar un papel al alcalde, y aun un mensaje verbal, para que sea enviado en cualquier dirección; éste, inmediatamente, escoge un vecino que tiene que ir o contratar un mensajero, y cada uno de los habitantes está sujeto a esto por turno. Al llegar al siguiente pueblo, puede, si está cansado, entregarlo a otro; pero si encuentra escritas sobre él las palabras "luego, luego, luego", repetidas tres veces, si está cansado lo entregará en manos del primer individuo que encuentre, y en este caso el

into the hands of an *alcalde*, or even a verbal message to be forwarded in any direction; he immediately pitches upon the householder *vecino*, who must either go or furnish the messenger—each one of the inhabitants being liable in their turn. On reaching the next village, he may, if he finds himself fatigued, hand it over to another; but if the words "Luego, luego, luego!" dispatch, three times repeated, should be upon it, when tired he may give it into the hands of the first individual he meets—the herdsman must leave his flock, the labourer his plough, to carry it; and any man refusing or betraying such a trust would be denounced by his neighbours, his friends, or even his own family.

Independent of the numerous regular spies kept up by Zumalacarregui, some extending to the environs of Saragossa and Burgos— whenever he entered into action, the peasants might be seen on all sides running breathless over the mountains to give him gratuitously the news of all the movements which had taken place, often at the imminent risk of being shot by the opposite party. A *confidant* of the Royalists will

Doce meses de campaña - Twelvemonth's campaign

pastor debe dejar su rebaño y el labrador su arado para llevarlo, pues cualquier hombre que rehusase trasladar el mensaje o hiciese traición sería denunciado por sus vecinos, sus amigos y aun su propia familia.

Independientemente de los numerosos espías regulares mantenidos por Zumalacárregui, algunos de los cuales se extendían hasta los alrededores de Zaragoza y Burgos, siempre que entraba en acción se podía ver por todas partes a los aldeanos corriendo sin aliento por las montañas para darle, gratuitamente, noticias de todos los movimientos que habían ocurrido, a veces con riesgo inminente de ser fusilados por el partido contrario. Un confidente de los realistas lleva una carta durante veinte millas, sorteando los mayores riesgos y recibiendo sólo medio duro por su molestia, y queda, sin embargo, completamente satisfecho. Los cristinos tienen que dar varias onzas por los mismos servicios. En los despachos que fueron interceptados se quejaban constantemente de los precios exorbitantes que se veían obligados a pagar para obtener

carry a letter twenty miles at the greatest peril to himself, and only receive half a douro, 2s. 6d., for his trouble, and is perfectly satisfied. The Cristinos must pay several ounces for the same services. In the dispatches which were intercepted, they constantly complained of the exorbitant prices at which they were obliged to obtain their information; and with such a singular fatality wore their spies always discovered by Zumalacarregui, that those who might have been tempted by gold to undertake that office were deterred from it by the certainty of detection. When a column of the Queenites was quartered in a town or village, not a peasant dared, on any pretext, unless before witnesses, enter the houses of the generals or any superior officers, lest he should be suspected by his neighbours of acting as a spy. Much of this was owing to the admirable manner in which Zumalacarregui had organised everything. Such was the ascendency he assumed over the population, that when they were placed in the alternative of being shot by the Cristinos or of disobeying his orders, they have infinitely preferred the most imminent risk of the

información, y sus espías eran siempre descubiertos por Zumalacárregui con tan singular fatalidad, que aquellos a quienes hubiera tentado el oro para aceptar el oficio, se apartaban de éste ante la certeza de su detención,. Cuando una columna de partidarios de la Reina estaba acuartelada en una ciudad o un pueblo, ningún campesino se atrevía, bajo ningún pretexto, como no fuese ante testigos, a entrar en las casas de los generales ni oficiales superiores, por miedo a que sus vecinos sospechasen que estaba espiando. Gran parte de esto se debía al modo admirable con que Zumalacárregui había organizado todo. Logró tal ascendencia sobre la población, que cuando se veían en la alternativa de ser fusilados por los cristinos o desobedecer sus órdenes, preferían infinitamente más correr el riesgo de ser fusilados.

El bloqueo de todas las ciudades ocupadas en Navarra y las Provincias por los cristinos, que Zumalacárregui decretó cuando Rodil adoptó el plan de fortificar todas las ciudades y posiciones fuertes, contribuyó en gran manera a

former.

The blockade of all the towns and cities occupied in Navarre and the provinces by the Cristinos, which Zumalacarregui proclaimed when Rodil adopted the plan of fortifying all the towns and commanding positions, contributed greatly to his successes, and proved the boldness of his genius. At first it seemed a mere jest from the man who was obliged to fly before the smallest division of the Queens army. But he had already formed a corps of *Aduaneros*, or douaniers, from the smugglers of the Pyrenees. These men, who, from generation to generation, have followed the same mode of life, are of uncommon hardihood, and, like the wild Indian, seem aided almost by instinct in everything that regards their perilous profession. Zumalacarregui would place what was termed a *partida*, composed of some fifty or sixty of these men, with some of the boldest and most intelligent of the volunteers, who were acquainted with the locality round every garrison—proclaiming it at the same time death for any man, and the punishment of cutting off the

su éxito y probó la intrepidez de su genio. Al principio parecía una broma por parte del hombre que se veía obligado a huir ante la más pequeña división del ejército de la Reina; pero ya había formado un Cuerpo de aduaneros con los contrabandistas de los Pirineos. Estos hombres, que de generación en generación han seguido la misma clase de vida, parecen ayudados por el instinto en todo lo que atañe a su peligrosa profesión. Zumalacárregui colocaba lo que se llamaba "una partida", compuesta de cincuenta o sesenta de estos hombres, con algunos de los más inteligentes y valientes de los voluntarios que conocían la localidad, en observación de cada guarnición, y promulgaba al mismo tiempo la pena de muerte para cualquier hombre, o el corte de pelo o el emplumamiento para cualquier mujer, que fuesen sorprendidos intentando entrar. Como las mujeres españolas tienen, por lo general, un pelo muy hermoso, que llevan peinado en una larga trenza, que a veces les llega a los tobillos, este castigo, llamado emplumar, es considerado como muy severo por el sexo femenino, como

hair and feathering every woman, who should be caught trying to enter. As the Spanish women have generally very fine hair, which they wear plaited into one long tail, sometimes reaching down to their ankles, this punishment, which is called *emplumar*, is considered of great severity by the female sex, as may be inferred from the circumstance that it was awarded for the misdemeanour for which the men forfeited their lives. By these means Zumalacarregui considerably straitened the garrisons for provisions, and prevented them from obtaining without great difficulty any information of his motions; moreover, unless they chose to sally out in numbers of five or six hundred, they were obliged to shut themselves up entirely within the gates.

Not a cat could move from the walls without its being known. When a column came out, messengers were instantly sent off, and Zumalacarregui, at any distance, in an incredibly short time, was informed of it, as well as of all their subsequent movements, by spies, or *confidentes*, dispatched successively at short intervals. The Aduaneros, for part of

puede inferirse por el hecho de ser empleado para castigar la misma ofensa que los hombres pagaban con su vida. Por estos medios Zumalacárregui disminuyó considerablemente las provisiones de las guarniciones y les impidió el obtener, a no ser con gran dificultad, información sobre sus movimientos. Además, a menos que se decidieran a salir en número de quinientos o seiscientos, se veían obligados a encerrarse.

Ni un gato hubiera podido salir de los muros sin que se supiera. Cuando salía una columna, se enviaba inmediatamente un mensajero, y Zumalacárregui, a cualquier distancia que estuviera, y en un espacio de tiempo infinitamente corto, era informado de ello y de todos sus movimientos posteriores, por espías o confidentes enviados sucesivamente a breves intervalos. Los aduaneros (pues parte de las "partidas" hacían el servicio de Aduanas) imponían una contribución a los muleteros que viajaban por la carretera real. Cuando una división del ejército de la Reina salía de cualquier fortaleza, tres o cuatro, o una docena de estos individuos, disparaban a cierta

these partidas performed the service of custom-house men, also levied a tax on the muleteers that travelled along the royal road. When a division of the Queen's army came out from any of the garrisons, three or four, or a dozen, of these individuals would fire from a distance on the column, sometimes causing considerable damage; when a company was sent to dislodge them, they disappeared amongst the rocks like chamois–loading and firing as they fled. Sometimes a whole army has been delayed by the appearance of one or two of these hardy partisans, and the Queen's generals saw with vexation soldiers fall in the midst of armed thousands, who could neither protect nor avenge them. Members of one partida also would follow the column, hovering round and cutting off stragglers, till they were relieved by the partida of another station; and let the enemy take what direction he would, messengers, who, in the most favourable ground for the rapid march of the Queen's troops, would always gain two hours in six, preceded them like their shadows. These two hours, in a country where in most places only a half hour's start, on account of the

Doce meses de campaña - Twelvemonth's campaign

distancia sobre la columna, causando a veces daños considerables; cuando se enviaba una compañía a desalojarlos, desaparecían entre las rocas como gamos, cargando y disparando conforme huían. A veces, un ejército entero ha sido detenido por la aparición de uno o dos de estos atrevidos partidarios, y los generales de la Reina veían con disgusto caer soldados en medio de miles de hombres armados, que no podían protegerlos ni vengarlos. A veces, miembros de una partida solían seguir a la columna, rondando y matando a los rezagados, hasta que eran relevados por la partida de otro puesto, y cualquiera que fuese la dirección tomada por el enemigo, siempre les precedían, como sombras, mensajeros que en el terreno más favorable para la rápida marcha de las tropas de la Reina les sacaban en seis horas dos de ventaja. Estas dos horas, en un país donde, en la mayoría de los sitios, sólo una ventaja de media hora hace imposible, debido a la naturaleza de los caminos, que se pueda alcanzar con un grupo de hombres a los que quieren huir, dejaba completamente a opción de los carlistas el pelear o huir, y

nature of the roads, renders it impossible to overtake with any body of men those who choose to escape, left it entirely at the option of the Carlists to fight or fly, and to form their combinations accordingly.

So little, however, was the Carlist army yet able to await the arrival of any of the Queen's columns, that, excepting in the valley of the Baztan, they were at that time as if still in an enemy's country; for where the larger divisions of the Cristino army did not penetrate, the Carabineros and Peseteros daily swept over the country, and, excepting near Zumalacarregui, there was no security from their inroads. The two corps I have mentioned have been since almost entirely destroyed, not one-fourth of their number now remaining of ten or twelve thousand organised in the beginning of the war, although at its commencement they were the most redoubted opponents of the Carlists, and the most merciless persecutors of the inhabitants. The Carabineros were a chosen body of gendarmerie, as fine and as highly paid as any in Europe, consisting both of

formar, de acuerdo, sus combinaciones.

Sin embargo, el ejército carlista estaba todavía tan mal preparado para esperar la llegada de ninguna de las columnas de la Reina, que, salvo en el valle de Baztán, se hallaban aún en aquel tiempo como en país enemigo: porque donde no penetraban las divisiones mayores del ejército cristino, los carabineros y "peseteros" recorrían el país, y no había seguridad contra sus incursiones, excepto cerca de Zumalacárregui. Los dos Cuerpos que he mencionado han sido destruidos desde entonces casi por completo, y no queda ni la cuarta parte del número de los diez o doce mil organizados al empezar la guerra, aunque al principio eran los más temibles enemigos de los carlistas y los más despiadados perseguidores de los habitantes. Los carabineros eran un Cuerpo escogido de vigilancia, tan bueno y bien pagado como cualquiera de Europa, que se componía de hombres a pie y a caballo. Los de caballería tenían la obligación de, proporcionarse sus caballos y equipo, y nadie podía entrar sin haber sido, al menos, cabo de caballería. Su paga, cuando

horse and foot. The cavalry were obliged to furnish their own horses and equipment; and no man could enter without having been at least a corporal in the line. Their pay, when on active service, added to their numerous perquisites, was equal almost to that of an officer of infantry: they were all excellently mounted; their uniform was black; their chakos low, something resembling those worn by the Russian infantry. Having always been employed as a military police–doing the same sort of service as the "Archers of the Holy Hermandad" we read of in Gil Blas–the pursuit and detection of smugglers, robbers, and malefactors; they were already looked upon by the insurgent peasantry with terror and dislike.

The Peseteros, although undisciplined, were still more formidable, on account of their cruelties and excesses– being natives of the provinces, and chiefly the vagabonds and outcasts of society–men escaped from, or condemned to the *Presidio* or the galleys, to whom their liberty was given, or who had made their peace with justice, on condition of entering the free corps or those of volunteers, to which

Doce meses de campaña - Twelvemonth's campaign

estaban en servicio activo, añadida a sus numerosas propinas, era casi igual a la de un oficial de Infantería; todos estaban muy bien montados; su uniforme era negro; su chacó, bajo, se parecía algo al que llevaba la infantería rusa. Eran vistos con terror y antipatía por los campesinos sublevados, porque estuvieron siempre empleados como una policía militar, "haciendo el mismo servicio que los arqueros de la Santa Hermandad", como leemos en "Gil Blas"; su misión era la persecución y detención de los contrabandistas, ladrones y malhechores.

Los "peseteros", aunque mal disciplinados, eran todavía más temibles, a causa de sus crueldades y excesos—eran naturales de las Provincias y se reclutaban, principalmente, entre los vagos y la escoria de la sociedad—; hombres condenados a presidio o escapados de él o de las galeras, a los cuales se había dado libertad y quienes se habían reconciliado con la justicia a condición de entrar en el Cuerpo "libre" o de "voluntarios", hacia el que les atraía su afán de saqueo y venganza personal. Además de sus raciones y una "peseta

they were attracted by their thirst for pillage and private vengeance. Besides their rations, and a shilling a day, they were allowed *carte blanche* in the insurgent districts. Many also were deserters from the Carlists, who, as soon as they perceived the severe discipline Zumalacarregui was introducing, and the little latitude allowed them for plunder, immediately changed to a side where unbounded license in that respect was allowed them. Many at the end of their muskets carried the same kind of bayonet as those vised by the Carabineros—long, four-edged, and about the thickness of a foil; about three inches from the point were several teeth like those of a saw; by means of these, the wound was rendered incurable. That such instruments should have been used by a set of miscreants who were loathed and despised by both parties is not surprising; but to give them to the regular and disciplined troops of an established government, which the Carabineros were, seems hardly credible, when we reflect that its only object was a gratuitous cruelty. The wound it inflicted did not so quickly disable a man as one from the ordinary bayonet; but

diaria[30]", se les concedía carta blanca en los distritos sublevados. Muchos eran también desertores de los carlistas, quienes tan pronto como se apercibían de la severa disciplina que Zumalacárregui estaba introduciendo y de la poca libertad que les dejaba para el saqueo, inmediatamente se pasaban a donde se les permitía libertad absoluta en este particular. Muchos de ellos, en el extremo de sus mosquetes llevaban la misma clase de bayonetas que las usadas por los carabineros: larga, con cuatro filos, poco más o menos del grueso de un florete; a unas tres pulgadas de la punta tenía varios dientes como los de una sierra; debido a éstos, la herida era incurable. No es sorprendente que tales instrumentos fueran empleados por un grupo de bandidos que eran despreciados y aborrecidos por ambos bandos; pero dárselos a tropas disciplinadas y regulares de un Gobierno establecido, como eran los carabineros, parece casi increíble cuando pensamos que su único objeto era una crueldad inútil. La herida que producían no inutilizaba a un hombre tan pronto como la de una bayoneta corriente, pero era

he lingered on incurable, and died a miserable death. Zumalacarregui never allowed these bayonets to be used in the Royalist army. I remember seeing him in the action of Ormaiztegui cause several which the Guides of Navarre had taken and fixed at the end of their muskets to be broken.

The Peseteros were chiefly clad in black or rifle-green; those on horse wore a yellow stripe down the trousers; but generally their habiliment was so dark that they were called, as well as the Carabineros, *los negros*, the blacks, a term which was afterwards applied to all the Queen's partisans. The Chapelgorris, or the Biscayan Peseteros, wore red chakos; some red trousers; but many of those in Jauregui's division had no uniform whatever; they were dressed in the costume of the country. These men, like the Peseteros, on account of their ferocity and personal knowledge of the country and its inhabitants, at first inspired great terror: the establishment of partidas by Zumalacarregui, and the mortal enmity of the inhabitants, in the course of a few months deprived them of the means of doing further harm. In most cases they were renounced by their own

incurable y morían fatalmente. Zumalacárregui nunca permitió que se usaran estas bayonetas en el ejército realista. Me acuerdo haber visto que en la batalla de Ormaiztegui mandó romper varias bayonetas que los Guías de Navarra habían tomado al enemigo y puesto en el extremo de sus mosquetes o fusiles.

Los "peseteros" estaban vestidos, en su mayoría, de negro o verde obscuro; los de Caballería llevaban una franja amarilla a lo largo de los pantalones; pero generalmente sus vestidos eran tan obscuros, que se les llamaba "los negros", como a los carabineros, término que después fue aplicado a todos los partidarios de la Reina. Los "chapelgorris", o peseteros vascos, llevaban chacos encarnados; pero muchos de los que estaban en la división de Jáuregui no tenían uniforme alguno: iban vestidos con el traje del país. Estos hombres, como los "peseteros", inspiraron gran terror al principio a causa de su ferocidad y de su conocimiento personal del país. La creación de las "partidas" por Zumalacárregui y el odio mortal de los

families; and whatever had been the result of the war, a man who had been a Pesetero, so strong was the feeling against this detested class, would have been pointed out as if the mark of Cain had been stamped upon his brow. After being several times surprised and routed by Zumalacarregui, their *prestige* was destroyed; but although they fought very desperately against the Carlists, the sentiment of hatred seemed to overcome that of fear. The latter always rushed with the greatest fury on these corps. In the ranks of the Queenites, the Peseteros seemed to be considered as the Parias of the army. They fought certainly in many cases with desperation, knowing that there was not for them the remotest hope of quarter; but as to what I have read in a description contained in a Number of the "United Service Journal," of their venturing to carry dispatches for the sum of half an ounce from "Pamplona or Bilbao to Elizondo," or anywhere in a similarly dangerous part of the country, I can unhesitatingly state it to be a "picturesque misstatement." The partidas, constantly on the watch, rendered it a thing totally impossible; and if it could have

habitantes del país les privó en pocos meses de los medios de hacer más daño en lo futuro. En la mayoría de las casas, sus mismas familias renegaban de ellos, y cualquiera que hubiera sido el resultado de la guerra, un hombre que había sido un "pesetero" era señalado como si la marca de Caín estuviera grabada en su frente. ¡Tal era la antipatía contra estos hombres detestados! Después de ser varias veces sorprendidos y derrotados por Zumalacárregui, desapareció su "prestigio"; aunque lucharon desesperadamente contra los carlistas, el sentimiento de odio pareció dominar al de miedo. Estos últimos atacaban siempre con la mayor furia a aquellos cuerpos. En las filas de los partidarios de la Reina se consideraba a los "peseteros" como los "parias" del ejército. Es verdad que en muchos casos lucharon con desesperación, sabiendo que para ellos no había la más remota esperanza de cuartel; mas en cuanto a lo que he leído en una descripción publicada en un número de "United Service Journal", donde se dice que se aventuraban a llevar mensajes de Pamplona o Bilbao a Elizondo, o a cualquier otro

been managed in so off-hand a way by their own men, the Christino chiefs would not have paid the sums they did to corrupt the peasantry and gain over spies. On the whole, a great deal more has been said in England of these Chapelgorris than they deserve; they have now fallen into universal contempt both with their own party and the Carlists.

The following early exploit of Zumalacarregui, when his men, half armed, and wanting cartridges, could not be prevailed on to stand for ten minutes together, was characteristic of his enterprising temper. Learning that the Cristinos had published in Vitoria that the Faction was exterminated, and that the Carlist bands only existed in the imaginations of the fearful, he made a sudden attack on the city, cut off a hundred and twenty Peseteros in the suburbs, and forced his way into the city itself, which would certainly have been taken, had it not been for one of those trifling incidents that so often occur in war-time, and create a panic which in irregular troops is irreparable. The garrison was completely surprised; the horses of the

lado, en una parte del país igualmente peligrosa, por media onza, puedo afirmar sin vacilar que se trata de un pintoresco informe falso. Las "partidas", vigilando constantemente los caminos, hacían que esto fuera completamente imposible; y si hubiera podido realizarse dicho servicio de un modo tan fácil por sus propios hombres, los jefes cristinos no hubieran pagado las cantidades que abonaban para sobornar a los aldeanos y conseguir espías. En general, se ha hablado en Inglaterra mucho más sobre estos "chapelgorris" de lo que ellos merecen. Ahora son despreciados universalmente, tanto por su partido, como por los carlistas.

La siguiente hazaña de los primeros tiempos de Zumalacárregui, cuando no podía confiarse en que sus hombres, mal armados y con pocos cartuchos, se mantuviesen unidos durante diez minutos, es característica de su carácter emprendedor.

Habiendo sabido que los cristinos habían publicado en Vitoria que la facción estaba exterminada y que las bandas carlistas sólo existían en la imaginación de los cobardes,

cavalry were unsaddled in the stables; but unfortunately it was impossible to keep the Royalists from entering the houses; when a little trumpeter, appearing at the further end of the square where they were advancing, sounded the charge. The foremost, crying out that the cavalry was charging, fled, and caused the rest to retire so precipitately, that thirty men were left behind and taken by the Urbanos, who shot them all. By way of reprisal Zumalacarregui shot his hundred and twenty prisoners. The effect of this expedition was, however, as he had calculated, not only to enlighten the population as to the falsehoods propagated by the government, but also to make them believe, from his hardihood in attacking, that the Royalists were more numerous than in fact they were, and thus to induce many Carlists to escape from the city and join his standard. He did the same by Pamplona. The disposable force having sallied from the city in pursuit of him, he appeared under the very walls, where he cut off a convoy, taking a number of mules and prisoners. This not only carried terror into the place, but had a still more

atacó de pronto la ciudad y aisló a ciento veinte "peseteros" en los suburbios y se abrió camino hasta dentro de la misma plaza, que, sin duda, hubiera tomado a no ser por uno de esos incidentes sin importancia que ocurren tan a menudo durante la guerra y que causan un pánico que en tropas irregulares es irreparable. La guarnición fue cogida por sorpresa; los caballos estaban en los establos sin ensillar; pero, desgraciadamente, fue imposible impedir que los realistas entraran en las casas, cuando un pequeño trompeta, apareciendo al extremo opuesto de la plaza por donde avanzaban, tocó a carga. Los de delante huyeron gritando que estaba cargando la caballería, e hicieron que el resto se retirara tan precipitadamente, que dejaron atrás a treinta hombres, a quienes cogieron los "urbanos", fusilándolos a todos. En represalia, Zumalacárregui fusiló a 120 prisioneros. Sin embargo, el efecto de esta expedición fue tal cual se había previsto: no sólo de hacer ver a la población las falsedades que había propalado el Gobierno, sino también hacerles creer, por lo atrevido del ataque, que

advantageous effect than at Vitoria. The death of Santos Ladron having considerably exasperated the population, several hundred young men escaped the next day, and joined his standard.

Zumalacarregui seldom tarried in the Baztan; on the contrary, he endeavoured always to entice the enemy to attack him elsewhere. As the men flocked to his standard, they were slightly drilled in the Baztan; they were then armed and equipped, and sent to join him. This plan, and the exaggerated notion the enemy entertained of the difficulty of the passage into the Baztan, was the cause of the repose the Junta enjoyed, which, until the arrival of Rodil, who was the first that penetrated the valley, remained undisturbed. It was then peremptorily given out, "that he had swept the Baztan, the last hold of the Carlists, from one end to the other," and thence it was concluded that he had triumphed entirely over the party; so erroneous are the ideas formed at a distance! In the same way Valdes imagined, because the Amezcoas had been so long impenetrable, if he could force the passage into them, the Carlists would be undone.

los realistas eran más numerosos de lo que en realidad eran, y así indujo a muchos carlistas a escapar de la ciudad y alistarse bajo su bandera. Hizo lo mismo en Pamplona, donde, habiendo salido de la ciudad las fuerzas disponibles para perseguirle, apareció bajo los mismos muros e interceptó un convoy, apoderándose de un número de mulos y prisioneros; esto no sólo causó terror en la plaza, sino que produjo un efecto aún mayor en Vitoria. Como la muerte de Santos Ladrón había exasperado mucho a la población, varios cientos de jóvenes escaparon al día siguiente y se alistaron bajo su bandera.

Zumalacárregui se detenía poco en el Baztán; al contrario, procuraba siempre atraer al enemigo para que le atacara en otra parte. Conforme los hombres se unían a sus fuerzas, hacían instrucción en Baztán; allí les armaban y equipaban y los enviaban para que se unieran a él. Este plan y la idea exagerada que tenían los enemigos acerca de la dificultad de entrar en el Baztán fue causa de la tranquilidad de que disfrutó la Junta, que no fue turbada hasta la llegada de Rodil, quien fue el

After marching through them, destroying the miserable huts of the shepherds and cottages of the inhabitants, he acquired the conviction that this "den" of Zumalacarregui was but as a valley, like a thousand others in Navarre and the provinces; but the experience he acquired cost him his office, and his party the most serious defeat in its consequences which they had yet experienced. It laid open the road to Madrid; but fortunately for the Queen's cause, the want of ammunition prevented the Carlists from following up their advantage.

primero que entró en aquel valle. Entonces se propaló a bombo y platillos que habían barrido el Baztán, último refugio de los carlistas, de una punta a la otra. Y de aquí se dedujo que había triunfado completamente sobre el partido carlista. ¡Tan equivocadas son las ideas que se forman desde lejos! Del mismo modo, Valdés imaginaba, porque las Amezcoas habían sido impenetrables tanto tiempo, que si podía forzar el paso a ellas, los carlistas serían deshechos. Después de atravesarlas, destruyendo las miserables chozas de los pastores y las casas de los habitantes, adquirió la convicción de que esta madriguera de Zumalacárregui no era más que un valle como tantos otros en Navarra y en las Provincias [31] ; pero el adquirir esta experiencia le costó a él su puesto y a su partido la más grave derrota que había experimentado, por las consecuencias que trajo. Dejó abierta la carretera a Madrid; pero, afortunadamente para la causa de la Reina, la falta de municiones impidió a los carlistas el aprovecharse de esta ventaja.

Capítulo 6

Partida de Bayona. Cruzando los Pirineos. Caserío vasco. Contrabandistas. Vigilancia de los franceses. Cruzando el Nivelle. Frontera. Urdax. Una posada española. Valle de Baztán-Santesteban. Carlistas y cristinos. Recogiendo raciones. Sagastibeltza. Tropas carlistas. Elizondo. Cólera. Escaramuzas con Lorenzo.

Habiendo dejado a Bayona, a caballo, hacia el atardecer, acompañado por un guía vasco que iba delante de mí, vestido, siguiendo la costumbre de esa gente, con una chaqueta corta, pantalones de terciopelo, una ancha faja roja, alpargatas y una boina azul, nosotros marchábamos por la carretera hacia los Pirineos. Mientras él trotaba en su muía, yo, siguiendo sus instrucciones, sólo tenía que estar a su vista y nunca dirigirme a él sino cuando se me hablara; de manera que, en caso de ser detenidos, él no estuviese comprometido. Esto era necesario, a causa de la gran vigilancia de la policía francesa, los puestos de guardias y Aduanas y el cordón de tropas bajo el general Harizpe, pues el

Chapter 6

Departure from Bayonne. Crossing the Pyrenees. Basque cottage. Smugglers. Vigilance of the French. Crossing the Nivelle. Frontier. Urdax. A Spanish posada. Valley of Baztan. Santesteban. Carlists and Cristinos. Levying rations. Sagastibeltza. Carlist troops. Elizondo. Cholera. Skirmish with Lorenzo.

Having left Bayonne on horseback towards evening, accompanied by a Basque guide, who went before me habited according to the costume of that people in a short jacket, black velveteen trousers, a broad red sash, sandals, and a blue bonnet, we proceeded by the road to the Pyrenees. As he trotted along on his mule, according to my instructions, I was only to keep in sight of him, and never to address him but when spoken to so that in case of our being stopped, he might not be compromised. This was necessary on account of the extreme vigilance of the French police, the posts of gendarmerie and douaniers, and the cordon of troops under General Harizpe; for the

Capítulo 6 / Chapter 6

Gobierno francés tenía entonces gran deseo de evitar que llegase el menor socorro a los carlistas y castigaba con gran severidad a los vascos que cogía contrabandeando en los Pirineos, ya en hombres, ya en provisiones de cualquier clase. De Bayona a la frontera española, por el lado de Zugarramurdi, la distancia es sólo de cinco leguas; pero todos los caminos estaban tan fuertemente guardados, que los contrabandistas se veían obligados a dar una vuelta que triplicaba la distancia.

Mi guía era un célebre contrabandista: verdaderamente, en aquel momento, pocos hubieran aceptado el pasar a un viajero al otro lado, y no lo hubiesen hecho por menos de cien francos. Estaba casi oscuro, pues él había escogido el período de luna nueva para núestra expedición. Mientras él iba silbando a caballo, fue alcanzado por una mujer vieja, a la que, probablemente, le hizo alguna señal. Ella habló unas breves palabras en vascuence, que parecieron tan poco satisfactorias para él, que tomamos otro camino; entonces me informó que aquella noche dormiríamos en Francia, pero muy cerca de la

French government was then in earnest in its endeavours to prevent all succours from reaching the Carlists, and punished, with great severity, the Basques who were caught smuggling either men or supplies of any kind over the Pyrenees. From Bayonne to the frontiers of Spain, on the side of Zugarramurdi, the distance is only five leagues, but all the roads were so strongly guarded, that the smugglers were obliged to go around which trebled the distance. My guide was a celebrated contrabandista; indeed, at that moment few would undertake to pass a traveller over, nor would they attempt it for less than a hundred francs. It was now nearly dark, for he had chosen the period of the new moon for our expedition. As he rode along whistling, he was joined by an old woman, to whom probably he had been making a signal. She spoke a few words in Basque, which appeared so little satisfactory to him, that we struck off into another road, when he informed me that we must sleep in France that night, but it would be very near the frontier.

After crossing several rivulets,

frontera española.

Después de cruzar varios riachuelos y subir y bajar, hasta pasada medianoche, por caminos donde ningún animal, exceptuando los pequeños caballos criados en las montañas, o las muías, podía tenerse en pie, nos hallamos en una altura, tropezando a cada minuto contra los troncos de algún gigantesco castaño. Habiendo resuelto mantener el más estricto silencio, nosotros avanzábamos, tan bien como podíamos, en la obscuridad, hasta que llegamos a un grupo de caseríos que era difícil distinguir entre sombras. Pusimos a los dos animales bajo cubierto; mi guía entonces llamó suavemente tres o cuatro veces en una ventana enrejada; se vio una luz, y al momento una joven apareció en la ventana. Pasó un rato hablando en voz baja, después del cual se abrió la puerta y nos encontramos en un establo, donde varios bueyes estaban echados sobre hojas de maíz. Después de dar pienso al ganado, la señora de la casa nos introdujo en la cocina del caserío, donde su madre estaba muy ocupada con la rueca. Nosotros fuimos no solamente bienvenidos, sino que éramos esperados,

and mounting and descending, till past midnight, by paths where no animals, save the small horses bred in the mountains, or mules could keep their footing, we found ourselves on a height, stumbling every minute against the stumps of some huge chestnut trees. Having resolved on maintaining the strictest silence, we advanced, as well as we could in the darkness, until we reached a cluster of cottages, which it was difficult to distinguish in the darkness. We put up our two animals under a shed; my guide then knocked gently three or four times at a latticed window; a light was seen, and presently a young woman appeared at the window. Some whispering passed, after which the door was opened, and we found ourselves in a cow-house, where several oxen were reclining on the maize-straw. After providing for our cattle, the lady of the mansion introduced us into the kitchen of the cottage, where her mother was busily employed over her spinning-wheel. We appeared not only welcome, but expected guests, as was evident from our hosts being on foot at an hour when the peasant's family is generally plunged in deep sleep. After

Capítulo 6 / Chapter 6

como lo demostraba el que nuestras patronas estuviesen levantadas a una hora en la que, por lo general, las familias campesinas están sumergidas en profundo sueño. Después de los primeros saludos, ellas hablaron un rato, a mi parecer, muy de prisa y ansiosamente, en su incomprensible lengua; el resultado, sin embargo, fue que encendieron un gran fuego con ramas de matorral, y la mujer joven empezó a preparar nuestra cena. Nosotros fuimos tratados con la hospitalidad peculiar de los habitantes de los Pirineos. En este caso, sin embargo, teníamos más derecho a esperar una recepción amable. La chica, que, según recuerdo, se llamaba "Mariñaxi" (degeneración vasca de María Ignacia), era la prometida del contrabandista. Después de haber hecho honor a toda la cena, fui sorprendido por la vista del café, azúcar muy blanca y mermelada de naranja; pero dándome cuenta de que los contrabandistas hacen contrabando de casi todos los artículos que vienen del otro lado de la frontera, cesó mi extrañeza. La vida que estos endurecidos fronterizos llevan, a pesar de ser vida de peligro y aventura, es una en la que se hace dinero; y si tienen la

the first greetings were over, they talked to my guide for some time, very quickly and earnestly, in their incomprehensible language: the result, however, was, that a blazing fire of brushwood was made, and the younger female began to prepare our supper. We were treated with all the hospitality peculiar to the inhabitants of the Pyrenees. In this case we had, however, an additional right to expect a friendly reception. The girl, whose name I remember was Mariñaxi–the Basque corruption of Maria-Ignace– was the fiancée of the smuggler. After we had done justice to the supper, I was surprised at the appearance of coffee, very white sugar, and some orange marmalade; but on learning that the smugglers carry on a contraband trade in almost every article that comes from beyond the frontiers, the wonder ceased. The life these hardy borderers lead, although one of danger and adventure, is a money-making one; and if they have the good fortune to escape a prison or the galleys, at a certain age they retire with the property they have amassed, which, sometimes, for the country, is not inconsiderable. The greatest peril they run is from their

Doce meses de campaña - Twelvemonth's campaign

buena fortuna de evitar la prisión o los trabajos forzados, a cierta edad se retiran con la propiedad que han amasado, que, a veces, para aquel país, no es pequeña. El mayor peligro que ellos corren proviene de la resistencia a abandonar la mercancía que intentan pasar. El número de hombres o soldados de aduanas que mueren en los encuentros diarios con ellos, nunca se sabe, pues ambos, el Gobierno y el pueblo, se unen para ocultarlo [32]. Los contrabandistas, generalmente, escogen una noche muy obscura y lluviosa, o de tormenta, para sus expediciones. Cincuenta o sesenta hombres pasan algunas veces por el mismo camino, donde hay puestos de carabineros o soldados, cada uno llevando un paquete de peso considerable sobre sus espaldas y andando de puntillas en larga fila, imitando con su marcha el ruido de la lluvia. Si son descubiertos, hacen rodar sus paquetes por la pendiente de la montaña, y saltando detrás, como gamos, desaparecen todos de la vista en un instante. Algunas veces, sin embargo, sus largos cuchillos acallan toda oposición. Estos contrabandistas —y casi todos

reluctance to abandon the merchandise they are endeavouring to pass with. The number of custom-house men and soldiers who perish in the daily encounters they hold with them is never known, as both government and the people of the country unite to hush it up. The contrabandistas generally choose a pitch-dark and rainy or stormy night for their expeditions. Fifty or sixty men will sometimes pass along the very same road where the post either of douaniers or soldiers is stationed, each carrying a bale of considerable weight on his head, and, walking on tiptoe, in long file, imitate, by their tread, the pattering of the raindrops. If discovered, they roll their bales down the precipitous side of the mountain, and bounding after them like izards, are all out of sight in an instant. Sometimes, however, their long knives silence all opposition. These smugglers–and nearly all the Basques are so–seem to consider each other as brethren, and, as such, afford mutually every assistance. Although often very desperate characters are amongst them, either criminals condemned to death in France or in Spain, and who think but little of

Capítulo 6 / Chapter 6

los vascos son así—se consideran como hermanos, y de esta manera se prestan mutua ayuda. Aunque a menudo hay entre ellos algunos caracteres desesperados, a veces criminales condenados a muerte en Francia o en España, y que no dan mucho valor a la vida humana, sin embargo, si se fía en ellos, nunca traicionan la confianza que se les ha dado, y uno puede entregar su persona o su propiedad, sin miedo, en manos de individuos con quienes no sería nada agradable encontrarse a un viajero que fuese por un solitario camino de montaña, aunque sólo tuviese que perder el abrigo.

Los vascofranceses, todos los cuales están ligados de alguna manera con el contrabando, tienen un gran interés por la causa de Don Carlos, en parte por el gran impulso que la lucha ha dado a sus negocios, pero más por un sentimiento de simpatía hacia sus hermanos españoles. El valor de que sus partidarios dieron prueba proclamándole los primeros, la aureola de romanticismo y aventura que rodeó a Don Carlos cuando más tarde cruzó un país hostil,

human life; nevertheless, if confided in, they never betray the confidence reposed in them, and you may trust yourself or your property fearlessly in the hands of individuals with whom it would not be at all pleasant for a traveller to make acquaintance on a lonely mountain-road, even if he had nothing to lose but his coat.

The French Basques, who are all in some way connected with the contraband trade, feel a deep interest in the cause of Don Carlos; partly on account of the thriving business which his struggle has enabled them to carry on, but more from a sympathetic feeling with their Spanish brethren. The courage which his partisans evinced in first proclaiming him, and the touch of romance and adventure in his afterwards crossing a hostile country, as France then was, to place himself at the head of his followers, gave an additional interest to that cause in the eyes of a people naturally fond of, and accustomed to, expeditions of a hazardous character. My guide was in the habit of carrying some little present to his bonne amie, after any successful enterprise. On my making some

como Francia lo era entonces, y el colocarse él mismo a la cabeza de sus partidarios, dio gran simpatía a la causa a los ojos de gente que gustaba y estaba acostumbrada a expediciones de carácter peligroso. Mi guía tenía la costumbre de llevar algún pequeño regalo a su novia, después de cualquier empresa que hubiese tenido éxito. Cuando hice una observación sobre un par de pendientes que llevaba, ella sacó de un arca vieja una cadena maciza y una cruz muy pesada de oro fino, que costó 600 francos, con las que su novio la había obsequiado.

Me enteré que desde donde nos habíamos parado sólo distaba 200 yardas un puesto de aduanas; y se resolvió que a la mañana siguiente yo entraría en España disfrazado de campesino. Como era domingo, se hacía fácil pasar sin ser observado, pues los habitantes de los pueblos españoles tienen costumbre de venir a Francia, y viceversa. Era, sin embargo, necesario evitar un puesto que estaba situado a la cabeza de un puente sobre el río Nivelle. Alrededor del mediodía proseguimos nuestra jornada, y cuando íbamos a pasar para

observation on a pair of earrings she wore, she took out of an old chest a massive chain and a very heavy cross of fine gold that had cost six hundred francs, which her lover had given her.

I learned that where we stopped we were within two hundred yards of a post of douaniers; and it was resolved that next morning I should cross into Spain in the disguise of a peasant. As it was Sunday it was easy to pass unobserved, for the inhabitants of the Spanish villages were in the habit of coming into France, and vice versá. It was, however, necessary to avoid one post, which was situated at the head of a bridge over the Nivelle. About mid-day we proceeded on our journey; and just as we were stopping to cross the little river, which is easily fordable, although very rapid, a sentinel cried out to us to halt. The guide shouted to me to cross as rapidly as possible. Having the advantage of a few minutes' start, although the post was alarmed and was hotly pursuing us, we managed to reach the mountain after half an hour's race. For my own part, I was quite exhausted. Our pursuers, although they fired several

Capítulo 6 / Chapter 6

cruzar un pequeño río, fácilmente vadeable, un centinela nos dio el alto. El guía me gritó que cruzase lo más deprisa posible. Habiendo ganado la ventaja de unos pocos minutos, a pesar de que el puesto recibió la voz de alarma y se nos perseguía con ahínco, conseguimos llegar a las montañas después de media hora de carrera. Por mi parte, estaba completamente exhausto. Nuestros perseguidores, a pesar de que hicieron fuego varias veces para intimidarnos, estaban justamente fuera de tiro. Habiendo llegado a la montaña, estábamos ya a salvo entre las matas. Mi guía subió el rocoso cauce de un riachuelo que se había secado con el calor del verano, y después de cruzar dos tres montes y barrancos hicimos alto en una choza de pastor. Aquí, después de cambiar algunas palabras con su dueño y beber de una bota de piel de cabra un trago del fuerte vino español, una mezcla de las más detestables a causa de su gusto y del de la piel, así como también de la pez con que estaba forrada, el pastor me condujo a través de la frontera, que sólo distaba una milla. Una fila de piedras blancas y unos pocos árboles achaparrados a

times to intimidate us, were only just out of gunshot. Having once reached the mountain we were, however, safe amongst the brushwood. My guide mounted the rocky bed of a stream which had dried up in the summer's heat, and after crossing two or three more hills and ravines, we halted in a shepherd's cabin. Here, after exchanging a few words with its owner, and taking from a bag of goat-skin a draught of the strong wine of Spain, a most detestable mixture, on account of its tasting of the skin itself, as well as of the pitch with which it is lined, the shepherd conducted me right across the frontier, which was not a mile off. A row of white stone-boundaries, and a few stunted trees along the road, which winds in the middle of a bleak heath-covered mountain, is all that indicates the separation of the two kingdoms, for so many centuries' rivals; yet on looking from this line of landmarks, there was a striking and discouraging difference in the picture which the country we were leaving and the one we were entering presented. In France many a white village and casarie peeped out from the midst of vines and gardens which covered the slope of the

lo largo de la carretera que da vueltas en el centro de un monte frío y cubierto de brezo, es todo lo que indica la separación de dos reinos que fueron rivales por tantos siglos; sin embargo, mirando desde esta línea de mojones o marcas, hay una sorprendente y desalentadora diferencia entre el cuadro del país que dejamos y aquel en que estábamos entrando. En Francia, muchos pueblos y caseríos blancos asomaban por entre las viñas y huertas que cubrían las laderas de los montes, y el paisaje ofrecía promesas de abundancia y fertilidad; y mirando hacia el lado español de las montañas, todo parecía estéril y escabroso, y hacia el horizonte se divisaba ese profundo y oscuro azul que sólo vemos en las pinturas de los viejos maestros y que es peculiar al paisaje del Sur, frío, lúgubre e inhabitado; las crudas y duras facciones del paisaje se salvaban de tener un aspecto completamente desolador por un pueblo o dos, construidos de obscura piedra roja, y algunas ruinas que han quedado durante largo lapso de años como memorias de calamidades y enemistades, cuyo origen e historia han sido, tiempo ha, enterrados en el

hills, and the scene gave everywhere the promise of plenty and fertility: on turning towards the Spanish side, the mountains seemed barren and rugged, and towards the horizon of that deep, gloomy blue which we only see in the pictures of the old masters, and which is peculiar to the landscape of the south. Bleak, dreary, and uninhabited, the bold and harsh features of the scene were only relieved from an aspect of total desolation by a village or two, built of a dark red stone, and occasional ruins which have remained through the long lapse of years as memorials of woes and feuds, of which the origin and history have long since been buried in oblivion.

It was now growing dusk, but we could still discern the sea, and the light of the Phare of Bayonne, and of innumerable villages sparkling beneath our feet. Amongst the high and barren hills covered with heath were quietly grazing a few flocks, apparently left entirely to themselves. At last the baying of a dog betrayed the presence of a herdsman; he gave us startling intelligence. We had reason to believe that the peseteros were then in Urdax, the village to which we

Capítulo 6 / Chapter 6

olvido.

Se estaba acercando la hora del crepúsculo, pero todavía podíamos distinguir el mar y la luz del faro de Bayona y de innumerables pueblos brillando a nuestros pies. En los altos y estériles montes cubiertos de brezo pastaban silenciosamente unos pocos rebaños, aparentemente abandonados a sí mismos. Al fin, el ladrido de un perro delató la presencia de un pastor; él nos dio una sorprendente información. Según ella, teníamos motivos para creer que los "peseteros" estaban entonces en Urdax, el pueblo al que pensábamos ir. Habían estado el día antes en Zugarramurdi, un pueblo a una legua de allí, donde habían malvadamente asesinado al dueño del 'palacio", como es llamado el viejo y derruido castillo, y robado al cura 25 onzas de oro. Después de deliberar urgentemente, como había ya obscurecido, mi guía resolvió entrar en el pueblo para reconocerlo, mientras yo me echaba en el brezo. Después de un lapso de una hora, volvió y me informó que la "octa" estaba libre, pues los "peseteros" se habían retirado hacia Irún. En una sucia posada, peor que la más

intended going. They had been the day before at Zugarramurdi, a village a league from thence, where they had wantonly murdered the owner of the palacio, as the old decayed chateau is called, and had taken from the curate twenty-five ounces of gold. After a long deliberation, as it was now dark, my guide resolved to enter the village to reconnoitre, while I lay down in the heath. After the lapse of an hour, he came and informed me that the coast was clear, as the peseteros had retired towards Irun. In a dirty inn, or posada, worse than the most miserable French public-house, I took up my abode for the night. The reader must not imagine that a Spanish posada is like an inn in any other part of the world, where the traveller generally gets civility at least for his money. The Spanish padrons, or innkeepers, evince an astonishing nonchalance. The traveller may enter the kitchen, everyone seeing him and allowing him to remain all day, and unless he speaks no one will ask him his business. To the questions, "What have you got?" "What good things have you to give us?" "Qué tiene usted? Qué tiene usted de bueno? Lo que ustedes han

[166]

miserable taberna francesa, me acogí para pasar la noche. El lector no debe imaginarse que una posada española es como una posada en cualquier parte del mundo, donde el viajero, al menos por su dinero, es recibido con buenos y amables modales. Los patronos o posaderos españoles demuestran una asombrosa despreocupación. El viajero puede entrar a la cocina, donde le ven todos, y permitirán que se quede allí todo el día sin hacerle caso alguno, y a no ser que él hable, nadie le preguntará nada.

A las preguntas: "¿Qué dice usted de bueno?" "¿Qué trae usted?" "—Lo que usted haya traído", es lo que ordinariamente contesta la posadera. Solamente a fuerza de lisonjas e insistencia se obtiene al fin algo, y hay que tomarlo como lo traen y pagar cuanto le piden. Cuando la comida se sirve a una hora que la patrona imagina no es la buena para comidas en todo el mundo, porque no lo es así en su pueblo, hay que apreciarlo como un favor extraordinario; nos dieron lo que yo después comprendí ser una buena cena: bacalao, jamón y huevos, todo guisado con pimientos y tomates, y sopa de pan

traido" "What you have brought with you" is the common answer from the hostess. It is only by dint of teasing and coaxing that he at last obtains something, and then he must take it as it comes, and pay what is asked. If it be given at the hour which the padrona imagines not to be the right one for meals all over the world, because it is not so in her village, it is a very rare and signal favour. Supper was served; it was what I afterwards learned to consider a good supper–stock-fish, ham, and eggs, all cooked with tomata and pimento, and soup, or rather a bread-paste.

I had scarcely sat down when four men entered; they were aduaneros, or custom-house men of the Carlists, who, being informed by their spies that a stranger had entered the village, immediately came from the mountains to inquire who the intruder was. They were dressed in the garb of peasants, being armed with carbines, and carrying cartridge-belts, or cañanas. One, who was called the captain of the custom-house, was distinguished by a red cap and a sort of uniform; he was also mounted. He demanded my papers, with which he was

Capítulo 6 / Chapter 6

tostado.

Me había justamente sentado, cuando entraron cuatro hombres: eran aduaneros de los carlistas, los que, habiendo sido informados por los espías de que había entrado en el pueblo un extranjero, inmediatamente vinieron de las montañas para inquirir quién era el intruso. Vestían trajes de campesinos, estaban armados con carabinas y llevaban cananas. Uno, que era llamado capitán de la aduana, se distinguía por una boina roja y una especie de uniforme; además, montaba a caballo. Me pidió mis papeles, con los que quedó rápidamente satisfecho; él entonces me dijo que podía dormir en paz, y me dio un guía para la mañana siguiente. Fue imposible, sin embargo, al llegar la mañana, el decidir qué camino habría que seguir; esto dependía de las noticias que podían recibirse en el curso del día, y hasta las cuatro de la tarde no se recibió ninguna; yo fui entonces enviado por el camino de Echalar. Habiendo obtenido una muía equipada con la verdadera montura española, hecha con abundante piel de tejón, bronce, piel de Marruecos y una antigua silla de montar y enormes estribos, proseguimos nuestra jornada

promptly satisfied; he then told me that I might sleep quiet, and gave me a guide for the morrow. It was impossible, however, when the morrow came to fix upon the way I should go; it would depend upon the intelligence which might be received in the course of the day, and it was already 4 p.m. before any news could be obtained. I was then dispatched by way of Etchalar. Having procured a mule with the real Spanish caparisons, made with abundance of badger-skin, brass, and red-morocco, an ancient saddle and huge stirrups, we proceeded on our journey through mountain-paths so steep and dangerous, that in ordinary times the inexperienced traveller would have done nothing but think on the natural horrors of the road. When a man has nothing else to fear, the reflection that one false step of his mule will make a glorious feast for the wolf and the raven–the more so as the boasted sure-footedness of this animal, if not apocryphal, seems much exaggerated–is not very pleasant. The sun was setting when the valley of the Baztan opened before us. We had a long march over rugged mountains whose deep chasms

Doce meses de campaña - Twelvemonth's campaign

entre caminos montañosos, tan escarpados y peligrosos, que en tiempo ordinario el viajero inexperto no habría hecho otra cosa que pensar en los horrores naturales de la ruta. Cuando un hombre nada tiene que temer, es muy poco agradable el pensamiento de que un paso en falso de su muía pudiera preparar un gran festín para los lobos y cuervos, tanto más cuanto que la seguridad de este animal, si no es apócrifa, se ha exagerado mucho. Se ponía el sol, cuando el valle de Baztán se abrió ante nosotros. Marchamos gran trecho sobre ásperas montañas, cuyas profundas hendiduras estaban llenas de viejos y nudosos castaños cargados de su punzante fruto. Los montes, situados encima de nosotros, estaban llenos de cabras y rebaños de ovejas españolas cubiertas de larga lana, alimentándose de la escasa hierba que crecía entre las rocas. Audaces y fantásticas masas, muy por encima del camino, terminaban a veces en puntas y picachos, y otras aparecían apiladas una sobre otra, amenazando al viajero que caminaba debajo. El buitre o águila marina, que entra en la bahía de Vizcaya, extendiendo sus alas para un vuelo de 50 o 100 millas, para pescar en el

were filled up with old and knotted chestnut trees laden with their prickly fruit. The hills above us were covered with goats and flocks of Spanish sheep, clothed in their long Merino wool, feeding on the scanty herbage which grew between the rocks. Bold and fantastic masses, high above the pathway, terminated sometimes in points and pinnacles; at others, seemed piled one above another, menacing the traveller below. The vulture or the sea-eagle, who sweeps inwards from the Bay of Biscay, stretching his wings for a flight of fifty or a hundred miles, to fish in the Bidasoa or roost in his eyrie amid the craigs of the mountain, sailed overhead, or perched on points of the rocks to reconnoitre the stranger. The road which runs along the river continues rude and romantic, till Santesteban appears in sight. This is the first village of the Baztan; the houses are mostly painted white, with roofs something in the style of the Swiss or Piedmontese dwellings. We passed by a stone bridge over the Bidasoa, which is here shallow, and rushes noisily over its rocky bed. Before the entrance into the village there is a promenade, shaded by old

Bidasoa o guarecerse en su nido, volaba sobre nuestras cabezas o posaba sobre las puntas de los picachos para reconocer al extranjero.

El camino que corre al lado del río continúa áspero y poético, hasta que aparece a la vista Santesteban. Este es el primer pueblo del Baztán[33]; las casas están casi todas pintadas de blanco, con tejados algo por el estilo de las moradas suizas o piamontesas. Pasamos un puente de piedra sobre el Bidasoa, que aquí es poco profundo y corre bullicioso sobre su rocoso cauce. Antes de la entrada del pueblo hay un paseo sombreado por viejos árboles a la derecha, donde los burgueses pasean por la tarde. Santesteban está habitado por muchas personas de clase superior a la de los labradores o campesinos, y hay muchas "villas" y casas de campo en su vecindad (aunque ahora casi todas están cerradas y abandonadas), donde los habitantes de Bilbao y Pamplona pasan los meses en que pueden dejar el comercio.

Pueden verse aquí mujeres que van a la iglesia con mantillas de la más rica seda y medias del mismo material, exhibiendo una elegancia que sobrepasa la

trees, to the right, where the bourgeiose walk of an evening. Santesteban is inhabited by many persons above the class of ordinary farmers; and there are many villas and country-houses in its vicinity, although now mostly shut up and abandoned, where the inhabitants of Bilbao and Pamplona were wont to spend the months they could spare from commerce. The women may here be seen stealing to church in black mantillas, of the richest silk, and netted stockings of the same material, exhibiting an elegance far beyond that displayed in the ordinary villages. As in other parts, many of the houses have the arms of the proprietor carved in relief over the doorway. The principal house in which the junta was lodged I believe belonged to the Conde de Espeleta, who commanded for the Queen in Aragón, and afterwards succeeded to the unfortunate Canterac as captain general. He appears to have been a considerable proprietor in Navarre, as his arms, represented by a divided shield, with twelve cannons and three palm-trees, are seen in most of the villages. I believe, however, that his family is of French origin; at

desplegada en pueblos corrientes. Como en otras partes, muchas de las casas tienen el escudo del propietario, esculpido en relieve, encima de la puerta. La casa principal, donde se hospedaba la Junta, creo pertenecía al conde de Espeleta, que mandaba las tropas de la Reina en Aragón y después sucedió al infortunado Canterac como capitán general. Parece que él fue un propietario considerable en Navarra, pues sus armas, representadas por un escudo dividido en dos, con doce cañones y tres palmeras, se ven en casi todos los pueblos. Yo creo, sin embargo, que su familia es de origen francés; por lo menos, el título lo es: "Ezpeleta"; se llama así un pueblecito francés, no lejos de la frontera. El alcalde del lugar sostenía una reunión con todos los notables del pueblo acerca de un número de raciones que habían pedido los carlistas y también los cristinos. Cada partido, no contento con recibirlas, amenazaba con castigos si se entregaba alguna a su contrario. El alcalde, a pesar de ser sospechoso de liberalismo (pues de los pueblos del Baztán, dos, Santesteban e Irurita, estaban contra Don

least the title is so—"Ezpeleta" being a little village not far over the boundary.

The alcalde, or mayor of the place, was holding a council of all the notables of the village, on the subject of a number of rations which had been demanded by the Carlists, and also by the Cristinos. Each party, not content with receiving them, threatened punishment if any were delivered to its adversaries. The alcalde, although suspected of liberalism (for of the villages of the Baztan, two, Santesteban and Irurita, were against Don Carlos), was obliged to answer the Queen's troops, that the rations would be ready, but that they must come and fetch them. Some soldiers, tailors, and baggagemen were employed for the transport of the provisions. The place was so little secure, that Rodil, after having expulsed the junta from Elizondo, left a garrison of five hundred men in the hospital. Nevertheless, few ventured to sleep in the village.

Although Santesteban and Irurita had the reputation of being Christino villages, the reproach could not be applied to the peasantry in their

Carlos), se vio obligado a contestar a las tropas de la Reina que las raciones estaban preparadas, pero que vinieran ellas a buscarlas. Algunos soldados, sastres y mozos de cuerda fueron empleados para transportar las provisiones. El sitio era tan poco seguro, que Rodil, después de haber expulsado a la Junta de Elizondo, dejó una guarnición de 500 hombres en el hospital. Sin embargo, pocos se aventuraron a dormir en el pueblo.

A pesar de que Santesteban e Irurita tenían reputación de ser pueblos cristianos, la imputación no podía aplicarse a los campesinos de la vecindad. Cuando pasó el Rey entre ellos poco antes, después de ser tan larga y ardientemente deseado, exaltó, por un lado, su entusiasmo; pero, por otro, las violentas persecuciones de Rodil hicieron que muchos de ellos desesperasen cuando veían miles de tropas bien armadas y vestidas, que a los ojos de un aldeano parecían interminable multitud, frente a él, cuando él tenía que depender de un mero puñado de voluntarios medio descalzos, que habían marchado con Zumalacárregui y aparecían en deplorable

neighbourhood. The King having passed through it shortly before, after being so long and so ardently wished for, had, on the one hand, raised their enthusiasm; but, on the other, the violent persecutions Rodil then carried on, made many despair when they saw thousands of well-dressed and well-armed troops, in the eyes of a villager an interminable multitude, opposed to him, while he had to depend on a mere handful of half-barefooted volunteers, who had marched with Zumalacarregui, and appeared in the most deplorable condition.

Several of the monks from the monastery of Bera, which on some trifling pretext had been burned to the ground by Rodil, were here. Even their library and manuscripts were destroyed by this General in his Gothic zeal. They were mostly old and venerable-looking men; but all the young monks had joined Don Carlos, and exchanged the breviary for the musket, which I must do them the justice to say they wielded well. Some few sunk under the fatigues of a life so different from that which they had been accustomed to lead; but, generally, they seemed to

Doce meses de campaña - Twelvemonth's campaign

situación.

Encontrábanse aquí varios monjes del Monasterio de Bera, que con un pequeño pretexto había sido incendiado por Rodil. Hasta la librería y los manuscritos fueron quemados por este general, en su bárbaro celo.

La mayor parte de ellos eran ancianos y tenían un aspecto venerable; mas todos los jóvenes novicios se habían unido a Don Carlos y cambiado el breviario por el fusil, que, debo decir en justicia, lo manejaban bien. Algunos de ellos se rindieron bajo las fatigas de una vida tan diferente a la que acostumbraban llevar; pero, en general, parecían olvidar sus hábitos monásticos y se convertían, en su mayor parte, en soldados perfectos. Lo que yo he visto en las órdenes monásticas en las provincias del Norte, me ha inducido a tener de ellos una opinión mucho más alta que del clero secular. Ellos mostraban un espíritu tolerante y hospitalario y un grado en el saber que es inútil buscar entre sus hermanos a quienes está confiada la cura de almas. La influencia que el clero español ejerce sobre el pueblo no es

forget their monastic habits, and became, for the most part, perfect troopers. From what I have seen of the monastic orders in the northern provinces, I have been led to form a much higher opinion of them than of the secular clergy. They evinced a spirit of hospitality and toleration, and a degree of learning which it were vain to look for amongst those of their brethren, to whom the cure of souls is entrusted. The influence which the Spanish clergy exercise over the population is not so immediate as might be imagined. If, for instance, its members in the provinces could have been gained over to preach against Don Carlos, they would not for an instant have been listened to. While they chime in with the public voice all goes on well; but I question whether even the ban of the church would cause a single Navarrese to lay down his arms.

Early the next, morning, learning that the 5th Carlist battalion was within sight of Elizondo, in the villages of Lecaroz and Irurita, we started directly. Santesteban is situated at the southwestern end of the Baztan, and one of the largest valleys in the north of Navarre.

tan grande como podía imaginarse. Si, por ejemplo, sus miembros hubieran sido ganados a la causa de la Reina contra Don Carlos, no se les hubiese escuchado ni por un momento. Cuando ellos se unen a la voz del pueblo, todo va bien; pero yo dudo de que ni aun la excomunión de la Iglesia hubiera hecho que un navarro abandonase las armas.

Muy temprano, a la mañana siguiente, habiéndonos enterado de que el quinto batallón carlista estaba a la vista de Elizondo, en los pueblos de Lecároz e Irurita, salimos para allí en el acto. Santesteban está situado en el extremo sudoeste del Baztán, que es uno de los mayores valles de Navarra. Está limitado a cada lado por altas montañas, al pie de las cuales se hallan diseminados varios pueblos, de los cuales Elizondo es la capital. Los campos están principalmente sembrados de maíz, que constituye la principal comida de los habitantes y de su ganado. En Lecároz, un pueblo sucio y pequeño, encontramos al quinto batallón del Ejército carlista, mandado por Sagastibeltza, un buen jefe del partido. El era un hombre de unos cincuenta años,

It is bounded on every side by high mountains, at the foot of which lie scattered several villages, of which Elizondo is the capital. The fields are chiefly sown with Indian corn, which constitutes the main part of the food of the inhabitants and of their cattle In Lecaroz, a small and dirty village, we found the 5th battalion of the Carlist army, commanded by Sagastibeltza, a good partisan leader. He is a man of about fifty, rather corpulent, but with a quick, intelligent eye. The defence of the Baztan being entrusted to him, so ably did he execute his duties, that it was found impossible effectually to drive him out of the valley. When both Elizondo and Santesteban were fortified, and Lecaroz occupied, he always kept the garrisons strictly blockaded. His men were all habited in grey great coats, blue caps, each with a cañana and musket. The officers being dressed in every variety of costume presented, at the first coup d'oeil, a singularly grotesque appearance. The army following Zumalacarregui, and that of the Baztan and the other divisions, offered striking differences. There was not one of Zumalacarregui's men who

[174]

bastante corpulento y con vista rápida e inteligente. Habíasele encomendado la defensa del Baztán, y cumplió tan bien sus deberes, que resultó imposible el lanzarlo del valle. Cuando Elizondo y Santesteban estaban fortificados y Lecároz ocupado, él siempre tuvo a las guarniciones completamente bloqueadas. Sus hombres vestían con abrigos grises y boinas azules, canana y fusil. Los oficiales usaban toda variedad de trajes presentables y ofrecían, a primera vista, grotesca apariencia. El ejército que seguía a Zumalacárregui, comparado con el del Baztán y otras divisiones, ofrecía una diferencia notable. No había un hombre de Zumalacárregui que no tuviese en su persona alguna prenda del uniforme cristino, y casi todos estaban enteramente vestidos de lo que habían quitado a sus enemigos. Una masa tan abigarrada ofrecía el aspecto de una tropa de titiriteros; pero la idea de que estaban completamente vestidos con los despojos del enemigo, desvanecía el ridículo que de otro modo hubieran ofrecido sus trajes.

Como Sagastibeltza tuvo pocas ocasiones de conseguir vestuario de este modo, comparado con

had not on his person some article of Christino uniform; by far the greater number were entirely clothed in what they had taken from their opponents. So motley an assemblage presented the idea of a troop of mountebanks; but the reflection that they were entirely habited in the spoils of an enemy banished the ridicule otherwise attached to their costume.

Sagastibeltza, having had few opportunities of obtaining clothes in this fashion, in comparison with Zumalacarregui, whose troops were engaged in skirmishes almost every day, was obliged to content himself with the cheap, coarse material manufactured in France. The men, however, went through their exercise, and his corps appeared well organized, every military distinction being as nicely observed as in the British army. The canvas bags on their shoulders, and their sandals, had a most ungainly appearance, but this was more than compensated by their lightness. There is more than one of the Navarrese who has never taken off his bag or morral for months together, excepting to put in or take out his provisions: hence it

Zumalacárregui, cuyas tropas sostenían escaramuzas casi todos los días, hubo de conformarse con el material barato y ordinario fabricado en Francia. Sus hombres, sin embargo, hacían el ejercicio y su fuerza estaba bien organizada, pues observaban todas las reglas militares tan estrictamente como en el Ejército inglés. Las mochilas de lona que llevaban a la espalda y sus alpargatas presentaban un aspecto poco atractivo; pero eso estaba compensado con creces por su ligereza. Más de un navarro de éstos no se ha quitado el morral durante meses seguidos, excepto para sacar o meter sus provisiones; así que viene a ser como parte de su persona —marcha con él y se acuesta y duerme con él—; en caso de alarma no tiene más que despabilarse y coger su mosquete, que está -a su lado; ya está preparado para andar 50 millas en cuanto le ordenen. En fin, lo lleva cuando anda, reza, come, duerme y lucha; y si muere, los merodeadores pueden quitarle del saco su contenido, despojarle de su camisa, la pipa rota y las alpargatas; pero muere sin separarse de su inconsciente amigo.

becomes like a part of his person–he marches with it, lies down, and sleeps with it. In case of an alarm, he has only to shake himself, and snatch up his musket, which is beside him, and he is ready at the word to march fifty miles. In short, he wears it when he walks, prays, eats, sleeps, and fights; and, if he dies, prowlers may, indeed, rifle the bag of its contents, take out the shirt, the broken pipe, and the sandals; but he dies without being parted from his unconscious friend.

As the Carlist out-posts were within gun-shot round Elizondo, we went thither to prevent the garrison of five hundred men from coming out. On sallying from Lecaroz we met four peasants who were carrying a Carlist, wounded in an action which had taken place a week before, from the mountain where he had been concealed. He had been for some days neglected, and his wounds thus began to fester; nevertheless, as he passed us he faintly shouted "¡viva el rey!"

We were for about ten minutes crossing a tract of rising around covered with heather, whose sundried leaves rose

Doce meses de campaña - Twelvemonth's campaign

Como las avanzadas carlistas estaban a distancia de tiro de pistola, alrededor de Elizondo, nosotros fuimos allá a impedir que saliera la guarnición de 500 hombres. Al salir de Lecároz encontramos a cuatro campesinos que llevaban a un carlista, herido en una acción que se había librado la semana anterior, desde la montaña donde había estado escondido. Había estado algo abandonado durante algunos días, y sus heridas empezaban a infectarse; sin embargo, cuando nos cruzó gritó débilmente: "¡viva el rey!"

Estuvimos diez minutos atravesando un terreno elevado cubierto de heléchos, cuyas hojas tostadas por el sol llegaban a la mitad de la altura de un hombre. Varias piaras de cerdos semisalvajes se alimentaban aquí y a veces galopaban en rebaños. A los lados del declive había varios manzanales, cuyas ramas se doblaban bajo el peso de manzanas doradas, pero sin gusto. Elizondo es uno de los pueblos mayores de Navarra. Yo hasta creo que es una villa o ciudad. Las tropas de la Reina habían fortificado un edificio sólido y viejo, antes usado como hospital, que se eleva solitario a un extremo del

almost half the height of a man. Numerous herds of semi-wild swine were feeding here, and sometimes galloped by in herds. Several orchards were on the other side of the acclivity, the boughs bending to the earth with loads of golden but tasteless apples. Elizondo is one of the largest villages of Navarre. I believe it is even a villa, or town. The Queen's troops had fortified an old solid building, formerly used as a hospital, which stands isolated at the extremity of the place. It was defended by a broad ditch, a palisade, and three pieces of cannon. They had also occupied and crenelled the adjacent houses. To an enemy not possessed of artillery it was impregnable, as the soil precludes the possibility of mining.

At that time the cholera prevailed in Elizondo. Amongst the Carlists, however, probably from the air and exercise they enjoyed, not a single case was ever known. As the Cristinos were strictly blockaded, and crammed one upon another, they were embarrassed to know what to do with their dead, and were obliged to throw them out of the windows of one side of the

pueblo. Estaba defendido por un foso profundo, una pared y tres cañones. Habían también ocupado y fortificado las casas contiguas. Para un enemigo sin artillería, era inexpugnable, pues la calidad del suelo hace imposible el minarlo.

Por aquel tiempo había cólera en Elizondo. Entre los carlistas, sin embargo, probablemente a causa del aire y ejercicio de que disfrutaban, no fue conocido ni un solo caso. Como los cristinos estaban completamente bloqueados y amontonados, no sabían qué hacer con sus muertos, y se vieron obligados a echarlos por un lado del edificio al foso seco, donde yacían infectando el aire. Los soldados carlistas hacían la guardia en un par de chozas construidas con tablas, en las que se hallaban echados en el helécho o jugando con cartas viejas y grasientas. Seis u ocho hombres se habían estacionado detrás de la orilla opuesta del río, y se divertían disparando cuando cualquiera aparecía a la vista. Las tropas de la Reina, de vez en cuando contestaban, e interrumpían el fuego para insultar a sus sitiadores con un rudo ingenio, extremadamente divertido, pues siempre decían algo nuevo.

building into the dry ditch, where they lay corrupting the air. A couple of huts had been constructed with boards, in which the Carlist soldiers on guard were lying down among the heather, or playing with old greasy cards. Six or eight men were stationed behind a bank opposite the different entrances, and amused themselves by firing when anyone appeared in sight. The Queen's troops now and then replied, and intermitted firing to insult their besiegers with their low wit, extremely amusing, as they always said something new.

At Lecaroz, while I was waiting to proceed farther, as soon as the roads were a little more secure, I was present at a trifling affair, to me remarkable, as it was the first time I had seen shots fired in anger, or heard the whistling of a bullet. I was then without any arms, except my pistols, assisting more as a spectator than as a combatant. Some hours before day-break we were traversing the mountains in the direction of Pamplona, when in one of the passes we suddenly stumbled on a number of troops. It was the 6th battalion, which had been skirmishing with the column

En Lecároz, mientras yo esperaba para continuar el viaje en cuanto los caminos estuviesen más seguros, presencié un pequeño encuentro, para mí extraño, pues era la primera vez que yo había visto disparar en guerra y oído el silbido de una bala. Me hallaba entonces sin arma alguna, exceptuando mi pistola, y asistía más como espectador que como combatiente. Algunas horas antes de amanecer atravesábamos los montes en dirección a Pamplona, cuando en uno de los desfiladeros nos encontramos de repente con un grupo de tropas. Era el sexto batallón, que había tenido una escaramuza con la columna de Lorenzo, fuerte de 4.000 hombres, la que les pisaba los talones. Nuestro guía, un poco antes, había demostrado tener dudas sobre el camino que debía escoger; si la buena suerte no nos hubiera favorecido con su elección, hubiéramos caído de bruces en la vanguardia de la columna que avanzaba. Nosotros volvimos, a causa de ello, a Lecároz con el batallón, que llevaba consigo unos veinte heridos. Sagastibeltza, a pesar de tener sólo dos batallones, o sea, alrededor de 1.200

of Lorenzo, of four thousand men, which was following at their heels. Our guide, a little before, had evinced a little hesitation as to the path we should take: if good fortune had not favoured us in his choice, we should have fallen right on the vanguard of the advancing column. We returned, therefore, to Lecaroz with the battalion, who were bearing with them about twenty wounded men. Sagastibeltza, although only with two battalions, or about one thousand two hundred men, resolved to make a stand in the strong position of Lecaroz. Having joined the officers of a company posted to defend an eminence, one of whom spoke very good French, I looked on with thrilling anxiety to the issue of the contest. Lorenzo came up with his division so fatigued that no very serious attack was made to dislodge us, although the firing was continued till nightfall. Sagastibeltza's force, considering that he had the rawest troops in the army under his command, the 6th battalion having been the last formed, behaved with great gallantry. To pass undisturbed into Elizondo, it was necessary for the enemy previously to take possession of Lecaroz,

Capítulo 6 / Chapter 6

hombres, resolvió hacerles frente en la fuerte posición de Lecároz. Habiéndome unido a los oficiales de una compañía colocada para defender una eminencia, uno de los cuales hablaba muy bien el francés, presencié con gran ansiedad el principio de la lucha. Lorenzo llegó con su división tan cansada, que no dio ataque alguno serio para desalojarnos, aunque el fuego continuó hasta la caída de la noche. La fuerza de Sagastibeltza, considerando que tenía las tropas más nuevas del ejército carlista bajo su mando, pues el sexto batallón era el último que se formó, se portó con gran galantería. Para pasar a Elizondo sin ser molestado era necesario que el enemigo se apoderase de Lecároz, y durante todo el ataque me asombró la resistencia de dos o tres compañías que defendían el parapeto que habían construido alrededor del hospital; ellas rechazaron todo intento de salida de la guarnición. Si nosotros hubiésemos cedido el campo impensadamente, hubieran sido totalmente aniquiladas.

Yo observé en esta ocasión, por primera vez, cómo el estremecimiento nervioso que produce el repentino silbido de

and during the whole affair I was struck with the hardihood of two or three companies lining the breastwork which they had erected round the hospital: they repulsed every endeavour of the garrison to sally. If we had given way unexpectedly they must have been all cut to pieces.

I observed on this occasion, for the first time, the nervous impulse which on the sudden whistling of a bullet over their heads caused many men to stoop. This, however, is no indication of cowardice: the great majority do it at first, and some men of distinguished bravery I have seen never omit it on first entering an action. The Queen's troops were all in grey great coats and pipe-clayed belts. The Carabineros wore dark pepper-and-salt coloured capotes. The Carlist soldiers were animated, at times, almost by fury, and, as far as I could judge, they seemed rather kept at their post by their excited feelings than by any steady bravery. Most of them being recruits, were firing hurriedly and quick, some closing their eyes, but never giving up an inch of ground. Amongst these a few veterans of Mina's school might be distinguished, aiming

una bala sobre la cabeza de uno, hacía que muchos voluntarios anduviesen agachados. Esto, sin embargo, no es signo de cobardía; la mayoría lo hacen al principio, y he visto hacerlo a algunos hombres de valor destacado al entrar en acción por primera vez. Las tropas de la Reina tenían todas abrigos grises y cinturones blanquecinos. Los carabineros llevaban capotes de color rojo oscuro. Los soldados carlistas estaban animados a veces casi por el furor, y, en cuanto yo pude juzgar, ellos parecían sostenerse en su puesto más por la excitación de sus sentimientos que por un valor tranquilo y sosegado. Muchos de ellos, como eran reclutas, disparaban con prisa y rapidez, algunos cerrando los ojos, pero sin ceder ni una pulgada de terreno. Entre éstos se distinguían algunos veteranos de la escuela de Mina, a los que venía apuntando con cuidado y seguridad y gesticulando bajo sus grandes cejas, hasta que les llegaba la oportunidad de apuntar bien. Una o dos veces el clarín del enemigo (pues la Infantería española usa clarines) tocó "alto el fuego", y entonces los gritos y vivas de los carlistas ahogaban el ruido continuado de la fusilería con

long and steadily, and scowling beneath their bushy eyebrows till an opportunity of taking a murderous aim was afforded them. Once or twice the clarion of the enemy, for clarions are used in the Spanish infantry, sounded "alto el fuego," or to cease firing; and then the loud and exulting Vivas of the Carlists rose over the din of the ceasing musketry with an inspiriting sound that seemed to breathe a fresh enthusiasm into young and old.

The sun had just gone down, and the reddened glare it still imparted to the sky was giving way to the short twilight which precedes darkness, when we slowly retired from the village. At that time, solely occupied with what was going on immediately around me, and little accustomed to judge of the object of military maneuvres, I was not aware that the Cristinos had succeeded in turning our position. The loss of the enemy in this skirmish, from the circumstance of his being the assailant, was infinitely greater than that of the Carlists, who left about twenty dead, and carried off twice that number of wounded. One of the officers I was with was

Capítulo 6 / Chapter 6

un sonido enardecedor que parecía dar nuevo entusiasmo a jóvenes y viejos.

El sol acababa de ponerse, y el rojo resplandor que aún tenía el cielo daba paso al corto crepúsculo que precede a la oscuridad, cuando lentamente nos retiramos del pueblo. En ese momento, ocupado solamente en lo que ocurría a mí alrededor, y poco acostumbrado a juzgar del objeto de las maniobras militares, yo no me apercibí de que los cristinos habían conseguido envolver nuestra posición. Las pérdidas del enemigo en esta escaramuza, a causa de ser el asaltante, fueron mucho mayores que las de los carlistas, que dejaron unos veinte muertos y retiraron dos veces ese número de heridos. Uno de los oficiales con el que yo estaba fue ligeramente herido en la cabeza.

Nosotros nos retiramos tan sólo unos tres cuartos de milla, habiéndose contentado el enemigo con apoderarse de Lecároz. Encendimos nuestros fuegos de vivac en las montañas opuestas a las del enemigo, y tan corto era el espacio que nos dividía, que toda la noche los gritos de los

slightly injured in the head.

We only drew back about three quarters of a mile, the enemy having contented himself with taking possession of Lecaroz. We lit our bivouac fires on the mountains opposite those of the enemy, and so short was the interval that divided us, that all night the shouts of the Cristinos and Carlists, answering each other, were heard at intervals. Before daybreak, however, we retired on Lesaca.

Doce meses de campaña - Twelvemonth's campaign

cristinos y de los carlistas, contestándose los unos a los otros, se oían a intervalos. Antes del amanecer nos retiramos a Lesaca.

Capítulo 7

Quesada, atacado y vencido por Zumalacárregui en Alsasua. O'Donnell, conde de La Bisbal, es hecho prisionero y fusilado como represalia. Muere su padre al oír la noticia. Breve resumen de su carrera política. Ataque de Gulina o de Las Dos Hermanas. Anécdota de un soldado. El sistema de Zumalacárregui al principio de la campaña. Su prudencia. Por qué no dejó las Provincias.

La primera batalla de alguna importancia fue la que tuvo lugar el 2 de mayo en Alsasua, donde Zumalacárregui atacó al general en jefe del ejército de Navarra a la cabeza de un cuerpo de tropas escogidas. Animado Quesada al ver que el jefe carlista, el único que entonces le preocupaba algo, parecía retraerse, intentó marchar, como antes lo había hecho con frecuencia, por el valle de Araquil, a través del cual corre la carretera principal de Vitoria a Pamplona. Habiendo dormido la noche anterior en Olazagutía, si no me equivoco, llegó a Alsasua, el mayor pueblo o aldea de Navarra; está situado .a la

Chapter 7

Quesada first attacked and beaten by Zumalacarregui at Alsasua. O'Donnell, Count de La Bisbal, taken prisoner. Shot by way of reprisal. Death of his father, on hearing the intelligence. Brief account of his political career. Attack of Gulina or Las Dos Hermanas. Anecdote of a soldier. Zumalacarregui's system in the early part of the campaign. His prudence. Why he did not quit the Provinces.

The first affair at all serious was that which took place on the 2nd of May at Alsasua, where Zumalacarregui attacked the commander-in-chief of the army of Navarre, at the head of a body of his chosen troops. Emboldened by the manner in which the Carlist leader, at that time the only one who gave him any uneasiness, had seemed to hang back, the commander-in-chief attempted to march, as he had often done before, by the Val-de-Araquil, through which winds the high road from Vitoria to Pamplona. Having, if I am not misinformed, slept the night before at Olazagutia, he had

Capítulo 7 / Chapter 7

izquierda de la carretera, a unos cien metros al otro lado del río, sobre el cual hay un viejo puente de madera. Al viajero le queda grabado este pueblo por el detalle de una enorme venta o posada rústica al borde de la carretera, la que es suficientemente grande para contener fácilmente escuadrón y medio de caballería. El pueblo está en la ladera, y detrás de él empiezan los bosques que se extienden hacia Guipúzcoa. Zumalacárregui, cuyas tropas habían sido entrenadas en una dura escuela, le atacó confiadamente con tres batallones de Álava y tres de Navarra. Quesada cometió la torpeza de enviar una nota despectiva dirigida al "jefe de los bandidos", aconsejándole que evitara el derramamiento de sangre, haciendo que sus partidarios depusieran las armas inmediatamente. Se la devolvió Zumalacárregui con esta respuesta: "Que como no podía ser dirigida a nadie del Ejército carlista, nadie se había atrevido a abrirla." Sin embargo, a Quesada le pareció oportuno esperar el ataque del enemigo y ocupar el terreno elevado, en lugar de tomar la ofensiva. Aunque sus voluntarios eran apenas superiores en número,

reached Alsasua, the largest *pueblo* or village in Navarre; it stands on the left of the road, at some hundred yards on the other side of the river, over which an old wooden bridge is thrown. The traveler may remember it, from an immense *venta* or rustic inn which touches the road: it is sufficiently large to lodge, with ease, a squadron and a half of cavalry. The village is on the acclivity, and behind it commence the woods, which extend towards Guipuzcoa. Zumalacarregui, whose troops had been trained in a rough school, with three battalions of Alavese and three of Navarre, confidently attacked him. Quesada made the foolish bravado of sending a note to the "Chief of the Brigands," advising him to avoid the effusion of blood, by causing his followers to lay down their arms immediately. It was sent back with this reply: "That, as it could not be addressed to anyone in the Carlist army, none had presumed to open it." Quesada thought proper, however, instead of assuming the offensive, to await the attack of the enemy, and occupy the rising ground. Zumalacarregui, although his volunteers were scarcely superior in numbers, by a

Doce meses de campaña - Twelvemonth's campaign

Zumalacárregui consiguió con un hábil movimento cambiar su posición; la defensa fue obstinada; el jefe carlista estaba en todas partes, en medio del fuego, animando a sus hombres, y al fin rechazó al enemigo con pérdidas considerables. Así, en el primer ensayo importante, el resultado fue una victoria, que, sin embargo, quedó incompleta por la llegada de Jáuregui, llamado "el Pastor", el corpulento colega de Mina en la guerra anterior, quien vino de Salvatierra con una columna numerosa para sacar a Quesada de su mal paso. A no ser por su oportuna ayuda, su división, completamente vencida y dispersa, hubiera sido aniquilada, y aun así, sin los esfuerzos de Leopoldo O'Donnell, este socorro hubiera llegado demasiado tarde. Cerca de 300 cadáveres (según me dijeron los campesinos, que, como tenían que enterrarlos, eran los que mejor podían juzgar) fueron abandonados en el campo; naturalmente, los heridos lo eran en número muy superior. Los equipajes, la caja militar y 84 prisioneros, además de una compañía de guardias, cayeron en manos del vencedor. Uno de los últimos, y a la vez el más importante de los prisioneros,

skillful movement managed to turn his position: the defence was obstinate; the Carlist chief was everywhere in the fire animating his men, and at last forced the enemy back with considerable loss. In the first important trial the result was thus a victory, which was, however, rendered incomplete by the arrival of Jauregui, surnamed *El Pastor*, or the Shepherd, the bulky colleague of Mina in a former war, who, with a large column, came from Salvatierra to disengage Quesada from his *mauvais pas*. But for this timely aid, his division, entirely beaten and dispersed, must have been annihilated, and even without the exertions of Leopold O'Donnell, this succour might have arrived too late. Nearly three hundred dead (as I was informed by the peasantry, who, having to bury them, are the best judges) were left upon the field; the wounded were of course much above that number. The baggage, the military chest, and eighty-four prisoners, besides a company of the guards, fell into the hands of the victor. Last, but not least, of the prisoners taken was the Colonel-Count of La Bisbal, Leopold O'Donnell, just mentioned, gallantly but vainly struggling

fue el coronel conde de La Bisbal, Leopoldo ODonnell, a quien he mencionado hace poco, el que intentaba bizarramente, pero en vano, reunir a sus hombres; fue capturado por los navarros. Aunque la acción se redujo a poco más que una lucha de guerrillas, muchos cientos cayeron prisioneros en ambos bandos.

Como hasta entonces los prisioneros carlistas eran fusilados como rebeldes, y los cristinos muertos en represalia, Zumalacárregui, deseando terminar esta terrible situación, puso en libertad y mandó escoltar hasta Echauri, a cinco millas de Pamplona, a dos soldados que, incapacitados de seguir la marcha por fatiga, habían sido hechos prisioneros a la columna de Quesada. A la siguiente vez que este último salió de Pamplona, pagó la merced del general carlista fusilando en Huarte Araquil a un voluntario herido y mandando matar después al alcalde de Ataun por sospechas de que fuese carlista, así como a otros varios individuos. Zumalacárregui entonces escribió al general conde Armilde de Toledo, desde su cuartel general en Echarri Aranaz, un poco más

to rally his men; he was surrounded by the Navarrese. Although the affair consisted of little more than skirmishes many hundreds were taken on both sides.

As hitherto the Carlist prisoners were shot as rebels, and the Cristinos suffered death by way of reprisal, Zumalacarregui, anxious to put an end to this dreadful state of things, set at liberty and caused to be escorted as far as Echauri, five miles from Pamplona, two soldiers, who, unable from fatigue to follow the march, had been taken from Quesada's column. The next time the latter sallied from Pamplona he requited the mercy of the Carlist general by shooting in Huarte Araquil a wounded volunteer, and putting afterwards to death the alcalde of Ataun, who was suspected of Carlism, as well as several other individuals. Zumalacarregui now wrote to General Count Armilde de Toledo, from his headquarters at Etchari-Arenas, a little higher up in the Burunda, to state, "that since the chiefs appointed by the usurping government were unwilling to make any arrangement for the preservation of the lives of

arriba en la Burunda, para manifestarle "que ya que los jefes nombrados por el Gobierno usurpador no querían llegar a ningún arreglo para conservar la vida de sus partidarios respectivos, aunque él, dispuesto a sepultar en el olvido el asesinato del general Santos Ladrón, había dado varias veces ejemplo de clemencia, la sangre de los que ahora murieran caería sobre sus cabezas". Declaró que tenía la intención de fusilar, como represalia por la muerte del alcalde de Ataun, al coronel O'Donnell, conde de La Bisbal, dos oficiales de la Guardia y uno de carabineros; por un cabo fusilado en Pamplona, a seis carabineros, que ocupaban el mismo rango que las fuerzas de línea, y por cada uno de los dos voluntarios fusilados en Tolosa, a seis soldados de la Guardia, juntamente con otros seis por un carlista muerto a bayonetazos en Calahorra.

Cumplió su palabra. Quizá la suerte más triste de todos los prisioneros ejecutados fue la de Leopoldo O'Donnell. Aunque era un coronel en activo, entonces iba solamente acompañando a Quesada para aprovechar su escolta hasta Pamplona, donde iba a

their respective followers, although he, willing to bury in oblivion the murder of General Santos Ladron, had several times set them the example of clemency, the blood of those that perished must be now on their own heads." It was his intention, he declared, to shoot, by way of reprisals for the alcalde of Ataun, Colonel O'Donnell, (Conde de La Bisbal), two officers of the guards, and one of carabineros; for a corporal shot at Pamplona, six carabineros (who hold the same rank in the line); and for each of two volunteers shot at Tolosa, six soldiers of the guard; together with six others, for a Carlist bayoneted at Calahorra.

He kept his word. Of all the prisoners who were executed, perhaps the fate of Leopold O'Donnell was the most melancholy. Although a colonel in the service, he was then merely accompanying Quesada, to profit by the escort to Pamplona, whither he was going to celebrate his nuptials with a young and wealthy heiress. He perished through that valour which seems an heirloom in his family, and sacrificed himself with a company of the guards

contraer matrimonio con una joven y rica heredera. Murió a causa del valor que parece hereditario en su familia, y se sacrificó con una compañía de la Guardia para salvar a Quesada y su Estado Mayor. Ofreció que si Zumalacárregui le perdonaba la vida, pagaría un rescate tal que bastase para equipar a todos los batallones de Navarra; pero viendo la necesidad de hacer un escarmiento, el jefe permaneció inexorable. Murió con sus compañeros de oficialidad de la Guardia con tal serenidad, que dio una prueba más de cómo a menudo los que más han disfrutado de una vida de placer, y lujo, y a quienes aún sonríe un brillante porvenir, pueden abandonarla con el menor pesar. Su padre, el conde de La Bisbal, célebre durante los triunfos de Wellington y la revolución de 1823, aunque había sido duro y sin corazón durante su carrera política, demostró al saber la muerte de su hijo que aún quedaba un punto en el que su sensibilidad era vulnerable. Murió de tristeza al saber la noticia en el Sur de Francia (creo que en Montpellier), donde hacía tiempo que vivía. Por sus cambios de opinión, La Bisbal había sido el

to save Quesada and his staff. He offered that, if Zumalacarregui would spare his life, he would pay a ransom that would equip all the battalions of Navarre; but, knowing the necessity for making an example, the chief remained inexorable. He died, with his brother-officers of the guards, in a manner which added another example to the many, that often those who have most enjoyed a life of luxury and pleasure, and to whom it still holds forth bright prospects, can relinquish it with the least regret. His father, the Count of La Bisbal, celebrated both during the triumphs of Wellington and the revolution of 1823, callous and heartless as he had been throughout his political career, was doomed to prove, on hearing of the death of his son, that there was still one point where his sensibility was vulnerable. He died of a broken heart on learning the tidings in the south of France (I believe at Montpellier), where he had been long residing. In his changes of principle, La Bisbal had been the Talleyrand of Spain. Descended from a family of Irish extraction, and which had long figured in the military annals of its adopted country,

Talleyrand de España. Descendiente de una familia de origen irlandés, y que había figurado durante largo tiempo en los anales militares de su patria adoptiva, se distinguió en la guerra de la Independencia. Primeramente se le conocía por el general O'Donnell, y cuando Gerona fue sitiada por Augereau, se abrió camino a través de las filas francesas con varios cientos de muías cargadas de provisiones, para levantar el sitio de la ciudad por la parte de La Bisbal, y luego volvió a abrirse paso a través de ellas para retirarse cuando había introducido el convoy. Por esta valiente acción fue nombrado conde de La Bisbal. Más tarde levantó en Andalucía el ejército que entró en Francia con los ingleses. Un poco antes de la revolución de 1820, qne destronó a Fernando VII por corto tiempo, aunque tenía un cargo importante en el Gobierno, se hizo íntimo de muchos del partido revolucionario, al que ofreció sus servicios. Llegó hasta tomar parte en una conspiración con algunos de los jefes. Cuando todo estaba preparado, digno servidor de tal monarca, los hizo arrestar a todos, y después fue a dar cuenta de ello al Rey.

he distinguished himself in the war of independence. He was first known as General O'Donnell; and when Gerona was besieged by Augereau, he cut his way through the ranks of the French with several hundred mules laden with provisions to relieve the city on the side of the Bispal, and afterwards forced a passage through them to retire again when he had thrown in succours. For this gallant action he was created Conde de la Bispal. He also afterwards raised in Andalusia the army which entered France with the English. A little before the revolution of 1820, which for a time dethroned Ferdinand VII, although holding an important charge under government, he became very intimate with many of the revolutionary party, to whom he offered his services. He actually joined in a conspiracy with some of its leaders. When all was prepared, as a servant worthy of such a monarch, he caused them all to be arrested, and then went and informed the king of everything. Ferdinand threw the grand cordon of Charles III round his neck, allowed him a handsome pension from his private purse, and named him, if I mistake not, Governor of

Capítulo 7 / Chapter 7

Fernando le impuso el gran cordón de Carlos III, le concedió una espléndida pensión de su bolsa privada y le nombró, si no me quivoco, gobernador de Madrid, concediéndole su entera confianza. La Bisbal, que era de un carácter intrigante y estaba al corriente de cuanto sucedía, vio pronto, sin embargo, que todos los funcionarios públicos estaban sobornados, y que era inevitable una revolución; entonces se pasó a los constitucionalistas, que, sin olvidar su anterior traición, le miraban con todo el recelo que su conducta, naturalmente, inspiraba. Al fin, ante la entrada del duque de Angulema y el rápido avance del Ejército francés, los constitucionalistas, dándose cuenta de su talento superior y considerándole como el único hombre capaz de servir a la Constitución en su agonía, pusieron en sus manos la dirección de todo, y llegó a ser de hecho el dictador de Madrid. Alistaba tropas y dinero, publicaba proclamas, y por un momento dio vida a la causa constitucionalista; pero dándose cuenta de que al fin se hundiría, voló una noche al lado del duque de Angulema, con el tesoro que había

Madrid, granting him his entire confidence. La Bisbal, who was an intriguing character and *au fait* to all that was going on, soon saw, however, that all the public functionaries were gained over, and that a revolution was inevitable; he then passed over to the Constitutionalists, who, not forgetting his former treachery, looked on him with all the suspicion which his conduct naturally inspired. At last, on the entrance of the Duke d'Angoulême and the rapid advance of the French army, the Constitutionalists, aware of his superior talent, and considering him as the only man capable of serving the Constitution in its agony, placed the direction of everything in his hands, and he became *de facto* dictator of Madrid. He levied troops and money; issued proclamations; and for a moment revived the cause: but finding it must eventually sink, he one night fled to the Duke d'Angoulême with the treasure he had amassed. It does not appear, however, that his ill-gotten wealth prospered with him. Before he died, he had sojourned some years in France in retirement, and in rather reduced circumstances.

Doce meses de campaña - Twelvemonth's campaign

amasado. Sin embargo, no parece que la riqueza conseguida por malos medios aumentase en su poder. Antes de morir vivió retirado en Francia algunos años en situación más bien modesta.

En otra batalla, la de Las Dos Hermanas, las pérdidas de los carlistas fueron relativamente pequeñas, mientras que las de los liberales fueron tan grandes, que, aunque tomaron las posiciones del enemigo, tuvieron que retirarse a Pamplona, dejando en manos de las tropas del Rey toda aquella zona.

Los heridos que llevaron consigo hicieron gran impresión a los habitantes de la capital de Navarra y contradijeron inmediatamente, los boletines del Gobierno, que manifestaban que la facción carlista había dejado de existir. Esta batalla tuvo lugar en el extremo del valle de Gulina, que bordea la carretera, y frente a la aldea de este nombre, que está construida sobre una roca a tiro de fusil y de la carretera de Pamplona a Francia[34]. El valle va a través de altas y escarpadas montañas; dos rocas gigantescas, que parecen haber sido separadas por el río,

In another battle, that of Las Dos Hermanas, the loss of the Carlists was comparatively insignificant, while that of the Liberals was so great that although they took the positions from the enemy, they were obliged to retire to Pamplona, leaving the King the range of the country. The wounded they carried with them made a great impression on the inhabitants of the capital of Navarre, and directly contradicted the government bulletins, which duly set forth that the Carlist faction had ceased to exist. This affair took place in that end of the valley of Gulina, which touches the highway, and opposite the village of that name which is built upon a rock within gun-shot of the road from Pamplona to France. The valley leads through high and steep mountains; two gigantic rocks, which seem as if riven asunder by the river, overhang, brow against brow, the narrow pathway, and defend the entrance into the Burunda, through which the road from Pamplona to Vitoria runs, by the village of Irurzun. These Two rocks, which are called the Two Sisters, have given their name to the place. The Queen's army, under Quesada and Lorenzo, attempting this

Capítulo 7 / Chapter 7

dominan, una frente a otra, el estrecho camino, y defienden la entrada a la Burunda, a través de la cual pasa la carretera de Pamplona a Vitoria por el pueblo de Irurzun[35].

Estas dos rocas, llamadas Las Dos Hermanas, han dado el nombre al lugar. El ejército de la Reina, bajo el mando de Quesada y Lorenzo, que intentaba pasar por allí a la Burunda, donde esperaban encontrar a los carlistas, tuvo la sorpresa de encontrar el paso ocupado por éstos a las órdenes de Zumalacárregui, al cual buscaban principalmente, y quien les proporcionó una entrevista que les resultó bastante desagradable. Había ocupado todas las alturas con sus batallones, y se había aprovechado de la irregularidad del terreno y de los bosques de verdes encinas. Esto era necesario, debido a la inexperiencia de sus tropas y a la superioridad numérica del enemigo; se defendieron roca por roca y árbol por árbol; y cuando los enemigos, después de ser molestados y atormentados por los disparos que partían de todos los sitios, hacían un esfuerzo desesperado para conquistarlo, los carlistas lo abandonaban, y

passage into the Burunda, where only they expected to meet the Carlists, were surprised to find it occupied by them under the orders of Zumalacarregui, of whom they were principally in quest, and who gratified them by what became rather an unpleasant interview. He had occupied all the heights with his battalions, and taken advantage of the irregularity of the ground and the woods of evergreen oak. This was necessary, on account of the inexperience of his troops, and the superiority of the enemy's numbers. Rock by rock and tree by tree were defended; and when, after having been much annoyed and galled by the fire from any particular point, the enemy made a desperate effort to take possession of it, it was abandoned, and the next thicket afforded another fortalice. After using as many of his little stock of cartridges as was prudent, Zumalacarregui retired, leaving the field of battle to the enemy; but they were so well convinced that it was no victory that they never attempted pursuit. Counting the dead and wounded, 600 of their men were put *hors de combat*, while the loss of the Carlists did not exceed 250.

Doce meses de campaña - Twelvemonth's campaign

el siguiente matorral les proporcionaba otra fortaleza. Después de consumir tantos cartuchos como era prudente, dada su pequeña provisión, Zumalacárregui se retiró, dejando libre el campo de batalla al enemigo; pero éste se hallaba tan convencido de que no alcanzó la victoria, que ni siquiera intentó perseguirlo. Contando muertos y heridos, 600 de sus hombres quedaron fuera de combate, mientras que las pérdidas de los carlistas no pasaban de 250. Esta batalla tuvo lugar antes de que yo me uniera al ejército carlista, pero conozco bien las localidades y he oído su relato una y otra vez a nuestros oficiales y campesinos.

Debo mencionar un rasgo de un soldado carlista que merece ser anotado. Cuatro o cinco voluntarios habían tomado posiciones en unas matas de acebo, desde donde mantenían un fuego molesto contra una compañía de cristinos situada cerca de ellos. Estos últimos, al fin, efectuaron un movimiento para dejar libre de enemigos el terreno; todos, excepto uno, se retiraron, pues el grupo de matas estaba cercado. Este hombre prometió traer consigo la charretera de un teniente que se hallaba con dos

This action took place sometime before I joined the Carlist army, but I am well acquainted with the localities, and have heard it related over and over again by our officers and the peasantry.

I must mention one trait of a Carlist soldier, which deserves to be recorded. Four or five of the volunteers had taken up their position in some holly bushes, whence they kept up a galling fire on a company of the Cristinos stationed near them. The latter at last made a movement to clear the spot, when they all, excepting one, retired, the patch of brushwood being isolated. This man vowed to bring back the epaulette of a lieutenant who was with two soldiers in advance of the company. Imagining the thicket to be entirely abandoned, they had reached it, when he sprung forward, and was instantly fired at, apparently without being touched. A few yards farther on, he shot one of the soldiers through the head, stabbed the officer to the heart with his bayonet, tore off his epaulette, and, waving it in triumph, escaped from the company that was coming up, and just gained a rock where the Carlists were making a

soldados delante de la compañía. Creyendo que el matorral estaba completamente abandonado, los cristinos habían llegado a él, cuando el emboscado saltó hacia adelante, e inmediatamente hicieron fuego sobre él, sin que, aparentemente, hicieran blanco. Pocos metros más allá atravesó la cabeza de uno de los soldados de un balazo, traspasó el corazón del oficial con su bayoneta, le arrancó la charretera, y agitándola triunfante, escapó de la compañía que se acercaba y llegó justamente a la roca que ocupaban los carlistas, antes de morir. Había recibido dos tiros del enemigo, que, aunque de efecto más lento, eran mortales como los suyos.

Este combate, tal vez, requiere alguna explicación; y como Zumalacárregui buscaba a menudo esta clase de ataques, puede ser interesante relatar lo que se proponía. Siempre fue el sistema de este gran jefe — porque lo era, sin duda—, al encontrarse en gran inferioridad numérica y con tropas menos aguerridas, no sólo llevar a cabo una guerra de sorpresa y destrucción, en detalle, como había hecho Mina (y que es el modo natural

stand, before he expired. He had received two shots of the enemy, slower in effect, but no less deadly than his own.

This engagement requires, perhaps, some explanation; and as Zumalacarregui so often sought affairs of this kind, it may be interesting to state the object he had in view. Throughout, it was the policy of this great leader–for such he undoubtedly was–on finding himself with infinitely inferior numbers, and inferior troops, not only to carry on a war of surprise and destruction, in detail, as Mina had done, and which is the natural mode of fighting all undisciplined armies, where the nature of the country presents great obstacles, but to accustom them to operations of greater magnitude. The mountaineers in their mountains–the Tartars and Bedouins in their deserts, are difficult to be subdued, and will often succeed in wearing out a foreign invasion. But in a civil war the case varies considerably. His object was not to maintain himself only, and watch the progress of events (the plan Mina adopted during the war against the French), but to conquer and destroy the armies of the government by some more

de lucha para todos los ejércitos en vías de formación, donde la naturaleza del país presenta grandes obstáculos), sino acostumbrarlos a operaciones de mayor escala. Los montañeses en sus montañas, los tártaros y beduinos en sus desiertos, son difíciles de someter, y muchas veces rechazan con éxito una invasión extranjera. Pero en una guerra civil, el caso varía. Su objeto no sólo era mantenerse y vigilar el desarrollo de los acontecimientos (el plan que adoptó Mina en la guerra contra los franceses), sino vencer y destruir los ejércitos del Gobierno por algún medio más rápido y conducir al Monarca, cuya causa defendía, a Madrid.

A no ser que él hiciera cambiar los acontecimientos por su propio esfuerzo, era poco probable que aquéllos se mostraran favorables a la causa del Rey. Bajo un yugo extranjero, el pueblo deviene cada día más intranquilo e impaciente; pero un Gobierno nacional, aunque usurpador, cuanto más dura, echa más profundas raíces. Por lo tanto, era necesario que la insurrección hiciera conocer por todas partes su existencia y

rapid process, and lead the monarch-whose cause he was defending to Madrid. Unless the tide of events were turned by his own efforts, there was little likelihood of its setting in his favour. Under a foreign yoke, a people become more restive and impatient every day; but a native, though usurped, government, strikes only deeper roots the longer it remains. It therefore became necessary that the insurrection should make its existence and extent everywhere known, and, by destroying the government troops as quickly as possible, strike terror into one party, and animate the other in the rest of Spain with the hopes of speedy assistance. Besides carrying on a war of surprises, Zumalacarregui's system was, therefore, always to fight where he could not lose by it, and in every favourable spot to give battle with sometimes only a handful of men. Generally he chose positions which it was difficult to turn; he defended them obstinately till the enemy was near taking him in flank, which nightfall almost always prevented. If the positions were forced, it cost a great sacrifice, and then a retreat took place, more resembling, from its rapidity, a flight, excepting that the

su extensión, y, destruyendo las tropas del Gobierno con la mayor rapidez posible, infundiera terror en un partido y animara al otro, en el resto de España, con la esperanza de una pronta ayuda. Además de llevar a cabo una guerra de sorpresas, el sistema de Zumalacárregui era el luchar siempre donde no pudiera perder, y presentar batalla en cualquier lugar favorable, a veces con un puñado de hombres. Generalmente, escogía posiciones que eran difíciles de desalojar; las defendía obstinadamente, hasta que el enemigo estaba a punto de cogerle de flanco, lo que casi simpre impedía la llegada de la noche. Si la posición era forzada, lo era a costa de un gran sacrificio, y entonces ordenaba una retirada, que más bien parecía una huida, por su rapidez, con la diferencia de que las compañías y batallones huían todos juntos y en orden, estando los oficiales en sus lugares respectivos, y siempre sin perder ni un fusil. Casi siempre, el general era el último de v su pequeño ejército en retirarse, en estos casos. Si el enemigo intentaba perseguirlos, era detenido por unas pocas compañías, que enfilaban los angostos caminos

companies and battalions fled all together, and in good order, their officers in their respective places, and without ever losing a musket. The General was usually the last of his little army on such occasions. If the enemy attempted to pursue, he was stopped by a few companies, who swept the narrow roads, and covered the retreat. These were only to be driven back by other tirailleurs, who were obliged to proceed with much caution, each man of the Carlists being hidden by a rock, the trunk of a tree, or the evergreen bushes which abound in that country: while, remaining still, the Carlists, not being seen, take a deadly aim at those who are advancing. When at last the game became too hot, and they were too closely pressed by their adversaries, these companies, whose number it was impossible to ascertain, easily effected their escape. Each man, like a fox or wolf, traversed hill and dale, rock and ravine, and at night joined his comrades, who, by that time, had rapidly retired so far, that, it would have been impossible to overtake them. If any were adventurous enough to follow them, they found the rear guard in good order waiting for them; and

y cubrían la retirada. Estas eran rechazadas or nuevos tiradores, que se veían obligados a avanzar con mucha precaución, pues cada uno de los carlistas estaba oculto por una roca, el tronco de un árbol o las matas verdes que abundan en aquel país; entretanto, los carlistas, permaneciendo quietos y sin ser vistos, disparaban con certera puntería a los que avanzaban. Cuando, al fin, su situación se hacía peligrosa y sus adversarios les amenazaban de cerca, estas compañías, cuyo número era imposible saber, escapaban fácilmente. Cada hombre, como un zorro o un lobo, atravesaba colinas y valles, rocas y desfiladeros, y a la noche se unía con sus camaradas, que para entonces se habían retirado con rapidez, tan lejos, que hubiera sido imposible alcanzarlos. Si había alguien lo bastante atrevido para seguirles, encontraba a la retaguardia, esperándole en orden, donde hubiera alguna llanura o meseta, a la caballería carlista, dispuesta de tal modo que cargaría sobre ellos antes de que pudieran formar en el espacio libre.

Por la noche, el ejército carlista ocupaba siempre cuatro veces más pueblos que sus

where anything like a plain or a piece of table-land intervened, the Carlist cavalry was so disposed as to charge them before they could form on the open space.

All night the Carlist army occupied always nearly four times as many villages as their adversaries, as they had no fear of extending their line, being *á l'abri d'une surprise*, on account of their intelligence, kept up through the country by their spies and partidas. Everything went on with them as usual–the soldier receiving his full rations–while their adversaries, who perhaps had flattered themselves with a victory, were often obliged to bivouac in the mountain, or to occupy some miserable village which could not even shelter their officers; the men perishing with cold, and always either bread or meat, or wine, and sometimes the whole of their rations being deficient. By night they durst not stir, even to retreat, and the next day, if they advanced, they found the indefatigable chief occupying a similar position a mile or two farther on; if they retired, he followed on their rear. There was thus no proportion between the loss of the Carlists and Cristinos; the latter,

Capítulo 7 / Chapter 7

adversarios, porque no temían extender su línea, pues estaban al abrigo de una sorpresa, debido a la información que mantenían a través del país sus espías y partidas. Todo sucedía normalmente—los soldados recibían sus raciones enteras—, mientras que los enemigos, que tal vez habían soñado con una victoria, se veían obligados con frecuencia a vivaquear en la montaña o a ocupar un pueblo miserable que no podía ni siquiera albergar a sus soldados: los hombres morían de frío, y siempre escaseaban el pan, o la carne, o el vino, y, a veces, todas sus raciones. De noche no se atrevían a moverse, ni para retirarse, y al día siguiente, si avanzaban, encontraban al infatigable jefe ocupando una posición parecida una o dos millas más allá. Si se retiraban, él picaba su retaguardia. Así, pues, no había proporción entre las pérdidas de los carlistas y las de los cristinos; estos últimos, por lo tanto, en caso de éxito, sólo obtenían el vano honor de haber conseguido, a costa de muchas vidas, el poder ocupar un lugar sin importancia. Zumalacárregui se daba cuenta demasiado bien de que luchaba con ventaja, para no entrar en acción cuantas veces se le ofrecía una oportunidad. De

therefore, in case of success, only obtained the empty honour of having purchased, at an immense loss of life, the power of occupying an unimportant spot. Zumalacarregui was too well aware of the advantageous game he was playing, not to enter into action whenever the opportunity was offered him. In this manner he destroyed, in a few months, the veteran armies of Spain, to an extent of which no idea appears to have been formed in this country. The loss which his force sustained was comparatively trifling, and the more so, as even if the number of his followers killed had been equal to those who fell on the side of the enemy, a man could always be afforded, if his musket were saved. He found ten peasants eager to wield it in the place of the one who had fallen.

The enemy raised his recruits with difficulty; the veterans that fell were not to be replaced by men dragged unwillingly from their homes, like the quintos or conscripts. At the same time, little by little his own soldiers were formed. At first, like Washington, he could only get his recruits to stand fire for a few minutes or

este modo, deshizo en pocos meses los ejércitos veteranos de España, de un modo tal, que no parece tenerse idea de este país. Las pérdidas que sufrían sus fuerzas eran relativamente insignificantes, tanto más, cuanto que, aunque el número de sus partidarios muertos hubiera sido igual al de los que caían en el lado enemigo, siempre podía prescindir de un hombre si se salvaba el fusil. Encontraba diez campesinos ávidos de ocupar el lugar de uno que cayera.

El enemigo se procuraba reclutas con dificultad; los veteranos carlistas que caían no eran reemplazados con hombres sacados de sus casas contra su voluntad, como los quintos. Al mismo tiempo, poco a poco se formaban sus propios soldados. Al principio, como Washington, sólo podía conseguir que sus reclutas soportaran el fuego durante algunos minutos o media hora; sin embargo, gradualmente, no sólo defendieron obstinadamente durante un día posiciones contra números superiores, sino que dispersaban al enemigo a la bayoneta. Su batallón favorito, el de Guías, siempre entraba en acción cantando.

half an hour; by degrees, however, they not only obstinately defended positions against superior numbers for the whole day, but dispersed the enemy by the bayonet. His favourite battalions of guides always went into action singing. It must be understood that I do not assert having seen them cross bayonets, excepting very partially–a thing in which I think I shall be borne out by old and experienced officers, in saying seldom happens in any engagement. I believe it was only rarely witnessed during the whole of the Peninsular war and the campaigns of the French against the Russians. I merely testify to their having rushed on with fixed bayonets, and taken in this way a position from the enemy or driven in his line.

It was after the battle of the 27th and 28th of October in the plains of Salvatierra and Vitoria, that the losses of the Liberal army augmented so much in consequence of this circumstance. Having on that occasion formed in line of battle, which was instantly broken through from the impetuosity of the Navarrese, and the entire destruction of the divisions having in both

[201]

Capítulo 7 / Chapter 7

Entiéndase que yo no afirmo haberles visto cruzar las bayonetas con el enemigo, excepto muy rara vez (afirmación en la que creo me apoyarán viejos y experimentados oficiales, los que convendrán conmigo en que ocurre muy raras veces en las batallas). Creo que se vio muy pocas veces durante toda la guerra de la Independencia y en la campaña de los franceses contra los rusos. Únicamente atestiguo que se han lanzado con la bayoneta calada contra el enemigo, y que de este modo le han tomado una posición o roto su línea.

Después de la batalla del 27 y 28 de octubre en las llanuras de Salvatierra y Vitoria, fue cuando las pérdidas del ejército liberal aumentaron mucho, a consecuencia de la circunstancia siguiente: En esta ocasión, habiéndose formado en orden de batalla, que fue roto inmediatamente por la impetuosidad de los navarros, y habiendo sido completamente destruidas sus divisiones en ambas acciones, los generales de la Reina, desde entonces, movilizaron a sus hombres en grandes masas y en orden de columna, pues se observó que los realistas no se decidían á atacarla, aunque se

instances followed, the Queen's generals ever after moved their men in heavy masses and in order of column, which it was found the Royalists were shy of charging, although they rushed upon a line with the most desperate determination. Zumalacarregui, well aware of their failing, and knowing that the result would have been very problematic, never attempted it; but generally placed half his battalions in reserve, dispersing the rest *en tirailleurs*. In this mode of fighting, they always displayed great intrepidity, and every shot told when fired on the broad expanse of a column; whereas its front could do little harm against isolated men, neither could they send tirailleurs against those of the Royalists, excepting at great disadvantage, as they were always liable to be cut off under the eyes of their own masses the instant they separated from them. While they were slowly advancing, backed by the column, and skirmishing to clear the ground for it, which is after all but child's play for the skirmishers, their masses were suffering horribly from the incessant fire of their adversaries. As far as a musket will carry–which, by

arrojaban sobre una línea con una decisión desesperada. Zumalacárregui, dándose cuenta muy bien de su flaco, y sabiendo que el resultado sería muy problemático, nunca lo intentó, sino que generalmente colocaba a la mitad de su batallón en reserva y desplegaba el resto en línea de tiradores. En esta clase de lucha mostraron siempre una gran intrepidez los carlistas, y todos los tiros hacían blanco cuando eran dirigidos contra la gran masa de una columna, mientras que esta masa poco daño podía hacer a hombre sislados, y tampoco podían enviar tiradores contra los realistas sino con gran desventaja pues se exponían a ser aislados a la vista de sus propias fuerzas en cuanto se separaban de ellas. Mientras avanzaban lentamente, protegidos por la columna, y tiroteando para abrirle camino, lo qué después de todo, es un juego de niños para los guerrilleros, sus fuerzas sufrían terriblemente por el fuego de sus adversarios.' Tan lejos como llegara el fusil—que no es poco—, era seguro que harían algún daño.

"Hay un refrán español (pues España es el país de los refranes, y en el carácter de

the by, is no trifle–theirs were almost certain to do some mischief.

There is a Spanish proverb (for Spain is the land of proverbs, and, in the character of Sancho Panza, Cervantes in this respect did not much caricature some of his countrymen) which says, "una vez en la guerra, nos engañamos": "Once in war, we are mistaken." This with Zumalacarregui was a favourite saying, and is characteristic of his excessive caution and prudence. I do not mean in a personal point of view, for his temerity unfortunately lost the Royalists the soul of their party; but as far as regarded the safety of his army, he piqued himself on risking as little as possible, and on striking all his blows with certainty. Never did he give a battle which, if not won, left him any the worse for his failure. There is one remarkable circumstance in his career: from the day he assumed the command till the day of his death, although circumstances were ever varying, it is impossible to take any month in which, when compared with the month preceding, he had not considerably increased his

Capítulo 7 / Chapter 7

Sancho Panza, Cervantes no caricaturizó en este particular a algunos de sus compatriotas) que dice: "Una vez en la guerra, nos engañamos". Esta era la frase favorita de Zumacárregui, y es característica de su extremada cautela y prudencia. No me refiero a su peligro personal, pues, desgraciadamente, su temeridad hizo perder a los realistas el alma del partido; pero en cuanto concernía a la seguridad de su ejército, se preciaba de arriesgarse lo menos posible y de dar todos sus golpes con seguridad. Nunca dio una batalla que, si no ganada, le dejase en peor posición por su fracaso. Hay una circunstancia notable en su carrera: desde el día que asumió el mando, hasta el día de su muerte, aunque las circunstancias cambiaban continuamente, es imposible tomar un mes en el que, comparándolo con el anterior, no hubiese aumentado considerablemente su ejército y progresado la Real causa. Los que han visto la poca seguridad de los voluntarios que luchan sólo por su idea, pueden apreciar lo necesaria que fue su prudencia. Aun los habitantes de La Vendée, según leemos, estaban sujetos a esta inconstancia, aunque su

army, and advanced the Royal cause. How necessary this prudence proved to have been, those who have seen the unsteadiness of volunteers who fight only for their opinions can appreciate. Even the inhabitants of La Vendée were, we read, also subject, to this fickleness, although their astonishing resistance was the admiration of the world, and to this day fills a page which is unequalled in the history of devoted heroism. The men who one day took the cannon of the Republicans with loaded sticks, the next, were seized with an unaccountable panic, and fled before the slightest danger without firing a shot. The impetuosity of their chief was evidently a principal cause of their perdition. If they had not made their rash attempt on Nantes, or crossed the Seine, till they had become completely organized and disciplined, they might have met with signal victories, and have chosen their moment to march on Paris—a capital which, to France, is like the sacred banner of the Peruvians captured by Cortes—that, once taken, all is lost.

Zumalacarregui was blamed for not pushing on into Castille, particularly after the

resistencia asombrosa fue la admiración del mundo, y, hasta ahora, llenan una página sin igual en la historia del heroísmo abnegado. Los hombres que un día tomaban los cañones de los republicanos con estacas, al día siguiente, presa de un pánico incomprensible, huían ante el más ligero peligro, sin disparar un tiro. La impetuosidad de su jefe fue evidentemente la causa principal de su perdición. Si no hubiesen hecho su imprudente intentona sobre Nantes o cruzado el Sena hasta que hubieran estado completamente organizados y disciplinados, hubieran podido obtener señaladas victorias y escoger el momento para marchar sobre París—una capital que para Francia es como la bandera sagrada de los mejicanos, tomada por Cortés—, la que, una vez conquistada, hace que se pierda todo.

Se censuró a Zumalacárregui por no avanzar sobre Castilla, especialmente después de la batalla de Vitoria; pero si la batalla del 12 de diciembre de 1834, en Mendaza, hubiera tenido lugar en las llanuras de Castilla, ¿dónde estaría el ejército realista? Mientras que, antes de que la muerte

battle of Vitoria. But if the affair of the 12th of December, 1834, at Mendavia, had taken place in the plains of Castille, where would have been the Royal army? Whereas, just before death closed his glorious career, his march on Madrid, if he had followed his own judgment, and gone thither, instead of to Bilbao, would have been probably unopposed. He had said—and he never made an idle boast—that the next time he crossed the Ebro, he would not repass it without having seen Madrid, and once showing it to his wild followers, as Hannibal showed his soldiers Italy from the Alps, and Peter the Hermit pointed out to the Crusaders the walls of Jerusalem. With the prospect of vengeance and plunder before them, it is scarcely doubtful that the Carlists would have entered Madrid, even supposing a defence to have been made.

terminara su gloriosa carrera, la marcha sobre Madrid, si hubiera seguido su propio parecer e ido allá en lugar de a Bilbao, no hubiera encontrado oposición. Había dicho, y nunca hablaba en vano, que la próxima vez que cruzara el Ebro no volvería a recruzarlo sin haber visto Madrid y habérselo mostrado a sus entusiastas partidarios, como Aníbal mostró a sus soldados Italia, desde los Alpes, y Pedro el Ermitaño señaló a los cruzados las murallas de Jerusalén. Con la perspectiva de venganza y saqueo ante ellos, no hay duda de que los carlistas hubieran entrado en Madrid, aun suponiendo que se hubiera intentado su defensa.

Capítulo 8

El cura Merino. Merino y Zumalacárregui. Los viejos castellanos. Rodil. Su proclama a los insurrectos al cruzar el Ebro. Anécdota de Rodil durante su defensa del castillo de El Callao. Persecución del Rey. Incomodidades a las que se vio reducido. Fatigas que tenían que soportar los carlistas. Espíritu de partido de mujeres y niños. Un pueblo al paso del ejército carlista. Al de las tropas de la Reina. El barbero español. El brigadier carlista. Armencha hecho prisionero y fusilado en Bilbao. Descripción de su muerte por un veterano francés.

Mientras tanto, Merino, el cura-soldado, que había visitado al Rey en Portugal para rendirle tributo de fidelidad, volvió a Castilla para levantar en su favor los viejos y nuevos reinos que habían sido el teatro de sus hazañas en la guerra contra los franceses. Aunque sea tal vez sin igual como jefe de unos cuantos guerrilleros, su capacidad no va más allá; y como tenía que habérselas con gente que conocía bien el país, no alcanzó mayor éxito que el

Chapter 8

The curate Merino. Merino and Zumalacarregui. The old Castilians. Rodil. His proclamation to the insurgents on crossing the Ebro. Anecdote of Rodil during his defence of the castle of Callao. His pursuit of the king. Straits to which he was reduced. Fatigues the Carlists had to undergo. Party-spirit of the women and children. A Village on the passage of the Carlist army. On that of the Queen's troops. The Spanish barber. The Carlist Brigadier-General Armencha taken prisoner and shot at Bilbao. Description of his death by a French veteran.

In the meanwhile Merino, the soldier-priest, who had visited the king in Portugal to assure him of his devotion, returned to Castille to raise in his favour the old and new kingdoms, which had been the scene of his exploits in the war against the French. Although as the head of a few *Guerrilleros* he is perhaps unequalled, his capacity extends no farther; and as he had to do with people well acquainted with the country, he met with no greater success than that which

conseguido por los demás jefes carlistas que no estaban bajo la dirección de Zumalacárregui. Sus fuerzas eran casi siempre las mismas, consistentes en trescientos o cuatrocientos caballos. A veces, sus partidarios eran mucho más numerosos; pero su talento para el mando parecía limitado a este número, y en unas semanas volvían a ser, poco más o menos, los mismos de antes. Los entusiastas castellanos hacían continuamente movimientos en su favor, y se le unieron más de una vez grandes masas de insurrectos; pero como siempre eran inmediatamente atacados por las tropas de la Reina, se dispersaban después de un corto período de éxitos parciales. Con la caballería mantenía, sin embargo, su posición y llegó a ser el terror de Castilla la Nueva y Castilla la Vieja, deteniendo mensajeros, sorprendiendo las guarniciones de las ciudades e interceptando destacamentos, a veces en los alrededores de Madrid. Algunos regimientos de la Guardia sufrieron en particular, pues sus partidarios estaban casi todos montados y equipados de los despojos de éstos. En cierta ocasión, se pasaron a sus filas veinte coraceros, con su teniente. Se

attended all the Carlist chiefs who were not under the direction of Zumalacarregui. His force was generally the same, consisting of from three to four hundred horses. Occasionally his followers were much more numerous; but his talent for command seemed to be limited to about that number; and a few weeks always brought them back to nearly the same as before. The enthusiastic Castilians constantly made movements in his favour, and he was joined more than once by large bodies of insurgents, but being always immediately attacked by the Queen's troops, they were dispersed after a short period of partial successes. With his cavalry, however, he kept his ground, and became the terror of Old and New Castile, intercepting couriers, surprising the garrisons of towns, and cutting off detachments, sometimes in the very vicinity of Madrid. Several regiments of the guards suffered in particular, his followers being nearly all mounted and equipped from the spoils they made. On one occasion, twenty cuirassiers with their lieutenant passed over to his ranks. So well has he maintained himself that unless when he attempts to

aseguraba que, a no ser cuando agregaba infantería a su fuerza, el enemigo había perdido toda esperanza de sorprenderle.

Merino, que tiene ahora sesenta y dos años, nació en Villoviado y pasó sus primeros años en el humilde oficio de pastor. Había obtenido en un establecimiento religioso de una ciudad vecina rudimentos de educación, cuando un viejo sacerdote, descubriendo en el joven pastor indicios de capacidad, se encargó de educarle para la Iglesia. En seis meses, el joven hizo tan rápidos progresos bajo su enseñanza, que pudo ordenarse y se le nombró párroco de su pueblo natal. Parece difícil asociar la idea de talento para cualquier carrera de letras con la necesaria para ser un jefe de partida como Merino, cuya carrera, aunque su conducta mostró que sólo le movían motivos patrióticos, se parecía a la de un audaz bandolero, que cometía y animaba a cometer toda clase de excesos contra el enemigo; pero que nunca tocaba la más pequeña parte del rico botín que sus partidarios obtenían con frecuencia. Se portó de igual manera en la guerra contra Napoleón, en la que podía haberse apoderado de

gather infantry around him, the enemy has given up all hope of surprising him.

Merino, now sixty-two years of age, was born at Villaviado, and spent his early years in the humble capacity of a goatherd. He had, however, picked up, in the religious establishment of a neighbouring town, the rudiments of an ordinary education, when an old clergyman, discovering in the young herdsman indications of ability, undertook to bring him up for the church. In six months the youth made such rapid progress under his tuition that he was enabled to take orders, and was appointed curate of his native village. It seems difficult to associate the idea of a talent for any species of literature with those requisite for a leader of partisans like Merino, whose career, excepting that his conduct showed him to have been moved only by patriotic motives, resembled that of a daring and reckless brigand, encouraging and committing every sort of excess against the enemy, but never touching the least portion of the rich booty his followers often obtained. He conducted himself in a similar manner in the war waged against Napoleon, when

Capítulo 8 / Chapter 8

inmensos tesoros. En cuanto terminó la guerra, se retiró a su casa, habiéndosele conferido el grado de brigadier en consideración de sus eminentes servicios.

Ciertamente, se dan entre los españoles innumerables casos de este desinterés, con frecuencia demostrado por hombres que en otros respectos parecen hallarse influidos por las más brutales pasiones. Sea cual fuere lo sucedido durante la invasión de Suramérica, en el momento actual la venalidad es el menor de los defectos. Tal vez es la nación a la que menos puede acusarse de obrar movida por un espíritu mercenario, si se exceptúan las clases comerciales. Nada muestra más claramente la popularidad de la causa de Don Carlos que la circunstancia de que en el partido de la Reina sólo luchan los que quieren seguir una carrera militar o tienen algún otro interés, mientras que si el ejército carlista llegara mañana a Madrid, estoy convencido de que más de la mitad de sus oficiales pedirían la licencia absoluta y se retirarían a sus montañas nativas.

Sin embargo, muchos de ellos son campesinos que por su

he might have possessed himself of immense treasures. The moment, the war was concluded, he retired to his home, the rank of Brigadier-General having been conferred upon him in consideration of his eminent services. There are, indeed, innumerable instances of this disinterestedness amongst the Spaniards, and often too exhibited by men who seemed in other respects influenced by the most brutal passions. Whatever may have been the case during the invasion of South America, venality is the last of their sins at the present day. They can, perhaps, less than any nation, be accused of being actuated by any mercenary spirit, the commercial classes only excepted. Nothing, perhaps, more clearly shows the popularity of Don Carlos's cause, than the circumstance that, on the side of the Queen, none fight but those who are desirous of following up a military career, or who are in some way interested. Whereas, if the Carlist army were to reach Madrid tomorrow, I am convinced that above half its officers would give in their absolute resignation, and retire to their native mountains. Yet many of them were peasants

Doce meses de campaña - Twelvemonth's campaign

valor han subido de una situación humilde a la posición de desahogo y consideración que proporciona en España un grado en el Ejército. En realidad, no luchaban por ambición ni por vocación a la vida militar.

Una ojeada a las principales personalidades de cada bando, y el contraste que ofrecen, sería la prueba más sólida de mi afirmación en cuanto a los verdaderos motivos que animaban a sus respectivos partidarios. Mina, que se había negado a aceptar el mando del ejército de la Reina hasta que recibió todas sus pagas atrasadas, se ocupó principalmente en levantar contribuciones y traer escoltas de Francia, y se retiró rico después de algunos meses. Córdoba, que había sido salvado por Don Carlos, cuando era Infante de España,¹ escondiéndole de la furia de la plebe, y con propio peligro, bajo su cama, y que se había manifestado adicto a este Príncipe, ascendió desde la posición subalterna de secretario de Legación a general en jefe. Mendizábal, que ha dejado de ser un muchacho judío, que bajo el nombre de Méndez vendía trajes viejos en Cádiz, o vivía

who have risen by their valour from a homely station to one of ease and consideration, which rank in the army affords in Spain. They are fighting really from no ambitions, motives, or from any inclination for a military life.

A glance at the leading characters of either side, and the contrast they offer, would be the strongest proof of my assertion as to the conscientious motives of their respective partisans. Mina, who had refused to accept the command of the Queen's army till he had received all his arrears of pay, occupied himself chiefly in levying contributions and getting in convoys from France, and retired after a few months a rich man. Cordova, who had formerly been saved by Don Carlos, when Infant of Spain, by hiding him at his own imminent peril from the fury of the mob under his bed, and who had always avowed himself devoted to that prince, has risen from the subaltern situation of secretary of legation to that of Commander-in-chief.

Mendizabal, who has ascended from being a Jew boy, under the name of Mendez, selling old clothes at Cadiz, or

Capítulo 8 / Chapter 8

errante por el país como un vagabundo, recibiendo de sus clientes, a causa de su origen judío, muchos puñetazos y patadas, que tenía que sufrir en silencio, a la vez que recibía las monedas de cobre que le arrojaban, llegó a ser primero, un millonario y, al fin, primer ministro de España, a causa de su esclarecido patriotismo y su cariño por ese país, del cual, como toda su raza, había recibido un trato que hubiera convertido su sangre en hiél, si la sangre y el espíritu de su raza hubieran sido como los de los demás hijos de Adán. Zumalacárregui, que tuvo ocasión de amontonar riquezas, murió poseyendo sólo catorce onzas. El marqués de Valde- Espina, a una edad avanzada, abandonó una renta de veinte mil libras por año para llevar una vida errante en las montañas. Eraso, aunque mantenía a su familia con su paga de coronel, se puso a la cabeza de un puñado de insurrectos, evidentemente sin intención de mandar, pues cuando la Causa estaba en condiciones mucho más florecientes, se negó a aceptar el mando de manos de Zumalacárregui. Eguía era teniente general; pero abandonó su destino y se retiró a Francia.

wandering about the country as a pedlar, or receiving from his customers, on account of his Hebrew origin, many a kick and cuff which he was obliged to pocket with their copper monies, first became a millionnaire, and, lastly, prime minister of Spain, through his enlightened patriotism and affection for that country from which, in common with all his caste, he had received–usage which might have turned the blood to gall, if the blood and spirit of his race had been like that of the rest of the sons of Adam. Zumalacarregui, after having had every opportunity of amassing wealth, died the possessor of fourteen ounces. The Marquess of Valdespina, at an advanced age, abandoned 20,000£ per annum to lead a wandering life in the mountains. Eraso, although supporting his family by his pay of Colonel, placed himself at the head of a handful of insurgents, evidently without the ambition of leading, as, when the cause was in a much more flourishing condition, he refused to accept the command at Zumalacarregui's hands. Eguia was Lieutenant-General, but threw up his commission and retired to France.

Doce meses de campaña - Twelvemonth's campaign

Merece anotarse que todas las clases que han abrazado la causa del Rey son precisamente las mismas que durante la guerra de la Independencia resistieron tan enérgicamente la invasión francesa. Las otras sólo hicieron débiles esfuerzos, hasta que la suerte se volvió contra los conquistadores galos. Merino es el tipo verdadero del jefe de guerrilla. Pequeño de estatura, pero de una constitución de hierro, puede resistir las mayores fatigas, y es asombrosamente hábil en todos los ejercicios marciales. Su indumentaria es más bien eclesiástica que militar, y recuerda más al cura que al brigadier. Lleva una larga levita negra, un sombrero redondo y una espada de caballería. El único lujo que se permite es montar en un buen caballo. Tiene dos magníficos corceles negros, que son lamosos no sólo por su gran rapidez, sino también porque trepan por entre rocas y montañas como cabras. Ambos están siempre ensillados y embridados, y se les ha acostumbrado a ir siempre juntos, de modo que a cualquier paso que vaya el que está montado, el otro marcha siempre a su lado. Merino,

It is worthy of remark that all the classes which have espoused the interests of the King are precisely the same as those who, during the war of independence, resisted so energetically the French usurpation. The others made but feeble efforts till the tide had set full against their Gallic conquerors. Merino is the true type of the Guerrilla chief. Of small stature, but iron frame, he can resist the greatest fatigues, and is wonderfully skilled in all martial exercises. His dress is rather ecclesiastical than military, and reminds one more of the curate than of the Brigadier-General. He wears a long, black frock coat, round hat, and a cavalry sword. The only luxury in which he seems to indulge is in having a good horse beneath him. He has two magnificent black steeds, which are not only renowned for their excessive speed, but are said to climb among the rocks and mountains like goats. These are both saddled and bridled, and have been trained always to keep abreast, so that at whatever pace the mounted one may go, the other is always by its side. Merino, when he sees that one is tired, leaps from one saddle into the other, even when they are going full gallop. He always

Capítulo 8 / Chapter 8

cuando ve que uno está cansado, salta de una silla a la otra, aun cuando vayan a galope tendido. Siempre lleva colgado al costado un enorme trabuco, cargado con un puñado de pólvora y varias postas, cuya descarga se dice que es como la de una pieza de artillería, y que destrozaría su hombro si disparase a la manera corriente; pero él coloca la culata bajo su brazo, y sostiene el cañón fuertemente con la otra mano. El último esfuerzo que hicieron los cristinos para capturarle, fue enviar contra él a un coronel llamado Moya, que había sido también un guerrillero al estilo de Merino. Este hombre, de gigantesca corpulencia y estatura, e intrépida energía, conocía bien el país. Merino le favoreció con un pronto encuentro, y en la primera escaramuza murió a consecuencia de un trabucazo: nunca se pudo saber si fue el del cura. Este ha tenido la suficiente xperiencia acerca de la fidelidad de los partidarios, según parece, para no confiar en nadie más que en un viejo criado que ha estado con él durante los últimos cuarenta años. Todas las noches, cuando ha alojado a sus hombres, se marcha fuera para pernoctar, y nadie más que su

carries, slung by his side, an enormous blunderbuss or trombone, the discharge of which, loaded with a handful of powder and a number of slugs, is said to be like that of a piece of artillery, and would fracture his shoulder if fired in the ordinary manner. But he places the stock under his arm, and holds the barrel tight with the other hand. The last effort the Cristinos made to take him was by sending against him a Colonel named Moyos, who had also been a chief of partisans much in Merino's style. This man, of gigantic frame and stature, was well acquainted with the country, and of undaunted energy. Merino favoured him with an early interview, and in the first skirmish, he met his death from the discharge of a trombone, whether from that of the curate I could never learn. The curate has seen sufficient of the fidelity of partisans, it appears, to trust only an old servant, who has been with him for the last forty years. Every evening, when he has disposed of his men, he rides away for the night, no one, excepting his faithful servitor, knowing whither he has gone. This has given rise to a report that he never sleeps above a few

fiel servidor sabe a dónde ha ido. Esto ha dado lugar a la creencia de que no duerme más que unos minutos en veinticuatro horas, historia a la que los castellanos conceden entero crédito, y, realmente, pueden creer cualquier cosa de un hombre que ni fuma ni bebe vino. Es sencillo y aun patriarcal en sus costumbres; pero los éxitos que ha obtenido han sido siempre manchados por la crueldad. Un hombre adicto, fiel e infatigable, a la causa que ha adoptado, ha sido siempre un enemigo cruel y despiadado de sus adversarios, y su duro e inevitable castigo contra sus prisioneros es la muerte. En su valor y desinterés se parece a Zumalacárregui; pero fuera de esto, sus caracteres no tienen punto de comparación. El último sólo condenaba a muerte a sus enemigos después de larga espera, y a modo de represalia, que había llegado a ser casi un acto de justicia a su propio ejército; constantes y repetidos ejemplos de perdón y generosidad iluminan la obscuridad de esta sangrienta página de su historia, que forman contraste con actos a los que se veía forzado por la obstinación de sus enemigos.

Merino, como he dicho, es

minutes in the twenty-four hours, a story in which the Castilians place implicit faith, and, indeed, they may well believe anything of a countryman who neither smokes nor drinks wine. He is simple, and even patriarchal, in all his habits; but the successes he has obtained have always been tarnished with cruelty. An indefatigable and faithful adherent to the cause he has adopted, he has ever been found a bitter and merciless enemy; and his stern and inevitable decree against his prisoners is death. In his disinterestedness and bravery he resembles Zumalacarregui; but beyond that, their characters bear no comparison. The latter only put his enemies to death after long forbearance, and by way of reprisal, which had become almost an act of justice to his own army; constant and repeated instances of mercy and generosity illumine the darkness of this sanguinary page of his history, contrasting with deeds to which he was forced by the obstinacy of his opponents.

Merino, as I have said, is a mere Guerrilla chief, and as ill calculated to command any large bodies of men as the

solamente un jefe de guerrilla, tan mal preparado para mandar grandes grupos de hombres como lo estaba bien el genio de Zumalacárregui para su organización. El párroco de Villoviado es, sin duda, uno de esos caracteres poco comunes que dominan en cualquier circunstancia de la vida en que la suerte les ha colocado; pero Zumalacárregui era un gran hombre, formado para representar un papel importante en escenas de mayor importancia e interés, donde se disputaran tronos e imperios. Su muerte prematura —prematura en relación con su breve, pero gloriosa carrera—, fue la única capaz de arrebatarle el triunfo que tan bien había ganado.

Habiéndose enterado Merino del éxito del ejército realista en el Norte, hizo saber al general en jefe su propósito de intentar unirse a él, pues ya no podía sostenerse en Castilla. La verdad era que probablemente estaba cansado de llevar una vida errante, continuamente perseguido por el enemigo. Zumalacárregui, dándose cuenta de la utilidad dé que Merino se quedase donde pudiera mantener la comunicación con los carlistas cuando se dirigieran a la

genius of Zumalacarregui was well suited for their organization. The curate of Villaviado is no doubt one of those uncommon characters who take the lead in the walk of life where chance has thrown them; but Zumalacarregui was a great man, and formed to play a conspicuous part in those scenes of higher interest and importance, where thrones and empires are disputed. His early death (early in reference to his brief but glorious career) was alone able to snatch away the triumph he had earned so well.

Merino, having heard of the success of the royal army in the north, signified to the commander-in-chief his intention of endeavouring to effect a junction with him, as he was no longer able to hold out in Castlile. The truth was, that most probably he was tired of leading a vagrant kind of life, constantly pursued by the enemy. Zumalacarregui, aware, however, of the utility of Merino's remaining where he could keep up communication for the Carlists when they should march on the capital, informed him that his post was in Castille; and that if he ventured to cross the Ebro, he would have him shot.

capital, le informó que su puesto estaba en Castilla, y que si se atrevía a cruzar el Ebro, le fusilaría. El cura-soldado, tomando esta amenaza como de quien venía, nunca se sintió inclinado a probar si el general era hombre de su palabra. Zumalacárregui hizo a Merino la justicia de considerarle como un jefe atrevido y emprendedor; sin embargo, después de la batalla de Vitoria, hizo esta observación: "Si tuviésemos todos los hombres que ha perdido el cura, podríamos marchar sobre Madrid cuando quisiéramos." No obstante, debe admitirse que un país vinícola no es nunca tan favorable como las provincias del Norte para semillero de una insurrección, pues un ejército naciente está siempre expuesto a ser dispersado en su iniciación.

El país es llano, a excepción de una sierra que forma un ángulo recto con las fuentes del Ebro; más salvaje, pero no tan alta como cadena que forma allí la continuación de los Pirineos. Se la puede denominar los Apeninos de España. Atravesando Castilla la Vieja en dirección Sureste, se divide en dos cordilleras: en la frontera sur de Aragón, una, que cruza Cuenca y Murcia, y

The soldier-priest, contented with this menace, never felt inclined to try whether the general was a man of his word. Zumalacarregui rendered justice to Merino as an enterprising and daring leader; he once observed, however, after the actions of Vitoria, that "if we had all the men the curate has lost we could march upon Madrid when we chose." It must be, however, admitted that the champagne country is by no means so favourable as the northern provinces as the nursery of an insurrection–an infant army being always liable to a dispersion in the outset.

The country is flat, with the exception of a Sierra, which runs at right angles from the sources of the Ebro, wilder but not so lofty as the chain which there forms a continuation of the Pyrenees. It may be termed the Apennines of Spain. Traversing Old Castille in a south-easterly direction, on the southern frontier of Aragón it separates into two branches, one crossing Cuenca and Murcia, the other the western side of New Castille, passing within a few miles of Madrid, and losing itself in the plains of Estremadura. Although the soil is fertile, immense wastes

Capítulo 8 / Chapter 8

la otra, al oeste de Castilla la Nueva, pasando a pocos kilómetros de Madrid y perdiéndose' en las llanuras de Extremadura. Aunque el suelo es fértil, están sin cultivar enormes extensiones, y las ciudades y pueblos son pocos y apartados. Habiendo sido guarnecidas las primeras, antes de la muerte de Fernando, con tropas o "urbanos", era un obstáculo, en lugar de una ayuda, para un ejército insurrecto, y las montañas, que están mucho más desiertas que en las provincias del Norte, no ofrecen recursos para mantener fuerzas considerables.

También Castilla, que había sido completamente desarmada, fue (aunque contenía una de las poblaciones mejor dispuestas de España) uno de los peores lugares posibles para un alzamiento. Sin embargo, no hay duda de que si avanzara sobre ella una fuerza respetable, armada y disciplinada, se levantaría hasta el último hombre. Ha cambiado mucho desde el tiempo en que los "viejos tercios de Castilla" eran conocidos en el Viejo y Nuevo Mundo, y un proverbio decía que el castellano era el acero

lie uncultivated, and the towns and villages are "few and far between." The former, having been garrisoned previous to the death of Ferdinand with troops or urbanos, were checks, instead of being of any assistance, to an insurgent army; and the mountains, which are much more desert than the northern provinces, afford no resources to maintain a considerable force.

Castille, too, having been so completely disarmed, became, although containing the best disposed population in Spain, one of the worst possible theatres for an insurrection. There is no doubt, however, that were a respectable armed and disciplined force to advance upon it, the inhabitants would rise to a man. Though greatly changed from the time when the *Vieilles bandes de Castille* were renowned throughout the Old and New World, and it was a saying that the Castilian was *cast steel*, there is still much that is estimable in his character. His chief bane is indolence and pride; but there is more morality in his opinions than in those of any other portion of the Spanish people. He acts neither from interest nor feeling, but according to what

templado; mas aún hay mucho de estimable en su carácter. Sus principales defectos son la indolencia y el orgullo; pero hay más moralidad en sus juicios y opiniones que en los de ninguna otra parte del pueblo español. No se mueve por interés ni por sentimiento, sino de acuerdo con lo que cree que es justo o injusto, y permanece fielmente adicto a la causa que ha adoptado. Tal vez un tercio de lo que se llama ejército de Navarra esté compuesto, en oficiales y soldados, de castellanos que, arriesgándolo todo, dejaban sus casas para servir en una provincia extraña, en pro de una causa a la que se han mostrado sincera y fielmente adictos. En cuanto a lo que he presenciado de sus soldados, debo hacerles la justicia de decir que siempre vi que eran los últimos en abandonar sus puestos en el campo de batalla y los últimos en murmurar en una marcha o en fanfarronear en el cuarto de guardia; son naturalmente graves y serios, pero fieles, concienzudos y de una honradez a toda prueba. Es cierto que si se han distinguido en otras provincias, no han cosechado nunca gloria durante esta guerra en la suya propia. La prontitud con que se armaban, pero con que

he believes to be right or wrong, and remains faithfully attached to a cause he once adopts. Perhaps one third of what is termed the army of Navarre is composed, both officers and men, of Castilians, who at every risk left their homes to serve in a strange province a cause to which they have proved themselves sincerely and devotedly attached. As to what I have seen of the soldiers, I must do them the justice to say that I ever found them the last to retire from their post on the field of battle, and the last to murmur on a march or brag in a guard-room. They are naturally grave and serious; but faithful, conscientious, and of an honesty *à toute épreuve*. It is true that if they have distinguished themselves in other provinces, they certainly have not earned much glory during this war, in their own. The readiness with which they armed, but suffered themselves to be disarmed, seemed to prove as well the loyalty of their intentions, as their incapacity to carry those intentions into execution. The latter circumstance should be rather ascribed, however, to the nature of the country and the Castilian pride, which, although much less obvious

Capítulo 8 / Chapter 8

también se dejaban desarmar, parece ser una prueba, tanto de la lealtad de sus intenciones, como de su incapacidad para ejecutarlas. Esta última circunstancia, sin embargo, debe atribuirse más bien a la naturaleza del país y al orgullo castellano, que, aunque mucho menos visible que antes, se halla dormido, pero no muerto. Habiéndose, desgraciadamente, despertado, causó las divisiones y envidias que les fueron fatales. Pueden dar una idea de lo que debió ser el orgullo de sus antepasados los antiguos y pomposos lemas que aún se conservan en los escudos que hay sobre las puertas de las casas, a veces aun de las más pobres en apariencia, de las que ahora se puede ver poco más que las paredes desnudas y ventanas cerradas por una vieja persiana de roble, que contiene una pequeña abertura, en algunas cubierta con un pliego de papel empapado en aceite. Recuerdo un lema, de la familia de los Vélascos, que es blasfemamente ridículo:

"Antes que Dios fuese Dios,
O que el sol iluminase los peñascos,
Ya era noble la casa de los Velascos."

than formerly, only lies dormant. Having been unhappily awakened, it caused those divisions and jealousies which proved fatal to them. The old and pompous mottos still preserved beneath coats of arms over the doors of houses sometimes of the meanest appearance, in which, at the present day, there is little more to be seen than the bare walls, and windows closed by an old oak shutter, containing a small aperture, sometimes covered by a sheet of oiled paper, may give some idea of what must have been the pride of their forefathers. I remember one motto in particular, of the family of the Belascos, which is blasphemously ridiculous:

"Antes que Dios fuese Dios,
O que el sol iluminase los peñascos,
Ya era noble la casa de los Velascos."
"Before God was God,
Or the sun shone upon the rocks,
Already was the House of the Belascos noble."

These feelings of pride had, however, one good effect–they encouraged notions of chivalry and a sense of honour, before Cervantes did his best to put them to the rout. The Castilian

Doce meses de campaña - Twelvemonth's campaign

Estos sentimientos de orgullo producían, sin embargo, un buen efecto: animaban los sentimientos de caballerosidad y de honor antes de que Cervantes hiciera lo posible por desterrarlos. El caballero castellano era el espejo de la verdad, buena educación y generosidad, que templaba la crueldad que siempre parece ir unida a la sangre de los que han nacido bajo el cielo del Sur. Se pueden notar aún rasgos parecidos en el carácter del castellano. Ello no obstante, en los casos en que el antiguo espíritu de caballerosidad ha abandonado al caballero castellano, se rebaja rápidamente en el campo al mismo nivel que el campesino, y en la ciudad se convierte en ese ser venal, egoísta y metalizado, con el cual poblaría Hume su Utopía cuando llegase el imperio absoluto del vapor y del ferrocarril, y el mundo entero se convirtiese en una gran ciudad humeante.

Cuando Rodil llegó a Navarra para tomar el mando del ejército, llevaba consigo una fuerza de diez mil hombres, que, con los últimos refuerzos, aumentó el ejército bajo sus órdenes a unos cuarenta mil, la

gentleman was the mirror of truth, high bearing, and generosity, which tempered the cruelty that seems always to tinge the blood of those born beneath the sun of a southern sky. Similar traits may still be traced in the character of the Castilian. Nevertheless, in those instances in which his ancient spirit of chivalry has abandoned the Castilian gentleman, he quickly dwindles in the country to a level with the peasant, and in the town becomes that venal thing of selfishness and numbers, with which, when the absolute reign of steam and railroads is arrived, and the world becomes one large smoky city, Hume would people his Utopia.

When Rodil arrived in Navarre to take the command of the army, he had with him a force of ten thousand men, which, with the late reinforcements, augmented the army under his orders to about forty thousand men, mostly picked troops, perfectly armed and appointed, and including a large portion of veterans who had fought in the war of the Constitution. His own division had, moreover, returned fresh from a bloodless but successful campaign. So manifest a

Capítulo 8 / Chapter 8

mayoría tropas escogidas, perfectamente armadas y disciplinadas, que incluían una gran parte de veteranos que habían luchado en la guerra de la Constitución. Además, su propia división volvía fresca de una campaña, incruenta, pero feliz. Tan manifiesta superioridad inspiraba a su partido los más optimistas presentimientos, y parecía casi una locura dudar de su éxito. Un pánico y terror general se extendió por el país, cortando en flor las esperanzas que había infundido la presencia del Rey. Cuando se considera que el ejército de Rodil sólo tenía que luchar con unos cinco o seis mil hombres, que era toda la fuerza que reunía Zumalacárregui entonces bajo sus órdenes, y a quienes la división de Harizpe, por un lado, y las flotas inglesa y francesa, por otro, interceptaban todo socorro y provisiones (excepto un poco de salitre que pasaban por la frontera), no había nada de ampuloso y exagerado en la proclama que dio el general en jefe al cruzar el Ebro desde su Cuartel General de Mendavia; hubiera sido un amargo sarcasmo el colocar este mismo documento ante sus ojos cuando volvió a cruzar el Ebro, deshonrado, destituido

superiority inspired his party with the most sanguine anticipations; and it seemed almost a folly to doubt of their success. Universal gloom and terror spread through the country, damping the hopes which the presence of the King had excited. When it is considered that Rodil's army had only to contend with from five to six thousand men, all the force which Zumalacarregui then had under his command, and from whom succour and supplies (excepting a little saltpetre that was smuggled over the frontier) were cut off by Harizpe's division on one side, and by the English and French fleets on the other, there was nothing overstrained or bombastic in the proclamation which their Commander issued on crossing the Ebro, from his headquarters at Mendavia; although, when he recrossed that river in disgrace, dismissed from the command of the miserable remains of his once fine army, it would have been a bitter sarcasm to have placed the same document under his eye. In this address to the Navarrese, Biscayans, Alavese, and Guipuzcoans, he offered pardon to all those who would immediately lay down their arms, and give up

Doce meses de campaña - Twelvemonth's campaign

del mando, con los miserables restos de su antes brillante ejército. En esta proclama decía a todos los navarros, vizcaínos, alaveses y guipuzcoanos, que depusieran las armas inmediatamente y abandonaran a sus jefes y camaradas; como prueba de la sinceridad de su arrepentimiento, les ofrecía el perdón. No hubiera condescendido, añadía, a ofrecerles paz y perdón, a no ser que hubiese confiado en su propia fuerza e inmensos recursos. Habían visto el entusiasmo y porte marcial de las tropas bajo sus órdenes. Para que no tomaran su clemencia como signo de debilidad, les aseguraba, sfn embargo, que al mismo tiempo que les tendía una mano compasiva, sostenía en la otra la espada de la venganza, que caería inexorable sobre las cabezas de los obstinados. Después de mostrarles su situación desesperada, les amenazaba con aniquilarlos si no escogían la alternativa de la sumisión. Rodil tenía una gran reputación, fácilmente ganada, porque había terminado la guerra en Portugal, con sólo aparecer en aquel país. Con su campaña en Suramérica había adquirido fama de ser enérgico y no escatimar la sangre

their ringleaders and comrades, as some proof of the sincerity of their repentance.

"He would not" he added, "have condescended to offer them peace and pardon, unless he had been confident in his own strength and immense resources. They had seen the enthusiasm and martial bearing of the troops under his command. Lest they might take his clemency for a sign of weakness, he assured them, however, that while he extended one hand towards them in mercy, he upheld in the other the sword of vengeance, which should fall inexorably on the heads of the obstinate." After showing them their hopeless condition, he menaced them with annihilation, if they did not choose the alternative of submission. Rodil had a wide and easily-earned reputation, from having terminated the war in Portugal, by his mere appearance in that country. By his campaign in South America, he had acquired the character of being energetic and unsparing of human blood in the pursuance of his designs.

Amongst several stories of the same nature, I remember often

humana para la consecución de sus designios.

Entre varias historias de la misma clase, recuerdo haber oído con frecuencia a los oficiales de nuestro ejército que habían servido con él, la siguiente anécdota: Durante su defensa del castillo de El Callao, en el Perú (en la que se portó con tanto valor, hasta que todo él fue derruido y la guarnición había comido todos los gatos y ratas de la fortaleza), supo que algunos de sus hombres, agotados por el hambre y la fatiga, habían fraguado una conspiración para entregar la plaza al enemigo y terminar así sus sufrimientos. Rodil reunió a toda la guarnición a la mañana siguiente, y les arengó de este modo: "Habiendo resuelto defender el castillo hasta el último extremo, he decidido licenciar a todos los que no estén dispuestos o sean incapaces de soportar las privaciones de un sitio, y los que deseen rendirse al enemigo no tienen más que dar un paso adelante en las filas". Más de una tercera parte de los soldados se adelantaron ansiosamente. Se les ordenó dejar sus armas y equipo y formar en línea recta enfrente de los que permanecían firmes.

hearing from officers in our army who had served with him, the following anecdote. During his defence of the castle of Callao, in Peru, in which he held out most gallantly, till everything was knocked to pieces, and the garrison had eaten every cat and rat in the fortress, he was informed that some of his men, worn out by famine and fatigue, had entered into a conspiracy to surrender the place to the enemy, and thus end their misery. Rodil assembled the whole garrison next morning, and harangued them to this effect: "That, having resolved to defend the castle to the last extremity, he had determined to dismiss all those who were either unwilling or unable to support the privations of a siege; and that those who felt inclined to surrender to the enemy had only to step out of the ranks." More than a third of the men eagerly pressed forward: they were commanded to lay down their arms and accoutrements, and to form in line opposite to those who remained firm. Rodil then ordered the latter to level and fire! He was obeyed– the recreants were butchered without remorse by their comrades on the spot; and Rodil retired, with the

Entonces Rodil ordenó a los últimos apuntar y hacer fuego; fue obedecido, y los cobardes o pusilánimes fueron en el mismo acto fusilados sin remordimiento por sus camaradas, y Rodil se retiró con la seguridad de que tenía entonces una guarnición fiel.

Después de quemar los monasterios de Bera, Roncesvalles y muchos más, con la excusa de que los frailes que vivían en ellos habían favorecido a los carlistas (aunque, en realidad, no lo hicieron hasta que estos ultrajes probaron que su neutralidad no les servía para nada, barrió de enemigos el Baztán y fortificó el hospital de Elizondo. Luego, dividiendo su ejército en numerosas columnas, persiguió a Zumalacárregui y al Rey, a quien se había aconsejado que se separase de su general y marchase con una pequeña fuerza, huyendo del enemigo, bajo la dirección de Eraso, quien con un ingenio y actividad singulares conseguía siempre burlar la persecución. Mientras Zumalacárregui se preparaba a tener al enemigo en continuo jaque, para que dejara a su Real Señor en relativa tranquilidad, el ejército de Rodil, que entonces era

assurance that he had now a faithful garrison.

After burning the monasteries of Bera, Ronscevalles, and many others, under the pretence that the monks who lived in those edifices had favoured the Carlists–although, in truth, they had done no such thing, until these injuries proved that their neutrality availed them nothing–he swept the Baztan, and fortified the hospital at Elizondo. Then dividing his army into numerous columns, he pursued both Zumalacarregui and the King, who had been advised to separate from his General, and continue with a small force, flying from the enemy under the direction of Eraso, who, with singular skill and activity, always managed to elude pursuit. While Zumalacarregui was preparing to give the enemy such occupation as would make them leave his royal master in comparative quiet, the army of Rodil being then all fresh and enthusiastic, and meeting with scarcely any opposition, followed with the utmost vigour; and the King's life was saved more than once by a hair-breadth escape–sometimes pursued day and night by several columns, the

nuevo y entusiasta y casi no encontraba oposición, actuaba con el mayor vigor, y la vida del Rey se salvó más de una vez por un pelo; perseguido a veces día y noche por varias columnas, sólo le fue posible escapar a sus perseguidores gracias a los pocos hombres que llevaba consigo, pues así se ocultaba mejor su marcha. No es fácil concebir todo lo que el desgraciado Monarca sufrió en aquel tiempo, siendo despertado a cualquier hora para emprender largas y penosas jornadas con un tiempo inclemente, en medio de la lluvia y la nieve, y por caminos por donde la mitad de las veces sólo se podía andar a pie. Aunque estuvo varias veces en peligro inminente y se le aconsejó que fuera a Francia, siempre mostró la misma firme determinación de reconquistar su corona o de morir en la demanda, en tierra española.

En una ocasión, Rodil le siguió la pista a una montaña, donde le rodeó con novecientos hombres. La persecución y la busca se había efectuado tan rápidamente, que un joven oficial de artillería, D. Tomás Reina, que intentaba fabricar unas piezas de artillería en la montaña, se vio obligado

insignificant numbers he had with him, alone enabled him to elude his persecutors, his route being thereby more easily concealed. It is not easy to conceive all the unfortunate monarch suffered at this time, aroused at all hours to undertake long arduous marches during every inclemency of the weather— through snow and rain, and by roads where half the time it was impossible to proceed otherwise than on foot. Although several times in imminent danger, and advised to enter France, he always evinced the same firm determination of conquering back his crown, or of dying in the contest for it on the soil of Spain.

On one occasion, Rodil had tracked him to a mountain which he surrounded with 9,000 men. So actively had the pursuit and search been carried on that a young officer of artillery, Don Tomas Reina, who had been endeavouring to manufacture a few pieces of artillery in the mountains, was also obliged to fly with his artisans and artillerymen. The night fortunately was dark and stormy; the King on one side with about a hundred followers, and Reina on the

también a huir con sus artesanos y artilleros. Afortunadamente, la noche era obscura y tormentosa; por un lado, el Rey, con unos cien partidarios, y Tomás Reina, por el otro, iban vagando, entumecidos por la lluvia fina y penetrante, y obligados muchas veces a volver sobre sus pasos, por haberse encontrado con fuegos del vivac de los cristinos. Al fin, los dos grupos fugitivos se acercaron uno a otro. Tomás Reina, exhausto por la fatiga y encontrándose junto a los que imaginó y eran una patrulla de caballería enemiga, estuvo a punto de ordenar a sus hombres que hicieran fuego, cuando, por fortuna, se reconocieron mutuamente. La fidelidad de los campesinos, que sabían que el Rey se hallaba en tal apuro, le salvó, pues durante la noche le llevaron fuera de peligro[36].

Como resultaron inútiles todos los esfuerzos hechos para alcanzar al Rey, y Zumalacárregui logró salvar a Su Majestad de todo riesgo, a la vez que iba destruyendo rápidamente las divisiones cristinas, Rodil dirigió toda su atención, considerándolo el más rápido medio de terminar la guerra, a atacar y aplastar a

other, were wandering about benumbed by the small piercing rain, and obliged to retrace their steps many times on account of having met with the bivouac fires of the Cristinos. At last the two fugitive parties approached each other. Reina, exhausted from fatigue and finding himself close upon what he imagined to be a patrol of the enemy's horse, was just about ordering his men to fire, when fortunately a mutual recognition took place. The fidelity of the peasantry, who knew that the King was in such a strait, saved him by leading him out of danger during the night.

All effort to overtake the King having proved useless, and his majesty having been ultimately extricated from further peril by Zumalacarregui, who was rapidly destroying the Christino divisions in detail, Rodil, as the readiest means of concluding the war, directed all his attention to attacking and crushing that chief. He carried his resolution into execution with so much perseverance and vigour that it required all the determination of the Carlist leader and the Navarrese to baffle his efforts. Frequently the royal army had

este jefe. Puso en práctica su resolución con tanta perseverancia y vigor, que fue menester toda la energía del caudillo carlista y de los navarros para burlar sus esfuerzos. Con frecuencia, el ejército realista que marchar durante dieciséis, dieciocho y veintitrés horas, sucesivamente. En cierta ocasión, estando Zumalacárregui con el Rey, recuerdo que la marcha continuó veinte horas, sin hacer alto más de veinticinco minutos en todo el tiempo y sin que los soldados dejaran apenas las armas. Al amanecer, después de esta marcha fatigosa, nos encontrábamos en el mismo pueblo del que habíamos salido en la mañana anterior, y durante este tiempo habían pasado por él dos divisiones del enemigo. En otra ocasión, estábamos también con el Rey e hicimos alto a media noche, después de un largo día de fatiga, en una montaña en la que no había nada más que la cabaña de un pastor. El Rey durmió en la única habitación (si se le puede llamar así) que tenía la cabaña; sus ministros se retiraron al establo, y Zumalacárregui, como el resto de su ejército, se echó sobre su capa debajo de un árbol.

to march for sixteen, eighteen, and twenty-three hours successively. On one occasion Zumalacarregui being with the King, I remember that the march continued twenty hours, no halt for above twenty-five minutes being made during this time, and the soldiers scarcely quitting their arms. At daybreak, after this harassing march, we found ourselves in the very village from which we had started the preceding morning, two of the enemy's divisions having in the meanwhile passed through it! Another time we were also with the King, and halted at nightfall, after a long day of fatigue, on a mountain where there was nothing but a shepherd's hut. The King slept in the only room, if such it could be called, which the hut contained. His ministers retired to the stable, and Zumalacarregui, like the rest of his army, stretched himself on his cloak beneath a tree.

Rodil marked his way with fire and blood. Quesada had indeed shot the sick and wounded Carlists who had fallen into his hands; but the former commenced that persecution of the inhabitants which the Christino generals who succeeded him afterwards

Rodil marcaba su camino con fuego y sangre. Quesada, en verdad, había fusilado a los carlistas enfermos y heridos que cayeron en sus manos; pero el primero comenzó a perseguir a los habitantes, método que continuaron los generales cristinos que le sucedieron. Las casas que habían ofrecido al Monarca fugitivo un asilo, que no les era posible rehusar a sus dueños, eran quemadas por completo; se fusilaba a los alcaldes por no entregar las raciones que habían prometido a los carlistas, o por no informar a los cristinos de los movimientos de los insurrectos, de quienes hubieran recibido igual castigo espiar. La injusticia y la crueldad de las tropas de la Reina tuvo, sin embargo, el efecto de animar a los que hasta entonces habían sido tibios: desde los niños hasta los viejos, todos se hicieron partidarios del Rey: mujeres, niños y viejos, todos tomaron parte activa en la insurrección, vigilando, llevando partes y ayudando por todos los medios a su alcance. En la guerra de montaña llegaron a ser poderosos auxiliares.

Al pasar por un pueblo de la continued. The houses that had afforded a shelter to the fugitive monarch, which it was not in the power of their occupiers to refuse, were burned to the ground. The alcaldes were shot for not delivering up rations which had been anticipated by the Carlists, or for not acquainting the Cristinos with the movements of the insurgents, from whom they would have met the same fate for acting as spies. The injustice and cruelty of the Queen's troops had, however, the effect of rousing such as had hitherto been lukewarm; and from infancy to age all became partisans of the King. Women, children, and old men, all took an active part in the insurrection watching, carrying information, and assisting by every means in their power. In a mountain warfare, they became powerful auxiliaries. On passing through a village in the Rivera, I was once much amused at the surprise of an officer. Being on half-pay at Madrid, he was forced to join a corps which was marching to the army of the north; but his opinions being decidedly Carlist, he took the first opportunity of passing over to the King before he had been obliged to draw his sword against him.

Capítulo 8 / Chapter 8

Rivera me divirtió mucho, una vez la sorpresa de un oficial. Estando en Madrid a media paga[37], se vio obligado a unirse a un cuerpo que iba al ejército del Norte; pero siendo decididamente carlista de ideas, aprovechó la primera oportunidad para pasarse al Rey, antes de verse obligado a empuñar su espada contra él. Al observar el loco entusiasmo de los habitantes, al oír tocar todas las campanas y ver a las mujeres que con sus mejores galas venían a nuestro encuentro a cierta distancia del pueblo, aturdiéndonos con preguntas por sus hermanos, novios y parientes, y casi arrastrándonos de nuestros caballos para darnos vino, chocolate o cualquier refresco, mientras agitaban en los balcones mantones, chales y cortinas y nos arrojaban flores al pasar, su asombro no tuvo límites. No podía evitar el comparar nuestra recepción con la que experimentaron las tropas de los cristinos la última vez que pasaron por el mismo lugar. "Entonces reinaba en él un silencio de muerte, roto solamente por el ruido de los cascos de nuestros caballos: parecía un lugar desierto; todas las puertas estaban cerradas; sólo unas pocas viejas miraban con sus ojos legañosos y

On seeing the absolute frenzy of the inhabitants, and hearing all the bells ringing, and beholding the women in their best attire, coming out to meet us at a distance from the village, stunning us with their questions for brothers, lovers, and relations, and almost dragging us from our horses to partake of wine, chocolate, or some refreshment, while handkerchiefs, shawls, and curtains were waving from the windows, and flowers were showering down upon us as we rode along, his astonishment knew no bounds; he could not help contrasting our reception with that which the Christino troops experienced the last time they had passed through the same place. "Then," said he, "a dead silence reigned in the village, broken only by the tramp of our horses' feet; it seemed like a deserted spot; the doors were all closed; a few old crones only looking on with their blear eyes, and some children hovering about the corners of the street. Here and there a head might be popped out of a window above, but was as quickly withdrawn again. If our soldiers asked for wine, no one knew where any was to be obtained; and they veiled their antipathy to us

algunos niños vagaban por las esquinas de las calles. Aquí y allá asomaba una cabeza en un balcón encima de nosotros; pero se retiraba en seguida, rápidamente. Sí nuestros soldados pedían vino, nadie sabía dónde se podía obtener, y velaban la antipatía que sentían hacia nosotros con la apariencia de una estupidez intratable. Los mismos niños que ahora hablan tan deprisa, cuando les preguntábamos dónde habían estado "los facciosos" en el pueblo la última vez, no entendían lo que decíamos, o no los habían visto nunca. Los soldados y oficiales, lanzando juramentos contra los chiquillos, seguían adelante". Probablemente, en cuanto la columna había pasado, la partida que había salido a la mañana se encontraría, al volver, rodeada de muchachos que habían hecho observaciones respecto a los "negros" con precoz astucia y gravedad, adquirida en los tiempos intranquilos en que vivían. Comunicaban todo afanosamente a los carlistas.

Debo mencionar una anécdota, entre otras innumerables de la misma clase. Enterados de que cierto viejo había escondido en Sumbilla a un carlista herido,

under an appearance of intractable stupidity. The very children, who are now chattering so fast, when we inquired where the *Facciosos* had last been in the village, did not know what we meant, or had never seen them. The soldiers and officers, uttering an oath against the ill-licked cubs, would pass on." In all probability, immediately after the column had gone through, the partida, which had left in the morning, on returning would be surrounded by twenty urchins, who had made observations concerning the *Negros* of a precocious shrewdness and gravity, acquired during the unquiet times in which they lived. They communicated everything eagerly to the *Carlistas*, as they vulgarly mispronounced the word.

I must here mention an anecdote among innumerable others of the same kind. The Cristinos being informed that a wounded Carlist was concealed by an old man at Sumbilla, Rodil had him arrested and led out to be shot. After making his confession, his eyes were bound, and he was placed on his knees. When he felt the cold iron of the muskets on his breast, he was

Rodil le arrestó y le sacó fuera para fusilarle. Después de confesarse, le vendaron los ojos y se arrodilló. Cuando sintió el frío hierro de los fusiles en su pecho, le prometieron perdonarle la vida si entregaba al rebelde que ocultaba; pero él aseguró que ignoraba completamente el lugar donde pudieran encontrarle. Al fin, el oficial, convencido por sus reiteradas negativas, lo soltó diciendo: "Si no sabe, no puede decirlo". Habiendo seguido adelante la columna, al día siguiente se vio al soldado herido sentado a la puerta del viejo, como de costumbre.

Aunque no tiene un papel tan importante como antes, sin embargo, el barbero español ocupa aún un lugar señalado y especial en la sociedad; no es precisamente como le han pintado Cervantes y Le Sage, ni el diligente Fígaro; se le puede describir como una mezcla de todos estos caracteres.
"Desgraciadamente", el progreso de la cultura ha hecho que muchos de los habitantes de las ciudades se afeiten solos; así es que en el interior de las ciudades ha perdido mucha de su importancia, y los medios que

promised his life if he would give up the concealed rebel; but he still protested his entire ignorance as to the place where he was to be found. The officer at last, persuaded by his earnest assurances, released him, saying, "If he does not know, he cannot tell." The column having next day marched on, the wounded soldier was seen sitting at the old man's door as usual.

Although not playing so conspicuous a part as formerly, the Spanish barber holds still a marked and distinct place in society; he is not precisely what Cervantes or Le Sage has painted him, nor yet. The bustling Figaro; he may be best described as a mixture of all these characters. Unfortunately the march of intellect has made too many of the inhabitants of the towns practitioners on their own chins so that within the walls of cities he has lost much of his importance and all the means which the monopoly of that part of the male toilet formerly afforded him for penetrating everywhere and into everything, and carrying on those intrigues which rendered him a personage of so much consideration. In the country, however, he has

el monopolio de esta parte de la "toilette" masculina le proporcionaba para penetrar en todas partes, mezclarse en todo y llevar a cabo esas intrigas, que le hacían un personaje de tanta consideración. En el campo, sin embargo, ha conservado más de su antiguo carácter: allí es todavía el ingenioso, el orador, el médico y el confidente, de los jóvenes de ambos sexos. Tiene consejos y esperanzas para los jóvenes, escándalo para las señoras de edad madura y una colección selecta de anécdotas locales, noticias raras y dichos graciosos que a menudo son, desgraciadamente, más agudos que sus navajas para el cliente pasajero que cae en sus manos, así como para sus graves y sobrios clientes habituales. La gravedad que conviene a un discípulo de Esculapio está mezclada con cierto grado de gracia; y, después del cura, generalmente, es tratado con gran respeto por la comunidad.

Hay, sin embargo, varios grados, clases y categorías de barberos, y aunque en clase inferoir, el barbero del ejército no es el menos divertido. Corresponde uno a cada compañía; a veces, es un soldado, a veces, va detrás, con

preserved more of his ancient character; there he is still the wit, the orator, the man of physic, and the confidant of the youth of both sexes. He has advice and hope for the young, scandal for ladies of a more mature age, and a choice collection of local anecdotes, strange news, and witty sayings, too often, unfortunately, sharper than his razors, for the travelling patient who may be under his hands, as well as for his staid and sober customers. The gravity, becoming a disciple of Esculapius, seems mingled with a certain degree of facetiousness; and, after the curate, he is generally treated with vast respect by the community.

There are, however, various grades, shades, and distinctions of *barberos*; and though in a very inferior capacity, the army barber is not the least diverting. One is allowed for each company or troop: sometimes he is a soldier and sometimes only follows with the canteen women; but he is always easily recognised by his iron basin and, generally, his guitar. The barber is a privileged person, and therefore allowed to carry all his shoulders would bear.

Capítulo 8 / Chapter 8

las cantineras; pero siempre se le reconoce fácilmente por su bacía de hierro y, comúnmente, por su guitarra. El barbero es una persona privilegiada, y, por lo tanto, se le permite llevar todo lo que resistan sus espaldas. Aun cuando las reglas que limitan el contenido del morral del soldado a una camisa y un par de alpargatas se aplicaban con más rigidez, he visto alguno que, además de una mochila del enemigo, su propio saco de lana y un pedazo de pan sujeto a éste por medio de un agujero hecho en el centro, a través del cual pasaba una correa, llevaba su bacía y su guitarra, y, sin embargo, marchaba tan alegremente como los demás. Recuerdo que muchas veces, cuando estábamos formados y esperando al enemigo, nos entretenía el día con las guitarras que estos discípulos de Estrabón y de las Musas pocas veces dejaban de tocar, para matar las lentas horas que pasábamos pacientemente esperando los inciertos movimientos del enemigo.

Después de la batalla de Alsasua, cuando se había ejecutado acierto número de prisioneros y los restantes iban pasando delante de Zumalacárregui con pocas

Even when the regulation, limiting the contents of the soldier's *morrals* to a shirt and a pair of sandals, was most strictly enforced, I have seen some who, besides one of the enemy's knapsacks, their own canvass bag, and a loaf of bread fastened to it by means of a hole bored in the centre, through which the strap was passed, had their basin and guitar, and yet marched along as merrily as the rest. Many a time, I recollect, when we were formed and awaiting the enemy, the day being whiled away by the guitars which these disciples of the strop and the muses seldom failed to strike, to kill the heavy hours we spent in patient expectation of the enemy's uncertain movements.

After the affair of Alsasua, when a number of prisoners had been shot, and the remainder were passing before Zumalacarregui, scarcely anticipating a better fate, he rather sternly questioned several as to "Why they had taken arms against their lawful sovereign?" One of them, with a very pitiful countenance, replied, "That when his comrades had been drafted into the guards, he had only been induced to follow them

esperanzas de mejor suerte, preguntó, con cierta severidad y duramente, a varios por qué habían empuñado las armas contra su legítimo Soberano. Uno de ellos, con un aspecto muy lastimoso, contestó "que cundo sus compañeros fueron enviados a las filas, sólo le habían inducido a seguirles por motivos profesionales, y por la misma razón se encontraba en el campo, pues era el barbero de la compañía".

El general se llevó la mano a la barba, y, viendo que se ofrecía una excelente oportunidad para que ejerciera su habilidad el artista, con la confianza que ordinariamente demostraba, confió su garganta a la navaja del prisionero, quien le afeitó tan satisfactoriamente, que le concedió el honor especial de conservarle los galones de sargento que había tenido. El nombre de este barbero era Robledo; era un hombre pequeño, pálido, delgado, y un cobarde notorio, que siempre se escapaba, cuando llegaba alguna batalla, de la compañía de Guías, a la que pertenecía. El general, sabiendo esto, un día que el barbero estaba afeitándolo (y viendo a su señor de buen humor, le divertía con sus chistes habituales), Zumalacárregui le

from professional motives, and for a similar reason found himself on the field, being barber to the company." The General put his hand to his chin, and finding that it afforded a fair opportunity for the exercise of the artist's talent, with the confidence he usually displayed, immediately trusted his throat to the razor of the prisoner, who performed so much to his satisfaction, that he was appointed to the especial honour of shaving him, preserving the rank of sergeant which he had held. This barber's name was Robledo. He was a little, pale, thin man, and a most notorious coward, always escaping, when any action came on, from the company of guides to which he belonged. The General having been informed of this, one day when the barber was shaving him (and, seeing his master in a good humour, was diverting him with his usual drollery) said, "So, Robledo, I hear you distinguished yourself in the last action?" "General," quoth the barber, "I am a living instance of what a circumstantial thing is valour. I certainly did run away, but it was because my eye caught at that moment a stone, and I thought how much better it

dijo: "Bien, Robledo: he oído que te distinguiste en la última batalla." "General—respondió el barbero—, soy un ejemplo vidente de lo accidental que es el valor. Ciertamente, huí, pero fue porque en aquel momento cayó mi vista sobre una piedra y pensé cuánto mejor era que se dijese: "Aquí Robledo se escapó", que no que escribieran sobre ella: "Aquí Robledo murió".

El éxito que Zumalacárregui tuvo al principio se limitaba a su propio ejército; después se extendió a las divisiones que estaban directamente bajo su mando. Carnicer, un jefe un poco al estilo de Merino, pero completamente independiente de Zumalacárregui, y que había hecho algunos progresos en Aragón y Cataluña, fue derrotado y hecho prisionero en Castilla, donde sufrió después la pena de muerte[38]. Zabala y el brigadier Armencha también fueron derrotados por Espartero cerca de Bermeo; en esta ocasión cogieron a Armencha. Había desmontado para reunir sus tropas, y su criado escapó durante la confusión, con su caballo. Su ayuda de campo fue muerto a su lado. Armencha, que fue un gran amigo de Valdespina, era un

was to have it said, 'Aquí Robledo se escapó,' (here Robledo ran away) than that they should write upon it, 'Aquí Robledo murió,' (Here Robledo died.)"

The success which at first attended Zumalacarregui was confined to his own army; afterwards it extended only to the divisions immediately under his command. Carnicer, a chief, something in Merino's style, but still perfectly independent of Zumalacarregui, and who had made some progress in Aragón and Catalonia, was defeated and taken afterwards in Castille, where he suffered death. Zabala and the brigadier Armencha were also defeated by Espartero, near Bermeo: on that occasion Armencha was taken. He had dismounted to rally his troops, and his servant escaped during the confusion with his horse. His aide-de-camp was killed by his side. Armencha, who was a great friend of Valdespina, was a rich proprietor of Lequeitio, and perhaps the most influential person in Biscay and Guipuzcoa. He was shot at Bilbao on the 14th of April, and suffered with the courage of a soldier. The following is the account of him given me

rico propietario de Lequeitio, y tal vez la persona de más influencia en Vizcaya y Guipúzcoa. Fue fusilado en Bilbao el 14 de abril y se portó con el valor propio de un gran soldado. A continuación va el relato que acerca de él me hizo un viejo soldado francés, que ahora es un artesano de los suburbios de esta villa, en la cual quedó encerrado mientras la sitiábamos en junio de 1835, y que estuvo presente a la ejecución:

"El condenado fue conducido entre un fraile y un cura, escoltado por un destacamento de soldados de línea que estaba esperando a las puertas de la prisión. Si se exceptúa lo raro y extraño de esta ceremonia y el crucifijo que sostenía en sus manos (como es costumbre de todos los criminales en España), la escena era comparable a la que nos ofrece la Historia como propias de los jefes de la grande Armée. Su actitud era tranquila, y a veces su rostro adquiría una expresión despreciativa, aunque se puede excusar a un hombre por aparecer un poco serio cuando se le da su hoja de ruta para un viaje tan largo y donde no puede esperar ningún permiso. Marchaba "sir" con un paso tan firme y

by an old French soldier now become an artisan in the suburbs of that town, who was shut out while we were besieging it in June, 1835, and who had been present at the execution.

"The condemned was led out between a monk and a curate, escorted by a detachment of the line, which was in waiting at the gates of the prison: excepting for the *fanfaronnade* of this ceremony, and a crucifix he held in his hands, which, however, is the custom for all criminals in Spain, he behaved as manfully as one of the *Grande Armée* could have done. His attitude was calm, and sometimes his countenance assumed even a contemptuous expression, although a man may be excused for looking a little serious when his *feuille de route* is given him for such a long journey, and he is going where no furlough is to be expected. He marched, Sir, with as firm and assured a step as one of the *grenadiers de la garde*, and had a countenance as unclouded as if he had been invited to a wedding; although two drums and a fife, playing a dead march all the way to the Campo Valentino, would have been ugly music for a bride to

seguro como uno de los "granadiers de la Garde", y tenía un aspecto tan sereno como si hubiese sido invitado a una boda, aunque dos tambores y un pífano, que tocaban una marcha fúnebre todo el camino hasta el Campo Volantín, hubieran sido una fea música para que una novia bailase a su son. Una señora vestida muy elegantemente salió a su paso y agitando su manita blanca ante su cara, le dirigió varias frases insultantes; y varios "urbanos" fueron tan viles como para hacer chistes acerca de su situación. En Francia, ¿hubiera permitido la Guardia hacer esto a un "pekin", aun si hubiera escoltado a su más mortal enemigo? Armencha lo soportó todo como un miltar, sonrió y pasó adelante. Al llegar al Campo Volantín, preguntó fríamente al oficial dónde debía colocarse, y recibió la descarga sin que la proximidad de la muerte descompusiera un músculo de su cara".

La descripción de la escena del francés era tan particular que la anoté fielmente. Pocos días después, Leopoldo O'Donnell, conde de La Bisbal, murió a manos de los carlistas

have danced to. A lady very fashionably dressed stepped out from the crowd, and, waving her little white hand in his face, applied several insulting epithets to him. *Passez pour la Dame*; but several Urbanos were unmanly enough to utter some jokes on his situation. In France, would the guard have allowed a *pekin* to do so, even if they had been escorting Sir Hudson Lowe? Armencha bore it like a *militaire*, smiled, and passed on. On his arriving at the Campo Valentino, he coolly inquired of the officer where he must place himself, and received the volley without the approach of death having discomposed one muscle of his face."

The Frenchman's picture of the scene was so characteristic that I noted it down nearly word for word. It was a few days after this that Leopold O'Donnell, Comte de La Bisbal, suffered death at the hands of the Carlists.

Capítulo 9

Carandolet. Sorpresa en San Fausto. Conde de Vía Manuel. Un Grande de España, prisionero. Fusilado. Intentona para sorprender a Echarri Aranaz. Fracaso. Castigo de dos compañías por sorpresa. Ataque a, Viana. Interviú con Zumalacárregui. Castigo de su jefe de Intendencia. Castigo de un desertor. Motín suprimido. Malcasco cae en desgracia. El cura de Allo.

Mientras Rodil hacía de esta manera la guerra contra los monjes y los campesinos, el jefe carlista no estaba ocioso, y dio un golpe que para el general de la Reina fue causa de preocupación. Este fue la sorpresa de Carandolet y su derrota total. Este general, ya creo que francés de nacimiento, fue tan desgraciado en todos sus encuentros con Zumalacárregui, que su nombre se hizo famoso en el Ejército Real por su torpeza o mala suerte. Para dar un ejemplo de esto, un soldado del batallón de Guías—que a causa de su notable fealdad y deformidad podía haber representado el Cuasimodo de

Chapter 9

Carandolet. Surprise at San Faustus. Count Via Manuel. A Spanish Grandee taken. Shot. Attempt to surprise Echarri Aranaz. Failure. Punishment of two companies for cowardice. Attack on Viana. Interview with Zumalacarregui. Punishment of his quartermaster. Punishment of a deserter. Mutiny suppressed. Malcasco disgraced. Curate of Allo.

While Rodil was thus making war on the peasantry and monks, the Carlist leader was not idle, and struck a blow which caused the Queen's general some uneasiness. It was the surprise of Carandolet and his total defeat. This general, I believe a Frenchman by birth, was throughout so unfortunate in all his encounters with Zumalacarregui, that his name became proverbial in the royal army for awkwardness or misfortune. To give an example of this, a soldier of the battalion of guides,—who, on account of his remarkable hideousness and deformity, might have represented the Quasimodo of Notre Dame de

Capítulo 9 / Chapter 9

Nuestra Señora de París, pero que siendo, no obstante, de temperamento muy enamoradizo, generalmente llevaba la marca de un par de uñas que había recibido cuando intentaba obtener un beso de las señoritas de pueblo— era llamado, a causa de su poco éxito, general Carandolet. Yo me acuerdo también que un viejo y deformado cañón desenterrado en Vizcaya, del cual nunca se pudo conseguir que disparase a donde se quería, a causa de que ei tiro iba unas veces en una dirección y otras en otra, fue bautizado por los voluntarios con el nombre de este desgraciado general. Sin soñar siquiera en la posibilidad de una sorpresa o encuentro con el enemigo, puesto que se le había informado que el ejército rebelde era perseguido tan de cerca por Rodil que él apenas podía esperar el llegar a tiempo con su división para la derrota final, suponiendo que los carlistas y su afamado jefe no hubieran sido ya vencidos hacía tiempo, no dudó en atravesar la parte del país que creía había sido completamente barrida por el Ejército de la Reina, y donde imaginó no existía peligro alguno posible. Su fuerza se

Paris, but being, notwithstanding, of a very amorous disposition, generally bore the marks of a pair of nails, which he had received in endeavouring to ravish a kiss from the country damsels,–was called, on account of his little success, General Carandolet. I remember, also, that an old misshapen gun dug up in Biscay, which could never be brought to bear where it was required, on account of the shot varying sometimes in one direction, at others in another, was christened by the volunteers by the name of this hapless general, the Carandolet. Not dreaming of any surprise or encounter with the enemy, when it was reported that the insurgent army was so closely pressed by Rodil that he could scarcely hope to be in with his division for the death, if even the Carlists and their celebrated leader were not already long brought to bay, Carandolet had no hesitation in traversing a part of the country which had been so completely swept by the Queen's army, that it was fancied no danger could possibly exist. His escort consisted of about seven hundred men: with him were a number of officers of distinction sent to join the

componía de unos 700 hombres. Con él estaban cierto número de oficiales distinguidos, enviados para unirse al ejército del Norte, y entre otros el conde de Vía Manuel, un Grande de España de primera clase, que venía a servir voluntariamente con el rango de coronel. Zumalacárregui, enterado de sus movimientos, por medio de una marcha larga y secreta, se colocó en emboscada cerca de las Peñas de San Fausto, a corta distancia de Abarzuza, por donde ellos tenían necesariamente que pasar para penetrar, por el valle de Ollo, en la llanura de Pamplona y Huarte.

Las Peñas de San Fausto se elevan en una de esas zonas salvajes donde tupidos bosques que bordean la misma orilla de la carretera y gigantescas masas de piedra, despegadas de la roca madre y fijadas por su propio peso en el suelo, ofrecen una posición muy favorable para una emboscada. Zumalacárregui guardó tan bien el secreto de su marcha, y de la fuerza que tenía emboscada, que los jinetes de la vanguardia habían pasado ya sin sospechar o apercibir cosa alguna; el resto seguía cantando el "¡Muera

army of the North, and amongst others the Count of Via Manuel, a Spanish grandee of the first class, who was coming to serve from inclination, with the rank of Colonel. Zumalacarregui, acquainted with their movements, by a long and secret march placed himself in ambuscade near the rocks of San Faustus, within a short distance of Abarzuza, where they were necessarily obliged to pass, intending to penetrate by the Val de Ollo into the plain of Pamplona and Huarte.

The rocks of San Faustus rise in one of those wild districts where dense patches of wood fringing the very edge of the road, and gigantic masses of stone, detached from the parent rock, and fixed by their own weight in the soil, afford a position highly favourable for an ambuscade. So well had Zumalacarregui concealed his march, and the force he had in ambush, that the horsemen of the vanguard had already passed unsuspectingly without perceiving anything; the rest followed singing the song of "¡Muera Don Carlos!", "¡Viva la Reina!" At this moment a peasant on the lookout appeared on the mountain just before them, as if watching the

Capítulo 9 / Chapter 9

Don Carlos!", "¡Viva la Reina!" En este instante, un campesino que estaba vigilando, apareció en la montaña situada justamente delante de ellos, como para observar el movimiento de la columna que avanzaba. Los jinetes de la vanguardia, probablemente sin esperanzas de que obedeciese a sus órdenes, le gritaban, como hacían a casi todos los campesinos de las Provincias: "¡Bájate! ¿Quieres bajar? ¡Falso, faccioso!" El campesino desapareció; pero en este momento, a derecha e izquierda de la columna, las rocas resonaban con el fuego de la fusilería, y la descarga les anunció fatalmente que habían caído en las garras del león.

En un instante, Zumalacárregui y los cuatro batallones que se hallaban emboscados, corrieron hacia ellos con la bayoneta calada. Cogidos de sorpresa y rodeados por todas partes, el encuentro se convirtió en matanza. Casi todo su Estado Mayor y jos oficiales que iban con él fueron cogidos o muertos; él mismo consiguió escapar gracias a la ligereza de su caballo, entre descargas de fusilería; algunos individuos sueltos también escaparon durante la confusión de la

movement of the advancing column. The foremost horsemen, probably without much hope that he would obey their injunctions, called out to him, as they were wont to most of the peasantry of the provinces, "¡Bájate! ¿Quieres bajar? ¡Falso, faccioso!"– "Come down–down directly, traitor! Rebel!" The peasant disappeared; but at that moment, right and left of the column, the rocks rung to the volley of musketry, and the discharge fatally announced to them that they had fallen into the jaws of the lion.

In an instant Zumalacarregui, and the four battalions which had been lying in ambuscade, rushed upon them at the bayonet. Taken by surprise, surrounded on all sides, it became nothing but a massacre. Nearly all his staff, and the officers with Carandolet, were either killed or taken, although he himself effected his escape, owing to the fleetness of his charger, through volleys of musketry; a few isolated individuals also got away during the confusion, from the slaughter, and afterwards joined him; but, excepting these, the destruction of his little column was complete. The Conde de

matanza, y después se unieron a él; exceptuados éstos, la destrucción de su pequeña columna fue completa. El conde de Vía Manuel, cuyo caballo había sido muerto a. la primera descarga, montó sucesivamente otros dos, ayudado por sus criados, e intentó seguir a Carandolet; pero los dos fueron muertos ante su vista, y él fue cogido prisionero con otros quince oficiales. Entre los muertos había varios coroneles y el brigadier-general Aranaz, que mandaba entonces el regimiento provincial de Valladolid. De esta manera, ya fuera por efecto de la primera embestida, o porque se vieran impedidos de escapar de la persecución de los carlistas, casi toda la pequeña columna pereció; una cantidad considerable de dinero, papeles importantes y muchas muías cargadas con equipo militar cayeron en manos de los primeros.

De todos los prisioneros, Vía Manuel fue el que se portó con más firmeza y franqueza, cuando fue llevado ante el generai carlista. Dijo "que él siempre había tenido y seguiría teniendo opiniones liberales, las cuales consideraba de su deber el difundir y por las

Vía Manuel, whose horse had been killed at the first discharge, had mounted successively two others, led by his domestics, and had endeavoured to follow Carandolet, but they were both shot under him, and he was taken with fifteen other officers. Amongst the dead were several Colonels and the Brigadier-General Haranoz, then commanding the provincial regiment of Valladolid. Thus, either from the first onset, or unable to escape from the pursuit of the Carlists, nearly all the little column perished; a considerable sum of money, important papers, and many mule loads of military equipment fell into the hands of the former.

Of all the prisoners, Vía Manuel behaved with most frankness and firmness, when led before the Royalist General. He stated "that he always had and would entertain liberal opinions, which he considered it his duty to defend and diffuse, and for which he had come voluntarily to fight; that he was aware that those who served the government had no right to expect mercy from the Carlists; but if mercy were

[243]

Capítulo 9 / Chapter 9

cuales él había venido a luchar voluntariamente; que él era sabedor de que los que servían al Gobierno no tenían derecho a esperar misericordia de los carlistas, pero que si a él se la tenían, él daría su palabra de no actuar más contra ellos y considerar su vida política como concluida".

Zumalacárregui quedó tan satisfecho con la franqueza de su carácter, que, a pesar de que seguía siendo prisionero, fue invitado a su mesa y tratado con toda distinción; y escribió a Rodil ofreciéndose a canjear a Vía Manuel y otros por un oficial y algunos voluntarios cogidos unos días antes, dando hombre por hombre y compensando la diferencia que ofrecía el rango de Vía Manuel. El nunca dudó de que Rodil aceptara esto. Ellos estaban cenando en Lecumberri, cuando recibió Zumalacárregui la respuesta en una nota que contenía solo la siguiente frase: "Los rebeldes prisioneros han muerto ya." Esto encerraba claramente la sentencia de muerte del prisionero. Zumalacárregui se la pasó a Vía Manuel con la misma sangre fría con que la hubiese recibido él si hubiera sido el mensaje de su propia suerte. Vía Manuel cambió de color.

shown him, he would give his word to take no further part against them, and consider his political life as concluded."

Zumalacarregui was so well pleased with the openness of his character, that, although he followed as a prisoner, he was invited to his table, and treated with every distinction; and he wrote to Rodil, offering to exchange Via Manuel and others for an officer and some volunteers taken a few days before, giving man for man, and waiving the difference of Via Manuel's rank. This he never doubted a moment of Rodil's accepting. They were at dinner, at Lecumberri, when his answer was brought in to Zumalacarregui–that note contained only the following sentence: "The rebels taken have suffered death already." This was clearly the sentence of the prisoner. Zumalacarregui handed it over to him with the same sang-froid with which he would probably have received it had it been the message of his own fate. Via Manuel changed colour. His host politely, but firmly, expressed his regret at being obliged to perform so unpleasant a duty, but informed him that he might be with his confessor till sunrise.

Su vida había sido reservada tanto tiempo, que esta noticia cayó como un rayo sobre el infeliz aristócrata. A su ruego, Zumalacárregui retrasó la ejecución mientras él enviaba un mensajero al Rey implorando su clemencia. Trajo aquél la respuesta de que cuando soldados y oficiales de un rango inferior, cogidos con armas en la mano, habían sufrido la muerte, era imposible perdonar a un Grande de España. Vía Manuel fue fusilado en Lecumberri, pero no murió tan valerosamente como se esperaba en un principio; probablemente esto fue debido al choque que tan repentina desilusión le produjo después de haber abrigado durante tanto tiempo esperanzas de vida. La trágica sorpresa quebrantó su sistema nervioso.

Yo no demo omitir el mencionar un singular ejemplo de fidelidad. Poco después de su muerte, un sargento, como él decía ser, y como sus galones indicaban, desertó a nuestro campo y se le colocó en una compañía de Guías; él, más tarde, sorprendió y apuñaló a un centinela y desapareció. Fuimos informados por otros desertores, algunos meses

His life had been spared so long that this intelligence came like a thunderstroke on the unhappy grandee. At his request Zumalacarregui consented to delay his execution while he sent a message to the King entreating his clemency. He returned with the answer that when soldiers and officers of inferior rank taken with arms in their hands had suffered death, it was impossible to pardon a Spanish grandee. Via Manuel was shot at Lecumberri, but did not die so well as his deportment at first announced–probably it was the shock of the sudden disappointment, after he had so long entertained hopes of life, which had unnerved him.

I must not omit to mention a singular instance of fidelity. Shortly after his death a serjeant, as he stated himself to be, and as his galons indicated, deserted to us, and was placed in a company of guides; he afterwards surprised and stabbed a sentinel and disappeared. We were informed by other deserters, some months afterwards, that this very individual was a servant of Via Manuel's, who took this mode of communicating with his

Capítulo 9 / Chapter 9

después, que este individuo era un criado de Vía Manuel, que adoptó este medio de comunicarse con su amo, pero que llegó un día tarde y que habiéndose cerciorado de su ejecución, en la primera oportunidad volvió a llevar la noticia y algunas reliquias de su amo (que había comprado a los soldados que le fusilaron) a la familia de éste.

Después de las derrotas de Quesada, lo que Zumalacárregui principalmente necesitaba era artillería, particularmente cuando Rodil adoptó el sistema de fortificar toda ciudad o pueblo de alguna importancia, pues por carecer de hasta la más pequeña pieza de campaña, los carlistas se veían obligados a huir aun de meras casas aspilleradas, y se encontraban en la misma situación que los guerreros primitivos, poco familiarizados con los efectos de la pólvora, para los que las paredes de piedra de cualquier edificio o castillo constituían una barrera infranqueable. No sólo estaban los carlistas sin un cañón, sino desprovistos hasta de los medios con que el ingenio de nuestros antepasados había de algún modo sustituido a aquéllos.

master, but arrived a day too late, and having acquired the certainty of his execution, on the first opportunity carried back the news of it, and some relics of his lord, which he had bought from the soldiers who shot him.

After the defeats of Quesada, what Zumalacarregui chiefly wanted was artillery, particularly when Rodil adopted the system of fortifying every important town and village; and for the want of even a single field-piece, the Carlists were obliged to turn away from mere crenelled houses, and found themselves absolutely in the situation of those primitive warriors who, unacquainted with the composition and effect of gunpowder, found the stone walls of any building or castle an almost insurmountable barrier, Not only were the Carlists without cannon, but devoid even of the means which the ingenuity of our forefathers had in some measure substituted for it. To obtain this necessary sinew of modern warfare, Zumalacarregui applied all his attention; and the old spy Ximenez, of Villafranca, whom I shall afterwards have occasion to mention, was

Para obtener esta arma, que constituye el nervio de la lucha moderna, Zumalacárregui empleó todos los recursos imaginables, y el viejo espía Jiménez, de Villafranea, que ya tendré más tarde ocasión de mencionar, fue enviado para ver si podía convencer a algún oficial cristino para que entregase alguna fortaleza que contuviese lo que era tan indispensable para su Ejército.

En Echarri Aranaz, uno de los puntos centrales de la Burunda, donde casi todos los pueblos estaban guarnecidos, él consiguió al fin inducir a dos hermanos, llamados Manzano, subtenientes del regimiento provincial de Valladolid, que siempre habían sido adversos a la causa por la cual luchaban, a que consintieran entregar la plaza. Cuando les tocara estar de guardia, ellos tenían que hacer una salida con algunos soldados de su confianza, y abriendo las puertas, a una señal dada, admitir a los carlistas. La plaza, que estaba guarnecida por unos quinientos hombres, contenía cuatro mil fusiles, seis cañones y numerosas provisiones militares, cuya utilidad, en aquel período, debía de ser inmensa para los carlistas. Echarri Aranaz es un pueblo

dispatched to see if none of the Christino officers could be bought over to betray some place containing what was so indispensable to his army.

At Echarri Aranaz, one of the central points of the Burunda, where almost every village had been garrisoned, he had at last succeeded in inducing two brothers, named Manzano, lieutenants of the regiment of provincials of Valladolid, who had always been adverse to the cause they were fighting for, to agree to deliver up the place. When their turn came to be on guard, they were to sally with a few soldiers on whom they could depend, and having opened the gates, on a given signal, admit the Carlists. The place, which was garrisoned by about five hundred men, contained four thousand muskets, six guns, and numerous military stores, the benefit of which would, at that period of the war, have been immense to the Carlists. Echarri Aranaz is a large village divided by a wide street running at right angles from the Royal Road, which is masked from it by a *posada* or inn, and a group of six or seven houses. These had been all crenelled, tambours built round them, and the whole,

grande, dividido por una calle ancha, que parte en ángulo recto del camino real, del cual queda oculta por una posada y un grupo de seis o siete casas. Estas habían sido aspilleradas y se habían construido tambores a su alrededor, y el conjunto de los edificios estaba rodeado por una fosa profunda: estaba, además, todo ello reforzado por una empalizada fuerte y doble, y cada uno de los lados se hallaba defendido por un cañón de cuatro u ocho libras.

Se eligió una noche obscurísima, en que los conjurados estaban de guardia. Varios batallones fueron despertados sin toque de tambor, y, marchando a través del campo que se extiende de Arbizu a Echarri Aranaz, formaron silenciosamente en el pueblo. Dos compañías de Guías y dos del tercer batallón de Navarra fueron escogidas para entrar a la bayoneta y tomar posesión de la plaza en el momento en que se abriesen las puertas. La señal convenida era el maullido de un gato. A la señal, siguió un gran silencio; pero, al repetirla, fue contestada por los conjurados. No se sabe de qué manera, en las dos compañías de Guias circularon rumores de traición por parte de los cristinos,

surrounded by a deep ditch, was still further secured by a strong double palisade; each side was swept by a four or eight pounder. A pitch-dark night, when the confederates were on guard, was chosen. Several battalions were roused without beat of drum, and marching across the heath which extends from Arbizu to Echarri Aranaz, were formed in silence in the village. Two companies of guides, and two of the third battalion of Navarre were picked out to enter with fixed bayonets and take possession of the place the instant the gates should be opened. The signal agreed on was the mewing of a cat. A long silence ensued, but on its being repeated, it was answered by the confederates. By some means, in the two companies of guides, whispers of treachery on the part of the Cristinos had got afloat, just before they were ordered to advance, and the ditch having been forgotten, upwards of twenty stumbled into it. The gate was already opened, and the two lieutenants and several soldiers, with a covered lantern, had already sallied, when someone, on hearing the noise of those falling into the ditch, shouted out "treachery," of which the men had already

momentos antes de recibir la orden de avanzar, y, habiéndose olvidado de que había una fosa, más de veinte cayeron en ella. La puerta estaba ya abierta, y los subtenientes, con varios soldados y una linterna cubierta, habían ya salido, cuando alguien, al oír el ruido que hicieron los que habían caído al foso, gritó: "¡Traición!", de la que algunos tenían ya un vago temor. Al oír esto, los de detrás, presa de un pánico repentino, hicieron una descarga hacia la puerta y mataron a uno de los tenientes, quien de esta manera recibió la recompensa por la acción deshonrosa que estaba cometiendo; entonces huyeron los carlistas precipitadamente de delante de la fortificación. El centinela, al ver que tan mal se le recibía, sospecho, probablemente, que los carlistas intentaban pagar una traición con otra, mientras que algunos de la guarnición que no estaban en el complot habían ya alcanzado la puerta; ésta fue, por consiguiente, inmediatamente cerrada. El subteniente superviviente y los soldados que quedaron fuera, gritaron: "¡Es una confusión! ¡Nos han dejado fuera!", y al poco rato fue abierta otra vez.

some vague apprehensions; on this those behind, seized with a sudden panic, made a discharge on the gate, and killed one of the lieutenants, who thus received the reward of the dishonourable action he was committing; they then took to a precipitate flight from before the works. The sentinel., finding that he was so ill received, suspected, probably, that the Carlists intended to pay one kind of treachery by another, or that some of the garrison, not in the plot, had already reached the gate; it was, in consequence, immediately closed. The surviving lieutenant, and the soldiers that were excluded, cried cut, "It is all a mistake! We are shut out." It was, after a little while, reopened.

As the Royalists had given back in so cowardly a manner, they could not take advantage of it; the opportunity was lost, and as the garrison was awakened by the report of the shots, they rushed to their guns, and in the darkness opened fire in every direction. Manzano, however, and the soldiers with him, effected their escape.

The fury of Zumalacarregui

Capítulo 9 / Chapter 9

Como los realistas habían huido de una manera tan vergonzosa, no pudieron aprovecharse de ello: se había pasado la oportunidad, y como la guarnición se despertó al oír los tiros, acudieron con sus cañones y en la obscuridad hicieron fuego en todas direcciones. Manzano, sin embargo, y los soldados que estaban con él, escaparon.

La furia de Zumalacárregui al oír la vergonzosa conducta de las dos compañías, no tuvo límites. En el primer momento de cólera, él iba a fusilar a todos los oficiales graduados y no graduados; pero, hechas las indagaciones necesarias, se supo que ellos habían huido los últimos, si es que esto podía atenuar su conducta. Ellos fueron, sin embargo, degradados públicamente, y reprendidos con las palabras más duras ante toda la compañía. Se obligó a las compañías a echar suertes para que uno de cada fuese fusilado, como ejemplo para el ejército. De los dos a quienes tocó la mala suerte, desgraciadamente, uno se la merecía menos que ningún otro en toda la compañía. Los dos fueron fusilados. Esto puede parecer una gran crueldad; pero sólo por actos de gran severidad era

knew no bounds at the disgraceful conduct of the two companies. In the first moment of his anger he was going to shoot all the commissioned and non-commissioned officers; but, on inquiry, it was found that they had fled the last, if that was an extenuation. They were, however, publicly degraded, and reproached in the most bitter terms, for their cowardice before the whole army. The companies were forced to draw lots for one man in each to suffer death, as an example to the army. Of the two on whom the lot fell, unfortunately one individual perhaps least deserved it of any in the company: they were both shot. This may seem a gratuitous piece of cruelty; but it was only by acts of such ruthless severity that it was possible to struggle against the difficulties that surrounded the early Carlist leaders, and check the insubordination and unsteadiness of the men. The disgraced captains of the two companies, a little while after, sent in from their retreat to the General a most humble petition, praying that they might be permitted to enter the ranks as the last soldiers of the army. On reading the petition, Zumalacarregui took

posible luchar contra las grandes dificultades que rodeaban a los primeros jefes carlistas y evitar la indisciplina e insubordinación de los soldados. Los desgraciados capitanes de las dos compañías algo más tarde, enviaron desde su retiro una humilde petición al general, rogándole se les permitiera el entrar en el Ejército con el rango de los últimos soldados. Al leer la petición, Zumalacárregui cogió su pluma y escribió "que no hay lugar para los cobardes". Algún tiempo después, sin embargo, ellos se enlistaron reservadamente, y paso a paso se abrieron camino, favorecidos naturalmente por los coroneles y oficiales, que conocían bien su historia y les recomendaban.

Zumalacárregui, después de eludir la persecución de Rodil hasta que el último se alegró de tener tiempo de respirar, pues su ejército estaba completamente exhausto, alcanzó el pequeño pueblo de Santa Cruz de Campezo el 3 de septiembre, llegando así al sur del teatro de operaciones de su enemigo, en el límite del terreno llano de Álava [39]. Informado aquí de que Carandolet estaba, con ochocientos infantes y el

up his pen, and dashed across it "Que no hay lugar para los cobardes "–There is no room for cowards. Sometime after, however, they enlisted privately, and, step by step, worked their way up of course favoured by the colonels and officers who recommended them, and were well acquainted with their story.

Zumalacarregui, after eluding the pursuit of Rodil, till the latter was glad to take breathing time, his army being in a dreadfully exhausted condition, reached the small town of Campezo, the 3rd of September; thus getting entirely to the south of the army of operations of his opponent, and on the verge of the flat lands of the Rivera. Here, being informed that Carandolet was, with eight hundred foot, and the regiment of Cazadores of the Royal Guard, unsuspectingly in Viana, a town on this side of the Ebro, but on the extreme frontier of Castille and Álava, he resolved on attempting another surprise. Zumalacarregui and his disposable force were supposed to be then so closely pursued by Rodil, that his appearance was never dreamed of, particularly as he had,

Capítulo 9 / Chapter 9

regimiento de Cazadores de la Guardia Real, sin sospechar de nada, en Viana, un pueblo situado a este lado del Ebro, pero en el extremo de la frontera de Castilla y Álava, resolvió intentar otra sorpresa. A Zumalacárregui y su fuerza disponible se les creía tan perseguidos por Rodil, que nunca se soñó en su aparición, tanto más cuanto que tenía, antes de llegar a Viana, que atravesar llanuras que estaban a unas trece o catorce millas de la montaña, y donde él se exponía a una total destrucción si alguna de las divisiones de Rodil venía detrás de su retaguardia, pues podía cortarla y cercarla con la mayor facilidad. Sabiendo bien, sin embargo el estado de las fuerzas de su enemigo, y que antes de que Rodil pudiera seguir su pista u obtener alguna noticia de sus movimientos (tan sabia y rápidamente había guardado el secreto de su marcha), él estaría a salvo, el 4 se movió de Santa Cruz con sus cinco batallones y toda su caballería, que consistía entonces sólo en doscientos lanceros, hacia Viana. La distancia, unas dieciséis millas, fue atravesada en un tiempo increíblemente breve: su vanguardia detenía a todos los campesinos que

before reaching Viana, to descend into the plains thirteen or fourteen miles away from the mountains, where he was exposed to certain destruction, if any division of Rodil's came on his rear, as it could cut him off with the greatest facility. Well knowing, however, the state of his opponent's force, and that before Rodil could discover his track or obtain any intelligence of his movement, so skillfully and rapidly had he concealed his march, he would be in safety, he moved on the 4th from Campezo, with his five battalions and all his cavalry, consisting then of only two hundred lancers, to Viana. The distance, about sixteen miles, was traversed in an incredibly short space of time; his vanguard stopping all the peasants they met.

Viana covers a rising ground in the centre of a large plain; the streets, as in all old Spanish towns, are narrow, and a few trenches had been dug, and barricades thrown up in the streets, for the protection of a handful of men who were sometimes left to garrison it; so that if Carandolet had properly disposed his men, they might easily have baffled the attempt of between three

encontraba.

Viana está situada en una elevación del terreno, en el centro de una gran llanura; las calles, como en todas las ciudades españolas antiguas, son estrechas, y en ellas se habían abierto unas pocas trincheras y construido barricadas para proteger a un puñado de hombres a quienes se les dejaba para guarnecerla; de manera que si Carandolet hubiera dispuesto bien sus fuerzas, hubiera podido fácilmente rechazar la intentona de unos tres o cuatro mil carlistas que querían entrar, al menos durante algunas horas, que podía haberlos detenido en la llanura. Tan grande era su seguridad, que no les vino siquiera a la mente la posibilidad de quo pudiera ser una fuerza enemiga la que se acercaba, aun cuando vieron el brillo de los fusiles de la columna en la lejanía; gradualmente, sin embargo, se acercó tanto, que no había confusión posible, y entonces la guarnición salió rápidamente y formó delante del pueblo. El buen orden en que los carlistas marchaban, su entusiasmo y la superioridad de su número, hizo que el resultado de la lucha no fuese dudoso. La infantería, inmediatamente se

and four thousand Carlists to enter, at least for the few hours they could have tarried in the plain. So great was their security, that the possibility of its being a hostile force, even when the glitter of the muskets of the advancing column was seen in the distance, does not appear for a moment to have struck the enemy: gradually, however, it drew so near that there was no mistaking the reality, and the garrison was hastily turned out, and formed in front of the town. The good order in which the Carlists were led on, their enthusiasm, and the superiority of their numbers, did not long render the struggle doubtful; the infantry directly gave way. The Cazadores, attempting to charge, in order to protect their retreat, and to take advantage of an instant confusion in the ranks of the pursuers, were resolutely charged by the small body of Carlist lancers; and, their colonel being killed, were driven back with loss.

This was the first affair in which the Navarrese lancers distinguished themselves; at that time, perfect Cossacks in appearance, some were without coats, some with handkerchiefs round their

Capítulo 9 / Chapter 9

dio por vencida. Los cazadores, que disparaban para proteger la retirada, y que intentaron tomar ventaja de un momento de confusión que hubo en las filas de sus perseguidores, fueron resueltamente atacados por un pequeño cuerpo de lanceros carlistas, y, habiendo muerto su coronel, fueron rechazados con pérdidas.

Este fue el primer encuentro en el cual se distinguieron los lanceros navarros. Por ese tiempo, con la apariencia de perfectos cosacos, algunos estaban sin abrigos, otros iban con pañuelos en sus cabezas, y muchos con sólo una bota o alpargata, y otros con las espuelas atadas a un talón desnudo. El enorme tamaño y peso de sus lanzas, lo que las hacía menos manejables, contribuía a hacer descollar aún más su rara y salvaje apariencia, y habiendo triunfado en su primer encuentro, su aspecto se ofrecía más como terrible que como grotesco a los ojos de las tropas de la Reina, y fueron para siempre jamás un algo que infundía terror infinito, a pesar de que no se lo merecían, pues hasta la llegada de O'Donnell ellos eran casi tan indisciplinados e

heads, many with only one boot or sandal, and some with their spurs lashed on a naked heel. The enormous size and ponderous weight of their lances, which, however, only rendered them more unwieldy, added to their wild and singular aspect, and having triumphed in their first encounter, their appearance became rather terrible than grotesque in the eyes of the Queen's troops, and they were ever after a subject of infinite terror; although most undeservedly so; for, until the arrival of O'Donnell, they were almost as undisciplined and ignorant of all military evolutions as a horde of Bedouins, and owed to the terror they had so unaccountably inspired, and the blind confidence with which they charged, the success they invariably met with. The regiment of lancers of Navarre when O'Donnell died was, however, well mounted, perfectly clothed, equipped and disciplined, and able to go through all the manoeuvres as well as the best regiment of the Queen's army. A wonderful improvement had also taken place in all the cavalry.

The vanquished entered Viana

Doce meses de campaña - Twelvemonth's campaign

ignorantes de todas las evoluciones militares como una horda de beduinos, y fue debido al terror que ellos tan inexplicablemente habían inspirado y a la ciega confianza con que atacaban, el éxito que invariablemente obtenían. El regimiento de lanceros de Navarra, cuando O'Donnell murió, estaba, sin embargo, bien montado, perfectamente vestido, equipado y disciplinado, y era capaz de hacer todas las maniobras tan bien como el mejor regimiento del ejército de la Reina. Se notaba asimismo un progreso admirable en el resto de la caballería.

Los vencidos entraron en Viana confundidos con los carlistas, pisándoles éstos los talones, abriéndose paso por las calles, que estaban débilmente defendidas. El comandante del tercer batallón se detuvo al llegar a una pequeña iglesia a la derecha de la primera plaza que se encuentra al entrar en el pueblo, llamada, creo yo, Santa Magdalena, a causa del fuego horrible que se le hacía desde las casas, Zumalacárregui, al alcanzarle, le increpó, y él mismo se puso al frente de sus soldados. Al capitán de la compañía de granaderos que

pell-mell–the Carlists at their heels, forcing their way through the streets, which were still feebly defended. The commandant of the third battalion had fallen back on reaching a small church on the right of the first plaza that presents itself on entering the town, I believe, called St. Magdalen, as the fire was rather galling from the houses. Zumalacarregui, however, coming up, broke him on the spot, and himself led the way: the captain of the grenadier company who followed alongside him had his sword struck out of his hand; but the presence of the General had the desired effect; and the greater part of the houses being taken possession of, the town became one scene of massacre. Some of the cavalry of the enemy who had rallied, got entrapped by the trenches dug in the streets, and, as the Carlist cavalry wisely had been kept out, were picked off one by one by the infantry.

Several houses filled by the enemy refused to surrender; these were set fire to by Barrez, the second of three brothers of that name I shall have hereafter occasion to mention. The remnant of the fugitives reached the convent,

[255]

Capítulo 9 / Chapter 9

seguía a su lado le arrancaron la espada de la mano de un disparo; pero la presencia del general produjo el efecto deseado, y, habiéndose apoderado de la mayor parte de las casas, el pueblo se convirtió en teatro de matanza. Parte de la caballería enemiga que se había rehecho, se enredó en las trincheras cavadas en las calles, y como la caballería carlista había sido sabiamente dejada en las afueras, se les cogió, uno por uno, por la infantería.

Varias casas llenas de enemigos se negaban a rendirse. Estas fueron quemadas por Barrez, el segundo de los tres hermanos de este nombre, que tendré ocasión de mencionar más tarde. El resto de los fugitivos alcanzó un convento, un edificio grande y fuertemente construido, situado en una laza que se halla al extremo del pueblo; allí se atrincheraron, y se habían hecho ya todos los preparativos para quemarlo, cuando llegó a Zumalacárregui la noticia de que varios miles de hombres venían de Logroño, que estaba a corta distancia. Se retiró rápidamente. El dejó más de cuatrocientos enemigos muertos en las calles y delante

a large and strongly-built edifice on a plaza at the further end of the town: here they barricaded themselves; and every preparation was made to burn them out, when intelligence having reached Zumalacarregui that a reinforcement of several thousand men was marching from Logroño, which was but at a short distance, he quickly retired. He left upwards of four hundred of the enemy dead in the streets and before the place, and carried off above a hundred prisoners and two hundred horses; had there been time to collect those that were running loose, he might have taken many more. The division that came to the relief of Carandolet saw him retire in such good order that they did not venture to pursue, and he was allowed, unmolested, to take the road to the mountains with his prisoners.

I first saw Zumalacarregui after this affair in some village of the Berrueza. It was almost dark when I dismounted before the door of the house where he was lodged. The serjeant of the guard attempted to disarm me before I was admitted, by taking a pair of pistols I carried in my red sash–for I had adopted the

de la plaza, y se llevó más de cien prisioneros y doscientos caballos; y si hubiese habido tiempo de recoger a los que andaban sueltos, hubiera copado muchos más. La división que vino para socorrer a Carandolet le vio retirarse con tan buen orden, que no se aventuró a perseguirle, y se le dejó tomar el camino de la montaña con sus prisioneros, sin intentar siquiera molestarle.

Vi primeramente a Zumalacárregui después de este en un pueblo de la Berrueza. Era casi de noche cuando desmonté delante de la puerta de la casa donde él estaba alojado. El sargento de guardia pretendió desarmarme, quitándome un par de pistolas que llevaba en mi faja roja— pues yo había adoptado la costumbre de los vascos—. Sin comprender al principio los motivos de ello, resistí. Esto dio motivo a un altercado, cuando la voz de una persona asomada al balcón de encima, le ordenó autoritariamente que me dejase pasar. Fui introducido a una habitación en la que no había nadie, si se exceptúa una persona que venía del balcón hacia mí; en un pequeño cuarto contiguo, dos secretarios escribían. Me

Basque costume. Not immediately understanding his motive, I resisted; some altercation ensued, when the voice of a person in the balcony above us authoritatively ordered him to let me pass. I was ushered into a room which was unoccupied, excepting by the person who came in from the balcony; in a small adjoining chamber two secretaries were writing. I was asked by this person,–whose features I could not then distinguish, but whom, if I could have seen, from his broad shoulders and the habitual stoop, I should instantly have recognized even in the darkness, as Zumalacarregui,–whom I wanted, in a manner rather stern and abrupt. I replied that I wished to see the Carlist General. He then asked me what I came for. I answered that it was my intention to go on to the King's quarters, but as I was well mounted and armed, until Zumalacarregui joined the wandering court, I would follow his army, on receiving his permission, as volunteer.

I spoke to him at some length, making several complaints of different functionaries, of whom I spoke rather freely,

Capítulo 9 / Chapter 9

preguntó esta persona (cuyas facciones no podía entonces distinguir bien, pero a quien, si yo hubiese podido ver, hubiese reconocido instantáneamente hasta en la obscuridad como a Zumalacárregui, por sus anchas espaldas y su habitual agachamiento), a quién buscaba, de un modo bastante abrupto y severo. Yo contesté que deseaba ver al general carlista. El me preguntó entonces a qué venía. Yo respondí que mi intención era el ir al Cuartel General del Rey, pero como estaba bien montado y armado, hasta que Zumalacárregui se reuniese con la Corte errante, yo podía seguir a su ejército, si me concedía permiso, como voluntario.

Hablé con él bastante tiempo, dándole varias quejas de diferentes funcionarios, de los cuales le hablé con bastante libertad, lo que pareció agradarle. Yo advertí que se impacientaba ante las preguntas que se le hacían sin la precisión debida; le entretuve algún tiempo durante la conversación, preguntándole si podía ver a Zumalacárregui. Al fin, él dijo: "¡Yo soy Zumalacárregui!", y nos despidió con bastante más amabilidad de la que me había

which seemed to please him. I perceived that he immediately grew impatient at everything that did not come directly to the point as during our conversation, I kept inquiring if I could not see Zumalacarregui. At last he said, "I am Zumalacarregui," and dismissed rather more graciously than he had received me. I afterwards learned that I had made a favourable impression on him; the manner in which I spoke to him, and the circumstance of my following as a volunteer for some time after, were the surest roads to his favour. He used to say that he always "loved best the man who trusted to his sword as a letter of recommendation;" and officers who brought; introductions from his friends, from the ministers, or from his wife, always saw the letters thrown aside, and were often so themselves.

The manner in which Zumalacarregui punished his quartermaster-general was highly characteristic of that prompt and half-barbarian justice he so summarily administered, and which rendered him so popular with the soldier. We were stationed in the village of Dicastillo,

recibido. Yo supe más tarde que le había causado una impresión favorable la manera como le hablé, y la circunstancia de que yo siguiese como voluntario algún tiempo; después vi que ése era el camino más seguro para conseguir su favor. Acostumbraba a decir que él siempre "quería más al hombre que confiaba en su espada que en una carta de recomendación", y oficiales que traían recomendaciones de sus amigos, de los ministros o de su mujer, siempre veían sus cartas arrojadas al cesto de los papeles y a menudo ellos recibían trato parecido.

La forma en que Zumalacárregui castigó a un jefe de intendencia era característica de aquella justicia rápida y semibárbara que tan admirablemente administraba, y que le hacía tan popular entre sus soldados. Estábamos estacionados en el pueblo de Dicastillo, cuando un nuevo batallón, que venía de muy lejos, entró al toque de tambor. Zumalacárregui, que estaba dictando a su secretario, se enteró de su llegada. Estaba lloviendo, y después que los soldados hubieron esperado un tiempo irrazonable para que se les alojase, como

when a fresh battalion which had come a great distance, marched in at beat of drum. Zumalacarregui, who was dictating to his secretary, therefore knew of their arrival. It was already raining; and after the soldiers had waited an unreasonable time for the purpose of being quartered, as it now begun to pour down in torrents, the men made a rush towards the doors of the adjacent houses. At the sudden noise, the secretary started on his chair; and the general going to the window, and seeing that the battalion was not yet disposed of, called up all the officers, and inquired, in a voice of thunder, why their men were not yet lodged. The colonel represented that he was as wet as those under his orders; but that the "boletas" (billets), which had been retarded because the aposentador was at dinner when they arrived, would be ready immediately. "Oh! He was at dinner," said the General, "while the troops were getting wet through in the street: fetch me that rascally quartermaster instantly!" He then ordered the llamada or appeal to be beat. The poor aposentador came pale and trembling; and when he saw that the troops were

Capítulo 9 / Chapter 9

comenzó a llover a torrentes, los voluntarios corrieron hacia las puertas de las casas adyacentes. Al ruido repentino que hicieron, el secretario se movió en su silla, y el general, yendo a la ventana, y viendo que todavía no había dispuesto el alojamiento del batallón, llamó a todos los oficiales e inquirió con voz de trueno por qué sus hombres no estaban ya alojados. El coronel dijo que él estaba tan mojado como los que tenía bajo sus órdenes; pero que los "boletos" se habían retrasado porque el "aposentador" estaba cenando cuando llegaron, y que estarían listos inmediatamente. "¡Ah!, ¿estaba cenando—dijo el general—, mientras las tropas se estaban mojando en la calle? ¡Traedme a ese pillo de aposentador inmediatamente!" Entonces ordenó que se tocase a llamada. El pobre aposentador vino pálido y temblando, y cuando éste vio a las tropas formadas y oyó la orden de que lo llevasen, creyó firmemente que había llegado su última hora, y dejó oír más de una jaculatoria piadosa, esperando a cada momento que le dejasen solo con su confesor. En el centro de la plaza hay un gran estanque y una fuente; delante de ésta, y habiéndole desde su balcón

formed, and heard the order given to lead him out, he firmly believed that his last hour was come, and uttered more than one pious ejaculation, expecting every moment to be turned over to his confessor. In the middle of the square is a large basin and fountain: before this, having, from his balcony degraded him from his office, he ordered him to kneel, and then caused two enormous buckets of water to be poured upon him, to the infinite merriment of the soldiers. After witnessing this ceremony, he retired as gravely as if he had been assisting at a christening.

Zumalacarregui had taken the command of the Carlists in the autumn. He had none but volunteers. While the weather was fine–and that season is in Spain perhaps the most delightful of the year–things went on well enough; but when the winter came with its cold winds, its storms of snow and rain, and the comparative scarcity of everything, he found himself abandoned by half his followers, who deserted home. At that moment, to enact any regulation to punish desertion, might entirely have alienated the affections of the

Doce meses de campaña - Twelvemonth's campaign

degradado de su cargo, le ordenó que se arrodillase e hizo que le echaran encima dos enormes cubos de agua, con infinita alegría de los soldados. Después de ser testigo de esta ceremonia, se retirótan gravemente como si hubiese asistido a un bautizo.

Zumalacárregui había tomado el mando de las tropas carlistas en el otoño. Mientras hacía buen tiempo (y la estación otoñal es en España la mejor del año), las cosas iban bien; pero cuando llegó el invierno, con sus vientos fríos, sus tormentas de nieve y lluvia y la escasez de todo, él se vio abandonado por la mitad de sus partidarios, que desertaban a sus casas. En aquel momento, si hubiese establecido cualquier regla para castigar la deserción, podía haber perdido el cariño de todos los montañeses; por esto, durante algún tiempo, se las arregló con sólo un puñado de hombres que el capricho de sus partidarios le había dejado. Cuando volvió el buen tiempo, y habiendo dado unos pocos golpes al enemigo con éxito, los campesinos otra vez se enrolaban bajo su estandarte en número considerable. El, entonces, publicó una orden mandando que cada hombre

mountaineers; he therefore managed for a time with the handful of men which the caprice of his followers had left him. The fine weather returning, and a few blows having been struck successfully against the enemy, the peasantry again flocked to his standard in increased numbers: he then published an order that every man returning home without furlough, being a deserter in time of war, as such should be punished with death. This had the desired effect.

I do not mean to deny that occasional instances of irregularity did occur: when the men were passing near their own village, they would skulk home, and after spending a day or two, would join us by a march of sometimes fifty or sixty miles, but this was winked at by their captains, at whose mercy they were. On one occasion, when we were in Alegria, an example was to have been made. It was of a corporal, a very brave fellow, but who had aggravated his offence by enticing two men of his *escuadre* away with him; he was sentenced by the court-martial to death, and all the troops in and about Alegria were drawn

Capítulo 9 / Chapter 9

que volviese a casa sin licencia sería considerado como desertor en tiempo de guerra, y como tal sería castigado con la muerte. Esto produjo el efecto deseado.

Yo no quiero decir que ocasionalmente no ocurrieran casos dé irregularidad: que cuando los hombres pasaban cerca de su pueblo no escapasen a casa y que, después de pasar un día o dos, no nos alcanzasen con una marcha de cincuenta o sesenta millas; pero esto era conocido por los capitanes de los cuales dependían y a cuya merced estaban. En una ocasión, cuando estábamos en Alegría, hubo que hacer un escarmiento. Se trata de un cabo, un hombre muy valiente, pero que agravó su falta por llevarse a dos hombres de su escuadra; él fue sentenciado a muerte por el juzgado militar, y todas las tropas de alrededor de Alegría fueron traídas para presenciar la ejecución. Fue abierta una fosa en la plaza, delante del Ayuntamiento, en el cual se hallaba encerrado. A la hora convenida fue traído entre dos eclesiásticos, con los cuales había pasado la noche preparándose para la eternidad. Cuando llegó al lugar de la ejecución, siguiendo la

out to witness the execution. The grave was dug on the plaza before the *mairie*, in which he was confined. At the hour appointed, he was led out between two ecclesiastics, with whom he had spent the night preparing for eternity. When on the ground, according to custom, his sentence was read by the adjutant, and to the surprise of everyone, mitigated to five hundred *palos* or strokes with a stick, which were immediately administered. This perhaps was not a more severe punishment than twenty lashes would have been as inflicted in the English army; and a man very seldom faints under this number, although, no intermission takes place between the blows.

Perhaps the most serious difficulty in which Zumalacarregui ever found himself was, however, on one occasion when money was so scarce that the pay of the men was a month in arrear, and at that moment by some mischance they were two days without rations of wine. Two battalions were quartered in the same village as the general. One was the third of Navarre, but I do not precisely remember whether the other was the battalion of guides. On

Doce meses de campaña - Twelvemonth's campaign

costumbre, su sentencia fue leída por el ayudante, y con gran sorpresa de todos, se le condonó la pena de muerte por quinientos palos, los que le fueron aplicados inmediatamente. Esto acaso no sea un castigo mayor que veinte latigazos de los que se dan en el Ejército inglés, y un hombre pocas veces pierde el sentido con este número de palos, a pesar de que los golpes son seguidos.

Quizás la mayor dificultad en que jamás se encontró Zumalacárregui fue, sin embargo, una vez en que el dinero era tan escaso, que la paga de sus hombres quedó atrasada por un mes, y cuando, además, para colmo de mala suerte, estuvieron dos días sin su ración de vino. Dos batallones estaban acuartelados en el mismo pueblo que el general; uno era el tercero de Navarra; pero yo no recuerdo con seguridad si el otro era el batallón de Guías. Cuando se acercaron a los encargados de las provisiones y vieron que por segunda vez estaban sin vino, y que no tenían dinero para comprarlo, no disimularon su descontento por más tiempo, sino que fueron bajo la ventana del general murmurando primera y

going to the factors at the distribution of provisions, and finding that a second day they were without wine, and had no money to buy any, they no longer concealed their discontent, but went, under the general's window murmuring, and by degrees shouting, "¡La paga! ¡La paga!"–"The pay! The pay!"– and threatening to disband; in short, the two battalions were in a complete state of mutiny. The officers, by giving them assurances that on the morrow they would be paid, contrived to disperse them at a late hour of the night. The general sent then to the royal quarters, to say that a little money must be sent at any sacrifice.

Early the next morning, groups of soldiers were lounging about, and their cries recommenced under his window. The drum immediately beat to order, and while it was read, Zumalacarregui placed himself at the balcony. This order was as follows: first, that each and everyone who publicly expressed his discontent or cried out for pay(which only the Navarrese had hitherto ever received) should immediately be arrested and shot; secondly, as a

Capítulo 9 / Chapter 9

gritando después: "¡La paga! ¡La paga!", y amenazando con desbandarse; en una palabra, los dos batallones estuvieron completamente amotinados. Los oficiales, dándoles la seguridad de que serían pagados a la mañana siguiente, consiguieron dispersarlos, ya entrada la noche. El general envió recado al Cuartel Real para decir que debían mandar algún dinero, de cualquier manera que fuera.

A la mañana siguiente, muy temprano, grupos de soldados estaban rondando alrededor, y sus gritos se renovaron bajo su ventana. El tambor, inmediatamente, tocó a la orden, y mientras ésta se leía, Zumalacárregui salió al balcón. Esta orden era la siguiente: 1° Que todos los que públicamente expresasen su descontento o pidiesen la paga (que hasta entonces sólo los navarros habían recibido) fuesen inmediatamente arrestados y fusilados. 2° Como castigo a su desordenada conducta, a pesar de que la intención del comandante en jefe había sido pagarles el mismo día en que los demás batallones recibiesen sus atrasos, estos dos no recibirían nada hasta pasados quince días, cuyo tiempo su

punishment for their insubordinate behaviour, although it had been the intention of the commander-in-chief to have paid them that day when the other battalions of the army received their arrears, these two should receive nothing for a fortnight, during which term their pay should be forfeited. The crowd was instantly silenced, and retired somewhat silly and abashed; the troops in the surrounding villages received both their pay and wine, these two their half rations of wine only. Not a syllable further was uttered by the malcontents, for Zumalacarregui was known to be a man of his word by all his army. This was the first and last time that anything resembling a mutiny occurred, and although on a long march the soldiers would sometimes grumble, their complaints were always uttered in a very subdued tone when within hearing of Uncle Thomas. Everything he could do for the soldier he did, and he was accordingly beloved; but he always held them in with the same rigid hand. Justice he promptly administered.

After the battle of Vitoria, a soldier stepped out of the ranks, and complained that

[264]

paga quedaría retenida. La multitud calló al momento y se retiró cabizbaja; las tropas de los pueblos de los alrededores recibieron su paga y su vino; estos dos batallones, solamente su media ración de vino.

Los descontentos no pronunciaron ni una sílaba más; pues Zumalacárregui era reconocido por todo el ejército como un hombre que cumplía su palabra. Esta fue la primera y última vez que ocurrió nada que se pareciese a un motín, y, a pesar de que, cuando hacían marchas largas, los soldados murmuraban sus quejas, eran siempre dichas en tono muy bajo, cuando había peligro de que las oyera "el tío Tomás". Todo lo que él podía hacer por un soldado, lo hacía, y por ello era querido; pero él siempre los tenía dominados con mano rígida. Zumalacárregui administraba justicia con prontitud.

Después de la batalla de Vitoria, un soldado se adelantó de las filas y se quejó de que cuarenta onzas de oro y unas ciento veinte libras que había cogido de un ofiicial cristino muerto le habían sido quitadas por uno del Estado Mayor, bajo pretexto de que todas las armas, caballos y dinero

forty ounces of gold, about 120£, which he had taken from a dead officer of the Cristinos, had been seized by one of the staff under pretext that all arms, horses, and money taken belonged to the king. The officer charged with this act was chiefly known in the army under his surname of Malcasco, or, the headstrong; he was one of those characters who, in the ferment of unquiet times, are often borne upwards; he had long been celebrated as the most notoriously quarrelsome and desperate character in the country, and was accused of having, among other misdeeds, shot an alcalde who had once fined him, for which he was condemned, *par contumace*, to the galleys. His present spouse was the widow of an officer in the constitutional army, whom he had killed in the Carrascal; it was said, however, in fair fight. During the early part of the insurrection, he had rendered the Carlists such services that his former rank of captain was given him. His countenance, dark and scarred with the marks of innumerable frays, was of most forbidding aspect, and bore the trace of all the brutal passions by which he was swayed.

Capítulo 9 / Chapter 9

cogidos pertenecían al Rey. El oficial acusado de este acto era generalmente conocido en el ejército por el sobrenombre de "Malcasco" o "Cabeza dura"; era uno de los caracteres que ascienden en la efervescencia de las épocas inquietas; era conocido desde hacía tiempo como el hombre de carácter más pendenciero y fanfarrón de la comarca, y estaba acusado, entre otras fechorías, de haber matado a un alcalde que una vez le había insultado, por lo que fue condenado, por contumacia, a las galeras. Su presente esposa era la viuda de un oficial del ejército constitucional, a quien él había matado en el Carrascal; se decía que en lucha noble. Durante la primera parte del alzamiento había prestado a los carlistas tales servicios, que le fue concedido su antiguo rango de capitán. Su figura sombría ostentaba las cicatrices de innumerables peleas; tenía un aspecto que imponía, y llevaba el sello de las brutales pasiones que le dominaban.

Zumalacárregui preguntó inmediatamente qué había hecho con él dinero del soldado. Negó el capitán con firmeza el haber visto jamás a aquel hombre, y le amenazó

Zumalacarregui immediately inquired what he had done with the soldier's money. He stoutly denied ever having seen the man, and threatened him with the bastonade for his impudence. Another witness now stepped out of the ranks, and corroborated the complainant's statement. Malcasco very coolly said that they were both liars. The sword of Zumalacarregui, who was now convinced of the glaring injustice of the case, in an instant flashed over the head of the criminal, and he swore he would cleave him down to the belt if he did not instantly produce the money. Malcasco, who perhaps dreaded nothing, either in this world or the next, more than the general, instantly flung the purse to the ground, and after this public exposure skulked off muttering between his teeth, like a surly dog deprived of a bone. The soldier was ordered to pick it up, count it, and re-enter the ranks. Malcasco was disgraced, and only in some degree restored to favour on having had his arm broken sometime after between Cirauqui and Mañeru. Where all men's passions, good and evil, are in the extremes, as in Spain, "A land Where law secures not life;"

con los azotes por su atrevímiento. Entonces salió otro hombre de las filas y corroboró las afirmaciones de su compañero. "Malcasco" dijo fríamente que los dos eran unos mentirosos. Zumalacárregui, que ya estaba convencido de la injusticia hiriente del caso, levantó su espada sobre la cabeza del criminal; y juró que lo partiría en dos si no entregaba el dinero en aquel momento.

"Malcasco", que no tenía a nada más, ni en este mundo ni en el otro, que al general, tiró inmediatamente la bolsa al suelo, y después de esta declaración pública, se retiró renegando como un perro a quien se le ha quitado un hueso. Se ordenó al soldado que la recogiera, contara el dinero y se volviera a filas. "Malcasco" cayó en desgracia y sólo le volvió hasta cierto punto el favor cuando le rompieron un brazo, algún tiempo después, entre Cirauqui y Mañeru. Donde todas las pasiones de los hombres, buenas o malas, son extremas, como en España (un país en el que la ley no asegura la vida) y se hallan acalladas por las restricciones de la sociedad, tales caracteres son demasiado frecuentes. Son menos

and they are to a great degree unbridled by the ordinary restraints of society, such characters are unfortunately too often met with. They are less numerous, however, in the ranks of the Carlists than on the other side, as the former were, excepting the very first moment, particular not to receive any notoriously bad characters, intending thereby to throw back the slur of brigandage, which the liberals had cast upon them, on themselves. A striking instance of this was their refusing twice the services of the notorious curate of Allo, who was in the habit of making so many excursions from Vitoria, sweeping the plains at the head of fifty or a hundred horsemen, and levying rations and carrying away the obnoxious authorities of the village's prisoners; in short, he was quite the Merino of the Cristinos.

In the commencement of the war, he offered to join the Carlists, where a much wider field for his talents would have been opened, as they held possession of the country, but on account of his infamous and debauched character he was rejected, and immediately joined the Cristinos. In truth,

Capítulo 9 / Chapter 9

numerosos, sin embargo, en las filas de los carlistas que en el otro bando, pues los primeros tuvieron siempre mucho cuidado, exceptuando en los primeros momentos, de no recibir mala gente, intentando de este modo devolver a los liberales la escoria del bandidaje, que éstos les habían enviado. Un buen ejemplo de esto fue el haber rehusado por dos veces los servicios del conocido "cura de Allo", que tenía la costumbre de hacer incursiones desde Vitoria, arrasando las llanuras a la cabeza de cincuenta a cien soldados de caballería, exigiendo raciones y llevándose prisioneras a las más conocidas autoridades de los pueblos; en una palabra, era el Merino de los cristinos.

Al principio de la guerra ofreció unirse a los carlistas, donde tenía mayor campo de acción para ejercer su talento, pues conocía perfectamente el terreno; pero, a consecuencia de su mala fama, no fue aceptado, e inmediatamente se unió a los cristinos. En realidad, nos hizo mucho daño. En los alrededores de Vitoria y Salvatierra, "el cura de Allo" fue el terror de los carlistas. En todo tiempo y

he did us most serious mischief. All around Vitoria and Salvatierra, "el cura de Allo" was the terror of the Carlists. At all times and seasons, any stragglers who loitered in the plain were liable to a visitation from him. He was twice, however, very nearly taken, and I had both times the honour of being one of his pursuers. In one instance, we had suddenly come from Alegria, and had nearly cut him off; we saw him with his horsemen in their white cloaks (his detachment being mostly composed of hussars of the princess) scampering across the country, and clearing hedges and ditches like fox-hunters, but to cut him off, we must have been exposed to a very warm fire of grape from Vitoria, and we were consequently recalled by the general, much to our regret.

After the death of Zumalacarregui, the warlike, curate again made overtures to Brigadier-General Belengero, who, after O'Donnell's death, commanded the cavalry, and I may say, *en passant*, was acknowledged by both parties, to be one of the most brilliant cavalry officers in Spain. Don Carlos refused his proffered

[268]

estación, cualquier persona que estuviese en la llanura podía ser visitado por él. En dos ocasiones casi fue hecho prisionero, y en los dos casos yo tuve el honor de ser uno de sus perseguidores. Una vez habíamos salido de repente de Alegría y casi le cortamos el paso; le vimos con sus soldados de caballería, con sus chaquetas blancas (su destacamento se componía principalmente de húsares de la Princesa), corriendo a campo traviesa y saltando las vallas y los fosos como cazadores de zorras; pero para cortarle el paso nos hubiéramos tenido que exponer al fuego de la metralla de Vitoria y, por, nuestro general nos hizo volver, muy a pesar nuestro.

Después de la muerte de Zumalacárregui, el cura guerrero se volivió a ofrecer al brigadier Belengero que, tras la muerte de O'Donnell, mandaba la caballería, y de quien puedo decir que era reconocido por ambos bandos como uno de los oficiales de caballería más brillantes. Rehusó sus servicios Don Carlos, en lo que, como de costumbre, demostró quizás más integridad que buen juicio.

services again, in which perhaps, as usual, he displayed more integrity than judgment.

Capítulo 10

Zumalacárregui vuelve a cruzar el Ebro. Batalla de las llanuras de Vitoria el 27 de octubre, y derrota de las tropas de la Reina. El general O'Doyle es hecho prisionero y fusilado. Batalla del 28 y derrota de Osma.

Por fin, he llegado a lo que puede ser denominada en todos los sentidos de la palabra una batalla formal y gloriosa; no ya a la defensa de una posición fuerte o a una retirada astuta, igualmente fatal para el enemigo, y donde a menudo perecía mayor número de hombres, sino a una batalla noble en campo abierto. La cantidad de hombres era limitada, es verdad; pero la matanza fue terrible en proporción. Puede decirse que Zumalacárregui conquistó a Rodil por medio de sus tácticas "fabianas" y convirtió en un objeto de hilaridad el terror que su nombre había, al principio, infundido en las poblaciones sublevadas. Se había enfrentado con él pocas veces, y cuando lo hizo, siempre se retiró con ventaja, y por medio de rápidas e inesperadas marchas, aun

Chapter 10

Zumalacarregui re-crosses the Ebro. Battle on the plains of Vitoria, 27th of October, and defeat of the Queen's troops. General O'Doyle taken prisoner and shot. Battle of the 28th, and defeat of Osma.

I have now come to what may be termed, in every sense of the word, a regular and glorious battle—no longer the defence of a strong position, or a cunning retreat equally ruinous to the enemy, and where often greater numbers perished in detail, but a fair fight on an open field—the numbers, it is true, limited, but the slaughter terrible in proportion. Zumalacarregui might be said to have conquered Rodil by his Fabian tactics, and had reduced to a jest the terror his name at first inspired in the revolted populations. He had met him but seldom, and when he did, always retired with advantage, and by rapid and unexpected marches, even when pursued by several columns, had fallen on and defeated the division that least expected him. From his knowledge of the country,

Capítulo 10 / Chapter 10

cuando perseguido por varias columnas, caía sobre la división que menos lo esperaba, y la derrotaba. Valiéndose de su conocimiento del terreno y del extraordinario ánimo que había despertado en sus duros montañeses; poseyendo la facultad de atacar donde y cuando quería, y desafiando toda persecución y las mejor preparadas combinaciones hechas para cercar a su pequeño ejército, había aumentado gradualmente su fuerza, que estaba enteramente armada y equipada con los despojos de la de Rodil, la que se había convertido en sombra de lo que fue, por haber perdido, ya por fatiga, ya por enfermedades y por las constantes escaramuzas, de las que nunca podían sacar ventaja, más de una tercera parte de sus efectivos. Aún más: estaban abatidos, tanto física como moralmente; sus tropas se encontraban con que en la persecución del Rey ni podían obtener botín, ni recoger laureles, y que nada podían esperar de Zumalacárregui más que duros golpes, pues este caudillo parecía diezmar sus filas con un brazo que estaba fuera de su alcalce, y cuya captura empezaban ya a considerar

and the extraordinary spirit he had excited or awakened in his hardy mountaineers, possessing the faculty of attacking when and where he chose, and defying all pursuit and the most skillful combinations to surround his little army, he had, by degrees, augmented his force, which was entirely equipped and armed from the spoils of that of Rodil, which had wasted to a shadow–having already lost by fatigue, disease, and the constant skirmishes from which they could never derive any advantage, above one-third of their number. Worse than this, they were morally as well as physically beaten; his troops found that in their pursuit of the King, neither plunder was to be obtained, nor laurels gathered, and that nothing but hard blows could be expected from Zumalacarregui, who seemed to thin their ranks with an arm that was beyond their reach, and whose capture they now began to look on as a mere chimera. Under these circumstances, the recall of Rodil became necessary. Whilst he was still, however, in the province, Zumalacarregui had crossed the Ebro, and obtained great success at Cenicero and Fuenmayor, where, besides making

como una quimera. En estas circunstancias, la dimisión de Rodil se hizo necesaria. Sin embargo, mientras todavía estaba en las Provincias; Zumalacárregui cruzó el Ebro y obtuvo grandes victorias en Cenicero y Fuenmayor, donde, además de hacer prisionera una compañía de infantería, sorprendió un convoy que conducía, entre otras cosas de valor para su ejército, dos mil fusiles. Enterado de que el general Osma iba a volver a operar y de que había salido de Vitoria, por medio de una rápida marcha volvió a cruzar el Ebro, a pesar de que Córdoba, Lorenzo y López, después de intentar cerrarle la salida de Navarra, querían evitar su vuelta a ella, por cuyo motivo estaban apostados a la orilla del río que la separa de Castilla, con fuerzas infinitamente superiores.

Durmió en Zúñiga, y allí se enteró de que Osma se encontraba en el pueblo de Alegría con una fuerte división. Este pueblo está a legua y media de Vitoria, la que puede verse muy bien al extremo de una inmensa llanura, en medio de innumerables pueblos. Esta llanura, que se estrecha a medida que toma la dirección

prisoners of a company of foot, he had surprised a convoy containing, amongst other things valuable to his army, two thousand muskets. Hearing that General Osma was about to recommence operations and had sallied from Vitoria, by a sudden march he recrossed the Ebro, although Cordova, Lorenzo, and Lopez, after endeavouring to prevent his leaving Navarre, were now attempting to prevent his return to it, for which purpose they were posted along the banks of the river which divides it from Castille with infinitely superior forces.

He slept at Zuñiga, and there learned that Osma was with a strong column in the village of Alegria, which is at about a league and a half from the city of Vitoria, and is distinctly seen on the further end of an immense plain, in the midst of innumerable villages: this plain, narrowing as it takes a north-easterly direction, leads to the town of Salvatierra, at five leagues from the former city, and on the high road to Pamplona, which, a little farther on, winds through the Burunda. As he knew the intelligence of his arrival at Zuñiga had not probably

Capítulo 10 / Chapter 10

nordeste, contiene a Salvatierra, sita a cinco leguas de la capital y en la carretera real de Pamplona, que algo más adelante atraviesa la Burunda[40]. Como sabía que la noticia de su vuelta a Zúñiga no era conocida por el enemigo, ordenó que se tocase marcha antes del amanecer. Por medio de un rápido movimiento, dejando el puerto de Maeztu bastante a nuestra izquierda, llegamos a la llanura de Salvatierra tres escuadrones de Caballería, tres batallones de Navarra y el de Guías. Iturralde, con una división de tres más, el sexto de Navarra, el tercero de Álava y el segundo de Guipúzcoa, fueron enviados considerablemente a nuestra izquierda, con orden de colocarse entre Vitoria y la columna del enemigo, a la que Zumalacárregui había contado con hacer salir de Alegría, entablando una escaramuzra con la guarnición de Salvatierra. Esta última era, en realidad, demasiado débil para efectuar una salida de las murallas contra nada que no fuese una "partida", y como creían que el ejército carlista estaba más allá del Ebro, no era improbable que destacarían alguna fuerza para cercar a la supuesta "partida", la que en realidad eran nuestros

reached them, he ordered the march to be beat before daybreak: by a rapid movement, leaving the fort of Maeztu considerably on our left, we reached the plain of Salvatierra. Three squadrons of cavalry, three battalions of Navarre, and one of guides– Iturralde, with a division of three more, the 6th of Navarre, the 3rd of Álava, and 2nd of Guipuzcoa were sent, considerably on our left, Iturralde having orders to place himself between Vitoria and the enemy's column, which Zumalacarregui had counted on drawing out from Alegria, by skirmishing with the garrison of Salvatierra. The latter was too feeble in reality to sally from the walls against anything but a *partida*; and as they believed that the Carlist army was beyond the Ebro, it was not improbable that they would detach some force to cut the *partida* off, as they would suppose our troops to be. The governor of Salvatierra, who had just sallied forth to conduct a number of political prisoners to Vitoria, as Zumalacarregui's army descended into the plains, was forced precipitately to retrograde; but fearful that the fire of the tirailleurs, although the day was clear, might not

Doce meses de campaña - Twelvemonth's campaign

batallones. El gobernador de Salvatierra, que había salido justamente para conducir unos prisioneros políticos a Vitoria, como viera que el ejército de Zumalacárregui descendía a las llanuras, se vio obligado a retroceder precipitadamente; pero, temeroso nuestro general de que el fuego de los tiradores (aunque de día estaba muy claro) acaso no fuera oído, después de hacer encerrar al gobernador en la plaza, envió alguna fuerza en direccóin de Alegría, con orden de descargar sus armas, como si tuvieran una escaramuza Con el enemigo. Zumalacárregui pronto fue informado de que habían picado en el anzuelo. No dudando de que era el gobernador de Salvatierra a quien molestaban en su camino, o que estaba luchando con algunas partidas, Osma envió al brigadier general O'Doyle con seis batallones, algunas compañías de "peseteros" y carabineros de infantería y caballería; en total, unos tres mil hombres escogidos, y dos piezas de montaña, bien para que ayudasen al gobernador, o para cortar el paso a los carlistas, según lo exigieran las circunstancias. Habiendo formado Zumalacárregui sus cuatro batallones en orden de

perhaps be heard, after driving in the governor, they were sent in the direction of Alegria, still keeping up a discharge, as if skirmishing with an enemy. Zumalacarregui was soon informed that the bait had taken. Not doubting but that it was the governor of Salvatierra, who was either harassed on his route, or driving a few troublesome *partidas* before him, Osma detached the Brigadier-General O' Doyle with six battalions, some companies of peseteros, and horse and foot carabineers, in all three thousand picked men, and two mountain-pieces, either to disengage the governor, or to cut off the Carlists, as the case should demand. Zumalacarregui having formed his four battalions in line of battle, supported by his cavalry, in the plain at about two miles from Salvatierra, we boldly but slowly advanced. O'Doyle, who perceived the Carlists so confidently advancing upon him in the plain, although without artillery and scarcely equal in numbers, and already surprised at having fallen in so suddenly with Zumalacarregui, began to suspect that some trap was laid, and therefore resolved to await the attack of the

[275]

Capítulo 10 / Chapter 10

batalla, apoyados por su caballería, en la llanura, a unas dos millas de Salvatierra, avanzamos despacio, pero con decisión. O'Doyle, que vio a los carlistas avanzando sobre él por la llanura con tanta confianza, aunque sin artillería, y apesar de ser ambas fuerzas casi iguales en número, y sorprendido de haberse encontrado tan repentinamente con Zumalacárregui, empezó a sospechar que se le había preparado alguna emboscada, y, por lo tanto, resolvió esperar el ataque de los realistas en una posición favorable. Como no se les veía dispuestos a huir, sino que, por el contrario, marchaban derechos sobre él, no puede censurársele por aprovecharse de las ventajas del terreno y por "actuar a la defensiva.

En una pequeña eminencia a la izquierda del camino real, yendo de Salvatierra a Vitoria, y entre la primera villa y un pequeño pueblo que está junto a la carretera, llamado, según creo, Arrieta, tomó posiciones, cubriendo la colina; su flanco izquierdo estaba protegido por un pequeño bosque, y sus dos piezas de montaña disparaban contra los carlistas, mientras éstos avanzaban.

Royalists in a favourable position. As they did not seem at all inclined to escape, but, on the contrary, were marching straight upon him, he could not be blamed for taking advantage of the ground, and acting on the defensive.

On a little eminence to the left of the high road, going from Salvatierra to Vitoria, and between the former place and a little village which almost touches the highway, called, I believe, Arrieta, he took up his position, covering the hill; his left flank being protected by a small wood, his two mountain-pieces from the eminence played into the ranks of the Royalists as they advanced. Zumalacarregui, as soon as he was assured that Iturralde was ready to fall upon the rear, passed along his line, and finding that the men were all in excellent disposition, gave them a few words of encouragement; the attack had only for a short time been commenced by the *guerrillas* when the whole line advanced simultaneously, the guides demanding with loud cries to be led on at the point of the bayonet. It was a magnificent theatre for a battle-scene—for, large as is the plain, every

Zumalacárregui, tan pronto como estuvo seguro de que Iturralde estaba preparado para caer sobre la retaguardia, pasó revista a sus fuerzas, y, encontrando que los hombres estaban en excelente disposición, les dirigió unas breves palabras de aliento; justamente había empezado el ataque por las guerrillas, cuando la línea entera avanzó simultáneamente, mientras los Guías pedían a grandes voces que se les permitiera cargar a la bayoneta. Era un magnífico escenario para una batalla, pues siendo grande la llanura, todos los objetos eran realzados por las montañas que la circundan, y el ojo del hombre podía ver a gran distancia todos los objetos que le rodean; campanarios, pueblos y conventos se hallan esparcidos en todas direcciones hasta las puertas de Vitoria. En el lado izquierdo, desde una colina que sólo parece pequeña por contraste con la sierra que está detrás de ella, domina la llanura el viejo castillo moro de los Ladrones de Guevara, con sus pintorescas y ruinosas torres. En el terreno que se halla detrás se extiende la villa de Salvatierra, con sus viejas murallas, que llegan hasta el object being thrown out by the surrounding mountains, the eye can discern at a great distance the innumerable objects over which it sweeps— steeples, villages, and convents are scattered on every side, even to the gates of Vitoria. On the left hand, from a hill which only appears dwarfish from its contrast with the Sierra behind it, the old Moorish castle of Ladrones of Guevara, with its picturesque and ruined towers, overlooks the plain; in the background, the town of Salvatierra, with its ancient walls, stretches itself up to the road. It was at the further end of this wide valley that the celebrated battle was fought, and the victory won by the Duke of Wellington, in 1813, and it was now destined to become the scene of a signal overthrow of a division of the regular army of Spain by a handful of enthusiastic mountaineers.

At Zuñiga, accounts of the last devastations of Rodil, the burning of villages and cottages, and the massacre of the wounded Carlists, had reached the Carlist army and had, therefore, worked them up to a degree of excitement which accounts for their impetuosity. The great

Capítulo 10 / Chapter 10

borde del camino real. Fue en el otro lado de este ancho valle donde el duque de Wellington obtuvo su célebre Vitoria en el año 1831, y estaba destinado a ser ahora el escenario de la derrota de una división del ejército regular de España por un puñado de entusiastas montañeses.

En Zúñiga habían llegado a oídos del ejército carlista las noticias de las últimas devastaciones de Rodil, el incendio de pueblos y caseríos y el asesinato de carlistas heridos, lo que les había irritado en gran manera, y esto explica su impetuosidad. La mayor dificultad estribaba en hacerles guardar el orden y la disciplina. Los grandes gritos de: "¡A ellos! ¡Muera la Reina!", eran vigorosamente contestados por el enemigo, así como su fuego; pero como avanzaban, a pesar de los disparos de fusil que toda la línea del ejército liberal les hacía, sus gritos se hicieron más débiles, aunque redoblaron sus disparos. El orden que guardaban los carlistas, su impetuosidad, su porte marcial, sus gritos salvajes y la bandera negra con la calavera y los huesos cruzados, produjeron un terrible efecto en las tropas de

difficulty was to keep them in something like order. Their loud cries of "¡A ellos! ¡Muera la Reina!" Were vigorously answered by the enemy, as well as their fires; but as they advanced, in spite of the volleys of musketry which the whole line of the Liberal army was pouring in, their replies grew fainter although the fire was redoubled. The order which the Carlists preserved, with their impetuosity, their martial bearing, their wild shouts, and the black flags with a death's head and cross bones, seemed to have had an appalling effect on O'Doyle's troops. The guides, notwithstanding the steady volley kept up, charged in upon and broke a battalion of the sixth regiment of the line; the whole of the column gave way as the other Carlist battalions advanced to the charge; and at the same moment Iturralde appeared in sight upon their rear. The General's escort of lancers and the first squadron of Navarre now charging in amongst them, a terrible massacre ensued. The two pieces of artillery were taken, the artillerymen being bayoneted on their guns, and General O'Doyle himself, endeavouring to rally his men,

[278]

O'Doyle. Los Guías, a pesar del fuego continuo del enemigo, cargaron y destrozaron un batallón del sexto regimiento de línea; la columna entera retrocedió cuando los otros batallones carlistas avanzaban para cargar. En este mismo momento apareció Iturralde sobre su retaguardia. La escolta de lanceros del general y el primer escuadrón de Navarra cargaron entonces e hicieron una terrible carnicería. Las dos piezas de artillería fueron tomadas, siendo los artilleros pasados a la bayoneta junto a sus cañones; y cuando O'Doyle intentaba reunir de nuevo a sus hombres para efectuar una retirada, hirieron a su caballo y fue hecho prisionero, así como su hermano.

Continuó la carnicería hasta anochecido, pues los realistas, furiosos, no daban cuartel, y sólo la venida de la noche salvó a los desgraciados restos del ejército de O'Doyle. Unos cuatrocientos hombres pudieron llegar al pueblo de Arrieta, donde se encerraron en las casas. Unos mil fueron muertos y el terreno quedó, en una extensión de dos millas, cubierto con sus cadáveres, y los pobres desgraciados fueron

so as to effect some sort of retreat, had his horse shot under him, and was taken prisoner as well as his brother.

The slaughter continued till nightfall, the enraged Royalists giving no quarter, and the night coming on, alone saved the miserable remains of O'Doyle's army. About four hundred made their way to the village of Arrieta where they shut themselves up in the houses. About a thousand were killed, the field for two miles being covered with their dead bodies—the miserable wretches being dragged from the woods and thickets in which they attempted to conceal themselves, and slaughtered by their angry opponents. I remember seeing twelve dead bodies lying together at a ford of the rivulet between the field and the road. I judge the killed to have been a thousand, or thereabouts because after the following day's battle, the different parishes buried 1,740 men, and I do not certainly think that more than 600 were killed on the 28th. If I say that on the first day 50, and on the second 100 Carlists were killed, I am overshooting the mark, as they only had to suffer from the first volleys, having broken the

sacados de los bosques y espesuras donde habían intentado esconderse, y muertos por sus enfurecidos enemigos. Me acuerdo de haber visto doce cadáveres juntos en el riachuelo que está entre el campo y la carretera. En mi opinión, los muertos unos mil, porque al día siguiente de la batalla fueron enterrados en las parroquias vecinas mil setecientos cuarenta hombres; yo no creo que más de seiscientos fueron muertos el 28. Si digo que murieron cincuenta carlistas el primer día y ciento el segundo, acaso exagero, pues sólo sufrieron las primeras descargas, por haber roto la línea del enemigo a la bayoneta; y siempre ocurre en los combates que, cuando se apodera el pánico de un bando, la mortandad en él es muy grande, y pequeña en el otro. La obscuridad de la noche permitió a los heridos y al resto de los fugitivos que se habían arrastrado a sitios ocultos, llegar a Vitoria; pero sólo de uno en uno o de dos en dos; ¡tan grande había sido le derrota!, siendo los únicos que no se dispersaron los cuatrocientos que se refugiaron en el pueblo antes citado.

line of the enemy at the bayonet, and the great loss in an action is always when the dispersion of either side takes place. The darkness of the night enabled the wounded, who had dragged themselves into places of concealment, and the remainder of the fugitives to reach Vitoria; but only one by one, or two by two, so entire had been the defeat, that the four hundred who had taken refuge in the village were the only group that hung together.

The pursuit had continued so late that the greater part of the Carlist army was obliged to sleep on the field, and we bivouacked amongst the dead. In the meanwhile, part of the third battalion of Navarre was detached to attack those who were in the village where they had barricaded the houses. After firing all night, the Cristinos, not choosing to surrender, a quantity of combustibles were collected, and placed against the houses In the morning, the Cristinos sent a parliamentary to the captain, who was charged with his company to set fire to the piles; and stated that they had amongst them the curate, the regidor, and a number of the principal inhabitants with their

La persecución continuó hasta tan tarde, que la mayor parte del ejército carlista se vio obligada a dormir en el campo, y más aún, acampados entre los muertos. Entretanto, parte del tercer batallón de Navarra fue destacado para que atacase a los que estaban en el pueblo, donde se habían fortificado en las casas. Después de disparar durante toda la noche, como los cristinos no querían rendirse, se reunió una cantidad de combustible y se colocó junto a las casas. A la mañana siguiente, los cristinos mandaron un parlamentario para hablar con el capitán que estaba encargado, con su compañía, de prender fuego al combustible, y declaró que tenían con ellos al cura, al regidor y a buen número de los principales habitantes, con sus mujeres y niños; que si los carlistas intentaban hacerles salir por medio del fuego, darían muerte a todas aquellas personas. El capitán, que era un francés llamado Sabatier, ahora teniente coronel, y que desde entonces se ha distinguido mucho, mandó un emisario a Zumalacárregui para saber cómo debía proceder. El general carlista determinó sitiarlos al siguiente día, pues como carecían totalmente de víveres, sabía

wives and children; and that if the Carlists attempted to burn them out, they would commence by putting all these persons to death. The captain, who was a Frenchman named Sabatier, now lieutenant-colonel, and who has often since distinguished himself, sent to Zumalacarregui to know how to proceed. The Carlist General determined to blockade them next day; as they were entirely without provisions, he knew that hunger would force them to surrender.

Eighty-four prisoners were brought in, whom the soldiers had made when tired of killing; for, excepting in these few cases, no quarter was given. Even two chaplains of the Queen's army had been slain upon the field, as hitherto all the prisoners taken had been shot by the Cristinos, not sparing even the sick and wounded, often as Zumalacarregui had set them the example of pardon. It was supposed that, according to the existing regulation, they would all suffer death; they were, however, remanded, and next day pardoned. O'Doyle, the general of the division, his brother, a captain, and several officers, were however shot.

que el hambre les obligaría a rendirse.

Nos trajeron ochenta y cuatro prisioneros que habían hecho los soldados cuando se cansaron de matar, pues, exceptuando estos pocos casos, no se daba cuartel. Hasta dos capellanes del ejército de la Reina habían sido asesinados en el campo, pues, hasta ahora, todos los prisioneros hechos por los cristinos habían sido muertos, no perdonando siquiera a los heridos ni a los enfermos, a pesar de que Zumalacárregui les había dado a menudo el ejemplo del perdón. Se suponía que, según las reglas entonces en vigor, sufrirían todos la muerte; fueron, sin embargo, llamados, y al día siguiente, perdonados. O'Doyle, el general de la división, su hermano, un capitán y varios oficiales fueron fusilados: sin embargo, Zumalacárregui estaba inclinado a perdonarlos; pero entre los despachos interceptados unos días antes, estaban las actas de un juicio sumarísimo, celebrado en Vitoria, en el que O'Doyle había dado su voto para que fusilasen a los prisioneros heridos: estos documentos no habían sido todavía destruidos,

Zumalacarregui was inclined to have pardoned him, but amongst the dispatches intercepted a few days previous were the minutes of a court-martial held at Vitoria, in which O'Doyle had given his vote for shooting the wounded prisoners. These papers had not yet been destroyed, and the part O'Doyle had taken in this transaction was mentioned to Zumalacarregui by his secretary, who brought them forward. This sealed his fate. O'Doyle, a middle-aged man, was said to be a Swiss; but his extraction, from his name, I should imagine to be Irish. He behaved like a brave man on the field, but with less firmness afterwards. When he was led up as a prisoner, a Carlist officer was mean enough to make some insulting observation. O'Doyle replied, "You are bearing arms, but you have never been a soldier, or you would know that a real soldier obeys his orders, if they came from hell itself." The officer was more severely reprimanded by the murmurs of the bystanders.

O'Doyle the next morning begged to see the General; and when admitted to an interview, stated that he was a soldier who fought for those who

y la parte que O'Doyle había tomado en ese juicio fue mencionada a Zumalacárregui por su secretario, que se los puso delante. O'Doyle era hombre de edad madura, y se dice que era suizo; pero me imagino, por su nombre, que debía de ser de origen irlandés. Se portó como un héroe en el campo de batalla, pero con menos firmeza después. Cuando era conducido como prisionero, un oficial carlista fue lo bastante vil para hacerse una observación insultante. O'Doyle contestó: "¡Usted lleva armas, pero nunca ha sido soldado, o sabría que un verdadero soldado obedece sus órdenes, aunque vengan del mismo infierno!" El oficial fue severamente censurado por los murmullos de los circunstantes.

O'Doyle, a la mañana siguiente, pidió ver al general, y cuando se le concedió la entrevista, dijo que él era soldado que luchaba por los que le pagaban, que el destino de la guerra lo había lanzado en manos de los realistas, y que los serviría, si se le permitía este honor, tan fielmente como había servido a la Reina. Zumalacárregui le contestó brevemente que no estaba en su mano el perdonarle la vida.

paid him, that the fate of war had thrown him into the hands of the Royalists, and that he would serve them, if admitted to that honour, as faithfully as he had served the Queen. Zumalacarregui answered him briefly that it was out of his power to spare his life. He then began to implore, with clasped hands, "¡La vida, por Dios, por Dios!" Zumalacarregui turned his head in disgust and said, "Un confesor luego"—"to confession;" and the wretched man was led out, and, after being half an hour with his confessor, shot; as well as his brother and the other officers. His execution took place on the very field where he had been defeated. Poor O'Doyle's was a melancholy fate, but it is impossible to deny the singular retribution of his punishment. Even a quiet grave was denied him; although he was buried— or rather a little earth and a pile of stones were placed over him, by way of distinction, through the deference which the soldier bears to the rank even of his dead enemies. I remember, on passing three months after near the spot, witnessing the disgusting scene of bodies disinterred, and in most cases cleaned to the bone by the birds and beasts of prey.

Capítulo 10 / Chapter 10

Entonces empezó a implorar con las manos cruzadas: "¡La vida, por Dios, por Dios!" Zumalacárregui volvió la cabeza asqueado, y le dijo: "¡Un confesor luego!", y el desgraciado fue conducido fuera y fusilado, después de estar media hora con su confesor, así como su hermano y otros oficiales. Su ejecución tuvo lugar en el mismo campo en el que había sido derrotado. El pobre O'Doyle tuvo una suerte desgraciada, pero es imposible negar que su castigo fue una fatal compensación de su conducta. Hasta una sepultura tranquila le fue negada; aunque fue enterrado, si se puede llamar enterrar a colocar encima de él un poco de tierra y un montón de piedras como señal de distinción y por la deferencia que siente el soldado para con el rango, aun ante sus enemigos muertos. Recuerdo que, al pasar tres meses más tarde junto a aquel lugar, contemplé la desagradable escena del desenterramiento de los cadáveres, de los que en muchos casos quedaban sólo los huesos, por haberlos roído los pájaros y animales de presa. Los perros, como sucede a menudo cerca de un campo de batalla, salían de los pueblos

The dogs, as is often the case near a battlefield, sallied from the adjacent villages at night to feast upon the slain. The pile raised over O'Doyle and his brother had been thrown down, and the two bodies, dragged amongst the stones, were half devoured. What made the scene of action more appalling was that the bodies were always stripped of everything excepting the *corbatin*, or leather stock–this and the chako being the only part of the equipment the Carlists could never be induced to wear–they would take everything excepting these articles from the dead. I remember seeing in that very plain many skeletons, the flesh having been picked from the bones, but the leather collar still remaining round the neck.

Being either a Sunday or a fete day, mass had been said in a little hermitage which is upon the field when Zumalacarregui was informed that all the disposable force was sallying from Vitoria. This was the morning of the 28th. Osma, informed of the defeat of his division, but imagining that the number shut up in Arrieta was much more considerable, made a desperate push to relieve them. Having still

cercanos por la noche para darse un banquete con los muertos. El montón de piedras levantado sobre las tumbas de O'Doyle y su hermano había sido derribado, y los dos cadáveres, que quedaron al descubierto entre las piedras, se hallaban medio devorados. Lo que daba un aspecto aún más espantoso al lugar de la acción era que los cadáveres se dejaban siempre desnudos y despojados de todo, excepto del cinturón de cuero, pues como éste y el chacó eran la única parte del equipo que los carlistas nunca consentían en llevar, despojaban a los muertos de todo el uniforme, excepto de esos artículos. Recuerdo que he visto en esta misma llanura muchos esqueletos cuya carne había sido arrancada de sus huesos; pero el cinturón aún permanecía alrededor del cuello.

Como era domingo o día de fiesta, se estaba celebrando misa en una pequeña ermita que hay en el campo, cuando le informaron a Zumalacárregui que toda la fuerza disponible estaba saliendo de Vitoria. Esto ocurría en la mañana del 28. Osma, enterado de la derrota de su división, pero creyendo under his orders four thousand men, he added to this all the disposable force he could collect in Vitoria–peseteros, carabineros, and urbanos, or national guard, who very unwillingly were forced to march, to the number of about a thousand more, supported by four pieces of artillery. His best troops had, however, perished the previous day, and many of those that remained were recruits, which he had to lead under the discouraging circumstances of knowing that their companions in arms had been beaten, and that they were marching against an enemy flushed with victory. Zumalacarregui, having informed his troops that Osma was advancing, inquired whether they would abandon a field yet covered with trophies of their victory; he was answered by cries of "¡A ellos! ¡A ellos!"–meaning to lead them to the enemy. If, instead of marching to attack them, we had remained in our position, the victory would have been much more complete; but that brought the scene of action much nearer to Vitoria, and rendered their escape easier. Osma had scarcely time to form in line of battle, when his left and right wing were attacked with an inconceivable

Capítulo 10 / Chapter 10

que la cantidad de gente encerrada en Arrieta era mucho más considerable, hizo un avance desesperado para socorrerla. Teniendo aún cuatro mil hombres bajo sus órdenes, añadió a esto todas las fuerzas disponibles que pudo reunir en Vitoria peseteros, carabineros y Guardia Nacional, que fueron obligados a ir contra su voluntad, en número de unos cuatro mil, apoyados por cuatro piezas de artillería. Sus mejores tropas, sin embargo, habían perecido el día anterior, y muchos de los que quedaban eran reclutas que tenía que conducir bajo las deprimentes circunstancias de saber que sus compañeros de armas habían sido derrotados y que marchaban contra un enemigo enardecido por la victoria. Habiendo informado Zumalacárregui a sus tropas que Osma estaba avanzando, les preguntó si abandonarían un campo todavía cubierto con los trofeos de su victoria. Fue contestado con los gritos de: "¡A ellos! ¡A ellos!", queriendo decir que los condujese contra el enemigo. Si en vez de marchar para atacarlos nos hubiéramos quedado en nuestra posición, la victoria hubiera sido mucho más completa; pero trasladó el

impetuosity; on that day I believe our volunteers would have charged anything. The recruits and the national guard gave way directly, and carried confusion into the whole division. Zumalacarregui vigorously pursuing his advantage, in a short time the rout became as general as on the preceding day. The cavalry being ordered to charge, got into a *mauvais pas*, and arrived too late to take the artillery, which was saved. Osma and his staff only owed their safety to the fleetness of their horses.

The slaughter became very great, when Zumalacarregui spurred into the midst of the pursuers, and cried out loudly, "To give quarter, and not to hurt another Christino;" ordering the cry to run from man to man. The rapidity with which he was obeyed, in the midst of a scene of such confusion, has always been a matter of surprise to me, and showed more strongly than anything the empire he had over the minds of his followers. I do not think that a hundred men were killed after he had given the order, although six hundred prisoners were taken. One company piled their arms and surrendered. A part of the

Doce meses de campaña - Twelvemonth's campaign

lugar de la acción mucho más cerca de Vitoria, y facilitó la huida del enemigo. Apenas había tenido tiempo Osma de formar en línea de batalla, cuando sus alas derecha e izquierda fueron atacadas con gran ímpetu. Creo que en aquel día nuestros voluntarios habrían cargado contra cualquier cosa. Los reclutas y la Guardia Nacional cedieron en seguida y llevaron la confusión a toda la división. Zumalacárregui aprovechó esta ventaja, y en poco tiempo la desbandada se hizo tan general como el día anterior. Se ordenó a la caballería que cargase, pero se metió en un mal paso y llegó demasiado tarde para tomar la artillería que se salvó. Osma y su Estado Mayor debieron su salvación a la ligereza de sus caballos.

La mortandad fue horrible, y fue entonces cuando Zumalacárregui se lanzó en medio de los perseguidores y gritó en alta voz: "Dad cuartel y no hagáis daño a ningún otro cristino"; y mandó que la orden se corriese de boca en boca. La rapidez con que fue obedecido en medio de una escena de tanta confusión, ha sido siempre causa de asombro para mí, y muestra con más

Cristinos had retired to a small piece of wood where they endeavoured to make a stand, but were either slaughtered or made prisoners. I must not omit to state that the Christino cavalry behaved well. One squadron retreated in admirable order, facing about every now and then, and their tirailleurs executing a retreat *en échiquier*, thereby keeping a troop of our lancers, which had come up, entirely at bay.

On both days I must mention the personal bravery of Iturralde. Zabala and the Marquess de Valdespina also, who were then in disgrace, both rode forward with the tirailleurs, and were ever in the thickest of the *melée*. The latter is a shriveled old man, with only one arm, wearing a round white hat, blue dress coat, a lion and a V embroidered on the corner of the *chabraque*, and a little court sword. The Cristinos were pursued to the very gates of Vitoria by the Carlists; and if the latter had had an hour of daylight more, so great was the confusion, they might have entered Vitoria with the fugitives. The event of the day's action was six hundred killed and six hundred prisoners. The only standard the Cristinos had

fuerza el dominio que tenía sobre sus partidarios. No creo que ni cien hombres fueron muertos después de que dio la orden, a pesar de que se cogieron 600 prisioneros. Una compañía formó un montón con sus armas y se rindió. Una parte de los cristinos se había retirado a un bosquecillo, donde intentaron resistir; pero fueron muertos o hechos prisioneros. No debo dejar de decir que la caballería Cristina se portó muy bien: un secuadrón se retiró en un orden admirable, haciendo frente de vez en cuando y ejecutando sus tiradores una retirada por escalones, conteniendo de este modo a un grupo de nuestros lanceros que se les habían acercado, a pesar de hallarse completamente rodeados por enemigos.

En ambos encuentros debo hacer mención especial de la bravura de Iturralde; Zabala y el marqués de Valdespina, que se hallaba entonces en desgracia, también avanzaron con los tiradores y se hallaron siempre en lo más recio de la pelea. El último es un viejo encogido, con sólo un brazo, que lleva un sombrero blanco redondo, levita azul con un león y una V bordados en el

brought out was that of the 6th regiment of the line, which was taken the preceding day by a sergeant of cavalry, who was made officer in consequence. They ever after adopted the wise resolution of leaving them in the fortresses when they took the field, which has left them room to boast that, excepting that one, up to this day, they have never lost a standard. This defeat must have been so much the more mortifying to Osma, as he had, it is reported, much criticised the proceedings of all the other generals, and had spoken very confidently in his communications with government, of what he would do when the opportunity was afforded him.

The night of the 28th, when after the victory we were retiring in two divisions, one of those occurrences took place which it is difficult to prevent in the fury of a civil war, but which, nevertheless, makes the blood run cold at the mere recital. Zumalacarregui, as I have said, had ordered quarter to be given during the day, and the march had already been beat, when those who had been foremost in the pursuit returned, bringing back, after

ángulo de la solapa, y una corta espada. Los cristinos fueron perseguidos hasta las mismas puertas de Vitoria por los carlistas, y si éstos hubieran contado con una hora más de día, habrían podido entrar con los fugitivos en Vitoria; ¡tan grande era la confusión! El resultado de la acción del día fue 600 muertos y 600 prisioneros. El único estandarte que los cristinos llevaban era el del sexto regimiento de línea, el que fue tomado el día anterior por un sargento de Caballería, quien fue ascendido a oficial a causa de esto. Después, ellos siempre adoptaron la prudente resolución de dejar los estandartes en las fortalezas cuando salían a campaña, lo que les ha dado ocasión de pregonar que, excepto éste, nunca han perdido ningún estandarte hasta el día de hoy. Esta derrota ha debido ser tanto más mortificante para Osma, cuanto que él, según se dice, criticó mucho los procedimientos de todos los otros generales y había hablado con excesiva confianza en sus comunicados al Gobierno de lo que él haría cuando se le presentase oportunidad para ello.

En la noche del 28, cuando,

the other six hundred had been dispatched to the rear, between eighty and a hundred fresh prisoners whom they had captured under the walls of Vitoria. These were sent, under escort, across the mountains. As night was coming on, the captain of the company who had charge of them, and who had only been able to assemble thirty men of his company, found himself seriously embarrassed in the narrow and rocky roads, bordered on each side by a thick brushwood. Two of his prisoners had already made their escape when he sent to Zumalacarregui to inform him of it, and that, as he had only thirty men to guard them, he could not answer for his prisoners. "Get cords," said the General. He was answered that the villages had been abandoned, and that they had searched in vain for some. "Then put them to death—passarlos por armas." With this reply the messenger returned; but immediately an aide-de-camp spurred after him to say that care must be taken that Iturralde's division was not alarmed by the firing. The captain, who was an old Navarrese of Mina's school, on receiving this order, sent for a sergeant and fifteen

Capítulo 10 / Chapter 10

después de la victoria, nos retirábamos en dos diviciones, tuvo lugar una de esas escenas que es difícil evitar en medio del furor de la guerra civil, pero que, sin embargo, es para helar la sangre con su sola narración. Zumalacárregui, como he dicho, dio orden de conceder cuartel durante el día; había sonado ya el toque de marcha, cuando aquellos que habían avanzado más en la persecución, volvieron trayendo consigo, después de que los otros 600 habían sido enviados a retaguardia, entre 80 y 100 nuevos prisioneros que habían capturado bajo los muros de Vitoria. Estos fueron enviados bajo escolta a través de las montañas. Como la noche se echaba encima, el capitán que los tenía a su cargo, y que sólo había podido reunir 30 hombres de su compañía, se encontró seriamente embarazado en los estrechos y rocosos caminos, bordeados a cada lado por espesa maleza. Dos de sus prisioneros habían ya escapado, cuando él mandó informar a Zumalacárregui de lo que ocurría, añadiendo que como sólo tenía 30 hombres para guardarlos, no podía responder de sus prisioneros. "Busque cuerdas", dijo el general. Se le contestó que,

lancers, and causing his men to fix bayonets, commanded them to charge into the midst of the unfortunate wretches, who were all miserably slaughtered on the spot. The scene is said to have baffled all description; the unfortunate victims were shrieking for mercy, and clasping the knees of their destroyers and their horses; several young officers were amongst the slain. We passed the spot where the massacre had been, but I did not hear until the next day all its horrors recited. I have always wished that this page, which tarnishes the glory of that victory, could be blotted from the history of the war; but in sketching its prominent features, while I feel as the partisan, I have resolved not to swerve from the impartiality of the historian.

[290]

como las aldeas habían sido abandonadas, lo habían intentado en vano. "Entonces, pásenlo por las armas." El mensajero volvió con esta respuesta; pero de inmediato corrió tras él un ayudante para decirle que tuvieran cuidado de no alarmar a la división de Iturralde con el ruido de los disparos. El capitán, que era un viejo navarro de la escuela de Mina, al recibir esta orden, mandó venir a un sargento y 15 lanceros y ordenó a sus hombres que cargasen sobre las infelices víctimas que fueron asesinados cruelmente en el mismo campo. Se dice que esta escena ha superado toda descripción; las infelices víctimas pedían a gritos misericordia, y agarrándose a las rodillas de sus verdugos y de sus caballos, fueron muertos varios jóvenes oficiales. Nosotros pasamos por el lugar donde ocurrió la matanza; pero yo no oí nada de sus horrores hasta el día siguiente. Yo siempre habría deseado que este suceso, que empaña la gloria de la victoria, pudiera borrarse de la historia de la guerra; pero al pintar sus detalles más salientes, aunque lo lamento como partidario, he resuelto no apartarme de la imparcialidad como historiador[41].

Capítulo 11

Escaramuza en Sesma. Historia de un oficial vendeano. Estratagema. Captura de espías. Jiménez. Dos "urbanos". Ataque de una iglesia fortificada. Incendio en la torre. Rendición de los sitiados. Maestro de escuela marcial.

Chapter 11

Skirmish at Sesma. Story of a Vendean officer. Stratagem. Capture of spies. Ximenez. The *urbanos*. Attack on a fortified church. Conflagration of the steeple. Surrender of the besieged martial schoolmaster.

Después de la batalla de Vitoria estuvimos algún tiempo sin ver al enemigo; por fin, al marchar de Villamayor a Sesma, en la Rivera, donde López había avanzado con una columna de 2.000 hombres, de la cual una gran parte era caballería, yo creo que para recoger provisiones, Zumalacárregui había confiado en cortarle la retirada; pero informado aquél de su proximidad, se retiró rápidamente a Sesma, la que, por hallarse en una enminencia en medio de una llanura, era fácil de defender por medio de su artillería. A pesar de esto, la plaza fue atacada, manteniéndose todo el día un fuego poco intenso. Unos 20 o 30 hombres -de la retaguardia enemiga se vieron cortados, y por primera vez hicimos uso de las dos piezas de montaña

After the battle of Vitoria, we went some time without seeing the enemy; at last, marching from Villamayor on Sesma, in the Rivera, where Lopez, with a column of two thousand men, of which a large portion was cavalry, had advanced, I believe to collect provisions, Zumalacarregui had hoped to have cut him off as he retired; but informed of his approach, he speedily fell back again on Sesma, which, being on an eminence in the middle of the plain, was easily defensible by means of his artillery. Notwithstanding this, the place was attacked, a desultory fire being kept up all day. Some twenty or thirty men of the enemy's rear-guard were cut off, and, for the first time, we made use of the two mountain pieces taken at Vitoria; we had then, however,

tomadas en Vitoria; pero entonces no teníamos nada más que granadas para hacer fuego. Después de pasar todo el día en escaramuzas, encontrando que la plaza era demasiado fuerte, nos retiramos a la caída de noche.

Las pérdidas en ambos lados fueron insignificantes, excepto para la caballería enemiga, que por un descuido estuvo expuesta durante más de diez minutos, en una calle, al fuego de nuestros tiradores, que se habían arrastrado a lo largo de un bancal, perdiendo en aquel corto espacio de tiempo por encima de 40 caballos; se veía a otros galopando sin jinetes. A distancia de bala de cañón de Sesma hay, al lado del camino, una gran huerta con viñas y olivos, rodeada por un alto muro. Al descender del terreno en pendiente habíamos justamente llegado a este sitio, cuando descubrimos una partida de caballería que espoleaba sus caballos en una carrera de vida o muerte a través de la ancha llanura que se extendía ante nosotros. Nuestra caballería se hallaba entonces muy a retaguardia, y el general había destacado toda su escolta de lanceros, exceptuando 30; yo pertenecía entonces a este Cuerpo y me

nothing but grenades to fire from them. After skirmishing all day, finding the place was too strong, at nightfall we retired.

The loss on both sides was trifling, excepting that by some mismanagement the enemy's cavalry were for above ten minutes exposed in a street to the fire of our tirailleurs, who had crept along a bank; and in that short space of time they lost above forty horses, and others might be seen galloping about riderless. Within cannon shot of Sesma, there is by the roadside a large garden of vines and olives, surrounded by a high wall. Coming down from the rising ground, we had just reached this spot, which first brought us in sight of the place, when we discovered a party of horsemen, spurring for life or death across the wide plain before us. The cavalry was then considerably in the rear, and the general had detached all his escort of lancers, excepting thirty; to this corps I then belonged, and happened to be by his side, as well as the captain of the troop. Don Tomas Reina, his aide-de-camp, however, put himself at our head, and we followed, scampering over vines and ditches, starting the

hallaba a su lado, así como el capitán de la fuerza D. Tomás Reina, su ayuda de campo, quien se puso a nuestro frente; nosotros le seguimos saltando sobre viñas y zanjas y comenzando así nuestro fuego a medida que avanzábamos.

No teníamos tiempo entonces de contar, pero la partida que perseguíamos se componía de algunos lanceros y de dragones del quinto ligero, como 35 en número, incluyendo un correo, al que daban escolta; nos hallábamos, por consiguiente, en igual número. Ambos ejércitos se detuvieron como por mutuo consentimiento, 'y todos los ojos se dirigieron hacia la llanura. El enemigo, sin embargo, no presentó batalla, sino que a todo galope marchó a la plaza, y varios de nuestros soldados quedaron desmontados o fueron dejados atrás, y cuando nos encontrábamos a tiro de cañón del pueblo nos acercamos tanto a ellos, que sus oficiales les dieron orden de detenerse y formar en batalla. A la izquierda, esta maniobra fue ejecutada con alguna confusión, y antes que sus caballos pudieran ponerse al trote, nuestra línea, que avanzaba a pleno galope, cayó sobre ellos, matando a once y

game as we rushed along.

We had not then time to count, but the party we were pursuing consisted of some lancers and the 5th light dragoons, thirty-five in number, including a courser they were escorting; we were thus pretty evenly matched. Both armies paused, as if by mutual consent, and all eyes were turned towards the plain. The enemy did not, however, show fight, but made full gallop for the town, and several of our men got unseated, or were left behind, and it was only within a long cannon-shot of the place we came so close upon them that their officers gave them the order to wheel about and form in battle. On the left, this manoeuvre was executed with some confusion, and before their horses could be put into the trot, our line advancing full gallop burst upon them. Eleven were killed and eight taken.

I was then fortunate in being well mounted, and, with little urging, my horse carried me into what might have been rather dangerous company if the enemy had not been too much alarmed to attend to anything but their own safety.

Capítulo 11 / Chapter 11

cogiendo prisioneros a ocho.

Yo tenía entonces la fortuna de contar con un buen caballo, y sin espolearle mucho me transportó a donde pude haber encontrado una compañía peligrosa, si el enemigo no hubiera estado tan alarmado que le imposibilitara de atender a nada que no fuera su propia seguridad. Yo galopé como unos cincuenta metros al lado de un dragón, intentando agarrarle por la brida del caballo, lo que conseguí por fin, sin que él opusiera ninguna resistencia. Al aplicarle mi pistola a su cara, dejó caer sus brazos y gritó: "¡Viva el Rey!", como señal de que se rendía. Le grité que se fuera atrás, esperando que los soldados que me seguían se apoderarían de él; se hallaban aún a alguna distancia; el primero que le alcanzó fue mi propio asistente (quien nunca se movió del sitio), el que, aunque lo vio desarmado, bárbaramente lo atravesó con su lanza. Habiendo espoleado de nuevo a mi caballo, me coloqué al lado de otro del mismo regimiento y le grité que se rindiera, cuando desesperadamente me lanzó un tajo; afortunadamente, había cambiado mi pistola por el sable, porque no creo que

I rode for above fifty yards alongside a dragoon, trying to seize hold of him with the bridle-hand, which I at last effected without his having made any resistance. On applying my pistol to his cheek, he dropped his arms and shouted "¡Viva el Rey!" as a sign that he had surrendered. I called out to him to fall back, expecting that the men behind would secure him; they were still at some distance off; the first that reached him was my own servant–for he never offered to move–who, although seeing him unarmed, barbarously ran him through with his lance. Having again spurred on, I got alongside another of the same regiment, and called out to him to surrender when he made a desperate cut at me. Fortunately I had abandoned my pistol for my sabre, for I doubt if I should have been able to have used the former, so sudden and unexpected was the blow. I was on his left side, and it was consequently what, in the broad-sword exercise, is known as *cut 5*, an awkward stroke to recover, if given with too much force on the gallop. Having fortunately parried it before he could do so, I brought the point to his neck, when he instantly dropped his

hubiera tenido tiempo para haber usado la primera, por lo repentino e inesperado que fue el golpe. Estaba en su lado izquierdo, y fue, por consiguiente, lo que se llama tajo número 5 en el ejercicio de espada ancha, un golpe muy difícil de resistir si se da con mucha fuerza y galopando. Habiendo, afortunadamente, parado el golpe antes de que me alcanzase, le herí con la punta de la espada en el cuello, y entonces, instantáneamente, dejó caer su arma y se rindió. Haciéndole desmontar rápidamente, le dejé al cuidado del sargento, haciéndole a éste responsable de su seguridad.

Tengo que mencionar que encontré a un oficial de infantería francesa, llamado Aubert, que justamente había llegado al cuartel general aquella mañana, y como yo tenía dos caballos, hice desmontar a mi criado de uno y se lo presté a él para que lo montara hasta que tuviera empleo; él estaba totalmente desarmado y seguía a mi lado, aunque yo le expuse la locura de que cargara con nosotros. Montado sobre un viejo, pero ágil, caballo andaluz, Aubert, que era mal jinete e incapaz de dominarlo, fue llevado, en la confusión hasta dentro de

sword, and surrendered. Having hastily made him dismount, I gave him in charge to the sergeant, making the latter responsible for his safety.

I must mention that I had met a French infantry officer, named Aubert, who had only just reached head-quarters that morning, and as I had then two horses, I dismounted my servant from one, and lent it to him to ride till he was placed; he was totally unarmed, and followed by my side, although I represented to him the folly of his charging with us. This horse, an old but spirited Andalusian, his rider being little of a horseman, and unable to rein it in, carried him with the fugitives right into Sesma. Led away by the heat of the pursuit, I found myself with Reina at the very entrance of the place. We saw that it was high time to turn back, as our men and the captain had retired out of cannon-shot, and we called out to Aubert for God's sake to pull up,–that he was going right into the jaws of the enemy. We fancied that we heard his horse's hoofs clattering for a moment behind us, but on turning round saw him in the distance, in the midst of the fugitives. We were obliged quickly to

Capítulo 11 / Chapter 11

Sesma, siguiendo a los fugitivos. Arrastrado por el calor de la persecución, me encontré con Reina en la misma entrada de la plaza. Nos dimos cuenta de que era hora de volver, pues nuestros hombres y el capitán se habían retirado fuera del alcance del cañón, y llamamos a Aubert para que, por Dios, no volviera, porque iba directamente a las garras del enemigo. Nos pareció por un momento oír el galope de un caballo que corría en pos de nosotros; pero, mirando hacia atrás, le vimos a bastante distancia, en medio de los fugitivos. Nos vimos obligados a huir, pues como ahora no tenían el temor de herir a su propia gente, nos atacaban con metralla y fusilería. El correo escapó.

Pocos días después nos enteramos de la muerte de Aubert. Tan pronto como paró su caballo, se encontró en manos de los enemigos. Como sólo sabía unas pocas palabras de español y había llegado hasta ellos desarmado, sin que los fugitivos supieran cómo, pensaron al principio que era un desertor. Un oficial francés al servicio de la Reina, probablemente deseando salvarle, vino a interrogarle. El

make off; as they were now no longer afraid of hurting their own people, they were plying us with grape and musketry. The courier escaped.

A few days after we heard of Aubert's death. As soon as his horse stopped, he found himself in the hands of his enemies. As he only spoke a few words of Spanish, and had come unarmed amongst them, the fugitives scarcely knew how, it was at first thought that he was a deserter A French officer in the Queen's service, probably anxious to save him, came to interrogate him. He briefly stated that he was a Vendean; that if he found himself amongst them it was by some mistake; that he had come to Spain to serve Don Carlos and no other; and he concluded by exclaiming in Spanish, "¡Viva Carlos V!"–He was sentenced by a court-martial to be shot as a rebel, and his execution took place at sun-set. He refused to kneel, and gave the signal for the fatal discharge by throwing his hat in the air, and crying, "Vive le Roi!"–He bequeathed to the curate of the village, after embracing it for the last time, a medal and a small coin, bearing the effigy of the Duc de Bordeaux, given him by the

dijo brevemente que era vendeano, que si se encontraba entre ellos era por una equivocación; que había venido a España a servir a Don Carlos y a nadie más; y concluyó exclamando en castellano: "¡Viva Carlos V!" Fue sentenciado por un consejo de guerra a ser fusilado como rebelde, y su ejecución tuvo lugar al ponerse el sol. Se negó a arrodillarse y dio la señal para la fatal descarga, echando el sombrero al aire y gritando: "Vive le Roi!" Le dejó al cura del pueblo, después de abrazarle por última vez, una medalla y una pequeña moneda que contenía la efigie del duque de Bordeaux, que le había dado la duquesa de Berry, que siempre había llevado junto a su corazón, y de la que nada, sino la muerte, hubiera podido separarle. Yo intenté en vano, después, obtener estos objetos para mandárselos a su familia. Los habitantes estaban tan impresionados por el valor con que murió, que cuando los cristinos abandonaron el lugar al día siguiente, lo enterraron en la iglesia con gran pompa.

Es verdad que tal vez hizo más bien a la causa carlista con su muerte que el que hubiese hecho si hubiera sobrevivido,

Duchess of Berri, which he had always worn next his heart, and from which nothing but death could have parted him. I in vain attempted to obtain these articles afterwards to send to his family. The inhabitants were so struck with the gallantry of his death, that when the Cristinos abandoned the place next day, they buried him with great pomp in the church.

It is true he did perhaps more good to the Carlist cause by his death than he would have done if he had survived, as he had already had his commission of ensign five months, and been with the Junta, without learning either his duty or anything of the Spanish language. His whole life had been but one tissue of misfortune. He was one of those examples of the dreary and sunless path some men seem destined to tread through existence, and nature appeared to have used him little kinder than man,–he was short, thin, and pale, and wore a long beard, in imitation of the French officers who followed Bourmont to Portugal, and vowed never to shave their chins till the campaign was concluded. His father, who had been a wealthy *métayer* or

Capítulo 11 / Chapter 11

pues él había tenido el cargo de abanderado durante cinco meses que estuvo con la Junta, sin aprender ni su deber ni una palabra de español. Su vida entera había sido un tejido de desgracias. Era uno de esos ejemplos de hombres cuyo destino es marchar por un sendero sombrío y triste a través de la existencia, y parece que hasta la naturaleza fue poco amable con él, pues era pequeño, delgado, pálido y llevaba una larga barba, a imitación de los oficiales franceses que siguieron a Bourmont a Portugal y juraron no afeitarse nunca su barba hasta que la campaña estuviera terminada. Su padre, que había sido un rico labrador en la Vendée, fue muerto por los republicanos, y habiendo sido incendiado el hogar paterno, su madre fue obligada, en medio de la inclemencia del duro invierno, a vagar de casa en casa con sus dos hijos. Posteriormente fue llevada a Nantes, donde pereció en una de las "noyades" o "matrimonios republicanos", como les denominaba la Convención, y que consistían en arrojar al Sena las víctimas atadas de dos en dos.

Fue adoptado por un pariente, que después empobreció y

farmer in La Vendée, had been killed by the republicans, and the paternal roof having been burned over his head, his mother was driven, with two children, in all the inclemency of a hard winter, to wander from house to house. She was afterwards carried to Nantes, and perished at one of the *noyades*, or republican marriages, as the Convention termed the tying their victims two by two and throwing them into the Seine.

He was adopted by a relation, who afterwards became impoverished and died. He had embraced a seafaring life, and was for some time superintendent of a fishery on the coast of Newfoundland. He abandoned those cheerless shores to be twice shipwrecked, and lose what little property he had amassed. On the movement which was made in La Vendée, in 1832, he had taken arms for Henri Cinq, and was one of the defendants of the Chateau de la Pénissière, of which General Dermoncourt, in his account of Madame, speaks as having been so heroically defended. It may be remembered that it held out for many hours against several hundreds of the National Guards and the line,

murió. Abrazó más tarde la vida de marinero, y fue durante algún tiempo superintendente de una pesquería en la costa de Terranova. Abandonó aquellas poco alegres costas, para naufragar dos veces, y perdió los pequeños ahorros que había hecho. En el movimiento que se hizo en la Vendée, en 1832, tomó las armas en favor de Enrique V, y fue uno de los defensores del chateau de la Penissiere, del cual él general Dermoncourt, en su relato, habla como muy heroicamente defendido. Debe recordarse que dicho castillo resistió durante muchas horas contra varios cientos de la Guardia Nacional y de soldados de línea, y que cuando el tejado y el entresuelo estaban ardiendo, la pequeña guarnición hizo una salida y se abrió paso entre los sitiadores. Posteriormente estuvo oculto durante varios meses en casa de una anciana señora de Nantes, sin atreverse a salir nunca sino de noche. Por fin, bajo un nombre supuesto, atravesó Francia y cruzó los Pirineos con tales recomendaciones para Carlos V, de los nobles franceses de su distrito, que recibió el cargo de abanderado de infantería. Fue destinado a la Guardia de

and that when the roof and the groundfloor were in flames, the little garrison had sallied and cut their way through the besiegers. He had afterwards been hid for many months in the house of an old lady at Nantes, never venturing out but at night. He at last, under an assumed name, traversed France, and crossed the Pyrenees with such recommendations to Charles V, from the French noblemen of his district, that he received a commission of ensign of infantry. He had been placed in the Juntas guard; but the Junta's guard is like what the bodyguard in Spain was formerly, who would not condescend to fight and sully their swords with plebeian blood, unless the King in person took the field. The Juntas guard never fights unless the Junta fights, and this it was never their business or inclination to do. Their retinue and military force generally consisted of all the incapables, and those of very problematical courage.

He arrived with Lacour, who, after he had presented to the general his commission and a letter from the Comte de Villemur, Minister of War, interpreted what they had to

Capítulo 11 / Chapter 11

la Junta; pero la Guardia de la Junta es semejante a lo que era el Cuerpo de la Guardia Real en España anteriormente, o sea, que no descendía a luchar y a manchar sus espadas con sangre plebeya, a no ser que el Rey en persona entrase en batalla. La Guardia de la Junta nunca lucha, a no ser que luche la Junta, y el luchar no era ni ocupación ni deseo de ella. Su comitiva y fuerza militar se componía de todos los incapaces y de aquellos cuyo valor era problemático.

El había llegado con Lacour, el que después de exponer al general su misión y entregar una carta del conde de Villemur, ministro de la Guerra, interpretó lo que ésta decía, pues Zumalacárregui no hablaba más que español y vasco y Lacour había aprendido el castellano cuando hizo la campaña de 1823 con el duque de Angulema. El general, viendo que Aubert no entendía ni una sílaba del lenguaje del país, se encogió de hombros y dijo que como recibía el nombramiento del Rey, el cual tenía que respetar, le daría su asistente y sus raciones y el trato de oficial; pero que hasta que supiera bastante español debería contentarse con llevar un fusil,

say, as Zumalacarregui spoke nothing but Spanish and Basque, and he had learned the Spanish when campaigning with the Due d'Angouleme in 1823. The general, finding that Aubert did not understand a syllable of the language of the country, shrugged up his shoulders, and said that as he held the King's commission, which he was bound to respect, he should have his servant and rations, and the treatment of an officer; but that until he had learned sufficient of the Spanish, he must be contented to carry a musket, as these were times when every man must be usefully employed. Aubert replied very starchly that he considered that against the dignity of a commissioned officer. "Very well," said Zumalacarregui. He then questioned Lacour. He stated that he was of good family, and had been for several years serjeant-major and fencing-master in a regiment, from which he produced certificates; and that he knew how to instruct and command troops in Spanish as well as French. His tall military figure and bearing seemed to please the general. "Are you sure you know enough of Spanish?"

pues aquellos eran tiempos en que todo hombre debía emplearse en algo útil. Aubert replicó muy secamente que consideraba esto como contrario a la dignidad de un oficial. "Muy bien", dijo Zumalacárregui. Entonces el general comenzó a interrogar a Lacour. Este declaró que era de buena familia, que había sido durante varios años sargento y maestro de esgrima de un regimiento, del que presentó certificado, y que él sabía la manera de instruir y mandar tropas lo mismo en español que en francés. Su figura militar y talla elevada, así como su porte marcial, parecía que agradaron al general. "¿Está usted seguro que sabe bastante español?"

"Puede probarse fácilmente", dijo Lacour, volviéndose hacia un grupo de ayudantes y oficiales superiores, suponiéndoles reclutas.

"Conforme", dijo el general, que se hallaba alegremente entretenido, haciéndoles una señal para que obedeciesen.

Lacour empleó rápidamente las palabras de mando y ordenó a uno que se mantuviera en posición de firme, a otro que retrocediera,

"It is easily tried," said Lacour, turning to a knot of staff and superior officers, supposing these gentlemen to be recruits.

"Agreed," said the general, who was highly amused, making a sign for them to obey.

Lacour quickly went through the words of command, and ordered one to hold himself straight, another more backward, another more forward, as if they had been in reality so many recruits.

Zumalacarregui ordered a pass to be made out for Aubert to the Junta of Navarre, with orders to place him in their guard; and for Lacour a letter to the Commandant of the third battalion, pursuant to which, on delivering it, he found himself placed as ensign in the grenadier company.

Tired of the life he led with the Junta, whose business it was to escape before every detachment of the enemy, Aubert had again reached headquarters in the hopes of getting placed in some corps on active service.

We had been informed that a large convoy, consisting of

Capítulo 11 / Chapter 11

a otro que avanzase, como si de hecho fueran reclutas.

Zumalacárregui ordenó que se diera un pase a Aubert para la Junta de Navarra, con encargo de que se le destinase a la Guardia, y a Lacour le dio una carta para el comandante del tercer batallón, y, de acuerdo con ella, una vez entregada se encontró con el cargo de abanderado de la compañía de granaderos.

Cansado Aubert de la vida que llevaba en la Junta, cuya obligación era huir ante cualquier destacamento del enemigo, volvió de nuevo al Cuartel general con la esperanza de ser colocado en algún Cuerpo de servicio activo.

Habíamos sido informados de que un gran convoy que se componía de cartuchos, telas, zapatos, cuero, arroz y bacalao, había llegado a Calahorra, destinado a los almacenes de invierno de las diferentes guarniciones. Se decía que el convoy ocupaba una legua de camino y que 500 mulas iban cargadas con los diferentes artículos. Esto hubiera sido una presa gloriosa para el ejército carlista, pues la rigurosa estación invernal

cartridges, cloth, shoes, leather, rice, and stock-fish, had arrived at Calahorra, in Old Castile, destined for the winter stores of the different garrisons. It was said to occupy a league of the road, and that five hundred mules were laden with the various articles. This would have been a glorious prize for the Carlist army, as the rigorous season was coming on. Zumalacarregui kept hovering like a hawk in the environs between Calahorra and Pamplona, whither they were shortly to direct it—sometimes marching away, as if taking a contrary direction, and then as suddenly returning, but the enemy was too wary. At last a column of two thousand men was sent from Los Arcos in the direction of Murieta along the Ega to attract the notice of the general, with orders to retire into the strong position which Zuñiga and Orbiso afford, and there await reinforcements from Los Arcos and Estella. Zumalacarregui, who saw well enough that their design was only to amuse him while they passed their convoy on to Pamplona, affected to be deceived by the stratagem, and feigned an attack on the outlying division, which, on his

estaba encima. Zumalacárregui se mantuvo revoloteando como un halcón sobre el camino entre Calahorra y Pamplona, a donde iba a dirigirse en breve el convoy, a veces desapareciendo como si tomase una dirección contraria, y luego volviendo rápidamente; pero el enemigo era demasiado prudente. Por fin, una columna de 2.000 hombres fue enviada desde Los Arcos en dirección de Murieta, a orillas del Ega, para atraer la atención del general y con encargo de retirarse a la fuerte posición que Zúñiga y Orbiso forman, y esperar allí refuerzos de Estella y Los Arcos. Zumalacárregui, que comprendió en seguida que su objeto era el entretenerle mientras pasaban su convoy a Pamplona, hizo como que se dejaba engañar por la estratagema y fingió un ataque contra la división, la que, al aproximarse Zumalacárregui, se retiró a Zúñiga y Orbiso.

Era casi de noche cuando empezó el fuego, y al obscurecer nos retiramos, encendiendo hogueras en el borde del bosque como si nuestras fuerzas estuvieran vivaqueando y fuera nuestra intención renovar el ataque al día siguiente; pero a media

approach, retired into Zuñiga and Orbiso.

It was nearly sunset when the firing commenced, and at nightfall we retired, lighting fires on the border of the wood, as if the army were bivouacking, and it were our intention to renew the attack the next day, but in the middle of the night, we silently marched in the direction of the river Arga. On the road we were joined by the King, but this in no way diminished the rapidity of our movements. We were, however, informed that the convoy had escaped us, shutting themselves up in Olite or Tafalla, having evidently been made acquainted with our march. The King and the greater part of the army slept, I believe, in Berbinzano; and the squadron to which I belonged was sent on to Miranda (Miranda de Arga), the captain having received private instructions. I must here state that this man was a native of Miranda, a soldier of fortune, who had risen during the wars of the independence and the constitution; and that he had a cousin there who was the alcalde of the place, and one of the wealthiest inhabitants, but unable either to read or write.

Capítulo 11 / Chapter 11

noche marchamos silenciosamente en dirección del río Arga. En el camino se nos unió el Rey; pero esto no disminuyó la rapidez de nuestros movimientos. Fuimos, sin embargo, informados de que el convoy se nos había escapado y que se había refugiado en Olite o Tafalla, sin duda por haberse enterado de nuestra marcha. El Rey y la mayor parte del ejército creo que durmieron en Berbinzana, y el escuadrón al cual yo pertenecía fue enviado a Miranda de Arga, habiendo recibido el capitán instrucciones privadas. Debo declarar que éste era natural de Miranda, un soldado de fortuna que había ascendido durante las guerras de la Independencia y de la Constitución y que tenía un primo que era el alcalde de la localidad y uno de los vecinos más ricos, pero incapaz de escribir o leer. Siempre que pasamos por esta población se mataba la ternera más gorda para el capitán, y éste siempre esperaba con alegría el alojamiento de Miranda, donde él tenía seguridad de encontrar alegría y una buena cama. Una especie de criado viejo que había sido pastor y que ahora seguía al Ejército, fue despachado a Miranda tan

Whenever we passed through, the fatted calf had been killed for the captain, and he always looked forward with pleasure to lodging at Miranda, where he was sure of an excellent bed and good cheer. A sort of old servant or hanger-on who had been a shepherd, and who now followed the army, as soon as we knew we were to march in the middle of the night, was dispatched to Miranda to tell the alcalde to kill a couple of capons, as probably his cousin the captain would be able to pay him a visit, as he believed the army was marching that way. As this fellow knew the country well, and was an excellent walker, even in that country where all walk well, having two hours the start, he arrived a long while before us.

On reaching Miranda, the captain went up, and having had the tickets for quartering the general, his staff, and two battalions, who were coming, as well as his lancers, told his cousin he was sorry he must obey his orders and arrest him, but trusted there was only some misunderstanding. He also arrested an ecclesiastic and another individual. An hour or two after, Zumalacarregui and the guides arrived. The next morning, the

Doce meses de campaña - Twelvemonth's campaign

pronto como supimos que íbamos a partir a media noche, para decirle al alcalde que matase un par de capones, porque probablemente su primo, el capitán, le haría una visita, pues él creía que el ejército marchaba en aquella dirección. Como este criado conocía bien el terreno y era un excelente andador, aun en aquel país, en donde todo el mundo andaba muy bien, y como partió dos horas por delante, llegó mucho antes que nosotros.

Al alcanzar Miranda, el capitán subió a la casa, y teniendo ya los boletos para el alojamiento del general, de su Estado Mayor y de los batallones que venían, así como para sus lanceros, dijo a su primo que lo sentía mucho, pero que tenía que cumplir las órdenes recibidas de arrestarle, pero que confiaba en que se trataba de una mala inteligencia; también detuvo a un sacerdote y a otro individuo. Una o dos horas después llegaron Zumalacárregui y los Guías; a la mañana siguiente se tocó marcha antes de amanecer. Hacía frío, y, dada la estación del año, a las cuatro de la mañana estaba aún completamente obscuro. Formamos al otro lado del

march was beat before daybreak. It was cold, and in that season, being only four o'clock, pitch dark. We were formed on the other side of the bridge of the Arga, awaiting the General and his staff; I was standing beside the captain, who in a very silent mood was puffing away on his paper cigar, when three successive discharges, of several shots each, rung on the air, and we could distinctly see the flashes on the height on which Miranda is built, in the darkness.

"Adiós" said the captain.

"What is it?" I inquired.

"The three we arrested yesterday, amongst them my cousin, departing this life–the only relation I had in the world," and he recommenced puffing away vehemently at his cigar. After indulging in some minutes' gravity, he seemed little discomposed during the remainder of the day.

It appears the alcalde had some time been bought over by the enemy, and had sold them the piece of intelligence which saved their convoy. Being unable to write himself, he had dictated the letter to an

Capítulo 11 / Chapter 11

puente que está sobre el Arga, esperando al general y su Estado Mayor; yo me hallaba al lado del capitán, quien, con aspecto taciturno, fumaba un cigarrillo de papel; entonces oímos cinco descargas sucesivas, de varios tiros cada una, que rasgaron el aire, y pudimos ver claramente en la obscuridad los fogonazos, que partían de la altura en que está edificada Miranda.

"Adiós", dijo el capitán.

"¿De qué se trata?", pregunté yo.

"Los tres que arrestamos ayer, entre ellos mi primo, han abandonado esta vida; el único pariente que tenía en este mundo." Y empezó a dar chupadas rápidamente a su cigarro. Después de pasar por unos minutos de pesadumbre, él pareció poco descompuesto durante el resto del día.

Parece que el alcalde había sido comprado por el enemigo y había vendido a éste la información que salvó al convoy; siendo incapaz de escribir él mismo, dictó la carta a un sacerdote que sabía de ideas liberales, y la envió por un mensajero de toda confianza. Fue escrita por la

ecclesiastic whom he knew to be of liberal opinions, and he had sent it by an equally trusty messenger. It was written in the morning, and the same evening, the three who planned it, who wrote it, and who carried it, were arrested, and never saw another sunrise. The mystery always remained how Zumalacarregui was made acquainted with their treachery, as only one letter had been sent, and was evidently delivered; so that it is supposed he must have had some spy in the Christino ranks. So circumstantial was the accusation that when they were tried during the night by the auditor of war, or grand provost of the army, they gave up all hopes of escaping, and confessed their guilt. The circumstance added another example to the many of the singular certainty and rapidity with which the Carlist General always discovered the spies of the enemy, deterring those who might otherwise have been tempted by the high price they paid for all their information.

Having missed the convoy, we took the opportunity of destroying the fortified church of Villafranca, garrisoned by Urbanos, who, in the heart of

Doce meses de campaña - Twelvemonth's campaign

mañana, y aquella misma noche, los tres, el que la planeó, el que la escribió y que la llevó, fueron arrestados y ninguno volvió a ver otra salida de sol. Quedó siempre en el misterio cómo Zumalacárregui se enteró de su traición, pues solamente se escribió una carta, que evidentemente fue entregada; por esto se cree que él tenía algún espía en las filas Cristinas. La acusación fue tan detallada, que cuando ellos fueron juzgados durante la noche por el auditor de guerra, perdieron toda esperanza de salvación y confesaron su culpa. Lo ocurrido era un nuevo ejemplo, entre muchos, de la rapidez y certeza con que el general carlista descubrió siempre los espías del enemigo, disuadiendo por este medio de dedicarse al espionaje a aquellos que pudieran verse tentados por el alto precio que el enemigo pagaba por esta clase de informes.

Habiendo fallado el plan de apoderarse del convoy, aprovechamos la oportunidad para destruir la iglesia fortificada de Villafranca, guarnecida por "urbanos", quienes en el corazón de la Rivera, imaginándose a sí

the Rivera, fancying themselves out of the reach of the Carlists, had committed the greatest atrocities on the Royalists of the surrounding districts; and our being obliged to retire from Peralta a little time before, had given them greater confidence. To reach Villafranca, which is that wide vale of the Rivera between the Arga and the Aragón, the latter river must be crossed a little above where it empties itself into the Ebro at the place it is wide, but extremely rapid, and only to be crossed by a ford, which is generally perilous. We were guided by a little old man dressed like a "bourgeois" of the country, with a fur cap, and mounted on a magnificent nude. This was Ximenez, a native of the place, and Zumalacarregui's chief spy. He once possessed there very considerable property, which was confiscated on his having (with two of his sons) joined the Carlists; but the third, who had always been of a wayward disposition, had taken part with the Liberals where he met with rapid advancement, and was at this moment commanding the small garrison of fifty Urbanos shut up in the fortified church. Against his own son he was, therefore, leading the Royalist

mismos fuera del alcance de los carlistas, habían cometido las mayores atrocidades contra los carlistas de los distritos circundantes; y el vernos obligados a retirarnos de Peralta un poco antes, les dio a ellos una mayor confianza. Para alcanzar Villafranca, que está en un ancho valle de la Rivera en la margen izquierda del Aragón [42], debe cruzarse aquel río un poco por encima del sitio donde desemboca en el Ebro; en aquel lugar es ancho, pero excesivamente rápido, y solamente puede cruzarse por un vado, que es generalmente peligroso. Nosotros íbamos guiados por un pequeño viejo, vestido como un burgués del país, con una gorra de piel y montando una magnífica muía; éste era Jiménez, natural del lugar y el principal jefe espía de Zumalacárregui. Tuvo en algún tiempo muchas propiedades, las que le fueron onfiscadas por haberse unido a los carlistas con dos de sus hijos; pero el tercero, que era de una disposición peculiar, se fue con los liberales, con los que obtuvo rápidos ascensos, y mandaba en aquel momento la pequeña guarnición de 50 "urbanos" encerrados en la iglesia fortificada; por consiguiente, aquél guiaba los

battalions. It was at first hoped we should surprise the garrison in the village, from the secrecy and rapidity of our march. They had, however, retired into the old church, which was palisadoed and crenelled, and from whence they kept up an incessant fire. While the infantry was taking possession of the town, we went round at a full gallop to line the banks of the Ebro, and detain all the boats upon it, making it death for anyone to cross till the church was perceived to be burning. This was intended to prevent their receiving any succours from Calahorra and the other fortified places in Castille.

The garrison consisted of only fifty Urbanos, and were unimportant in every other point of view than that they prevented our levying rations, and terribly oppressed the inhabitants; unlike the generality of the Urbanos, who in Spain are drawn from the wealthier classes, they were mostly reprobates of the lower orders, of about the same stamp as the peseteros, and had only taken arms to have *carte-blanche* to plunder the neighbourhood. The week previous, they had levied 16,000 *duros* (nearly 4,000£.)

batallones carlistas contra su propio hijo. Se esperó al principio que nosotros sorprenderíamos la guarnición en el pueblo, habida cuenta de lo secreto y rápido de nuestra marcha; ellos, sin embargo, se habían retirado dentro de la vieja iglesia, que había sido empalizada y aspillerada, y desde la cual mantuvieron un incesante fuego. Mientras que la infantería tomaba posesión de la población, nosotros fuimos rodeándola a galope tendido, a formar en línea de batalla a las orillas del Ebro y a detener a todos los botes que lo urcaban, amenazando de muerte al que lo cruzase hasta que se viera que la iglesia ardía. Se hizo esto para evitar que recibiesen socorros de Calahorra o de otras plazas fortificadas de Castilla.

La guarnición se componía solamente de 50 "urbanos" y no tenía importancia alguna; pero evitaban el que nosotros sacáramos raciones, y tenían a los habitantes aterrados; a desemejanza de la generalidad de los "urbanos", que en España proceden de las clases más ricas, la mayoría de éstos eran reprobos de las clases bajas, de estampa parecida a la de los "peseteros", y solamente habían tomado las armas para

They were in the habit of arresting and executing, without trial or formality, any individuals suspected of Carlism, or who were obnoxious to them. The Queen's government made use of every kind of weapon, and discovered, too late, the immense injury it had received by the odium thus thrown over all its proceedings.

I must not omit a circumstance which struck me very forcibly. When the battalion of guides arrived rather late in the evening–for the 7th and 2nd had first invested the place–it got bruited amongst the inhabitants that a column was advancing, and that the Carlists were about retiring. The people, mistaking the troops who were waiting to receive their billets for our army preparing to march, loudly reproached us for leaving the work undone. With all the vehemence of the Spanish character, they showed their mortal hatred of the Cristinos, and the oppression they had endured from the *Brigands*, as they very unceremoniously styled the national guard of her most Catholic Majesty.

tener carta blanca con que saquear a la vecindad. La semana anterior habían cobrado como tributos dieciséis mil duros. Tenían el habido de arrestar y de fusilar a cualquier individuo sospechoso de carlismo o que les fuera molesto, sin formación de juicio. El Gobierno de la Reina empleaba toda clase de armas, y descubrió demasiado tarde el inmenso perjuicio que se hizo a sí mismo por la odiosidad que crearon estos procedimientos.

Yo no debo omitir una circunstancia que me impresionó muy vivamente. Cuando el batallón de Guías llegó, más bien tarde, en la noche, pues el séptimo y el segundo batallón habían anteriormente atacado la plaza, corrió la voz entre los habitantes de que una columna venía avanzando y que los carlistas estaban a punto de retirarse. El pueblo, confundiendo las tropas que estaban esperando a recibir sus boletos con un ejército que se preparaba a marchar, nos reprochaban en voz alta el que dejáramos "el trabajo" sin acabar. Con toda la vehemencia del carácter español, ellos expresaban su

I shall never forget one old woman, almost in rags, her grey hair floating dishevelled about her neck, who came up to the captain of a company with whom I was in conversation, and probably mistaking him for a superior officer, doubled her shrivelled hand in his face, and shrieked out a volley of insulting epithets, which she concluded by invoking "La maldición de Dios" (the curse of God) on all our heads if we retired like *falsos* (a word which it is difficult to translate according to the meaning attached to it in the provinces, and which means alike dastard and perfidious, and may perhaps be best rendered by false of heart), and left a single one of the *negros* alive. Having inquired of a bystander who was this fanatic, we were informed that she was an old weaver of a neighbouring village, whose only son had been shot that day a fortnight before—having been dragged from his bed by some of the Urbanos, it was supposed, for having carried tobacco to the Carlists—the only transgression he had been guilty of. On account of the popular excitement against them, it became necessary to destroy the garrison at all sacrifices,

odio hacia los cristinos y la opresión de que habían sido víctimas de los "bandidos", como ellos denominaban, poco ceremoniosamente, a la Guardia nacional de su "Majestad católica, la Reina".

Nunca olvidaré a una vieja mujer, casi harapienta, con su cabello gris flotando desgreñado sobre el cuello, que vino hacia el capitán de la compañía con quien yo estaba en conversación, y probablemente confundiéndolo con un oficial superior, "dobló" su mano arrugada en su cara y soltó una serie de epítetos insultantes y terminó invocando la maldición de Dios sobre nuestras cabezas si nos retirábamos como "falsos" (una palabra que es difícil de traducir de acuerdo con el sentido que se le da en las Provincias y que significa, a la vez, pérfido y collón y que acaso puede interpretarse mejor en el inglés por falso de corazón) si dejábamos con vida a uno solo de los "negros". Habiendo preguntado a un espectador quién era aquella fanática, se nos informó que era una vieja hilandera de una aldea vecina, cuyo único hijo había sido fusilado hacía quince días,

unimportant as it was in any other point of view, lest the inhabitants might say that the Carlists could not afford them any protection against their tyrants, and levied rations upon them without utility.

With some difficulty, the two four-pounders taken at Vitoria, and which at that time constituted all the artillery we possessed, were brought to bear on the church gates, which were lined with heavy sheets of iron. The gates having been burst open, with the loss only of three men wounded, the volunteers rushed into the church, but they were only able to surprise one or two of the enemy, the rest having retreated into the steeple, of which the staircase had been broken away, and where they had most strongly barricaded themselves. As they obstinately refused to surrender, and it would have taken too much time to undermine the massive walls of the old steeple–in which act the approach of a column would probably have interrupted us–it was resolved to set fire to it. Piles of wood, tow, goat-skins full of brandy, and other inflammable matter were collected at the foot of the steeple; the Baron de Los

Capítulo 11 / Chapter 11

después de haber sido arrancado de su cama, por alguno de los "urbanos", según se suponía, por haber llevado tabaco a los carlistas, la única falta de que había sido culpable. A causa de la excitación popular contra ellos, se hizo necesario el destruir la guarnición a toda costa, a pesar de la poca importancia que tenía en todos los aspectos; no fuera que los habitantes pudieran decir que los carlistas no podían concederles ninguna protección contra sus tiranos y que venían a llevarse las raciones sin utilidad.

Con alguna dificultad pudimos colocar una batería contra las puertas de la iglesia, que estaban forradas con pesadas hojas de hierro, los dos cañones que tomamos en Vitoria y que en aquel momento constituían toda nuestra artillería. Habiendo sido derribadas las puertas con la sola pérdida de dos soldados heridos, los voluntarios se precipitaron dentro de la iglesia; pero no pudieron sorprender más que a uno o dos del enemigo, pues el resto se había retirado a la torre, cuya escalera había sido deshecha y donde ellos se habían atrincherado

Valles, having just arrived with the King, had been entrusted with the commission of setting fire to it. The besieged had no doubt of being relieved before daybreak, and therefore were loud in their jokes against the Carlists, to whom they called out, "Mountain thieves! Sons of monks! Rebels! You will soon have to run back to your mountains. The columns are advancing." Nor were the volunteers backward in replying according to their usual practice.

We now perceived, from the sound of voices, that they had women in the steeple; and, upon inquiry, were informed that independently of the fifty Urbanos, there were in the steeple eight women and eleven children of their own families, besides two women and two monks, their prisoners. Here was a striking picture of the horrors of civil war, even to ourselves, who had been accustomed to them for several months in every shape. Those which occurred during the burning of the church of Villafranca we had never pictured to ourselves even in imagination. At about ten o'clock at night, the tower was all in flames; but the garrison retreating higher and

fuertemente. Como se negaban obstinadamente a rendirse y nos hubiera llevado demasiado tiempo el minar los macizos muros de la vieja torre (en cuya ejecución probablemente nos hubiera sorprendido la aproximación de alguna columna), se dio orden de prenderle fuego. Pilas de madera, estopa, pellejos llenos de aguardiente y otras materias inflamables fueron amontonadas al pie de la torre. El barón de los Valles, que acababa de llegar con el Rey, recibió el encargo de pegarle fuego. Los sitiados no tenían duda alguna de que serían socorridos antes del amanecer, y, por lo tanto, armaban mucha algazara con sus chistes y gritos contra los carlistas, a quienes llamaban "ladrones de montaña", "hijos de frailes", "rebeldes", tendréis que correr pronto a vuestras montañas"; "las columnas vienen avanzando", agregaban. Ni eran remisos nuestros voluntarios en replicarles, de acuerdo con su práctica usual. Nos apercibimos ahora, por el sonido de sus voces, de que había mujeres en la torre, y hechas las averiguaciones del caso, fuimos a informarnos de que, independientemente de los 50 "urbanos", había en ella ocho mujeres y once niños de

higher, still obstinately held out, and kept up an incessant fire on every object that presented itself. The shrieks of some, however, who had taken refuge in corners of the building where they were reached by the flames, as well as the women and children who saw the devouring element raging below, were now heard at intervals, and although orders were given to fire only on the men, it was often impossible to distinguish the dark figures that flitted before the light, endeavouring to obtain an instant breath of air out of the smoky atmosphere. It was repeatedly proposed to them to let the women and children out, but this they refused.

The bells had all fallen in, and packets of cartridges were constantly exploding; towards morning a few faint cries of "¡Viva el Rey!" were heard from the women, and the commandant of the tower inquired if quarter would be given them. He was answered, "No, the men had none to hope for." He then inquired if it was Zumalacarregui who had besieged them, and where was he? The General had just arrived, and most imprudently went beyond the corner of the

Capítulo 11 / Chapter 11

sus propias familias, además de dos mujeres y dos frailes que eran sus prisioneros. Aquí teníamos un ejemplo saliente de los horrores de la guerra civil, aun para nosotros, que estábamos acostumbrados a ellos desde hacía varios meses. Los que ocurrieron durante la quema de la iglesia de Villafranca, nunca pudimos ni imaginárnoslos antes. A eso de las diez de la noche, toda la torre estaba en llamas; pero la guarnición, retirándose más y más arriba, aún se defendía obstinadamente y mantenía un fuego incesante contra todo lo que se presentaba a su alcance. Los chillidos de algunos, que se habían refugiado en los ángulos del edificio, a donde alcanzaban las llamas, así como los de las mujeres y niños, que veían que el elemento devorador hacía estragos abajo, se oían, sin embargo, de cuando en cuando, y aunque se dieron órdenes de disparar sólo contra los hombres, se hacía a menudo imposible el distinguir las negras figuras que se agitaban ante la luz, intentando obtener un poco de aire respirable en aquella atmósfera de humo. Se les propuso repetida veces que dejaran salir a sus mujeres y niños, pero ellos se negaron.

church, exclaiming, "¡Aquí estoy!" "Here I am!" The commandant said they could bear the heat and smoke no longer, and asked if they would be allowed the consolations of religion before they suffered death. Zumalacarregui replied that the Carlists had never yet denied them that, but not to flatter themselves with the hope of mercy. The commandant then said that they surrendered. But how men who had defended themselves so desperately, and who had no chance for their lives, missed the opportunity of shooting the Carlist leader (who was not above fifty yards from them) by firing downwards, when it is so much easier to aim, and a bullet carries so much straighter than in a horizontal direction, has always been a matter of surprise to me, particularly as several shots were fired by them afterwards.

The flames were by this time nearly extinguished, but the smoke had proved more intolerable than the fire. When ladders were placed to the church roof, and the volunteers went up to receive their arms, they shot one soldier, and an officer was wounded. The men who fired

Doce meses de campaña - Twelvemonth's campaign

Las campanas todas habían caído, y los paquetes de cartuchos explotaban continuamente; hacia la añana se oyeron unos pocos y débiles gritos de "¡Viva el Rey!", lanzados por las mujeres; y el comandante de la torre preguntó si se les daría cuartel, y se le contestó: "No; los hombres no tienen que esperarlo". Entonces preguntó si era Zumalacárregui el que les había sitiado, y dónde estaba. El general había justamente llegado, y del modo más imprudente avanzó más allá del ángulo de la iglesia, exclamando: "¡Aquí estoy!" El comandante dijo que ellos no podían sufrir ya más tiempo el calor y el humo, y preguntó si se les concederían los auxilios de la religión antes de que sufrieran la muerte. Zumalacárregui replicó que los carlistas no habían negado aún a nadie esto, pero que no se hiciesen ilusiones con la esperanza de perdón. El comandante dijo entonces que se entregaban. Yo siempre quedé sorprendido al ver cómo hombres que se habían defendido tan desesperadamente y que no tenían esperanzas de salvar sus vidas, dejaran pasar la oportunidad de disparar sobre el jefe carlista, que no estaba a

were bayoneted on the spot— one in particular, who defended a narrow ledge, and was struck in the breast by a volunteer, fell from the top to the bottom of the steeple headlong at our feet: the rest made no resistance. Three women (one a prisoner) and four children had perished, and above thirty of the garrison, either in the church, by the smoke or the flames, or the shot of the assailants. Those that remained were so blackened by the smoke that they presented a most ghastly appearance; with considerable difficulty, they were got down over the roof of the church, which, although the steeple had been burning for ten or twelve hours, had never taken fire.

The commandant, who only the day before had received his captaincy, and his lieutenant, were brought before the General, who inquired whether the garrison had been acting all along by his orders. The commandant hesitated, but the ex-schoolmaster boldly replied, "Yes, they acted by our orders." The former was a short man, about four-and-thirty, his form athletic, and his bones all thickly set; he was dressed in blue trowsers and a

Capítulo 11 / Chapter 11

más de cincuenta varas de ellos, con la ventaja, además, de tirar hacia abajo, que es cuando se apunta con mayor facilidad y cuando las balas marchan más derechas que en dirección horizontal; tanto es más de extrañar esto, cuanto que después dispararon varios tiros.

Para entonces las llamas se habían extinguido; pero el humo resultó aún más intolerable que fuego. Cuando se colocaron escalas hasta el tejado de la iglesia y subieron los voluntarios para recibir las armas de los sitiados, éstos mataron a un soldado e hirieron a un oficial. Los sitiados que dispararon fueron atravesados por la bayoneta en el acto, particularmente uno que defendía un estrecho borde y fue herido en el acto por un voluntario, cayendo desde lo alto hasta el fondo de la torre, de cabeza, a nuestros pies; el resto no ofreció resistencia. Habían perecido ya tres mujeres, una de ellas prisionera, y cuatro niños y más de treinta de la guarnición, ya en la iglesia o por el humo de las llamas, o por los disparos de los asaltantes. Los que permanecieron con vida se hallaban tan ennegrecidos por el humo, que ofrecían un

zaniarra. The smoke to which he had been all night exposed had swollen his eyelids and darkened his face, giving his features, naturally coarse and repulsive, a still more forbidding appearance. This was the son of Ximenez; on the whole, he presented the idea of a bold and determined ruffian. The schoolmaster, who was also below the middle stature, had an open and prepossessing countenance, and he behaved in every respect with the firmness of a man; while the captain occasionally betrayed signs of weakness, which I should scarcely have expected after his gallant defence—for such it incontestably was.

"Have you anything to say in your defence?" inquired the general. The reply of the lieutenant was to the following effect, as nearly as I can remember: he neither begged for mercy, nor did he suppose it likely that pardon would be granted him. They might, however, do worse than let him live; he had no affection either for the Queen or for Don Carlos, but where chance had thrown him, that party, as they had seen, he would serve; and if they chose to try him, and let him live, he would

aspecto macabro; se les bajó con mucha dificultad desde el tejado de la iglesia, en el que no había prendido el fuego, aunque la torre estuvo ardiendo durante diez o doce horas.

El comandante, que había recibido su grado el día anterior, y su lugarteniente, fueron llevados delante del general, quien les preguntó si la guarnición había obrado en todo el tiempo de acuerdo con sus órdenes. El comandante dudó; pero el ex maestro de escuela replicó audazmente: "Sí, ellos obraron de acuerdo con nuestras órdenes." El primero era un hombre bajo, como de cuatro pies treinta, de forma atlética y recia osamenta; vestía pantalones azules y una zamarra. El humo a que estuvo expuesto toda la noche había quemado sus cejas y ennegrecido su cara, dando a sus facciones, que eran por naturaleza repulsivas y ásperas, un aspecto aún más repugnante. Este era el hijo de Jiménez; tomado en conjunto, afrecía el aspecto de un malhechor atrevido y determinado. El maestro de escuela, que también era más bien bajo, tenía un aspecto noble y atrayente, y se portó bajo todos los aspectos con la

serve the King like a soldier, and if they shot him, like a soldier he would die.

"And you?" to the captain.

"I only surrendered," replied the son of Ximenez, "because I was promised quarter; if not, I should have held out longer. You may judge, from my behaviour, whether I would not have perished in the tower if I had not distinctly understood so."

"It is false," hastily interrupted the general; "whom did I speak to myself?"

"To me," said the lieutenant. "And did you say to the commandant that I had offered quarter?"

"No. I told him that you had refused us our lives, and we should both have perished there, only the smoke had grown intolerable: this is the truth, or you would not behold me here now." The general beckoned with his hand for them to be removed. "You will remember my father and brother?" said the captain imploringly. "If I have done the King wrong, they have served him faithfully."

Capítulo 11 / Chapter 11

firmeza de un hombre, mientras que el jefe a veces ofrecía signos de debilidad, lo que yo apenas hubiera esperado después de su heroica defensa, pues tal fue, sin duda alguna.

"¿Tienen ustedes algo que decir en su defensa?", preguntó el general. La respuesta del subteniente fue de la siguiente forma, según la recuerda mi memoria: "Que él no pedía merced ni suponía que le sería concedido el perdón; que ellos podían hacer algo peor que dejarle vivir; que no tenía afecto ni por la Reina ni por Don Carlos; pero que donde la suerte le había lanzado, allí, como lo habían podido ver, él serviría, y que si ellos elegían el juzgarle y dejarle con vida, él serviría al Rey como un soldado, y que si le fusilaban, moriría como un soldado." "¿Y usted?", preguntó al capitán. "Yo sólo me entregué— replicó el hijo de Jiménez—porque se me prometió cuartel; si no, yo hubiera resistido más tiempo. Usted puede juzgar por mi comportamiento si yo no hubiera sido capaz de morir en la torre si no hubiera oído claramente que se me concedía cuartel."

The whining tone in which this appeal was made contrasted unfavourably with the bold and frank demeanour of his fellow captive. "If your brother had been taken," said the general, "his brother's treason would have been no palliation of his loyalty." The schoolmaster, I remember, held a paper cigar between his fingers (for at all times and seasons the Spaniards smoke), and was looking round for a light. The general took his own cigar from his mouth, and handed it to him to ignite his by; he bowed respectfully as he returned it to him. "Think on what I have said, general," cried he, as they were led away. It was evident that Zumalacarregui was strongly prepossessed in this man's favour; he gazed after him with that intense and penetrating look so peculiar to him, and muttered a few words, in which "¡Qué lástima aquel muchacho!"– "What a pity that lad!" were alone audible.

"Es falso —contestó rápidamente el general—. ¿A quién hablé yo en persona?"

"A mí", dijo el subteniente. "¿Y usted dijo al comandante que yo había ofrecido cuartel?"

"No; yo le dije que usted nos había negado la vida, y ambos hubiéramos perecido allí, a no ser por el humo, que se hizo intolerable. Esta es la verdad, y si no, usted no me vería aquí a mí." El general hizo señales con la mano de que los retiraran. "Usted se acordará de mi padre y hermano —dijo el capitán implorando—. Si yo he hecho daño al Rey, ellos le han servido fielmente".

El tono quejumbroso en el cual hizo esta petición contrastaba desfavorablemente con la conducta franca y atrevida de su compañero de cautiverio. "Si su hermano hubiera sido cogido—dijo el general—, la traición de otro hermano no hubiera servido de paliativo a su lealtad." El maestro de escuela, lo recuerdo muy bien, tenía un cagarrillo de papel entre sus dedos (pues los españoles fuman en todos tiempos y estaciones), y miraba alrededor pidiendo lumbre. El general cogió su cigarro de la boca y se

lo dio para que encendiese; él se inclinó respetuosamente al devolvérselo. "Piense en lo que he dicho, general", gritó en el momento en que se separaban. Era evidente que Zumalacárregui se hallaba fuertemente predispuesto en favor de aquel hombre; le miró fijamente, con aquella mirada tan intensa y penetrante que le era peculiar, y musitó unas pocas palabras, de las cuales solamente oímos éstas: "¡Qué lástima aquel muchacho!"

Capítulo 12

Jiménez y su hijo. Muerte del hijo. La ermita. Carlos, vizconde de Barrez. Derrota de Mendaza. Un emigrante. Muerte de Barrez. El corneta Moriones.

Chapter 12

Ximenez and his son. Death of the son. The hermitage. C. Vicomte de Barrez. Defeat of Mendaza. An emigrant. Death of Barrez. The fifer Moriones.

La escena en aquella mañana fue extraordinaria cuando los voluntarios fueron autorizados para saquear la torre. No pudiendobajar las escaleras y hallándose casi al rojo vivo toda la parte baja de la torre, sin abandonar el botín cogido, ellos lanzaron lo que no pudieron consumir (grano, bizcochos, pólvora, cartuchos, chocolate, escopetas, vigas, mosquetones y otros muchos artículos de valor que habían sido cogidos al paisanaje) desde la torre a la calle. Los cadáveres que encontraron, algunos medio quemados, también fueron lanzados abajo para ser enterrados. Había entre ellos los de varios niños. Su pesada caída desde 60 a 100 pies producía un efecto aterrador en los soldados, que estaban empeñados en recoger los despojos obtenidos en esta triste expedición. Los habitantes de Villafranca, sin embargo, parecía que no

The scene in the morning was extraordinary, when the volunteers were allowed to pillage the tower. Being unable to descend the ladders, all the lower part of the tower being still nearly red-hot, without losing hold of their booty, they threw what had not been consumed—corn, biscuits, powder, cartridges, chocolate, old guns, and muskets which had been taken from the peasantry, and many articles of value down from the steeple to the ground. The dead bodies they met with, some half consumed, were also thrown down to be buried. There were amongst the number the corpses of several infants. Their heavy fall, sixty or a hundred feet, had an appalling effect on the soldiers, intent as they were on scrambling for the spoil obtained by this melancholy expedition. The inhabitants of Villafranca, however, seemed to have no

Capítulo 12 / Chapter 12

participaban de este terror, y se evitó con dificultad que degollasen a los prisioneros. Las mujeres, como lo he observado en estos casos, eran- las más violentas y lanzaban frases ofensivas a los oídos de los cristinos capturados. Ciertamente, si una décima parte de lo que les reprochaban fuera cierto, ellos merecían ampliamente su suerte. Ha sido siempre para mí un motivo de sorpresa cómo un Gobierno que poseía todos los resortes del poder (dejando a un lado la injusticia del caso) podía ser tan imprudente e impolítico como para dejar sueltos contra una población a una sarta de rufianes como aquellos que componían esta guarnición y cuya conducta era suficiente para indisponer a los habitantes contra "el Gobierno, aun suponiendo que no hubiera existido un desafecto anterior.

Fue, creo yo, dos o tres días después de este suceso cuando nos encontramos en Sangüesa, en la frontera de Aragón, donde, siendo mi hospedaje de la peor clase posible, el tiempo demasiado lluvioso para instalarse en la puerta y la casa de lo más pobre, tan ahumada y sucia que era imposible

such feelings, and were with difficulty prevented from massacring the prisoners. The women, as I have generally remarked in those cases, were the most violent, and screeched out their diverse grievances in the ears of the captured Cristinos. Certainly, if one-tenth part of what they reproached them with were true, they richly deserved their fate. It has always been a matter of surprise to me how a government wielding every engine of power, setting aside the injustice of the case, could be so imprudent and impolitic as to let loose upon a population a set of ruffians like those who composed this garrison, whose conduct alone was sufficient to indispose the inhabitants towards it, supposing even no previous dislike to have existed.

It was, I think, two or three days after this affair that we were at Zangotza, on the frontier of Aragón, when my own lodging being of the worst possible kind, the weather too rainy to lounge at the door, and the house, which was of the poorest description, so smoky and dirty that it was impossible to remain in it, I went in search of a particular friend, a captain of guides,

permanecer en ella, fui en busca de un amigo particular, un capitán de Guías, con el cual yo me había alojado anteriormente y con quien tenía la costumbre de cenar y dormir si el alojamiento que le tocaba en suerte era mejor que el mío. Ocurrió que él estaba de guardia con su compañía en la "prevención", como se denominaba a la prisión movible. Los prisioneros, como no teníamos depósito, marchaban entre bayonetas caladas, lo que distinguía a los que hacían este servicio, en el cual eran empleados por turno los soldados desde el amanecer hasta la noche. El lugar fijado para la "prevención" durante aquella noche era, en este caso, una vieja posada abandonada, sin un solo "palo" de mobiliario. El capitán me informó que los oficiales de los "urbanos" de Villafranca estaban entre los prisioneros, y que el comandante había escrito a su padre, Jiménez, pidiéndole una entrevista, y que era esperado de un momento a otro.

Cuando entramos en la habitación donde los prisioneros estaban recluidos en número de seis u ocho, todos pertenecientes a la guarnición de Villafranca, el

with whom I had formerly messed, and was in the habit of supping and sleeping if it chanced that his quarters were better than my own. He happened to be on guard with his company at the "Prevention," as the moveable prison was termed. The prisoners, as we had no depot, followed on the march between fixed bayonets, which distinguished those on that service, in which, turn by turn, they were employed from sunset to sunset. The spot fixed on for the prevention for the night was, in this instance, an old abandoned inn without a stick of furniture. The captain informed me that the officers of the Urbanos of Villafranca were amongst the prisoners, and that the commandant had written to his father, Ximenez, requesting an interview, and that he was momentarily expected.

When we entered the room where the prisoners were confined to the number of six or eight, all belonging to the garrison of Villafranca, the commandant was sitting in an alcove writing, and the lieutenant walking up and down, smoking; the former asked us repeatedly if we thought there was any chance

Capítulo 12 / Chapter 12

comandante estaba sentado y escribiendo en una alcoba y el subteniente moviéndose de arriba abajo y fumando; el primero nos preguntó repetidas veces si creíamos que había alguna probabilidad de que su vida fuera salvada. "Yo sé que lo que pesa contra mí es el haber dado muerte a varios campesinos; pero ustedes saben que los tratan muy duramente cuando de cualquier modo se oponen a ustedes, y, como yo he demostrado al auditor de guerra, mis órdenes en este particular eran muy severas. Nosotros nos hallábamos en una situación muy diferente de ustedes, pues teniendo toda la población en contra de nosotros, es imposible evitar el que se hagan algunos escarmientos severos. Además, los servicios de mi padre debían contar para algo." Hallándonos convencidos de que no había probabilidad de que les fuesen perdonadas las vidas a los prisioneros que eran "urbanos" y voluntarios, y que además habían adquirido una tan desgraciada celebridad por el trato que dieron a los habitantes del país, y en una época en la cual no se daba cuartel ni a los soldados de línea, los que se suponía que por hacer el servicio

of his life being spared. "I know that what weighs principally against me is having shot several peasants, but you know you use them very hardly yourselves, when they are at all opposed to you, and, as I have proved to the auditor of war, my orders on that point were very strict. We are in a different situation from you; having all the population against us, it is impossible to forego making some severe examples. My father's services ought to count for something, too." Convinced as we were that there was no chance of their lives being granted to the prisoners, who were Urbanos and volunteers, and who had besides acquired such an unfortunate celebrity for their treatment of the inhabitants, at a time when no quarter was given even to the line, who were supposed, being originally conscripts, to have been in sonic manner forced to fight against us, since after the 28th of October, when we had spared the lives of six hundred men, the very next prisoners that fell into the hands of the Cristinos were immediately put to death, we pleaded entire ignorance as to the fate that, awaited them.

When I heard that Ximenez

obligatorio, en cierto aspecto, estaban forzados a luchar contra nosotros, y que después del 28 de octubre (cuando nosotros perdonamos las vidas de 600 soldados) los primeros prisioneros nuestros que cayeron en poder de los cristianos fueron inmediatamente fusilados, nosotros abrigábamos muy poca esperanza acerca de la suerte que les esperaba.

Cuando oí que Jiménez había llegado, no pude menos de sentir un estremecimiento de terror, y estábamos todos para retirarnos, cuando los prisioneros nos pidieron que nos quedásemos. La reunión y la separación, por última vez, a este lado de la tumba, entre el padre y el hijo, los que, aunque divididos en cuanto a opiniones, estaban aún unidos por la sangre y el afecto, que en vano trataban de controlar, fue una escena que partía el corazón. Jiménez había sacrificado dos fortunas y la comodidad e independencia de su ancianidad al cumplimiento de su deber, y ahora veía a su hijo mayor, y antes su hijo más querido, a punto de sufrir la muerte, con la conciencia de que él había hecho algo para traerle este castigo tan amargo. Al principio se había decidido

was come, I could not help feeling a thrill of horror, and we were all about retiring, when the prisoners begged us to remain. The meeting and the parting, the last time on this side of the grave, between the father and son,—who, however divided in opinions, were still united in blood and in affections, which they in vain endeavoured to control— was a heart-rending scene. Ximenez had sacrificed two fortunes, and the ease and independence of his old age, to his duty, and he now saw his eldest and once his best-beloved son, about to suffer death with the consciousness that he had done his part to bring him to so bitter a punishment. He had resolved at first not to trust himself with an interview, but the prayer of his son, against whom all animosity was now extinct, he had been unable to refuse.

Ximenez, of whom I knew much both before and since, although advanced in the vale of years, is still hale and healthy, short in stature, sharp-featured, and grey-haired. I shall never forget, when he entered the room, his son's throwing himself at his feet, and the expression of his

a no celebrar la entrevista; pero no pudo dejar desoídos los ruegos de su hijo, contra el cual toda animosidad había cesado ahora.

Jiménez, del cual yo supe muchas cosas de antes y de después, aunque avanzado en años, estaba todavía sano y robusto; era corto de estatura, de facciones agudas y pelo gris. Yo no olvidaré nunca su entrada en la habitación, cuando su hijo se echó a sus pies, ni la expresión de su continente cuando las lágrimas brotaban de sus ojos grises y corrían por sus mejillas curtidas por el aire del campo. Al instante se abrazaron y apretaron el uno contra el otro. Retiráronse a la alcoba, conversaron anhelosamente durante unos instantes, pero sin hablar hasta el final de la posibilidad de salvarle, por lo que pude colegir involuntariamente. Al despedirse el padre, le oímos decir clara y ansiosamente al hijo: "Entonces, ¿no hay esperanza?" "Pide a Dios", contestó el viejo al despedirse. Cuando había marchado, nosotros enviamos la mayor parte de nuestra cena a los prisioneros, que tenían sus raciones, pero que sólo podían guisarlas como los soldados.

countenance as the tears started to his grey eyes and rolled over his weather-beaten cheeks! In an instant, they were locked in each other's embrace. Retiring into the alcove, they conversed earnestly for some time, but not, from what I involuntarily gathered, until the last, about the possibility of saving him. As the father took leave of him, we heard him distinctly and earnestly say, "Is there no hope, then?" "Pida usted a Dios!"–"You must pray for it to God!" replied the old man, as he tore himself away. When he was gone, we sent up the larger part of our supper to the prisoners, who had their rations, but which they could only get cooked in soldier-fashion. We had much conversation with them. The commandant seemed much more tranquil after this interview, and his lieutenant preserved the same sang-froid as at first. We lay down on the floor, a bed we were pretty well accustomed to. For my own part, being so unlucky in the lodging that had fallen to me, it was not worthwhile to go through the dark and muddy streets for–what I could find on the spot–a place to stretch my cloak on.

Doce meses de campaña - Twelvemonth's campaign

Conversamos largo tiempo con ellos. El comandante parecía mucho más tranquilo después de esta entrevista, y su lugarteniente conservaba la misma sangre fría que al principio. Nos echamos a dormir en el piso, una cama a la que estábamosya bastante acostumbrados. Por mi parte, habiendo sido tan desafortunado con el alojamiento que me tocó en suerte, creí que no merecía la pena de marchar a través de una calle obscura y llena de barro para otra casa, en la que, a lo sumo, podría extender mi capote en el suelo, lo que no podía hacer donde estaba.

Uno o dos días después, habiendo sido juzgados por el auditor de guerra, los prisioneros fueron fusilados. Al preguntar por ellos, me dijeron que habían sido pasados por las armas. He visto a Jiménez después muchas veces. El continúa sirviéndonos con el mismo celo, y se ha encontrado en muchas y peligrosas expediciones; pero se halla visiblemente alterado, y tiene siempre un aire melancólico y triste. Yo he oído, pero no respondo de su autenticidad, que Lorenzo le había ofrecido una gran cantidad de dinero si

A day or two after, having been tried by the auditor of war, the prisoners were shot. On inquiring after them, I was told that they had been *pasado por las armas*. I have often seen Ximenez since. He still continues to serve us with the same zeal, and has been on many and dangerous expeditions, but he is visibly altered, and has always a settled gloom and melancholy in his countenance. I have heard, but never authentically, that Lorenzo had offered him a large sum of money to gain him over; this had come to Zumalacarregui's knowledge by means of the communication he kept up in the heart of the adverse party, and he had reproached Ximenez with not having informed him of it. On account of this, it was said, he had been deterred from making any application to obtain the pardon of his son. This may or may not be the fact, and it signified little, as, under existing circumstances, it was out of the general's power to have granted it.

In the month of December, 1834, we were quartered in the villages of the Valley of Berrueza or San Gregorio;–the General had then under him a

pasaba a su servicio; esto llegó a conocimiento de Zumalacárregui por medio de las comunicaciones que recibía del corazón del partido contrario, y reprochó a Jiménez el no haberle informado sobre el caso. A causa de ello, se dijo que Jiménez desistió de pedir el perdón de su hijo. Esto puede ser o no cierto, pero no tenía gran importancia, pues en las circunstancias del momento estaba fuera del poder del general el haber concedido tal perdón.

En el mes de diciembre de 1834 nos acuertelamos en las aldeas del valle de la Berrueza; el general tenía entonces consigo una fuerza considerable, entre la cual se hallaban mi escuadrón y los Guías, que le seguían a todas partes. Este valle puede considerarse como un terreno neutral entre las montañas y la tierra llana y ondulante de la Rivera, de la cual se halla solamente dividido por una cordillera. En la cumbre de la cordillera se levanta un edificio alto, más bien de estilo moruno, y que se parece a uno de esos castillos que se hallan desparramados por el país y que se asemejan a centinelas situados en las alturas aquí y

considerable force, amongst which were my own corps and the guides, who always followed him. This valley may be considered as neutral around between the mountains and the flat or undulating land of the Rivera, from which it is only divided by one chain. On the summit of the chain rises a lofty building, something in the Moorish style, and resembling one of those old castles which are scattered over the country, seeming to stand here and there as sentinels on the heights, whence they look on either side far over the plains below. The edifice in question is, however, the chapel of St. Gregory, whose relics are enshrined there in silver. Originally erected, probably for warlike rather than for religious purposes, it resembles a watch-tower more than a hermitage, the name it goes by in the country, where its reputation is far spread, and is attested in time of peace by numerous yearly pilgrimages.

After the battle of Vitoria, the enemy had not seemed at all anxious to take the field; but a considerable period having elapsed in almost perfect inaction, the Queen's generals thought themselves in honour

allá, desde donde miran a todos lados mucho más allá de las llanuras que se hallan a sus pies. El edificio en cuestión es la capilla de San Gregorio, cuyas reliquias se guardan allí, encerradas en plata. Erigido probablemente para fines guerreros más bien que para religiosos, parece más una torre de vigilancia que una ermita, que es el nombre que le dan en el país, donde su reputación se halla muy extendida, como lo atestiguan las numerosas peregrinaciones que se celebraban en tiempos de paz.

Después de la batalla de Vitoria, el enemigo no demostraba deseos de salir a campaña; pero habiendo transcurrido un largo período en casi completa inacción, los generales de la Reina se creyeronobligados por su honor a intentar algún movimento, y durante muchos días estuvieron concentrándose en dirección a Estella y Los Arcos, con la intención de forzar el paso a las llanuras de Vitoria por el camino de Zúñiga.

El ejército carlista, que se componía de diez batallones, ocupaba Piedramillera y su valle, preparado para ofrecerles

bound to attempt some movement, and for many days had been mustering strong in the direction of Estella and Los Arcos, with the intention of forcing a passage by way of Zuñiga to the plains of Vitoria, on the other side of the Sierra de Andia.

The Carlist army, consisting of ten battalions, occupied Piedramillera and the valley, thus ready to give them battle at the first step. I had been sent in the morning with a few horses to place videttes on a height whence we could observe the road from Estella to Los Arcos. A considerable division had passed to the latter town. The day being miserably cold, I had a fire lighted, but the wind was so high and piercing that I was, notwithstanding, almost frozen. An order was given me towards night-fall to return, after having spent eight or ten hours on my post. It was pitch dark by the time I got back; and by the order and regularity with which we were challenged by the advanced guard, I recognised that it was commanded by a young French officer of the guides, with whom I was particularly intimate; and whose friendship, if it had not been

Capítulo 12 / Chapter 12

batalla al primar movimiento. Yo fui enviado por la mañana con unos pocos caballos a colocar un puesto de observación en la altura desde la cual podíamos ver el camino real de Estella a Los Arcos. Una importante división había pasado a esta última población. Como el día era atrozmente frío, encendí una fogata; pero a pesar de ello el frío era tan penetrante, que casi me helé. Se me dio orden, hacia la caída de tarde, de volver, después de haber pasado ocho o diez horas en mi puesto. Estaba obscuro, ciego, cuando yo volví al punto de partida; y a juzgar por el orden y la regularidad con que se nos daba el "quién vive" por la guardia avanzada, reconocí que estaba mandada por un joven oficial francés de Guías, del cual era yo íntimo amigo, y cuya amistad estoy seguro de conservarla aún, si no hubiera tenido aquél la desgracia de caer tan pronto.

Carlos, vizconde de Barrez, era el mayor de tres hermanos y su padre uno de los más decididos carlistas del sur de Francia. En los comienzos de la guerra, con aquel sentimiento caballeresco que distinguía a los viejos nobles de Francia, envió a sus tres

his fate to fall so early, I hope I should have still preserved.

Charles Vicomte de Barrez was the eldest of three brothers, their father one of the most determined Carlists of the south of France. In the earliest part of the war, with that chivalrous feeling which distinguished the old French nobles, he sent his three sons, with his blessing, to fight for a Bourbon who was struggling for his throne, in the hope, perhaps somewhat visionary, that his success might revive the fallen hopes of the same family in France. Young Barrez had been a lieutenant of artillery in his native country, but on the breaking out of the revolution which hurled the legitimate branch from the throne, had immediately resigned. As we at that time had only the two small field-pieces taken at Vitoria, and there was, in consequence, nothing to do in this service, he begged to change to the infantry, and a few days before had entered the guides. The three brothers, all of whom I knew well, were favourites in the army, and behaved with much gallantry;–but the oldest, of a singularly prepossessing personal appearance, his limbs and features, though small, all

[332]

hijos, con su bendición, a luchar por un Borbón que se debatía para alcanzar su trono, con la esperanza, acaso un tanto ilusoria, de que su éxito pudiera revivir las esperanzas caídas de la misma familia en Francia. El joven Barrez había sido subteniente de artillería; pero al estallar la revolución que lanzó del trono a la rama legítima, dimitió inmediatamente. Como por entonces nosotros sólo teníamos las dos piezas de artillería tomadas en Vitoria y, por consiguiente, no había mucho que hacer en este servicio, pidió que le destinasen a infantería, y unos pocos días antes entró en los Guías. Los tres hermanos, a todos los cuales yo conocía bien, eran favoritos en el Ejército y se portaron con marcado valor; pero el mayor, de un aspecto personal singularmente atrayente, sus miembros y facciones, aunque pequeños, delicada y regularmente moldeados, su frente alta y noble, sus negros ojos con expresión pensativa, era uno de esos caracteres originales y nobles que a primera vista se diferencian del común; estudiante concienzudo y caballero completo, había cultivado tanto la literatura como las

delicately and regularly moulded,–his brow high and noble,–and his dark eyes with a thoughtful expression,–was one of those original and sterling characters which, even upon first acquaintance, are distinguished from the common herd. A profound scholar, and an accomplished gentleman, he had cultivated both ornamental literature and mathematics, talents rarely united, with singular success. On English literature, with which he was perfectly acquainted as well as with his own, we were in the habit of conversing; he had also made several very useful and ingenious inventions for the service of the artillery, to the study of which he had devoted himself. I have mentioned the reasons which prevented him from following such a career in France.

Though only twenty-seven years of age, he had seen much of the world, and was looked upon as a good companion in our revels. His disposition, however, was naturally serious and contemplative. Being the eldest son, and descended from an ancient and loyal family, he had considered it his duty to unsheath his sword for a cause which he deemed to be

matemáticas con disposición que rara vez se encuentra unida en la misma persona; y además, con éxito extraordinario. Teníamos la costumbre de conversar sobre literatura inglesa, la que conocía perfectamente, así como la suya propia; también hizo varios y útiles inventos para el servicio de la artillería, a cuyo estudio se había dedicado con verdadera devoción. Ya he mencionado antes las razones por las que no siguió esta carrera en Francia.

Aunque sólo tenía veintisiete años, había visto mucho mundo, y se le consideraba como un buen compañero en nuestros regocijos. Su temperamento era, sin embargo, serio y contemplativo. Siendo el mayor de los hijos y descendiente de una antigua y leal familia, consideraba él como su deber el desenvainar su espada por una causa que juzgaba justa y sagrada, y a la cual él creía que su honor le ligaba tanto más cuanto se encontraba más abandonada. Sus hermanos eran alegres y despreocupados; pero él se había apartado con cierta pena de sus estudios científicos, de su madre y hermanas, para abrazar una vida no sólo de

a just and sacred one, and to which he believed, when it was most abandoned, his honour most bound him to adhere. His brothers were gay and thoughtless, but he had reluctantly parted from his scientific pursuits, his mother and sisters, to embrace a life, not only of peril, but totally unsuited to his feelings and character. He behaved with the greatest valour; but the scenes of desolation and horror which we were daily called upon to witness seemed to leave a profound impression on his mind. Though very strict in everything regarding the service, he was beloved by all those under his orders; and when his company happened to be on guard at the "prevention," he used to devote his time to the prisoners—writing their memorials, furnishing them at his own expense with a thousand little comforts, and listening to all they had to say—details to which, after marching all day, and from boors and soldiers who imagine their fate is in the hands of a subaltern, few men would have had the patience to attend.

The post made a fire under a sort of shed, their arms being

peligro, sino totalmente opuesta a su carácter y sentimientos. Se portó siempre con valor sobresaliente; pero las escenas de horror y desolación que teníamos que presenciar todos los días, parecían ejercer una profunda impresión en su espíritu. Aunque muy estricto en todo lo relativo al servicio, él era muy querido por todos los que estaban a sus órdenes, y cuando su compañía se hallaba de guardia en la "prevención", él acostumbraba dedicar su tiempo a los prisioneros, escribiéndoles sus memoriales y dotándoles de muchas pequeñas comodidades a su propia costa y escuchándoles todo lo que tenían que decirle, detalles que, después de marchar todo el día, pocos hombres tendrían la paciencia de atender.

El puesto hizo una fogata bajo una especie de cochera, colocando las armas apiladas contra el muro; aquí pasó la noche Barrez. Habiéndole informado que el enemigo había realizado una concentración en Los Arcos y que probablemente tendríamos un encuentro a la mañana siguiente, nos separamos. Una o dos horas más tarde, después de calentarme y tomar algún

piled against the wall, and under this Barrez had to pass the night. Having informed him that the enemy had effected a junction at Los Arcos, and that we should probably have an engagement next morning, we parted.

An hour or two later, after warming and refreshing myself, not feeling in the least disposed to sleep, I resolved to go and spend a few hours with him, as he was quite alone, and I had myself experienced in the morning the ennui of the service he was engaged in. I had sent forwards my servant with materials to make punch. Barrez seemed rather melancholy, which I was surprised at, as the prospect of an action, particularly when, after the affairs of the 27th and 28th of October, we never doubted for a moment of success, had always had the effect of exhilarating our spirits. We talked at great length each of his home, so often the topic of the soldier in campaign, though, excepting for a toast, it is a remembrance he tries to banish in his hours of merriment. He had been in England, and his original description of the way in which the Modern Rome, her manners, her institutions, and

alimento, no sintiéndome con ganas de dormir, me decidí a volver a pasar unas horas con él, pues se encontraba completamente_ solo y yo había experimentado por la mañana la monotonía del servicio a que estaba obligado. Envié por delante a mi asistente con materiales para preparar un "punch". Barrez parecía más bien triste, lo que me sorprendió, pues la perspectiva de una acción, especialmente cuando, después de los encuentros del 27 y 28 de octubre, nosotros no dudamos ni un momento del éxito, producía siempre entusiasmo en nuestros espíritus. Hablamos largamente cada uno de su casa, tópico muy empleado por el soldado en campaña, aunque procura olvidarlo en las horas de alegría. El había estado en Londres, y su descripción original de la forma en que le impresionaron las maneras y modos e instituciones de la moderna Roma me divirtió mucho, de tal modo, que nos dieron las dos de la mañana antes de separarnos. Me aseguró que estaba totalmente aburrido y disgustado con su actual género de vida, sobre todo porque creía que la causa de Carlos V iba ahora progresando. Todo lo que él

her character had struck him, amused me so much that it was two in the morning before we parted. He assured me that he was perfectly wearied and disgusted with his present mode of life, particularly as he thought the cause of Charles V was now doing well. All that he wished for was a wound, however severe, to have an excuse for returning home with honour. Throughout his conversation, it was easy to discern a gloomy foreboding. The words he spoke are still fresh in my memory, and the minutest details of all that happened on the ensuing day, although bloodless in comparison with many others, have outlived, I know not why, many graver events in my recollection. To cheer my friend on parting I said, "We shall meet in London someday," (for he had expressed his intention to make a more thorough acquaintance with our island,) "and there we will laugh at our hardships and straw couches."

"Je l'espére," said he, shaking his head.

"We shall have an engagement to-morrow," said I, as I took his hand, "give the enemy a second representation of

deseaba era una herida, aunque fuera grave, para tener una excusa con que poder volver a su casa con honra. En toda su conversación se distinguía fácilmente un lúgubre presentimiento. Tengo aún grabadas en mi memoria las palabras que dijo y los más pequeños detalles de todo lo que sucedió al día siguiente; aunque no fue sangriento, en comparación con otros muchos, ha sobrevivido en mi memoria, no sé por qué, a muchos acontecimientos más graves.

Para animar a mi amigo, al separarnos, le dije: "Nos veremos en Londres algún día—pues él había expresado la intención de conocer mejor nuestra isla—, y allí nos reiremos de nuestras penalidades y camas de paja". "Así lo espero", dijo meneando la cabeza. "Tendremos una batalla mañana—le dije al darle la mano—. Daremos al enemigo una segunda representación de la victoria, marcharemos sobre Madrid y después volveremos a cruzar los Pirineos juntos". "Si no vencemos—replicó Barrez—, intentaré que me hieran, aunque sea mortalmente; esto y cansado de todo. Todo me hastía".

Vitoria, march on Madrid, and then we will re-cross the Pyrenees together."

"If we have not the victory," replied Barrez, "I shall seek a wound, even if it be a mortal one; I am wearied of everything—*tout m'ennuie*." We parted then—and forever! The wound he sought he received on the morrow and it was a mortal one!

The next morning, the 12th of December, we were in our saddles before day-break; but it was not till eleven p.m., that I was sent with the captain of the troop and about fifty lancers to keep watch on the hill between Piedramillera and Los Arcos, which, from the hermitage of San Gregorio, we could see distinctly. The captain took to the right, and sent me with a detachment to watch the road. Having placed videttes by the side of the hermitage, as the wind was piercingly cold, I halted, and laid myself down under the portico of the church of Sorlada, a small village at the foot of the hill, whence a signal from the videttes could be distinctly seen. Our army was formed for action from Mendaza to the gorges that lead to Zuñiga. It is difficult

Capítulo 12 / Chapter 12

Entonces nos separamos, y para siempre. Recibió la herida que buscaba, al día siguiente, y fue mortal.

A la mañana siguiente, el 12 de diciembre, estábamos en nuestras sillas antes de amanecer; pero no serían aún las once de la noche[43] cuando fui enviado con capitán de la tropa y alrededor de cincuenta lanceros para vigilar el monte entre Piedramillera y Los Arcos, el cual podíamos distinguir con toda claridad desde la ermitade San Gregorio. El capitán tomó hacia la derecha y me envió a mí con un destacamento a vigilar el camino. Habiendo colocado centinelas al lado de la ermita, pues el viento era penetrantemente frío, hice alto y me cobijé debajo del pórtico de la iglesia de Sorlada, un pequeño pueblo al pie de la montaña, desde donde podía ser vista cualquier señal de los centinelas. Nuestro ejército estaba formado para la acción, desde Mendaza hasta las gargantas que conducen a Zúñiga.

Es difícil, cuando en los dos lados hay montañas y valles, describir las variedades de la posición. Generalmente, cuando hay un valle de

where on every side there are mountains and valleys, to describe the varieties of position. Generally, where there is one valley of considerable extent, there are others which appear almost like branches, or rather as if, in some convulsion of the earth, they had formed the beds of some rapid torrents, which had run into a vast lake. All the soil was removed save that portion adhering to the huge bones of the earth which even the torrent could not move. It is one of these tributary valleys, if I may be allowed the expression, which running out of, or according to my hypothesis, into that of the Berrueza, and narrowing into defiles as it enters the mountain, that affords the passage to the famous bridge of Arquijas. The entrance from thence into the Berrueza, is nearly opposite the hermitage; on one side is the village of Asarta; to the right Mendaza, at the foot of a rugged triangular-shaped mountain, one face of which flanks the valley of the Berrueza, the other the one you have just quitted. Piedramillera is also built almost against it, the steeple of its church reaching halfway up the bold and prominent rock. It is therefore

[338]

considerable extensión, hay otros que aparecen como ramas, o más bien como si en alguna convulsión de la tierra hubiesen formado los cauces de algunos rápidos torrentes que hubieran corrido a un vasto lago; todo el suelo está removido, salvo la porción adherida a los gigantescos huesos de la tierra, que ni el torrente podía mover. Este es uno de esos valles tributarios, si se me permite la expresión, que, corriendo fuera o de acuerdo con mi hipótesis hacia dentro de la Berrueza, y estrechándose hasta formar desfiladeros a medida que penetra en la montaña, proporciona paso al famoso puente de Arquijas. La entrada desde allí a la Berruela está casi enfrente de la ermita. A un lado está la aldea de Asarta; a la derecha, Mendaza, al pie de una montaña escabrosa, de forma triangular, una de cuyas caras flanquea el valle de la Berrueza, y la otra el que justamente acabamos de abandonar. Piedramillera está edificada pegada a la montaña, con la torre de su iglesia que se alza como hasta la mitad de la roca saliente y atrevida. Basta con sólo rodear el ángulo para alcanzar Mendaza.

Esta montaña, defendida necessary only to turn the angle in order to reach Mendaza.

This mountain, if properly defended, forms the chief strength of the position, if taken up at its foot, as it requires several hours and a considerable force to turn it. It is also advisable, if the enemy come from Los Arcos, to attack them immediately on their sallying from Sorlada, before they can extend their force. On a previous occasion, on our having advanced for that purpose, they had, however, kept themselves shut up in the village, which we could not attack on account of their artillery, and had retreated back on Los Arcos. Zumalacarregui, whose object was to entice them to an action if possible, and get them well into the plains, was therefore obliged to abandon all ideas of this position, and formed only three battalions on the angle of the mountain, intending them to keep the rocks, and sending forward a battalion or two whose retreat would be supported by the cavalry, to entice them into the narrower valley, where they would be exposed and surrounded on three sides, as if in an amphitheatre.

convenientemente, constituye la llave de la posición, tomándola desde sus cimientos, pues se requieren varias horas y una fuerza considerable para envolverla. Es recomendable, si el enemigo viene de Los Arcos, atacarle inmediatamente después de la salida de Sorlada, antes de que pueda extender su fuerza. En una ocasión anterior, habiendo nosotros avanzado con este propósito, ellos se mantuvieron encerrados en la aldea, la que nosotros no podíamos atacar por causa de su artillería, y se volvieron atrás, a Los Arcos. Zumalacárregui, cuyo objeto era provocarles a una acción, a ser posible, y conseguir que se extendieran por la llanura, se vio obligado a abandonar todo plan que tuviera sobre esta posición, e hizo formar a tan sólo tres batallones en el ángulo de la montaña, con la intención de que defendiesen las rocas, y envió de avanzada uno o dos batallones, cuya retirada sería sostenido por la caballería, para atraerlos hacia un valle más estrecho, donde ellos estarían rodeados por tres lados, como en un anfiteatro.

Por fin, pasó a mi lado el viejo Jiménez, montado en su muía, al trote ligero, diciendo: "Ya

At last old Ximenez on his mule passed me by at a brisk trot. "They are coming," said he. The videttes made signal almost at the same moment, and after communicating the intelligence, we retired about half-way over the plain, between our own lines and the village, where we halted and watched them as they came down the road and if into Sorlada, their force altogether, as near as I could calculate, with their cavalry, and a small column which came down another *puerto*, that of Mirafuentes, must have been between ten and twelve thousand men, commanded by Cordova. They advanced in two columns, their artillery, eight or ten pieces, in the centre, and their cavalry, about five hundred horses, on their left wing, which, with two thousand infantry under the command of Lopez, composed the second column, which had three pieces of artillery.

Zumalacarregui, instead of taking the command of the three battalions in front of Mendaza, in person–viz., the guides of Navarre, the 6th, and another which I forget left them with Iturralde. They were

vienen." Los puestos de observación hicieron señales casi al mismo tiempo, y después de comunicar con el servicio de enlace, nos retiramos como a mitad de distancia sobre el llano, entre nuestras líneas y la aldea, donde hicimos alto, y desde donde vigilábamos al enemigo, que descendía y entraba en Sorlada con una fuerza que, según mis cálculos (comprendida la caballería y una pequeña columna que descendió del puerto de Mirafuentes), debía de componerse de unos diez o doce mil hombres, mandados por Córdoba. Avanzaban en dos columnas con su artillería (ocho o diez piezas) en el centro y su caballería, unos quinientos caballos, en la izquierda, la que, con dos mil infantes bajo el mando de López, constituía la segunda columna, que llevaba tres piezas de artillería.

Zumalacárregui, en vez de tomar el mando en persona de los tres batallones enfrente de Mendaza, a saber, los Guías de Navarra, el sexto y otro que he olvidado, los dejó con Iturralde. Además, estuvieron esperando al enemigo más de cuatro horas, expuestos al penetrante viento del Este, que

also above four hours awaiting the enemy, exposed to the cutting east wind till their teeth were chattering, which had the effect of considerably cooling their courage and enthusiasm. The first column was then divided into six, and commenced an impetuous attack on the three battalions. Iturralde, who is brave, but frequently rash and hasty, advanced a little instead of extending his line to the left, and a sharp engagement immediately commenced between the guides and the masses of the enemy, who, from their superior numbers and their artillery, could not fail to drive them back, while, in the meantime, two of the subdivisions of the column were allowed quietly to climb up the mountain by Piedramillera, and advance, driving the 6th battalion from the rocks, which they abandoned with the most scandalous precipitation. The other two were taken in flank and obliged to retire. Three battalions of Alavese, the third of Navarre, and the cavalry, were now sent forward to support their retreat; the guides, who had behaved with their usual gallantry, alone being in anything like order.

Capítulo 12 / Chapter 12

hacía castañetear sus dientes, y que produjo el efecto de enfriar notablemente su valor y entusiasmo. Entonces, la primera columna liberal fue dividida en seis, y empezó un ataque impetuoso contra los tres batallones; Iturralde, que es valiente, pero con frecuencia pre cipitado e imprudente, avanzó un poco, en lugar de extender su línea hacia la izquierda, y en seguida empezó una reñida batalla entre los Guías y las masas del enemigo, que no podían menos de rechazarlos, a causa de su mayor número y artillería, mientras se permitió a dos subdivisiones de la columna subir sigilosamente a la montaña por Piedramillera y desalojar al sexto batallón de entre las rocas, que abandonaron con la más escandalosa precipitación; los otros dos fueron cogidos de flanco y se les obligó a retirarse. Se mandó ahora avanzar a tres batallones de alaveses, al tercero de Navarra y la caballería, para proteger su retirada; los Guías, que se habían conducido con su valor habitual, eran los únicos que conservaban algún orden[44].

Durante este tiempo, se me había reunido el capitán con una tropa de caballería, y,

During this time I had been joined by the captain with nearly a troop of horses, and as we had always retired before the enemy at a short distance, we found ourselves in one of the hollows formed by the undulation of the ground; the fire of the two lines, who could not see us from the smoke by which they were enveloped, passing over our heads. Although grenades and shots were constantly falling around us, we had only two or three horses wounded; but to extricate ourselves we were obliged to follow up the sinuosities of the ravine. This we effected, and came up as the third battalion was marching to support, the retreat of the first three and one of the Alavese, already in complete dispersion, against a division which was coming close upon them. At first they seemed to hesitate, but at length went boldly at them, singing their favourite song of the Requeté, and drove them back, though their loss was severe. This battalion, which was characterized by a mixture of waggery and decision, behaved on this occasion with great bravery, and prevented an immense loss, as upwards of one thousand men came up in a state of dispersion, and

Doce meses de campaña - Twelvemonth's campaign

como siempre, se había retirado nuestra arma ante el enemigo al hallarse éste a corta distancia; nos encontrábamos en una de las hondonadas formadas por la ondulación del terreno; el fuego de las dos líneas, que no nos podían ver a causa del humo que las envolvía, pesaba sobre nuestras cabezas. Aunque constantemente caían a nuestro alrededor granadas y balas, sólo tuvimos dos o tres caballos heridos; pero para salir nos vimos obligados a seguir las sinuosidades de la barranca. Hicimos esto y salimos cuando el tercer batallón marchaba para proteger la retirada de los tres primeros y uno de alaveses, ya en completa dispersión, ante una división que les seguía de cerca. Al principio, el tercero vaciló; pero, al fin, fue decididamente contra ellos, cantando su canción favorita del "requeté" y rechazándolos, aunque sufriendo grandes pérdidas. Este batallón, que se caracterizaba por una mezcla de socarronería y decisión, se portó en esta ocasión con gran valor e impidió una pérdida inmensa, pues más de mil hombres se retiraban en un estado de total dispersión y la resistencia del tercero les permitió formarse y continuar

were enabled to form and continue a retreat in some order, while they detained the enemy.

I remember seeing one of the fugitives throw down his musket on the ploughed field; I instantly threatened to cut him down if he did not pick it up. He said he was wounded; and though I did not perceive any blood upon him, as he was deadly pale and seemed quite exhausted, I let him pass on, and ordered a trooper to take it up. About fifty yards farther on, he staggered, fell down, and expired.

Our cavalry had been ordered to charge that of the enemy, and had come up to a broad ditch where part of the infantry of Lopez was in ambuscade, who instantly commenced a rolling fire on them. Fortunately they all fired too high, the shot rattling amongst and splintering the lances. Not above forty men and horses were killed or wounded. They were, however, obliged to retire precipitately, and this check so disheartened our horse, that if Lopez had not been afraid to charge them, they might have been routed without much difficulty, and the victory, on

Capítulo 12 / Chapter 12

la retirada con cierto orden.

Recuerdo que vi a uno de los fugitivos tirar su fusil en un campo labrado; inmediatamente le amenacé con matarlo si no lo recogía. Dijo que estaba herido, y aunque yo no vi sangre alguna sobre él, como estaba mortalmente pálido y parecía exhausto, lo dejé pasar y ordené a un jinete que lo recogiera. Unos cincuenta metros más allá se tambaleó, cayó y murió.

Se había ordenado a nuestra caballería que diera una carga al enemigo, y habíamos llegado a un ancho foso, donde parte de la infantería de López estaba emboscada, la que inmediatamente empezó a hacer un fuego arrollador sobre aquélla. Por fortuna, apuntaron demasiado alto y los tiros resonaban entre las lanzas y las hacían astillas; no tuvimos, entre heridos y muertos, más que unos cuarenta hombres y caballos; nos vimos, sin embargo, obligados a retirarnos precipitadamente, y esta retirada desanimó tanto a nuestra caballería, que si López no hubiera temido atacarnos, hubiéramos sido derrotados sin gran dificultad, y la victoria

the part of the Queenites, would have been complete.

Instead of this, they kept following up at a distance, their own infantry being afraid to push their advantage too far, while our cavalry still continued menacing them.

The cavalry of Castille and the first squadron, having been left considerably behind the others, were, however, charged, and, on giving way, hotly pursued, the former losing several men before they could reach the squadrons of Navarre. Amongst the killed was the Baron Louis de Lamidor, who was run through the body while gallantly defending himself. He was one of the old *French* emigrants who were with the Prince de Rohan when the latter was killed by the Republicans in Italy. He had eleven wounds, had made sixteen campaigns, had been a Lieutenant-Colonel in the Austrian service, and afterwards in that of Ferdinand VII. He had retired to France, but on hearing of the war in Navarre, although upwards of sixty years of age, he came to fight his last battle in that cause for which his whole life had been but one struggle. He

de los partidarios de la Reina hubiera sido completa.

En lugar de esto, se limitaron a seguir a cierta distancia; su infantería tenía miedo de aprovecharse demasiado de su ventaja, mientras que nuestra caballería aún continuaba amenazándoles.

Sin embargo, a atacaron a la caballería de Castilla y al primer escuadrón de Navarra, que habían quedado muy rezagados, y cuando cedieron fueron perseguidos con ardor, perdiendo la primera varios hombres antes de poder alcanzar el resto de los escuadrones de Navarra. Entre los muertos estaba el barón Luis de Lamidor, al que atravesaron de parte a parte mientras se defendía valientemente. Era uno de los antiguos emigrantes franceses que estaban con el príncipe de Rohan cuando este último fue muerto por los republicanos en Italia. Tenía once heridas y había hecho dieciséis campañas; había sido teniente coronel al servicio de Austria, y después al de Fernando VII. Se había retirado a Francia; pero al enterarse de la guerra de Navarra, aunque tenía más de sesenta años, vino a luchar su última batalla por la misma

was universally beloved; his urbanity, and the vast fund of anecdote he had always at hand, rendering him a most pleasant and entertaining companion. The same morning, when we were complaining of the cold, we had been much amused to see the old soldier with his white hair, which had bleached in the fire of innumerable actions, dancing to show us the readiest mode of restoring circulation. "Take care," said he, "during the action, if we fight here today, not to get your horses' legs entangled in the vines, for it is very dangerous."

Such were his last words to me, for he had always some useful admonition, drawn from his long experience, to mingle in his conversation. His only daughter is the Abbess of a convent near Mont de Marsan, in the Landes of Languedoc.

The difficulty of crossing a ditch caused several to fall into the hands of the enemy, who gave them no quarter. One volunteer told me he was so closely pressed, that, on hearing "¡Hay cuartel!" (there is quarter!) shouted by the pursuers, he was about giving

Capítulo 12 / Chapter 12

causa por la que había luchado toda su vida. Era querido por todos; su cortesía y la gran cantidad de anécdotas que siempre tenía a mano le hacían un compañero muy entretenido y agradable. Aquella misma mañana, cuando nos estábamos quejando del frío, nos había divertido mucho ver al viejo soldado, con el pelo blanco, que había encanecido en el fuego de innumerables batallas, bailar para enseñarnos el modo más rápido de restablecer la circulación. "Tenga cuidado durante la batalla, si luchamos hoy aquí, de que no se enreden las patas de su caballo en las viñas, porque es muy peligroso".

Estas fueron las últimas palabras que me dijo, pues siempre tenía algún consejo útil, sacado de su larga experiencia, que mezclaba en su conversación. Su única hija es abadesa de un convento, cerca de Mont de Marsán, en el Languedoc.

El obstáculo de una zanja hizo que varios cayeran en manos del enemigo, que no les dio cuartel. Un voluntario me dijo que le seguían tan de cerca, que al oír que los enemigos gritaban: "¡Hay cuartel!",

up his lance; but, at the same instant, the cries of those they were butchering reaching his ear, he made a desperate effort, and scrambled through the ditch which his horse had at first refused. A Castillian officer was surrounded, but made his escape: he was a very powerful man, and with a single blow cleft the head of the cornet who had seized his rein to the chin, as if it had been an apple, and then spurred away. About fifteen, however, perished there. It must be remembered that, though the men were always very determined, our cavalry was not then what it subsequently became after the arrival of O'Donnell; and the successes it had hitherto met with were attributable less to discipline than to chance and the terror their strange equipment, enormous lances, and wild impetuosity had inspired.

When Iturralde saw his battalions taken in flank, and forced to give way, and observed the disorder of the Alavese sent up to reinforce them, he became like a madman, and rushed several times into the thickest of the fire, as if seeking for death. When the guides retired, and

Doce meses de campaña - Twelvemonth's campaign

estuvo a punto de abandonar su lanza; pero, al mismo tiempo, como alcanzó a oír los gritos de los que eran degollados, hizo un esfuerzo desesperado y saltó la zanja que su caballo no había podido pasar al principio. Cercaron a un oficial castellano, pero se escapó; era un hombre muy fuerte, y con un solo golpe abrió la cabeza del corneta que había cogido su rienda, hasta la barbilla, como si hubiera sido una manzana, y entonces espoleó su caballo. Sin embargo murieron allí unos quince. Debe recordarse que, aunque los hombres eran siempre muy valientes, nuestra caballería no era entonces lo que llegó a ser después de la llegada de O'Donnell; y los éxitos que habían tenido hasta entonces debían ser atribuidos, no tanto a la disciplina, como a la suerte y al terror que había inspirado su extraño equipo, enormes lanzas e ímpetu salvaje.

Cuando Iturralde vio que sus batallones eran atacados de flanco y se les obligaba a ceder y observó el desorden de los alaveses enviados para reforzarles, se puso como loco, y varias veces se precipitó en lo más nutrido del fuego, como si buscase la muerte.

his company was giving back, Barrez placed himself, sword in hand, followed by a single soldier, to attempt to rally the men in front of the advancing line of the enemy. The soldier fell first, and, an instant after, the young Vicomte received a shot through his cheek— staggered, and fell into the arms of a French servant who went to drag him off—and instantly expired. The enemy was, however, so close upon him, that, after carrying the body a few yards, he was obliged to let it drop, and run. A curious circumstance occurred to a captain of guides named Vedos. Being behind, to render the retreat of his company as orderly as possible, lie was so close pressed by the advancing enemy, that he was recognized by one of the pursuers, who, according to their custom, offered him quarter, which was never given, calling out to him by name "¡Hay cuartel para usted, Vedos!" (There is quarter for you, Vedos!) Vedos, snatching up the musket of a man who that instant fell at his side, paused one moment to take a deadly aim, and shot his friend on the spot. Whether he deserved his fate or not, it is difficult to determine.

Capítulo 12 / Chapter 12

Cuando los Guías se retiraron y su compañía iba cediendo, Barrez se dedicó, espada en mano, seguido por un solo soldado, a intentar replegar a sus hombres frente a la línea del enemigo que avanzaba. El soldado cayó primero, y un instante después el joven vizconde recibió un tiro en la mejilla; se tambaleó y cayó en los brazos de un criado francés que se acercó para llevarlo fuera, y expiró al instante. Sin embargo, el enemigo estaba tan cerca de él, que después de llevar el cuerpo unos pocos metros, se vio obligado a dejarlo caer y correr.

Ocurrió una cosa notable a un capitán de Guías llamado Vedos. Estando en la retaguardia para dirigir la retirada de su compañía lo más ordenadamente posible, era seguido tan de cerca por el enemigo que avanzaba, que fue reconocido por uno de los perseguidores, que, de acuerdo con su costumbre, le ofreció cuartel, que nunca daban, llamándole por su nombre: "¡Hay cuartel para usted, Vedos!" Vedos, cogiendo el fusil de un hombre que cayó a su lado en aquel instante, se paró un momento para asegurar la puntería y mató a su amigo allí mismo. Es difícil

The bravery of the 3rd battalion, the approach of night, and the presence of Zumalacarregui, prevented the enemy from reaping any further fruit from their success, and enabled the army to retreat without greater loss on Zuñiga, Orbiso, and Campezo. It was not until the following morning that I learned the death of poor Charles de Barrez. Four officers had been killed and five wounded in the battalion of guides. I should estimate our loss at between four hundred killed and badly wounded; and, on account of the piercing cold of the weather, all those whose wounds were severe, as the frost had got into them, died. The enemy also suffered considerably.

I must not here omit to mention the name and story of the gallant little fifer Moriones. Many months before, he had begged to be allowed to march with the Carlist volunteers, but was refused, on account of his extreme youth, not being above twelve years old. He then pointed to some drummers who, he said, were younger than himself; but was answered, that they at least

decidir si éste mereció su muerte o no.

El valor del tercer batallón, la proximidad de la noche y la presencia de Zumalacárregui, impidieron que el enemigo recogiera más frutos de su victoria, y permitió al ejército carlista retirarse sin mayores pérdidas a Zúñiga, Orbiso y Santa Cruz de Campezo. Hasta la siguiente mañana no me enteré de la muerte del pobre Carlos de Barrez. Cuatro oficiales habían sido muertos y cinco heridos en el batallón de Guías. Yo calcularía nuestras pérdidas en unos cuatrocientos muertos y gravemente heridos, y a causa del frío penetrante, todos aquellos que tenían heridas graves murieron, porque penetró en ellas la escarcha; también el enemigo sufrió mucho. No debo dejar de mencionar el nombre y la historia del pequeño y valiente corneta Moriones. Muchos meses antes había suplicado que le permitieran ir con los voluntarios carlistas; pero lo rehusaron a causa de su extrema juventud, pues no tenía más que doce años. Entonces señaló algunos tambores que dijo eran más jóvenes que el; pero le contestaron que ésos, al menos, sabían tocar el tambor

knew how to beat the drum and play the fife, but he, being ignorant of either, would only be eating a useless ration. He retired, and a Christino column passing near the village a short time after, he joined it, enlisting as a fifer. After two or three months, when he had learned to play, he deserted to the Carlists, certain of being now received. In the early part of this action, he received a bullet through his brain.

y el pífano, pero que como él no sabía ni una cosa ni otra, comería una ración inútil. Se retiró, y como poco tiempo después una columna Cristina pasaba cerca del pueblo, se unió a ella, alistándose como corneta. Después de dos o tres meses, cuando había aprendido a tocar, se pasó a los carlistas, seguro de que ahora lo recibirían. En la primera parte de esta batalla recibió un tiro en el cráneo.

Dibujos realizados por Henningsen
durante la campaña

Drawings taken in campaign
by Henningsen

Conservados en / Deposited in
Zumalakarregi Museoa. Gipuzkoako Foru Aldundia.

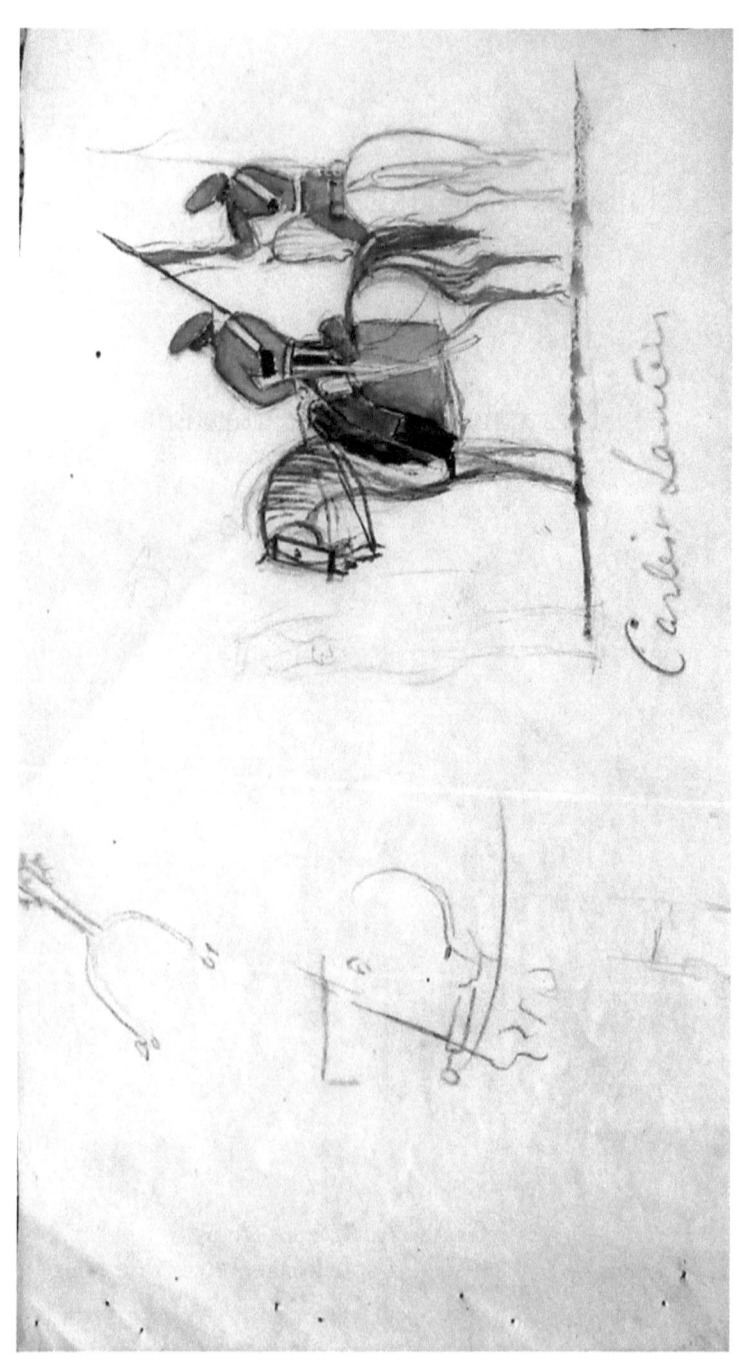

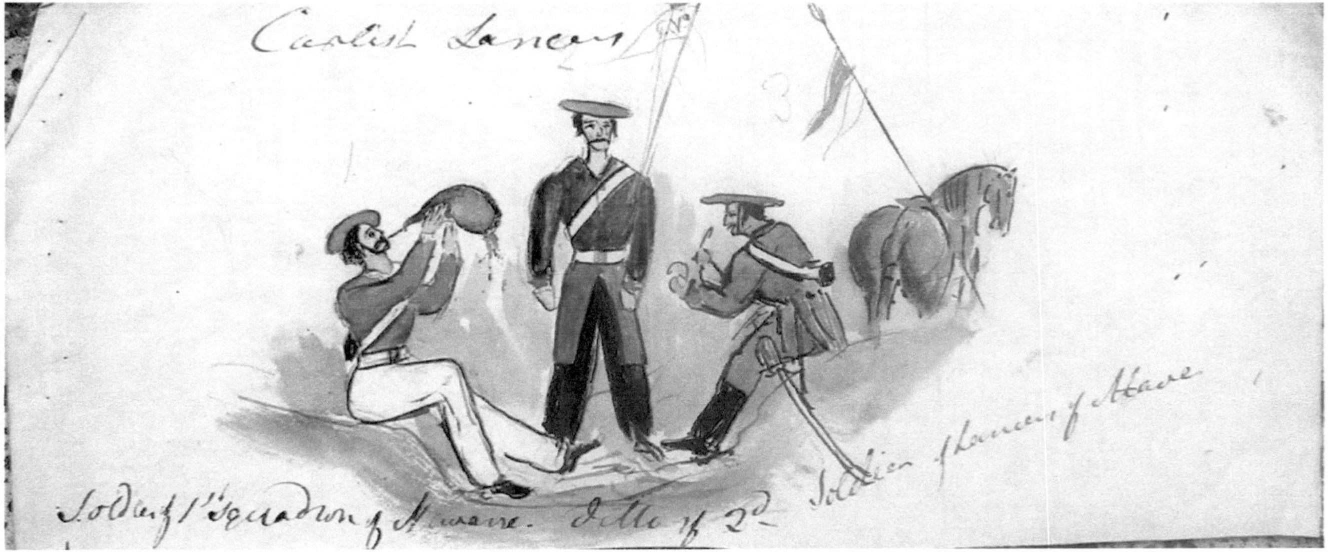

Scottish Cavalry Officers

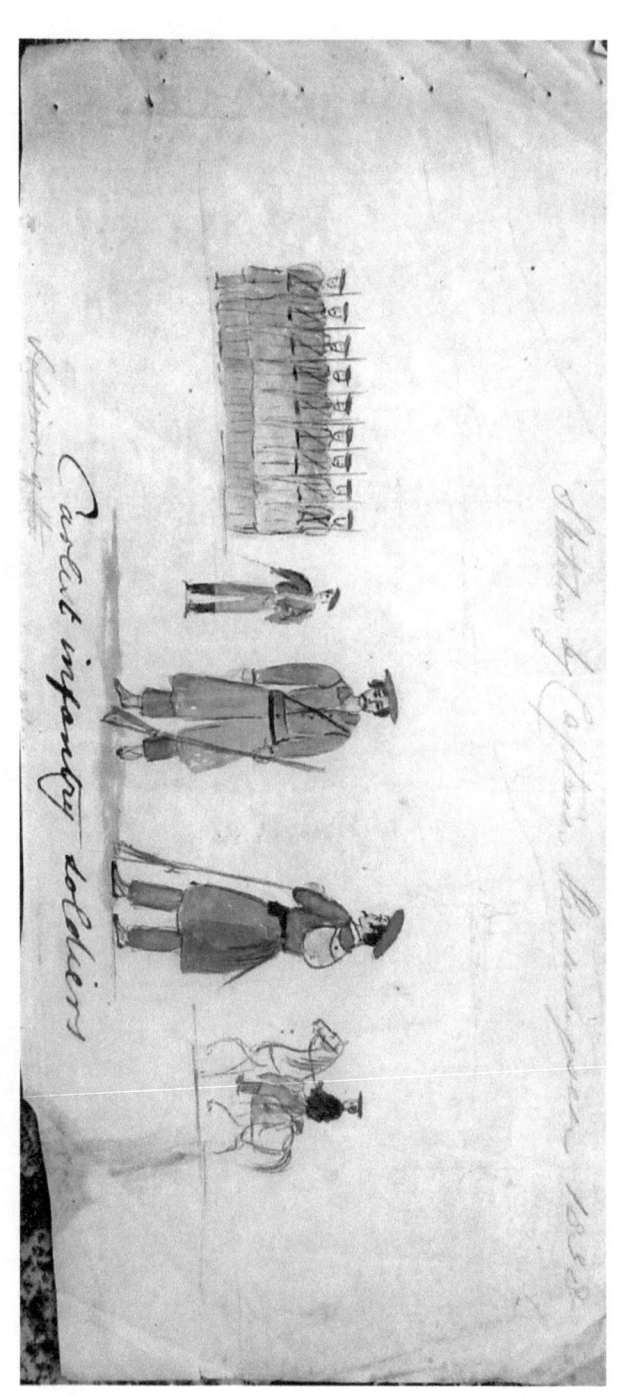

Captain
in fancy dress

soldier of chasseurs
white cap
all trimmed with
gold or silver lace

Officer of chasseurs

Soldier of chasseur cheveries
1st or white caps — surcharges
both in dress & [illegible] in the field

5th off. Light cavaly

Queens cavaly

Cazadores de la guardia

2. Heavy cavalry
of the independent
Lord Hodges
to the guards

Queens Grays

General Officer — Officer & Soldier of the Grenadier of the Regiment

Hussars of the princep
blue + silver
white & gold
full dress
undress

Capítulo 13

El día siguiente a la derrota. Bezard. Posición de Zúñiga. Batalla de Arquijas y derrota de Córdoba. Desnudando a los muertos. Deserción de un oficial polaco. El valle de las Amezcoas.

Chapter 13

The day after a defeat Bezard. Position of Zuñiga. Battle of Arquijas and defeat of Cordova. Stripping of the Dead. Desertion of a Polish officer. The Amezcoas.

Al día siguiente del encuentro de Mendaza nos concentramos en Zúñiga; Zumalacárregui tenía un aspecto tan severo como el trueno y daba todas sus órdenes en un tono de marcado mal humor. Nos mirábamos los unos a los otros, dominados por un silencio sombrío, que generalmente prevalece en un ejército después de la derrota. Por el aspecto que ofrecían desde el general hasta el último tambor, era fácil darse cuenta en un momento de que no todo iba bien. Los subalternos, quietos en sus puestos, ni se reunían en grupos, ni siquiera fumaban cigarrillos. Parecía cernerse una nube sobre todas las frentes. Estábamos buscando ansiosamente a nuestros amigos mientras desfilaba el batallón; porque como sólo había pasado una noche, era imposible saber quién estaba muerto o herido.

The day after the affair of Mendaza we were assembled at Zuñiga. Zumalacarregui bore an aspect as black as thunder, and gave out all his orders in a peculiarly ill-humoured tone. We were all looking at each other in that gloomy silence which usually prevails in an army after a defeat. From the countenance of the General down to the last drummer, it was easy to perceive in an instant that all was not right. The soldier was passing no jokes. The subalterns, particularly steady at their posts, neither gathered in knots nor even smoked their cigarillos. A cloud seemed hanging on even brow, we were looking anxiously for our friends at the battalion defiled; for the night only having elapsed, it was impossible to say who was killed or wounded. As he passed, the captain of his

Capítulo 13 / Chapter 13

Al pasar, el capitán de su compañía me hizo saber la muerte de Barrez. En la larga y estrecha calle que va a través de la villa de Zúñiga (porque tiene el rango de villa), vi a un joven, otro amigo, que estaba muy pálido; había sido herido. El señor Vial, cuyo padre creo que fue ministro de España en la corte de Londres, y que se había conducido con gran valor, estaba también herido en un hombro. Un viejo capitán vendeano, llamado Bezard, de quien yo era muy íntimo amigo, también se acercó cojeando; una bala le había atravesado la pantorrilla. Sería una injusticia el pasar de largo a este valiente viejo soldado sin dedicar una palabra a su memoria.

Uno de aquellos originales y entusiásticos caracteres de los cuales Boccacio nos dejó tantos retratos, él había sacrificado todo a su lealtad, y a la edad de cincuenta y cinco años abandonó su media paga para ir a luchar por la causa de la legitimidd en España. En tiempos de Napoleón, fue uno de los pocos jóvenes que, sin dejarse deslumbrar por la gloria que, a los ojos de la mayoría, legitimaba su usurpación, rehusó servir al Imperio y "derrochó" la mayor

company informed me of the death of Barrez. In the long narrow street which runs through the town of Zuñiga - for it holds the rank of villa- I saw a young man, another friend, looking very pale; he had been wounded. Mr. Vial, whose father I believe was Spanish minister at the court of London, and who had behaved with great gallantry, was also wounded in the shoulder. An old Vendean captain, named Bezard, with whom I was very intimate, also came limping along; he had received a shot through the calf of the leg. It would be an injustice to pass over this gallant old soldier without word to his memory.

One of those original and enthusiastic characters of which the Bocage furnished so many examples, he had sacrificed everything to his loyalty, and at the age of fifty-five had given up his half-pay to go and fight the battles of legitimacy in Spain. In the time of Napoleon, he was one of those few young men who, undazzled by the glory which, in the eyes of the majority, legitimated his usurpation, always refused to serve the empire, and dissipated the greater part of his small

Doce meses de campaña - Twelvemonth's campaign

parte de su pequeño patrimonio en obtener cinco substitutos para el reclutamiento, a pesar de que por entonces costaban muy caros. Este fue el menor sacrificio que hizo en pro de sus opiniones, pues como las familias más leales habían sido empujadas por la corriente, su comportamiento era achacado a cobardía. Llegó la restauración, por fin, y después, los cien días del segundo Imperio de Napoleón. Bezard se puso a la cabeza de un puñado de paisanos y atacó el puesto más próximo. En este encuentro le he oído decir (y era un hombre de cuya palabra no dudaría un instante ninguno de los que le conocían) que dio muerte por su propia mano a trece del enemigo. Se sabe con certeza que, aunque nunca había servido antes, por el valor demostrado' en esta acción victoriosa fue nombrado capitán, y un año o dos antes de la revolución pasó a la reserva, siendo todavía capitán.

Es difícil explicarse cómo un bravo oficial, conocedor de su deber y habiendo hecho la campaña en España con el duque de Angulema, no fuera ascendido ni una sola vez durante veinte años. Esta fue,

patrimony in furnishing five successive substitutes for the conscription, enormously as they were then paid. This he said was the least part of the sacrifice he made to his opinion for, as the most loyal families had been carried away by the stream, his behaviour was only imputed to cowardice. The restoration at length arrived, and then the hundred days of Napoleon's second reign. Bezard put himself at the head of a handful of peasants, and attacked the nearest post. In this affair, I have heard him say and he was a man whose word those who knew him never for an instant doubted that he had killed, with his own hand, thirteen of the enemy. It is certain, although he had never served before, that, for the gallantry he displayed in this achievement, he received a captaincy, and a year or two before the revolution was placed on half-pay, being a captain still.

It is difficult to account for the circumstance of a brave officer, thoroughly acquainted with his duty, and having made a campaign in Spain with the Duke D'Angouleme, never, during twenty years, having been promoted. It was,

Capítulo 13 / Chapter 13

sin embargo, la ingrata y alocada política de los Borbones después de la restauración; la de abandonar totalmente a los realistas conocidos, y cultivar la amistad de los liberales, con la idea de que los primeros estaban con ellos y que tenían que atraerse a los últimos. Si el lugar de nacimiento de un solicitante era La Vendée, esto bastaba para obtener una negativa a su petición. El espíritu de esta desgraciada política no necesita comentario, y ha encontrado el premio merecido.

El regimiento de Bezard estuvo largo tiempo acuartelado en Bayona, y, aunque su carácter era áspero y malhumorado, se había granjeado la amistad de los principales habitantes, a causa de sus cualidades sobresalientes, y todos ellos hablaban de él con los mayores elogios. Abandonó su medio sueldo de reservista y armado con una escopeta de caza de dos cañones —aunque, como ya he dicho era entrado en años—, fue a servir a Don Carlos como simple voluntario, cruzando la frontera cuando iba de cacería. En su rostro estaba pintado todo su entusiasmo—se le podía haber calificado de

however, the ungrateful and foolish policy of the Bourbons, after the restoration, entirely to neglect the known Royalists, and only to court the favour of the Liberals on the principle, that the first were already attached to them, and that they had to gain over the latter. If the birth-place of a petitioner was La Vendée, it was enough to ensure a refusal to his solicitations. The character of this wretched policy needs no comment, and has met with its own reward.

Bezard's regiment was a long time in garrison at Bayonne; and although his temper was rough and techy, I found that, on account of his sterling good qualities, he had acquired the friendship of the principal inhabitants, who all spoke of him in the highest terms. He had thrown up his half-pay as captain, and armed with a double-barrelled fowling piece although, as I have mentioned already, advanced in the vale of years -he came to serve Don Carlos as a simple volunteer, having crossed the frontiers when on a shooting party. His countenance opened at once the whole tale of his high and enthusiastic spirit -it might have been called

quijotesco—, y muchos se sonreirían de un hombre tan aferrado a sus ideas políticas, que dejó su casa y sus comodidades a la edad en que éstas son más atrayentes, para probar que no era un mero charlatán. Cualesquiera que sean las ideas de un hombre, aunque yo las considere erróneas, si por su adhesión a ellas abandona sus intereses y desafía el hambre, la fatiga y la muerte, para apoyarlas en una tierra extranjera, a mí siempre me parecerá que tiene derecho a la admiración y a la estima.	something Quixotic- as many may smile at a man so bigoted to his political opinions as to leave his home and comforts at an ae when they become most alluring, to prove that he was not a mere talker. Let a man's principles be what they may, even though what I should consider erroneous, still if, from a feeling of their truth, abandoning his interests, he can brave hunger, fatigue, and death, to support them in a strange land, he seems to me always entitled to some admiration and esteem.
Bezard alcanzó al ejército durante una acción y atrajo la mirada de Zumalacárregui cuando estaba en el frente de la guerrilla, quien, impresionado por su estatura, su sombrero redondo y largo gabán, en medio de los rudos navarros, observó su comportamiento y preguntó quién era: nadie le pudo informar. Zumalacárregui le mandó llamar después de la acción y le preguntó si estaba en algún cuerpo. El contestó en el poco español que recordaba de la guerra de la Constitución: "Que él había venido a servir a Don Carlos en cualquier cargo que le fuera dado, y que, habiendo llegado durante la acción, no le pareció	Bezard reached the army during an action, and was remarked foremost with the guerilla by Zumalacarregui, who, struck by his tall figure, his round hat, and long great coat, in the midst of the uncouth Navarrese, observed his behaviour, and inquired who he was: no one could inform him. Zumalacarregui sent for him after the action, and inquired if he was in any corps. He replied, in such Spanish as he could recall from his campaign in the war of the constitution, "That he had come to serve Don Carlos in any capacity which was allotted to him; and, as he had arrived daring the action, he had thought that it was no use to

Capítulo 13 / Chapter 13

oportuno entonces bascar al general". Tan satisfecho quedó Zumalacárregui de su comportamiento y aspecto, que cuando preguntó qué grado tenía en Francia y le respondió Bezard que el de capitán, sin más investigaciones le colocó como* capitán de los Guías. Esto estaba lejos de ser la costumbre del general; pero él con frecuencia sentía grandes simpatías o antipatías en la primera entrevista. Parece que Zumalacárregui fue un gran psicólogo, y yo creo que se equivocó muy pocas veces con aquellos que gozaron de su favor.

El valor de Bezard, el profundo interés que tomó por su compañía y la puntualidad con que atendía al servicio eran difíciles de superar, y la alegría con que soportaba toda privación, sin murmurar, demostraba ser un hombre que realmente luchaba por un principio. Más de una vez, cuando yo he estado tiritando montado en mi caballo o calado hasta los huesos, he sonreído al verle sobrellevar sus cincuenta y cinco años y todas las molestias de la lluvia, el viento y frío con un semblante de satisfacción. Sus facciones y nariz romanas y su

seek the General then." So pleased was Zumalacarregui with his behaviour and appearance, that, on inquiring the rank he had held in France, and being answered captain, without further investigation, he placed him as captain in the guides. This was far from being the General's habit: but he often took strong likings or dislikes on a first interview. He seems to have been a skilful physiognomist; as I believe he was deceived by few of those who had prepossessed him in their favour.

The bravery of Bezard, the deep interest he took in his company, and the strictness with which he attended to the service, it would have been difficult to surpass; and the cheerfulness with which he supported every privation without murmur, showed a man really fighting from principle. More than once, when I have been shivering on my horse, or soaked through, I have smiled to see him bearing his fifty-five years and all the disagreeables of wind, cold, and rain, with a contented earnestness of countenance. His Roman nose and features, and tall, thin, and somewhat grotesque figure, mounted on his pony, and sitting quite

cuerpo alto y delgado, y quizás un tanto grotesco montado en su' caballo y sentado muy estirado, junto con sus medias sin ligas y sus pantalones cortos, enseñando sus bronceadas piernas, componían un cuadro muy original. El había visto por primera vez a la mayor parte de los oficiales extranjeros en una reunión de bebedores, y aunque, por sus años de servicio, debía estar acostumbrado a esta clase de cosas, siempre tuvo prejuicios contra ellos y yo era casi la única persona con quien intimó.

Recuerdo que dos o tres días antes de la acción de Mendaza, Barrez estaba ausente del batallón de Guías, que se hallaba formado en el atrio de la iglesia de Piedramillera, pues todos los usos y reglas de los ejércitos regulares se cumplían con todo rigor por los carlistas en cuanto esto era posible. Acababa de hablar con Bezard, mientras paseaba por el atrio, y al oír que le llamaban le dije: "¿Dónde está Barrez? Se ha ido a algún sitio en el momento en que hacía falta." "No lo sé—dijo—; le está bien empleado, por ausentarse." Un poco picado, me aventuré a decir que encontraba

erect, together with his ungartered stockings and short trowsers, showing his bare tanned legs, formed a striking and original picture. He had first seen most of the foreign officers at a sort of drinking party; and although, from his years of service, he must have been well accustomed to that sort of thing, he seemed to have been prejudiced against them, and I was almost the only person with whom he was on terms of intimacy.

I recollect, two or three days before the affair of Mendaza, Barrez was absent from the parade of the guides, who assembled on the platform of the church of Piedramillera; for all the usages of regular armies were, as far as possible, strictly enforced. I had the instant before been conversing with him, as I happened to be walking on the platform, and, hearing him called for I said to Bezard, "Where is Barrez? He has gone somewhere just at the moment when wanted." "I do not know," said he; "it is so much the worse for him; it serves him right for absenting himself." Rather piqued, I ventured to say, that I found it a very extraordinary thing that amongst a handful of Frenchmen in the army, who

Capítulo 13 / Chapter 13

extraordinario que entre un puñado de franceses, en el ejército, que se debían considerar como hermanos, no hubiera más que mala voluntad, antipatía y envidia, y que viese con tanta indiferencia las dificultades de un oficial francés. Me pareció que esta observación le encolerizó; pero por la noche vino a cenar conmigo, como habíamos quedado. Estaba muy grave, y comimos en silencio; por fin lo rompió diciendo: "Tenía usted razón esta mañana en lo que dijo. Se hace a veces duro oír una represión de personas más jóvenes que uno; pero usted tenía razón, mucha razón".

Córdoba, después de su victoria, informado de que Zumalacárregui se había retirado sólo tres millas y que ocupaba Zúñiga, resolvió atacarle de nuevo, enardecido con su primer triunfo. Como éstas eran sus intenciones, yo nunca he comprendido por qué lo retardó hasta el 15, retirándose de La Berrueza a Los Arcos y saliendo otra vez el 14, al menos que calculase descorazonar más todavía a los carlistas, dejándolos durante dos días expuestos al temible frío, puesto que Los Arcos, donde sus hombres

ought to look upon each other as brethren, there should be nothing but ill-will, antipathy, and jealousy; and that he should consider a French officer getting into any sort of difficulty should be a matter of such perfect indifference. He seemed rather hulled, I thought, at this; but in the evening came to sup with me according to previous appointment. He was remarkably grave, and we both ate in silence: at last he interrupted it by saying, "You were right this morning in what you said; it is sometimes hard to bear a rebuke from those so much younger than ourselves; but you were right quite right."

Cordova, after his victory, hearing that Zumalacarregui had only retired three miles, and was occupying Zuñiga, flushed with his first success, resolved on attacking him again. As his intention was such, I have never been able to learn why he delayed it till the 15th, retiring from the Berrueza to Los Arcos, and sallying again on the 14th, unless he calculated on still further damping the courage of the Carlists, by leaving them for two days formed during a piercing cold, which they were

[372]

descansaban cómodamente, no estaba más que a dos horas y media de marcha del puente de Arquijas.

Zúñiga tiene el rango de villa y está todavía rodeada por una vieja muralla, aunque de pequeña extensión; su posición, y los muros de piedra que la ciñen, la hacen de fácil defensa. Está en una especie de llanura, o más bien meseta, bastante más alta que La Berrueza y que el valle de Mendaza; para llegar a ella hay que pasar por unas altas montañas, cubiertas con densa vegetación de arbustos y laurel y otras plantas, cuyas raíces entrelazadas y ramas que se meten entre las rocas, independientemente de su pendiente, la hacen casi infranqueable, excepto por el camino real. El mayor obstáculo, sin embargo, es el río Ega, que corre velozmente entre ambas escarpadas orillas. Aunque de poca profundidad y anchura, en muchos sitios hay pozos profundos, y el agua corre, además, con tanta fuerza, que es muy difícil de cruzar. En el otro lado, la montaña es tan abrupta que no hay más que tres palmos de terreno llano desde la orilla hasta el pie de la colina donde poder formar los soldados,

obliged to endure, as Los Arcos, where his own men were in comfortable quarters, is not above two hours and a half's march from the bridge of Arquijas.

Zuñiga holds the rank of town, and is still surrounded by an old wall, although of inconsiderable extent: its position, and the inclosures of stone surrounding it, render it easy to be defended. It is in a sort of plain, or rather a piece of table-land, considerably higher than the Berrueza and the valley of Mendaza. To reach it, you must pass over some high and rugged hills, covered with a dense forest of arbutas and laurel, and other evergreens, whose tangled roots and branches twining amongst the rocks, independently of its steepness, render it almost impassable, excepting by the road. The chief obstacle, however, is the river Ega, which runs rapidly between high banks. Although of very inconsiderable breadth and depth, in many parts there are holes, and the stream rushes with such force, that it is very difficult to cross. On the other side the hill is so steep and covered, that you have not three feet from the edge of the bank to form your

Capítulo 13 / Chapter 13

que, por otra parte, pueden ser destruidos desde arriba en pocos minutos. En resumen, exceptuando por el puente de Arquijas y por los vados que hay en una llanura de unas 500 yardas que se extiende desde el puente hasta la ermita del mismo nombre, en la colina opuesta, si se defiende bien, el río es aquí imposible de pasar.

En la mañana del 15, y con un frío muy intenso, fui enviado de reconocimiento con los lanceros de la escolta; bajamos por el valle hasta cerca de Mendaza, retirándonos a sitio seguro, cuando vimos avanzar toda la columna enemiga. Habiendo destacado de uno en uno la mayor parte de la fuerza para que nos dieran cuenta de todos los movimientos del adversario, o para recoger toda la información posible de los campesinos, nos retiramos a un bosque de encinas que empieza en la llanura. Veinticinco hombres tan sólo, mandados por un sargento, estaban lo menos a dos millas de nuestra vanguardia, alrededor de un hermoso fuego, aunque cuatro o cinco mil hombres de la columna enemiga marchaban en aquella dirección y no se hallaban más que a seiscientas yardas. Yo le pregunté al sargento cuáles

men, who may be in a few minutes entirely destroyed from above. In short, excepting by the bridge of Arquijas and the fords about the little plain some five hundred yards long, extending from the bridge to the hermitage of that name on the opposite hill, if defended, it is impassable.

On the morning of the 15th, the piercing cold still continuing, I was sent out reconnoitring with the lancers of the escort; we swept down the valley nearly as far as Mendaza, retiring at safe distance as we saw all the column advancing. Having dispatched, one by one, the greater part of the detachment, to give notice of every movement of the enemy, or to collect all the information they could gather from the peasantry, we retired into the wood of *encina*, or evergreen oak, which commences on the plain. There were five-and-twenty men only, commanded by a sergeant, at least two miles from our advanced posts, standing very quietly round a large fire, although four or five thousand men of the advancing column were marching straight in that direction, and were not above

eran sus órdenes; él contestó que disparar unos cuantos tiros y retroceder hacia las rocas. Todos los que estaban con él eran hombres escogidos, muchachos fuertes y activos, que bromeaban y cogían las bellotas de encina, de entre las cenizas calientes, con sus dedos, divirtiéndose como niños y sin pensar en la acción que se acercaba y en la peligrosa situación en que, a los ojos de uno no acostumbrado a la agilidad de los guerrilleros, parecían colocados...

"¡Vamos, coged vuestros fusiles!—dijo el sargento a sus hombres— ¡Ya es hora de que nos coloquemos en posición!" Este sargento era un bravo muchacho, un estudiante de Pamplona, desde donde se escapó para unirse a nuestras filas, y fue más tarde ascendido a oficial mientras estaba en el hospital, donde murió a consecuencia de un tiro de fusil que le destrozó el brazo. A pesar de su herida, condujo a sus hombres fuera de peligro, después de haber cumplido su misión con la mayor intrepidez. Dio muerte e hirió a varios enemigos antes de que llegaran a la ermita de Arquijas, y también mató el caballo que montaba un oficial de artillería.

six hundred yards off. I inquired of the sergeant, what his orders were. He said, to fire a few shots and retreat across the rocks skirmishing. He had all chosen men with him, stout, active fellows, joking and snatching the acorns[47] of the *encina* out of the hot embers with their fingers, taking the same amusement in it as children at snapdragon, and quite heedless of the impending action, and the dangerous situation in which, to the eyes of one unaccustomed to the agility of the guerillas, they seemed placed.

"Come, take your muskets," said the sergeant to his men as we passed; n it is high time to post ourselves." This sergeant was a gallant fellow; he was a student at Pamplona, whence he made his escape, entered the ranks, and was afterwards promoted to a commission when in the hospital where he died, having had his arm shattered by a musket hall about half an hour after we left him. Notwithstanding his wound, he led his men back in safety, having executed his commission with the greatest intrepidity and success. He killed and wounded several of the enemy before they reached

Capítulo 13 / Chapter 13

La ermita o capilla está solitaria en un despoblado; se parece, en parte, a la de Guillermo Tell en Cusnach. Como nuestra vanguardia estaba en el puente, nos paramos y desmontamos, y como todavía ardía el fuego, los hombres empezaron a desayunar con avidez. El mío fue tan frugal como el de ellos: un trago de coñac y un poco de pan que mi criado tostó en las cenizas. Como no había comido nada desde el mediodía anterior, nunca desayuné con mayor apetito; cuando vino la orden de que nos retiráramos inmediatamente, llegó justamente a tiempo para la caballería, pues las balas empezaban a silbar cerca de nuestros idos. Me acuerdo que abandoné con gran pena una rebanada de pan que estaba tostándose en el rescoldo.

Eran entonces las once y media. El cuarto batallón y parte del tercero de Navarra se hallaban estacionados a lo largo de la orilla del Ega, donde estaban protegidos por los árboles. El resto de las fuerzas de Zumalacárregui, en total diecisiete batallones, estaban distribuidas en las alturas o escalones detrás de

the hermitage of Arquijas, and shot the horse of a field-officer under him.

The hermitage or chapel stands quite alone in the wilderness; it something resembles that of William Tell at Cusnach. As our own advanced guard was at the bridge, we halted and dismounted, and a fire being still burning there, the men eagerly began their breakfast. My own was as frugal as theirs a draught of brandy and some bread which my servant toasted in the embers. As I had eaten nothing since the previous mid-day, I never breakfasted with more appetite; and when an order came for us to withdraw immediately, which indeed it was high time for cavalry to do, as the shot were already beginning to whistle about our ears from the enemy's skirmishers, who were clearing the road, I remember abandoning another piece of crust, which was just warming, with considerable regret.

It was by this time half-past eleven. The fourth battalion, and part of the third of Navarre, were stationed along the further bank of the Ega, were they were well sheltered

Zúñiga, como reserva. Seiscientos de caballería formaban en la llanura, entre Zúñiga, Orbiso y Santa Cruz, a la que dominaban completamente. Córdoba había mandado avanzar uña columna bajo las órdenes de Oráa, por un largo y penoso camino, para intentar cogernos por retaguardia por el valle de Lana. Para dejarles ganar tiempo, retrasó el ataque hasta la hora que ya he mencionado. Zumalacárregui, que sabía bien que todavía pasarían cuatro o cinco horas antes de que hubiese algún peligro, colocó allí sólo una pequeña fuerza, el primero, segundo y tercer batallones de Álava, bajo las órdenes de Villarreal, confiando el dominio de la llanura a su caballería, que tenía un elevado espíritu y que estaba deseando tomarse el desquite de la derrota de Mendaza. Zumalacárregui en persona estaba delante del portal de Zúñiga, con la mayor masa de sus fuerzas. Su intención, yo lo creo firmemente, era el haber caído sobre el enemigo antes de que hubiera tenido tiempo de formarse en la llanura, entre Zúñiga, el bosque y el barranco que va al Ega, pues yo no creo que él esperase la obstinada defensa que el

by the trees. The rest of Zumalacarregui's force, amounting in all to eleven battalions, were distributed on the heights, or echeloned behind Zuñiga in reserve. Six hundred horse were formed in the plain, between Zuñiga, Orbiso, and Campezo, which they entirely commanded. Cordova had sent forward one column under Oraa, by a long and tedious march, to attempt to take us in the rear by the Val de Lana. To let them gain time, he had delayed his attack till the hour I have mentioned. Zumalacarregui, who well knew that it would be four or five hours before there could be any danger from them, left there only a small force, the first, second, and third of Álava, under Villarreal, trusting to his cavalry, which was in high spirits, and burning to revenge the defeat of Mendaza, to command the plain. Zumalacarregui himself was before the gate of Zuñiga, with the large masses of his force. His intention, I firmly believe, from his disposition, was to have charged them before they had been able to form in the plain, between Zuñiga and the wood and ravine which leads down to the Ega, as I do not think he anticipated the obstinate

cuarto batallón hizo del paso del río. Córdoba, al llegar a la ermita, colocó en batería cuatro piezas de campaña y tomó posesión de todas las alturas de aquel lado del río; el fuego se generalizó pronto entre el enemigo y nuestras fuerzas, que contestaban vigorosamente.

Zumalacárregui manto entonces abajo a los Guías y a un batallón de Castilla, mientras Córdoba hacía incesantes esfuerzos para tomar pie en la pequeña llanura donde se levanta la ermita, de cuyo lugar eran sus hombres instantáneamente barridos, como paja ante el viento.

Durante cuatro horas se oyó retumbar entre las montañas la artillería del enemigo, y las descargas, que se sucedían rápidamente unas a otras. Fuimos tres o cuatro veces al lugar del combate, para cuidar de que retirasen a los heridos y prestarles asistencia; nuestros hombres estaban firmes en sus puestos; hubo un momento muy interesante. El enemigo había logrado formar dos batallones de carabineros en el pequeño espacio de terreno ya mencionado, recortado por las revueltas del río y por los montes cercanos en una

defence the fourth battalion made of the passage of the river. Cordova, having reached the hermitage, planted there four field-pieces, and took possession of all the heights on his own side of the river, whence the firing soon became heavy between the enemy and our troops, who vigorously replied. Zumalacarregui now sent down the guides and a battalion of Castille, incessant efforts being made by Cordova to gain a footing on the little plain at the foot of the hermitage, whence his men were instantly swept like chaff before the wind.

For four hours the artillery of the enemy and the volleys rapidly succeeding each other were heard echoing amongst the hills like thunder. We rode three or four times to the scene of action, to see the wounded carried off and afford them assistance; our men were still firm at their post; once it was a very interesting moment the enemy had succeeded in forming two battalions of carabineers on the small piece of open ground which I have mentioned, formed by the winding of the river and the surrounding hills into a sort of amphitheatre and a tremendous fire had been

especie de anfiteatro; abrieron un terrible fuego, al amparo de aquellos montes, y hacían un esfuerzo desesperado para cruzar el río; la carnicería, mientras avanzaban, era muy grande; los primeros lograron cruzar el puente, pero fueron cargados a la bayoneta por los Guías y tuvieron que retroceder en el mayor desorden Desde donde yo estaba pude oír los gritos de unos catorce, a quienes cortaron el paso en este lado del río: "¡La vida, la vida, por caridad!", suplicaban; pero no se dio cuartel. El enemigo, entonces, se retiró por un momento; sonaron las cornetas entre el estruendo del combate con el toque de "Cese el fuego", para prepararse a nuevos esfuerzos. Delante de Zúñiga, cuando volvíamos con el general y su Estado Mayor, reinaba un silencio de muerte.

El combate se iba a decidir ahora en el puente, y dos líneas de tropa se estaban moviendo constantemente por la carretera, en silencio y en buen orden; unos volviendo del fuego y llevando a sus heridos, y los otros para substituir a los cambatientes. De esta manera, Zumalacárregui hacía que nuevos hombres entrasen constantemente en combate.

opened under cover of it; they were making a desperate push to cross the river; the slaughter as they advanced was very great; but the foremost succeeded in crossing the bridge, when they were charged at the bayonet by the guides, and driven back in the greatest disorder. The cries of about fourteen, who were cut off on this side of the river, I could distinctly hear from where I was standing, "¡La vida, la vida, por caridad!" "Quarter! quarter! in the name of charity!" but no quarter was given. The enemy then retired for a moment; the bugles sounding through the din of action to cease the firing, and to prepare for fresh efforts. Before Zuñiga, as we returned with the General and his staff, a dead silence reigned.

The action was now to be decided at the bridge; and down the road two lines of troops were constantly moving, silently and in good order; one returning from the fire and bearing their wounded, and the other going to relieve the combatants. By this means Zumalacarregui constantly had fresh men entering the action. Amongst the wounded I shook hands, as he passed, with poor Bezard,

Capítulo 13 / Chapter 13

Entre los heridos saludé, mientras pasaba, al pobre Bezard, con la pierna, en que había sido herido tres días antes, rota de un balazo. Se había empeñado en entrar en el combate, aunque estaba cojo, y le hirieron mientras estaba cogiendo cartuchos del cinturón de un muerto, para dárselos a uno de su compañía que se quejaba de que no le quedaba ninguno.

En el cementerio de una capilla en ruinas estaban enterrando a dos oficiales que habían muerto mientras los llevaban a Zúñiga. Los cuerpos no estaban fríos, pues habían sido desnudados y envueltos en una capa en lugar de una sábana. El hecho de que los carlistas desnudasen a amigos y enemigos era un caso saliente de esta guerra, donde un ejército estaba armado, equipado y vestido con los restos del otro. Todos los cadáveres que se encontraban estaban completamente desnudos, y, como consecuencia del aspecto blanco y lívido de la carne, ofrecían un espectáculo más horrendo que el que de otro modo hubiesen presentado. Casi al momento que un hombre expiraba, los despojadores estaban sobre él,

who was carried by, the thigh bone of the same leg on which he had been wounded three days previously having been broken by a grape shot. He had persisted on entering the fight although very lame, and was struck as he was taking cartridges from the belt of a dead man, to give to one of his company, who complained he had no more.

In the cemetery of a ruined chapel they were burying two of our officers, who had died as they were bearing them to Zuñiga. The bodies were not cold as they were stripped and wrapped in one cloak for a winding sheet. The stripping of both friends and foes, by the Carlist soldiers, was a striking feature of this war, where one army was armed, equipped, and clothed, from the spoils of the other. All the dead bodies that you met with were entirely naked, and, on account of the white and livid appearance of the flesh, exhibited a spectacle infinitely more ghastly than they would otherwise have presented. Almost the instant a man had breathed his last, the spoilers were upon him, and he was stripped with a dexterity and quickness scarcely conceivable. This spectacle was to be seen

y era desnudado con destreza y rapidez increíbles. Este espectáculo se presenciaba a veces durante lo más fuerte de un combate. Aún, en la pequeña llanura entre el puente y la ermita de Arquijas, podían verse algunos de nuestros voluntarios rezagados dedicados a esta ocupación, y más de uno pagó con la muerte el precio de su atrevimiento.

Al principio me disgustó mucho esta rapiña, y me dio la impresión de un marcado espíritu de pillaje; pero después de algún tiempo me pareció la cosa más natural. Ropas, municiones, calzado, armas, dinero, todo estaban acostumbrados a cogerlo del enemigo; solamente de él podían tomarse. Cuando lo pedían a sus jefes, se les contestaba: "¡Ahí están los cristinos! ¡Cogedlos!" Esta fue la respuesta que más de una vez dio Zumalacárregui. En otros respectos— creo que ya lo he dicho antes—me parece que quizás no haya habido otro ejército donde, en circunstancias semejantes, se encontrase tanta honradez, sobriedad y orden, a causa de la extrema severidad y de la disciplina que el general en jefe había introducido.

sometimes during the hottest fire of an action. Even on the little plain between the bridge and hermitage of Arquijas, stragglers of our volunteers might be seen busily engaged, although more than one paid the penalty of his hardihood.

This rapacity at first much disgusted me, and gave the idea of an unconquerable spirit of plunder; but after a little while it seemed natural enough. Clothes, ammunition, shoes, arms, money, everything they were accustomed to take from the enemy; from him only were they to be got. When they asked for them from their leaders, they were told, "There are the Cristinos, take them!" This reply was more than once made to their complaints by Zumalacarregui himself. In other respects, I think I have mentioned already that, under such circumstances, perhaps never any army existed where so much honesty, sobriety, and order were to be found, on account of the extreme severity of discipline the Commander-in-Chief had introduced in that respect.

The firing, and the efforts of Cordova to cross the bridge, had been incessant till half past

Capítulo 13 / Chapter 13

El tiroteo y los esfuerzos de Córdoba por cruzar el puente, habían sido incesantes hasta las tres y media de la tarde; después de haber sido rechazados en el puente, mandó que se intentase vadear el río. Sin embargo, sus hombres fueron destrozados tan prontocomo llegaron a la orilla. El ataque, después de esto, continuó con relativa debilidad, y, sin duda, el enemigo, desesperado al no poder pasar, hubiera desistido de su empresa, si no hubiese aguardado el resultado de la marcha de la división de Oráa, que ya estaba entrando en el valle de Lana por el puerto de Gastrain, para cogernos por la retaguardia. Una pequeña columna enemiga había llegado también a Santa Cruz de Campezo, aunque sin caballería. Como en el otro lado de Santa Cruz el terreno es llano y lleno de viñedos, se destacaron allí tres escuadrones de caballería en vez de mandarlos contra Oráa.

Oráa, entre tanto, decidió realizar un esfuerzo desesperado, y los alaveses, con Villarreal, no fueron derrotados gracias a la intrepidez personal de Iturralde; iban cediendo el

three in the afternoon: after being driven back over the bridge, he caused attempts to be made by fording. As soon as they reached the bank his men were, however, cut to pieces. The attack after this continued comparatively feeble, and, no doubt, the enemy, despairing of being able to pass, would have entirely desisted from it, had he not been awaiting the effect of Oraa's division, which already, by the puerto or defile of Gastrain, was entering the Val de Lana, to take us in the rear. A small column had also gained Campezo, of course without cavalry. As on the other side of Campezo the ground is a level plain, and occupied by vineyards, three squadrons of cavalry were despatched thither, instead of being sent against Oraa.

Oraa meanwhile resolved on making a desperate push, and the Alavese, under Villarreal, prevented only by the personal intrepidity of Iturralde from being routed, were giving back in some confusion, when Zumalacarregui himself, with the first battalion of Navarre, and the first of Guipuzcoa, hurried to the scene of action. His appearance changed directly the fortune of the day;

terreno con alguna confusión, cuando el mismo Zumalacárregui, con el primer batallón de Navarra y el primero de Guipúzcoa, se dio prisa para acudir al lugar de la acción. Su presencia cambió totalmente la marcha de los acontecimientos: Oráa fue rechazado con aiguna confusión. Los batallones que habían agotado sus balas en el puente avanzaron inmediatamente, por orden de Zumalacárregui, después de lo cual, el general de la Reina vio que sus soldados eran incapaces de conservar el puente contra el ímpetu de los dos batallones de refuerzo, que ahora les atacaban, y poco dispuesto a esperar la aproximación de una fuerza que creía se hallaba bien surtida de municiones, se retiró precipitadamente. También Córdoba, cuando vino la noche, se alegró de volver sobre sus pasos, y encendiendo fuegos en las montañas, al otro lado del río, para hacer creer a los carlistas que él pensaba pasar la noche allí, se retiró a Los Arcos con su ejército en gran desorden, del cual no pudieron aprovecharse los carlistas por su propia fatiga y porque se acercaba la noche. Córdoba llevó consigo 350 heridos y

Oraa was driven back in some confusion. The battalions which had exhausted their cartridges at the bridge immediately advanced by order of Zumalacarregui; upon which the Queen's general, who found his men unable to keep their ground against the impetuosity of the two fresh battalions now attacking them, was little disposed to wait the approach of a force which, for aught he knew, was well supplied with ammunition, and precipitately retreated. Cordova, also, when night came on, was glad to retrace his steps, and lighting fires in the mountains on the other side of the river, to make the Carlists believe that he intended passing the night there, fell back on Los Arcos, his army in a dreadful state of disorder, of which their own fatigue and the night coming on had prevented the Carlists from taking advantage. Cordova carried back with him three hundred and fifty wounded, and left above that number of dead on the field.

Of the column of Oraa I cannot speak with certainty; but its loss is supposed to have been much more considerable, and in wounded must inevitably have been so; for at

dejó en el campo un número mayor de muertos.

No puedo hablar con certeza acerca de la columna de Oráa, pero se cree que sus pérdidas fueron mucho mayores, y en cuanto a heridos, tuvo que ser inevitablemente así, pues al puente, aunque el fuego fue terrible durante tantas horas, iban constantemente tropas de refresco a relevar a las otras en los dos bandos, y las pérdidas fueron relativamente insignificantes, porque estaban protegidos en ambos lados por las rocas y los bosques. Las pérdidas totales de los cristinos, en heridos, muertos y desaparecidos, serían unos 1.500. Las de los carlistas, que tuve ocasión de calcular, porque estaba moviéndome constantemente en la línea de fuego por donde pasaban los heridos, serían de unas 400. Murió gran número de oficiales cristinos en proporción al de soldados. Cerca de la ermita de Arquijas fueron enterrados tres de aquéllos, que cayeron allí.

Un oficial polaco —el único en el servicio— se pasó aquel día al enemigo. La manera como había sido tratado, a causa del interés que despertó en nosotros la historia que nos

the bridge, although the firing was tremendous during so many hours, fresh troops coming up constantly to relieve each other on both sides, the loss was comparatively insignificant, as on each side they were greatly protected by the rock and wood. The whole loss of the Cristinos, in killed, wounded, and missing, was estimated at one thousand five hundred; that of the Carlists, which, as I was constantly up and down the line where the wounded were passing, I had some opportunity of calculating, I should estimate at four hundred. A great number of Christino officers perished in proportion to the number of men. Close by the hermitage of Arquijas, three that had fallen there had been buried.

A Polish officer the only one in the service this day deserted to the enemy. The manner in which he had been treated, on account of the interest the story he had told us created, rendered this still more unpardonable. He had served in the army of Miguel, as several of the French officers had known him in Portugal; and he immediately received his lieutenancy from the King. Zumalacarregui placed him in

contó, hizo todavía más imperdonable su deserción. Había servido en el ejército de Don Miguel, pues varios de los oficiales franceses le habían conocido en Portugal, y recibió inmediatamente el cargo de alférez. Zumalacárregui le colocó en el sexto batallón de Navarra. Había tomado —nos dijo—una parte activa en la revolución polaca, así como su familia. Fueron deportados, aconsecuencia de esto, a Siberia, siendo él el único que pudo escapar. Su objeto al servir una causa que no le interesaba, era el obtener un certificado de Don Carlos, así como lo había obtenido de Don Miguel, en el que constase que había militado con dificultad, siendo éste el único premio que deseaba recibir, pues esperaba que, postrándose a los pies del Emperador de Rusia con estas credenciales, obtendría la libertad de su padre. Contaba que había venido por tierra desde la frontera de Portugal, escondiéndose de día y caminando de noche. Era el favorito de todos, y todos hubiéramos hecho, yo creo, cualquier cosa por servirle. Recién advertida su desaparición, lamentamos grandemente su pérdida, imaginándonos que había sido

the 6th battalion of Navarre. He had taken, he told us, an active part in the Polish revolution, as well as his family: they had, in consequence, been sent to Siberia, he alone having been able to effect his escape. His object in serving a cause that little interested him was, to obtain an attestation from Don Carlos, as he had from Don Miguel, of having served him faithfully which was the only reward he looked for; and, throwing himself at the feet of the Emperor of Russia with these credentials, he hoped to obtain his father's release. He pretended that he had come from the frontiers of Portugal by land, hiding by day, and travelling by night. He was a universal favourite; and we should all, I believe, have done anything to serve him. On his first disappearance, imagining him to have been taken prisoner, his loss was greatly lamented; and even Zumalacarregui, whom the story of his having come hundreds of leagues to fight in a strange land for a father's liberation had greatly interested, sent to Mina to make him offers of a most advantageous exchange, if his life were spared. A few days after, we were informed by the

Capítulo 13 / Chapter 13

hecho prisionero, y aun Zumalacárregui, a quien había interesado vivamente la historia de su viaje de cientos de millas por una tierra extraña para libertar a su padre, propuso a Mina un canje muy ventajoso, si su vida era perdonada. Unos pocos días después nos informaron los "confidentes" que era muy conocido de Mina, y que todo el tiempo había sido un espía, que nos había engañado a todos. Se hallaba entonces en un regimiento de Pamplona. Cuando supimos que ésta era la verdad, nos extrañamos de nuestra propia estupidez al no descubrir su engaño al principio, cuando entró en nuestro ejército, con raída indumentaria militar, con la que pretendía haber venido desde la frontera de Portugal, a pesar de lo grande que era la vigilancia de la policía sobre los extranjeros en las provincias por donde había pasado. Este es el único oficial extranjero (debo añadir en justicia) que se portó mal, y por esta causa dolió más todavía su engaño.

Al anochecer encontré a Lacour. Me dijo al saludarme: "Su amigo Bezard está herido." "Lo sé—dije yo—; tiene rota la misma pierna en la que fue

confidentes that he was well known by Mina, and had been all the time only a spy, who had fooled us all. He was then in some regiment in Pamplona. When we knew this to be the case, we all wondered at our own stupidity, in not perceiving his falsehood at once, when he joined the army in a military undress, in which he pretended to have come from the frontiers of Portugal, sharp as the look-out on all strangers must have been by the police in the provinces through which he must have passed. This is the only foreign officer, I must in justice add, who in any way misbehaved himself; and on that account it was still more deeply felt.

In the dusk of the evening I met. Lacour; he accosted me with "Your friend Bezard is wounded." "I know it," said I; "he has the same leg broken in which he was wounded three days ago down in the plain." "*Il en vouloit donc a cette malheureuse jambe il avoit juré de la laisser la*"-"He had a spite against that unfortunate limb; he had sworn to leave it there, it appears," said he, drily. I could not help smiling at his expression: he reminded me of the French soldier of fortune who was standing beside

herido hace tres días en la llanura." "Il en voulait donc á cette malhereuse jambe il avait juré de la laisser-lá." ("Quería tan mal a aquella desgraciada pierna que había jurado dejarla allí")—dijo él secamente. No pude menos de sonreír al oír esta frase; me recordaba al soldado aventurero francés que se hallaba junto a Carlos XII de Suecia en el sitio de Frederikshald, cuando recibió su herida de muerte, y dijo fríamente: "La piece est joué; allons maintenant souper ("Ha terminado la comedia; vamos a cenar").

Aquella noche dormí en Qrbiso, sobre una mesa; hacía un frío terrible, a consecuencia del cual murieron casi todos los que habían recibido una herida grave. El frío y la nieve, que empezaba a caer en gran cantidad, nos obligaron a retirarnos al valle de las Amezcoas, quedando el enemigo encerrado en Estella, Los Arcos y Viana, que había sido fortificada después de la derrota de Carandolet, en el mes de agosto anterior. Este descanso nos era muy grato, pues había tres pies de nieve en el suelo, y, además, no hubiéramos podido tomar la ofensiva durante algún tiempo por falta de municiones, pues

Charles XII of Sweden, at the siege of Fredericshal, when he received his death-wound, and said, very coolly, "*La pièce est joueé -allons maintenant souper*"- "The piece is played out, let us to supper."

That night I slept at Orbiso on a table; it was desperately cold; and, in consequence, nearly all those who had received any severe wounds died. The cold and the snow, which was beginning to fall very fast, caused us to retire into the Amezcoas, the enemy being shut up in Estella, Los Arcos, and Viana, which had been fortified after the defeat of Carandolet there in the month of August previous. Rest was peculiarly acceptable, there being three feet of snow upon the ground; and, moreover, we could not have assumed the offensive for some time, from the want of ammunition; our manufactory in the Baztan and at Ecala, in the Amezcoas, only producing a limited quantity daily, made from saltpetre and sulphur smuggled over the Pyrenees from France, by the *contrabandistas*, at 100 per cent, on the value. Gunpowder itself could not be got in France without so much risk of detection, that those who furnished us, entirely

nuestras fábricas en el Baztán y en Ecala, en el valle de las Amezcoas, Solamente producían diariamente una cantidad limitada de pólvora, hecha de salitre y azufre, que pasaban de contrabando por los Pirineos los contrabandistas, a un ciento por ciento de su valor. No se podía traer pólvora de Francia sin el riesgo de ser descubiertos, de tal modo que los que nos la entregaban se negaron a mandarla previamente manufacturada. Esta falta de municiones, que tan a menudo ocurría, era otro de los obstáculos con que tenía que luchar el gran jefe carlista. En tantos casos habían sido distribuidos los cartuchos una hora antes de la batalla, que los soldados no sabían nunca cuándo escaseaban. Gracias a esto, el enemigo no podía aprovecharse, como de otro modo lo hubiera hecho, por medio de sus espías, de la crítica situación en que se encontraba con frecuencia el ejército carlista por esta escasez de municiones.

Mientras estábamos en el valle de las Amezcoas, entéreme por casualidad de que Bezard se hallaba en Contrasta; fui a visitarle allí. Aunque sólo distaba nueve millas, me costó

declined undertaking to send it in its manufactured state. This want of ammunition, which so often occurred, was another of those obstacles with which the great Carlist Chieftain had to battle. The soldiers in so many instances had only had the cartridges distributed to them an hour before entering action, that it was never known in the army when they really did fail. In consequence, the enemy could not take advantage, which he might otherwise have done through his spies, of the critical situations in which this want had sometimes placed the Carlist army.

While we were in the Amezcoas, learning by chance that Bezard was at Contrasta, I went thither to visit him. Although it was only nine miles, it took me nearly four hours, on account of the great depth of snow upon the roads, in most places from four to six feet. My horse fell or floundered about in it repeatedly. The villages I passed through were full of wounded, who had all been very insufficiently attended to: at Contrasta they were almost entirely neglected. I found Bezard in a miserable room, of which the shutters had been closed to keep out the cold

Doce meses de campaña - Twelvemonth's campaign

casi cuatro horas el llegar, a causa del gran espesor de la nieve en los caminos, la que alcanzaba de cuatro a seis pies en casi todos los sitios. Mi caballo se caía o resbalaba a menudo. Los pueblos por los que pasaba estaban llenos de heridos, que habían todos ellos sido atendidos muy insuficientemente; en Contrasta se hallaban casi enteramente desatendidos. Encontré a Bezard en un cuartucho en el que los ventanillos habían sido cerrados para no dejar entrar el viento helado: estaba extendido sobre un colchón de paja de maíz. Atendíale únicamente un criado medio idiota, a quien se había enmpeñado en retener. Aunque, evidentemente, padecía mucho, llevaba sus sufrimientos con una resignación de la que pocas veces he sido testigo. Supe con gran dolor que, aunque habían pasado cinco días desde la acción, no se le había hecho cura alguna en la herida, exceptuando una venda que se puso en el campo de batalla. La cama estaba llena de sangre, la que se hallaba en estado pútrido, y los habitantes de la casa, como la mayoría de los aldeanos, parecían temerosos de intervenir en la herida,

wind: he was stretched on a mattress of maize-straw. He was attended only by a half idiotic servant, whom he had always persisted in retaining, Although he was evidently in great pain, he bore his sufferings with a resignation I have but rarely witnessed. I was shocked to learn, that although five days had elapsed since the action, excepting a bandage put on on the field, his wound had never been dressed. The bed was full of blood, which was already in a putrid state; and the people of the house, like most of the peasantry, seemed afraid to meddle with his wound, though they expressed their good will, by bringing him quantities of food, which he could not touch. He said that he was well aware, from the neglect he had experienced, that, his fate was sealed. "So," said he, "let the will of God be done." He did not repine; if things could happen over again, he would act, he said, as he had done; and although he had suffered much, he had no reason to regret death in such a cause. The day after his being wounded at Mendaza, he had received a letter, acquainting him with the death of his father, who had reached an extreme old age. In allusion to

Capítulo 13 / Chapter 13

aunque expresaban su buena voluntad trayéndole diferentes alimentos, que él no podía probar, El dijo que se daba cuenta, por el abando en que se encontraba, de que estaba decidido su destino fatal. "¡Hágase la voluntad de Dios!", exclamó. No se afligió; si las cosas volvieran a repetirse, dijo que obraría como había obrado, y aunque había sufrido mucho, no encontraba razón para llorar la muerte por tal causa. Al día siguiente de haber sido herido en Mendaza recibió una carta haciéndole saber el fallecimiento de su padre, que había alcanzado una edad muy avanzada. Aludiendo a esto, sonriente, hizo esta observación: "El dicho de las mujeres ancianas de mi país es verdadero: cuando una desgracia sigue muy cerca de la otra, la tercera, y más grande, está siempre próxima".

Mi primer impulso fue volver a Eulate tan rápidamente como me permitiera el estado del camino. Fui derecho a Zumalacárregui, a quien le conté lo que había visto. Montó en gran cólera. El cirujano, para calmarle, dijo que la persona mandada para curarle la herida me debió de haber cruzado en el camino.

this, he observed, with a smile, "The saying of the old women in my country is true. When one misfortune follows close on the heels of another, the third and greatest is always near."

My first impulse was to return to Eulate as quickly as the road would permit me. I went straight to Zumalacarregui, to whom I related what I had seen. He flew into a violent passion. The head surgeon, to calm him, said that the person sent to dress his wound must have passed me on the road. This was untrue. He then wrote on a piece of paper an order, under *pena de muerte*, or pain of death, for all the surgeons I met to follow me. This order, given in his anger, showed how much he was carried away by his feelings; for, if I had chosen literally to make use of the mandate, and take with me all the medical attendants of the several hundred wounded in the intermediate villages to compensate one act of injustice and neglect, he would have forced them to commit many more.

Having taken up two surgeons on the road, and two servants, one of whom was a

Esto era falso. Él, entonces, escribió en un pedazo de papel una orden, mandando que, "bajo pena de muerte", me siguieran los cirujanos que yo encontrase en el camino. Esta orden, dada en un acceso de cólera, mostraba cómo se dejaba llevar por sus sentimientos, pues si yo hubiera obedecido literalmente el mandato y hubiera llevado conmigo a todos los médicos de los varios cientos de heridos de las villas próximas, para compensar un acto de negligencia e injusticia, se hubiera cometido otro mayor[45].

Habiendo encontrado dos médicos en la carretera, y dos criados, uno de los cuales era francés y excelente enfermero, volví inmediatamente al lado de Bezard, aunque muy fatigado y casi helado de frío. A la media hora de haber llegado allí, el cirujano del Cuartel General y un adudante de campo vinieron de parte del general; el segundo para traerle una cantidad de dinero, en caso de que la necesitara. Los médicos le hablaron con confianza de curarle la herida; pero no consiguieron engañarle, y si es que ellos hablaban con sinceridad, yo había visto bastantes casos

Frenchman, and an excellent nurse, I immediately returned to Bezard, although much fatigued, and almost frozen with cold. About half an hour after we had been there, the staff-surgeon and an aide-de camp came from the General; the latter to bring him a sum of money, in case he should be in want of any. The surgeons spoke with confidence to him, of curing his wound; but he was not deceived, and if they had been in earnest in their assertions, I had seen sufficient of their want of skill to know that it was a hopeless case. He begged of me constantly not to omit to learn how his company was going on. I always answered, that we were too much interested about, him to think of his company. The last words of the old soldier were, to beg of me not to forget to deliver to the colonel of the Guides, Torres, his message reminding him that, at the last distribution of great coats (for the guides were now regularly dressed), his company had received twenty-one less than their number: "the poor fellows," added he, "must want them this weather."

The next day my duty called me on an expedition, to cut off a foraging party of horse

Capítulo 13 / Chapter 13

demostrativos de su falta de habilidad, para convencerme de que era un caso desesperado. Me pedía constantemente que no me olvidase de enterarle de qué tal iba su compañía. Siempre le contestaba yo que para nosotros era mucho más importante él que su compañía. Las últimas palabras del viejo soldado fueron para recordarme que no me olvidara de dar al coronel de los 1 Guías, Torres, su mensaje, recordándole que en la última distribución de abrigos (pues los Guías estaban ya uniformados) su compañía había recibido veintiuno de menos. "Los pobres muchachos—añadía—los deben de necesitar con este tiempo".

Al siguiente día fui enviado en una expedición para cortar el paso a un grupo de "peseteros" montados que hacían forraje en la vecindad de Estella. Capturamos cuatro; pero escaparon los demás, porque sus caballos estaban herrados, y como nosotros no habíamos tomado esta precaución con los nuestros, al intentar perseguirlos cayeron algunos y bloquearon la carretera. Tuvimos dos muertos aquel día, por haber

peseteros in the vicinity of Estella. We succeeded in capturing four, but they escaped, on account of their horses being rough shod; and this precaution having been neglected as to ours, on attempting to pursue, several fell, and blocked up the road. We had two killed that day, by missing their footing and rolling down a ravine. Meanwhile, Bezard was removed to the regular hospital at Narcue, in the Val de Lana, where, three days after, he expired. On account of several signal acts of bravery, and the interest his devotion to the cause had excited, he was made knight of San Fernando. The diploma, however, only arrived the day after his death; so that he had not the satisfaction of knowing anything about it.

The arrival of Mina, fourth on the list of generals who had failed in their efforts against the revolted provinces, when he came to throw the colossal reputation he enjoyed in those countries into the scale in favour of the Queen, created some apprehension in the Carlist party in Spain, and was considered, beyond the Pyrenees, as a decisive event. But Zumalacarregui, well

dado un paso en falso, cayendo por un barranco. Entre tanto, Bezard había sido llevado al hospital de Narcúe, en el valle de Lana, donde tres días más tarde expiró. En premio a sus señalados actos de valor y al interés que su devoción por la causa había despertado, se le con- cedió la cruz de San Fernando. Sin embargo, el oficio llegó un día después de su muerte; de manera que no tuvo la satisfacción de saberlo.

La llegada de Mina, el cuarto de los generales que fracasaron en sus esfuerzos contra las provincias insurrectas, que vino a arrojar en la balanza a favor de la Reina la reputación de que gozaba en aquel país, infundió alguna alarma en el partido carlista de España, y se le consideró, al otro lado de los Pirineos, como un acontecimiento decisivo. Pero Zumalacárregui, conocedor de su carácter y del valor real de su talento, no compartía esos presentimientos y hablaba con tal grado de confianza y seguridad, que no eran habituales en él. Generalmente, era muy modesto en el modo de expresarse, ya fuera antes o después de una batalla. A veces, cuando se encontraba

acquainted with his character and the real extent of his talent, shared none of those forebodings, and spoke with a degree of confidence and assurance in which it was not his habit to indulge. He was generally very modest in the terms in which he expressed himself, either before or after an engagement. Sometimes when he first met with a new general in the field, he would express himself ironically nearly in the following terms: "Ah, there is general such a one I have heard much of him I do not doubt his superior talent at all but we must try; perhaps some of us may escape from the action." When Mina took the command, he several times repeated, "I had rather have to deal with him than anybody; others give me much trouble in guessing their movements and combinations; those of Mina I know beforehand." Mina, indeed, was an old fox, but he had to deal with one who knew his earths well, and circumstances had widely changed since the war of independence. Intimately acquainted with the country, he has much talent as a guerrilla chief, and for a warfare carried on in the style of that which at this day Merino wages. But in the

Capítulo 13 / Chapter 13

por vez primera con un nuevo general en el campo, se expresaba irónicamente en los siguientes términos: "¡Ah, tal general! He oído hablar mucho de él; no tengo la menor duda sobre su talento excepcional; pero debemos probar; tal vez alguno de nosotros pueda escapar del Combate". Cuando Mina tomó el mando, repitió varias veces: "Prefiero habérmelas con él que con nadie; otros me dan mucho trabajo para adivinar sus movimientos y combinaciones; los de Mina me los sé de memoria". Mina, es verdad, era un viejo zorro; pero tenía que entendérselas con uno que conocía bien su terreno, y las circunstancias habían cambiado mucho desde la guerra de la Independencia. Conocedor perfecto del territorio, tiene mucho talento como jefe de guerrilla, y para una guerra llevada al estilo de la que Merino desarrolla ahora; mas en el estilo presente él era como un hombre que no es hábil en el uso de un arma, pero que tiene que blandir otra a la que nunca ha estado habituado, y se encontró a la cabeza de ejércitos regulares, jugando al mismo juego que los franceses habían jugado contra él, y que sabía, por experiencia propia, que era un

present conflict he was like a man skilful in the exercise of one weapon, wielding another to which he has never been accustomed; and found himself at the head of regular armies, playing the same game the French had played against him which, by experience, he knew to be a most hopeless one.

If Mina had found himself at the head of the Carlist insurrection, at the pitch to which Zumalacarregui had brought it after four or five months although I doubt whether he would, before that period, have prevented it from being crushed in its cradle he would probably have remained carrying on a more desultory mode of warfare to this day in the provinces, but without making those rapid advances in which the Guipuzcoan General succeeded advances not in point of territory, but of strength; for Zumalacarregui always looked upon the provinces as the arena where the quarrel, not only of legitimacy and usurpation, but of the partisans of the liberal form of government and of municipal tyranny against those of an absolute form and of municipal freedom and ancient privileges, was to be

[394]

juego en el que no había esperanza de éxito.

Si Mina se hubiera encontrado a la cabeza de la insurrección carlista en el grado o estado a que Zumalacárregui le había conducido después de cuatro o cinco meses—aunque yo dudo de que pudiera, antes de ese período, evitar su aplastamiento total en los comienzos—, continuaría hasta el día de hoy un sistema de guerra menos organizado y sin los rápidos avances que hacía el general guipuzcoano; avances, no de territorio tan sólo, sino de fuerzas, pues Zumalacárregui siempre miraba a las Provincias como el lugar donde había de decidirse la lucha, no sólo de la legitimidad contra la usurpación, sino de los partidarios de la forma liberal de Gobierno central y tiranía de los Municipios contra la forma absolutista de la libertad municipal y de privilegios antiguos. Desde el principio dijo "que Navarra era el campo de batalla donde Madrid sería ganado o perdido", y por eso se circunscribió a este territorio, como el más favorable para sus intenciones. Empezó por derrotar las pequeñas divisiones del ejército enemigo, tomando día

decided. From the very beginning, he said "that Navarre was the battle-field where Madrid must be won or lost;" and to that territory he confined himself, as the most favourable to his purpose. He commenced by defeating the smaller divisions of the enemy's army assuming, day by day, a more imposing attitude, until he at last ventured to await all their combined force under V aides, and ended by driving it so completely out of the field, that he was allowed to capture all those garrisons which could not escape, to San Sebastian or Pamplona, without an effort being made to prevent him. A feeble reserve, and some uncertain regiments, only interposed between him and Madrid. He then successively attacked and took the different fortified places, principally for the artillery and cartridges they contained, which were necessary for the long march he intended commencing on the capital; and such was the terror he had struck into the Queen's party, that he would probably have reached Madrid without a single shot being fired. Eight or nine thousand men might have kept Valdes and all the force of the provinces entirely in check;

Capítulo 13 / Chapter 13

por día una actitud más imponente, hasta que, al fin, se aventuró a esperar todas las fuerzas reunidas bajo las órdenes de Valdés y terminó por ponerlas en fuga de una manera tan completa, que capturó todas las guarniciones que no pudieron escapar a San Sebastián o Pamplona, sin que nada pudiera hacerse para evitarlo. Solamente le seperaba de Madrid una débil reserva y algunos regimientos dudosos. Entonces atacó y tomó sucesivamente las plazas fortificadas, principalmente para apoderarse de la artillería y cartuchos que contenían, los que eran necesarios para la larga jornada que intentaba emprender hacia la capital, y tal era el terror que había infundido en el partido de la Reina, que hubiese llegado a Madrid sin disparar un solo tiro. Ocho o nueve mil hombres hubieran bastado para luchar contra Valdés en las Provincias, y él hubiera podido ir a la cabeza de más de veinte mil, a través de las dos Castillas.

Su prematuro fin, además del golpe que fue para su partido, devolvió al enemigo toda su fuerza moral perdida. El ejército de Valdés, que a causa de la desmoralización y del

and he could have led twenty thousand men through the two Castilles.

His untimely end, besides the blow it was to his own party, restored to the enemy all their moral force. The army of Valdes, which, from its total demoralization and the discouragement that pervaded its ranks, was as useless as if entirely destroyed, became, as soon as Zumalacarregui's death was known, again an army nearly as formidable as before its defeat; it was as if twenty thousand men for the Queen had started into life. While Zumalacarregui was alive, they were afraid to meet him again on any terms; but, after his death, they drove the Carlists from the ground at Mendigorria, on the 16th of July.

All this proved, that in keeping for so many months so cautiously within the same circle, Zumalacarregui had judged well; and this has given rise to the idea, that he was a mere mountain chieftain a second Mina. There was, however, a wide difference between the two. Mina, when placed at the head of a regular army, seemed entirely lost. I am not reproaching him with

acobardamiento que existían en sus filas, era casi tan inútil como si hubiera sido enteramente destruido, se convirtió, tan pronto como se conoció la muerte de Zumalacárregui, en un ejército casi tan formidable como antes de la guerra; era como si hubiesen resucitado veinte mil hombres, en favor de la Reina. Mientras vivía Zumalacárregui, tenían miedo de combatirlo, cualesquiera que fueran las condiciones de la lucha; pero, después de su muerte, derrotaron a los carlistas en Mendigorría, el 16 de julio[46].

Todo esto prueba que, habiéndose mantenido durante tantos meses dentro del mismo círculo, Zumalacárregui había juzgado bien; esto ha hecho creer a algunos que Zumalacárregui era meramente un jefe de montaña, un segundo Mina. Había una gran diferencia entre los dos: Mina, cuando se hallaba a la cabeza de un ejército regular, parecía completamente perdido. No le repruebo su falta de éxito, pues el conocimiento del modo de guerrear del enemigo servía sólo para descorazonarle, tanto como para demostrar la inutilidad de cualquier remedio en su contra. La naturaleza del país y

his want of success; for his knowledge of the kind of warfare carried on by the enemy tended only to discourage him, as it served to show the impossibility of all remedy against it. The nature of the country, and the devotion of the inhabitants, were formidable weapons, and he knew, full well, how to have used them, and how they were used against his army; but this was to him of no avail; for, against the popular cause, it was impossible for him ever to apply them. Most of the Queen's generals, indeed, were not ignorant of the reason why it became impracticable to pursue to cut off to surround or to disperse, beyond a few minutes, the Carlists; but over these causes they had no control. Other officers, as well as Mina, possessed ample knowledge of the rapid modes of conveying despatches and orders, and thereby forming combinations; but that knowledge was of no use; they might give their *partes* or despatches to the peasantry, but as there was no commanding the good will of the people, and as neither gold nor menaces could work on their stubborn dispositions, it was only giving their despatches into the hands of

Capítulo 13 / Chapter 13

la fidelidad de sus habitantes eran armas formidables, y sabía muy bien cómo las había empleado y cómo eran empleadas ahora contra su ejército; pero esto no le servía de nada, pues contra la causa popular le hubiera sido imposible haberlas utilizado nunca. La mayoría de los generales de la Reina no ignoraban la razón de que fuera impracticable el perseguir, el cortar el paso, el cercar o dispersar por más tiempo que unos pocos minutos a los carlistas; pero no podían ejercer ningún control sobre estas causas. Otros jefes, así como Mina, tenían gran conocimiento de los métodos rápidos de llevar despachos y órdenes y de esta manera hacer combinaciones; pero este conocimiento no les servía de nada. Podían dar sus partes o despachos a los campesinos; mas como ni podían mandar en la voluntad de la gente, ni el oro o las amenazas influían en sus recios espíritus, el entregarles los mensajes era como entregarlos en manos de los enemigos. Los veteranos de los cristinos conocían todos los caminos y senderos; pero no se atrevían a cruzarlos con unos pocos hombres armados, como lo hacían en los tiempos en que los habitantes estaban

their enemies. The veterans of the Cristinos knew every path and glen, but they dared not cross these with a few armed men, as in the times when they had the inhabitants in their favour, without the certainty of being cut off. Wherever they marched with a large force, men, women, and children dispersed as spies in every direction, and gave intelligence of their approach.

Mina, I therefore repeat, cannot be reproached with his want of success; but with having done less than any of the other generals. Zumalacarregui, instead of confining himself to the almost predatory warfare of the other chiefs and of Mina during his war against the French, in everything attempted to regularize his army, and only fought in the mountain because he was too weak yet to enter on the plain. His object was, not to maintain himself like Merino, but to form an army that might fight its way to Madrid, which was his grand object. Instead of risking his force in Castille, by advancing, he waited until they had been obliged to send everything against him in the provinces to conquer them on his own

en su favor, sin la certeza de que les cortaran el paso. Dondequiera que fuesen con una gran fuerza, hombres, mujeres y niños se dispersaban en todas direcciones como espías y daban cuenta de su proximidad a los carlistas.

Mina, vuelvo a repetirlo, no puede ser acusado por su falta de éxito; pero sí por haber hecho menos que cualquier otro de los generales cristinos. Zumalacárregui, en vez de reducirse a la guerra, casi de pillaje, de Mina y de otros jefes durante la lucha contra los franceses, quiso formar un ejército regular, y si luchó solamente en la montaña era porque no tenía aún bastante fuerza para entrar en la llanura. Su objeto era, no el mantenerse como Merino, sino formar un ejército que pudiera abrirse camino hasta Madrid, que era su gran objetivo. En vez de arriesgar sus fuerzas en Castilla, en un avance, esperó hasta que se vieron obligados a mandar contra él todas las fuerzas de que disponían a las Provincias, para vencerlos en su propio terreno, donde podía librarles batalla con más ventaja. Hasta la derrota de Valdés y la destrucción de las divisiones de Oráa, Iriarte y Espartero en el cerco de

ground, where he could fight the battle to such advantage. Until the defeat of Valdes, the destruction of the divisions of Oraa, Iriarte, and Espartero, at the siege of Villafranca, he had never really been in a situation prudently to take the plains of Castille; and then it was his intention to have marched on Madrid.

Mina did less than the other generals, from want of military talent, or at least military knowledge. Zumalacarregui, who, as colonel, was known to have studied deeply *la táctica francesa*, as the tactics of a regular army are termed, was not kept in the mountains by ignorance in this respect, but from the superior number of his enemies the difficulty of disciplining his troops, want of arms, ammunition, cavalry, and artillery, all indispensable in a flat country. These obstacles he had at last overcome, excepting the two last; and these he had in great part conquered. The reputation he has won was earned while he was forming an army; and at the moment that, from the spoils of his enemy, and the rude materials afforded him, he had fashioned one to his own hands, at the moment that,

Capítulo 13 / Chapter 13

Villafranca, nunca había estado todavía en situación para invadir, sin imprudencia, las llanuras de Castilla; entonces su intención era el ir sobre Madrid.

Mina hizo menos que otros generales por falta de talento militar, o por lo menos, de conocimientos militares. Zumalacárregui, que, cuando coronel, se sabe que había estudiado con profundidad la táctica francesa, como se llaman las "tácticas" de un ejército regular, no se quedaba en las montañas por ignorar lo que fuera del caso, sino por la superioridad numérica del enemigo, la dificultad de disciplinar sus tropas, la carencia de armas, Munichones, caballería y artillería..., todo lo cual era indispensable en un terreno llano. Había podido vencer, al fin, estos obstáculos, exceptuando los dos últimos; y aun éstos los había vencido en gran parte. La reputación que había ganado la obtuvo mientras estaba formando un ejército, y en el momento en que de los despojos de su enemigo y de los rudos materiales que se le daban había formado uno con sus propias manos, en el momento en que, habiendo sorteado con

having fortunately struggled through difficulties almost unparalleled in the history of war, considering the means of success at his disposal he died.

I forget which of the Christino generals it was, who, surprised at the discipline the Carlist troops displayed during some affair at an early stage of the war, said of him, "that man would make soldiers out of the trees, if he had no other materials." Mina also, whether to palliate his own disgrace, or from a nobler motive, on retiring from his command to Montpellier, did him justice. On hearing of his death, he said publicly, that, as a partisan, lie rejoiced, but, as a Spaniard, he was inclined to weep; for Spain had lost a man upon whose like *-pour de longues années elle ne reverroit pas-* for many a long year she would not look again. What had always given Zumalacarregui the greatest uneasiness during the first year of the war was the fear of French intervention. In that case, he said, he would assemble all his battalions, and disband them, excepting six, recommending each man, as he was a true Spaniard, to bury his musket against a future day. These six he would disperse into the

fortuna dificultades casi sin precedente en la historia de la guerra, habida cuenta de los medios de éxito de que disponía..., en aquel momento murió.

No me acuerdo cuál de los generales cristinos, sorprendido de la disciplina que desplegaban durante una acción las tropas carlistas, al principio de la guerra, dijo de él. "Ese hombre sacaría soldados de los árboles si no tuviera otros materiales". También Mina, ya para disimular su propia desgracia o por motivos más nobles, le hizo justicia cuando se retiró a Montpellier. Al enterarse de su muerte, dijo públicamente que, como partidario, se alegraba; pero, como español, se sentía inclinado a llorar, porque España había perdido un hombre como el que "pour de longues années elle ne verrait pas" (como el que por largos años no vería otro).

Lo que había causado a Zumalacárregui más preocupación y nerviosismo durante el primer año de la guerra, fue el temor a una intervención francesa. En este caso, decía él, hubiera reunido todos sus batallones y los hubiera dispersado,

mountains, and, leading a complete guerrilla life, wandering all over Spain from one chain to another, he doubted not of being able to escape all the efforts of his enemies to take him; and to be ready, as soon as the storm was over, and the foreign torrent had swept by, to recommence, and descend into a less inaccessible country to arouse that spirit of the Spanish people, which may be kept down, but never crushed and would only glow the more intensely from the attempt to suppress it.

exceptuando seis, recomendando a cada hombre, pues era un verdadero español, enterrar su fusil para un día futuro. Distribuiría estos seis por las montañas, y; llevando una completa vida de guerrilla y vagando por toda España de una cordillera a otra, no dudaba de poder escapar a todos los esfuerzos que el enemigo hiciera para cogerle y estaría preparado, tan pronto como hubieran pasado la tormenta y el torrente extranjero, a empezar de nuevo y a descender a un terreno menos inaccesible para encender otra vez el espíritu de los españoles, que puede ser dominado, pero nunca aplastado, y que brillaría aún más vivamente ante el solo intento de destruirlo.

Capítulo 14

Conducción de despachos. Concentración del ejército cristino. Posición de las tropas carlistas. Batalla de Segura. Enterrando los muertos. Una sorpresa de noche. Ascenso de Lacour. Retirada del 3 de enero. Destrucción del regimiento de Granada. Persecución del enemigo.

En 2 de enero de 1835 nos hallábamos en Villarreal de Guipúzcoa, llamada así para distinguirla de Villarreal de Álava y otras innumerables Villarreales de España. Habíamos pasado el día de Año Nuevo y estábamos, como de costumbre, bastante ignorantes de los movimientos del enemigo. De hecho, todo el ejército tenía tal confianza en el general, que había pocos que se interesasen acerca de lo que el enemigo proyectaba, excepto cuando formaban en batalla. Nosotros supimos, sin embargo, que una columna había dormido en Oñate, donde al principio supusimos íbamos a ir el día anterior.

A las diez se dio el toque de marcha y se distribuyeron los cartuchos; esto, unido a otras

Chapter 14

Conveyance of despatches. Junction of the Cristino army. Disposition of Carlist troops. Battle of Segura. Burying the dead. A night surprise. Lacour's promotion. Retreat of the 3rd January. Destruction of the regiment of Granada. Pursuit of the enemy.

On the 2nd of January, 1835, we were in Villarreal of Guipuzcoa; so called, to distinguish it from Villarreal of Álava, and innumerable other Villarreals in Spain. We had spent there new year's day, and were, as usual, tolerably ignorant of the movements of the enemy. Indeed, the whole army had such confidence in the General, that there were few who interested themselves about what the enemy was doing, except when forming in battle. We, however, learned that a column had slept at Oñate, where at first it was supposed we were going, the day before.

At ten the march was beat, and cartridges distributed, which, joined to several other circumstances, occasioned a

Capítulo 14 / Chapter 14

circunstancias, hizo correr la voz de que íbamos a tener una escaramuza. Las circunstancias hacían creer verdaderamente que esto fuera probable. Zumalacárregui había marchado cautelosamente con sólo cuatro batallones y un escuadrón de caballería a un lugar no distante de Bergara, Bilbao, San Sebastián y Villafranca, las cuales estaban fuertemente guarnecidas y podía fácilmente reunir una fuerza tan abrumadora que era poco admisible que le permitieran volver sin molestarle. Tomamos la carretera que va a Vitoria; los soldados estaban muy alegres al dejar esta provincia, donde, como no se producía vino, sólo habían recibido medias raciones. Las patronas se asomaban a sus puertas y ventanas, agitando sus manos y deseando buena suerte a sus huéspedes, a medida que ellos desfilaban.

Ya en la carretera, varios campesinos se acercaron corriendo al general; dos de ellos le entregaron los partes o despachos de los cristinos; obtuvieron recibos por ellos y partieron. Los generales de la Reina, como ya he dicho antes, intentaron adoptar el mismo método de transmisión de sus

report that we were to have a brush; circumstances, indeed, rendered it probable. Zumalacarregui had quietly marched with only four battalions and a squadron of horse to a place near the vicinity of Bergara, Bilbao, San Sebastian, and Villafranca, which were all strongly garrisoned, and could easily unite so overpowering a force, that it was unlikely they would allow him to return unmolested. We took the high road to Vitoria. The soldiers were in high spirits on leaving the province, where, as it produced no wine, they had only received half rations. The patronas were all at their doors and windows, waving their hands, and expressing their best wishes to their lodgers as they denied.

On the road, several peasants came running up to the General; two of them delivering up the *partes*, despatches of the Cristinos, for which they obtained receipts, and departed. The Queen's generals, as I have stated, attempted the same mode for the conveyance of their orders and despatches as the Carlists; but in vain.

The documents were usually

órdenes y despachos que los carlistas, pero en vano.

Los documentos generalmente se entregaban al alcalde o regidor para que los transmitiera, bajo pena de muerte, de pueblo en pueblo, hasta que llegaban a la división, a la que eran dirigidos. El campesino a quien escogían como mensajero obligado a recibirlos, salía del pueblo, pero iba derecho en busca de los carlistas, les entregaba sus papeles y pedía un certificado que demostrase que lo habían detenido. Si hubiera sentido la tentación de obrar de otra manera, hubiera temido que sus mismos parientes, más aún, las mismas piedras, le hubiesen denunciado.

Uno de estos partes anunciaba, y esto nos fue confirmado por los campesinos, la unión de cuatro columnas, las de Espartero, Jáuregui, Lorenzo y Carratalá, que reunían en conjunto una fuerza de más de 12.000 hombres. Iba dirigido al gobernador de Vitoria, y concluía afirmando que el principal de los rebeldes estaba al fin cercado y sin ninguna posibilidad de escape; y que debía perecer irremisiblemente con toda su división, que no llegaba a 3.000 hombres.

given to the alcalde or regidor, to forward, on pain of death, from village to village, until they reached the division to which they were addressed. Obliged to receive them, the peasant who was pitched upon as messenger, left the village, but went straight in search of the Carlists, gave his papers up, and asked for a certificate that he had been stopped. If he had been inclined to have acted otherwise, he would have feared that his own relations nay, that the very stones would denounce him.

One of these *partes* announced, what the peasants confirmed to us, the junction of the four columns of Espartero, Jauregui, Lorenzo, and Carratala, uniting, in all, a force of upwards of twelve thousand men. It was addressed to the governor of Vitoria, and concluded by stating, that the arch rebel was at last fairly hemmed in without possibility of an escape; and that he must perish inevitably with all his division, not amounting to three thousand men. Certainly the Carlist force was not undervalued. Having reached the village of Ormaiztegui, the birth-place of the General, we took to the right, and halted on the steep mountain which

Ciertamente, no rebajaron la fuerza carlista. Habiendo llegado a Ormaiztegui, pueblo nativo del general, tomamos hacia la derecha e hicimos alto en una escarpada montaña, que era la única por la que cruzaba el único paso al valle, a cuya extremidad se hallaba situada la pequeña villa de Segura. La montaña, que es pelada y escarpada, está enteramente desnuda; pero como se emplea para pasto, se halla dividida en prados rodeados por paredones de piedra suelta que separan los rebaños del ganado. Aun cuando no lo parezca a primera vista, es una posición muy fuerte, siempre que esté defendida por fuerzas adecuadas, ya que las paredes forman una sucesión de parapetos y defensas naturales.

Aquí Zumalacárregui hizo formar a los Guías de Navarra y al sexto batallón, enviando al tercero a tomar posesión de Segura, la cual, por estar pegada a la montada en el lado opuesto del valle, sería vigorosamente defendida si la posición de la colina anterior fuera forzada. El cuarto batallón de Guipúzcoa estaba en una altura a la derecha del llano, en medio de las dos cumbres, desde donde podía a

affords the only passage to the valley, at the further end of which is the small town of Segura. The hill, which is bold and steep, is entirely naked; but as it is used for pasture ground, it is divided into a number of fields, all surrounded by walls of loose stones, which separate the herds of cattle. Although it does not appear so at first sight, it is, in fact, a position of amazing strength, if held by an adequate number of men to defend it, as the walls form a succession of parapets and natural defences.

Here Zumalacarregui formed the guides of Navarre and the sixth battalion, sending the third on to take possession of Segura, which, just touching the mountain on the opposite side of the valley, would have been vigorously defended if the position on the first mountain had been forced. The fourth battalion of Guipuzcoa was on a hill to the right of the plain, between the two ridges, where they could alike prevent the possibility of the first being turned, or with the cavalry protect the retreat if it had become necessary, from one to the other. This, at first, would have appeared a difficult thing to have

la vez evitar la posibilidad de que fuera envuelta la primera o proteger la retirada con la caballería, si ello se hiciera necesario, de la una a la otra. Esto, a primera vista, parecía imposible de realizar sin exponerse a una completa destrucción, a no ser porque el camino que descendía era tan pendiente que hacía inaccesible el paso a la caballería enemiga, no siendo de uno en uno, de tal manera, que se podía llegar a Segura antes que el enemigo estuviera en terreno llano, donde la caballería podía perseguir; por otra parte, un escuadrón era más que suficiente para tener a raya a su infantería, la que por necesidad debía hallarse en desorden al llegar a la base de la montaña. De todas estas disposiciones se deducía claramente que el general intentaba hacerles pagar muy caro el paso y darles una repetición de la escena del puente de Arquijas. La diferencia de las fuerzas en pugna era enorme, pues de los 3.000 hombres que teníamos, apenas 1.700 podían, de hecho, entrar en fuego, mientras que el enemigo, que para entonces se hallaba en la aldea de Ormaiztegui y a lo largo del camino real, contaba con más de 12.000 hombres, con artillería pesada y piezas de

attempted without entire destruction, had it not been that the road down was so steep that the enemy's cavalry could only have come *pas à pas*, and Segura would have been reached before they were on level ground, where horse could pursue; whereas one squadron was quite enough to keep their infantry, disorderly as they must have been when they reached the bottom, in check, while unsupported. It was evident from all these dispositions that the General intended to make them pay for their passage dearly, and give them another repetition of the affair of the bridge of Arquijas. The disparity of numbers alone seemed startling. There were barely one thousand seven hundred men of the three thousand who could be actually engaged, and the enemy, who by this time was in the village of Ormaiztegui, and along the royal road, was above twelve thousand in number, with artillery and mountain-pieces.

The soldiers seemed rather uneasy, and were wondering what could be the use of exposing them there, when Segura offered a position so near the mountains, and afforded so favourable a

Capítulo 14 / Chapter 14

montaña.

Los soldados aparecían más bien intranquilos y se preguntaban cuál era la finalidad de exponerles allí, cuando Segura ofrecía una posición tan próxima a la montaña y facilitaba una retirada tan favorable. El general, sin embargo, tenía sus razones particulares para sostenerse tan vigorosamente como era posible en aquellas posiciones, pues esperaba que al día siguiente llegase Iturralde por la retaguardia, desde la Burunda, con una fuerte división. La confianza y sangre fría de que Zumalacárregui hacía alarde dio valor a sus soldados al ver avanzar las negras masas de cristinos desde la carretera y apoderarse de ambas laderas de la garganta. El fuego había sido iniciado ya por las guerrillas o tiradores, y las nuestras iban retirándose gradualmente, a medida que el enemigo avanzaba, con firmeza, pero lentamente. Las columnas de Jáuregui ("el Pastor") y Espartero eran las que atacaban, creo yo, por la derecha, donde se hallaban estacionados los Guías de Navarra, parte en reserva, cobijados apenas por los bordes de la colina, y el resto

retreat. The General, however, had his private reasons for wishing to make as vigorous a stand as possible, there or thereabouts, as next day he expected Iturralde with a strong division on their rear from the Burunda. The confidence and sang-froid which Zumalacarregui displayed, in some measure inspired the soldiers, as they saw the dark masses of the Cristinos moving upwards from the road and taking possession of each side of the gorge. The fire had already been opened some time by the guerrillas, or tirailleurs, and ours had been gradually retiring as the enemy advanced, firmly but slowly. The columns of El Pastor or Jauregui and Espartero were those which attacked, I believe, on the right, where the guides of Navarre were stationed, part in reserve, just sheltered by the brow of the hill, and the rest lining the stone walls on the left.

In that case, it must have been Lorenzo and Carratala who attacked the sixth battalion, but their efforts were throughout feeble, compared with those which were made on the right, where a tremendous fire had now

alineados en las paredes de piedra de la izquierda.

En este caso, debían de ser Lorenzo y Carratalá los que atacaban al sexto batallón; pero sus esfuerzos eran muy débiles comparados con los que se hacían en el lado derecho, donde habían abierto un fuego tremendo ambos bandos. Bajo continuas descargas de fusilería, el enemigo, con algunas pérdidas, tomó posesión de varios muros de piedra que nosotros no podíamos defender por falta de hombres, e hizo esfuerzos supremos para apoderarse de los setos tras los cuales se cobijaban parte de los Guías. Algunos de los oficiales cristinos se portaron en esta ocasión con la máxima bravura al conducir a sus hombres, los que parecía querían emular a los "peseteros" y otros abigarrados componentes de que estaba formada la columna de "el Pastor". Tres oficiales de una compañía fueron muertos en rápida sucesión al intertar conducirla a través de aquel terreno, avanzando completamente al descubierto y animando a sus hombres espada en mano.

Los carlistas mantuvieron un fuego cerrado al principio y opened on both sides. Under continued volleys of musketry and grape, the enemy, with some loss, got possession of several stone walls, which we had not men enough to defend, and the greatest exertions were made to carry the fences behind which part of the guides were sheltered. Some of the Christino officers behaved on this occasion with the utmost bravery in attempting to lead on their men, who seemed emulating the peseteros, and other tag-rag of which El Pastor's column was composed. Three officers of one company were shot down successively in attempting to lead it across, as they presented themselves entirely uncovered, urging their men on sword in hand.

The Carlists kept up a rolling fire, and then a feu tie peloton, with a regularity and order almost incredible in such half-disciplined troops, and which I thought they would have been incapable of exhibiting during a review. Zumalacarregui, his whip in hand, for he seldom drew his sword, was galloping entirely exposed behind the lines, exhorting them to keep firm. "¡Que no pasen, muchachos!" (Let us see that they do not pass, my lads!)

Capítulo 14 / Chapter 14

después fuego de pelotón con una regularidad y un orden casi increíbles en tropas aún no completamente disciplinadas, las cuales yo creía que serían incapaces de efectuarlo ni aun en una revista. Zucalacárregui, látigo en mano, pues rara vez desenvainaba su espada, galopaba completamente al descubierto detrás de sus líneas, exhortando a sus voluntarios a mantenerse firmes: "¡Que no pasen, muchachos!", les decía, y ellos contestaban: "¡No pasarán!" En medio del fuego, dos capitanes de Guías y catorce voluntarios avanzaron a tomar posesión de un pequeño muro; trece llegaron a él, y estando parcialmente a cubierto, mantuvieron un fuego horroroso a treinta varas del enemigo, hasta que sólo volvieron seis, y éstos, en su mayoría, heridos. El capitán de la primera compañía, Morales, fue muerto, y el capitán Labadie, herido en el hombro; a consecuencia de estas bajas, la compañía se vio obligada a retirarse.

Los generales cristinos, viendo que perdían muchos hombres, y que lo que hacían era infundir más coraje en el enemigo, se dieron cuenta de que al tratar de coger al "tío

"¡No pasarán!" (They shall not pass! they shall not pass!) replied the men. In the midst of the fire two captains of guides and fourteen men rushed down to take possession of a little piece of wall; thirteen reached it, and being partly sheltered, kept up a galling fire at thirty yards from the enemy, until only six returned, and those mostly wounded. The captain of the first company, Morales, was killed, and Captain Sabatier wounded in the shoulder; the company were consequently obliged to retire.

Finding that they were losing many men and only encouraging the enemy, the Christino Generals, who began to find that in catching "Uncle Tomas" they had caught a Tartar, ordered a simultaneous charge at the bayonet to be made on both sides, to force the position by one bold push. Accordingly the carabineros and peseteros of Jauregms division ran in upon the Carlists with considerable fierceness and determination; but the fire of the guides, which continued admirably regular, waxed warmer and warmer as they rushed forward. The commandant of the peseteros and numerous

Tomás" habían tropezado con un "tártaro". Ordenaron una carga a la bayoneta en ambos flancos, con el fin de forzar la posición por medio de un empuje atrevido; los carabineros y "peseteros" de la división de Jáuregui avanzaron sobre los carlistas con extraordinaria fiereza y determinación; pero el fuego de los Guías, que continuaba con una regularidad admirable, se hacía más intenso a medida que avanzaban. El comandante de los "peseteros" y muchos oficiales cayeron, produciendo esto un momento de indecisión, del que se aprovecharon rápidamente los carlistas. Empezaron a oírse voces entre los Guías de "¡a la bayoneta!" y se cambiaron las tornas, lanzándose el batallón entero al encuentro del enemigo, al que dispersó totalmente, recuperando hasta la última pared o muro y dejando más de cien muertos a bayonetazos en el espacio que les separaba. Una vez que empezaron a derramar sangre enemiga con el frío acero, los Guías, que tenían enfrente principalmente a los "peseteros" y carabineros, por quienes sentían especial odio y horror, se animaron tanto, que durante tres veces rechazaron los esfuerzos sucesivos hechos

officers fell, which occasioned a moment of indecision, and was immediately taken advantage of. A few voices amongst the guides crying, "¡A la bayoneta!," the tables were turned, and the whole battalion rushing down to meet them half way entirely dispersed them, retaking even to the lowest wall, and leaving more than a hundred of the enemy, whom they bayoneted, dead on the space between. Having once drawn blood with cold steel, the guides, as they were opposed chiefly to the peseteros and carabineers, who were held in particular terror and detestation, became so animated that three times during the successive efforts the Cristinos made with reinforcements to regain their footing on the heights, where, in spite of the Carlist fire they formed in considerable masses, they were driven back and dispersed at the point of the bayonet with considerable slaughter, Zumalacarregui exhorting them "To spare the lead and use the iron."

So effectual had been the third dispersion, that the enemy hastily moved his artillery from the opposite height, and the retreat was ordered disorder and discouragement being

por los cristinos con tropas frescas para reconquistar sus posiciones en las alturas, donde, a pesar del fuego carlista, formaban en masas considerables, y los rechazaron y dispersaron a punta de bayoneta con enorme mortandad, exhortándoles Zumalacárregui a ahorrar el plomo y a emplear el hierro.

Tan definitiva fue la tercera dispersión, que el enemigo retiró apresuradamente su artillería desde la altura opuesta y se ordenó retirada general, la que se efectuó con desorden y desmayo en las filas. El general carlista refrenaba a sus hombres con dificultad; pero como se aproximaba la noche y se hallaban fatigados y casi sin un cartucho, temió que el enemigo se rehiciera más lejos y se dio cuenta de la inmensa diferencia en número y de que se hallaba en terreno más favorable.

No debo omitir aquí el mencionar el comportamiento de un galante pequeño corneta del batallón de Guías, quien, expuesto a todos los fuegos, entretuvo y divirtió mucho a los soldados con el rápido cambio de sonidos que ejecutaba: "alto el fuego" tocaba cuando disminuía el del

evidently in his ranks. The "Carlist General with difficulty restrained his men; but as, by this time, night was coming on, and they were fatigued, and almost without a cartridge, he feared the enemy's rallying further on, when he saw the immense disparity of numbers; and was on so much more favourable ground.

I must not here omit to mention the behaviour of a gallant little corneta (or bugleman) of the battalion of the guides, who, exposed to all the fire, considerably amused and encouraged the soldiers, by the rapid changes of the tunes he played. *Alto el fuego* -to stop the fire, when that of the enemy slackened; *Retirada*, or retreat, when they gave way; and when they attempted to storm the position, the "fandango."

On the left wing, the 6th battalion had been much more feebly attacked, but had stood their ground equally well. The horse of Pablo Sanz, the colonel, had been shot under him, as he was talking to Zumalacarregui: it was one which had belonged to the grandee Via Manuel, taken prisoner at the rocks of St. Faustus. When the enemy

enemigo; "retirada", cuando ellos cedían, y cuando intentaban asaltar las posiciones, tocaba el "fandango".

En el ala izquierda, el sexto batallón había sido más débilmente atacado; pero mantuvo su terreno con igual firmeza. El caballo de D. Pablo Sanz, el coronel, fue muerto bajo el jinete, mientras éste hablaba con Zumalacárregui; este caballo perteneció al Grande de JEspaña conde de Vía Manuel, que fue hecho prisionero en las peñas de San Fausto. Cuando el enemigo intentó forzar toda la línea a la bayoneta, el regimiento de San Fernando avanzó con gran decisión; pero al encontrarse a mitad de camino con cinco compañías que descendían, faltó valor a sus soldados y todo el regimiento vaciló y retrocedió. Sanz, con unos cuantos oficiales y alrededor de cien hombres, salió en su persecución, y si hubieran sido secundados por todo el batallón (el que, menos osado que los Guías, estaba alarmado ante la superioridad numérica del enemigo y parecía temeroso de avanzar lejos de sus posiciones), todo el regimiento pudo haber sido

attempted to force the whole line at the bayonet, the regiment of St. Ferdinand advanced with considerable resolution; but, on being met half way by five companies which descended, the courage of the men failed them, and the whole regiment wavered, and gave way. Sanz, a number of officers, and about a hundred men pursued them and if they had been seconded by the whole of the battalion which, less daring than the guides, was alarmed at the numerical superiority of the enemy, and seemed afraid to go too far from its old position the whole regiment might have been destroyed. The handful who advanced with their officers, finding themselves unsupported, although quite close to the enemy, who was retiring in disorder, instead of completing it by striking with their bayonets, stopped to load and fire. It is true, *à brule pourpoint* from the enemy, who, rallied by their officers, effecting their retreat in something like order, at last obliged the Carlists to retire.

Although judged imprudent to pursue, it was glorious for seventeen hundred men to have repulsed, after seven hours hard fighting, more than

destruido. El puñado de valientes que avanzó con sus oficiales, encontrándose sin apoyo, aunque muy cerca del enemigo, que se retiraba en desorden, en lugar de completar su obra atacando a la bayoneta, se detuvo para cargar y hacer fuego. Unas descargas a quemarropa del enemigo, que se rehizo con cierto orden alrededor de sus oficiales, obligaron por fin a retirarse a los carlistas.

La persecución se consideró como imprudente; pero fue un hecho glorioso el que 1.800 hombres hubieran rechazado, después de una dura lucha de siete horas, a ocho veces su número, mandados por cuatro generales de cierta reputación y llevando consigo algunas de las mejores tropas del Ejército de la Reina. Se dijo que sus generales llegaron a sostener discusiones tan violentas, que incluso se afirmó que dos de ellos, "el Pastor" y Espartero, se tiraron de los pelos, atribuyendo el uno al otro el fracaso de sus tentativas de apoderarse del jefe carlista, lo cual esperaban con segura confianza. El pudo decir, como los dragones franceses en Lyon o como el oso a los cazadores, "que estaba prometido, pero no entregado

eight times their number, commanded by four generals of some reputation, and leading some of the best troops of the Queens army. Her generals, it is said, came to such high words, that it was reported two of them (Pastor and Espartero) even pulled each other by the hair, each attributing to the other the disgraceful issue of their intended capture of the Carlist chief, of which they were in confident expectation. He might have said, like the French dragoons at Lyons, or the bear to the hunters "Qu'il étoit promts, mais non pas encore livré." [49] Determined, however, to attempt the passage again next day, they retired, and encamped in the village of Ormaiztegui and along the royal road. The Carlists took up their quarters in Segura and Cegama.

At day-break I was sent with a few lancers to see that the peasants buried the dead. Several trenches had already been filled; but opposite the right of our position two were covered up, in one of which were ninety, and in the other forty bodies, nearly all having been killed by bayonet wounds. I fancied that their countenances seemed more

todavía". Decididos, sin embargo, a intentar de nuevo el paso, al día siguiente se retiraron y acamparon en la aldea de Ormaiztegui y a lo largo de la carretera. Los carlistas quedaron acuartelados en Segura y Cegama.

Al punto de amanecer, yo fui enviado con unos pocos lanceros a dar órdenes para que los aldeanos enterrasen a los muertos. Varias trincheras estaban ya llenas de cadáveres, sobre todo, dos situadas a la derecha de nuestras posiciones: una de ellas con 90 y otra con 40 muertos, casi todos ellos por heridas producidas con bayoneta. Me pareció que sus continentes se hallan más retorcidos que aquellos que murieron de bala. Casi todos se hallaban rígidos y desnudos; reconocí al comandante de los "peseteros" por sus pantalones encarnados, los que, habiendo sido atravesados en dos puntos y enteramente cubiertos de sangre, no le habían sido quitados, sino rasgados con una navaja a la altura del muslo. Era éste un hombre de magnífico aspecto militar; su boca, de la cual salía un hilo de sangre, se hallaba completamente abierta, y su cuerpo ofrecía un aspecto

distorted than those who died from shot. They were nearly all stark naked. I recognized the commandant of peseteros, however, by his red trowsers, which, having been pierced in two places, and entirely saturated with blood, had not been taken off, but about the fob had been ripped open with a knife. He was a fine military looking man; his mouth, from which a stream of blood had flowed, was wide open, and his corpse exhibited a ghastly appearance. Most of those who had been shot during the action were carried off and buried by the enemy behind their lines, which accounted for our finding none in the places where their masses had been formed, and must have suffered terribly, but the earth, newly turned up in innumerable places, showed where they were at rest. From what I saw, and the number of places where our horses' feet had sunk in the mould, I should not estimate the loss of the enemy at less than 400 dead, and certainly 600 or 700 wounded. That of the Carlists, in killed and wounded, was about 350, the dead being more than a third of the number; for, as behind the boundaries of stone, the head and shoulders only were

Capítulo 14 / Chapter 14

macabro. La mayor parte de los que murieron durante la acción fueron enterrados por el enemigo detrás de sus líneas, lo que fue causa de no encontráramos ningún cadáver en los lugares donde sus masas habían formado, y donde debieron de sufrir terribles pérdidas; pero la tierra acabada de remover en innumerables puntos, mostraba dónde descansaban. Por lo que yo vi y por el número de sitios donde las patas de nuestros caballos se hundían en la tierra amontonada, calculé que las pérdidas del enemigo no bajarían de 300 muertos, y sus heridos, de 600 a 700. Las pérdidas de los carlistas en muertos y heridos fueron alrededor de 350, siendo los muertos más de un tercio de esta cifra, pues como detrás de las paredes de piedra se exponían la cabeza y los hombros, una proporción de las heridas eran mortales. Habiendo ordenado el general que se hicieran indagaciones para saber cuántos muertos había dejado el enemigo en el campo, su mensajero contó 260 en una colina. Sabiendo cuan apta era su gente para la exageración, dijo, siguiendo su costubre: "Ponga usted la mitad en el boletín." Pero como los que redactaban éste

exposed, a great proportion of the wounds were mortal. The General having sent to know how many dead the enemy had left on the field, his messenger counted 260 on the bill. Knowing how apt his people were to exaggeration, according to his custom, he said, "put half the number in the bulletin" but as those who framed those documents were unwilling to allow the enemy this advantage, they made things square, by ridiculously diminishing our own loss, and often augmenting that of the enemy in wounded and prisoners, if they were not allowed to set clown the largest number reported to have been slain. Amongst the wounded were three French officers, two of guides, and one of the 4th battalion of Guipuzcoa, which, considering the small number of French serving in the Carlist army not exceeding twenty is another proof, to add to the many I can give, of the gallantry with which they always behaved.

On returning, I met with a French ensign named Guetier de Lacour, who, out of compliment to the daring feat he had performed, had been invited to breakfast with the General. As I shall have more

se resistían a conceder al enemigo esa ventaja, cambiaban las cifras, disminuyendo ridículamente nuestras propias pérdidas y aumentando con frecuencia las del contrario en heridos y prisioneros si no se les autorizaba a publicar número exagerado de muertos enemigos. Entre los heridos había tres oficiales franceses, dos de Guías y uno del cuarto batallón de Guipúzcoa, lo que, teniendo en cuenta el pequeño número de franceses que servían en el ejército carlista (no excedían de veinte), es otra prueba que añadir a las muchas que yo puedo dar del valor con que ellos siempre lucharon.

Al regresar me encontré con un abanderado francés llamado Guetier de Lacour, quien, en premio a la hazaña extraordinaria que realizó, fue invitado a almorzar con el general. Corno tendré más de una ocasión de hablar de este oficial, pues él es uno de los caracteres bien conocidos del ejército carlista, no estará fuera de lugar una referencia a su pasada historia. De familia antigua, pero pobre, huyó de su casa en edad myy temprana, se alistó y desde el puesto de corneta ascendió al de primer sargento. Siendo,

than once occasion to speak of this officer, and he is one of the well known characters in the Carlist army, a word respecting his history may not be *mal-à-propos*. Of an ancient but poor family, he ran away from his home at an early age, enlisted, and, from the rank of drummer, rose to be maître-d'armes and first serjeant. Being, unfortunately like many troopers, addicted to the bottle, this propensity alone retarded his promotion to the grade of commissioned officers, who, in the French army, are all raised from the ranks. He deserted from the 4th legion, which was then at Bayonne, on hearing of the war in Spain, and presented himself to Zumalacarregui, with whom I have already mentioned his first interview. At the surprise of Viana he placed himself almost touching the chasseurs of the guard, who were divided from him by a trench, and were all firing: on him with their carbines and pistols, and discharged a musket which he had taken up, eight or ten times with deadly effect going through the exercise while loading as precisely as if on parade for the edification of his men. He afterwards distinguished himself by many acts of

Capítulo 14 / Chapter 14

desgraciadamente, como otros muchos soldados, muy aficionado a la bebida, esta su propensión fue solamente la que retrasó su ascenso al grado de oficial de complemento, los que en el Ejército francés salen siempre de entre los soldados. Desertó de la cuarta Legión, que se hallaba entonces en Bayona, al oír hablar de la guerra en España, y se presentó a Zumalacárregui, cuya primera entrevista con él fue mencionada anteriormente. En la sorpresa de Viana se colocó casi tocando a los Cazadores de la Guardia, quienes se hallaban separados de él por una trinchera y que hacían fuego sobre él con sus carabinas y pistolas, y descargó su mosquete ocho o diez veces con mortífero efecto, ejecutando el trabajo de cargarlo con igual precisión que si se hallase en una revista, para edificación de sus soldados. El, después, se distinguió, por muchos actos de bravura, y, como todos le conideraban como un perfecto "atorrante", fue enviado en la noche anterior, con cincuenta hombres, a cortar las avanzadas del enemigo, que se había retirado a Ormaiztegui, distante, por lo menos, cinco millas de nuestras líneas; empresa que se hizo muy

bravery; and as he was looked upon as a perfect desperado, he had been sent the night before, when the enemy had retired to Ormaiztegui, at least five miles from our lines, to cut off their outposts, with fifty men; a thing which was rendered very dangerous from the number of free troops (Peseteros, Chapelgorris, &c.) who were with Jauregui's column, and who, being intimately acquainted with the country, it was feared would intercept him. As he described it to me, having buckled on a cartridge belt, and taken a musket himself, he followed the road until in sight of the enemy, who, being scarcely able to lodge their staff-officers in the village, were scattered round their bivouac fires all along the road. When he was within three hundred yards, he perceived two peasants descending into the village, who were challenged and admitted. The fear of their being spies who were giving information, considerably alarmed his men, which prevented Lacour from doing what he might otherwise have done, and obliged him, being determined, as he said, "not to leave without wishing them good night, to commence operations more precipitately

difícil por el número de tropas mercenarias, "peseteros", "chapelgorris", etc., que servían en la columna de Jáuregui y que, siendo conocedores del país a la perfección, se temía que lo interceptasen. Me explicó que atando a la cintura una cartuchera y cogiendo un mosquete, siguió el camino hasta que llegó a la vista del enemigo, el cual, habiendo podido escasamente alojar en la aldea a los oficiales, se hallaba desparramado alrededor de sus vivaques a lo largo de la carretera. Cuando se hallaba a menos de treinta varas, vio a dos campesinos que bajaban a la aldea, a los que los cristinos dieron el alto y les admitieron. El temor de que fueran espías que iban a dar información, alarmó considerablemente a sus soldados e impidió a Lacour hacer lo que de otro modo hubiera hecho, y le obligó a comenzar las operaciones más precipitadamente de lo que intentaba, hallándose determinado, como se hallaba, a no dejarles en paz, "sin desearles las buenas noches", como él decía. Avanzando a través del campo, en el que, por ser ya de noche, podían marchar a 50 metros de distancia sin ser descubiertos, y

than he had intended." Advancing through the field where, as it was already dark, they were enabled to march to within fifty yards without being discovered; and, having exhorted the men to aim well at the dusky figures of soldiers, thrown out by the glare of their fires, he poured in a murderous volley. The confusion that followed may be imagined, several of the men falling dead with their faces on the hot ashes. As no shot could be fired, according to the regulation in the Cristino army, without the order of their generals, the officers commenced by extinguishing the fires, kicking away the fagots and the pots which were ranged round them, and contained the soldiers' supper, in all directions. His men having fired six cartridges each, Lacour, who rightly judged that, as soon as the confusion had a little subsided, and they found that it had been such a partial discharge, they would detach the Chapelgorris after them, now precipitately retreated, passing, in spite of every obstacle, through the stream, and straight across the woods and ravines. If he had not done so, a thousand yards further on, the paths had all

Capítulo 14 / Chapter 14

exhortando a sus hombres a apuntar bien a las figuras borrosas de los soldados que se dibujaban merced a las llamas de los fuegos, lanzo sobre ellos una descarga mortífera. La confusión que sobrevino puede imaginarse; varios de los enemigos cayeron muertos de bruces sobre las cenizas calientes. Como no podía dispararse un tiro, de acuerdo con las reglas del ejército cristino, sin la orden de sus generales, los oficiales empezaron por apagar los fuegos, dando patadas a los haces de leña y pucheros que se hallaban alrededor de las fogatas y contenían las cenas de los soldados. Habiendo disparado sus hombres seis cartuchos cada uno, Lacour, que juzgaba, con acierto, que tan pronto como desapareciese la confusión primera y descubriesen que había sido una descarga parcial, destacarían a los "chapelgorris" para perseguirlos, se retiró precipitadamente, pasando, a pesar de todos los obstáculos, a través de arroyos, bosques y zanjas. Si no hubiera hecho esto, habrían sido cortados los senderos a mil varas de distancia; pero el enemigo tuvo miedo de perseguirle. No debo omitir que Lacour pasó por entre las avanzadas y abrió

been cut off; but the enemy were afraid to pursue him. I must not omit to state, that Lacour had passed between their out-posts, and opened fire on the main body of the troops that were bivouacking. He regained Segura without losing a man, having killed, as our spies next day informed us, seventeen men, two serjeants, and a captain, besides the wounded. Lacour, on going to make his report, found Zumalacarregui at breakfast; he insisted on Lacour's joining him, and praised his courage, while he was pressing him to do justice to his repast.

"As I had scarcely drunk a pint of brandy," said Lacour, "to keep out the morning dew eating without drinking was very dry work so I gave my neighbour, whom fortune placed nearer the bottle, a hearty slap on the shoulder, saying, "pour us out something to drink, my friend" it was the General Guibelalde. Imagining I did not know him, he took the opportunity of telling me so afterwards; but as Zumalacarregui was smiling on me, of course all was sunshine.

"Lacour is a great favourite with us all," observed one; "it

Doce meses de campaña - Twelvemonth's campaign

fuego sobre la masa principal de las tropas que estaban vivaqueando. Volvió a Segura sin perder un solo hombre, y habiendo dado muerte, según nos informaron los espías al día siguiente, a diecisiete soldados, dos sargentos y un capitán, aparte de los heridos. Lacour, al ir a dar cuenta de lo que hizo, encontró a Zumalacárregui almorzando; éste le invitó con insistencia a que le acompañase, y ensalzó su valor mientras le animaba a hacer honor a su comida.

"Como ya he bebido una pinta de coñac—dijo Lacour—para librarme del rocío de la mañana (comer sin beber es un trabajo muy árido), di al vecino que la fortuna colocó más cerca de la botella una fuerte palmada en la espalda, diciéndole: "Denos usted algo para beber, amigo". Era el general Guibelalde. Imaginándose él que yo no le conocía, me lo dijo después en otra ocasión; pero como Zumalacárregui se sonreía al mirarme, naturalmente, todo salió de perlas.

"Lacour es el favorito de todos nosotros—observó uno—; él es quien apresó a cuatro hombres y un cabo en Vitoria." "Lacour es un is he who took four men and a corporal at Vitoria." "Lacour is a true soldier" said the General. "Yes, General" replied he; "it is Lacour here, and Lacour there, when there is anything to be done; but when it is to change the epaulette from the left shoulder to the right no Lacour then." "I have taken care of you; you must have a little patience your commission of lieutenant is with the King." "It has been with the King a long time," observed the ensign, drily. Zumalacarregui, who knew the truth of the observation, said something aside to his secretary; and the next evening he received his commission, and ten pieces of gold to distribute to his men.

On the morning of the 3rd, about ten o'clock, to our surprise, we were informed that the enemy's columns were again in motion. Two battalions were formed in battle on the plain J so that they could fall back on Segura, which was intended to have been vigorously defended. Zumalacarregui resolved to give in slowly, until he had brought the enemy to develop all his forces in the little plain. If he could have occupied him till the arrival of

Capítulo 14 / Chapter 14

verdadero soldado", dijo el general. "Sí, general—replicó éste—; Lacour por aquí, Lacour por allá, cuando hay algo que hacer; pero cuando hay que cambiar una charretera del hombro izquerdo al hombro derecho, entonces no hay Lacour." "Me he ocupado de usted; debe usted tener un poco de paciencia; se envió ya al Rey su nombramiento de subteniente." "Hace tiempo que se halla en poder del Rey", observó secamente el abanderado. Zumalacárregui, que se daba cuenta de la verdad de esa observación, dijo algo, aparte, a su secretario, y a la noche siguiente recibió su nombramiento y diez piezas de oro para que las distribuyera entre sus hombres.

En la mañana del día 3 [48], alrededor de las diez, con sorpresa nuestra, nos informamos de que las columnas enemigas se ponían en marcha. Dos batallones formaron en batalla en el llano, de tal manera que pudieran retroceder fácilmente a Segura, a la que se intentaba defender con todo vigor. Zumalacárregui resolvió ceder el terreno lentamente, hasta que el enemigo desplegara todas sus fuerzas en la

Iturralde, who would have taken the mountain in his rear (the one which had been the day before defended), and could cut him off from the royal road, the Cristinos would have been completely hemmed in. The latter, finding the heights abandoned, hastily took possession of them, imagining, no doubt, that we must have suffered equally with themselves the previous day. Here they deployed all their force in battle array; for more than three hours they did not venture to descend, and then not till they had, with some difficulty, cleared away our skirmishers, and driven back with their artillery several companies who had taken possession of a little chapel and a few houses, whence they could be annoyed. Suddenly, as we were expecting every minute that the game would begin in earnest, they precipitately retreated. The Christino generals, it appears, were informed just in time that, in two hours, they would have been taken in the rear, and now saw clearly through the plan of the Royalist General. Intelligence of the entire destruction of the regiment of provincials of Granada, who were on their march to cross the Ebro, had

pequeña llanura. Si él pudiera entretenerle hasta la llegada de Iturralde, que iba a ocupar la montaña a su retaguardia (la misma que había sido defendida el día antes) y cortarle la retirada del camino real, los cristinos hubieran sido completamente envueltos. Estos, encontrando las alturas abandonadas, tomaron apresuradamente posesión de ellas, imaginando, sin duda, que nosotros debimos sufrir tanto como ellos el día anterior. Allí desplegaron toda su fuerza en línea de batalla; durante más de tres horas no se aventuraron a descender, y aun entonces no lo hicieron hasta que hubieron rechazado con alguna dificultad a nuestros tiradores y hecho retroceder con su artillería a varias compañías que habían tomado posesión de una pequeña ermita y unas pocas casas desde las cuales podían ser molestados. Repentinamente, cuando nosotros esperábamos impacientes que empezara el juego (léase batalla) de verdad, se retiraron precipitadamente. Los generales cristinos, al parecer, se enteraron justamente a tiempo de que a las dos horas iban a ser atacados por la retaguardia, y entonces descubrieron

also reached them; and the fear of its getting bruited amongst their men also added to their anxiety.

This regiment, of which the men were all volunteers, and of *Sans-culotte* opinions, had made themselves notorious by the massacre of the monks at Madrid, and afterwards, having begged to be sent against the Carlists, were marching northward. Zumalacarregui, having determined, at all hazards knowing the effect it would have on the people to strike a blow against them, despatched Eraso for that purpose, who, crossing the Ebro, succeeded in surprising them. Of the whole regiment, only seventeen, including the Count de Campo Verde, the colonel, escaped; and as it was said that he had taken the command after the massacre of Madrid, it was looked upon by the population of the north as an evident judgment; and it was said that the seventeen who had escaped were innocent of the sacrilegious murders. A hundred and seventy prisoners were brought, a day or two after, to Mondragon, where we were: they were all shot; amongst them were thirteen officers. Several of these Eraso had

Capítulo 14 / Chapter 14

claramente los planes del general carlista. También les llegaron noticias de la destrucción total del regimiento de Provinciales de Granada al cruzar el Ebro, aumentando su ansiedad el temor de que esta noticia corriera entre sus soldados.

Este regimiento, cuyos soldados eran todos voluntarios y de ideas avanzadas, se hizo famoso por la matanza de los frailes en Madrid, y después pidió que se le enviara para luchar contra los carlistas, marchando al Norte. Habiendo Zumalacárregui decidido, pasase lo que pasase (conociendo el efecto que esto produciría en el pueblo), descargar un fuerte golpe contra ellos, envió con este fin a Eraso, el cual, cruzando el Ebro, consiguió sorprenderles. De todo el regimiento sólo escaparon diecisiete, incluido el conde de Campo Verde, su coronel, y como se había dicho que éste tomó el mando después de la matanza de Madrid, se miró esto por la población del Norte como un signo evidente de justicia y se dijo que los diecisiete que habían escapado eran inocentes de los sacrílegos asesinatos. Ciento setenta

executed at the further end of the Puente Nuevo, the bridge within gun-shot of Bilbao. The peasantry, so exasperated were they, hung them up in their uniforms; and when Espartero was retreating on Bilbao, the first thing that met his vanguard were their bodies dangling on the trees: they were immediately cut down, and hidden in a hut, that the sight might not discourage the army.

Zumalacarregui, although disappointed well knowing the cause of their retreat, and that it must be effected almost entirely along the high road instantly pursued them. The scene would have seemed a farce to any one who could have looked down from the mountain, as the Carlists, to the number of about two thousand, pursued on the rear of a column of twelve thousand men, who were attempting to cover their masses on the road by detached companies on the heights on either side. The squadron of the General's escort was now ordered to pursue, and charged, advancing full gallop through the guides and 1st. battalion, who opened right and left to make way. The enemy, finding

prisioneros fueron traídos uno o dos días después a Mondragón, donde nosotros estábamos; todos fueron fusilados; entre ellos había siete oficiales. A varios de éstos fusiló Eraso en el extremo de Puente Nuevo, puente que se halla a tiro de cañón de Bilbao. Los campesinos estaban tan irritados, que los colgaron con sus uniformes, y cuando Espartero iba retirándose a Bilbao, lo primero con que tropezó su vanguardia fueron estos cadáveres colgando de los árboles: los descolgaron inmediatamente y los recogieron en una choza para que su horrible visión no descorazonase al ejército.

Zumalacárregui se sintió defraudado, y conociendo muy bien la causa de la retirada del enemigo, y sabiendo que ésta debía efectuarse casi enteramente a lo largo de la carretera, rápidamente comenzó a perseguirles. Esta escena hubiera parecido una farsa a cualquiera que hubiese mirado para abajo desde lo alto de la montaña, pues los carlistas, en número de unos 2.000, perseguían la retaguardia de una columna de 12.000 hombres que intentaban cubrira las masas de la

what confusion and dismay were in their rear, took advantage of an open space on their right and the winding of the highway, to rally the regiment of El Principe, of which one battalion formed in a treble line, swept the road by such a sharp fire, that the pursuers were brought to a dead halt, and the stragglers were enabled to reach the shelter of their line. At this moment I saw Zumalacarregui, who, with his staff, the cavalry, and some foot-soldiers of the 1st, was endeavouring to animate them on, struck by two bullets, one of which grazed his wrist, and the other went through his fur jacket. At this moment they were so plentifully bounding along the road, shivering the stones, and cutting the brushwood, that several times the soldiers were driven back as they attempted to form on turning the corner of the rock. Having given me the order to support the infantry, and to take a few determined men, I made the attempt with seven lancers, and was fortunate enough to succeed in my undertaking with the loss of two men, and three horses wounded. Dashing on full gallop, we took possession of two houses on the road, spearing the

Capítulo 14 / Chapter 14

carretera, destacando compañías a las alturas de uno y otro lado. La escolta del general recibió orden de perseguir y cargó avanzando al galope por en medio de los Guías y del primer batallón, que se retiraban a derecha e izquierda para abrir paso. El enemigo, dándose cuenta de la confusión y desmayo que existía en su retaguardia, se aprovechó de un espacio libre a su derecha y de la curva que hacía la carretera, para reconcentrar el regimiento del Príncipe, uno de cuyos batallones formó en triple línea, barriendo la carretera con tan intenso fuego, que los perseguidores se vieron obligados a hacer alto, pudiendo de este modo los rezagados ponerse a cubierto. Yo vi en este momento a Zumalacárregui, quien con su escolta, la caballería y algunos soldados del primer batallón intentaba animarles, alcanzado por dos balas, una de las cuales rozó su muñeca y la otra le atravesó su zamarra de piel. En este momento las balas caían con tal abundancia a lo largo de la carretera, rebotaban sobre las piedras y cortaban los arbustos, que diferentes veces los soldados se volvían atrás en cuanto intentaban formar, resguardados por una roca.

Chapelgorris who were defending it; the rest either fled or retired into the houses. A few foot-soldiers quickly came up, and as we had taken so good a position, the enemy thought proper rapidly to retreat. They were pursued till ten o'clock at night, to the vicinity of Bergara. The road was covered with many thousand chakos and innumerable knapsacks and muskets. Indeed, after passing through Villarreal, it became, from a defeat, changed into a perfect rout: unfortunately, there were too few Carlists to take advantage of it. The enemy having speedily abandoned another turn of the road, which they had at first made a show of defending of which we were by no means sure, however, and unwilling to compromise the men with me, till the infantry, who were a few hundred paces behind, could come up I galloped on to reconnoitre, and found that they had got on still further than I imagined, and in the distance I perceived a little band of about forty men, who, with Lacourat their head, were crossing the rivulet. I joined them. We entered Villarreal while the enemy was yet in it, having previously dispersed at the point of the bayonet one

Habiéndome dado la orden de apoyar a la infantería, tomando unos pocos hombres decididos, lo intenté con siete lanceros, y tuve la fortuna de tener éxito en mi empeño, con la pérdida de dos hombres y tres caballos heridos. Lanzándonos a galope tendido, tomamos posesión de dos casas en el camino, alanceando a los "chapelgorris" que las defendían; el resto huyó o se refugió en las casas. Llegaron rápidamente unos pocos soldados de infantería; pero como nosotros habíamos tomado tan buena posición, el enemigo creyó conveniente retirarse con toda celeridad.

Fueron perseguidos hasta las diez de la noche y hasta cerca de Bergara; la carretera quedó cubierta con miles de chacos e innumerables mochilas y mosquetes; verdaderamente, después de que pasaron Villarreal, la retirada se convirtió en una perfecta huida; por desgracia, había muy pocos carlistas para aprovecharse de la ocasión. Habiendo el enemigo abandonado velozmente otra curva de la carretera que al principio pareció querer defender (de lo que no estábamos seguros, sin embargo), y yo poco inclinado

detachment which endeavoured to sustain the retreat, and kept pursuing at last in total darkness, on the rear of the whole army, killing and making prisoners a considerable number. We ran at one time some risk from the guides, who, finding Villarreal empty, and not aware that any Carlist force had passed through it, came down to the number of five companies, along the bank of the river, which, as the road turns off at right angles to the left, is a shorter cut; and, in the twilight, mistaking us for a part of the enemy's rear-guard, opened a heavy fire on us. It was only by reiterated shouts of "¡Viva Carlos V!" that we could undeceive them. One of the Christino divisions took to the right the road of Villafranca; and the rest, after sheltering in Bergara, next day marched on to Bilbao and San Sebastian.

The result of the actions of the 2nd and 3rd must have furnished matter of some reflection to the Queen's generals; who found that, whether in Navarre or the other provinces, they had to do with something more than merely a guerrilla chief; and how dangerous it would be to

Capítulo 14 / Chapter 14

a comprometer mis hombres hasta que pudiera llegar la infantería, que se hallaba a unos pocos cientos de varas, galopé para hacer un reconocimiento, y me encontré con que se habían retirado más allá de lo que me imaginaba y vi a distancia un pequeño grupo como de unos 40 hombres, que, con Lacour a la cabeza, cruzaba un riachuelo; me uní a ellos, y entramos en Villarreal cuando el enemigo aún se encontraba allí, habiendo previamente dispersado, a punta de bayoneta, un destacamento que intentaba sostener la retirada; continuamos persiguiéndoles hasta que se hizo completamente de noche, a la retaguardia de todo el ejército, matando y haciendo prisioneros a un considerable número. En cierto momento corrimos algún riesgo de parte de los Guías, quienes, encontrando Villarreal desocupado y no sabiendo que hubiera allí ninguna fuerza carlista, descendieron en número de cinco compañías a lo largo del río (el cual es camino más corto, porque la carretera hace varias curvas), y al obscurecer, confundiéndonos con parte de la retaguardia enemiga, abrieron vivo fuego contra

face him with anything like even numbers. This battle also entirely dissipated the terror which still lingered in our troops, respecting the Peseteros, Chapelgorris, and Carabineros, who seemed to have thenceforth entirely lost their spirit; as from that date ceased all the excursions they were in the habit of making about the country. For this action, Charles V., at the recommendation of Zumalacarregui, was pleased to confer on me the order of knighthood of St. Ferdinand.

nosotros; pudimos sacarles de su error repitiendo el grito de "¡Viva Carlos V!"

Una de las divisiones Cristinas tomó el camino de la derecha para Villafranca, y el resto, después de descansar en Bergara, marchó al día siguiente para Bilbao y San Sebastián.

El resultado de las acciones del 2 y 3 debió de ser motivo de meditación para los generales de la Reina, quienes se dieron cuenta de que, ya en Navarra, ya en las Provincias, tenían que vérselas con algo más que un jefe de guerrillas y de lo peligroso que sería para ellos hacerle frente con iguales tropas. Esta batalla también disipó totalmente el terror que sentían nuestras fuerzas por los "peseteros", "chapelgorris" y carabineros, los que desde este momento parece perdieron todo su espíritu, pues desde aquella fecha cesaron todas las correrías que tenían costumbre de efectuar a través del país. Por esta acción, Carlos V, merced a la recomendación de Zumalacárregui, me confirió la cruz de San Fernando.

Capítulo 15

Ataque en las alturas de Orbiso. Dando calor a los cañones de los fusiles. Un día de servicio con la infantería. La derrota. Expedición nocturna. Fundición de cañones. Derrota de Oraá. Crueldad de Mina.

Hacia la mitad de enero de 1835, los carlistas reunieron bastantes fuerzas alrededor de Maeztu, como con el intento de atacarlo, mientras que Zumalacárregui, con cuatro batallones, se mantuvo cerca de Santa Cruz y Orbiso, preparado para ocupar la posición de Zúñiga y el puente de Arquijas, donde Córdoba había sido derrotado el día 15 del mes precedente. Su propósito esta vez era empeñar al enemigo en acciones tan frecuentemente como le fuera posible, con la finalidad de producir bajas en sus filas. Contrariamente a las leyes más usuales de la guerra, no tenía otro designio al obrar así. No tenía interés en defender o conquistar posiciones, salvo en tanto en cuanto pudieran serle útiles para alojar su gente y hacer más fácil la destrucción del adversario. Su gran habilidad, su conocimiento del

Chapter 15

Attack on the heights of Orbiso. Colouring of musket barrels. A Day's service with the infantry. The rout. Nocturnal expedition. Casting of cannon. Defeat of Oraa. Cruelty of Mina.

Towards the middle of January, 1835, the Carlists assembled in some force round Maeztu, as if for the purpose of investing it; while Zumalacarregui, with four battalions, kept about Campezo and Orbiso, ready to occupy the position of Zuñiga and the bridge of Arquijas, where Cordova had been defeated on the 15th of the preceding month. His aim at this time was to entice the enemy into action as often as possible, merely for the sake of the loss their ranks would probably sustain. Contrary to all the usual rules of warfare, he had no further object immediately in view. There were no positions that he cared either to win or defend, excepting as far as the accidents of the ground sheltered his own men and rendered the destruction of his adversaries greater. His great

Capítulo 15 / Chapter 15

país y otras muchas circunstancias, a las que me he referido en otros lugares de esta narración, le capacitaron en todo momento para causar al enemigo mucho mayores bajas que las que él sufría aun cuando era derrotado. Daré un ejemplo de esto.

Una fuerza considerable, por lo menos de 10.000 hombres, procedente de Los Arcos, ocupó La Berrueza; pero parecía poco decidida a intentar el paso de Arquijas en fecha tan poco distante de la en que tuvo lugar allí la derrota anterior. Zumalacárregui se retiró de Zúñiga a Orbiso, cediéndoles el paso amablemente. Como él había previsto, se apoderaron inmediatamente de Zúñiga, y habiendo atravesado el formidable puente, no dudaron en atacar inmediatamente a Zumalacárregui, quien, según estaban informados, sólo contaba con cuatro batallones, o sea 2.800 hombres, en Orbiso, distante de allí, poco más o menos, dos millas. Orbiso se halla separado de Zúñiga por una llanura ancha y fértil, cubierta de viñas, excepto por la derecha, donde la bordea un bosque de encinas. Se halla al pie de una

skill, his knowledge of the country, and many other circumstances to which I have referred in other parts of this narrative, enabled him, in every case, to render the loss of the enemy infinitely greater than his own, even when he was defeated. Of this I shall give an example.

A considerable force, at least about ten thousand men, from Los Arcos, occupied the Berrueza, but seemed unwilling to attempt the passage of Arquijas so soon after their first defeat there. Zumalacarregui in consequence retired from Zuñiga to Orbiso, politely ceding them the passage. As he had foreseen, they immediately took possession of Zuñiga; and having once passed the formidable spot, had no hesitation in immediately attacking Zumalacarregui, who, they were informed, was with only four battalions, or two thousand eight hundred men, in Orbiso, something less than two miles off. Orbiso is separated from Zuñiga by a wide and fertile plain, covered with vines, excepting on the right, where it is skirted by a wood of *encina*. It stands at the foot of a rather steep hill, over which runs the road to

| colina bastante pendiente, por donde cruza el camino a Contrasta. A la derecha, montañas que se hallan muy cubiertas de arbustos cierran el paso; a la izquerda de la colina, que está cubierta de matorral bajo, existen otras posiciones inaccesibles, separadas de aquélla por un temible desfiladero o garganta, donde puede destruirse una columna con sólo hacer rodar las piedras desde arriba. Protegidos sus flancos de este modo, Zumalacárregui, con sus batallones, tomó sus posiciones en la colina; los otros dos los colocó en reserva, con la idea de exponer menos gente en la batalla. No recuerdo exactamente el nombre del jefe adversario en esta acción; pero creo, sin embargo, que era Lorenzo. Importa poco fuese quien fuese, pues ningún general, con 10.000 hombres a sus órdenes, podía enfrentarse con fuerza tan insignificante sin decidirse a atacarla en seguida. Los Guías de Navarra y un batallón alavés se hallaban en posesión de la colina, esperando la acción con una indiferencia que no hacía presagiar resultados tan favorables como cuando estaban llenos de ardor y entusiasmo. Desde Zúñiga a | Contrasta. To the right, mountains, which are thickly covered with arbutus, bar the passage; on the left of the hill, which is covered with low shrubs, are also other inaccessible positions, divided from it by a fearful ravine or defile, where a host might be destroyed by only rolling down on them the rocks from above. His flanks thus protected, Zumalacarregui, with two battalions, took up his position on the hill. The other two he placed either in reserve, or with the object of exposing fewer men in action. The name of the leader of the adverse side, in this affair, has escaped my memory. I believe, however, it was Lorenzo. Whoever it was it matters little, for no general could have seen, with ten thousand men under his orders, such an insignificant force daring him to the fight, without attacking them. The guides of Navarre and a battalion of Alavese had possession of the hill, expecting the fray with an indifference which never augured so well as when they were hot and enthusiastic. From Zuñiga to Orbiso, a plain, which occupies the space between, was entirely covered by the advancing column. The dark masses |

Capítulo 15 / Chapter 15

Orbiso, la llanura que separa ambas poblaciones estaba enteramente cubierta por la columna que avanzaba. Las negras masas se movían lentamente y se las distinguía solamente por el brillo de sus armas.

Debo observar aquí, aunque parezca poco importante, que el sistema inglés de pavonar los cañones de los fusiles, que la mayor parte de los ejércitos extranjeros conservan brillantes, es de una gran ventaja en una campaña, aunque el cañón brillante tiene quizás un aspecto más marcial. Las cañones, cuando se hallan pavonados, se conservan, en primer lugar, en mejor estado; pero, además, es más fácil ocultar la marcha de las tropas, la que es a menudo descubierta por el brillo de las armas, aun cuando aquéllas no se distingan a simple vista. He tenido ocasión de hacer esta observación en un país montañoso con más frecuencia que en una zona llana.

Enfrente de Orbiso pasa un riachuelo que, si mi recuerdo no falla, he visto seco durante el verano, pero que, hinchado por las lluvias de invierno, adquiere una anchura de treinta o más pies, como lo

slowly crept along, and in the distance were only discernible by the glitter of their arms.

I must here observe that, unimportant as it may seem, the English mode of browning the musket-barrels, which most foreign armies keep bright, is of very great advantage in a campaign, although the polished barrel has, perhaps, a more martial appearance. The guns when browned are, in the first place, more easily kept in order; but especially the march of troops, which is often betrayed by the shining arms, when the troops themselves are not discernible to the naked eye, or even the telescope, is more easily concealed. In a mountainous country I have had oftener occasion to remark this circumstance than in a district of plains.

In front of Orbiso passes a rivulet which, if I remember rightly, I have during the summer seen dry, but which, swelled by the winter rains, attains the width of thirty feet or more, as its bed of pebbles indicates. The enemy approached it without opposition, but here a company of the guides, dispersed in guerrillas,

Doce meses de campaña - Twelvemonth's campaign

indica su cauce de piedras sueltas. El enemigo se aproximó a dicho riachuelo sin oposición; nías una compañía de Guías, desplegada en guerrilla, le disputó el paso durante varios minutos. Fue, sin embargo, cruzado rápidamente por un escuadrón de caballería, y nosotros temimos por un momento que la compañía hubiera sido cercada, pues la llanura se extendía como un tercio de milla desde la aldea de Orbiso hasta el pie de la colina donde nosotros habíamos tomado posiciones.

Al instante en que pasó la caballería, 100 o 120 hombres subieron por las paredes de las terrazas y jardines y se retiraron haciendo fuego. La caballería temió penetrar en la aldea hasta que ésta hubiera sido reconocida por la infantería; para cuando este reconocimiento fue efectuado, aquéllos habían llegado al pie de la colina. Poco tiempo después, habiendo formado el enemigo en tres columnas y hecho retroceder a nuestras guerrillas, comenzó el ataque con ardor. El primer disparo hecho desde nuestro campo derribó a un oficial de su caballo. Me enteré después, por el capitán de la compañía,

disputed for a few minutes the passage. It was, however, quickly crossed by a squadron of cavalry, and we fancied for a moment that they had been cut off, as the plain was distant about a third of a mile from the village of Orbiso to the foot of the hill where we had taken up our position.

The instant the cavalry passed, a hundred or a hundred and twenty men climbed the walls which support the terraces and gardens and retired still firing. The cavalry were afraid to dash through the village until it had been reconnoitred by the infantry: by the time that was effected they reached the foot of the hill. Shortly after, the enemy having formed in three columns, and driven in our guerrillas, the attack commenced in earnest. The first shot that was fired from our side struck a superior officer from his horse. I afterwards learned from the captain of the company that it was fired by a French tailor, a deserter. He had signified his intention of aiming at him, although at the distance he fired, two hundred and fifty yards, it was of course a chance that he hit his mark. The fault of our disposition was, that we had not a

Capítulo 15 / Chapter 15

que lo había disparado un sastre francés, un desertor. Manifestó su intención de apuntarle a él, aunque desde la distancia a que disparó, 250 metros, fue, naturalmente, una casualidad que hiciera blanco. Nuestra desventaja era que no teníamos número suficiente de hombres para cubrir un frente tan extenso. Si hubieran estado con nosotros ios batallones que se hallaban de reserva en las alturas de San Vicente y en el valle de la Amescua Baja, tal vez hubiéramos podido mantener nuestra posición todo el día. Sin embargo, una derrota hubiera sido peligrosa, y evidentemente el sistema de nuestro general era no correr riesgo alguno. Parecía que el enemigo atacaba con poca confianza, pues le rechazamos nosotros durante hora y media. Al fin, algunas compañías de alaveses cedieron, y habiendo tomado posiciones una pequeña columna de cristinos en la altura de nuestra izquierda, rebasó nuestra posición y los alaveses se replegaron con cierto desorden. Valdespina, que era manco, galopaba delante y detrás en su yegua pinta durante lo más violento de la lucha, retirándose el último. Como mi caballo, el único que tenía en aquel momento, se

sufficient number of men to cover so large a front. If the battalions that were in reserve on the heights of San Vicente, and in the valley of the lower Amezcoas, had been with us, we might, perhaps, have kept our position all day. A defeat, however, would have been dangerous, and it was evidently the policy of our general not to run any risk. The enemy seemed to attack with little confidence; for about an hour and a half we drove them back. At last some companies of the Alavese gave way, and a small column of the Cristinos having gained a footing on the hill on our left, turned our position, and the Alavese were driven back in disorder. Valdespina, with his one arm, was galloping to and fro on his piebailed mare in the thickest of the fire, retreating the last. My horse, the only one I had at that moment, having been for several days too lame to do cavalry service, I had followed with the battalion of guides, and when we prepared for action, I sent my servant with my horse some hundred yards in the rear, with the strictest orders not to move from beneath an old oak tree till the return of either myself or some of a company which (having but one effective officer, the

Doce meses de campaña - Twelvemonth's campaign

hallaba demasiado cojo para el servicio de caballería, seguí con el batallón de Guías, y cuando nos preparamos para la acción envié a mi asistente con el caballo unos cuantos cientos de varas a retaguardia, con órdenes estrictas de no moverse de debajo de un viejo roble hasta mi regreso o el de alguno de la compañía a la que decidí reunirme, la cual tenía un solo oficial en activo, pues los demás se hallaban en el hospital. Colgué mi sable del caballo, y tomando un mosquete y algunos cartuchos avancé con un subteniente, cuyo nombre era García, quien había sido anteriormente ayudante en los Guías. Ordené con tanto rigor a mi asistente que no se moviera, porque el caballo, aunque cojo, no lo estaba tanto como el caballero, y sabía que, en caso de vernos obligados a retirarnos, me vería en precisión de montar, pues me imaginaba incapaz de andar medio kilómetro. Al ver que los alaveses retrocedían, pareció apoderarse de todos el desaliento, y comenzó la retirada. La sexta compañía, con la que yo estaba, que había sido colocada donde había algunas rocas y terreno cortado que ofrecía cierto abrigo, se encontró con que era la más avanzada de las tres a las que

others being in the hospital) I resolved to join. I hung my sabre on my horse, and, borrowing a musket and some cartridges, went forward with the lieutenant, whose name was Garcia, and who had previously been adjutant to the guides. I was thus strict in my injunctions to my servant not to move, because, although lame, my steed was nothing like so much so as his rider; and in case of our being driven back, I knew I should have been under the necessity of mounting him, as I imagined myself to have been unable to walk five hundred yards. On seeing the Alavese give back, a general discouragement seemed to prevail, and the retreat commenced. The sixth company, with which I w r as, and which had been posted where a few pieces of rock and the broken ground afforded some slight shelter, now r found itself the foremost of three that were ordered to sustain the retreat. We had been there about an hour, suffering considerable loss, when the Alavese having retired, nearly two battalions of the enemy had formed on the plateau. The men kept the ground tolerably well, but fired in a very disorderly manner.

se había ordenado sostener la retirada. Nosotros habíamos estado allí durante una hora sufriendo pérdidas considerables, cuando habiéndose retirado los alaveses, casi dos batallones del enemigo formaron en la meseta. Nuestros hombres mantuvieron el terreno bastante bien, pero disparaban de un modo desordenado.

Es una frase favorita de los viejos soldados franceses, aludiendo a la incertidumbre de la puntería que se hace con el fusil, que si uno no estuviera seguro de que el enemigo no apuntaba a ninguno de sus vecinos y sí a uno mismo, se mantendría sin el menor temor durante la acción. Esto se ve confirmado con frecuencia en la práctica. Siendo las boinas coloradas, en la época de esta acción prenda usada solamente por los oficiales carlistas, oíamos a los oficiales cristinos gritar a sus hombres que nos apuntaran a nosotros. Nosotros encontrábamos "esta distinción" muy desagradable; pero parecía que solamente sufrían los que se hallaban a nuestro alrededor, y más de la mitad de los heridos en nuestra compañía (de la que más de un tercio se vio en este caso) estaban cerca de nosotros. La

It is a favourite saying of the old French soldiers, in allusion to the uncertainty of the aim taken with the musket, that if they were sure the enemy would not aim at any of their neighbours, and only point at them, they would be without the slightest fear in action. This is often strangely exemplified. The red caps being still, at the time of this action, worn exclusively by the Carlist officers, those of the Cristinos might often be heard crying out to their men to mark them out. We found them in consequence a very unpleasant distinction, but those immediately around us only seemed to suffer; and above half the men hit in the company, which amounted to above a third of it, were about us. The easiest death from a gun-shot wound seems in general to be when it is in the head; it is attended by no pain no convulsive start no distortion of the muscles or writhing of the body. I had an opportunity of witnessing two instances very close to me. One was a recruit behind me, who was burning his cartridges much too quick to fire them very effectually, and by whom I momentarily expected to have my brains blown out in a mistake; for once or twice I

muerte más fácil producida por herida de bala parece ser la que da en la cabeza; no va acompañada de dolor, ni de convulsiones, ni de torsiones de los músculos, ni tormentos del cuerpo; tuve la oportunidad de ser testigo de dos ejemplos muy cerca de mí: uno fue el de un recluta a mi retaguardia, que quemaba sus cartuchos demasiado deprisa para disparar con cierta eficacia, y de quien temía que de un momento a otro hiciera volar, por equivocación, mi cabeza, pues dos o tres veces sentí el calor de la llama del fusil sobre mi carrillo. Entre disparo y disparo daba gritos estentóreos; tan pronto como vi que mi héroe callaba, me volví hacia atrás y me di cuenta de que estaba muerto; no dijo ni "¡oh!" Otro, enfrente de mí, que estaba cabalmente arrodillándose junto a un bloque de piedra, fue alcanzado por una bala en el mismo sitio; se inclinó hacia atrás como quince centímetros, en la misma posición, y quedó allí tan quieto como estará hasta el día de hoy; yo no hubiera creído que hubiese muerto; pero la sangre que salía a burbujas por detrás de su cabeza no dejaba lugar a duda. El fuego llegó a ser tan intenso y el enemigo subía la

felt the warmth of the musket flash upon my cheek. Between every shot he was shouting out very lustily. As soon as I found my hero silent at my elbow, I turned round, and saw how it had fared with him; he had not even said "oh!" Another in front of me was just kneeling against a block of stone when he was struck by a bullet in the same place. He fell back about six inches, still in the same position, and remained there as quiet as he is to this day. I should not have believed him to have been dead, only the blood bubbling out at the back of his head left no doubt of it. The fire had become so heavy, and the enemy was climbing the eminence so fast, that it was evident we could not hold out any longer, when the Lieutenant Garcia received a shot in his thigh, and another in the abdomen, and, falling on his back, kicked up his legs in the air so comically, that I really thought at first he was joking. I had him carried off, but the wound was mortal. I managed to keep the company about ten minutes longer there; when the two other companies, afraid of being surrounded, disbanded; and my own, notwithstanding all my efforts, quickly followed.

Capítulo 15 / Chapter 15

altura tan deprisa, que evidentemente no podíamos mantenernos allí por más tiempo. Cuando el subteniente García recibió un tiro en un muslo y otro en el abdomen, e inclinándose hacia atrás levantó las piernas al aire de manera tan cómica, yo creí al principio que lo hacía en broma; le retiré del lugar de la acción, pero su herida era mortal. Me las arreglé para sostener a la compañía en aquel lugar durante diez minutos más, cuando vi que las otras dos compañías, ante el temor de verse cercadas; se desbandaron, y la mía, a pesar de todos mis esfuerzos, siguió su ejemplo.

Como a doscientas varas más atrás, unos cientos de hombres, guareciéndose en el terreno, se hallaban escalonados para cubrir la retirada, mientras que nosotros nos refugiábamos tras ellos. El asistente, a quien yo esperaba encontrar allí con mi caballo, se había marchado. El camino corre al lado de la montaña durante media milla antes de llegar a la llanura de San Vicente. Aquí Zumalacárregui había colocado su reserva para el caso de desgracia, y dos escuadrones de caballería salieron de sus posiciones;

About two hundred yards farther on, a few hundred men, taking advantage of the ground, had been echeloned, to cover the retreat, and on these we fell back. The servant whom I expected to find here with my horse was gone. The road runs along the side of the mountain for about half a mile before it reaches the plain of San Vicente. Here Zumalacarregui had placed his reserve, in case of a mishap, and two squadrons of cavalry were drawn out; but the Alavese having given way, and the first position being turned, it became urgent for those who had been defending it to retire; and as the road, on account of the thaw, and the rock, which did not absorb the water, was one canal of thin mud two feet in depth, we found it impossible to preserve any order. The rout became general. A guerilla, sheltered amongst the broken rocks above us, kept at bay the enemy, who, if he had pushed forward, might have made a terrible slaughter of the two battalions, and with twenty horses have trampled down a hundred. But he took no advantage of our confusion, and seemed afraid of our guerillas sweeping the road.

pero habiendo cedido los alaveses y siendo envuelta la primera posición, no se pudo evitar la retirada de aquellos que la defendían, y como el camino, a causa del deshielo y de la superfiicie rocosa que no absorbía el agua, era como un canal de barro ligero, de dos pies de profundidad, nos resultó muy difícil conservar el orden. La retirada se hizo general; una guerrilla colocada entre las rocas situadas por encima de nosotros, mantuvo a raya al enemigo, el cual, si hubiese avanzado, hubiera causado una gran mortadad en los los batallones, y con veinte caballos habría destrozado ciento; pero no se aprovechó de nuestra confusión, temeroso, sin duda, de que nuestras guerrillas enfilasen el camino.

En esta ocasión, apenas capaz de seguir cojeando, y obligado a abrirme paso a través del lodazal, me encontré, sin intentarlo, completamente a retaguardia, y hubiera caído inevitablemente prisionero si el enemigo hubiera sido más activo en la persecución; oí los gritos lastimeros de muchos de los heridos que fueron abandonados, y que poco después eran "despachados" por las bayonetas de los

On this occasion, scarcely able to hobble along and obliged to make my way through the slough, I found myself, very unintentionally, quite in the rear, and must inevitably have been taken, if the enemy had been a little more spirited in his pursuit. I heard the dismal cries of several of the wounded, who were abandoned, and who were shortly after dispatched by the enemy's bayonets; and my reflections were none of the most agreeable, when, not expecting that I should be able to proceed, I apprehended that I should share the same fate.

I was at last so thoroughly exhausted and disheartened for I then believed the defeat to be complete that I was on the point of sitting down on the road-side, when I perceived Zumalacarregui on foot, unattended by a single officer of his staff, his drawn sword in his hand, apostrophising, in his stern and authoritative voice, his men, who, as they passed him, fell into order, as if by magic, although a little farther on they began to hasten their steps. The plain and village of San Vicente shortly afterwards opened to view, where three battalions were formed at the foot of the opposite heights in

Capítulo 15 / Chapter 15

cristinos. Mis impresiones no eran de lo más agradable, cuando, temiendo no poder avanzar, creí que iba a participar de la misma suerte.

Me hallaba al final tan completamente exhausto y descorazonado (creí entonces que la derrota era completa), que estuve a punto de sentarme a la orilla del camino a esperar la muerte, cuando vi a Zumalacárregui de pie, sin que le acompañase un solo oficial de su Estado Mayor, espada en mano, apostrofando con su voz dura y autoritaria a sus hombres, los que a medida que pasaban delante de él recuperaban el orden como por magia, aunque un poco más lejos comenzaran a apresurar el paso. La llanura y aldea de San Vicente aparecieron a nuestra vista un poco después, y allí había tres batallones formados al pie de la montaña opuesta, y un escuadrón de caballería avanzó para proteger la retirada de los fugitivos a través de la llanada. Zumalacárregui había ordenado a Tomás Reina que tomase el mando de aquél cuando la posición fuese forzada. "Usted debe cargar, sea como sea, aunque se sacrifique todo el escuadrón, caso de que desciendan en

battle; and a squadron of horse came up to protect the retreat of the fugitives across the plain. Zumalacarregui had dispatched Tomas Reina to take the command of these when the position was forced. "You must charge at all hazards, even if the whole squadron is sacrificed, should they descend en masse to pursue; for the reserve must not move." "It shall be done," said Reina, "if we all perish." He had not occasion to charge, but we found him with about a hundred and fifty horse quite ready to do so. The enemy however, perhaps suspecting a stratagem, with their usual caution, only followed step by step, and cleared all that part of the mountain which was above the road and occupied by the guerillas. Thus the battalion that had been routed had plenty of time to form, and march in good order to the rear of the reserve, which, to their astonishment, the enemy found ranged in order of battle. Several of the wounded whom we were carrying off died during the flight. One, as he expired, said "Viva el Rey!" I have often heard shouts of enthusiasm from the wounded, but seldom any, save common place expressions, so immediately

masa a perseguirnos, pues la reserva no debe moverse". "Se hará así—dijo Reina—, aunque perezcamos todos". No tuvo ocasión de cargar; pero le encontramos con 150 caballos preparado para hacerlo. El enemigo, acaso sospechando de alguna estratagema, como de costumbre, avanzó muy cauto, paso a paso, y despejó toda aquella parte de la montaña que estaba encima del camino ocupada por las guerrillas. De esta manera, el batallón que había sido derrotado tuvo tiempo de sobra para formar y marchó en buen orden a la retaguardia de la reserva, a la que, con asombro, encontró el enemigo formada en línea de batalla. Varios de los heridos que retirábamos murieron durante la huida. Uno, cuando expiraba, gritó: "¡Viva el Rey!" Yo he oído muchas veces gritos de entusiasmo de los heridos; pero muy rara vez he oído de ellos sino expresiones completamente corrientes cuando se hallaba tan cerca de la muerte. Eran ya las nueve de la noche cuando quedamos acuartelados en Contrasta, donde encontré mi caballo y mi asistente. Este se excusó diciéndome que se vio obligado a seguir con los demás; tomé un poco de vino,

before death.

It was nine o'clock at night before we were quartered at Contrasta, where I found my horse and servant. He excused himself by saying that he had been forced to proceed with the rest. I got a little wine, but it was so late, no provision could be found. Zumalacarregui had, I believe, counted on maintaining his first position; in this he was defeated; but, at the same time, the loss on the side of the enemy was nearly double our own. On the lowest computation, they had 450 men put hors de combat.

Three hundred of their wounded were slowly moved under escort to Los Arcos, together with some arms, horses, and two pieces of light artillery. Zumalacarregui, being informed of this by his spies, or judging that such would be the case, although he had been since day-break in the saddle, marched out at midnight without beat of drum with two hundred of his hardiest foot-soldiers and fifty of the freshest horses, and by a long and circuitous route through what seemed impassable mountains, and, crossing the Ega, succeeded in reaching the

pero era tan tarde, que no pude encontrar nada que comer. Zumalacárregui contó con mantener la primera posición; pero fallaron sus previsiones. Ello no obstante, la pérdida del enemigo fue cerca del doble de la nuestra. Y según los cálculos más bajos, tuvieron como unos 450 hombres fuera de combate.

Trescientos de sus heridos fueron trasladados lentamente, bajo escolta, a Los Arcos, juntamente con algunas armas, caballos y dos piezas de artillería. Zumalacárregui, ya porque le informasen de ello sus espías, ya porque sospechase lo que iba a ocurrir, a pesar de que estuvo a caballo desde el alba, marchó a media noche, sin tocar tambores siquiera, con doscientos infantes de los más robustos y con 50 caballos escogidos, por un largo y tortuoso camino, a través de montañas que parecían anaccesibles, y, cruzando el Ega, consiguió llegar hasta la retaguardia del ejército contrario, que pasó la noche acantonado en Orbiso y Zúñiga. El enemigo, por consiguiente, quedaba entre Zumalacárregui y las fuerzas de éste. El general hubiera conseguido su objetivo de sorprender el convoy, de no

rear of the enemy's army, which was quartered for the night in Orbiso and Zuñiga. The enemy, therefore, thus lay between him and his own forces. He would have succeeded in his object, had not the order been countermanded, and the convoy stopped at Zuñiga. However, he surprised and cut to pieces a small party of horse, and returned safe before daybreak, his men half dead with fatigue. Even after the longest marches, he was constantly in the habit of striking terror into the enemy by these nocturnal expeditions. The moral effect, even of this partial success, on their ranks, was very great; as it showed them, that, even after a victory, and when they imagined the enemy to be farthest off, there was no safety for them, except under shelter of their columns. Amongst the wounded Cristinos was an English major in the Queen's service. I was informed of this afterwards at Orbiso, whither he was carried, and where he died. I was convinced the *patrona* was not mistaken as to his nation, although she was unable to remember his name; for she had perfectly learned to say "G—d--n it" which she said he often made use of, but

Doce meses de campaña - Twelvemonth's campaign

haber sido dada contraorden para que aquél permaneciera en Zúñiga. Sin embargo, sorprendió y deshizo una pequeña partida de caballería y volvió sano y salvo antes del amanecer, con sus hombres, muertos de fatiga. Aun después de las marchas más largas, tenía el hábito de infundir el terror en las filas enemigas por medio de estas expediciones nocturnas. El efecto moral de estos éxitos parciales era muy grande en las filas enemigas, pues les demostraba que, aun después de una victoria, y cuando se imaginaban al enemigo muy distante, no había seguridad para ellos, salvo al abrigo del grueso de< sus columnas. Entre los cristinos heridos había un comandante inglés que servía a la Reina. Me "informaron de esto después en Orbiso, adonde fue transportado y donde murió. Yo me convencí de que la patrona no se había equivocado en cuanto a su nacionalidad, aunque ella era incapaz de recordar su nombre; había aprendido perfectamente a decir "G-d-n-it"[50], expresión de la que hizo uso con frecuencia, pero especialmente cuando le hacían la cura, y que ella suponía que significaba algo así

particularly when his wound was dressed, and which she supposed must mean something like Jesu-Maria! or María-José! He had had both thighs broken.

In the military colleges of Spain the pupils are brought up with liberal ideas; consequently all the officers of artillery and engineers are republicans. Hence very few of them joined our army; indeed we had but two: one the Brigadier- general Montenegro, and the other a young man named Reina a brilliant exception. At the academy he was looked upon as the most clever of their scholars, and of his attainments in his profession he gave the greatest proofs. By birth a West-Indian a native of Havannah he was of a wealthy family, and a lieutenant of the artillery of the guard. On the death of Ferdinand he sacrificed a handsome property, and leaving his mother in Madrid, came with his younger brother, a cavalry officer, to join the Carlists. He was then the only artillery officer in the army.

Zumalacarregui, finding the want of artillery, and knowing the impossibility of procuring any battering pieces without

Capítulo 15 / Chapter 15

como "Jesús María". Tenía ambas piernas rotas.

En las Academias militares de España se educa a los alumnos con ideas liberales; así pues, todos los oficiales de Artillería y de Ingenieros eran republicanos. De ahí que muy pocos de ellos se unieran a nuestro Ejército. De hecho, no teníamos más que dos: uno, que era el brigadier general Montenegro, y otro, un joven, llamado Reina, una brillante excepción. En la Academia estaba considerado como el más inteligente de los alumnos, y dio las más relevantes pruebas de sus conocimientos en su profesión. Nacido en La Habana, de familia rica, era subteniente de Artillería de la Guardia. A la muerte de Fernando, sacrificó su posición y, dejando a su madre en Madrid, vino con un hermano más joven, oficial de Caballería a unirse a los carlistas. El era entonces "el único oficial de Artillería en nuestro ejército.

Zumalacárregui notaba la falta de esta arma, y conociendo la imposibilidad de procurarse piezas de batir sin tener alguna con que empezar, y sabedor también de que antes de que pudiese dejar las Provincias era necesario hacer desaparecer las

having some to begin with; and aware also that, before he could hope to leave the provinces, it became necessary to sweep away the garrisons sprinkled over them, sent him to try if he could manufacture a mortar or two. With nothing but the theory he had acquired, obliged to study the smelting of metals, to instruct workmen, to have their tools manufactured after his own directions, and having only the metal which old coppers and kettles bought up all over the country afforded, he set about his task in the recesses of the mountains, where, during the first ten months, he was constantly disturbed by the flying columns of the enemy. His first efforts were unavailing; the pieces proved total failures; and the arrival of guns so long expected from the Baztan had become a by-word in the army for anything improbable. Nothing daunted, however, he cast them over again; and at last succeeded in making two seveninch and two thirteen-inch mortars. In the first instance the usual order of things was reversed; the mortars were cast to the size of some shells that had been captured in a foundry in the commencement of the insurrection, and buried; but

guarniciones desparramadas en ellas, encargó a Reina que intentase construir uno o dos morteros. Con sólo la teoría que éste había adquirido (pues se les obligaba a estudiar la fundición de metales, a instruir a sus operarios, a construir la herramienta según sus instrucciones), y contando únicamente con el metal que las piezas de cobre, cafeteras, etc., compradas por todo el país, podían proporcionarle, emprendió su encargo en los escondrijos de los montañas; durante los diez primeros meses fue continuamente molestado por las columnas volantes del enemigo. Sus primeros esfuerzos constituyeron un fracaso; las piezas resultaron inútiles, y la llegada de los cañones tanto tiempo esperados del Baztán, era algo que nadie creía ya en el Ejército. Sin acobardarse por ello, volvió a fundirlos de nuevo, y, por fin, consiguió construir dos morteros de siete pulgadas, y dos de trece. Fue invertido en este caso el método regular de la fabricación, pues se fundieron los morteros para acoplarlos a las granadas que habían sido cogidas y enterradas en los comienzos de la insurrección; pero poco tiempo después nos vimos obligados a fundir

shortly after we were obliged to cast shells to the mortars. One of the larger mortars being afterwards lost in the Baztan (for it was the plan of the Carlists, until the defeat of Valdes, to bury all their heavy pieces, as they would have impeded that rapidity of march which became so formidable), he then cast another. The last, considering the difficulties he had to labour under, was really an extraordinary production; and only required the work of the file to render it as good a piece of workmanship as if it had been turned out of a regular foundry. When the Carlists were going to besiege a place the pieces were dug up; and Zumalacarregui made the officer who was charged with bringing them up responsible for their travelling a given distance in a given time. The officer exacted of such a village to take it on to the next; all the cattle, all the population, if necessary, were employed for the purpose. The guns, placed on wooden drays, were drawn by many pairs of oxen; where the ground would no longer admit of their assistance, manual labour was resorted to. The difficulties experienced in moving the guns over the roads, or rather sheep tracks, they had to pass

granadas para los morteros. Habiéndose perdido en el Baztán uno de los morteros grandes (pues era plan de los carlistas, hasta la derrota de Valdés, de enterrar todas sus piezas pesadas, ya que de otro modo hubieran impedido la rapidez de la marcha, que constituía un elemento formidable), fundió Reina otro. El último, teniendo en cuenta las dificultades con las que tenía que luchar, fue realmente un producto extraordinario, y sólo le hacía falta el trabajo de la lima para convertirlo en una pieza tan perfecta como si hubiera salido de una fundición de primer orden.

Cuando los carlistas iban a sitiar una plaza, las piezas eran desenterradas, y Zumalacárregui hacía responsable al oficial que estaba encargado de transportarlas de que se moviesen una distancia determinada en un tiempo determinado. El oficial exigía a los de una ldea que lo trasladasen a la siguiente, y todo el ganado y toda la población, si era necesario, se empleaban a este fin. Los cañones, colocados en carros de madera, eran arrastrados por varios pares de bueyes, y

would scarcely be credited. I am convinced that no French or British cavalry would have dreamed of overcoming them. Such, however, was the enthusiasm of the soldiers and peasantry, and their confidence that all that Zumalacarregui ordered could and must be done, that they were daunted by no obstacles. These guns proceeded in general night and day with only a feeble escort.

Sagastibeltza had been long occupying the Baztan and blockading Elizondo. The mortars were first tried upon this place with perfect success; by the letter intercepted from Zugarramurdi, the commandant[52], great damage, it appears, was done there on that occasion. Oraa and Ocaña, with three thousand men, were sent from Pamplona to his relief, while the main army occupied Zumalacarregui. Reina in consequence buried the pieces; but, in the Val de Lanz, Oraa, who had divided his force into two columns, found not only Sagastibeltza ready to dispute the passage, but a small division, detached by Zumalacarregui, succeeded in interposing itself between his two columns, forcing the second to retreat with great

[448]

donde el camino no permitía el empleo de carros, se echaba mano de los hombres. Las dificultades experimentadas para mover los cañones por los caminos o, mejor, senderos de cabras, por los que tenían que pasar, apenas son creíbles. Estoy convencido de que ni la caballería francesa ni la británica hubieran soñado en dominarlas o vencerlas. Era tal, sin embargo, el entusiasmo de los soldados y de los campesinos, y la confianza que todos tenían en que lo mandado por Zumalacárregui podía y debía hacerse, que no sé acobardaban por ningún obstáculo. Estos cañones se transportaban generalmente de día y de noche con solo una pequeña escolta.

Hacía tiempo que Sagastibeltza ocupaba el Baztán y bloqueaba Elizondo. Los morteros se ensayaron primeramente contra esta plaza, con perfecto éxito: por una carta interceptada de Zugarramurdi [51], el comandante de la plaza, se deducía que se la causó mucho daño en aquella ocasión. Oráa y Ocaña, con 3.000 hombres, fueron enviados desde Pamplona a su socorro, mientras el ejército principal entretenía a Zumalacárregui.

loss on Pamplona, and entirely routing the first, which thus found itself between two fires, and obliged, after great slaughter, to throw itself into the miserable village of Ciga. Here the enemy fortified themselves, expecting assistance from Mina. Leaving the greater part of his army to prevent Cordoba from following; on his rear, with a small division Zumalacarregui in person reached Ciga, and determined on bombarding it. The shells did great execution amongst the few miserable huts, in which the enemy, to the number of 1800, were entrenched. A flag of truce being hoisted, a messenger at length informed Zumalacarregui that the besieged had adopted the same resolution as the remains of O'Doyle's army after the battle of Salvatierra, and had made hostages of all the inhabitants, whom, if another shell were thrown in, they would begin by exterminating. Several of those whose families were within were allowed to go to the Carlist general, and by their tears and supplications at last prevailed on him to desist. The enemy were however without provisions; and their soldiers might be seen, braving the fire of our troops, coming out to

Reina, ante esto, enterró las piezas; pero Oráa, que había dividido sus fuerzas en dos columnas, no sólo encontró a Sagastibeltza en el valle de Lanz, disputándole el paso, sino también a una pequeña división destacada por Zumalacárregui, que consiguió interponerse entre ambas columnas, obligando a la segunda a retirarse con grandes pérdidas a Pamplona y derrotando completamente a la primera, que se halló entre dos fuegas y se vio obligada, después de gran mortandad, a refugiarse en la pequeña aldea de Ciga. Aquí se fortificó el enemigo, esperando ser asistido por Mina. Zumalacárregui, dejando la mayor parte de su ejército frente a Córdoba, para evitar que éste le siguiera, se presentó con una pequeña división en Ciga y determinó bombardearla; las granadas causaron mucho daño en las pobres viviendas, en las que el enemigo, en número de 1.800, estaba atrincherado; se enarboló una bandera de paz, y un mensajero informó a Zumalacárregui de que los sitiados habían adoptado la misma resolución que los restos del ejército de O'Doyle después de la batalla de Salvatierra y que habían

take turnips and beet-root in the fields around it. Mina, on this emergency, collected all his disposable force, and made a movement which obliged Zumalacarregui to retire, not however without considerably harassing the forces of his opponent. Mina, after relieving Ocaña, destroyed the Carlist foundry at Dona Maria, and committed the greatest horrors. The Brigadier Barrena, under his orders, amongst other atrocities, murdered forty wounded Carlists. His behaviour to the peasantry was only acting up to his declaration (in which it was difficult to say whether cruelty or cowardice predominated), that it was on the inhabitants, not the soldiers, on whom his first punishments should fall.

tomado en rehenes a todos los habitantes, a los cuales exterminarían si se les arrojaba otra granada. Varios de aquéllos, cuyas familias se hallaban dentro de la aldea, fueron autorizados para ver al general carlista, y merced a sus lágrimas y a sus ruegos, consiguieron que desistiera del ataque. El enemigo, no obstante, se encontraba sin provisiones, y podía verse a sus soldados salir a los campos próximos a coger nabos y remolachas, a pesar de nuestro fuego. Mina, en estas graves circunstancias, reunió todas las fuerzas disponibles y realizó un movimiento que obligó a Zumalacárregui a retirarse, no sin molestar a las fuerzas contrarias. Mina, después de libertar a Ocaña, destruyó la fundición carlista de Donamaría y cometió los mayores horrores. El brigadier Barrena, obedeciendo sus órdenes, entre otras atrocidades, asesinó a 40 heridos carlistas. Su proceder con los aldeanos se basaba en que los primeros castigos debían caer sobre los habitantes y no sobre los soldados, conducta en la que no sabemos si influía más la crueldad o la cobardía.

Capítulo 16

Segunda batalla de Arquijas. Mina fusila a los bueyes. Ataque a Los Arcos. Trato de los heridos. Alarma ridícula de un fraile. Contratiempo en Larraga. Acción de Ilarregui. Retirada de Mina.

Como se temía que Zumalacárregui, que concentraba sus fuerzas, pudiera colocarse entre Pamplona y el Baztán, Lorenzo, de acuerdo con las instrucciones recibidas, después de reunir bajo sus órdenes las tropas de López y Oráa, en conjunto 12.000 hombres, resolvió atacarle en la posición de Asarta y Mendaza, donde Córdoba había obtenido alguna ventaja el 12 de diciembre anterior; Zumalacárregui se retiró precipitadamente detrás del Ega, con la esperanza de atraer al enemigo a las posiciones donde Córdoba había sido batido en las alturas de Arquijas. Atribuyendo la retirada de los carlistas a descorazonamiento, Lorenzo tenía instrucciones (que habían sido interceptadas por los carlistas) de forzar el paso del Ega a toda costa, si conseguía

Chapter 16

Second battle of Arquijas. Mina shooting the oxen. Attack on Los Arcos. Treatment of the wounded. Ludicrous alarm of a friar. Check at Larraga. Action of Ilarregui. Retreat of Mina.

As it was feared that Zumalacarregui, who was concentrating his force, might place himself between Pamplona and the Baztan, Lorenzo, according to his instructions, having united under his orders the troops of Lopez and Oraa, in all twelve thousand men, resolved on attacking Zumalacarregui in the position of Astarta and Mendaza, where Cordova had obtained his advantage on the 12th of the previous December. Zumalacarregui precipitately retired beyond the Ega, hoping to raw him into the position where Cordova had been defeated on the heights of Arquijas. Attributing the retreat of the Carlists to discouragement, Lorenzo, whose instructions, by the bye, were intercepted, were found to be, if he succeeded in repulsing the Carlists, to force the passage

rechazar a los carlistas. Afortunadamente para Lorenzo, el ataque no empezó hasta mediodía. Los carlistas contaban con 14 batallones, o sea 8.500 hombres. Se atacó en tres puntos: el puente de Arquijas, Santa Cruz de Campezo y Molinos de Santa Cruz; pero los principales esfuerzos se hicieron en el primero, donde Lorenzo mandaba en persona.	of the Ega at any price. Fortunately for Lorenzo, the attack did not commence till midday. The Carlists were to the number of fourteen battalions, or eight thousand five hundred men. The attack was made on three points the bridge of Arquijas, Campezo, and Molinos de Santa Cruz; but the chief efforts were made at the first place, where Lorenzo commanded in person.
Aunque el fuego se prolongó hasta la caída de la noche, esta acción de Arquijas no fue tan sangrienta como la primera. Dándose cuenta de que la artillería había producido algún efecto en las filas carlistas, intentó un esfuerzo desesperado y lanzó a la bayoneta una columna de 1.000 hombres. Como observara Zumalacárregui que sus tropas vacilaban en frente del puente, bajó en persona. Cuando el enemigo se hallaba a menos de una pedrada de distancia, los carlistas hicieron una descarga cerrada, que mató al jefe de la columna y a sus dos ayudantes y sembró en ella una confusión indescriptible. Zumalacárregui los persiguió con los Guías y el comandante Taus, que estaba herido. Esto ocurrió en la pequeña llanura situada entre	Although the firing lasted till near nightfall, this affair of Arquijas was not so bloody as the first. Finding their artillery had made an impression, one desperate effort was attempted, and a column of a thousand men rushed on to charge with the bayonet. Zumalacarregui having seen his troops waver opposite to the bridge rushed down himself. When within a stone's throw the Carlists poured in a murderous volley, which killed a superior officer at the head of the column, and his two aides-de-camp, and threw it into inextricable confusion. Zumalacarregui with the guides, and the commandant Taus, who was wounded himself, pursued. This took place on the little plain between the bridge and

el puente y la ermita de Arquijas. Lorenzo decidió retirarse.	hermitage of Arquijas, and Lorenzo in consequence thought proper to retreat.
Los carlistas continuaron la persecución, pero no muy vigorosamente, hasta la Berrueza, donde quedaron acuartelados. Mientras tanto, Lorenzo se retiraba con 360 heridos, habiendo dejado en el campo 200 muertos. La pérdida de los carlistas fue de 300 fuera de combate. Temeroso Lorenzo de que Zumalacárregui, que había hecho un amago hacia el Baztán, destrozara a Mina, dejó una pequeña guarnición en Los Arcos y en Estella y marchó precipitadamente a Pamplona. Mina se encontraba en el Baztán realizando indagaciones muy activas para encontrar las piezas fundidas por Reina, pues había conseguido anteriormente descubrir uno de los morteros grandes.	The Carlists continued the pursuit, but not very vigorously, as far as the Berrueza, where they were quartered for the night, Lorenzo retreating with three hundred and sixty wounded, having left two hundred killed. The loss of the Carlists was three hundred hors de combat. Lorenzo, fearful that Zumalacarregui, who made a demonstration towards the Baztan, would now overwhelm Mina, leaving a slight garrison in Los Arcos and Estella, marched precipitately on Pamplona. Mina was in the Baztan at this time, making active researches for the pieces cast by Reina, having previously succeeded in discovering one of the larger mortars.
Es asombroso que, habiendo los carlistas enterrado muchas veces sus piezas, nunca, salvo en este caso, fuera encontrada ninguna, ni tampoco sus municiones, aunque se hicieron activas averiguaciones para conseguirlo. Mina conseguía siempre descubrir quiénes eran los campesinos	It is astonishing that constantly as the Carlist artillery was buried, never excepting in this instance were any of their pieces or any part of their ammunition found out, although the strictest researches were made. Mina succeeded always in discovering the peasants who had been employed in the

Capítulo 16 / Chapter 16

que se habían ocupado del transporte; pero éstos no podían revelar nada, porque para estas empresas los campesinos eran sacados de sus camas de noche y los tenían con los ojos vendados mientras se escondían las piezas; a pesar de esto, fueron cruelmente asesinados por orden suya. Esto trajo como consecuencia el que todos los que habían sido empleados en el traslado de las piezas, temiendo la misma suerte, huyeran a la montaña en cuanto se aproximaban los cristinos. Habiendo descubierto Mina que habían huido del peligro de su venganza los habitantes de Donamaría, donde se suponía que estaban escondidos los cañones, hizo que mataran a tiros a los bueyes que fueron empleados en su transporte. Esto recuerda uno de los latigazos que el Rey persa descargó sobre el Helesponto.

Los Arcos, que he tenido ocasión de mencionar más de una vez, y que está situado entre Estella y Viana, fue durante mucho tiempo un gran estorbo para los carlistas, ya que cobijaba a las columnas Cristinas y les ofrecía un seguro refugio en caso de derrota, como ocurrió el 5 de

transport of them, but it was impossible for them to disclose anything, as, for the purposes of such concealment, they were always taken out of their beds, and their eyes kept bandaged while the pieces were buried. Thus conducted, they were, notwithstanding, by his order unmercifully shot. This had only the effect of making all those who had been employed in the transport of the pieces dread the same fate, and of course escaping to the mountains whenever the Cristinos approached. Mina, finding that in all the environs of Dona Maria where the guns were supposed to be concealed, they had fled out of reach of his vengeance caused the oxen which had been used to drag the artillery to be shot. This reminds one of the lashes which the Persian king inflicted on the Hellespont.

Los Arcos, in the Rivera, which I have had more than once occasion to mention, and which is situated between Estella and Viana, had long been a great annoyance to the Carlists, by harbouring the Christino columns, and affording them a ready refuge in case of a defeat, as had occurred on the 5th of February, after the defeat of

febrero, después del fracaso de Lorenzo en Arquijas. Solamente una parte de la población, juntamente con el Hospital y la casa llamada Aizcorbe, se hallaban fortificadas, y como se suponía que el enemigo se encontraba distante, se dejó en ella una guarnición muy débil. Lorenzo, después de su derrota, se había llevado varias piezas de artillería, dejándola sin ninguna. No se soñaba con un ataque, porque hubiera sido rápidamente auxiliada por Mina o Lorenzo desde Pamplona, de no haber estado el primero en el Baztán en las circunstancias antes referidas.

Sin embargo, Los Arcos fue tomado mientras Mina buscaba los cañones y fusilaba al paisanaje para obligarles a descubrir el otro mortero y los dos cañones que en aquel momento bombardeaban la villa.

La tarde del 22 de febrero, aquella parte de la población que no estaba fortificada fue tomada por Iturralde con el primer batallón de Navarra. A las ocho de la noche del 23, nuestra batería, que consistía en un mortero de 13 pulgadas, dos cañones de siete y uno muy pesado de hierro de 18,

Lorenzo at Arquijas. A part only of the town, together with the hospital and the house called Aizcorbe, were fortified, and as the enemy were supposed to be far away, it had been left with the weakest possible garrison. Lorenzo, after his defeat, had taken away from it several pieces of cannon, so that it was now left without artillery. An attack had never been dreamt of, as it would speedily have been relieved by Mina or Lorenzo from Pamplona, if the former had not been led into the Baztan by the circumstances I have detailed.

As it turned out, Los Arcos was taken while Mina was still searching for the guns, and shooting the peasantry to induce some of them to discover the other mortar and two howitzers which were actually bombarding it.

On the afternoon of the 22nd of February, that part of the town that was not fortified was taken by Iturralde with the 1st battalion of Navarrese. At eight o'clock of the 23rd, our battery, consisting of a thirteen-inch mortar, two seven-inch howitzers, and an old and heavy eighteen-pounder of iron, guns dug up

Capítulo 16 / Chapter 16

desenterrado en Vizcaya, viejo de más de un siglo, y que componían toda nuestra artillería, excepción hecha de las dos piezas tomadas al enemigo en la batalla de Vitoria, abrió fuego contra las casas fortificadas, desde la altura del castillo. Con un cañón de batir solamente, aunque las bombas hicieron mucho daño, resultaba muy difícil abrir brecha, y mientras tanto, el enemigo sostenía un vivo fuego de fusilería. Fueron tomadas, por fin, varias casas, entre ellas, la de Aizcorbe. El enemigo se iba retirando de una defensa a la otra, dejando detrás de sí un buen número de heridos y enfermos. La batería se colocó a distancia de tiro de pistola, y para la noche todo había sido tomado, excepto el Hospital, adonde se retiraron. También éste fue atacado por el coronel Don Juan O'Donnell, que tomó posesión del muro exterior y de las defensas; pero fue rechazado del Hospital mismo, en el momento en que iba a entrar en él, por medio de granadas de mano, lanzadas por los sitiados.

Al acercarse la noche, a la vez que se mantenía un vivo fuego, se amontonó una gran cantidad de combustible, con

in Biscay, and above a century old, composing, with the exception of the two small fieldpieces taken at the battle of Vitoria, all our artillery, opened fire on the fortified houses from the height of Castillo. With one battering cannon only, although the shells did infinite damage, it became very difficult to effect a breach, and the enemy kept up a constant fire of musketry. Several houses were, however, at last taken, as well as the Aizcorbe. The enemy kept retiring from one defence to another, leaving behind them numbers of sick and wounded. The battery was then advanced to within pistolshot, and by nightfall everything had been taken excepting the hospital, whither they retired. This had also been attacked by Colonel Juan O'Donnell, who had made himself master of the outer wall and defences, but had been repulsed from the hospital itself, at the moment of entering, by the numerous hand-grenades thrown by the besieged.

As night came on, while a heavy fire was kept up, an immense quantity of combustible matter was, with some loss, piled against their last hold fagots, straw, skins

alguna pérdida: haces de leña, paja, pieles llenas de aguardiente y sacos de pimiento rojo: el humo de éste, que, según creo, se llama en Inglaterra "capsicum", es tan intolerable, que resulta imposible, si el viento lo trae dentro de casa, el aguantarlo, y es quizá uno de los más crueles experimentos ensayados en la guerra de España.

La noche era obscurísima, y una tempestad tremenda de viento y agua, que en aquel país, a veces, cae a torrentes, azotaba con tal impetuosidad, que hacía imposible el ver o el oír a los luchadores; esto sugirió a la guarnición la posibilidad de una escapada, la que efectuaron a las dos de la mañana, dejando detrás a los enfermos y heridos, y aun a los centinelas, quienes no se enteraron de sus intenciones. La tormenta y la obscuridad impidieron que los carlistas *se* enterasen de lo que había ocurrido hasta tres horas después, cuando se ordenó a la caballería salir en su persecución; por la mañana capturaron y mataron a unos cincuenta de la guarnición; entre los prisioneros estaban un teniente coronel y un teniente. Consiguieron escapar alrededor de 400.

filled with brandy, and bags of the red pimento: the smoke of this, which I believe is in England called capsicum, is so intolerable, that it is impossible, if the wind carry it into a house, to bear it, and it is, perhaps, one of the most cruel expedients resorted to in Spanish warfare.

The pitch-dark night, and a tremendous tempest of wind and rain, which in that country sometimes pours in such torrents, and beats with such impetuosity, that those exposed to it find it impossible either to hear or see, suggested to the garrison the possibility of making their escape, which they effected at two o'clock in the morning, leaving behind them their sick and wounded, and even the sentinels, who were not apprized of their intentions. The storm and darkness prevented the Carlists from perceiving what had occurred till three hours after, when the cavalry was ordered out in pursuit. Towards morning they killed and captured about fifty of the garrison; amongst the prisoners were a lieutenant-colonel and a lieutenant. About four hundred, however, made good their escape.

Capítulo 16 / Chapter 16

En la parte llamada Fuerte Isabel fueron encontrados 250 enfermos y heridos, y como unos 60 en las casas. Quedaron en poder de los carlistas todo el bagaje y equipo del regimiento de Soria, 1.200 pares de pantalones nuevos, 500 fusiles, 20 cajas de municiones, además de inmensas cantidades de vino y trigo y toda clase de prendas. Los enfermos y heridos, entre los cuales había un coronel y seis oficiales, recibieron inmediatamente seguridad de perdón y protección, aunque todos los heridos y enfermos tomados por Mina en el Baztán habían sido acuchillados sin piedad. A cambio del proceder humanitario de los carlistas en esta ocasión, concediendo a los cristinos toda asistencia posible y autorizando a marchar a los curados, en el mes siguiente Mina quemó y arrasó la aldea de Lecároz e hizo una horrible lotería con la sangre de sus compatriotas, fusilando a un habitante varón de cada cinco, por no haberle dado aviso de los movimientos de las columnas carlistas.

Don Carlos, con su escolta, entró en Los Arcos al día siguiente y, acompañado por

In the part they termed "Fort Isabella" were found two hundred sick and wounded, and above sixty in the houses. All the baggage and equipments of the regiment of Soria, twelve hundred pairs of new trowsers, five hundred muskets, twenty cases of ammunition, besides immense quantities of wine and corn, and every variety of accoutrements, were taken. The sick and wounded, amongst whom were a colonel and six officers, immediately received assurances of pardon and protection, although all the wounded and sick taken by Mina in the Baztan had been mercilessly butchered. In return for the humanity the Carlists displayed on this occasion, affording the Cristinos every possible assistance, and allowing those who chose to depart when cured, in the following month Mina burned to the ground the village of Lecaroz, and, making a fearful lottery of the blood of his fellow-creatures, shot one male inhabitant in every five, for having neglected to give him notice of the movements of the Carlists.

Don Carlos and his suite the next day entered LosArcos; and, attended by

Zumalacárregui, fue a visitar a los heridos." Se cuenta que se desarrolló una escena realmente impresionante, tanto, que aun el rígido jefe carlista no pudo evitar una lágrima cuando, al oír la pregunta de: "¿Quién es el feroz Zumalacárregui?", acompañada de un movimiento de terror, contestó aquél: "¡Yo soy el feroz Zumalacárregui!", a la vez que hacía observar el Rey: "¡Esta es la manera como los enemigos engañan al soldado! Su Majestad sabe bien si yo he sido culpable de un solo acto de severidad que no haya sido forzado por el ejemplo del enemigo, y si no es cierto que, con el consentimiento de su Majestad, no les he dado con frecuencia ejemplos de perdón; y, sin embargo, éste es el carácter que se me atribuye en la mayor parte de España." Al retirarse, tanto el Rey como el general dieron a cada uno de los heridos una pequeña suma de dinero y ordenaron que se les atendiera con todo cuidado.

Los siete oficiales, en cuanto curaron, fueron autorizados a volver con sus partidarios, sin siquiera haber obtenido de ellos la promesa de no hacer armas otra vez. El teniente coronel y el teniente, llamados

Zumalacarregui, he went round to visit the wounded. The scene is said to have been truly affecting; so much so, that even the stern leader of the Carlists could not help shedding a tear, when the exclamation of "What, can that be the ferocious Zumalacarregui?" accompanied by a start of terror, burst from the lips of one of the wounded. "Yes," he replied, "I am the ferocious Zumalacarregui;" and he observed to the King, "This is the way in which our enemies delude the soldier; your Majesty best knows whether I have been guilty of a single act of severity to which their example has not forced me; and whether, with your Majesty's consent, I have not set them often the example of mercy; and yet this is probably the character given me in the greater part of Spain." On quitting them, both the King and the General left with each of the wounded a small sum of money, and orders that every attention should be paid to them.

The seven officers, on recovering, were allowed to return to their own partisans, without even having been shackled by a promise not to

Capítulo 16 / Chapter 16

Echeverría y Alzaga, capturados cuando intentaban escapar a Lerín con otros prisioneros, fueron, sin embargo, fusilados. Esta inflexible severidad hacia aquellos cogidos con las armas en la mano, contrastaba extraordinariamente con su trato para los enfermos e impedidos. Pero durante una guerra que era de exterminio, estos actos de generosidad eran frecuentes de parte de Zumalacárregui, y los que condenan como imperdonable el dar muerte a los prisioneros, aun por represalias, deben recordar que lo primero se debía a defectos de su educación, de su país y de su posición peculiar, no sólo como jefe de un partido durante una guerra civil, sino, además, del partido más débil, del que menos podía permitirse ser magnánimo, mientras que lo último obedecía a los impulsos de su propia y noble naturaleza. Las pérdidas de los carlistas fueron pequeñas: la artillería tuvo dos muertos y varios heridos, y la infantería, unos veinte o treinta heridos.

Aquí yo puedo mencionar una de esas circunstancias ridículas que no eran raras en una vida como la que llevábamos, y que

take arms again. The lieutenant-colonel and the lieutenant, named Echeverria and Alzaga, captured in endeavouring to make their escape to Lerin with the other prisoners, were, however, shot. This unflinching severity towards those taken with arms in their hands contrasts strangely with his treatment of the sick and disabled. But amidst a war which had become one of extermination, these instances of generosity were frequent on the part of Zumalacarregui; and those who condemn as unpardonable the putting to death of prisoners even by way of reprisals, must remember, that the former were the faults of his education, his country, and his peculiar position, not only as the leader of a party during a civil war, but of the weakest party, which could least afford to be magnanimous; whereas the latter were the impulses of his own noble nature alone. The loss of the Carlists was very trifling: the artillery had two killed, and several wounded; and the infantry some twenty or thirty wounded.

Here I may mention one of those ludicrous circumstances which, during a life like that

parecen más bien invenciones que realidades. Apenas tengo ocasión de entrar en la región de la fantasía cuando se halla fresco en mi memoria el recuerdo de tantas escenas, unas lamentables y otras divertidas, de las cuales he dado cuenta en estas páginas tal cual aparecían ante mi mente. Un pobre artillero, herido mortalmente en el estómago, había expirado en el alojamiento de unos oficialesdel tercer batallón, a donde había sido transportado. Estos se hallaban comiendo en una habitación contigua, cuando les alarmó un grito agudo, e inmediatamente después un fraile mendicante penetró en su departamento exclamando que el soldado no estaba aún muerto. "Muerto—dijo uno de los oficiales—; muerto y sepultado; yo vi enterrarlo por mis propios ojos." "Sin embargo, está alentando y moviéndose", dijo el fraile.

El grupo penetró en la habitación y soltó la carcajada al encontrar a uno de sus asistentes, un sastre gordo, francés, durmiendo y soñando, quien hallándose completamente borracho con el rico vino de la Rivera, cuando el muerto había sido

we led, were not unfrequent, and which seem rather inventions than realities. I have, however, little occasion to trespass on the regions of fiction, with the recollection of so many amusing and lamentable facts still green in my memory, and of which in these pages I have scattered here and there such as rose soonest to my remembrance, A poor artilleryman, mortally wounded in the stomach, had expired in the lodging of some officers of the third battalion, whither he had been transported. They were dining in the adjoining room, when they were alarmed by a loud shriek, and immediately after a mendicant friar rushed into the apartment, exclaiming that the man was not yet dead! "Dead," said one of the officers, "why dead and buried too; I saw him buried myself." "There he is breathing and moving, however," said the monk.

His party hastened into the room, and found, indulging in his pleasant dreams, to their infinite amusement, a fat French tailor, one of their servants, who, being completely drunk on the rich wine of the Rivera, when the dead man had been carried out, had staggered to the bed,

Capítulo 16 / Chapter 16

llevado, se metió tambaleándose en su cama y ocupó el lugar del difunto. El viejo y medio ciego fraile, que había llegado tardíamente a realizar su función, se arrodilló junto a la cama y estuvo largo tiempo rogando fervientemente por el alma del muerto, cuando, dando una vuelta rápida, el instruso arrojó sus brazos sobre la cabeza del religioso, el cual, presa de gran alarma, dio lugar a la escena que he mencionado antes.

El día 9 de marzo sufrimos un contratiempo delante de Larraga. El general cristino Seoane, con unos 4.000 hombres, fue atacado repentinamente por Zumalacárregui con su caballería y ocho batallones. Desgraciadamente para los carlistas, éstos aparecieron a la vista del enemigo algo prematuramente, pues Seoane, sin sospechar nada, estaba a punto de dejar el pueblo, cuando, al percibir al enemigo como caído de las nubes, se aprovechó de los muros y de las casas, y del río, que le protegía. Como Zumalacárregui no quería retirarse, una vez que había marchado tan lejos, intentó forzar el paso del puente. El enemigo, sin embargo, bien

and immediately occupied the place of the deceased. The old half-blind friar having come somewhat tardily to perform his office, knelt down beside the bed, and for about two hours had been fervently praying for the soul of the dead man, when, by a sudden turn in his sleep, the intruder's arms swinging over, hit him on the head, and, starting up in alarm, the astonishment of the friar had occasioned the scene I have mentioned.

On the 9th of March we experienced a check before Larraga. The Christino general Seoane, with about four thousand men, was suddenly attacked by Zumalacarregui, with all his cavalry and eight battalions. Unfortunately for the Carlists, they appeared in sight a little too soon; as Seoane, who, quite unsuspicious, was about to leave the village, finding an enemy, dropped as if from the clouds, took every advantage of the walls and houses, and the river which protected him. As Zumalacarregui was unwilling to retire now that he had come so far, he attempted to force the passage of the bridge. The enemy, however, well defended it by several walls, which served as a

defendido por diferentes muros que le servían de parapeto, hizo frente a todos nuestros esfuerzos. En vano galopó Zumalacárregui en persona hasta la cabeza del puente; cuanto de su Estado Mayor fueron muertos y heridos, y hacia la caída de la noche, dándonos cuenta de que eran inútiles nuestros intentos, sobre todo porque nuestras tropas no estaban acostumbradas a atacar al enemigo atrincherado, nos retiramos a Cirauqui y Mañeru.

Nuestras pérdidas fueron 300 muertos y heridos; las del enemigo, como se hallaba bien parapetado, alrededor de 150. Un capitán francés, llamado Rafechol, que había servido con Bourmont en Portugal, y que sólo había mandado su compañía cuatro horas antes de entrar en acción, fue mortalmente herido por dos balazos que travesaron su cuerpo. El secretario del general, llamado Vargas, sufrió la rotura del muslo.

En la siguiente mañana (suponiendo que Mina, tan pronto como oyó que Zumalacárregui se hallaba en la Rivera, se aprovecharía de la ocasión de marchar al Baztán, libre de molestias, para

parapet, and defied all our efforts. Zumalacarregui himself in vain rode up to the bridge head; four of his staff were killed and wounded; and, towards nightfall, finding our efforts useless, particularly as attacking enemies behind intrenchments was a species of service our men were very ill calculated for, we retired on Sirauki and Mañeru.

Our loss was about three hundred killed and wounded; that of the enemy, as they were much sheltered, about a hundred and fifty. A French captain, who had served with Bourmont in Portugal, named Rafechol, who had only had the command of his company four hours previous to entering action, was mortally wounded, receiving two bullets through the body. The General's secretary, Colonel Vargas, also had his thigh broken.

The next morning judging that Mina, as soon as he heard that Zumalacarregui was in the Rivera, would seize the opportunity of going unmolested to the Baztan, where Ocana, with his division, much straightened for provisions, was shut up in Elizondo, which Sagastibeltza

socorrer a Ocaña, que se hallaba cercado y falto de provisiones en Elizondo, plaza que Sabastibelza se preparaba a sitiar de nuevo) marchamos al valle de Olió, con cuatro batallones y un pelotón de lanceros.

En la mañana del día 11, Mina y Oráa, con dos columnas, fuertes en total de unos 4.500 hombres, salieron de Pamplona. Al acercarse a Elzaburu, la última aldea al norte del valle de Ulzama, desde donde arranca un camino que durante kilómetros y kilómetros atraviesa montañas llenas de bosques por caminos enfangados y sin encontrar un solo habitante, Mina y Oráa fueron atacados por unas pocas compañías del sexto batallón, en la altura de Oroquieta; y como el día se hallaba muy avanzado, acamparon en la aldea, donde, al obscurecer, el cuarto batallón les tiroteó hasta entrada la noche.

Pasamos ésta en la aldea de Ilarregui. Zumalacárregui tenía consigo, como he dicho, solamente cuatro batallones, el 3°, el 4°, el 6° y el 10 de Navarra, en total unos 2.600 hombres; pero el 1° de Navarra y el 7° de Guipúzcoa

was preparing again to besiege we marched on the Val de Ollo, with four battalions and a troop of lancers.

Early on the morning of the 11th, Mina and Oraa, with two columns the whole amounting to 4,500 men sallied from Pamplona. On approaching Elzaburu, the last village before entering the valley of Ulzama, where the route for twelve miles lies through thickly-wooded mountains and morass roads, without meeting with a human habitation they were attacked by a few companies of the 6th battalion on the height of Oroquieta; and as the day was far advanced, they encamped in the village, where, in the evening, the 4th battalion skirmished with them till night-fall.

We passed the night in the village of Ilarregui. Zumalacarregui had with him, as I have said, only four battalions; the 3rd, 4th, 6th, and 10th of Navarre in all, about 2,600 men; but the 1st of Navarre and 7th of Guipuzcoa had orders to march from Almandoy, to cut the enemy off from Donamaria, if they took that road. In case they retrograded

Doce meses de campaña - Twelvemonth's campaign

tenían órdenes de marchar desde Almandoz a cortar el paso al enemigo en Donamaría, caso de que tomase aquel camino. En el supuesto de que retrocediese a Pamplona, cinco batallones le habrían interceptado el camino, y tres más se hallaban en marcha para unirse a nosotros antes de la noche. El estado lamentable de los caminos les impidió llegar a tiempo para conseguir la completa destrucción de la columna de Mina. Una de las desgracias de Zumalacárregui fue que ninguna de sus divisiones pudo avanzar con la misma rapidez con que lo hacía la que mandaba él en persona; sin embargo, contaba siempre en sus cálculos con lo contrario; a pesar de todo el empeño que ponían los demás jefes, estaba fuerza de su alcance el llevar a cabo las órdenes que recibían a este respecto.

Zumalacárregui decía que tal distancia debía hacerse en tal tiempo fijo y que debían marchar hasta tal o cual punto, y era tal el ascendiente que ejercía sobre sus hombres, que éstos realizaban voluntariamente todo aquello de que es capaz el cuerpo humano.

on Pamplona, five battalions would have intercepted them, and three were marching to join us before night. The dreadful state of the roads alone prevented them from arriving in time to effect the entire destruction of Mina's column. One of Zumalacarregui's misfortunes was, that none of his divisions could advance with the same rapidity that he did himself; yet he was too apt to calculate on the contrary. With every exertion, however, of the other leaders, it was out of their power always to execute the orders they received in this respect.

Zumalacarregui said that such a distance must be done in the time he fixed, and that they must go so far; and such was his ascendency over the minds of his men, that all that the human frame was capable of doing they voluntarily performed.

The action next day became highly interesting. It was between the great leader of the Royalists and the redoubtable Mina. Their forces were about equal, and they were about to meet on one of those wild spots which seemed a fitting theatre for such celebrated

Capítulo 16 / Chapter 16

La acción del día siguiente resultó muy interesante. Se libraba entre el gran "leader" de los realistas y el terrible Mina. Las fuerzas eran, aproximadamente, iguales e iban a encontrarse en uno de esos parajes salvajes que constituyen un teatro apropiado para el encuentro de tan celebrados jefes de montaña. Mina, que conocía tan bien los peligros de aquellos lugares, dio pruebas de mayor vacilación que otro general hubiera dado quizás. Como su entrevista con el "Guipuzcoano" fue tan repentina e inesperada, parecía desconfiar de la información recibida acerca de la pequeña fuerza de su enemigo. Zumalacárregui atacó vigorosamente su flanco izquierdo, colocando su pequeña fuerza entre Ilarregui y la montaña de Larrainzar, en cuya meseta estaba formada su reserva. Había dos pies de nieve sobre la tierra, y, desgraciadamente, aquélla se derritió rápidamente. Mina hizo muchos y desesperados esfuerzos para conquistar las alturas de su izquierda, lo que, de haberlo conseguido, le habría capacitado para retirarse sin mayores pérdidas. Hubo un momento en el que consiguió

mountain-chiefs to hold encounter. Mina, on account of his being so well aware of the danger of the localities, betrayed more hesitation than perhaps another general would have done. As his interview with the Guipuzcoan was so sudden and unexpected, he seemed afraid to trust to the information he received, of the small amount of his force. Zumalacarregui vigorously attacked his left flank, his small force being posted from Ilarregui to the mountain of Lanamear, where his reserve was formed on the plateau. There were then two feet of snow upon the ground; and, worse than all, it was fast thawing. Mina made many and desperate efforts to carry the heights on his left, which, if he could have accomplished, he might have made good his retreat without further loss. Once the enemy had even succeeded in driving back our skirmishers or guerrillas in great confusion; when the General, who could perceive everything from the plateau where he stood, in an angry fit of impatience spurred his horse, and leaving all his staff behind, came down to lead them on, waving his naked sword. This movement acted like electricity on the waverers;

Doce meses de campaña - Twelvemonth's campaign

hacer retroceder a nuestros tiradores y guerrillas en gran confusión. Entonces, el general, que podía percibir todo desde la meseta donde se hallaba, en un acceso de rabia y de impaciencia, espoleó su caballo, y dejando a todo su Estado Mayor detrás, descendió de allí para guiar a sus hombres, agitando en su mano la desnuda espada. Este gesto actuó como una corriente eléctrica en los que vacilaban; el enemigo fue rechazado con grandes pérdidas, y aunque la mayor parte de nuestra fuerza se hallaba ahora en su retaguardia, por haber pasado ellos a lo largo del camino, destrozó a un escuadrón de caballería contraria y fue tan grande la confusión por un momento, que el mismo Mina estuvo a punto de caer prisionero.

Un teniente coronel de su caballería, a quien yo conocía bien por haberle visto en su magnífico caballo blanco, exponiéndose con su escolta en varias acciones, y quien fue mencionado varias veces por su valor, permanecía muerto, así como su caballo, en mitad del camino, cuando yo pasé por allí. Jinete y caballo habían sido heridos en la cabeza; a

the enemy were repulsed with great loss; and although the greater part of our force was now on their rear, they having passed along the road, a squadron of cavalry which they had with them was cut to pieces; and the confusion was for a moment so great, that Mina himself was nearly taken.

A lieutenant-colonel of his cavalry, whom I well knew, from having seen him on a beautiful white steed, exposing himself with the escort he commanded in several actions, and who, indeed, was often pointed out for his valour, was lying, when I passed, as well as his horse, dead across the road. Rider and horse had been struck in the head. I could bestow on him, as we passed, but the thought and the glance of a moment. It was, however, with a painful feeling, strange as it may seem, that I made this nearer acquaintance with the features of the gallant soldier. I remember at Orbiso hearing a soldier say, "Do you see that officer on the white horse? I will shoot him." Likely as it was to be an idle menace of the soldier, I could not help thinking of that admirable speech of Don Quixote, where, talking of the invention

Capítulo 16 / Chapter 16

medida que desfilábamos, sólo pude consagrarle un pensamiento y una rápida mirada. Sin embargo, y por extraño que parezca, me aproximé con un sentimiento muy doloroso a.contemplar de cerca las facciones de este galante soldado. Recuerdo haber oído decir en Arbizu a un voluntario: "¿Ve usted aquel oficial montado en el caballo blanco? ¡Yo le mataré!" Aunque ésta era una vana amenaza del soldado, no pude evitar el recuerdo de aquel admirable discurso de Don Quijote, donde, hablando de la invención de la pólvora, dice: "Un noble corazón es atravesado por una bala disparada por una mano que tiembla." Yo dije al soldado: "Dispara más bien hacia aquellos cobardes que se ocultan detrás de él."

A no ser por un riachuelo con ribazos muy pronunciados que se interpuso, Mina hubiera caído prisionero; todo su equipaje, las dos burras que le seguían para proporcionarle leche, según recomendación de su doctor, y su cabriolé, cayeron en nuestras manos. Este último era una cosa curiosísima; quizá yo lo hubiera descrito mejor denominándolo "capota". Se

of gunpowder, he says, "A noble heart is pierced by a missile winged by a hand that trembles;" and I said to the soldier, "Fire rather at those cowards that skulk behind him."

Had it not been for a rivulet with steep banks that intervened, Mina would have been taken: all his baggage, the two asses that followed to furnish him with their milk, as recommended by his doctors, and his cabriolet, fell into our hands. This last was a curious thing; perhaps I should more properly have described it by calling it a hood. It was placed on a mule, and entirely covered his person, with a glass window in front. His wife, a young and handsome Asturian, who followed him during this campaign, riding cavalier-fashion, and habited in male attire, was also with him in this action.

By immense efforts, Mina contrived at last to effect his retreat in something like order; and in this he displayed considerable skill. Zumalacarregui pursued him with the 10th and 6th battalions, without giving him breathing time. His men, obliged to abandon the road,

hallaba colocado sobre una muía, y cubría enteramente su persona; tenía una ventana de cristal delante. Su mujer, una joven y hermosa asturiana, que le siguió durante la campaña, montando a la americana y vestida con traje masculino, se hallaba con él en esta acción.

Por medio de esfuerzos inmensos, Mina consiguió al fin efectuar su retirada con cierto orden, demostrando una habilidad considerable, Zumalacárregui le persiguió con los batallones 6° y 10°, sin darle tiempo de respirar. Sus hombres, obligados a abandonar el camino, y metidos en la nieve hasta las rodillas, y muriéndose de frío y hambre, fueron perseguidos hasta que se hizo noche cerrada. Gracias a que el batallón que debía cortarles el paso llegó con una hora de retraso, pudieron alcanzar, ya muy avanzada la noche, las aldeas de Gaztelu y Legasa.

Yo me había retirado a una colina, donde se nos dio orden de permanecer, así como al tercer batallón, que esperaba la vuelta del general, quien, con sus tropas más frescas, estaba empeñado en la persecución del enemigo. Acaso fuera imposible el dar con un sitio

were up to their knees in snow, and perishing with hunger and cold, were pursued till it was pitch dark. It was late at night, and owing to the battalions that should have cut them off only coming up an hour after the column had passed, they were able to reach Gastela and Legasa.

I had retired to a hill, where we were ordered to remain; and the third battalion also was awaiting the return of the General, who, with his freshest men, was engaged in the pursuit. Perhaps it would have been impossible to pitch upon a spot whence a better view of an action could have been obtained than from the eminence where we were. The chase, which we had now leisure to look on, appeared to us as if.it had been pictured on a map. But for the reflection of the snow, it would have been more than dusk; and at last, when the pursued and pursuers had dwindled into nothing, the fire might be seen on the distant brow of the mountain like flashes of lightning, although we could no longer hear anything. We were wet through: our horses as well as their masters had been all day without food, and now we were left shivering in

Capítulo 16 / Chapter 16

desde el cual se ofreciera una mejor vista del lugar de la acción, que desde la eminencia donde nos hallábamos. La caza, que podíamos presenciar ahora con placer, se nos aparecía como si estuviera dibujada en un mapa. A no ser por el reflejo de la nieve, sería ya completamente de noche, y cuando perseguidos y perseguidores se habían desvanecido casi, podíamos aún ver el fuego en las cimas de las montañas, como luces de relámpago, aunque no podíamos oír ya nada. Estábamos completamente empapados en agua; los caballos y los caballeros habíamos permanecido todo el día sin tomar alimento y ahora estábamos temblando de frío, sobre dos pies d e nieve. La infantería, sin embargo, barrió, al fin, parte de ésta y encendió innumerables fogatas junto a las raíces de los viejos robles y castaños, los que, cuando sus troncos se quemaban totalmente, caían al suelo con gran estrépito. Los árboles de los bosques destruidos donde ha habido un vivac forman uno de los detalles más sorprendentes en el cuadro de las devastaciones de la guerra: lo que ha tardado en crecer centurias, queda postrado en tierra en unos minutos y sirve

two feet of snow. The infantry, however, at last cleared some away, and lit innumerable fires, piling them against the roots of old oaks and chestnuts, which, when their trunks were burned through, fell with a loud crash to the ground. The forest trees destroyed where a bivouac has been form one of the striking accessories to a picture of the ravages of war the growth of a century having been often laid prostrate to cook a soldier's mess and light his cigar by.

It was three in the morning, and, wet and cold as we were, we had enjoyed our first sleep on the snow, when we were despatched to some villages on our rear, to be again on foot at half-past five. Mina carried off with him two hundred wounded, and left four hundred men on the field. His way might the next day have been tracked by the dead bodies of those killed during the pursuit, and the blood of the wounded on the snow. Our loss was about a hundred killed and a hundred wounded. Amongst the former were forty men of a company of the 4th battalion, who, posted in a certain position, by some mistake were not informed when to retire, and, being

para encender el cigarro de un soldado o para cocer su rancho.

Eran las tres de la mañana, y, mojados y fríos como nos encontrábamos, hubiéramos gozado del primer sueño sobre la nieve si no nos hubiesen enviado a algunas aldeas a nuestra retaguardia, para estar de nuevo en pie a las cinco y media. Mina transportó consigo doscientos heridos y dejó en el campo cuatrocientas bajas. Al día siguiente podía distinguirse su ruta por los muertos que abandonó durante su persecución, y por la sangre de los heridos que se marcaba en la nieve. Nuestras pérdidas fueron unos cien muertos y otros cien heridos. Entre los primeros se hallaban cuarenta hombres de una compañía del cuarto batallón, los que, colocados en cierta posición, no fueron informados de la orden de retirada y, habiendo sido cercados, fueron pasados a cuchillo por el enemigo. El ejército de Mina llegó al Baztán en condición tan lamentable, que Zumalacárregui, convencido de que tardarían muchos días en aventurarse a nuevas operaciones, marchó a la Burunda a poner sitio a

surrounded, were put to the sword on the spot. The army of Mina reached the Baztan, in such a dreadfully shattered condition, that Zumalacarregui, satisfied that it would be many days before he would venture to take the field again, marched on the Burunda, to lay siege to Echarri Aranaz, the strongest place between Pamplona and Salvatierra.

Capítulo 16 / Chapter 16

Echarri Aranaz, la plaza más fuerte entre Pamplona y Salvatierra.

Capítulo 17

"El Abuelo". Sitio de Echarri Aranaz. Una sorpresa. Artillería carlista. Salvándose por un cabello. El fuerte intenta capitular. Destrucción del mismo. Trato de los prisioneros.

El día 14 de mayo, cortando los puentes de Erro e Izurdiaga, situados sobre el río Araquil y a su retaguardia, Zumalacárregui, con una fuerza considerable, llegó al valle de la Burunda. Hacia las doce del mediodía, nos encontrábamos delante del fuerte de Echarri- Aranaz, el más poderoso de dicho valle. Todo el tren de batir que llevábamos era un mortero de siete pulgadas y el viejo cañón de dieciocho libras de Vizcaya, el que, por su aspecto deteriorado y viejo, era llamado por los soldados "el Abuelo". Fue colocado al final de la calle, y pronto empezó a disparar sobre la posada fortificada, alrededor de la cual construyó reductos el enemigo. En España, las paredes de las casas [53] están construidas con tal solidez, que constituyen otras tantas fortalezas, dispuestas a ser defendidas por

Chapter 17

The "Abuela." Siege of Echarri Aranaz. A surprise. Carlist artillery. Narrow escape. The fort attempts to capitulate. Destruction in it. Treatment of the prisoners. Mezquínez. Defeat of Mina.

On the 14th of March, breaking up the bridges of Erro and Izurdiaga, in his rear, across the river Araquil, Zumalacarregui, with a large force, arrived in the valley of that name. About twelve o'clock we were before the fort of Echarri Aranaz, the strongest in the Burunda. All the battering-train we had with us was one of the 7-inch mortars and the old Biscayan 18-pounder, which, from its ancient and decayed appearance, the soldiers called the "Abuela" or the grandmother. It was placed at the farther end of the street, and soon began to play upon the old fortified posada, round which redoubts had been thrown up. In Spain, the shell of all the houses is built with such solidity, that they are so many fortalices formed to the hand of those who choose to defend them.

Capítulo 17 / Chapter 17

quien a ello se decida.

Zumalacárregui sabía bien que con un cañón había pocas probabilidades de abrir brecha; pero calculaba que podría entretenerles hasta que se realizase su propósito de hacer explotar una mina. El mortero fue más útil, ya que, al fortificar todas las plazas, se hizo con la intención de resistir un golpe de mano o un sitio sostenido con piezas ligeras, pues no sospechaban que el enemigo empléase granadas o bombas, y, por consiguiente, no había blindaje de ninguna clase. Esta observación puede aplicarse a todos los fuertes que habían construido los liberales, y fue una de las razones principales por las que Zumalacárregui concedió tanta importancia a que Reina fundiese uno o dos morteros. El que teníamos nosotros arrojó durante los cuatro días que duró el sitio trescientas granadas de siete pulgadas.

"El Abuelo" hacía cierto daño, destruyendo parte de un tambor y desmontando uno de los cañones enemigos, cuando se reventó por la boca, hiriendo gravemente a uno de los artilleros. Nuestras granadas, debido a que

Zumalacarregui well knew, that with one cannon there was little probability of his being able to make an effectual breach; but he calculated on amusing them till his purpose should be effected by means of a mine. The mortar was more useful; for as, in fortifying all the places, the intention had been to resist a coup tie main, or a siege carried on with light pieces, and the use of shells by the insurgents was never anticipated, they were not in any way casemated. This observation applies to all the forts they established, and was one principal reason why Zumalacarregui attached so much importance to Reina's casting a mortar or two. The one we had there threw in, during the four days the siege lasted, three hundred seven-inch shells.

The Abuela, however, was doing some damage, by knocking down a part of a tambour, and dismounting one of the enemy's guns, when it burst at the mouth, severely injuring one of the artillerymen. Our shells, too, as most of our artillerymen were novices, were very ill pegged up, or the fusées were bad, for

nuestros artilleros eran novicios, estaban muy mal graduadas, o los fusibles eran malos, pues varias de ellas reventaron al disparar y mataron a algunos de nuestros artilleros.

Cuando entramos en la villa, el enemigo, además del fuerte, se hallaba en posesión de ocho o diez casas; éstas fueron incendiadas y abandonadas. Yo me hallaba acuartelado durante el sitio en Arbizu, aproximadamente a una legua de distancia, y acostumbraba galopar a Echarri Aranaz cinco o seis veces al día. Una característica saliente del sitio era la multitud de aldeanos que venían desde varias millas a la redonda a presenciar la destrucción "de sus tiranos", pues como tales eran considerados en todas partes. Generalmente, gritaban llenos de alegría cuando se veía el polvo rojo que se desprendía al caer las granadas sobre los tejados. En todas las localidades que más tarde sitiamos ocurría lo mismo: así como los gorriones se reúnen alrededor de la lechuza durante el día, así miles de habitantes, hombres y mujeres, ancianos y niños, todos vestidos con sus mejores trajes, como en día de fiesta, cubrían todas las

several burst while going out of the piece, and killed some of our artillerymen.

When we entered the village, the enemy, exclusive of the fort, were in possession of eight or ten houses: these they set fire to and abandoned. I was, during the siege, quartered at Urbissu, nearly a mile from the place. I used to gallop thither five or six times a day. One striking feature of the scene was, the crowd of peasants who came from miles round to witness the destruction of their tyrants; for as such they were everywhere regarded. They generally shouted with joy when the red dust was seen, if any of the shells struck on the roofs. At every place we afterwards besieged this was the case. As the sparrows gather round an owl by daylight, thousands and thousands of the inhabitants old women, children, and old men, all in their best attire, as on a day of rejoicing, thronged all the heights around us constantly expressing their hopes that it would be taken, or their fears that the "columns," as the Cristino army was termed, would force us to raise the siege. Every time I passed to and fro hundreds were making anxious

Capítulo 17 / Chapter 17

montañas alrededor de nosotros, expresando sus deseos de que tomáramos el fuerte, o sus temores de que las "columnas", como denominaban al ejército cristino, nos obligaran a levantar el sitio. Cada vez que yo pasaba adelante y atrás, cientos me hacían la misma pregunta: "¿Cómo va el sitio, señor oficial?" La única manera de complacerles era decirles que se rendiría antes de la mañana siguiente.

Avancé en una ocasión a lo largo del camino y, atando mi caballo a un árbol, observaba atentamente con el anteojo aquella parte del fuerte que daba hacia el camino real, mientras que nuestro ataque era dirigido al extremo opuesto. Sabía que el enemigo había colocado sus cuatro piezas en el lado opuesto, y como me hallaba distante para el fuego de fusilería, creía que el enemigo no haría caso ninguno de mí. Se me unieron rápidamente dos alegres campesinos y un estudiante, montados en mulos, con zamarras de piel de tejón y grandes estribos de madera. Marchaban alegres y confiados por el camino, cuando les pregunté a dónde iban. "A Echarri Aranaz", dijo uno de

inquiries "How goes the siege, Senor Militar, Monsieur le Militaire, or Senor Official?" (Sir Officer.) The only way of satisfying them was, by stating that it would surrender before morning.

I had on one occasion advanced along the high road, and tying my horse to a tree, was attentively examining with a telescope that part of the fort which overlooked the road, our attack being entirely directed on the other side. I knew they had placed their four pieces there, and as it was far for musketry, they would probably take no notice of me. I was suddenly joined by two jolly farmers and a student on their mules, with badger-skin caparisons and huge wooden stirrups; they were all proceeding in high glee down the road, when I called out to them to know where they were going. "To Echarri Aranaz, to be sure," said one of the party. "But, my good friend," said I, "if you go that way the enemy will soon let you know that the road is not free; they are firing already; do you not hear the whistling of the bullets?" I could not help smiling as I saw the consternation depicted on their countenances at this

ellos. "Pero, mi buen amigo—dije yo—, si ustedes van por ese camino, el enemigo les hará saber pronto que esa vía no está libre: están disparando ya. ¿No oyen ustedes el silbido de las balas?" No pude menos de sonreírme al ver la consternación que se dibujó en sus caras al oír esto. Uno del grupo pensó quizá que yo me burlaba de ellos, y empezaron justamente a avanzar, cuando el enemigo, al ver tres muías y un caballo en el camino, aunque antes no hicieron ningún caso del caballo solo, imaginándose ahora que se trataba de caballería, girando uno de sus cañones hacia nuestro lado, disparó contra nosotros. Justamente cuando el principal de los tres trataba de persuadirles para que continuasen, una bala, rozando nuestras cabezas, cayó sobre el ribazo y nos cubrió de polvo. Como si hubieran recibido una descarga eléctrica, los tres picaron espuelas a sus mulos, y aunque veinte metros más allá quedaban al abrigo de todo peligro, los veía galopar a lo largo de todo el camino hasta Arbizu, y aún dudo de que allí se considerasen completamente a salvo y con la vida segura.

La guarnición, creyendo aún

piece of intelligence. One of the group upon this thought that I was quizzing them, and they were just proceeding, when the enemy, seeing three mules and a horse on the road, although they had taken no notice of one, now imagined that it was cavalry, and swinging round a gun, fired at us. Just as the spokesman was persuading them to proceed, the shot whizzing over his head struck in the bank and covered us with dust. As if they had received an electric shock, they all three clapped spurs to their mules, and although twenty yards farther would have placed them out of the possibility of being hit, I could see them at every undulation of the road riding as if for their lives all the way to Urbissu, and I am by no means satisfied that even there they considered themselves in safety.

The garrison still fancying that Mina was in Pamplona, and would shortly come to their assistance, had not the remotest thoughts of surrendering. Meanwhile the mine from one of the houses the enemy had burned was silently working its way, under the superintendence of Lacour, who was well acquainted with

Capítulo 17 / Chapter 17

que Mina se hallaba en Pamplona y que acudiría muy pronto en su socorro, no tenía ni la menor intención de entregarse. Entre tanto, la mina que se preparaba desde una de las casas quemadas iba avanzando silenciosamente bajo la dirección de Lacour, que era muy conocedor de esta clase de trabajos, así como de otros varios. El viejo cañón fue acortado como un pie; pero reventó por segunda vez por la boca. Aún se le cortó de nuevo, y aunque podía apreciarse en él una resquebrajadura muy visible, fue atado fuertemente con una cuerda muy gruesa y comenzó de nuevo a hacer fuego. Zumalacárregui en persona dirigía la mayor parte del tiempo el fuego del mortero, que disparaba con sorprendente precisión, habida cuenta de los artilleros y de las herramientas empleadas, pues el único oficial de Artillería que teníamos estaba muy ocupado fundiendo otras piezas como éstas habían sido fundidas, con material de pucheros de cobre y utensilios de bronce requisados en las aldeas.

En vano hacía ver Montenegro a Zumalacárregui lo inútil que era que se expusiera él en persona a la explosión de una

that branch of service as well as most others. The old gun had been cut a foot shorter, and burst a second time again at the mouth. Another piece was, however, amputated, and although a considerable flaw might be distinctly seen, it was tightly bound round with thick rope, and recommenced firing more actively than ever. Zumalacarregui himself directed the mortar the greater part of the time, but it always played with surprising accuracy, considering the workmen and the tools, for the only artillery-officer we had, Reina, was busy casting other pieces, as this had been cast, out of old copper kettles and brazen utensils collected in the villages.

It was in vain that Montenegro represented to Zumalacarregui the inutility of his exposing himself to the bursting of our own shells, which could not be depended on. We were all standing round him, to the number of about twenty officers, when another of these missiles, exploding at four feet from the mouth of the mortar, struck down the two artillerymen next him, wounding one mortally, and almost carrying away the head of the other. The General

de nuestras propias granadas, ya que no podía confiarse en ellas. Nos hallábamos de pie alrededor de él como unos veinte oficiales, cuando una de las granadas estalló a cuatro pies de la boca del mortero y derribó en tierra a los dos artilleros que estaban más cerca de él, hiriendo a uno mortalmente y casi arrancando de cuajo la cabeza del otro. El general no movió ni un músculo, y se limitó a exclamar: "¡Qué majaderos son estos artilleros!", aludiendo a aquéllos que llenaban las granadas.

La ancha calle principal que corre a lo largo del pueblo estaba completamente despejada, pues quedaba barrida por el fuego de cañón y fusilería del fuerte. Nuestros voluntarios se divertían colocandosus boinas en palos que sacaban de las ventanas de las casas o de los ángulos de las callejas, para engañar al enemigo, que en el acto hacía fuego. Nuestro cañón de dieciocho libras, estropeado y mutilado, fue aproximado a una distancia de sesenta varas del foso; pero el enemigo mantuvo un fuego tan constante de granada y de fusilería contra nuestra posición, que sólo pudimos

never even started, and only exclaimed, "¡Qué majaderos estos artilleros!" (What bunglers those artillerymen are!) alluding to those who were filling the shells.

The wide and principal street which runs through the village was entirely clear, being swept by the grape and musketry of the fort. Our volunteers were amusing themselves sticking out their caps from the windows of the houses, or the corners of the lanes, to deceive the enemy, who instantly fired. Our eighteen-pounder, maimed and mutilated, was now approached to within sixty yards of the fossé, but the enemy kept up such a constant fire of grape and musketry into the embrasure, that it could only be discharged five or six times during the whole day. Our soldiers were all making their quaint observations on the venerable piece of ordnance as it was dragged up. "The grandmother is like the nights," said one; "they are both shortening fast." "They say we are to attack all the garrisons in the Burunda: the aijuela will be no longer than a pistol before we have done," said another; and thus the joke passed on.

Capítulo 17 / Chapter 17

efectuar cinco o seis descargas en todo el día. Nuestros soldados hacían toda clase de comentarios sobre la venerable pieza, a medida que ésta iba moviéndose: "El Abuelo" es como las noches—decía uno—; ambos se van acortando rápidamente." "Dicen que vamos a atacar todas las guarniciones de la Burunda; "el Abuelo" no será más largo que una pistola cuando hayamos terminado", decía otro, y así continuaban los chistes.

Pero lo que principalmente me divirtió fue el observar los apuros de un anciano matrimonio, cuyo cerdo corría a lo largo de la ancha calle, donde los esqueletos de más de uno de su clase demostraban el placer delicioso de que disfrutaron los cristinos al convertir los cerdos en rico manjar. Ambos ancianos, y con mucha razón, temían salir de las puertas de sus casas, y solamente interrumpían los insultos mutuos cuando querían atraer al cerdo; en vano le echaban maíz y nabos; el desorientado animal resistía toda la elocuencia de sus insinuaciones, como si se gozara en atormentarles, y parecía preferir la gloria de

What principally amused me, however, was to observe the tribulation of an old couple whose pig was wandering up and down the wide street, where the carcasses of more than one of its kind showed the malicious pleasure the Cristinos took in converting them from swine into pork. They were both, and with much reason, afraid to step beyond the sheltering angle of the houses, and only ceased abusing each other while they tried to coax back the pig; but in vain they threw down maize and turnips; the wayward animal, as if taking a pleasure in tormenting them, resisted all their eloquence and insinuations, and, seeming to prefer the glory of ranging the forbidden spot to all they could offer him, turned his tail towards them and sauntered down the street. The lamentations of Sancho for his ass were nothing to those of the old man for his pig. The epithets he applied to it were most amusingly ridiculous: he called it his soul, his beloved, and a thousand other names which I do not remember. Whether he had eventually to mourn the loss of this interesting animal I never learned.

corretear por el lugar prohibido a todo lo que pudieran ofrecerle, y volviendo la cola hacia ellos continuó corriendo por la calle. Las lamentaciones de Sancho por su asno eran pálidas al lado de las del pobre viejo por su cerdo. Los epítetos que le aplicaba eran ridiculamente divertidos; lo llamaban "mi querido" y otras frases que yo no recuerdo. Nunca me enteré si, por fin, tuvieron que llorar la muerte de este interesante animal.

La mina había avanzado hasta el foso, y por otro lado distinto avanzaba rápidamente una segunda. En el momento en que iba a estallar la primera, el enemigo la descubrió, e inmediatamente se puso a contraminar con gran actividad. Lacour había ya colocado dos barriles de pólvora y estaba muy ocupado dirigiendo las operaciones finales antes de prender fuego a la mecha. Se escuchaban muy claramente los golpes del enemigo trabajando la contramina por encima de ellos, y aunque se sabía por adelantado que el daño producido por la voladura sería insignificante, era necesario hacerlo inmediatamente. En este momento cayó una

The mine had been carried under the fosse, and another was rapidly advancing on another side. At the time that the first was ready to be sprung, the enemy discovered it, and immediately set about countermining with great activity. Lacour had already placed two barrels of powder, and was busily employed in directing the final operations before lighting the fuse. They could distinctly hear the enemy working in the countermine above them, and therefore; although it was already known that the effect of it would be comparatively trifling, it was necessary to spring it as soon as possible. At this moment a quantity of earth fell on the head of one of the miners, and a candle, lowered by a string, came through the aperture right over a quantity of loose powder. It seems unaccountable how the enemy could be guilty of this piece of imprudence, as, if a single spark had fallen, it would have blown them up together. A lantern would have obviated all the danger. Lacour, the officer directing the mine, seized hold of the candle and extinguished it, and then fled with his men, as, hearing their voices, they were fearful that the Cristinos might fire

Capítulo 17 / Chapter 17

cantidad de tierra sobre uno de los zapadores, y bajó por el agujero una candela colgada de una cuerda, que caía justamente encima de una gran cantidad de pólvora suelta. Es incomprensible cómo el enemigo cometió tan grande imprudencia, pues si hubiese prendido una sola chispa, hubieran volado todos por el aire. El empleo de un farol hubiera evitado todo peligro. Lacour, que era el oficial que dirigía la mina, agarró la candela y la apagó, y huyó con sus hombres, pues al escuchar las voces del enemigo, temían que los cristinos hucieran fuego por el agujejro de la mina, lo que hubiera sido de resultados fatales.

Al verle salir precipitadamente de la mina, el general Iturralde, que estaba de pié detrás de la casa en que se abrió la entrada, en el primer momento de ira dijo a Lacour que estaba muy sorprendido de verle entre los que huían: "No tengo miedo a ser muerto, general— dijo el veterano—; pero nunca tuve empeño en ser muerto y sepultado al mismo tiempo." Después de un pequeño intervalo volvió a la carga de la mina y la terminó. El enemigo, como se había calculado, enterado de que la contramina

through the aperture, which would decidedly have been fatal.

In the first moment of anger at seeing them all scamper out of the mine, General Iturralde, who was standing behind the house in which it had been opened, observed to Lacour that he was surprised to see him amongst those flying. "I am not afraid of being killed, General," said the veteran, "but I never bargained for being killed and buried all at once." After a short interval he returned and finished laying the train. The enemy, as it had been calculated, finding that the countermine had reached the mine, and that the explosion from the' free passage given to the inflamed air would be comparatively harmless, retired. About ten o'clock in the evening it was sprung, and blowing up the palisades, the wall, and three houses, filled up the ditch and made a breach that was practicable, and with some loss which the assailants would probably have met with, left the place at their mercy. As it was reported that the other mine would be ready in six hours, it was not intended to storm the place till then. At six o'clock in the morning the

había llegado hasta la mina y de que la explosión sería relativamente inofensiva, por la salida dada al aire inflamado, se retiró. A eso de las diez de la noche hizo explosión y lanzó al aire la empalizada, el muro y tres casas; cubrió de tierra el foso y abrió una brecha que era practicable y dejó el fuerte a nuestra merced, con sólo decidirnos a sufrir pequeñas pérdidas. Como llegó la información de que la otra mina se encontraría lista en seis horas, se decidió no asaltar el fuerte hasta entonces. A las seis de la mañana la mina estaba lista. Antes de prenderle fuego fue enviado al fuerte un oficial con bandera blanca, para comunicarles que si no se rendían en diez minutos y a discreción, harían volar otra mina, y los batallones asaltarían la fortaleza.

El comandante, un viejo oficial navarro, sabedor de que nada podía esperar, intentó una capitulación. Se le contestó que debía rendirse sin condiciones y entregarse en manos del Rey; de otro modo, la mina sería encendida inmediatamente. Cuando nuestros soldados supieron que había sido enviado al fuerte un oficial con bandera

train was laid. Before lighting it, an officer was sent with a flag of truce into the fort, giving them notice that if they did not surrender at discretion in ten minutes, another mine would be sprung, and the battalions were all under arms for the storm.

The commandant, an old Navarrese officer, well aware that he had nothing for it, attempted to capitulate. He was answered, that he must surrender unconditionally, and throw himself on the mercy of the king, as the train would be instantly lighted. When our men knew that an officer with a flag of truce had been sent in, suspecting that some capitulation would be effected, they were loud in their outcries, and shouting that not a single life ought to be spared, demanded to be allowed to attack the place instantly.

It soon became, however, no longer in the power of the officers to await the last extremity, if such had been their intention. Eight of the garrison, leaping down over the ruins where the breach had been made, ran over to us; and although they passed through a storm of bullets from their own people, two only were

Capítulo 17 / Chapter 17

de parlamento, sospechando que se efectuaría alguna capitulación, comenzaron a protestar y, gritando que ni una sola vida debía perdonarse, pidieron permiso para atacar el fuerte en aquel instante. Las circunstancias, sin embargo, impidieron que los oficiales llegaran a esta extrema decisión, si es que era esa la intención que tenían. Ocho de la guarnición, deslizándose sobre las ruinas producidas por la brecha que se había abierto, corrieron hacia nosotros, y aunque pasaron por entre una lluvia de balas disparadas por sus compañeros, sólo dos fueron heridos. Nos informaron que los soldados que se hallan dentro estaban reducidos a la última miseria. Sin embargo, se hubieran mantenido firmes, de no haber sido por la mina, que hizo volar a cuarenta hombres que se encontraban en las casas. Al gritarles nuestros soldados que iba a volarse otra mina, se apoderó de ellos la mayor consternación. Poco después, otros veinte escaparon por otro lado y vinieron a entregarse. Antes que el comandante del fuerte hubiera dado su respuesta, sus hombres salían en todas direcciones, de tal modo, que no le quedó opción alguna.

wounded. They informed us that the soldiers within were reduced to the last extremity. They would have held out notwithstanding, had it not been for the mine, which had blown up forty men in the houses. Our soldiers having cried out to them that another would be sprung, they were thrown into the greatest consternation. Shortly after above twenty more escaped, and came from another part of the fort to surrender. Before the commandant had given his answer, the men were rushing out in every direction, so that he had no alternative.

The fort was surrendered; the second battalion entering to take possession, and receiving the arms of the garrison, who were formed, to the number of 438, including the officers, in the wide street, between the fixed bayonets of the soldiery. This was about half-past seven o'clock in the morning.

I was amongst the first who visited the fortification. One of the houses, all the front of which alone had been rent away by the mine, presented the spectacle of many mutilated bodies. One man had his two legs completely blown off; another corpse was

Doce meses de campaña - Twelvemonth's campaign

El fuerte fue entregado, y entró el segundo batallón a tomar posesión del mismo y a recibir las armas de la guarnición, que en número de 438, incluidos los oficiales, se hallaba formada en la calle principal, entre las bayonetas caladas de nuestros soldados. Esto ocurrió alrededor de las siete y media de la mañana.

Yo fui uno de los primeros que visitaron la fortificación. Una de las casas, cuyo frente había sido todo él desgarrado por la mina, ofrecía el espectáculo de muchos cuerpos mutilados, muertos dentro de ella. A un soldado le habían volado las dos piernas; se veía otro cadáver colgando y sostenido solamente por la viga del tejado, que había caído sobre su pierna; había también varias masas negruzcas y ensangrentadas, las que era difícil imaginarse fueran los troncos y extremidades de cuerpos humanos. En el interior, todo había sido reducido a polvo por las granadas. Todos teníamos que admitir que la defensa fue muy brillante. Parece ser que se había ordenado a los soldados que permanecieran tumbados en el suelo en el primer piso de las casas, de tal modo, que las

hanging downwards, only held back by a beam of the roof that had fallen on his leg.

There were also several blackened and bleeding masses, which it was difficult to fancy were the severed trunks or the limbs of human bodies. In the interior every thing had been dashed to pieces by the shells. We were all obliged to admit that the defence had been a most gallant one. The men, it appears, had been ordered to lie down on the first floor of the houses, so that the shells, sinking down to the earth, burst on the ground-floor; and the chief risk had been from the tiles or beams, excepting in the rare instances where these missiles exploded before reaching the ground, or fell directly upon them. All the roofs had been so completely torn up, that during the rain, which for two days was almost incessant, the greater part of the men were wet through; their muskets were covered with rust; and from the numbers crammed together in the sheltered spots, the men were in the most miserable plight. The powder-magazine resisted our seven-inch shells; but if the larger mortar had been used, I do not think it

Capítulo 17 / Chapter 17

granadas, al chocar con la tierra, explotasen en el piso bajo, y de esta manera el riesgo principal les venía de las tejas o vigas, salvo los raros casos en que estas granadas explotaban antes de alcanzar la tierra o caían directamente sobre ellos. Todos los tejados habían sido tan completamente destruidos, que durante la lluvia que cayó incesante en dos días, la mayor parte de los soldados quedaron totalmente empapados en agua: sus fusiles se hallaban roñosos, y, a causa del número de soldados que vivían amontonados en los sitios más resguardados, ofrecían aquéllos un aspecto misérrimo. El depósito de pólvora resistía nuestras granadas de siete pulgadas; pero si se hubiera usado el mortero mayor, no creo que hubiera resistido las granadas de trece pulgadas.

Los prisioneros se hallaban aún en un estado de horrible ansiedad ante la suerte que les esperaba. Zumalacárregui permaneció irresoluto durante algún tiempo, sin decidirse acerca de lo que haría con ellos. La manera como Mina había respondido a la benevolencia con que él trató a los prisioneros de Los Arcos, no era, ciertamente, para animarle a proceder de nuevo

would have been proof against those of thirteen inches diameter.

The prisoners were still in a dreadful state of anxiety and suspense as to their fate. Zumalacarregui was a long time irresolute as to how he should dispose of them. The manner in which Mina had requited the mercy shown at Los Arcos was no encouragement towards the performance of a similar, act. Persuaded, however, that, having now some artillery, and his army having considerably increased, it would be impossible for him to continue the system of shooting, although in reprisal, all that fell into his hands, or, moved by one of those sudden impulses of generosity which in the hour of success seemed to direct his actions, he resolved to grant to all, not only their lives, but a free and unconditional pardon, and to allow them to go where they pleased. This order was accordingly read to them, they being drawn out in line. They had already been fraternising with our men, who, although a few minutes before calling out for vengeance and the blood of their enemies, eagerly pressed through the guard to

Doce meses de campaña - Twelvemonth's campaign

de forma parecida. Persuadido, sin embargo, de que, contando ahora con alguna artillería y con un ejército que había aumentado considerablemente, sería imposible para él el continuar el sistema de fusilar, aunque fuera en justa represalia, a todos los que caían en sus manos, o movido por alguno de aquellos impulsos repentinos de generosidad que en la hora del éxito parecían regir sus determinaciones, resolvió, no sólo respetar la vida de todos, sino también concederles la libertad y el perdón ,sin condiciones, autorizándoles a ir donde les pluguiera. Esta orden les fue leída hallándose todos formados en filas. Habían estado ya fraternizando con nuestros hombres, los que, aunque unos minutos antes pedían venganza y la sangre de sus enemigos, ahora ansiosamente, y pasando a través de la guardia, se les acercaban para repartir con ellos la carne, el pan y el vino. Fue tan diferente el trato que encontraron del que esperaban que todos contestaban con grandes gritos de "¡Viva Carlos V!", y pedían armas para luchar en sus filas.

Zumalacárregui contestó que no quería que su decisión

share their rations with them, bringing meat, bread, and wine. So different did they find this treatment from what they expected, that they all answered by loud cries of "¡Viva Carlos Quinto!" and loudly demanded arms to fight his battles.

Zumalacarregui replied, that he did not wish them to be carried away by any momentary impulse; he would give them an hour to consider on what steps they would take. He pledged his word that officers and men should have his permission to depart, and safe conduct to the nearest garrison. From those who should go he exacted no promise; he left it to their own hearts whether they would again take arms against the sovereign in whose name he gave them pardon. When several of his officers observed on the imprudence of this measure, and said, "The officers will take arms again," "Let them," said the General. "You ought at least to take their word of honour that they will not. If their gratitude does not prevent them, I should confide very little in their word."

The men were directly allowed

Capítulo 17 / Chapter 17

obedeciese a un arrebato momentáneo, y que les daría una hora de tiempo para decidirse sobre el camino que habían de seguir. Les dio su palabra de que oficiales y soldados obtendrían su permiso para partir y un salvoconducto para la guarnición más próxima. El no exigía promesa alguna de los que se fueran: dejaba que sus propios corazones decidieran si volverían a tomar las armas contra el soberano en cuyo nombre él les ofrecía el perdón. Cuando varios de sus oficiales le hacían observar lo imprudente de su medida y decían: "Los oficiales volverán a tomar las armas", contestaba el general: "Dejadles que lo hagan; vosotros deberíais confiar, por lo menos, en su palabra de honor de que no lo harían. Si su gratitud no les impidiese hacerlo, yo confiaría muy poco en su palabra".

A los soldados se les concedió en seguida su libertad, y los nueve oficiales, incluidos un capellán y un cadete, fueron invitados a comer en la mesa del general. Eran todos del regimiento de Provinciales de Valladolid. El comandante Mezquínez, con el cual trabé conversación, hablaba muy bien el francés. Era natural de

their liberty; and the nine officers, including the chaplain and a cadet, were invited to dine at the General's own table. They were all of the regiment of Provincials of Valladolid. The commandant Mezquínez, with whom I conversed, spoke very good French. He was a native of Pamplona, and distantly related to Mina. A few minutes before the parlementary entered, he was struck on the breast by a musket-shot, which had gone through the padding of his coat and a handkerchief, which had so far deadened it, that the wound was not of sufficient consequence to prevent his going to the General's. He seemed a very gentlemanly and well-informed man, tall and thin, and between fifty and sixty years of age, but with a most hideous countenance, more resembling that of an ourang outang than of a human being.

The General allowed them to retain their baggage; and on their requesting to be forwarded to Pamplona, gave the commandant a certificate in his own hand-writing of having done all that a brave man could do in his defence of Echarri Aranaz [55]; and after dinner dispatched them with

Pamplona y pariente lejano de Mina. Unos pocos minutos antes de que entrase el oficial que iba a parlamentar, recibió un balazo de fusil en el pecho; pero como la bala atravesó el acolchado de su abrigo y un pañuelo, llegó tan debilitado el choque, que la herida no le impidió aceptar el ofrecimiento del general. Parecía un hombre muy caballeroso y muy instruido, alto y delgado, entre los cincuenta y sesenta años; pero con un aspecto de los más horribles; asemejábase más bien a un orangután que a un ser humano.

El general les autorizó para retener su bagaje, y al solicitar ellos que fuera expedido a Pamplona, dio al comandante un certificado, escrito de su puño y letra, en el cual declaraba que habían hecho todo lo que un bravo podía hacer en defensa de Echarri Aranaz, y después de la comida los despachó con una escolta, mandada por el capitán de la partida de Echarri[54]. Los soldados, como un solo hombre, se negaron a seguir a sus oficiales, y solamente pudieron conseguir que dos de sus asistentes se fueran con ellos. Al acercarse a la puerta de Pamplona, salió

an escort commanded by the Captain of the Partida of Echari. The soldiers, to a man, refused to follow their officers, and only two of their servants could be prevailed upon to go with them. On approaching the gates of Pamplona, a detachment of lancers sallied, and, without regarding the representations of the officers they were accompanying, killed one man of the escort, wounded the captain slightly, and carried them all into Pamplona, where they remained in its dungeons until liberated by Valdes, at Lord Eliot's earnest solicitation.

Thus was Zumalacarregui rewarded for his clemency, at least as far as it depended on his enemies to requite him; for, on the other hand, the men who took arms for us (as did indeed all the prisoners whose lives were spared) fought faithfully and well. They were incorporated with the 2nd of Castille, which was commanded by Colonel Juan O'Donnell, the younger brother of Carlos. One 8-pounder, two 6-pounders all in excellent order, great quantities of ammunition and provisions, were taken; and the Carlists marched to lay siege to Olazagutia, a few miles farther

Capítulo 17 / Chapter 17

un destacamento de lanceros y, sin tener en cuenta los requerimientos de los oficiales a quienes acompañaban, mataron a un soldado de la escolta, hirieron ligeramente al capitán y los encerraron a todos en Pamplona, donde permanecieron en calabozos hasta que los liberó Valdés, después de insistentes peticiones de Lord Eliot.

Así fue premiada la clemencia de Zumalacárregui, por lo menos en lo que respecta a sus enemigos, pues, por otra parte, los soldados que tomaron las armas con nosotros, lo que hicieron todos los prisioneros cuyas vidas fueron salvadas, lucharon fielmente y bien. Fueron incorporados al 2° de Castilla, que mandaba el coronel don Juan O'Donnell, hermano el más joven de Don Carlos. Cogiéronse al enemigo un cañón de ocho libras, dos de seis libras, todos ellos en excelente estado; grandes cantidades de provisiones y municiones. En seguida, los carlistas fueron a poner sitio a Olazagutía, unas pocas millas más adelante, siguiendo el camino de Vitoria. Aunque no fue tomada, sufrió tanto, que cuando Mina, saliendo de su estupor, se aproximó con toda la fuerza que pudo reunir, y

on the road to Vitoria. Although not taken, it suffered so much, that when Mina, recovering from his stupor, approached with all the force he could muster, and the siege was raised, he found that it had been so nearly so, that he destroyed the fortification, and caused the garrison to evacuate it.

The capture of Echari completed Mina's disgrace. To give a brief account of his career, he had 41,000 men under arms, exclusive of 10,000 garrisoning Tafalla, Lerin, Lodosa, Logroño, and Viana, and all the experience of a consummate guerrilla chief. Zumalacarregui had under his orders something less than 18,000; including the troops he was obliged to leave with the King, and those engaged in blockading twenty garrisons. A division under Ocana was beaten in the Baztan, and that general obliged to shut himself up in Ciga, whence he w r as with difficulty saved. Four divisions under Lorenzo were beaten at Arquijas. Mina was led by stratagem into the Baztan, and Zumalacarregui took Los Arcos. He attacked the columns of Seoane, which induced Mina to march to the

Doce meses de campaña - Twelvemonth's campaign

levantó el sitio, se encontró con que estuvo tan apunto de ser tomada, que destruyó sus fortificaciones y mandó evacuarla. La toma de Echarri Aranaz completó la desgracia de Mina. Para dar una noticia rápida de su carrera, diremos que tenía 41.000 hombres armados, aparte de los 10.000 que guarnecían Tafalla, Lerín, Lodosa, Logroño y Viana, y toda la experiencia de un consumado jefe guerrillero. Zumalacárregui tenía bajo sus órdenes algo menos de 18.000 hombres, incluyendo las tropas que se veía obligado a dejar acompañando al Rey y las que se hallaban ocupadas en bloquear veinte guarniciones. Una división, a las órdenes de Ocaña, fue batida en el Baztán, y este general, obligado a encerrarse en Ciga, donde fue socorrido con mucha dificultad. Cuatro divisiones, a las órdenes de Lorenzo, fueron batidas en Arquijas. Mina fue atraído por una estratagema al Baztán, mientras Zumalacárregui tomaba Los Arcos. Este atacó las columnas de Seoane, lo que indujo a Mina a marchar en socorro de Elizondo con una pequeña división. Encontró al jefe carlista preparado para recibirle en Elzaburu, y fue derrotado, y hubiera perecido

relief of Elizondo with a small division. He found the Carlist leader ready to meet him at Elzaburu; was defeated; and would have perished with all his division, had it not been for one of those circumstances against which no human foresight can provide the sudden thaw, which prevented the expected battalions from coming up in time.

Before he had recovered from his defeat Echarri Aranaz had fallen.

con toda su división a no ser por una de esas circunstancias contra las cuales nada puede la previsión humana: el deshielo repentino, que evitó llegasen a tiempo los batallones esperados.

Antes de que pudiera levantar cabeza tras de estas derrotas, fue tomado Echarri Aranaz.

Capítulo 18

Los guías de Navarra. El 3º y 6º batallones. Caballería. Desafío de O'Donnell. López y O'Donnell. Anécdota de López. Matanza de los cristinos.

Los Guías de Navarra, que he tenido ocasión de mencionar tan frecuentemente antes, eran un cuerpo escogido que siempre seguía al general en jefe, desde su formación, teniendo preferencia en equipo, alojamiento y siendo considerados como los guardias de Palacio en el ejército inglés. Se les denominaba guías, no porque tuvieran un conocimiento especial del país, como pudiera suponerse, sino porque se esperaba que ellos fuesen siempre delante en las acciones. Era éste un apelativo, dicho sea de paso, que lo tenían bien merecido, pues su serena bravura y las pérdidas que sufrió este cuerpo, que se hallaba siempre en lo más recio de las batallas, hacía que el pertenecer al mismo fuera considerado como un alto honor, tanto para los oficiales como para los soldados, pero

Chapter 18

The Guides of Navarre. The Third and Sixth Battalions. Cavalry. Challenge of O'Donnell. Lopez and O'Donnell. Anecdote of Lopez. Bravery of O'Donnell. Slaughter of the Cristinos.

The Guias de Navarra, or Guides of Navarre, which I have had occasion to mention so often before, were a chosen corps which always followed the Commander-in-Chief since their formation, having the preference in equipment and accommodation, and having been looked upon as our guards are in the army. They were termed guides, not from any peculiar knowledge of the country which they might be supposed to possess, but because they were expected to lead the way in action. It was an appellation which, by the bye, they well deserved, as their steady bravery, and the destruction which prevailed in this corps, who were in the heat of every engagement, rendered a promotion to it, though considered a mark of distinction to both the officers and men who had earned it, a dangerous honour. Their

un honor muy peligroso. Su fuerza primitiva consistía en un batallón de 600 hombres; pero más tarde su número llegó a 1.000; mas se les exponía tan constantemente, y a veces, parmítasenos decirlo, se les sacrificaba tanto por Zumalacárregui (al que no puede censurarse por esto, porque participaba siempre de sus peligros), que se calcula que las bajas del mismo pasaban de 1.500 entre muertos y heridos, desde su formación. No llegaban ni a 100 los que existían ahora en sus filas de los primeros componentes, y la mayor parte de éstos estaban heridos.

De los tres coroneles sucesivos, Torres, Taus y Campillo, los dos primeros habían sido heridos dos veces. Los oficiales eran rápidamente, o muertos, o ascendidos; yo conocía muy bien a todos los oficiales del batallón, y antes de la acción de Mendaza, en diciembre de 1834, había tomado nota de todos sus nombres; cuatro meses después, al recorrer la lista, vi que sólo quedaban en el batallón cinco de los que había anotado; el resto, o habían sido muertos o estaban heridos; unos pocos habían ascendido y fueron destinados a otros

original force was one battalion, of six hundred men; afterwards it averaged one thousand; but so constantly had they been exposed, and sometimes, it might have been said, sacrificed by Zumalacarregui, had he not always shared their danger, that it has been calculated that upwards of one thousand five hundred men had been killed or wounded in that battalion since its formation. Not a hundred of those who first composed it were now existing in its ranks, and the greater part of these were wounded.

Of three successive Colonels, Torres, Taus, and Campillo, the two former had been twice wounded. The officers who entered were either rapidly killed or promoted. I was well acquainted with almost every officer in the battalion, and before the affair at Mendaza, of the 12th of December, 1834, I happened to note down their names. Four months after, in looking through the list, only five of those I had known were in the battalion, the rest were either killed or in the hospital; a few promoted out of the battalion. Of five French officers, three, Captain Bezard, Captain Raffechol, and Vicomte de

Doce meses de campaña - Twelvemonth's campaign

puestos. Tres de los cinco oficiales franceses, el capitán Bezard, el capitán Roffechol y el vizconde Barrez, abanderado, fueron muertos. Labatie y Monjino fueron heridos dos veces.

El valor que este cuerpo ha demostrado me ha inducido a mencionar estas pruebas de su comportamiento, pues desde mi regreso a Inglaterra he oído muchas veces exponer la opinión de que los encuentros de esta guerra civil se limitaban a pequeñas escaramuzas, donde ni se corría peligro ni se conquistaban laureles. Los progresos de los carlistas se atribuían también a la cobardía de sus adversarios, y se agregaba que los primeros avanzaban simplemente porque sus contrarios se retiraban sin lucha. Con el fin de demostrar que sus ventajas no se conseguían sin derramar sangre, y creyéndome en el deber de hacer justicia a tan bravos compañeros de armas que han caído en los campos de Navarra y las Provincias, y para que no mueran sin un recuerdo, me he decidido a insistir sobre este particular más de lo que en otro caso hubiera hecho.

Sería para mí imposible

Barrez, ensign, were killed. Sabatier and Monginot were each twice wounded.

The gallantry which this corps has always displayed has induced me to mention these proofs of its behaviour, as I have often heard, since my return to England, the opinion expressed, that the engagements in this civil war had been limited to a few skirmishes, where neither danger could be run nor laurels reaped. The progress of the Carlists, too, was ascribed to the cowardice of their adversaries; and it was added, that the former had advanced simply because the others had retreated without a struggle. To prove that their advantages were not won bloodlessly, and considering it incumbent on me to do justice to so many brave companions in arms, who have fallen in the fields of Navarre and the provinces, and that they may not "unrecorded die," I am induced to dwell more at length on this subject than perhaps I might otherwise have done.

It would be impossible for me now to recall the names of all those who perished in this battalion, although the greater

Capítulo 18 / Chapter 18

recordar ahora los nombres de todos los que murieron en este batallón, aunque la mayor parte eran amigos personales míos. Debo, por lo tanto, omitir los nombres de muchos con los cuales he invertido más de una hora de placer y de trabajos; excelentes amigos y camaradas que pasaron con gloria a su última morada. Permítaseme el mencionar solamente los rápidos cambios que ocurrieron en la tercera compañía, de la que recuerdo ahora, aunque esta compañía no era una excepción en su infortunio. Solana, el primer capitán, fue herido y ascendido a teniente coronel del cuarto batallón de Navarra; su alférez fue muerto en Orbiso, y su abanderado, en Mendaza. El capitán que le sucedió fue herido en Arquijas. De los dos capitanes que le sucedieron, uno fue herido y el otro muerto en Larraga. Otro abanderado fue muerto en la Rivera. Esta era una compañía, además, que nunca tuvo más de tres oficiales a la vez.

Los Guías se distinguían de los otros Cuerpos por su uniforme; en un principio, todos ellos vestían abrigos de color azulado, con vivos de color amarillo en las pecheras. Cuando estos abrigos se

number were my personal friends; I must therefore pass over the names of many with whom I have spent more than one hour of pleasure and hardship fellows of excellent companionship, who have gone to their last home with glory. Let me be permitted to mention only the rapid changes which took place in the 3rd company, which now occur to me, although that company was by no means singularly unfortunate. Solana, the first captain, was wounded and promoted to be lieutenant-colonel of the 4th battalion of Navarre, his lieutenant was killed at Orbiso, his ensign at Mendaza. The captain who succeeded him at Arquijas was wounded. Of his two successors, one was wounded, the other killed at Larraga. Another ensign was killed in the Rivera. This was a company, too, which never had above three officers at a time.

The guides were distinguished from the other corps by their uniform; in the first instance they were all dressed in greyish-blue coats with yellow facings on the breast. As these wore out they, however, equipped themselves from the spoils of the dead, like the rest

[498]

deterioraban, se vestían con los despojos del enemigo, como el resto del Ejército. En enero de 1835 fueron de nuevo vestidos uniformemente con guerreras azules, vivos colorados y pantalones grises.

Al poco tiempo los uniformes empezaron a variar, pero se distinguieron siempre por sus boinas coloradas, que al principio usaban solamente los oficiales; mas como se cayó en la cuenta de que estas boinas nos convertían en blanco para el enemigo en todos los encuentros, les fueron entregadas al batallón de Guías, y después a la caballería, llevando el resto del ejército boinas azules, como antes.

Los Guías de Vizcaya (pues había Guías en todas las provincias, si bien no gozaban de tanta reputación como los de Navarra) las llevaban blancas. Cualquier soldado que se distinguiera podía entrar en los Guías, y aunque al principio se componía solamente de navarros, posteriormente dos tercios del batallón se componían de soldados de la Guardia, procedentes del Ejército, ya desertores, ya prisioneros, a los que se les habían confiado las armas, los cuales, aunque

of the army. They were again dressed uniformly in January, 1835, with blue jackets with a red binding, and grey trousers.

In a short time their costume began again to vary, but they were always known by their red caps, which at first had been only worn by the officers. But it being found that the caps rendered us only so many targets in an engagement, they were then given to the battalion of guides, and afterwards to the cavalry, the rest of the army wearing blue caps as before.

The guides of Biscay (for there were guides of every province, but not reputed so highly as those of Navarre) wore white. Any soldier who distinguished himself might enter the guides, and although at first composed only of Navarrese, afterwards two-thirds of the battalion consisted of soldiers of the Spanish guards, either deserters, or the prisoners who had been intrusted with arms, and who, strange to say, always fought with a fidelity and courage far surpassing that of the peasantry. They were mostly natives of Castille and Leon.

As the greater part of the

Capítulo 18 / Chapter 18

parezca extraño, lucharon siempre con una fidelidad y un valor que excedían en mucho al de los campesinos. La mayor parte de ellos eran naturales de Castilla y León.

Como la mayor parte de los Guías eran hombres que habían servido antes y siempre bajo la vigilancia inmediata de Zumalacárregui, cuyo Cuerpo favorito constituían, nada había en el resto del ejército que pudiera comparárseles en disciplina. Eran ellos, juntamente con el tercer batallón de Navarra (denominado el "Requeté", por un canto que ellos cantaban continuamente), los dos en quienes más confiaba el general.

También era un favorito de Zumalacárregui el sexto batallón de Navarra; nunca pude adivinar por qué. Se portaban con muy poca seguridad; los actos de Valor que realizaron fueron solamente debidos a la bizarría del coronel, Pablo Sanz, a quien una bala de fusil fracturó la mandíbula en la derrota de Valdés, en el valle de las Amezcoas, y de Campillo, que sucedió a Taus en el mando de los Guías.

guides were men who had served before, and always immediately under the eye of Zumalacarregui, whose favourite corps they were, there was nothing in the rest of the army to compare with them in discipline. They were, together with the 3rd battalion of Navarre (surnamed the Requeté, from a song they were always singing), the two on which he could most depend.

The 6th battalion of Navarre was also a favourite with the General. I could never divine why. They behaved with great unsteadiness; what feats of valour they did perform were solely owing to the gallantry of the Colonel and Lieutenant-Colonel, Pablo-Sanz, whose jaw was fractured by a musket-ball at the defeat of V aides in the Amezcoas, and of Campillo, who succeeded Taus in the command of the guides.

The foreign officers in the service of Don Carlos, mostly French, are deserving of some mention. The strangers in the service were twenty-two at the commencement. Of these sixteen have been killed and wounded, results which will speak as to their behaviour. Others have joined the Carlist

Doce meses de campaña - Twelvemonth's campaign

Los oficiales extranjeros, en su mayoría franceses, al servicio de Don Carlos, son dignos de mención. Los extranjeros en el servicio eran al principio 22: 16 de éstos han sido muertos y heridos, resultado que habla muy alto sobre su comportamiento. Otros se han unido al partido carlista más tarde; así que el número de oficiales extranjeros es casi el mismo todavía. Pero como la rápida sucesión de batallas mortíferas que tuvieron lugar mientras Zumalacárregui luchaba por mantener la ofensiva ha cesado ahora, la mortandad entre los recién llegados ha sido infinitamente menor de lo que era al principio.

Al comienzo de la guerra, solamente se pagaba a los batallones, recibiendo los demás partidarios ropa y alimentos únicamente; después, todos recibían el mismo salario: los soldados, un real de vellón al día, del cual no se deducía nada por impuestos, etc. Los oficiales recibían tan sólo un tercio de su salario, quedando pendientes de liquidación los dos tercios hasta el final de la guerra. Después de cada acción se distribuía cierto número de premios o

ranks latterly, so that the number of foreign officers is still about the same. But as that rapid succession of murderous engagements which took place while Zumalacarregui was struggling to play the offensive part, have now ceased, the mortality amongst the last comers has been infinitely less than it was at first. In the early part of the war, the battalions only were paid, the others being merely dressed and fed; afterwards they all received the same pay; the soldiers one real de vellon, or about 3d. per diem, from which nothing was deducted. The officers received only one-third of their pay, the arrears to be given them on the conclusion of the war. After every action a certain number of premios, or pensions of a real per diem for life, were distributed to the soldiers who had distinguished themselves. One soldier might be the holder of several premios; many in the guides have as many as three or four.

About the latter end of January we were joined by Colonel Carlos O'Donnell, who had been imprisoned at Paris, and tried for travelling with a false passport. He had made his own defence in French, and,

[501]

pensiones de un real por día, y con carácter vitalicio, a los soldados que más se habían distinguido. Un soldado podía ser poseedor de varios premios: muchos en los Guías tenían hasta tres o cuatro.

Hacia el final de enero se nos unió el coronel don Carlos O'Donnell, que estuvo prisionero en París y fue juzgado por viajar con pasaporte falso. El se defendió a sí mismo en francés, y habiendo sido absuelto, escapó a Bayona y desde allí cruzó los pirineos. Zumalacárregui le dio el mando de la caballería. Un poco después, su hermano Juan, que posteriormente ha sido hecho prisionero, vino también con varios oficiales de Caballería y de la Guardia Real y cierto número de guardias de Corps.

Carlos puso especial empeño en disciplinar y formar escuadrones. Había muchos oficiales que habían ganado sus puestos, por las circunstancias de la guerra, por una reputación de bravura a veces usurpada, pues yo he visto en muchas ocasiones a los que en una huida no daban cuartel, herir y atacar lo mismo a los armados que a los inermes, y, al volver, ser

having been acquitted, contrived to make his escape to Bayonne, and thence across the Pyrenees. Zumalacarregui gave him the command of the cavalry. A little while after his brother Juan, who has since been made prisoner, came also with several cavalry officers of the royal guard and a number of the gardes-du-corps.

Carlos seriously undertook to discipline and form the squadrons. There were many officers who had earned their rank by the circumstances of the war by a reputation, sometimes usurped, of bravery; for I have often seen those who in a flight gave no quarter, striking on the armed and the unarmed alike, and then coming back, their swords dripping with blood, called *valientes* by those who did not know how they had stained their weapons. Many of the old school of Mina, and who had served in the army of the faith, could not separate their notions of valour from barbarity; and unfortunately this was the case with most of the guerrilla heroes. These looked with great jealousy on O'Donnell, who was still a young man, and also on the officers of the regular army, into whose hands, he was

Doce meses de campaña - Twelvemonth's campaign

llamados valientes, en vista de que traían las espadas teñidas en sangre, por aquellos que no sabían en qué forma las habían manchado. Muchos de la tipeja escuela de Mina, y que habían servido en el "ejército de la fe", no podían distinguir entre las nociones de valor y salvajismo; desgraciadamente, esto ocurría con la mayoría de los héroes de guerrilla. Estos miraban con envidia a O'Donnell, que era todavía un hombre joven, y también a los oficiales del ejército regular, a quienes tenía que dar las instrucciones necesarias para enseñar a su regimiento las maniobras corrientes, en las que les encontró lastimosamente ignorantes. Los guerrilleros se burlaban constantemente de los hombres que vestían uniforme y se arreglaban las uñas, y decían que estaban deseando verlos delante del enemigo y bajo el fuego.

Habiendo tenido O'Donnell tiempo para crear su caballería, pues no se trabó ni un encuentro durante un considerable período, y luego de obtener permiso de Zumalacárregui, escribió a López, a quien ya conocía de antes, entregando la carta a su patrona en Sesma, para manifestarle que, como hacía

obliged to give the direction of every thing, to teach his regiment the ordinary manoeuvres, in which he found them deplorably ignorant. The guerrilleros were constantly sneering at "the men who wore new uniforms and pared their nails," and saying they were anxious to see them before the enemy, and under his tire.

O'Donnell having had time, as no encounter had taken place for a considerable period, to form his cavalry, and having obtained Zumalacarregui's permission, wrote to Lopez, whom he had formerly known, leaving the letter with a mistress of his at Sesma, to the effect, that, as they had been so long without obtaining any opportunity of winning those laurels which are the object of the soldier's career, why not revive an ancient usage of chivalry, and fix on a place of rencontre, each giving his word of honour that no treachery should be practised, and none but the combatants should assemble? He offered, with 400 men of his lancers of Navarre, to meet Lopez when and where he chose in the kingdom of Navarre. Lopez replied, that, "with the permission of his superiors, he

Capítulo 18 / Chapter 18

mucho tiempo carecían de una oportunidad de ganar aquellos laureles que son el objetivo principal de la carrera de un soldado, le proponía revivir una antigua costumbre de los caballeros, fijando un lugar de encuentro y dándose mutuamente palabra de honor de no efectuar ninguna traición y de no reunirse más que los combatientes. El proponía a López el encuentro con 400 lanceros de Navarra, dónde y cuando éste quisiera, dentro de dicho reino. López contestó "que, con el permiso de sus superiores, él no deseaba otra cosa que celebrar el encuentro con 100 soldados menos, seguro como estaba del valor invencible de la caballería de Isabel II". A esto contestó O'Donnell que él no aceptaba desafío alguno a no ser en términos de igualdad, y que si lo prefería, aceptaba el encuentro con 100 hombres contra 100, o 50 oficiales carlistas contra 50 de los liberales, y que dejaba en sus manos el señalar el lugar y el sitio dentro de la quincena, y que si esto era rechazado, nada podía impedir a López, que le había insultado proponiéndole la lucha con números inferiores, el tener un encuentro con él con lanza, espada o cualquier arma que

would desire nothing more than to meet him with a hundred men less, confident in the valour of the invincible cavalry of Isabella the Second." To this O'Donnell answered, that he would admit of no challenge save on equal terms; and that, if it suited him better, he would meet him with a hundred men against a hundred, or fifty Carlist officers against any fifty of the liberals of Spain; and that it rested with him, within the fortnight, to appoint the place and time: but if this were refused, nothing could prevent Lopez himself, who had insulted him by proposing to fight him with inferior numbers, from meeting him alone with lance, sword, or any arms he chose. The combat would have been interesting, if it had taken place, as Lopez piqued himself on being the most dexterous with the lance, and O'Donnell was the best swordsman in Spain. It was long thought that one of these propositions, so suitable to both their characters, would have been accepted by Lopez. No answer was, however, returned. The fault was rather, I believe, with the Viceroy than with the cavalry general, who knew the policy of making the world believe that

eligiera. El combate hubiese sido muy interesante, de haberse efectuado, pues López se consideraba como el militar más hábil con la lanza, y O'Donnell, con la espada. Durante mucho tiempo se creyó que una de estas proposiciones, que tan bien encajaban en los caracteres de ambos, sería aceptada por López. Sin embargo, no llegó respuesta alguna; la causa de ello estuvo más bien en el virrey que en el general de Caballería, quien seguía la política de hacer creer al mundo que los carlistas eran unos pocos aldeanos fanáticos y sanguinarios, y quería evitar las indagaciones a que daría lugar un tal duelo y la atención que despertaría en todas partes. También he oído que López fue muy severamente reprendido por haber contestado al primer desafío.

López y O'Donnell se habían distinguido mucho por sus atrevidas hazañas. El primero, que era sudamericano, se halló en el ejército español durante la lucha por la independencia de América, en calidad de ayuda de campo, y, según cuentan las historias, hizo el amor a una de las más ricas herederas del Continente sur. Ella declaró que no se casaría

the Carlists were only a few bigoted and sanguinary peasants; and wished to avoid the inquiries such a duel might give rise to, and the attention it would attract. I have also heard that Lopez Mas severely reprimanded for having answered the first challenge at all.

Lopez and O'Donnell had both distinguished themselves by very daring achievements. The former, who is a South American, being in the Spanish army during the struggle for American independence, in the capacity of aide-de-camp, paid his addresses, as the story goes, to one of the wealthiest heiresses of all the southern continent. She, however, declared that she would never marry any one but a hero. Lopez had no resource, therefore, but in wooing her, like Othello, with his glory. One day he played the mad prank of giving false orders to several regiments to attack the enemy's line. Being unsupported, they soon found themselves in very serious difficulties; but by the singular valour and good fortune of the young aide-de-camp, the enemy were driven from their positions.

nunca sino con un héroe; López no tuvo, por consiguiente, más remedio que ofrendarle, como Ótelo, su .gloria. Un día preparó una estratagema, que consistía en dar órdenes falsas a varios regimientos para que atacasen la línea enemiga, faltos de apoyo, se encontraron en situación muy difícil; pero debido al singular valor y a la buena estrella del joven ayuda de campo, el enemigo fue desalojado de sus posiciones.

El encuentro terminó con ventaja, y como el éxito marca toda la diferencia entre César y Catilina, López, que hubiera sido fusilado de haber fracasado, fue exaltado hasta los cielos, y recibió ascensos rápidos, declarándose que había obrado por órdenes secretas, y alcanzó lo que más apetecía, que era la mano de la heredera. La conclusión de este episodio fue, sin embargo, menos romántica, pues él perdió en el juego rápidamente toda su fortuna y riñó con su mujer.

Carlos O'Donnell era conocido por haber realizado, cuando tenía menos de veinticinco años, el hecho de armas más brillante durante la guerra constitucional. Era

The affair terminated advantageously; and as success makes the difference between the Caesar and the Catiline, Lopez, who would have been shot if he had failed, was declared to have acted from private instructions, extolled to the skies, and received a rapid advancement, and what he more coveted even than that the hand of the heiress. The termination of the affair was however less romantic, as he very speedily gambled away her immense fortune, and quarrelled with his wife.

Charles O'Donnell was known as having performed, when less than five-and-twenty, the most brilliant, feat in the Constitutional war. He was then captain of a troop of Navarrese lancers, which he had himself trained and disciplined, and whose condition formed a striking contrast to the miserable state of the army of the faith. The troops of Ferdinand had already been retreating two days before the republicans, by whom they were pursued. The former had just been passing an immense plain in Old Castille, and were all entering the mountains, excepting the rear guard, who had only reached a little wood

capitán de una tropa de lanceros navarros que él mismo había entrenado y disciplinado, y cuya condición formaba un contraste singular con el aspecto miserable del "Ejército de la fe"; las tropas de Fernando llevaban ya retirándose dos dían ante los republicanos, por los cuales eran perseguidas; los primeros acababan de atravesar una inmensa llanura en Castilla la Vieja e iban entrando en las montañas, excepto la retaguardia, que había alcanzado un pequeño bosque rodeado por una cuneta profunda, cuando aparecieron, al extremo opuesto de la llanura, 600 soldados de la caballería liberal, con dos piezas de artillería ligera y una compañía de infantería. La retaguardia, que era mandada por su padre, se hallaba fatigada, descorzonada y sin un cartucho. O'Donnell, dándose cuenta de que la huida era imposible, resolvió vender cara su vida y formó sus sesenta lanceros a la entrada del camino que conducía al bosque. El enemigo, viendo una fuerza tan despreciable, ni intentó atacarle por el flanco ni esperó a su infantería y artillería, sino que avanzó al galope y en columna, de tal manera que no tuvieran que

surrounded by a deep ditch, when 600 men of the cavalry of the liberals, with two pieces of flying artillery and a company of light infantry, appeared on the farther end of the plain. The rear guard, which was commanded by his father, was fatigued, discouraged, and without, a cartridge. O'Donnell, finding that escape was impossible, resolved to sell his life dearly, and formed his sixty lancers so as to guard the entrance of the road into the wood. The enemy, seeing such a contemptible force, neither attempted to take him in flank, nor awaited their infantry and artillery, but came galloping on in column, a troop abreast, so as not to have the trouble of altering their order for the passage of the defile (as in military phrase it is termed), after they had crushed the handful of lancers. O'Donnell, seeing this egregious fault, pointed out to his men that their only chance of salvation was to overthrow the head of the column by one furious onset.

As soon as the enemy came so near that he only just had time to put his horses to the trot and gallop, he charged, bearing down and cutting his way

Capítulo 18 / Chapter 18

preocuparse de alterar el orden en que iban hacia el paso que se halla a la entrada del bosque, una vez que hubieran aplastado el grupo de lanceros. O'Donnell, dándose cuenta de esta falta tan notoria, dijo a sus hombres que su única salvación se hallaba en dominar la cabeza de la columna por medio de un furioso asalto.

Tan pronto como el enemigo estuvo muy cerca, puso sus caballos al trote y al galope y cargó, abriéndose camino a través de las primeras líneas; la tercera se replegó sobre la cuarta y la cuarta sobre la quinta, y así sucesivamente por no haber espacio suficiente entre ellas, hasta que se produjo .una confusión espantosa. La infantería, que se hallaba en la retaguardia, fue aplastada por la caballería y puesta en desorden completo, mientras que los lanceros navarros perseguían con la espada en los riñones, como dicen los franceses, y dándose cuenta de que no debían dejardes tiempo de respirar, les causaron una mortandad tremenda. No solamente quedó completamente vencida la caballería y muerto un gran número de ellos, sino que 200 realistas que llevaban

through the first lines; the third turned back upon the fourth, the fourth on the fifth, and so on, from there not being sufficient interval between them, till all was inextricable confusion. The infantry in the rear were crushed by the cavalry, and thrown into disorder, and the Navarrese lancers pursued, as the French term it, *l'épeé dans les reins* and, aware that they must give them no breathing time, making a tremendous slaughter. Not only was the cavalry entirely routed, and an immense number killed, but two hundred royalists they were dragging with them as prisoners were released, and the two pieces of artillery taken. The infantry, rushing from the wood, afforded a useful assistance, till the reinforcements from the retreating army arrived just in time to prevent the enemy from rallying. O'Donnell, for this action, was made chevalier of the military order of St. Ferdinand. The feat, is well known in Spain. I had, at my request, the description from his own lips, but unfortunately I cannot, remember the name of the spot where it took place.

prisioneros fueron libertados y dos piezas de artillería tomadas. La infantería, saliendo del bosque, prestó una gran ayuda, mientras que los refuerzos del ejército que se retiraba llegaban justamente a tiempo para evitar que el enemigo se rehiciera. A O'Donnell, por esta acción, se le concedió la cruz de San Fernando. El hecho es bien conocido en España; yo oí el relato de sus propios labios, pero, desgraciadamente, no puedo recordar el nombre del lugar donde aconteció.

Capítulo 19

Valdés toma el mando. Sus proyectos. Entra en el valle de las Amezcoas. Rápida marcha de Zumalacárregui. Valdés se retira. El valle de las Amezcoas.

Chapter 19

Valdes assumes the command. His projects. Enters the Amezcoas. Rapid march of Zumalacarregui. Valdes retires. The Amezcoas. Flight of the inhabitants. March of Valdes vigorously opposed. Discomfiture of the Queen's troops. Vengeance of the peasantry. Fall in the funds.

Valdés, después de declamar en las Cortes contra Rodil y Mina, asumió por segunda vez el mando del ejército del Norte, prometiendo que él empujaría a los carlistas o al mar o a través de los Pirineos. En Madrid, él creyó tarea fácil el terminar con la insurrección, y vino ahora a poner su teoría en práctica. Estaba tan cierto del hecho, que se dice que escribió al general Harizpe [56] que estuviese preparado para recibir y desarmar a los carlistas, que se verían forzados a atravesar la frontera. Zumalacárregui esperó los resultados, sin embargo, con tal calma, que ni siquiera concentró sus fuerzas en mayor número que en ocasiones anteriores, y dejó, como de costumbre, más de la

Valdes, after declaiming loudly in the Chambers against Rodil and Mina, assumed, for the second time, the command of the army of the North, vowing that he would drive the Carlists either into the sea or across the Pyrenees. At Madrid he found it an easy task to quell the insurrection, and he now came to put his theory into practice. So certain was he of success, that he is said to have written to General Harizpe, to be prepared to receive and disarm the Carlists, who would be forced to fly across the frontier. So calmly, however, did Zumalacarregui await the result of his efforts, that he in nowise concentrated his forces more than he had previously done, and left, as usual, above half his force observing and blockading the

mitad de sus batallones observando y bloqueando el Baztán y todas las plazas fortificadas.

El plan de Valdés consistía en reunir una fuerza tan numerosa que obligase a los carlistas, al verse imposibilitados de aceptar batalla, a retirarse a la parte más inaccesible del país; resolvió seguirles a donde fueran, después de haber marchado a través del valle de las Amezcoas y de la sierra de Andía, zonas que él se imaginaba constituían las fortalezas más importantes de sus enemigos, a causa de que éstos se retiraban con frecuencia a dichos lugares y tenían en ellos sus pequeñas fábricas y hospitales. Si su plan de entrar allí encontraba oposición, como él calculaba, intentaría forzar su camino, y, si rechazaba al enemigo, tenía resuelto no dejarles ni un momento libre para reconstituir sus fuerzas, sino perseguirles día y noche dondequiera que fuera, hasta que quedase totalmente disperso el ejército de Zumalacárregui. El se hallaba en la creencia de que sus predecesores habían cometido el error de no concentrar suficientemente sus fuerzas, de

Baztan and all the fortified places.

The plan of Valdes was to unite so large a force, that the Carlists, unable to take the field, would fall back on the inaccessible part of the country: here he resolved to follow them up, after having swept through the Amezcoas and the Sierra de Andia, which, because the Carlists had so often etired to them, and had established their trifling manufactories and hospitals, he imagined to be their most important strongholds. If his entrance were resisted, on which he calculated, he intended to force his way; and if he drove back he enemy, he resolved not to allow them to recover from their defeat, but to follow them up day after day, wherever they went, until he totally dispersed Zumalacarregui's army. He was under the impression that his predecessors had erred in not concentrating sufficiently all their force; so that they constantly risked being beaten back, or, if they drove the Carlists from the field, allowed them to recover entirely from their defeat, by suspending all operations for several days. He did not calculate that, even when the Carlists were driven

tal modo que corrían constantemente el riesgo de ser batidos, o que si arrojaban a los carlistas de su campo, les permitían organizarse de nuevo después de la derrota, o que suspendían todas las operaciones durante varios días, en lugar de proseguirlas. No calculó que, aun en el caso de que los carlistas fueran empujados por sus fuerzas, los caminos, la falta de provisiones y el número de heridos harían completamente imposible continuar los éxitos, aparte de que una persecución los exponía, en la mayoría de los casos, a una destrucción cierta.

Valdés, durante su primer virreinato, se había distinguido por su humanitarismo; en el intervalo, sin embargo, los sentimientos de ambos partidos se habían enconado considerablemente.
Mortificados por sus derrotas, los generales cristinos se negaron constantemente a suspender el sistema sanguinario de guerrear que ahora practicaban, a pesar de que Zumalacárregui hizo muchas tentativas y les dio ejemplos de benevolencia, los que, si hubiesen sido correspondidos por sentimientos similares, hubieran establecido

back, the roads, the want of provisions, and the numerous wounded, always put it entirely out of their adversaries' power to follow up their successes, and that a pursuit would in most cases have entailed upon them certain destruction.

Valdes, during his former vice-royalty, had been distinguished for his humanity. In the interval, however, the feelings of both parties were considerably embittered. Mortified by their defeats, the Christino generals constantly refused to discontinue the sanguinary warfare they now carried on, although Zumalacarregui made many overtures, by setting them examples of mercy, which, if they had only been requited by a demonstration of similar feeling, would have established tacitly that convention afterwards brought about by the exertions of Lord Eliot. Probably also the injunctions from the Queen's government to treat her enemies as rebels were very strict: otherwise it is difficult to understand why they did not come to an arrangement, by which they would have been so decidedly the gainers, as the Carlists always took, at the lowest computation, twenty prisoners

Capítulo 19 / Chapter 19

tácitamente el convenio que más tarde se firmó merced a las gestiones de Lord Eliot. Probablemente también las instrucciones del Gobierno de la Reina eran de que tratasen a sus enemigos, como rebeldes, con todo rigor; de otro modo es muy difícil de comprender cómo no llegaron a un arreglo, por el cual hubieran resultado siempre favorecidos, pues los carlistas hacían, según los cálculos más bajos, veinte prisioneros por uno que hacían los cristinos.

Valdés, en su primer paso a través del valle de las Amezcoas, encontrando en Contrasta varios heridos carlistas, quemó, ciertamente, el hospital y varias casas de la aldea, así como también su grano; fusiló a algunos de los aldeanos y sacrificó su ganado; pero al mismo tiempo hizo que los heridos fueran trasladados con cuidado y dio a cada hombre un duro de su bolsillo particular. Mina les daba plomo o acero frío en lugar de plata. Esta conducta por parte de Valdés demostraba que sus características personales no se hallaban en conformidad con las órdenes que había recibido.

El nuevo virrey, que tenía a sus

for one captured from them by the Cristinos.

Valdes, on his first passage through the Amezcoas, finding in Contrasta a number of wounded Carlists, burned, indeed, the hospital and several houses of the village, as well as all their corn; shot some of the peasantry, and killed their cattle; but at the same time he caused the wounded to be carefully removed, and gave to each man a douro (five shillings) from his private purse. Mina always crave lead or cold steel instead of silver. Such conduct on the part of Valdes showed that his personal dispositions were by no means in unison with the orders which he received.

The new viceroy, having under his command about 9,000 men, made his first movement by entering the Amezcoas, where he penetrated as far as Eulate. After burning the old castle, in which a powder manufactory was established, he seems not to have considered himself secure, as he precipitately retreated as soon as he was informed of the sudden approach of Zumalacarregui. We were on the other side of Lecumberri;

órdenes unos 9.000 hombres, emprendió sus primeros movimientos penetrando en el valle de las Amezcoas hasta llegar a Eulate. Después de quemar el viejo castillo, en el cual se había establecido una fábrica de pólvora, parece que no se sentía completamente seguro, pues se retiró precipitadamente tan pronto como se le informó de la rápida aproximación de Zumalacárregui. Nosotros nos hallábamos al otro lado de Lecumberri, y a pesar del estado desastroso de los caminos que teníamos que atravesar durante una marcha de 35 millas, llegamos a la caída de la noche con la mitad de nuestros hombres con las alpargatas perdidas en el barro y sin tiempo para detenernos en el camino ni para comer ni para beber. A pesar del frío vivísimo, nos encontramos a la retaguardia del enemigo, donde tuvieron lugar algunas escaramuzas. Nuestra presencia repentina parece que sorprendió a las columnas de Valdés, cuya retirada se efectuó con muy poco orden, y de no haberse encontrado nuestros soldados impedidos de continuar la persecución, no tanto por la fatiga de un día de marcha, sino por el estado desfavorable del tiempo, el

and dreadful as the roads were which we had to traverse during a march of thirty-five miles, we arrived at nightfall, half our men having lost their sandals in the mud, and not having had time to pause on the road either for eating or drinking. Notwithstanding the piercing cold, we found ourselves on the rear of the enemy, where some skirmishing took place. Our sudden appearance seemed to have surprised the columns of Valdes, whose retreat was conducted in very bad order; and had not our men been prevented, not so much by the fatigue of the day's march as by the unfavourable state of the weather, from pursuing the enemy, they might have suffered severely. Valdes, however, had only retired on Vitoria to effect a junction with all the remainder of the disposable force in the provinces; and, at the head of thirty battalions, including the divisions of Cordova and Alama, on the night of the 20th bivouacked in Contrast a, the first village of the lower Amezcoas, determined to penetrate into the upper, or narrower part of the valley. His force might amount to between 17,000 and 20,000 men.

enemigo hubiera sufrido duras pérdidas. Valdés se retiró a Vitoria para efectuar la concentración de todas las fuerzas disponibles en las Provincias, y a la cabeza de treinta batallones, incluyendo las divisiones de Córdoba y Aldama, vivaqueó en la noche del 20 en Contrasta, la primera aldea del valle de la Amezcoa Baja[57], decidido a penetrar en la parte más alta y estrecha del valle; sus fuerzas sumaban de 17.000 a 20.000 hombres.

Amezcoa es un valle largo y salvaje que se extiende paralelo a la Burunda, de la cual está separado por una sierra o cadena de montañas elevadas y cubiertas de bosque. Esta cordillera es llamada sierra de Andía. En la cumbre hay una meseta, y en el centro de ella, un espacio muy ancho, perfectamente llano, donde, en un inmenso pastizal, viven rebaños de ovejas y de yeguas salvajes que pacen en aquellos alrededores. En medio surge una solitaria habitación humana, un antiguo palacio con cuatro torres, convertido ahora por el granjero que lo ocupa, en una venta o posada para hospedaje de aquellos que caminan por estos lugares; y como el viajero tiene que atravesar cuatro leguas por la

The Amezcoas is a long and wild valley, stretching parallel with the Burunda, from which it is divided by a sierra, or chain of mountains, high and wooded. This chain is called the Sierra de Andia; the summit is chiefly table-land; in the centre is a wide space, perfectly level, where, on an immense pasture-ground, a few flocks of sheep and some herds of half-wild mountain colts and mares may be seen roaming about. In the middle rises a solitary human habitation an old castle, with four round turrets, now converted by the farmer who occupies it into a venta, or inn, for the accommodation of those who travel that way; and as the traveller has four leagues to go without finding another house in crossing the Sierra, he is glad to put up with the miserable accommodation it affords for man and beast. The soil is, I believe, crown land; the old castle is called the Venta, or inn, of Urbasa, and looks the very picture of desolation. The wood by which it is surrounded has much of the appearance of the primeval forests of America; the trees, with their branches, are covered with moss; some are perishing from old age,

sierra sin encontrar otra casa, se alegra de aceptar el mísero hospedaje que le ofrecen, tanto para él como para sus bestias. Yo creo que el terreno pertenece a la Corona; el viejo castillo se denomina venta o posada de Urbasa, y parece la pintura de la desolación; el bosque que lo rodea tiene mucho del aspecto de los bosques primitivos de América: los árboles, con sus ramas, se hallan cubiertos de musgo; algunos están muriéndose por su vejez, con sus raíces retorcidas como culebras entre las rocas que rompen la superficie y con sus grandes y desproporcionadas ramas, que son obstáculo para el paso de las tropas. El valle de las Amezcoas, que corre entre esta sierra y otra que les separa del valle de Lana, está flanqueado en ambos lados por un espeso bosque.

En el lado izquierdo, al subir el valle, esto es, en el lado bordeado por la sierra de Andía, inmensas masas de granito, como rollos que cuelgan de las rocas empotradas en las laderas de las montañas, proporcionan una defensa perfecta a las guerrillas que se sitúen allí para evitar la penetración de un ejército dentro del valle.

their wild gnarled roots twisting like snakes amidst the craggy pieces of rock that pierce through the surface, and their wild overgrown branches presenting innumerable obstacles to the passage of troops. The Amezcoas, running between this sierra and another which divides it from the Val de Lana, is flanked on that side by a dense wood.

On the left side, in ascending the valley, that is to say, the one bordered by the Sierra de Andia, immense masses of granite, rolled down from the wall of rock above and imbedded in the side of the mountains, afford a complete shelter to guerrilla parties stationed to prevent the approach of an army into the valley. They can retreat from rock to rock, and hover round an enemy like vultures, till the main force chooses to give battle.

The system of Zumalacarregui, as I have already mentioned, was neither to abolish nor to adopt the guerrilla system entirely, but to combine it, as far as possible, with the method of fighting used by disciplined armies, using either, as the case demanded, and

Capítulo 19 / Chapter 19

Pueden retirarse de roca en roca y revolotear como buitres alrededor del enemigo hasta que el grueso de las fuerzas decida presentar batalla.

El plan de Zumalacárregui, como ya he mencionado antes, no era ni el de abolir completamente ni el de adoptar en su totalidad el sistema de guerrillas, sino combinarlo, en tanto en cuanto fuera posible, con el método de lucha empleado por los ejércitos disciplinados, haciendo uso de uno o de otro, y a veces de ambos, según las circunstancias. Sus éxitos eran admirables, teniendo en cuenta todas las dificultades que tenía que vencer, y pueden atribuirse en parte a la circunstancia de que todos los jefes, en ambos ejércitos, eran seguidores fanáticos de un sistema o de otro, predeterminados a obrar siempre, o de acuerdo con las reglas clásicas de la guerra, o como guerrilleros, pero incapaces de combinar ambos sistemas de guerrear, y, por lo tanto, perdidos en un mar de confusiones cuando se veían obligados a adoptar un método que no era el suyo propio.

En el estrecho y alargado valle se levantan ocho o diez pequeñas y pobres aldeas, que

most frequently both. His successes are wonderful, considering what he had to contend with; and may, in some degree, be attributed to the circumstance, that all the chiefs in either army were men bigoted to one system or another, predetermined either to do every thing according to the ordinary rules of warfare, or every thing as guerrilleros, but unable to avail himself of each, and quite at a loss, when required to adopt the method which was not his own.

Along the narrow and lengthened valley rise at intervals some eight or ten small and miserable villages, which produce little more than suffices for the consumption of the inhabitants, with the exception of *garbanzos* and *lentejas* (peculiar sorts of pea, the former as large as a pistol-bullet, the latter small and flat), which are much esteemed in Navarre. Here, out of the way of every road, and separated from the rest even of the uncivilized world of Navarre, the inhabitants lead or rather led, for war has introduced sad changes into their peaceful habitations quite a primitive life, varied only by the muleteers, who went to fetch wine from more genial

producen, aproximadamente, lo suficiente para la alimentación de sus habitantes, con la excepción de garbanzos y lentejas, que son muy estimados en Navarra. Aquí, fuera del paso de toda carretera y separados del resto del mundo, aun de la parte menos civilizada de Navarra, los habitantes llevan (o, mejor dicho, llevaban, pues la guerra ha introducido tristes cambios en sus costumbres pacíficas) una vida completamente primitiva, alterada únicamente por los arrieros que iban a buscar vino a distritos más fértiles y por los cazadores que llevaban a Pamplona o Estella las cabezas de sus lobos para recibir el premio ofrecido por el Gobierno en tales casos. Una gran parte de la población masculina se dedicaba a la caza de estas fieras, peculiarmente destructoras en un país donde pace tanto ganado en completa libertad. Los habitantes pocas veces salían de sus aldeas hasta que ocurrió la muerte de Fernando VII, y entonces una gran simpatía por Don Carlos indujo a muchos de los jóvenes a alistarse bajo sus banderas. El resto de los habitantes, cuyos sentimientos en su favor, así como los de todos los navarros, se avivaron con la persecución, como el

districts, and by the hunters, who carried to Pamplona or Estella the heads of their wolves, to receive the reward offered by government for such prizes. A great portion of the male population devoted themselves to the chace of these animals, peculiarly destructive in a country where so much cattle roam about almost unguarded. The inhabitants rarely went beyond their own villages until the death of Ferdinand took place, when a strong sympathy for Don Carlos induced many of the young men immediately to join him. The remaining inhabitants, whose feeling in his favour could thus only be strengthened, in common with all the Navarrese, aroused by persecution, like the steed beneath the lash, at last became such enthusiastic partisans, that even those whose age or sex incapacitated them from taking arms seemed to make a sport of sacrificing their lives, their families, and their homes.

As we passed through the different villages, on the track of the Queen's army, everywhere the traces of the savage vengeance of the latter were discernible. On first descending through the defile,

potro bajo el látigo, se convirtieron en partidarios tan entusiastas suyos, que aun aquellos cuya edad o cuyo sexo les incapacitaba para tomar las armas, parecían estar dispuestos a sacrificarle sus vidas, sus familias y sus casas.

A medida que pasábamos a través de las diferentes aldeas, siguiendo las huellas del ejército de la Reina, en todas partes se nos presentaban los vestigios de su salvaje venganza: tan pronto como empezamos a descender por el desfiladero, pudimos observar fuertes columnas de humo que se levantaban de cuatro o cinco aldeas. A medida que nos aproximamos, vimos delante de las ruinas de una cuarta parte de ias casas destruidas a las familias de sus miserables propietarios buscando por entre las cenizas los pequeños objetos que no habían sido destruidos por las llamas. Otros grupos se hallaban en las calles tratando de recoger un poco de trigo chamuscado, pues el enemigo había requisado todo el grano, paja y demás provisiones, diciendo que servían para alimentar a la "facción", y, amontonándolo en la calle, le dio fuego, por verse en la imposibilidad de transportarlo.

we observed rising from four or five villages strong columns of smoke. As we approached them, we saw before the ruins of about a quarter of the houses which had been consumed, the families of the wretched owners searching amongst the ashes for any trifling articles that had not been destroyed by the flames. Other busy groups were endeavouring, in the streets, to gather up a little scorched corn, the enemy having collected all the grain, straw, and every article of provision from the inhabitants, saying they served to feed the factious, and, piling them up in the streets, set them on fire, as they could not carry them away.

Pigs, bullocks, and oxen were lying shot or with their throats cut in the streets; some had been partly cut up for rations; but as they had a choice, the soldiers of course only carried away the daintier morsels. Fortunately for the Amescoanos, the greater part of their cattle was in the mountains. Several of the inhabitants had been shot. There were, however, but few of the male inhabitants who had not fled on the approach of the Cristinos, the proud and

Doce meses de campaña - Twelvemonth's campaign

Cerdos, terneras y bueyes se hallaban muertos de bala en las calles, o con los cuellos cortados; algunos habían sido descuartizados para raciones; pero como los soldados tenían ocasión de elegir, solamente se llevaron consigo los trozos más escogidos. Afortunadamente para los amescoanos, la mayor parte de su ganado se hallaba en las montañas. Varios de sus habitantes habían sido fusilados. Muy pocos de los varones dejaron de huir a la proximidad de los cristinos, pues el espíritu altivo y generoso de los amescoanos no les permitía inclinarse ante los golpes del adversario, ni ser sus servidores, lo que hubieran tenido que hacer caso de permanecer en sus casas. Cuando penetramos en Contrasta, en el valle bajo, no se veía ni un alma en las calles. Todos los hombres habían huido y las mujeres se hallaban en las casas, sentadas silenciosamente junto a las ruecas.

El hospital carlista había sido incendiado; pero los heridos, como ya he dicho anteriormente, fueron bien tratados por Valdés. Al retirarse, obligaron a las

stubborn spirit of the Amescoanos not allowing them to bend to the carrying of burthens beneath the blows of the enemy, which they would have had to submit to if they had remained. When we entered Contrasta, in the lower valley, not a soul was to be seen in the streets. All the men had fled, and the women were in the houses sitting sullenly at their spinning wheels.

The Carlist hospital had been burned; but the wounded, as I have already stated, were well treated by Valdes. On retiring, they forced women and children to drive the baggage mules, asses, and ponies; many were compelled to carry burthens themselves. But as Zumalacarregui advanced so rapidly on their rear, they were obliged to release them. One boy of fourteen, after having been struck repeatedly by a carabinero for not advancing faster with a donkey laden with coin, had his brains at last blown out when he refused to proceed farther. The houses had been robbed of all their linen; their cooking-utensils were broken, and their furniture burned. A very intelligent man, who was amongst the wounded at Contrasta, said that scarcely

mujeres y a los niños a conducir el bagaje en mulas, burros y caballos; muchos fueron obligados a llevar los paquetes en sus hombros; pero como Zumalacárregui avanzaba tan rápidamente a su retaguardia, se vieron forzados a dejarles en libertad. A un niño de catorce años, después de haber sido golpeado repetidas veces por un carabinero por no avanzar más deprisa con su burro cargado de monedas, le saltaron la tapa de los sesos; las casas fueron despojadas de toda su ropa blanca; los utensilios de cocina fueron rotos, y los muebles, quemados. Un hombre, muy inteligente, que estaba entre los heridos de Contrasta, dijo que apenas se hallaba la retaguardia del enemigo a unos pocos cientos de varas de la localidad, cuando las mujeres, como arpías, iban detrás de ellos dando alaridos de "¡Mueran los cristinos! ¡Viva el Rey!"

Ahora que el segundo avance de Valdés se había anunciado, las aldeas quedaron enteramente desiertas. Todos los habitantes, con sus familias, ganado, aves, muebles, se refugiaron en la sierra, huyendo delante de sus despojadores, que venían a establecer el "ilustrado y

was the enemy's rear at a few hundred yards from the place, when the women, like harpies, were yelling after them "¡Mueran los cristinos! ¡Viva el Rey!"

Now that the second advance of Valdes was announced, the villages were entirely deserted. All the inhabitants, with their families, cattle, poultry, and chattels, took refuge in the Sierra, flying before the spoilers who came to establish the maternal and enlightened government of the Queen!

Here a woman might be seen driving before her a sow-litter, a child on her back, and another following with an immense bundle on her head, the matron directing and sharing her anxiety between the wayward animals and children. The old and decrepit, with their little all, and baskets containing fowls, chickens, and turkeys, which had been carefully concealed in the vicinity, mingled their exclamations and varied noises as they trooped along. Such articles as they had not been able to carry away they buried, so that nothing but the bare walls were left for the Cristinos. Here and there a voice might be heard

maternal gobierno" de la Reina.

Aquí podía verse a una mujer llevando delante de sí a una marrana con sus crías, un niño a sus espaldas y otro cargado con un gran paquete, repartiendo sus cuidados entre los niños y los tercos animales. Los viejos y decrépitos, con su pequeño ajuar y las cestas conteniendo gallinas, pollos, etc., que habían sido escondidos en los alrededores, llenaban el aire con sus exclamaciones y ruidos diversos, a medida que avanzaban. Aquellos artículos que no podían llevar consigo, los enterraban de tal modo que los cristinos, al llegar, se encontraban con los muros desnudos. Aquí y allá podía oírse una voz cantando el himno de guerra carlista, el que, aunque parezca extraño, habla principalmente de paz;

Viva la paz, viva la Unión,
Viva la paz, y Don Carlos Borbón

Envuelto en mi capote y delante de una gran fogata estaba yo, temblando de frío, pues era tan penetrante el viento que, o llevaba la llama y el calor hacia un lado, o repentinamente arrojaba sobre nuestras caras la llama y las

chaunting the Carlist war song, which, strange to say, speaks most of peace:

Viva la paz, viva la Unión,
Viva la paz, y Don Carlos Borbón

Wrapped up in my cloak, and before a huge fire, I was shivering with cold, so piercing was the wind, which either carried the flame and heat one way, or suddenly veering round dispersed all the group by blowing the flame and sparks in our faces; yet many of the poor women and children were going along with bare legs, and clad in scanty garments of homespun linen, to pass the night without a shelter for their heads. I had several times slept without a cloak in the open air, even in the month of October; and knew, by experience, although the days are often very hot then, how great is the suffering sustained by night, even by those who are well-cloaked, and beside the large fires of the bivouac. Well do I remember when awaking at about three in the morning, the fire slumbering in its ashes, and our apparel soaked through by the rain or dew, how miserably cold is the feeling, even though we possessed the advantages of

Capítulo 19 / Chapter 19

chispas, dispersando a todo el grupo; sin embargo, muchas de las pobres mujeres y niños caminaban con los pies desnudos y vestidos con ligera ropa, fabricada en casa, a pasar la noche sin un refugio para sus cuerpos. Yo he dormido muchas veces, sin el capote, al aire libre, aun en el mes de octubre, y sabía por experiencia, aunque los días son a menudo muy calurosos, cuan grande es el sufrimiento que se padece de noche, aun por los que están bien arropados, al dormir en un vivac junto a las grandes hogueras. Recuerdo muy bien que, al despertarse hacia las tres de la mañana, cuando el fuego reposaba bajo sus cenizas y nuestra ropa se hallaba mojada por la lluvia o por el rocío, cuan miserable y fría es la sensación que se padece, aun a pesar de poseer las ventajas de la juventud, el coñac y el capote. Yo no podía, por lo tanto, menos de lamentar las miserias de aquellos pobres desgraciados que padecían hambre, vejez y desnudez, aparte de sus otras privaciones, y sin la alegría y entusiasmo que estimula la energía del soldado, ni tener otra perspectiva ante ellos que la de volver a un hogar arruinado. "El enemigo estará

youth, brandy, and covering. I could not help, therefore, reflecting on the miseries of those poor wretches who had hunger, age, and nakedness to add to their other privations, uncheered by the enthusiasm which stimulates the energies of the soldier, and having before them no prospect save that of returning to a ruined hearth. "The enemy will soon be here," said I to an old woman who was loitering behind. "¡Que vengan! ¡Que vengan!"-"Let them come, let them come!" said she with exultation. "They will meet with Uncle Tomas this time."

On the 20th of April, Valdes bivouacked again in Contrasta and its environs. At about a mile from him, in the village of Aranarache, with seven battalions and a hundred and fifty horse, Zumalacarregui spent the night. In the meantime we were joined by four battalions more. Early on the 21st Valdes advanced in close columns up the valley, but could only proceed step by step, we retreating almost out of sight before him. About half the battalion of guides dispersed as skirmishers, rendering his advance very slow. Towards the afternoon Zumalacarregui attacked

pronto aquí", dije a una vieja que estaba haraganeando detrás."Que vengan, que vengan!"—dijo ella con exaltación—; "esta vez se encontrarán con el tío Tomás".

El 20 de abril, Valdés vivaqueó de nuevo en Contrasta y sus alrededores. Como a una milla de allí, en la aldea de Aranache, Zumalacárregui pasó la noche con siete batallones y 150 caballos. Al poco tiempo se nos unieron cuatro batallones más. El 21, a primera hora, Valdés avanzó en columnas cerradas por el valle; pero sólo podía marchar paso a paso, pues nosotros nos retirábamos a su vista. Alrededor de la mitad del batallón de Guías, desparramado en forma de tiradores sueltos, hacía que su avance fuera muy lento. Por la tarde, Zumalacárregui atacó a Valdés cuando éste alcanzaba la aldea de San Martín, con tres batallones, y tuvieron lugar algunas vivas escaramuzas, encontrando Valdés que los carlistas estaban llenos de entusiasmo y que no eran los salvajes montañeses con quienes se había enfrentado antes, pues todo lo hacían con más orden y precisión que en su propio ejército; empezó a caer en la cuenta del error que había cometido al imaginarse

Valdes when he reached San Martin, with three battalions, and some sharp skirmishing took place. Valdes, finding that the Carlists were full of enthusiasm, and no longer the wild mountaineers he had met before, everything having been done with greater order and precision than in his own army, now began to find his mistake in imagining that he could sweep the narrow valley without great loss. Night approached, too, and either the fear of being attacked during the darkness, in the deserted villages, or the determination to advance always along the heights, whence he could not be commanded, induced him to ascend the Sierra, and encamp in the wide pasture ground round the Venta de Urbasa. Zumalacarregui, with three battalions, kept harassing his rear till late at night. Valdes thus found himself obliged to remain in the open air with his army; bitterly cold it was even in the valley, which was comparatively sheltered, sleet, snow, and rain succeeding each other till morning. We rested not the most comfortably in the world, since nothing but the bare walls were left but still under shelter of a roof in the villages of the

Capítulo 19 / Chapter 19

que podía barrer el estrecho valle sin grandes pérdidas. Ya se acercaba la noche, y bien fuera el miedo de ser atacado en la obscuridad, en los pueblos abandonados, o la determinación de avanzar siempre a lo largo de las alturas donde no pudiese ser dominado, el hecho es que se decidió a subir a la sierra y acampar en un extenso terreno de pastizal alrededor de la venta de Urbasa. Zumalacárregui, con tres batallones, estuvo molestando su retaguardia hasta entrada la noche. Así Valdés se vio obligado a acampar al aire libre con su ejército; hacía un frío intenso, aun en el valle, que estaba relativamente resguardado; el aguanieve, la nieve y la lluvia se sucedieron hasta la mañana. Descansamos, no con la mayor comodidad del mundo, ya que no quedaba otra cosa en los pueblos que las paredes denudas, pero por lo menos bajo la protección de un techo, en los pueblos del valle, Zudaire, Baquedano, Gollano, Artaza, San Martín y Ecala. La mayor parte de las mulas del enemigo, cargadas con provisiones, fueron capturadas o se le forzó a abandonarlas.

Al amanecer del día 22

valley, Zudaire, Baquedano, Gollano, Artaza, San Martin, and Ecala. The greater part of the enemy's mules, laden with provision, were either captured or forced to be abandoned.

Early on the morning of the 22nd, they recommenced their march, burning on their way the miserable huts of the shepherds, but much discontented by the want of provision, and the comfortless and disturbed night they had spent. Aware that they must eventually retreat on Estella, the mass of the Carlist forces kept between them and that city. Zumalacarregui in person attacked their right flank with four battalions of his lightest troops, all fresh men, and acting excellently as skirmishers. Convinced that if delayed much longer in the Sierra his men must perish from hunger, and that the main body of the enemy was before him, Valdes was obliged to continue his march, his troops suffering much from our attack. If a halt were made and a sufficient force collected to overawe the skirmishers, they retired. Thus the march was delayed, and the instant it was resumed the skirmishers re-appeared, and were as spirited as ever in their

reanudaron su marcha, quemando, al pasar, las miserables cabañas de los pastores, pero muy descontentos por la falta de provisiones y de la noche incómoda y agitada que habían pasado. Sabiendo que al fin tendrían que retirarse a Estella, el grueso de las fuerzas carlistas se mantenía entre ellos y esta ciudad; Zumalacárregui en persona atacó su flanco derecho con cuatro batallones de sus tropas más ligeras, todas ellas fuerzas frescas y que actuaron excelentemente como tiradores. Convencido de que si se detenía mucho más tiempo en la sierra sus hombres morirían de hambre y de que la fuerza principal del enemigo estaba ante él, Valdés se vio obligado a continuar su marcha, sufriendo mucho sus tropas con nuestros ataques. Si se detenían y reunían una fuerza suficiente para ahuyentar a los guerrilleros, éstos se retiraban. Así se retrasaba la marcha, y en cuanto se reanudaba, los guerrilleros reaparecían, y eran tan audaces como siempre en sus movimientos. En tales circunstancias, Valdés se encontró con que sus treinta batallones servían más bien de estorbo que de utilidad.

movements. Under these circumstances Valdes found his thirty battalions rather embarrassing than useful.

As the road became more difficult, parts of the Christino force were thrown into great confusion, which, by the efforts of Valdes and his generals, was with difficulty repaired. Whether merely a feint, or that a division or the whole of the Cristino army were disposed to descend by the puerto of Gollano, into the valley that runs along the banks of the river, I know not, but they certainly made a demonstration of coming down that way. Five of our battalions were in excellent position, and as sufficient of their force could not deploy to dislodge them before nightfall, they continued their march on the Sierra. We were brought up, but not in time to charge the enemy's rear on the table-land; the opportunity of their having been thrown into confusion by the guides was lost. This was the only time I saw the enemy the whole of this day.

Valdes encamped in some villages in the mountains, which all night were attacked by partidas, or small

Capítulo 19 / Chapter 19

A medida que el camino se hacía más difícil, en parte de las fuerzas Cristinas entraba la confusión, y a duras penas podían restablecer el orden Valdés y sus generales. Yo no sé si fue sólo un amago o si una división o todo el ejército de los cristinos estaban dispuestos a bajar por el puerto de Gollano al valle que se extiende a lo largo de las orillas del río; pero, ciertamente, hicieron una demostración para bajar por aquel sitio. Cinco de nuestros batallones estaban en excelente posición, y como no podían desplegar suficiente número de sus fuerzas para desalojarlos, antes del anochecer, continuaron su marcha por la sierra. Fuimos conducidos a la meseta, pero no a tiempo de cargar sobre la retaguardia del enemigo; no se aprovechó el momento oportuno para que los Guías sembraran la confusión entre ellos. Esta fue la única vez que vi al enemigo en todo el día.

Valdés acampó en algunos pueblos de la montaña, los que durante toda la noche fueron atacados por partidas o pequeños destacamentos en número de veinte o treinta, que se componían alrededor de un tercio de cada compañía.

detachments to the number of twenty or thirty, consisting of about the third of a company. Finding himself, without having fought a battle fairly, unable to hold out another day in the Amezcoas where his men were starving; convinced that the vigorous pursuit, which it was easy to talk of in the cameras of Madrid, was totally impracticable in a country like Navarre, and with troops such as those against which he was contending, and aware, moreover, that by another day of harassing march and privations, similar to that he had already endured, his army would be destroyed, he determined to retreat on Estella. In performing this operation he found, however, the Carlists, who had been so formidable as guerrillas, regularly drawn up to intercept his passage. He had kept entirely on the heights, so as not to be commanded; but the enemy now would not suffer him to come down. Attempting to reach Artaza, he discovered Zumalacarregui with the guides, the 4th and 6th of Navarre, and a small cavalry force, opposite the defile.

Although the heights were all gleaming with the arms of the

Doce meses de campaña - Twelvemonth's campaign

Encontrándose con que no había podido librar una batalla en regla; incapaz de pasar otro día en el valle de las Amezcoas, donde sus hombres estaban muriéndose de hambre; convencido de que una vigorosa persecución, de la cual es fácil hablar en los círculos de Madrid, era totalmente impracticable en un país como Navarra, y con tropas como aquellas contra las cuales estaba luchando, y persuadido además de que con otro día de marcha fatigosa y de privaciones, parecida a las que habían soportado ya, su ejército sería destruido, determinó retirarse a Estella. Al efectuar esta operación se encontró, sin embargo, con que los carlistas, que habían sido tan formidables en la guerra de guerrillas, se hallaban formados en perfecto orden para interceptar su paso. El se había mantenido completamente en las alturas para no ser dominado; pero el enemigo no le permitía ahora bajar al valle. Cuando intentó llegar a Artaza, descubrió en el lado opuesto del desfiladero a Zumalacárregui, con los Guías, el cuarto y sexto de Navarra y una pequeña fuerza de caballería.

Aunque en las alturas brillaban

enemy, through this puerto only could they come down, walls of rock rendering the passage downwards anywhere else impossible. When we saw the little force destined to stop him, and knew that, if we were routed the torrent rolling down into this valley must entail certain destruction of us all, we could not help looking forward to the issue with anxious interest.

At the foot of the Sierra is a rising ground thinly covered with trees. This was taken possession of by the guides and the 4th, who thus swept the road; the 6th was ranged in reserve, and we were placed so as to charge the first masses of the enemy if they should force their way down, in order to enable our infantry to save themselves. The fire was commenced by the guides, who for two hours bore the whole brunt of the attack, two mountain-pieces and two howitzers plying them incessantly. The guides fell back about two hundred yards on the 4th, which then entered action. This position they maintained for above two hours more. About two hundred men forced their way down, but were driven back by the guides; they seemed to

[529]

Capítulo 19 / Chapter 19

abundantes las armas del enemigo, solamente podían bajar por este desfiladero, pues las murallas de roca hacían el paso imposible por cualquier otro lado. Cuando vimos la pequeña fuerza destinada a detener su paso y nos dimos cuenta de que, si ésta era vencida, el torrente que bajaría al valle nos traería segura destrucción a todos, no pudimos menos de mirar con ansiedad el resultado del choque.

Al pie de la sierra hay un altozano ligeramente cubierto de árboles. Este fue tomado por los Guías y el cuarto batallón, que dominaban el camino; el sexto quedó de reserva, y nosotros nos colocamos para cargar contra las primeras masas del enemigo que se hubieran abierto camino hacia abajo, para dar tiempo a que nuestra infantería se salvase; los Guías empezaron el fuego, y durante dos horas sostuvieron todo el peso del ataque, a la vez que disparaban sin cesar dos piezas de montaña y dos morteros. Los Guías se retiraron unos 200 metros en dirección del cuarto batallón, que entonces entró en acción, y mantuvieron esta posición durante otras dos horas. Unos 200 hombres de

have approached each other by mutual consent, and when they poured in their volleys, they could not have been at more than fifteen yards asunder; their muskets, indeed, seemed almost touching each other. About forty of the enemy fell, and perhaps half the number of the guides; the former were, however, entirely dispersed. I was afterwards informed that these companies had allowed them to approach, being reduced to their last cartridge; and the Cristinos were making a desperate rush with the bayonet.

Certainly it was not ten minutes after, when the guides retired, led back in the most perfect order by Zumalacarregui, having entered the action with forty cartridges; and on a fresh distribution being made, their ammunition was found reduced to one a piece; they had besides suffered greatly.

The 6th now marched up to take their place. The road was so thickly strewed with dead that the Cristinos could not descend without trampling over the bodies. Two hundred and sixty were next day buried there; besides this, I believe all the wounded led into Estella,

Valdés consiguieron abrirse paso hacia el valle, pero fueron rechazados por los Guías; pareció que se habían acercado ambos combatientes por mutuo consentimiento, y cuando disparaban no estarían separados por más de quince metros; en efecto, parecía que sus mosquetes se tocaban unos a otros. Cayeron unos cuarenta del enemigo y quizás la mitad del número de los Guías; sin embargo, los primeros fueron completamente dispersados. Más tarde se me informó de que los Guías les habían dejado aproximarse porque estaban reducidos al último cartucho y los cristinos se lanzaban en un ataque desesperado a la bayoneta.

No habían transcurrido diez minutos, cuando los Guías se retiraron conducidos en el orden más perfecto por Zumalacárregui, habiendo entrado en acción con cuarenta cartuchos; y a pesar de que se hizo una nueva distribución de municiones, se vio que ellos quedaron reducidos a un cartucho por plaza; además, habían sufrido muchas pérdidas.

El sexto marchaba ahora a sustituirlos; el camino estaba tan lleno de muertos, que los

to the number of three hundred or three hundred and fifty, to have been wounded on this spot, as they were obliged to abandon nearly all those that were so in the attacks of the other battalions on their rear and flanks. Pablo Sanz, colonel of the 6th, led his battalion gallantly into the fire, driving the enemy, who during this manoeuvre had made some advance, back again. Almost immediately after, however, his jaw was fractured by a musket-bullet, which remained in the throat, and a captain fell by his side. He was carried off, and his battalion immediately gave way in great disorder. In an instant about four thousand men forced their passage down; and the 4th battalion, by the flight of the 6th, was thrown into the greatest confusion and fell back. All this took place so suddenly that our charging, from the numbers who had already forced their way down, would have been worse than useless. Notwithstanding the firmness of the guides, I thought for a moment that we should all have been cut to pieces.

About eight hundred yards from this defile is another passage, where the road leads

cristinos no podían bajar sin pasar por encima de sus cadáveres. Al día siguiente, 260 fueron enterrados allí; además de esto, yo creo que todos los heridos llevados a Estella, en número de 300 o 350, habían sido heridos en este lugar, pues se vieron obligados a abandonar a casi todos los que lo fueron en otros puntos donde los habían atacado otros batallones, por la retaguardia y por los flancos. Pablo Sanz, coronel del sexto, condujo a su batallón valientemente a la línea de fuego, rechazando al enemigo, que durante esta maniobra había avanzado algo, casi inmediatamente; después, sin embargo, su mandíbula fue fracturada por una bala de fusil, que quedó en la garganta, y un capitán cayo a su lado. Sanz fue retirado, y su batallón cedió en gran desorden. En un instante, alrededor de 4.000 hombres se abrieron paso hacia abajo, y el cuarto batallón, a causa de la huida del sexto, fue víctima de la mayor confusión y cedió. Todo esto tuvo lugar tan rápidamente, que una carga nuestra, dado el número de los que se habían abierto camino hacia abajo, hubiera sido peor que inútil. A pesar de la firmeza de los Guías, yo pensé, durante un momento, que nos

by a steep descent to the valley along the bank of the river, forming, as it were, a second step to the defile where the struggle had taken place. Here, with a part of the 4th battalion and half the guides, Zumalacarregui made a stand. In that moment of danger the calm of his countenance, and the confidence it seemed to display, breathed a fresh spirit into all his men. The captains of companies were on horseback, but Zumalacarregui not only remained on foot according to his wont, but sent away his horse and remained behind with his drawn sword, which only in cases of extreme peril was unsheathed. Excepting part of the guides and the 4th, we all, according to order, retreated. This was particularly necessary for the cavalry, as without proceeding with great care, the descent became very dangerous. Even as it was, several times the horses, although led, were rolling over the men, and obstructing the passage of the infantry and wounded men in the winding road. I confess I feared much that, however gallant was the defence made by Zumalacarregui and those protecting our retreat, they would shortly fall a sacrifice, as there was now a free passage

harían pedazos a todos.

A unos 800 metros de este desfiladero hay otro paso adonde conduce el camino por una abrupta pendiente que desemboca en el valle formado a orillas del río, como si fuese un segundo escalón para alcanzar el desfiladero donde había tenido lugar la lucha. Aquí, con una parte del cuarto batallón y la mitad de los Guías, Zumalacárregui hizo alto. En ese momento de peligro, la calma de su semblante y la confianza que él parecía desplegar infundieron una nueva energía a todos sus hombres. Los capitanes de las compañías estaban a caballo; pero Zumalacárregui no sólo se mantuvo en pie, siguiendo su costumbre, sino que mandó retirar su caballo y se quedó detrás con su espada desenvainada, lo que solamente en casos de peligro extremo ocurría. Excepto parte de los Guías del cuarto batallón, nos retiramos todos, obedeciendo su orden. Esto era necesario, especialmente para la caballería, pues si no bajábamos con mucho cuidado, el descenso resultaba muy peligroso. Aun así, varias veces los caballos, aunque iban llevados de la rienda, caían encima de los hombres y

from the first defile for the overwhelming force of the enemy. He, however, was well aware of the importance of keeping his position for a short time, knowing what was to follow.

A few minutes after, distant but heavy discharges were heard. It was the Alavese battalions attacking the enemy vigorously on the rear. Zumalacarregui, knowing that all was safe, then retreated down the road and joined the dispersed battalions which had been reinforced, and with whom we were formed in order of battle on the plain, through which runs a branch of the Ega. The enemy's skirmishers only came to the position Zumalacarregui had abandoned, having, probably, reported that a force was ready to receive them below.

Valdes, whose rear and flank were suffering horribly, little dreamed of renewing an effort which had cost him already so much loss. Taking, therefore, more to the left he retreated on Estella by a more circuitous road.

Zumalacarregui, who was indefatigable, now placed himself at the head of two

obstruían el paso a la infantería y los heridos que marchaban por aquel camino zigzagueante. Yo confieso que temí mucho que a pesar de la valerosa defensa hecha por Zumalacárregui y los que protegían nuestra retirada, serían en breve tiempo destrozados, pues quedaba libre el paso, desde el primer desfiladero, para la fuerza aplastante del enemigo. Zumalacárregui, sin embargo, se daba perfecta cuenta de la importancia de guardar esta posición durante algún tiempo, sabiendo lo que iba a suceder.

Unos pocos minutos después se oyeron fuertes y distantes descargas. Eran los batallones alaveses, que atacaban vigorosamente a los enemigos por la retaguardia.

Zumalacárregui, sabiendo que ya no había peligro, se retiró camino abajo y se unió a los batallones dispersos que habían sido reforzados y con los que formamos en orden de batalla en la llanura a través de la cual corre un afluente del Ega. Solamente llegaron a la posición que Zumalacárregui había abandonado las avanzadas del enemigo, por haber probablemente sabido que una fuerza considerable

fresh battalions, to reach a pass between the enemy and Estella: he was about a quarter of an hour too late, as it had been already occupied.

If the dispersion of the 6th battalion had not upset his plans, and he could have delayed the retreat of the column in the Sierra till nightfall, or if he had had fresh cartridges to distribute, the carnage would have been terrific. We continued with this small force harassing them till ten o'clock at night. When approaching Estella, the rout must have been like that of the passage of the Beresina. It may be judged of by the circumstance, that nearly three thousand muskets were thrown away. All the baggage was lost; for upwards of a mile the road was covered with shacos; and the officers had their epaulettes stolen and their pockets turned out by their own men. Half famished, covered with mud, their clothes torn, bare-headed, and many bare-footed, they entered Estella pell-mell. Colonel Vigo wisely retired with two thousand men to Abarsussa, where he spent the night: being on the rear, he might have lost two-thirds of his men, and could only have

estaba preparada para recibirles en la llanura.

Valdés, cuya retaguardia y flanco estaban sufriendo horriblemente, no soñó en renovar un esfuerzo que ya le había costado tantas pérdidas. Yendo, por lo tanto, más hacia la izquierda, se retiró a Estella por un camino más largo.

Zumalacárregui, que era infatigable, se colocó él mismo a la cabeza de dos nuevos batallones para llegar a un desfiladero entre el enemigo y Estella; llegó un cuarto de hora demasiado tarde, puesto que había sido ocupado ya por el enemigo.

Si la dispersión del sexto batallón no hubiese trastornado sus planes y si aquél hubiera diferido la retirada de la columna de la sierra hasta cerrada la noche, o si hubiera tenido nuevos cartuchos para distribuir, la carnicería hubiera sido terrible. Nosotros continuamos con esta pequeña fuerza picando la retirada hasta las diez de la noche. Cuando nos aproximamos a Estella, la ruta se hallaba en situación parecida al paso del Beresina. Puede juzgarse así por la circunstancia de que cerca de

added to the confusion. At Abarsussa he had the chance of capitulating, or being relieved. A day or two after, Cordova brought him into Estella.

The loss of the enemy was much greater than was at first imagined. Judging from what I had seen myself, I estimated it at four hundred killed; and we were told by our spies, that only between three and four hundred wounded had been carried into Estella. This, a few days after, I gave as my opinion to Lieutenant-Colonel Gurwood; but, on comparing notes with other officers and the peasantry, when I repassed the scene of action, I found this to be considerably under the number of killed, although I still believe pretty correct as to those actually slain fighting.

All the wounded, excepting those at the defile near Artaza, where the 6th battalion was routed, had been abandoned, and numbers lost and dispersed in the Sierra, were afterwards taken, or murdered without pity, by the enraged peasantry, whose cottages were still smoking. I know positively, that above two hundred privates and officers perished in this manner; and

Capítulo 19 / Chapter 19

3.000 fusiles fueron abandonados.

Valdés perdió todo el equipaje; más de una milla del camino estaba cubierta de chacos, y a los oficiales les robaron sus charreteras y les vaciaron los bolsillos sus propios soldados. Medio muertos de hambre y cubiertos de barro, con sus ropas destrozadas y sin nada en la cabeza, muchos de ellos descalzos, entraron en Estella en gran confusión. El general Vigo se retiró con 2.000 hombres a Abárzuza, donde pasó la noche; hallándose en la retaguardia, podía muy bien haber perdido dos tercios de sus hombres, y esto hubiera aumentado la confusión. En Abárzuza tenía la alternativa de capitular o de ser socorrido. Un día o dos después, Córdoba le condujo a Estella.

La pérdida del enemigo fue mucho mayor de lo que se creyó al principio; juzgando por lo que yo había visto, estimaba que tuvo 400 muertos, y nuestros espías nos dijeron que no menos que unos 300 o 400 heridos fueron llevados a Estella. Algunos días después de este informe, como una opinión mía, al teniente coronel Gurwood; pero comparando notas con otros

on one side of the Amezcoas, from the extent of the ground that was the scene of action, I believe at least double that number to have fallen a sacrifice to the fury of the people.

Already reduced for one day to half-rations of bread the next without bread or wine, wet through, benumbed by the piercing cold of the mountains if Valdes could have been kept another night in the Sierra, his sixteen thousand men would have surrendered without firing a shot. Those who were killed by the peasantry had suffered so much, that they made no resistance; though bearing loaded muskets in their hands, they were killed with clubs and stones. I saw a young shepherd, who showed us his knotted stick, bloodied at the end, with which he boasted of having killed, separately, three soldiers, who, lost in the mountains, had been driven from their concealment by hunger. He seemed to take as much pride in the deed as if he had been destroying wolves of his own forests, and was surprised when I turned away with an expression of disgust. Five men and a captain had surrendered to two peasants,

Doce meses de campaña - Twelvemonth's campaign

oficiales y con los campesinos cuando volví a ver el lugar de la acción, encontré que mis cifras eran considerablemente inferiores a la realidad en cuanto al número de muertos, a pesar de que yo todavía las creo bastante exactas en cuanto a los heridos.

Todos los heridos, exceptuando aquellos del desfiladero cerca de Artaza, donde el sexto batallón fue derrotado, fueron abandonados, y muchos quedaron dispersos en la sierra, donde fueron cogidos más tarde y asesinados sin piedad por los furiosos campesinos, cuyos caseríos estaban todavía humeantes. Yo sé positivamente que más de 200 soldados y oficiales murieron de esta manera y en este lado del valle de Amezcoa; dada la extensión del terreno que fue escenario de la acción, creo que por lo menos el doble de aquel número cayeron sacrificados a manos del pueblo enfurecido.

Reducidos ya durante un día a media ración de pan, al día siguiente sin vino ni pan, completamente mojados y entumecidos por el penetrante frío de las montañas, si Valdés hubiera podido ser retenido

armed, one with a fowling-piece, the other with a loaded stick.

Strange as this may seem, hunger, cold, and fatigue will so wear down men's spirits, that they allow themselves to be massacred without resistance. This feeling of despondency I have myself experienced; having been in a situation in which, to save my life, I should not have gone twenty yards out of the way, nor should I scarcely, I believe, have taken the trouble of warding off a blow. Until I had experienced this state of mind, I could not understand it, it is the simple effect of privations on our moral as well as on our physical strength.

Including those who afterwards perished, I therefore believe the loss of Valdes, during the three days, to have been 800 or 1,000 men, besides the 300 wounded, and some 80 prisoners, which altogether is the full amount of those that were taken, so unmerciful was the spirit which animated our men. Above 3,500 were found missing: this circumstance carried terror into the army, which had reached Estella; at first, it was thought that Vigo

Capítulo 19 / Chapter 19

una noche más, sus 16.000 hombres se hubieran entregado sin disparar un tiro. Los que habían sido muertos por el paisanaje habían sufrido tanto que no ofrecían resistencia, y aunque llevaban fusiles cargados en sus manos, fueron muertos con piedras y palos. Yo vi a un joven pastor que mostraba su palo o cayado de nudos ensangrentado en su extremidad, con el que se vanagloriaba de haber matado separadamente a tres soldados que, perdidos en las montañas, habían salido de sus escondrijos aguijoneados por el hambre; parecía sentirse tan orgulloso de su acción como si hubiera estado destruyendo lobos en las selvas, y quedó sorprendido cuando yo volví la cabeza con expresión de disgusto. Cinco soldados y un capitán se rindieron a dos campesinos, armados uno con una escopeta de caza y el otro con un bastón.

Aunque parezca extraño, el hambre, el frío y la fatiga de tal modo rebajan el valor de los soldados, que se resignan a ser muertos sin resistencia. Yo mismo he experimentado este sentimiento y abatimiento y me he hallado en una situación en la cual por salvar mi vida no me hubiera apartado ni veinte

and his men had perished; and about 500 of those who had been dispersed made their way again to the garrisons. Although many circumstances had combined to render the loss of Valdes comparatively trifling in men, the moral effect of it on both armies was immense. The Christino soldiers openly admitted, at Estella, that they could not make head against Zumalacarregui and the Carlists saying, that whether he was the devil or not, they neither knew nor cared, but they were determined not to quit their garrisons again to fight the factions against whom nothing was to be hoped, and everything to be feared. All the baggage, 3,500 muskets, and 300 horses and mules, were captured.

The high expectations entertained both in London and Madrid, of what Valdes was to do against the faction, were crushed by this unfortunate debut; particularly when it was known that Zumalacarregui had overthrown him with eleven battalions, having in the provinces twenty-eight under his command, if he had chosen to bring them up; but that while he effected this, every

varas de mi camino, ni hubiera, creo yo, tomádome la molestia de desviar un golpe. Hasta que experimenté este estado de ánimo, no podía comprenderlo; es producido por efecto de las privaciones, que deprimen tanto nuestra fuerza moral como la física.

Incluidos los que perecieron después, yo creo que las pérdidas de Valdés durante los tres días fueron 800 o 1.000 hombres, además de los 300 heridos y unos 80 prisioneros, que fueron el total de los cogidos. ¡Tan despiadado era el espíritu que animaba a nuestros hombres! Más de 3.500 se dieron como desaparecidos; esta circunstancia infundió terror en el ejército que había alcanzado Estella, que se creyó en un principio que Vigo y sus hombres habían perecido. Como unos cincuenta de los dispersos pudieron llegar de nuevo a las guarniciones. Aunque, merced a muchas circunstancias combinadas, la pérdida de Valdés fue comparativamente pequeña en hombres, el efecto moral de la misma en ambos ejércitos fue inmenso. Los soldados cristinos declaraban abiertamente en Estella que ellos no podían luchar contra

fortified place was as strictly blockaded as ever.

Between twenty and thirty houses failed in consequence in the city of London, where, no doubt, those philanthropic speculators who never weigh the misery or oppression they are entailing on a nation against the furtherance of their own interests, or care if their gold is wrung from the heart's-blood of a people met with a sincerer condolence than they could expect from one who has seen, as I have, at what price their filthy lucre is earned, or rather at what price they hoped to earn it.

Zumalacárregui y los carlistas, diciendo que si era o no el diablo, a ellos poco les importaba; pero que no estaban dispuestos a abandonar las guarniciones de nuevo para atacar las "facciones", contra las cuales nada podían esperar y de las que mucho podían temer. Todo el bagaje, 3.500 fusiles y 300 caballos y mulos fueron capturados.

Las altas esperanzas que se concibieron, tanto en Londres como en Madrid, de lo que Valdés iba a hacer contra la "facción", quedaron derrumbadas por este infortunado "debut", particularmente cuando se supo que Zumalacárregui le había dominado sólo con once batallones, a pesar de tener en las Provincias veintiocho bajo su mando que podía traerlos al combate, y que mientras libraba esta batalla todas las plazas fortificadas se hallaban bloqueadas tan estrictamente como nunca.

Entre veinte o treinta casas quebraron en Londres a consecuencia de esta batalla, donde, sin duda, aquellos filantrópicos especuladores (que nunca pesan la miseria y la opresión que ocasionan a

Doce meses de campaña - Twelvemonth's campaign

una nación en contra de los intereses propios de ésta, y que no les importa que su oro salga de la sangre del pueblo) encontraron una compasión y un duelo más sinceros del que podían esperar de quienes, como yo, han visto a qué precio ha sido ganado su puerco lucro o, más bien, a qué precio esperaban ganarlo.

Capítulo 20	Chapter 20
La misión de Lord Eliot. La fuerza carlista. Visita a un convento. Sitio de Irurzun. Cirujano inglés. Rigidez militar. Progreso de los carlistas. Posición de montaña. Retirada de los cristinos. Carlos O'Donnell.	Lord Eliot's mission. The Carlist force. Visit to a convent. Siege of Irurzun. English surgeon. Military harshness. Progress of the Carlists. Mountain position. Retreat of the Cristinos. Carlos O'Donnell.
Descansamos durante uno o dos días en los alrededores de Asarte y Mendaza, un brazo del ancho valle que se extiende entre la ermita de San Gregorio y Piedramillera y el camino directo del famoso puente de Arquijas. Esto fue después de tres días de pelea, durante nuestra acción con Valdés en el valle de Amezcoa, en la que fueron derrotados sus treinta batallones en el campo de batalla, no quedando más que los muros de las fortificaciones para oponerse al general carlista. Así las cosas, nadie podía comprender por qué Zumalacárregui no se aprovechó del terror que había sembrado en el campo enemigo y atacó y destruyó sus fuerzas, acampando delante de Estella y Lerín, donde el ejército de la Reina estaba acorralado. El enemigo había sido ya forzado a hacer salidas	We reposed for a day or two in the environs of Asarta and Mendaza a branch of the wide valley between the hermitage of San Gregorio and Piedramillera, and the direct road to the famous bridge of Arquijas. This was after three days' hard work, during our affair with Valdes in the Amezcoas. His thirty battalions being beaten out of the field, there was nothing but the walls of their fortifications to oppose the Royalist General. In this state of things it puzzled every one to comprehend why Zumalacarregui did not take advantage of the terror he had struck into the enemy, and, encamping before Estella and Lerin, where the Queen's army was shut up, attack and destroy them. They had been already forced to sally out from want of provisions, as so

por falta de provisiones pues tantos hombres no podían menos de consumir rápidamente las escasas provisiones acumuladas para una pequeña guarnición. Si él hubiese atacado con energía, hubiera podido marchar en seguida sobre Madrid. El pensar así sobre la materia, sin embargo, sería censurarle por no hacer aquello que estaba fuera de su alcance. El se hallaba entonces en una posición singular. El había batido al enemigo y pudo haberle aniquilado si de nuevo le hubiera presentado batalla. ¡Tan grande era el desaliento que prevalecía en las filas Cristinas! Pero, al derrotarle, había consumido casi hasta el último cartucho de su ejército. Si el enemigo hubiese conociólo estas circunstancias y le hubiera atacado, él apenas tendría elementos para defenderse durante media hora. Las fábricas de pólvora comenzaron a trabajar, pero todo esto llevaba tiempo, y Valdés, con infinita sorpresa, se encontró con que el enemigo le permitía escapar tranquilamente.

Habíamos oído la noticia de la llegada de Lord Eliot al Cuartel Real, acompañado del coronel Gurwood; el coronel Wilde

many men could not fail speedily to consume the scanty magazines collected for a small garrison. Had he vigorously assailed them, he might have at once marched on Madrid. To take this view of the subject, however, would be to censure him for not doing that which was out of his power. He was then in a singular position. He had beaten his enemy, and might have annihilated them, if they had again ventured to take the field; so great was the discouragement which prevailed in the ranks of the Cristinos. But, in beating them, he had expended almost the last cartridge in his army. Had they known that circumstance, and attacked him, he had scarcely wherewith to have defended himself for half an hour. The powder-mills were set to work; but all this took time; and Valdes, to his infinite surprise, found that he was allowed quietly to escape.

We had heard of Lord Eliot's arrival, accompanied by Colonel Gurwood, at the Royal quarters. Colonel Wylde, the day before the attack, had supped with Zumalacarregui at Eulate, on his way to join Lord Eliot. An order was given me at Mirafuentes, to go to the General, who was with a few

había cenado con Zumalacárregui en Eulate el día antes del choque, en su marcha para unirse con Lord Eliot. Me fue dada en Mirafuentes la orden de ir adonde estaba el general, quien se hallaba acuartelado en Asarta, distante como dos millas, con unas pocas compañías de Guías; al llegar me informaron que había sido llamado a causa de la presencia de Lord Eliot y del coronel Gurwood, que habían llegado al alojamiento del general la noche anterior. Fui presentado rápidamente al noble lord y al coronel Gurwood, ambas personas muy agradables y caballerosas. Hablaban perfecto francés y español, y parecían admirablemente preparados para el trabajo que habían emprendido, por sus modales conciliadores y por un completo conocimiento del país, que el uno había adquirido durante su carrera diplomática y el otro durante su carrera militar. Como habían visto al Rey, al cual iba más particularmente dirigida la misión de Lord Eliot, él fue enviado a Zumalacárregui solamente para intentar un arreglo que pudiera poner un límite al bárbaro sistema de fusilar a los prisioneros cogidos en ambos campos. A

companies of the guides quartered at Asarta, about two miles off. On arriving, I learned that I had been sent for on account of the presence of Lord Eliot and Colonel Gurwood, who had reached the General's quarters the previous night. I was speedily introduced to the noble Lord and Colonel Gurwood both agreeable and gentlemanly men. They spoke perfectly the French and Spanish languages, and seemed admirably well calculated for the office they had undertaken, by their conciliating manners and a thorough acquaintance with the country, which one had acquired during a diplomatic, the other during a military career. As they had seen the King to whom Lord Eliot's mission was of course more particularly directed he had only been referred to Zumalacarregui to endeavour to effect some arrangement which might put an end to the barbarous system of shooting the prisoners taken on both sides. To this Zumalacarregui, as far as regarded himself, gladly acceded as mutually sparing the lives of those who survived the slaughter of the field, had always been with him an object which he anxiously sought to effect; and,

esto Zumalacárregui, por la parte que a él le tocaba, accedió gustoso, pues el economizar mutuamente las vidas de los que sobrevivían en las batallas había sido una finalidad que él ansiosamente buscaba, y con vistas a esto había a menudo, aunque inútilmente, dado ejemplos de clemencia, hasta que la penosa necesidad de tomar represalias constituyó un deber y un acto de justicia para con su mismo ejército.

Pocos prisioneros habían sido cogidos durante las acciones del valle de Amezcoa, pues los carlistas, hallándose desesperados por los saqueos que el ejército de Valdés había cometido en las aldeas de aquel valle salvaje, no daban cuartel. Unos pocos de aquéllos, sin embargo, que en la dispersión se refugiaron en las montañas y después cayeron en las manos de los soldados o campesinos, fueron conducidos al Cuartel general, y una parte, como de costumbre, sufrió la muerte. Lord Eliot, al ver el resto, y habiéndose informado del caso, rogó por sus vidas a Zumalacárregui, quien en el acto accedió a su solicitud, observando que si hubiese llegado un día antes hubiera

with that view, had often, though uselessly, set an example of clemency, until the painful necessity of retaliation had become a duty and an act of justice to his own army.

Few prisoners had been taken during the actions of the Amezcoas; the Royalists, being exasperated at the ravages the army of Valdes had committed in the villages of this wild valley, had given no quarter. A few of those, however, who, on the dispersion, took refuge in the mountains, and afterwards fell into the hands of soldiers or peasants, were conducted to head-quarters, and a part, as usual, suffered death. Lord Eliot, on seeing the remainder, and being informed of the circumstance, begged their lives of Zumalacarregui, who instantly granted his request, observing, that if he had arrived a day earlier, he would have pardoned the others. The men came afterwards, and threw themselves at Lord Eliot's feet, to thank him for his intercession. I had one of them as servant afterwards; and, to judge of the rest by him, they were far from being ungrateful towards the memory of the foreigner who had so providentially delivered

perdonado a los otros. Los solidados perdonados se arrojaron a los pies de Lord Eliot, para darle las gracias por su intercesión. Yo tuve a uno de ellos como asistente después, y si he de juzgar de los demás por él, estaban muy agradecidos a la memoria del extranjero que les había libertado tan providencialmente: creo que eran veintisiete en total.

El general se hallaba particularmente satisfecho con el regalo de un anteojo de campaña que le hizo Lord Eliot, el que fue usado en diversas acciones por el Duque de Wellington. Zumalacárregui preparó para dicho anteojo una caja especial, y siempre lo llevaba consigo. Como el convenio para el canje de prisioneros fue acordado y firmado por Zumalacárregui, Lord Eliot tenía prisa por marchar inmediatamente al Cuartel general de Valdés. Habiendo el general manifestado su intención de escoltar a los comisionados en persona tan lejos como la prudencia lo permitiese, emprendidos todos el viaje — Zumalacárregui, Iturralde, unos veinte de su Estado Mayor, Carlos O'Donnell y el coronel del regimiento de

them. I believe they were twenty-seven in number.

The General was particularly pleased with a present which Lord Eliot made him of a telescope. It had been used by the Duke of Wellington in several of his actions. Zumalacarregui set a particular store by it, and always carried it about him. As the convention for the exchange of prisoners was agreed to, and signed by Zumalacarregui, Lord Eliot was anxious immediately to proceed to the head-quarters of Valdes. The General having evinced his intention of escorting the Commissioners in person as far as prudence would permit, we all started, Zumalacarregui, Iturralde, about twenty of his suite, and Charles O'Donnell, the colonel of the regiment of Navarre, with an *escorte d'honneur* of twenty-five of the lancers of Alva. Lord Eliot was on the right hand of the General, who led the way, and whom I had never seen so full of spirits. He was much pleased both with his Lordship and Colonel Gurwood: being a man little accustomed to disguise his feelings, whatever they might be, had he felt otherwise, he would certainly have given them a very

Capítulo 20 / Chapter 20

Navarra, con una escolta de honor de veinticinco lanceros de Álava—. Lord Eliot iba a la derecha del general, que abría paso, y a quien nunca vi tan lleno de entusiasmo; estaba muy satisfecho, tanto con Lord Eliot como con el coronel Gurwood, y siendo un hombre muy poco acostumbrado a ocultar sus sentimientos, cualesquiera que fueran éstos, de haber sentido de otra manera les hubiera hecho un recibimiento muy distinto.

Los comisionados no ocultaban su sorpresa al encontrar a los carlistas en tal situación. ¡Tan erróneas eran las ideas que tenían las personas que debieran estar mejor enteradas! Por los informes que ellos leían en los diarios, apenas esperaban encontrar en nuestro campo nada que tuviera el aspecto de un ejército. También el coronel Wilde, al pasar a través del valle de Amezcoa, y aunque había estado durante meses en Pamplona, mostraba su asombro al ver el estado real de las fuerzas carlistas, mientras estuvo dentro de las murallas de la ciudad, le tuvieron totalmente ignorante del número y del equipo de nuestras fuerzas. Los Guías,

different reception.

The Commissioners did not conceal their surprise at finding the Carlists in such a position so erroneous were the ideas which had been entertained by people who ought to have been the best informed. From the reports which they had read in the newspapers, they scarcely expected to find on our side anything in the shape of an army. Colonel Wylde also, on passing through the Amezcoas although he had been for months in Pamplona evinced his astonishment on seeing the real state of the Carlist force: while he was within the walls he had been kept in total ignorance of our numbers and equipment. The guides in their red caps, and the 4th battalion, were drawn out in line above the village of Piedramillera, through which we passed; but these were all that. Zumalacarregui displayed of his troops, at which I was much surprised, as he had all his cavalry and eight battalions in the adjacent villages of the valley, all in excellent order; and it would certainly have been politic to show them. This very useful piece of ostentation would have been, however, quite contrary to his

con sus boinas coloradas, y el cuarto batallón formaron en línea sobre la aldea de Piedramillera, que atravesamos; pero éstas fueron todas las fuerzas que Zumalacárregui desplegó, lo que me sorprendió mucho, pues tenía toda su caballería y ocho batallones en las aldeas inmediatas del valle, todos en excelente orden, y hubiera sido, ciertamente, muy político el mostrarlas; sin embargo, esta útil ostentación de fuerzas hubiera sido contraria a su carácter, el que era decididamente opuesto a todo lo que pareciera exhibicionismo, aun a aquel que es a veces necesario para el soldado y para el gobernante.

Estella se hallaba a distancia de diez millas, a más de ocho desde nuestros puestos avanzados, y por esto almorzamos en una pequeña aldea, y continuamos después al monasterio de Irache. Habiéndose propuesto visitarlo Zumalacárregui y tomar chocolate allí, Lord Eliot dijo que estaba impaciente por reunirse con Valdés tan pronto como le fuera posible. El general, sin embargo, le convenció y le dijo que Valdés estaba en Lerín y que ellos debían dormir en

character, which was decidedly opposed to anything in the shape of humbug, even to that which is necessary sometimes to the soldier as well as the statesman.

Estella was about ten miles off more than eight from our advanced posts so that we breakfasted in a small village, and then proceeded to the convent of Irachi. Zumalacarregui having proposed that they should visit it, and take chocolate there, Lord Eliot said that he was anxious to join Valdes as soon as possible, and that he could not spare time. This was, however, overruled by the General, who told them that Valdes was in Lerin, and that they must leep in Estella that night, which was only half an hour off. Besides, there were some very handsome nuns, whom he would introduce them to; and they made excellent chocolate. O'Donnell alone remained on horseback with his twenty-five lancers; but we all went up into the parlour, where the superior and the nuns were delighted to see, for the first time, the Carlist leader, whose reputation in that country had rendered him the theme of every tongue. He introduced

Capítulo 20 / Chapter 20

Estella aquella noche, la que se hallaba a media hora de distancia. Añadió que había unas monjas muy guapas y que hacían un excelente chocolate, y que él lo presentaría a ellas. Sólo O'Donnell permaneció a caballo con sus veinticinco lanceros, y todos nosotros fuimos al recibimiento, donde la superiora y las monjas estaban encantadas de ver por primera vez al jefe carlista, cuya reputación en aquel país le convirtió en el tema de todas las conversaciones. El les presentó a Lord Eliot y al coronel Gurwood. El primero entró en larga conversación con algunas de las monjas a través de las rejas de hierro que nos separaban de ellas, y a ellas para siempre del mundo si los carlistas triunfaban; y, sin embargo, ellas eran prisioneras completamente voluntarias, pues de todo corazón nos deseaban el triunfo contra el partido que las liberaría, a la vez, de sus votos y de su propiedad. Dulces, chocolate, café y toda clase de refrescos nos fueron ofrecidos, y después de haber permanecido como unos veinte minutos, nos despedimos de la comunidad. En la puerta nos separamos de Lord Eliot y de su secretario; mi interviú con él, por ser el primero de los

to them Lord Eliot and the Colonel. The former entered into a long conversation with some of the nuns, through the iron grating which divided us from them, and them for ever from the world, if the Carlists succeeded; and yet they were quite voluntary prisoners, for they heartily wished us success against the party who would ease them both of their vows and property. Sweets, chocolate, coffee, and every kind of refreshment were produced; and, after remaining twenty minutes, we took leave of the community. At the gate we parted with Lord Eliot and his secretary; my interview with whom, being the first of my countrymen I had seen for many months, afforded me very great pleasure; and to this feeling, the consciousness that they had come on so noble a mission did not add a little. With a king's messenger and several servants, they went forward, guided by a boy, to Estella; and we, on having mounted, galloped a mile or two on our road homewards, not without good reason; for when Lord Eliot had gone a few yards farther, he must have seen Estella beneath his feet, in which were then twenty-six battalions of the enemy. In five minutes, had

compatriotas que había visto durante varios meses, me proporcionó un gran placer, y a este sentimiento contribuyó no poco el darme cuenta de que habían venido con una misión tan noble. Con un mensajero del Rey y varios asistentes, ellos fueron avanzando hacia Estella, guiados por un chico, y nosotros, una vez montados, galopamos una o dos millas hacia casa, no sin razón para ello, pues cuando Lord Eliot avanzó unas pocas yardas, debió de haber visto Estella bajo sus pies; y en ella había veinte batallones enemigos. En cinco minutos, si hubieran dado suelta a su caballería, podían habernos alcanzado (pues yo he galopado muchas veces, después, en menos tiempo) y hubieran encontrado a Zumalacárregui en persona con sólo cuarenta caballos, a más de seis millas de sus avanzadas. Aunque no hubieran cogido a él ni a ninguno de su comitiva con vida, esto poco importaba. Al decirle a Zumalacárregui que el teniente coronel Gurwood había mandado la avanzada en Ciudad Rodrigo, dijo que en todos sus detalles le daba la impresión de un soldado. Para mí constituyó una gran alegría al apercibirme de la favorable

they detached any cavalry, they might have reached us for I have often galloped it since in less than that time and they would have found Zumalacarregui himself with only forty horsemen, at more than six miles from any succour. Although they would scarcely have taken him or any of his suite alive, that was little to the purpose. On telling Zumalacarregui that Lieutenant-Colonel Gurwood had led the forlorn hope at Ciudad Rodrigo, he said that in every thing he gave him the idea of a soldier. It was a source of great satisfaction to me to perceive the favourable impression my countrymen had made, and the glowing terms in which the Spaniards, who are not wont to think highly of strangers, spoke of them. It must have been afterwards equally so to Lord Eliot to have been the means of saving the lives of above five thousand of his fellow-creatures.

In accomplishing this part of his mission, his lordship undoubtedly had rather a difficult card to play, as both parties, I believe, were rather unbending, the Carlists being flushed in the hour of success, and V aides, although well

impresión que mis paisanos habían dejado y los términos elogiosos con que los españoles, que no se distinguen por pensar demasiado favorablemente de los extranjeros, hablaban de ellos. Debió de sentir la misma satisfacción después Lord Eliot al ser el mediador para que se salvasen las vidas de lo menos cinco mil de sus semejantes.

Al realizar esta parte de su misión, Su Excelencia tenía indudablemente una difícil carta que jugar, porque ambos partidos, yo creo, se presentaban inflexibles, pues los carlistas se hallaban boyantes en la hora del triunfo, y Valdés, aunque dándose cuenta de la necesidad de acceder, sentíase temeroso de caer en desgracia con su Gobierno si lo hacía. Resultó, después, que aconteció esto precisamente, aunque yo creo que las intrigas de Córdoba fueron las que trajeron como consecuencia el cese de Valdés. Las capitulaciones fueron firmadas por ambos generales, sin que se mencionaran los nombres de los respectivos Soberanos, para evitar toda alusión a las pretensiones de ellos.

aware of the necessity of complying, fearful of being disgraced by his government if he acceded to it. Such subsequently turned out to be the case, although, I believe, the intrigues of Cordova were mainly effectual in bringing about his recall. The capitulation was signed by both generals without the names of their sovereigns being mentioned, to avoid all allusion to their respective pretensions.

Colonel Gurwood and the Brigadier-General Montenegro went into Lagrono together, where crowds rushed to see a Carlist chief. Unfortunately, being a little man, pour le physique, he was not well calculated to make a favourable impression. I was at that time absent for a day or two from head-quarters, and therefore missed the pleasure of seeing him on his second visit.

Having, by the defeat of Valdes, obtained the free and uncontrolled range of the country, we immediately laid siege to Irurzun, the next fortified village to Echarri Aranaz on the Pamplona side, and of importance as commanding that road, as well

El coronel Gurwood y el brigadier Montenegro fueron juntos a Logroño, donde acudió la muchedumbre a ver a un jefe carlista. Desgraciadamente, como Montenegro era de muy baja estatura, no estaba bien escogido para producir una impresión favorable en la masa; yo estuve por aquel tiempo ausente uno o dos días del Cuartel general, y, por lo tanto, perdí la ocasión y el placer de ver a Gurwood en su segunda visita.

Habiendo, por la derrota de Valdés, conseguido el libre dominio de la comarca, inmediatamente pusimos sitio a Irurzun, la aldea fortifcada más próxima a Echarri Aranaz por el lado de Pamplona, y de importancia a causa de dominar aquella carretera, así como el paso de dicha carretera a la de Bayona [58]. Como sucedía invariablemente cada vez que intentábamos sitiar alguna plaza, tuvimos el peor tiempo posible, cayendo el agua, sin cesar, a torrentes.

Mientras que yo permanecía en una pequeña aldea antes de llegar a Irurzun, me enteré de que había llegado un inglés. El general Belengero me pidió que visitase al extranjero con

as the passage from thence into the road from the latter place to Bayonne. As invariably happened whenever we attempted to besiege a place, we had the most wretched weather possible, the rain pouring in incessant torrents.

While I was in a small village, before reaching Irurzun, I learned that an Englishman had arrived. General Bellingero requested me to visit the stranger with him, as no one could understand him. He turned out to be a young surgeon, named Frederick Burgess, who had excellent certificates from Sir Astley Cooper, and had gone through two examinations at St. John's hospital, but he had come without any further recommendations, and unfortunately spoke no Spanish and very little French. He had brought plenty of surgical instruments with him; and although it is natural to the Spaniards to be suspicious, and I had had no knowledge of him previously, on observing, that, as we had plenty of wounded, the value of his services might very promptly be estimated, Zumalacarregui gave orders for him to follow us. A day or

Capítulo 20 / Chapter 20

él, pues nadie podía entenderle: resultó ser un joven cirujano, llamado Frederik Burgess, que tenía excelentes certificados de Sir Astler Cooper y pasó dos exámenes en el Hospital de San Juan, pero que vino sin ninguna clase de recomendaciones; y, desgraciadamente, no hablaba español y muy poco francés. Trajo consigo abundancia de instrumentos de cirugía, y aunque es innato en el español el ser suspicaz, y a pesar de no tener ningún conocimiento anterior de él, al observar que, contando con tantos heridos, podría muy pronto ser útil, Zumalacárregui dio órdenes de que siguiera con nosotros. Uno o dos días después, mientras sitiábamos Irurzun, un artillero fue herido por una bala de cañón, de cuatro libras, en la rodilla, la que quedaba colgando de un poco de carne; el soldado manifestó sus deseos de que se la amputara el extranjero, y este último ejecutó la operación, así como otras dos más, con tanto acierto y éxito, que fue inmediatamente recibido en nuestras filas. Desde entonces, obtuvo rápido y merecido ascenso en nuestro servicio, y si el éxito acompaña a las armas de Don Carlos, tenía

two after, while besieging Irurzun, an artilleryman was struck by a four-pound shot on the knee-cap, leaving the leg hanging only by a little flesh. The man evinced his readiness to have the amputation effected by the stranger, and the latter performed this operation, as well as two others, with so much skill and success, that he was immediately received into our ranks. He has since met with rapid and deserved advancement in the service; and if success should attend the arms of Don Carlos, has a right to look forward to one of the highest offices of the medical department. When I left, I had the satisfaction of seeing him universally acknowledged by the army as by far the most skilful of their surgeons; and nothing but the numerous and successful cures he performed, in cases when there was a certainty of death with their own people, could have wrung this concession from the Spaniards, one marked feature of whose character is an overweening self-conceit, and a dislike to every thing foreign, which is too apt to blind them to any merit in a stranger, although, when once awakened to a sense of it, they are too just

derecho a esperar uno de los más altos puestos en el departamento de Sanidad. Cuando yo partí, tuve la satisfacción de verle uniersalmente reconocido por el Ejército como el más hábil de sus cirujanos, y solamente las numerosas y afortunadas curaciones que realizó en casos en los que había la certeza de la muerte, de haberlas ejecutado los cirujanos nacionales, pudo arrancar esta concesión a los españoles, una de cuyas características más salientes es la presuntuosa vanidad y la antipatía a todo lo extranjero, lo que es muy a propósito para cegarle en cuanto a los méritos de los de fuera, aunque, una vez despiertos a la realidad, son demasiado justos y demasiado generosos para no reconocer, aunque sea doloroso para su orgullo el esfuerzo que esto siempre supone.

Los torrentes de agua hacían nuestras operaciones muy difíciles, y Zumalacárregui resolvió levantar el sitio y retirarse al extremo final de la Burunda, sabedor de que Valdés, tan pronto como se hubiera ido, marcharía desde Pamplona para librar a la guarnición. Además, como Irurzun contenía pocos

and too generous not to acknowledge it, painful as the effort seems to be to their pride.

The torrents of rain rendering our operations very difficult to carry on, Zumalacarregui resolved on raising the siege, and on retiring to the farther end of the Burunda, aware that Valdes would, as soon as he was gone, march from Pamplona to disengage the garrison. Moreover, as Irurzun contained few stores, as long as the place was evacuated, it was not worth while, for the sake of capturing three hundred men, to waste ammunition which might be employed to greater advantage in attacking more important forts.

Before our raising the siege I was witness to a singular scene. I had just been sent for by the General, when I saw a company which had advanced at night to the ruins of a farm within pistol-shot of Irurzun, all scampering before about twenty of the garrison who had made a sortie. It appears they had fallen asleep on their post; and the alarm being given, all hurried out helter skelter. The General unfortunately himself was

Capítulo 20 / Chapter 20

almacenes, siempre que la plaza fuera evacuada, no merecía la pena de gastar municiones que pudieran ser empleadas con mayor ventaja en atacar fuertes más importantes, para sólo capturar trescientos hombres.

Antes de levantar el sitio, fui testigo de una escena singular. Yo fui mandado llamar por el general, cuando vi huir a una compañía que había avanzado por la noche hasta las ruinas de una granja situada a tiro de pistola de Irurzun, delante de veinte de la guarnición que habían hecho una salida. Parece ser que se habían quedado dormidos en su posición, y habiendo sido dada la alarma, todos corrieron sin orden ni concierto. Desgraciadamente, el general en persona había sido testigo de esta desastrosa huida. Llegué a la aldea, que está un poco sobre Irurzun, en el momento en que el batallón estaba formado (el tercero de Navarra) en una pequeña plaza, y por el silencio de muerte que reinaba era fácil conjeturar que algo había ocurrido. El general estaba a caballo en medio de ellos, con mirada tan tormentosa como el tiempo. Degradó a los oficiales y pegó a los sargentos

witness to this disgraceful flight. I reached the village a little above Irurzun at the moment that the battalion was assembled (the 3rd of Navarre); the men were all formed on the little square; and by the dead silence that reigned, it was easy to see that something had happened. The General was on horseback in the midst of them, with looks as stormy as the weather. He degraded the officers of the company, and broke the Serjeants and corporals, when an ensign, a Spaniard by birth, but of Swiss family, answered him, it is true, rather insolently. "What!" said the General, "do you add insolence to your cowardice?" and instantly struck him on the head with the edge of his sabre. The blood trickled down; and, although the wound was slight, I did not feel less indignation for the cruelty of this treatment. A dead silence followed; he dashed his sword into the scabbard, and they all marched down to the high road. I have given more than one noble trait of Zumalacarregui, and I am aware that the good far surpasses the evil in his character. Stern as it, was his wont to be, I have every reason to remember his

y cabos, cuando un abanderado, español por nacimiento, pero de origen suizo, se dirigió a él, más bien con insolencia. "¡Qué!—dijo el general—, ¿añade usted la insolencia a la cobardía?", y en el acto le pegó en la cabeza con el filo de su sable. La sangre chorreó, y aunque la herida fue ligera, no dejé de sentir gran indignación por la crueldad de este trato. Siguió un silencio de muerte; el general metió la espada en su vaina, y todos marcharon para abajo, hacia el camino real. Yo he descrito más de una característica noble de Zumalacárregui, y me doy cuenta de que lo bueno excede con mucho a lo malo de su carácter. A pesar de lo severo que era, yo no pude menos de recordar con gratitud el trato que me dio. Yo recibí pruebas de amistad de su parte que no tenía derecho a esperar, y que se hallan grabadas profunda e inborrablemente en mi memoria. Yo no pedí presentación ni recomendación para él, sino aquella ganada delante del enemigo, y, sin embargo, recibí amabilidades que me sería muy difícil olvidar. Espero que este sentimiento no haya disminuido mi imparcialidad. Si no estuviera bien

treatment of me with gratitude. I met with proofs of friendship on his part which I had no right to expect, and which are deeply and ineffaceably engraven on my memory. I claimed no introduction to or acquaintance with him, but that gained before the enemy; and yet experienced from him kindnesses it would be difficult ever to forget. This feeling, however, I trust has not diminished my impartiality. If I had not been well aware that the good in his character counterbalanced the evil, I would never have penned these passages of the scenes of excitement which I passed with him during the last year of his life, but have left the whole, as far as on me depended, in obscurity.

As it was expected, Valdes instantly sallied from Pamplona, and led back the garrison within shelter of its walls, which, to the Carlists, were, and continued to be, impregnable. At Echarri Aranaz we received the intelligence of the brilliant victory gained by Brigadier-General Gomez at Gurnica over Iriarte, where he had totally dispersed his column, taking 500 prisoners and two

Capítulo 20 / Chapter 20

convencido de que lo bueno de su carácter superaba a lo malo, yo nunca hubiera escrito estos pasajes de las escenas impresionables que pasé con él en el último año de su vida, sin que hubiera dejado todo, en cuanto de mí dependía, sumido en la obscuridad.

Como se esperaba, en el acto hizo Valdés una salida de Pamplona y condujo a la guarnición de Irurzun dentro del abrigo de susmuros, los que para los carlistas eran y continuaban siendo inexpugnables. En Echarri Aranaz recibimos noticia de la brillante victoria alcanzada por el brigadier Gómez, en Gurnica, contra Iriarte, en la que dispersó totalmente su columna, haciendo quinientos prisioneros y apoderándose de dos piezas de artillería. Una parte de los que huyeron se encerraron en un convento, en donde después fueron socorridos por Espartero. Fue enviado un mensajero, en el acto, para informar al jefe carlista del convenio hecho con Valdés.

Se temía que no llegase a tiempo para salvar las vidas de todos los prisioneros.

Nos encontrábamos ahora

pieces of cannon. A part of those who had escaped from the action were shut up in a convent, from whence they were afterwards relieved by Espartero. A messenger was instantly dispatched to inform the Carlist chief of the arrangement made with Valdes.

It was feared that he would scarcely arrive in time to save the lives of all the prisoners.

We were now again tolerably provided with ammunition, on account of the want of which the golden opportunity was lost of destroying the whole Cristino army at one stroke. After repeatedly offering them battle under the walls of Vitoria, we marched on Treviño, a small town, capital of the county of Treviño, appertaining to the kingdom of Old Castille; it stands on the map like an islet in the midst of the province of Álava. It is also on the road from the former city to Peñacerrada and Castille. Thus we contrived to isolate Vitoria still more, Salvatierra, and Estella, which had not been attacked, because we were already informed that the enemy were destroying the works to evacuate them. Maeztu was already

bastante bien provistos de municiones, a cuya escasez se debió el que no aprovecháramos una magnífica oportunidad para destruir el ejército cristino de un solo golpe. Después de ofrecerles batalla repetidas veces bajo los muros de Vitoria, marchamos a Treviño, una pequeña población, capital del condado de Treviño, que pertenecía al Reino de Castilla; aparece en el mapa como una isla en medio de la provincia de Álava. Se halla situada en el camino real de Vitoria a Peñacerrada y Castilla. De este modo, nosotros intentábame aislar aún más a Vitoria, Salvatierra y Estella, las que no habían sido atacadas porque estábamos informados de que el enemigo destruía las fortificaciones para evacuarlas. Maeztu había sido ya abandonado. Todos estos resultados eran los frutos de la victoria sobre Valdés.

Treviño está dominado por una torre morisca, situada en una colina, la que se ve a gran distancia desde la llanura. Las casas fortificadas y las obras exteriores fueron rápidamente tomadas, y la vieja iglesia de tal modo batida, que la guarnición, de cuatrocientos veinte hombres, se vio en el caso de rendirse a discreción.

abandoned. All these results were the fruits of the victory over Valdes.

Treviño is overlooked by an old Moorish watch-tower on a hill which is seen from a great distance in the plain. The fortified houses and out-works were speedily taken, and the old church so battered, that the garrison of 420 men were obliged to surrender at discretion on the third day. They had as yet heard nothing of the capitulation effected by Lord Eliot for giving reciprocally quarter, although the order had been read at the head of every company in our army; and they were agreeably surprised at the intelligence that they had nothing to fear for their lives. An aide-de camp of the General's, named Martinez, passing a narrow street in the town before the surrender, received five bullets, probably fired from a wall-piece, in the two thighs; three entered in one, and the limb which the other two entered was broken in two places. The Spanish surgeons insisted on amputation of both limbs. Burgess, however, still entertained hopes; and the patient, being called upon to decide, fixed upon my countryman. The event

Capítulo 20 / Chapter 20

No habían oído aún nada del convenio celebrado con Lord Eliot, por el que se concedía cuartel recíprocamente, aunque la orden fue leída a la cabeza de cada compañía en nuestro Ejército, y ellos se vieron agradablemente sorprendidos al ver que sus vidas no corrían peligro. Un ayuda de campo del general, llamado Martínez, al pasar por una calle estrecha de la villa, antes de la rendición, recibió cinco balazos en ambos muslos, probablemente disparados desde detrás de una pared. Tres le penetraron en uno de ellos, y en el otro penetraron los otros dos; las piernas quedaron rotas en dos distintos lugares. Los cirujanos españoles insistían en amputarle ambos muslos. Burguess, sin embargo, aún concebía esperanzas, y el paciente, habiendo sido consultado para decidir, optó por mi compatriota. El resultado demostró que no había confiado en vano, pues obtuvo una cura completa. Al final de julio, esperaba que en dos meses más podría de nuevo montar a caballo.

Nosotros habíamos marchado, como se suponía (y en este sentido habían circulado noticias, aunque esta

showed that he had not misplaced his confidence, as a complete cure was effected. At the latter end of July, it was expected that in a couple of months he would be again on horseback.

We had marched as it was supposed, and there was a report circulated to that effect, although this circumstance was no proof of Zumalacarregui's intention, to attack Puente la Reina, when a division of three thousand men and some cavalry sallied from Pamplona. They were too feeble to attack anything but our vanguard, and were, I should therefore have apprehended, destined either to escort a convoy to Tafalla, or marching to effect a junction with the forces in that city. Pamplona lies at the farther end of a large plain on the road from Puente la Reina. This plain, over which lie scattered upwards of twenty villages, may be about eight or ten miles in length, but on every side surrounded by high mountains. Between two of these the high road to the latter place has been excavated. We were at least two hours' march, with about two battalions and five hundred horse, before the rest of the army, when we learned from

Doce meses de campaña - Twelvemonth's campaign

circunstancia nada probaba sobre las intenciones de Zumalacárregui), a atacar Puente la Reina, cuando una división de 3.000 hombres, con alguna caballería, hizo una salida de Pamplona. Ellos eran demasiado débiles para atacar otra cosa que nuestra vanguardia, y estaban destinados, como después pude apercibirme, o a escoltar un convoy a Tafalla, o a efectuar una concentración con las fuerzas de aquella ciudad. Pamplona está situada al extremo de una gran llanura, en el camino que va de Puente la Reina. Esta llanura, sobre la cual hay desparramadas más de veinte aldeas, puede tener ocho o diez millas de largura; pero se halla rodeada por todas partes de altas montañas. En medio de dos de éstas ha sido construido el camino real a Puente la Reina. Nosotros llevábamos ya dos horas de marcha, con unos dos batallones y quinientos jinetes delante del resto del ejército cuando supimos por el paisanaje, que a cada momento corría hacia nosotros por los montes, del avance de aquella columna.

Zumalacárregui nos condujo al primer desfiladero que se forma allí, a medida que el

the peasantry, who every instant came running to us over the mountains, of the advance of this column.

Zumalacarregui led us to the first defile, which is formed as the road winds into the mountain; here right and left of it he posted his infantry, and we were formed so as to be concealed by the undulating ground, ready to charge down the road and cut the enemy to pieces in the plain the moment they should make a retrograde movement, which they would not fail of doing as soon as they found the pass occupied. We had dismounted and were peeping over the brow of the hill, and gazing with intense interest on the black mass that came moving up, apparently unconscious of the destruction that awaited them. Suddenly we saw them pause and form, their squadrons and battalions seeming no larger in the distance than black beetles crawling below. They then rapidly commenced their retreat, having been accidentally apprised of the lurking danger.

The instant Zumalacarregui perceived it, he gave orders for both infantry and cavalry to pursue and endeavour to cut

Capítulo 20 / Chapter 20

camino real dobla hacia la montaña; a derecha e izquierda colocó la infantería, y nosotros formamos de manera que nos ocultábamos por las ondulaciones del terreno, dispuestos a cargar camino abajo y a cortar al enemigo en pedazos en la llanura, en el momento en que hiciera un movimiento de retroceso, lo que no podía menos de ocurrir en cuanto encontrase el paso ocupado. Nosotros habíamos desmontado y estábamos asomados sobre el borde de la colina, contemplando con vivo interés la negra masa que venía subiendo, aparentemente, sin darse cuenta de la destrucción que les esperaba. Repentinamente, le vimos parar y formarse; sus escuadrones y batallones no parecían mayores, a distancia, que negros escarabajos arrastrándose en el fondo del valle. Entonces, ellos empezaron rápidamente a retirarse, por haberse enterado, por casualidad, del peligro que les acechaba.

Al momento en que Zumalacárregui se apercibió de ello, dio órdenes a la infantería y a la caballería para perseguirles y cortarles la retirada, antes de que pudieran alcanzar Pamplona. Se

them off before they could reach Pamplona. They were, however, three miles in advance of us: in vain we spurred on, as they got under the guns of that city before we could come up with them. Two companies, which had been detached on discovery, finding their retreat intercepted, had taken refuge in a village where cavalry could do nothing against them; but the infantry coming up made seventy of them prisoners, and killed the remainder.

The enemy never confronted us till under shelter of their guns, when our cavalry was ranged challenging the whole force assembled in Pamplona to battle, which, as they had not above two hundred horse, they were afraid to risk on such even ground. It was the first time, since a very early stage of the war, that the Carlists had been within sight of the city, and we could distinguish thousands thronging the walls to look with their telescopes on the red caps, red lances, and black flags of the factious, waving under their very walls. A little beyond the last venta or inn, along the road, about a mile from Pamplona, there is a little bridge: here they had placed a

hallaban, sin embargo, como a tres millas delante de nosotros, y en vano espoleamos nuestros caballos, pues ellos llegaron al amparo de los cañones de la ciudad antes de que nosotros los alcanzáramos. Dos compañías que habían sido destacadas para hacer la descubierta, al encontrar su retirada interceptada se refugiaron un una aldea, en la que la que la caballería nada podía hacer contra ellos; pero la infantería, que llegó enseguida, hizo setenta prisioneros y mató al resto.

El enemigo nunca nos hizo frente, hasta que estuvo al abrigo de los cañones de la plaza, y entonces nuestra caballería se alineó, desafiando a batalla a toda la fuerza que estaba reunida en Pamplona, la que, no reuniendo arriba de doscientos caballos, temió enfrentarse con nosotros en terreno tan llano. Fue la pvimera vez, desde los principios de la guerra, que los carlistas estuvieron tan cerca de la ciudad, pues podíamos distinguir a miles de personas amontonadas en las murallas, mirando con sus anteojos las boinas coloradas, lanzas encarnadas y banderas negras de la "facción" agitándose bajo sus mismas murallas. Un poco

piquet of twenty-four horsemen. We were afraid to rush upon them, because it was within range of their heavy artillery, and they would instantly have given back, leaving us exposed to the shot for our pains. O'Donnell, baulked of his prey, was riding impatiently up and down in front of his regiment: he was followed by his orderly, a serjeant, a trumpeter, and had with him five officers, when he suddenly exclaimed, pointing to the piquet at the bridge, "Look at those fellows! They are as far from their own squadron as from us; we are nine, let us drive them from the bridge;" and spurred full upon them. The enemy, who were not regulars but peseteros, remained firm at their post, as they saw that they had only nine adversaries, and they were themselves more than twice the number. But when the Carlists were close upon them, they lost heart and fled. O'Donnell came up with one who was behind the rest, and might have cut down the man with ease; but instead of doing so he called out to him to surrender. The man replied by firing his carbine at him, which piercing through his saddlebow entered the

más allá de la última venta o posada situada a orillas de la carretera, y como a una milla de Pamplona, hay un pequeño puente; aquí habían colocado un piquete de veinticuatro caballos. Nosotros temíamos lanzarnos sobre ellos, pues se hallaban dentro del radio de acción de su artillería, y se hubieran batido en retirada instantáneamente, dejándonos expuestos a los disparos de la plaza. O'Donnell, olfateando su presa, trotaba impacientemente arriba y abajo, al frente de su regimiento; iba seguido de su ordenanza, un sargento y un trompeta, y llevaba Consigo cinco oficiales, cuando repentinamente exclamó apuntando al piquete del puente: "Mirad aquellos muchachos; se hallan tan lejos de su escuadrón como nosotros; nosotros somos nueve; vayamos a desalojarlos del puente"; y picando espuelas se lanzó sobre ellos. El enemigo, que se componía, no de regulares, sino de "peseteros", permaneció firme en su puesto, pues vieron que sólo tenían nueve adversarios y ellos eran más del doble. Pero cuando los carlistas se hallaban muy próximos a ellos, desmayaron y huyeron. O'Donnell persiguió a uno que

abdomen: the pesetero was instantly cut down, the orderlies running him through and through with their lances. O'Donnell, although mortally wounded, struggled to keep his seat on horseback until he was taken off and carried to the venta, when I immediately fetched Mr. Burgess, who examined the wound, and caused him to be placed on a brancard. He was thus carried on to Echauri, a large village at the farther end of the plain, about which our army, as well as the reinforcements that had joined us, were quartered. As Mr. Burgess, who had been appointed full surgeon, was yet unacquainted with the Spanish language, although unwell at the time myself, I assisted at the operation of sewing up the wound, and spent the night on a mattress in O'Donnell's chamber, in the house of the apothecary of Echauri, the best in the village, whither he had been carried. Several other surgeons and medical men were present, but both O'Donnell and his brother expressed a preference for my countryman, who, however, immediately gave it as his opinion that the wound was mortal, for the peritoneum was cut through, and the gut injured, and in his opinion the

se hallaba detrás del resto; le pudo muy bien haber sableado o alanceado con facilidad; pero en lugar de hacer esto, le gritó que se rindiera. El soldado replicó descargando su carabina sobre él, y la bala atravesó el arzón de su silla y penetró en su abdomen. El "pesetero" fue muerto en el acto por los asistentes, que le atravesaron a lanzadas. O'Donnell, aunque mortalmente herido, luchó para mantenerse montado a caballo, hasta que fue desmontado y transportado a una venta, yendo yo inmediatamente a buscar a Mr. Burgess, que examinó la herida y mandó que fuera colocado en una camilla. Fue llevado así a Echauri, una aldea grande situada en el otro extremo de la llanura, donde nuestra columna, así como los refuerzos que se nos unieron, se hallaban acuartelados. Como Mr. Murgess, que había sido nombrado cirujano-jefe, no conocía aún la lengua española, aunque yo no me sentía bien, asistí a la operación de coserle la herida y pasé la noche en un colchón, en la habitación de O'Donnell, en casa del boticario de Echauri, la mejor de la aldea, adonde había sido llevado. Varios otros cirujanos y

patient had not forty-eight hours to live. He seemed to be suffering horribly, and was occasionally delirious.

By a singular fatality, for the first time during the campaign, his servant had neglected to strap his cloak in front of the saddle; if it had been there, he would have escaped unharmed. The only observations he made were, when we inquired whether he suffered much, "I almost wish some one would send a bullet through me;" and although his danger had been hitherto concealed from him, he observed, "I feel that I must say farewell to the world. I can have but a short time to live. Already three O'Donnells are gone in this war! Their blood has been shed on the right side as well as on the wrong."

The O'Donnells had indeed been strangely divided; cousin against cousin, and brother against brother; and an equal fatality seemed to attend them on both sides. Leopold, his cousin, had been taken at Alsasua and shot by the Carlists. His second brother also, in the ranks of the Queen's army, had lost his leg at Arquijas, and was said to be dying of it. Carlos was then

Capítulo 20 / Chapter 20

médicos se hallaban presentes; pero, tanto O'Donnell como su hermano, manifestaron su preferencia por mi compatriota, y, sin embargo, inmediatamente, dio este su opinión de que la herida era mortal, pues el peritoneo fue atravesado de lado a lado y el estómago lastimado, y en su opinión, al paciente no le quedaban más de cuarenta y ocho horas de vida. Parecía que sufría horriblemente, y, en ocasiones, deliraba.

Por una singular fatalidad, por la primera vez durante la campaña, su asistente se había olvidado de colocar el reloj en la parte delantera de la silla; si hubiera estado allí, hubiera escapado sin herida. Las únicas observaciones que hacía cuando le preguntábamos si sufría mucho, eran: "¡Casi deseo que alguno me dispare una bala que me atraviese!", y aunque se le había ocultado el peligro hasta entonces, él exclamaba: "Me doy cuenta de que debo decir adiós al mundo. Sólo me queda un corto tiempo de vida; ya se han ido tres O'Donnell en esta guerra; su sangre ha sido derramada tanto en el campo del derecho como en el de mal."

stretched on a bed from which he never rose, and his brother Juan, who was then attending him, by that singular fatality which seemed to hang over the devoted race, was wounded on the 16th of July, at Mendigorria, and being since made prisoner in Catalonia, was barbarously murdered by the mob at Barcelona, with one hundred and sixty of his fellow-captives. The atrocities committed on his body, which was torn to shreds, and parts actually devoured by those fiends in human shape, while his head became the football of the rabble, have been given, in all their revolting details, in the public papers.

He was, to judge from his appearance, about thirty, and had left his wife in France; his brother, by a few years his elder, had also left his lady at Madrid. I had been acquainted with Carlos long before he was wounded, but after that fatal circumstance became much more intimate, and, in proportion as I knew him, felt my esteem grow for his character. He was then commanding the 2nd battalion of Castille, formed of the prisoners who had voluntarily taken arms after the capture of

Doce meses de campaña - Twelvemonth's campaign

Los O'Donnell, verdaderamente, se habían dividido de una manera extraña, primo contra primo y hermano contra hermano, y una idéntica fatalidad parecía esperarles en ambos bandos. Leopoldo, su primo, había caído prisionero en Alsasua y fue fusilado por los carlistas; también su primer hermano, que militaba en las filas de la Reina, había perdido una pierna en Arquijas y se decía que se hallaba moribundo de la herida. Carlos se encontraba entonces extendido en una cama, de la que nunca se levantó, y su hermano Juan, que le estaba asistiendo, por aquella singular fatalidad que parecía perseguir a la rama fiel, fue herido el 16 de julio en Mendigorría, y habiendo sido hecho prisionero en Cataluña, fue bárbaramente asesinado por la plebe en Barcelona, juntamente con ciento sesenta de sus compañeros de cautiverio. Las atrocidades cometidas en su cuerpo, que fue hecho pedazos, y cuyas partes fueron devoradas por aquellas fieras en forma humana, mientras que su cabeza se convirtió en balón del populacho, han sido descritas en todos sus detalles asqueantes, en los papeles públicos.

Echarri Aranaz.

The officers around Zumalacarregui were debating on the manner of distributing them amongst the other corps, from fear that they might not be sincere in their conversion and pass over to the enemy. Zumalacarregui stated that he thought they would do better together. "But who will venture to command them?" said one of his generals. "I will," said O'Donnell, who was Lieutenant-Colonel, and waiting to be employed. Zumalacarregui immediately appointed him to the command of the new battalion.

These men, being fully equipped, had each a new coat and great coat, one of which the officers of the other corps insisted on their parting with, as many of their soldiers were in a most ragged state. O'Donnell, after many a tough battle with his superiors, managed, however, to retain them. If any of them had been at all wavering in their attachment to the side they had embraced, the kindness of their colonel fully attached them to it, and they always behaved with the utmost gallantry under his orders. At

Capítulo 20 / Chapter 20

Tenía, a juzgar por la apariencia, unos treinta años, y había dejado a su mujer en Francia; su hermano, unos pocos años mayor, también había dejado a su mujer en Madrid. Yo conocí a Carlos mucho antes de que fuera herido; pero después de aquella fatal circunstancia me hice mucho más íntimo, y a medida que lo conocí mejor, vi crecer mi estima por su carácter. Mandaba el segundo batallón de Castilla, formado con los prisioneros que habían tomado las armas voluntariamente después de la captura de Echarri-Aranaz.

Los oficiales que estaban alrededor de Zumalacárregui estudiaban la manera de distribuirlos entre los otros Cuerpos, por temor de que no fuera sincera su conversión y se pasasen al enemigo. Zumalacárregui dijo que él creía que lucharían mejor juntos. "Pero, ¿quién se atreverá a mandarlos?", dijo uno de los generales. "¡Yo!", dijo O'Donnell, que era teniente coronel y esperaba empleo. Zumalacárregui, inmediatamente, le nombró para el mando del nuevo batallón.

Mendigorria, their cartridges being expended, they saw two companies of the guards, who grounded their arms, and cried out that they surrendered. On approaching, they, however, snatched them up and poured in a murderous volley. O'Donnell himself was wounded; but his men, enraged at this act of treachery, surrounded and bayoneted them all. Juan O'Donnell had always behaved with particular humanity towards those of the enemy that fell into his hands, when, after the capture of Echarri Aranaz, the Cristinos wounded and took prisoners the very men who were escorting to Pamplona the officers of the regiment of Valladolid, to whom Zumalacarregui had generously given their lives and liberties. Two soldiers and a serjeant of the garrison of that city were taken, and the excitement of party feeling being very high in the Carlist camp, at finding all their acts of mercy so ill requited, they were condemned to be immediately shot. Juan, however, begged, and with the greatest difficulty obtained their lives, and incorporated them in his own battalion and this was the man who was afterwards murdered in cold blood, and in the face

Doce meses de campaña - Twelvemonth's campaign

Estos soldados, que se hallaban completamente equipados, tenían cada uno de ellos una guerrera nueva y un capote, una de cuyas / prendas querían los oficiales de los otros cuerpos que se les repartiese, pues muchos de sus soldados se hallaban en un estado casi andrajoso. O'Donnell, después de varias discusiones con sus superiores, consiguió por fin retener ambas prendas. Si cualquiera de ellos tuvo vacilaciones en su adhesión a la bandera que habían abrazado, la amabilidad de su coronel les hizo adherirse completamente a ella, y se comportaron siempre con la mayor bravura bajo sus órdenes. En Mendigorría vieron a dos compañías de la Guardia que, habiendo quedado sin cartuchos, dejaron sus armas en tierra y gritaban que sé rendían. Sin embargo, al acercarse a ellos, las volvieron a recoger e hicieron una descarga cerrada. El mismo O'Donnell fue herido; pero sus hombres, llenos de rabia por este acto de traición, rodearon las dos compañías y mataron a todos a bayonetazos. Juan O'Donnell se había comportado siempre con singular humanitarismo para con aquellos de sus

of a solemn treaty, of which the adverse party first reaped the benefit! It appears that when taken he broke his sword across his knee rather than surrender it. Before Lord Eliot's convention, I think I saw sufficient of his character to know that he would not have been taken alive, and it had been well if he had not been.

Carlos died at about ten o'clock the next night, and early on the following morning was opened by Burgess, who had differed in opinion with the other doctors as to whether suppuration or inflammation had been the immediate cause of his death; the result proved him to have been right. The bullet, after piercing the peritoneum in three places, cutting the gut and injuring the spine, had made a hole as big as a halfpenny in the blade-bone, from which it was extracted, as well as a small piece of brass, and leather, and cloth of the saddle, which it had previously gone through. He was no sooner dead, than his brother, who was greatly distressed, was obliged to rejoin his battalion; many others of his friends who were around him were also under the necessity

enemigos que caían en sus manos, cuando, después de la captura de Echarri Aranaz, los cristinos hirieron y cogieron prisioneros a los soldados que escoltaban a Pamplona a los oficiales del regimiento de Valladolid a los que Zumalacárregui había generosamente conservado la vida y devuelto la libertad.

Dos soldados y un sargento de la guarnición de dicha ciudad fueron hechos prisioneros, y, hallándose muy exasperados los ánimos en el campo carlista, al darse cuenta de lo mal que eran correspondidos sus actos de merced, fueron inmediatamente condenados a muerte. Juan, sin embargo, rogó, y venciendo las mayores dificultades, consiguió que se les respetasen sus vidas y los incorporó a su propio batallón. Y éste fue el hombre que después fue asesinado a sangre fría, y a pesar de un tratado solemne, del cual obtuvo los mayores beneficios el partido adverso. Parece que, cuando fue hecho prisionero, rompió su espada sobre la rodilla antes que entregarla. Yo creo que conocí bastante su carácter para tener la seguridad de que él no hubiera sido cogido con vida antes del convenio de Lord Eliot, y ojalá no lo

of repairing to their respective corps, and we were but few who attended his remains to the grave.

He was buried without parade in the church at Echauri; he had, it is true, a rude oaken coffin, which was carried by six dismounted lancers; his sword and red cap were laid upon it. While the service was going through, the march was beat, and when we had seen a little earth shovelled on his grave, we departed with the regret it was impossible for all not to feel, some for having lost a friend, others a skilful and daring officer. Thus ended the career of the chivalrous O'Donnell; he was worthy of a better fate than to have been the victim of such a paltry fray, although receiving his death-stroke the sword in his hand, and his feet in the stirrups a death which no soldier should lament, when his last hour is irrevocably fixed as I believe it to be, yet to perish by an act of rashness and temerity rendered him liable to be reproached for folly, although his hardihood would otherwise have met with praise.

I may here be pardoned for recalling a circumstance which, when I saw him lifted bleeding

Doce meses de campaña - Twelvemonth's campaign

hubiera sido después.

Carlos murió alrededor de las diez de la noche, y muy temprano, al siguiente día, fue abierto su cadáver por Bergess, que había diferido de la opinión de los demás doctores acerca de si fue la supuración o la inflamación la causa inmediata de su muerte: el resultado probó que él tenía razón. La bala, después de atravesar el peritoneo en tres lugares, cortando el intestino y lastimando la columna vertebral, había hecho un agujero tan grande como una picza de cinco céntimos en la escápula, de donde fue extraída, así como una pequeña pieza de bronce, cuero y tela de la silla, a la que había atravesado. Tan pronto como murió Carlos, su hermano, que se hallaba grandemente afectado, tuvo que reunirse con su batallón; otros muchos de sus amigos que se encontraban a su alrededor se vieron también en la necesidad de reintegrarse a sus respectivos cuerpos, y quedamos muy pocos para acompañar sus restos a la tumba.

Fue enterrado sin pompa militar en la iglesia de Echauri. Tuvo, es verdad, un rudo

from the saddle, rushed forcibly to my recollection. I was a few days before with the Marquess de Broissia, a French nobleman in the service, conversing with O'Donnell on the losses those exiled from Madrid must have sustained, and upon their probable fate, in the event of the cause not succeeding, when he quoted, with considerable emphasis, the following lines:

"Quand on n'a plus d'espoir,
Vivre est un opprobre et mourir un devoir."

O'Donnell had borne the reputation in the Spanish army of being one of the best, if not the best, cavalry officer, as General Sarsfield was deemed to be the best officer of infantry.

[571]

féretro de roble, levado en hombros por seis de sus lanceros, con su espada y boina roja colocadas sobre él. Mientras que se celebraba el servicio, se tocó una marcha, y cuando vimos arrojar un poco de tierra sobre su tumba, nos separamos con la pena que nos era imposible a todos dejar de sentir: algunos, por haber perdido a un amigo, y otros, a un valiente y hábil jefe. Así terminó la carrera del caballeroso O'Donnell. Era digno de un mejor destino que el de haber sido víctima de una miserable escaramuza, aunque el encontrar la muerte con la espada en la mano y los pies en los estribos, es una muerte que ningún soldado lamentaría al sonar su última hora; creo yo, sin embargo, que el perecera causa de un acto de temeridad y osadía hizo que se le tuviera por locura, aunque su hazaña hubiera merecido alabanzas, de haberle salido bien.

Ruego se me perdone por recordar una circunstancia que, cuando vi que le retiraban de la silla, sangrando, vino con toda viveza a mi imaginación. Yo me hallaba unos pocos días antes con el marqués de Broissia, un noble francés que militaba en nuestras filas, conversando con O'Donnell

Doce meses de campaña - Twelvemonth's campaign

sobre las pérdidas que los desterrados de Madrid debían de haber sufrido y de su destino probable en el caso de que la causa no triunfase, cuando él recitó con gran énfasis los siguientes versos:

Quand on ría plus d'espoir
Vivre est un opprobre et mourir un devoir[59]

O'Donnell estaba reputado en el Ejército español como uno de los mejores, si no el mejor jefe de caballería, y el general Sarsfield era considerado como el mejor jefe de infantería.

Capítulo 21

Los carlistas en Estella. Derrota de Oraá. Valde-Luna. Abandono de los heridos. Una escapada. Sitio de Villafranca. El primer asalto. El capitán Lachica. Movimiento repentino de Espartero. Derrota de Espartero. Rendición de Villafranca. Rendición de Bergara. Evacuacuación de Salvatierra. Ataque de Ochandiano. Rendición de Ochandiano. Tristeza del "tío Tomás".

Muy temprano, en la misma mañana, Tomás Reina, que mandaba el cuarto escuadrón del regimiento de Lanceros de Navarra, que había sido destacado, no habiendo recibido órdenes para marchar a la aldea en la cual se hallaba acuartelado, y hallándose escaso de raciones de paja (en aquella parte de España no hay heno y los caballos son alimentados principalmente con paja machacada y cebada), acababa de ordenar que se quitasen las sillas cuando llegó el paisanaje informándole de que veintidós carabineros habían pasado a lo largo de la carretera para Tafalla.

Chapter 21

The Carlists in Estella. Defeat of Oraa. Val de Lana. Neglect of the Wounded. An escape. Siege of Villafranca. The forlorn. Hope. Captain Lachica. Sudden movement of Espartero. Defeat of Espartero. Surrender of Villafranca. Surrender of Bergara. Evacuation of Salvatierra. Attack on Ochandiano. Fall of Ochandiano. Gloom of Uncle Tomas.

Early the same morning Thomas Reina, who commanded the fourth squadron of the regiment of lancers of Navarre, which had been detached, having received no orders to march from the village in which he was quartered, and rations of straw being short (in all the north of Spain there is no hay, and the horses are chiefly fed on chopped straw and barley), had ordered the saddles to be taken off, when the peasantry came to inform him that two and twenty carabineros had passed along the road to Tafalla.

Capítulo 21 / Chapter 21

Dejando el escuadrón al mando del primer capitán, hizo tocar llamada de botasillas ("bout en selle"), y con los primeros dieciséis hombres que se reunieron comenzó la persecución. El enemigo había avanzado tanto, que tuvieron que perseguirle durante dos horas a lo largo de la carretera, al galope, hasta que se encontraron a tiro de fusil de Tafalla. Reina cargó sobre ellos sin temor; cogió nueve prisioneros, aparte de los que quedaron en el camino, y sólo cinco consiguieron entrar en la ciudad. Entonces, Reina y los suyos volvieron rápidamente, antes de que pudieran colocar las monturas en un solo caballo en la plaza. Entre los prisioneros se hallaba el subteniente que mandaba el destacamento. "Usted es un hombre afortunado—dijo a Reina—, no sólo por el éxito que ha tenido hasta ahora, sino por la buena fortuna que inevitablemente ha de recaer en usted. El correo, con importantes papeles y una gran cantidad de dinero, ha de pasar por este mismo camino dentro de media hora, con una muy débil escolta, y usted no puede menos de encontrarle". Reina, poco dispuesto a confiar en el consejo de un enemigo, tomó hacia la derecha, en lo que

Leaving the squadron in command of the first captain, he had the "boute en selle" sounded; and with the first sixteen men that assembled pursued. The enemy were so much in advance, that they followed them above two hours along the high road full gallop, until they found themselves almost within gunshot of Tafalla, where they overtook them. Reina charged them fearlessly; took nine prisoners, besides those who were left upon the road, five only escaping into the town: they then made off rapidly before a horse could be saddled in the place. Amongst the prisoners was the lieutenant commanding the detachment. "You are a fortunate man," said he to Reina," not only in the success you have hitherto had, but in the good fortune that must inevitably befall you. The courier, with important papers and a large sum of money, is to pass on this very road in half an hour, with a very feeble escort, and you cannot fail of meeting him." Reina, little disposed to trust to the advice of an enemy, took off to the right, in which he acted well; for the lieutenant had endeavoured to entice him to

Doce meses de campaña - Twelvemonth's campaign

obró bien, pues el subteniente había puesto empeño de que siguiese por la carretera, con la esperanza de que cayera en manos de la columna, la que había salido con él de Pamplona y la cual fue obligada a retroceder tan rápidamente como se explica en el capítulo anterior.

Desde aquí, con nuestros prisioneros, marchamos a Estella, la que inmediatamente de la caída, de Treviño había sido abandonada. Aquí, en la segunda ciudad de Navarra, hicimos nuestra entrada triunfal, en medio del repique de las campanas, la lluvia de flores y la alegría frenética de los habitantes. Según la costumbre de España en todo regocijo o cuando pasa una procesión, se colgaron de las ventanas banderas, mantones y hasta cortinas y sobrecamas, y por la noche, la plaza fue iluminada. Esta ciudad, que había sido fortificada por los cristinos desde el principio de la guerra, está situada a lo largo de las orillas del Ega, y se halla dominada por altas y pendientes rocas; a un lado se levanta la capilla de Nuestra Señora de los Dolores; en el otro hay también una iglesia antigua, cuya torre gris no alcanzaba completamente la

follow the road, in the hopes that he would have fallen in with the column, which he knew was to sally from Pamplona, and which had been so quickly obliged to retrograde.

From hence, with our prisoners, we marched on Estella, which immediately on the fall of Treviño had been abandoned. Here, in the second city of Navarre, we made our triumphant entry, amidst the ringing of bells, the scattering of flowers, and the phrenzied joy of the inhabitants. According to the custom in Spain, in any great rejoicing, or when a procession passes, banners, shawls, handkerchiefs, and even old curtains and bed-covers, were hung out of the windows; and in the evening the place was illuminated. This city, which had been fortified by the Cristinos ever since the beginning of the war, is situated along the banks of the Ega, and is overlooked by high and steep rocks. On one side rises the chapel of Nuestra Señora de Dolores, or Our Lady of Woe. On the other is also an old church, its grey spire not reaching to the full height of the rocks. As the city lies completely in a hollow,

Capítulo 21 / Chapter 21

altura de las rocas. Como la ciudad está situada en una hondonada, ahora que los carlistas se hallaban en posesión de artillería, podía haber sido reducida a cenizas en un día, a no ser que se hubieran construido fuertes en todas las alturas que la rodean; pero para esto eran necesarios trabajos muy importantes y una guarnición más numerosa de la que el enemigo podía aportar, y, en consecuencia, fue abandonada.

Apenas podía verse un joven en la plaza, pues casi todos se habían unido a Zumalacárregui al principio de la guerra, y la muchedumbre de ansiosas madres, hermanas y parientes que corrían a nuestras filas preguntando por noticias de aquellos que hacía tanto tiempo habían partido, ofrecía una escena muy impresionante. Hasta el momento de la derrota de Valdés habían estado en la más horrorosa de las incertidumbres, pues los cristinos afirmaban atrevidamente que los carlistas eran derrotados en todas direcciones, aunque los cientos de heridos llevados a Estella después de diferentes acciones libradas en la vecindad, contradecían esta afirmación. Esta era la primera vez que

now that the Carlists were in possession of artillery, the town might in a day have been reduced to ashes, unless forts had been built on all the surrounding heights; but for this, very extensive works, and a more numerous garrison than the enemy could afford, would have been necessary. In consequence it was abandoned.

Scarcely a young man was to be seen in the place, nearly all having joined Zumalacarregui at an early period of the war; and the crowds of anxious mothers, sisters, and relatives rushing through our ranks, and inquiring for or meeting with those from whom they had been so long parted, offered a very affecting scene. Up to the time of the defeat of Valdes they had been in a dreadful state of uncertainty; as the Cristinos had always boldly asserted that the Carlists were beaten in every direction, although the hundreds of wounded brought in after different actions in the vicinity contradicted this statement. It was the first time they were assured that the Royalists were victorious, as the Cristinos were pursued to the very gates where the firing was heard; and near three thousand men

ellos estaban seguros del triunfo de los carlistas, pues tras la derrota de Valdés los cristinos fueron perseguidos hasta las mismas puertas de la ciudad, donde se oía el fuego, y cerca de tres mil volvieron cubiertos de barro, sin fusiles, sin chacos y muchos sin zapatos y sin nada. En esta ocasión ellos reconocían que si el día se hubiera prolongado unas horas más, todos hubieran perecido. Fueron alojados por compañías enteras y se obligó a los patrones a encontrar alimento para sus hambrientos huéspedes. La guarnición recibió aviso de evacuar la plaza con sólo seis horas de anticipación, después de muchos meses de residencia, pues se temió que Zumalacárregui marchara sobre ella. Los pocos "urbanos" y sus familias fueron obligados a abandonar la mayor parte de su propiedad, la que fue cogida y confiscada en beneficio de los carlistas que habían sufrido igual trato de los partidarios de la Reina.

Aquí recibimos noticia de la derrota de Oráa en las Siete Fuentes de Elzaburu, con pérdida de un millar de hombres. Fue derrotado por

returned, covered with mud, sans muskets, sans chakos, and many sans shoes and sans anything. On this occasion, they frankly admitted, that if the daylight had lasted a few hours longer, they would all have perished. They had been lodged by whole companies; and the patrons, or masters of the houses, had been forced to find food for their famishing guests. The garrison had only received six hours' notice to prepare for evacuating the place, after a residence of many months, when it was feared Zumalacarregui would march upon it. The few Urbanos and their families had consequently been obliged to leave the greater part of their property behind, which was seized and confiscated for the benefit of the Carlists, who had been similarly served by the Queen's partisans.

We here received the intelligence of the defeat of Oraa, at the Seven Fountains of Elzaburu, with the loss of a thousand men. He had been beaten by Cuevillas and Elio, who had formed a junction with Sagastibeltza and the 5th battalion from the Baztan. Elizondo, Urdax, Santesteban, and Irun had consequently been abandoned, and the

Cuevillas y Elío, los que se habían concentrado con Sagastibeltza y el quinto batallón del Baztán. Elizondo, Urdaz, Santisteban e Irún fueron abandonados. A consecuencia de esto, el país, desde la frontera de Francia hasta Pamplona, se hallaba completamente limpio de enemigos.

De aquí marchamos a Villafranca de Guipúzcoa, una población que era bastante fuerte, a pesar de que se hallaba dotada de una fortificación de forma irregular. Yo creo que la intención de Zumalacárregui era atacar esta plaza y después Bergara, por los almacenes que contenía, y luego sitiar a Vitoria, la que, o debía rendirse o dar lugar a una acción general, que en vista de la desmoralización del enemigo, éste nunca la hubiera intentado, o, de intentarla, la confianza de sus hombres (los de Zumalacárregui), acrecentada por el recuerdo de dos victorias anteriores obtenidas en aquel mismo suelo, no hubiera dado lugar a dudas acerca del resultado. Nos hallábamos en este momento en posesión de nueve cañones: "el Abuelo", un mortero de trece pulgadas,

country, from the frontier of France to Pamplona, was entirely cleared.

From hence we marched on Villafranca of Guipuzcoa, a town which, for an irregular fortification, was passably strong. It was the intention of Zumalacarregui, as I have every reason to believe, to have attacked this place, and then Bergara, for the stores they contained, and then to besiege Vitoria, which must either have fallen, or have led to a general action; which, so great was the demoralization of the enemy, they would never have risked, or, if they had, the confidence of his men, increased by their treading the very soil celebrated for two previous victories, left no doubt as to the result. We were now in possession of nine guns the Abuela, a 13-inch mortar; two 7-inch mortars: an 8-pounder; two 6-pounders taken at Echarri Aranaz, and two 4-pounders taken on the 27th of October.

As I was rather unwell, I obtained leave of absence, and remained behind in the village of Acedo, with two servants, for a few days. When I next joined head-quarters, it was at

Doce meses de campaña - Twelvemonth's campaign

un cañón de ocho libras, dos morteros de siete pulgadas, dos de seis libras tomados en Echarri Aranaz y dos de cuatro libras tomados el 27 de octubre.

Como yo no me encontraba bien, obtuve permiso para descansar y permanecí en la retaguardia, en la aldea de Acedo, con dos asistentes, durante unos pocos días. Cuando me uní de nuevo al Cuartel General, fue en el momento en que el sitio de Villafranca había sido levantado, o, más bien, interrumpido a causa del tiempo lluvioso, que parecía perseguir a los carlistas siempre que intentaban sitiar una plaza. Estos pocos días de descanso fueron muy agradables para mí. Recuerdo que me alojé en el antiguo palacio, un edificio cuadrado, de ladrillo, con una especie de palomar en el tejado. Era propiedad de algún conde francés, cuyo nombre no recuerdo, y que se había casado con la heredera del coto o finca a la cual pertencía esta mansión; se hallaba en este momento habitada por el párroco de la localidad, al cual yo conocía por haberme alojado en ella anteriormente. El nos divirtió mucho por la

the moment that the siege of Villafranca had been raised, or rather was interrupted, on account of the rainy weather, which seemed to persecute the Carlists whenever they attempted to besiege a place. These few days of rest were far from unacceptable to me. I lodged, I remember, in the old Palacio; a square heavy brick building, with a sort of pigeon-house on the top of the roof. This was the property of some French count, whose name does not occur to me, and who had married the heiress of the rich domain to which the mansion belonged. It was now inhabited by the vicar of the place, whom I had known from having been quartered there previously. He much amused us by the vehemence of his protestations, when accused by one of the inhabitants of having, in conformity to the orders issued by the enemy, prayed in his mass for Queen Isabella II I took up my quarters in a large hall, where I found an old picture of Nuestra Señora de la Vela or Our Lady of the Taper, whose aid to those who pray for her interference was, half-poetically, half-grotesquely, represented on the canvass. A Count of Oñate, a crusader, by the red

[581]

Capítulo 21 / Chapter 21

vehemencia con que protestaba cuando era acusado por uno de los habitantes de haber rogado en la Misa por la Reina Isabel II, de acuerdo con las órdenes dictadas por el enemigo. Mi habitación se hallaba en una gran galería, donde encontré una vieja pintura de Nuestra Señora de la Vela, cuya ayuda para aquellos que rogaban por su intercesión estaba representada en el lienzo medio grotesca, medio poéticamente. Un conde de Oñate, cruzado, a juzgar por la cruz roja sobre el pecho, figura en una frágil galera, en mar tormentoso, con sus manos cruzadas, mientras que la imagen de Nuestra Señora de la Vela aparece entre nubes y le da seguridad de salvación. Se ve también una madre arrodillada a los pies de la cama de un hijo moribundo, implorando su protección, cuando aparece la imagen de Nuestra Señora de la Vela, asegurándole la curación. El criminal, o acaso el condenado sin delito, a punto de subir al cadalso, aparece pidiendo la intercesión de Nuestra Señora de la Vela, y cuando ella se hace visible en un lado, el mensajero sale corriendo con la orden de suspensión de sentencia. Al final, y aquí termina esta leyenda, en más

cross on his breast, is seen in a frail galley on a stormy sea, and is clasping his hands as the image of our Lady of the Taper appears through the clouds, and assures him of safety. A mother is seen on her knees by the sick bed of a dying child, imploring her protection; when the image of Our Lady of the Taper appears to assure her of recovery. The criminal, or perhaps the guiltlessly condemned, about to mount the scaffold, is praying for Nuestra Senora de la Vela's intercession; and, as she is visible on one side, the messenger is seen spurring up with a reprieve. Lastly, concludes this illustrated legend, "more than once the tapers lighted in her honour have burned without being consumed nay, have been even known to augment."

At the door of a cottage in the little square before the church, I saw a family apparently in great grief. I instantly recognised a middle-aged woman to be the same, who, coming to inquire for her son in the regiment of lancers of Navarre, as we were passing through some months before, was informed that he had been killed at the surprise of Viana. On inquiring the cause of her

Doce meses de campaña - Twelvemonth's campaign

de una ocasión, las velas encendidas en su honor han ardido sin consumirse, y más aún, se las ha visto aumentar.

En la puerta de una choza, en la pequeña plaza que se halla delante de la iglesia, vi una familia que, al parecer, se encontraba en gran luto; reconocí en el acto que aquella mujer de edad media era la misma que, viniendo a preguntar por su hijo, que se hallaba en el regimiento de Lanceros de Navarra, cuando pasamos por aquel mismo lugar unos meses antes, había sido informada de que su hijo había muerto en la sorpresa de Viana. Al inquirir de nuevo sobre la causa de su actual dolor, me informó que su único hijo sobreviviente había muerto el 23 en el batallón de Guías, el día de la derrota de Valdés. Ella sintió una satisfacción melancólica cuando yo le hice observar que ambos habían caído en la hora de la victoria. Aquí, como en todas partes, el campesino parecía sentir un profundo y entusiasta interés por nuestro éxito.

Yo no sé si he dicho antes que, particularmente en los principios de la campaña, cuando nos veíamos obligados

present distress, she informed me that her other only surviving son had fallen on the 23rd, in the battalion of guides the day of the defeat of Valdes. It was but a melancholy satisfaction to her, when I observed to the poor matron, that they had both fallen in the hour of victory. Here, as everywhere, the peasant seemed to take a deep and thrilling interest in our success.

I do not know if I have already mentioned that when particularly in the early part of the campaign we had been obliged to retire before the steadiness or superior numbers of the enemy, men and women might be seen at their doors, as we passed by, in tears; and when we were successful they seemed to share the glories of our victory bitter as were too often the fruits which either victory or defeat entailed upon the peasant.

As the village, having already given all their oats and barley, could only furnish me with Indian corn which, although we were too often obliged to make use of it, is so hard that it inflames the mouth of a horse I took the opportunity of riding over to our hospitals

Capítulo 21 / Chapter 21

a retirarnos ante el empuje de fuerzas superiores del enemigo, se veían hombres y mujeres en las puertas de sus casas llorando mientras pasábamos, y cuando éramos triunfadores parecía que participaban de las glorias de la victoria, aunque eran amargos, tanto los frutos de la derrota como los del triunfo para el campesino.

Como en la aldea, por haber entregado ya toda su avena y cebada, sólo me podían proveer de maíz, el que, aunque muy a menudo tuviéramos que usarlo, es tan duro que inflama la boca del caballo, me aproveché de esta oportunidad para cabalgar hasta nuestros hospitales de Val-de-Lana, para obtener raciones de avena de la enfermería, adonde mandaba todas las mañanas un asistente con una muía a recogerla.

Como a cuatro millas del camino, hay una suave cuesta en un denso bosque de encinas y arbustos. A un lado del largo y estrecho valle que se extiende bajo los pies, se hallan las sombrías rocas grises que es necesario pasar para entrar al valle de Amezcoa y que corren paralelas a las mismas. Abajo se hallan las aldeas de

in the Val de Lana, to obtain rations of barley from the infirmary, whither I sent a servant every morning with a mule to fetch them.

About four miles off the road is a gentle ascent through a dense wood of encina and arbutus. On the side of the long narrow valley which spreads beneath your feet, rise the bleak grey rocks which must be passed to enter the Amezcoas, and run parallel with it. Below, were the villages of Narcue, Ulibarri, and Vitoria; the two former were full of our wounded, to the number of perhaps five hundred; the latter place, being also an infirmary for horses, contained about a hundred wounded and sick.

The men suffering from trifling wounds or from sickness were not sent to the hospital, but placed in the private houses of villages, where they were always treated with the greatest kindness; and it was but rarely, even if the enemy passed through although perhaps not less than a thousand men were scattered over the country, that any of them were surprised. The approach of a column was always known hours

Doce meses de campaña - Twelvemonth's campaign

Narcúe, Ulibarri y Viloria; las dos primeras estaban llenas de heridos, hasta el número de unos 500; la última, que era una enfermería para caballos, contenía unos 100 heridos y enfermos.

Los soldados que padecían ligeras heridas o enfermedades, no eran llevados al hospital, sino alojados en las casas de las aldeas, donde eran siempre tratados con la mayor amabilidad, y ocurría muy rara vez, aun cuando el enemigo pasase por allí, que fuera sorprendido ninguno de ellos, aunque había no menos que mil heridos o enfermos desparramados por la región. La proximidad de una columna era siempre conocida horas antes por el paisanaje, y los carlistas imposibilitados eran trasladados a los caseríos, o sea a casas aisladas en las montañas. El visitar todos los caseríos situados cerca de los caminos por donde pasaban los cristinos, era imposible, pues se hacía peligroso el envío aun de pequeños destacamentos para tal finalidad. Los heridos que yo vi en el hospital estaban peor atendidos que en otras plazas, a causa de contener varios de ellos cada casa de las tres aldeas. Además, la visión

beforehand by the peasantry; and the disabled Carlists were removed to the casarios, or isolated houses in the mountains. To visit all places of that description near which the Cristinos passed was impossible, as it was dangerous for them to send off even the most trifling detachment for such a purpose. The wounded whom I saw in the hospital, on account of every house in the three villages containing several, were much less attended to than in the other places; besides which, the constant sight of suffering had hardened the feelings of the inhabitants; and the thousand little attentions which, useless or useful, soothe so much a bed of sickness, seemed omitted. In point of medical assistance, perhaps they were better off; but as the surgeons were little superior to village barbers, this was not much to their advantage: three-fourths of those who were severely wounded, even if they had only arms or legs broken, perished. I saw here many of my friends; amongst others Torres, the colonel of the guides, who was convalescent. So great, from the want of surgical skill, was the mortality which prevailed, that when we heard of any one having gone

Capítulo 21 / Chapter 21

constante de tanto sufrimiento había endurecido los sentimientos de los habitantes, y las mil pequeñas atenciones, útiles o inútiles, que tanto consuelan la cama de un enfermo, parecían omitirse. En cuanto a asistencia médica, acaso se encontraban mejor; pero como los cirujanos eran poco mejores que los barberos de aldea, esto no les reportaba gran ventaja: tres cuartas partes de los heridos graves, aun los que sólo tenían las piernas o los brazos rotos, perecían. Yo vi aquí a muchos de mis amigos, entre ellos a Torres, el coronel de los Guías, que se hallaba convaleciente. Era tan grande la mortandad que existía a causa de la carencia de habilidad quirúrgica, que cuando oíamos de cualquiera que había ido al hospital, la exclamación natural era "¡pobre hombre!", y nos sorprendíamos siempre al ver a uno que volvía del hospital, a no ser que su herida fuera muy leve.

El penetrar en el valle, en el cual se hallan situadas estas aldeas, era empresa más bien difícil; se hallaba siempre tan bien vigilado, que solamente en una ocasión el enemigo penetró en el mismo (aunque lo intentó dos o tres veces), y

to the hospital, the natural exclamation was "Poor fellow" and we were always surprised to see any one return from it, unless his wound was very trivial.

To penetrate into the valley in which these villages arc situated was rather a difficult tiling: it was always so well watched, that an entrance was never but once effected, though two or three times threatened, when the wounded were all carried into the mountains for safety. The scene is said to have been heart-rending; and yet, until the second time that Valdes assumed the command, our wounded even were never in security; when they had been surprised by Quesada, Rodil, and Mina, they were almost invariably butchered.

I had previously, during the campaign, reposed from its fatigues for a few days, and had more than once been to and fro between the Ebro and the frontiers where the principal points on all the roads were occupied by Christino garrisons. Although repeatedly sleeping within ten or twenty minutes of their fortified places, secure in the devotedness of the peasantry

entonces los heridos fueron todos llevados a las montañas para mayor seguridad. Se dice que la empresa fue impresionante; hasta la segunda vez en que Valdés asumió el mando, nuestros heridos nunca se hallaban seguros; cuando se vieron sorprendidos por Quesada, Rodil y Mina, fueron casi siempre brutalmente asesinados.

Había yo descansado anteriormente de las fatigas de la campaña por unos pocos días, y me moví en todas direcciones entre el el Ebro y las fronteras, a pesar de que los puntos principales de todos los caminos se hallaban ocupados por guarniciones Cristinas. Aunque dormí repetidas veces dentro de un radio de diez o veinte minutos de sus plazas fortificadas, seguro y confiado en la adhesión del paisanaje y en la vigilancia de las partidas, en una o dos ocasiones me vi obligado a escapar, previo aviso desagradablemente urgente; sin embargo, yo nunca corrí mayor peligro de ser cogido prisionero que cuando el país se hallaba casi libre de fuerzas enemigas, las que, exceptuando unas pequeñas columnas volantes de López y Gurrea, en la

and the vigilance of the partidas, I had on one or two occasions found myself obliged to escape on notice that was inconveniently short; yet I never ran a greater risk of being taken than I did when the country was comparatively clear of the enemy, who, excepting a small flying column of Lopez and Gurrea in the Rivera, was shut up in Pamplona, Vitoria, and Viana. I had gone one evening to Estella, to take the baths; and as it was a long time since we had been in a large town, this offered many attractions, which at another time would have been passed over.

So rapidly had it been evacuated, that the enemy had abandoned one hundred and forty invalids, leaving their own surgeon; and until, pursuant to the capitulation effected by Lord Eliot, some place for the mutual security of the sick had been agreed to, we removed many of our wounded there, those of the enemy being hostages against any treachery on their part. A governor had consequently been appointed, and the place was thronged with a number of the ailing and the idle of our own army. Now that the lives of the prisoners were to be

Capítulo 21 / Chapter 21

Rivera, se hallaban encerradas en Pamplona, Vitoria y Viana. Había marchado una noche a Estella para tomar los baños, y como hacía mucho tiempo que no habíamos estado en una población grande, ésta nos ofrecía atracciones que en otras ocasiones hubiéramos despreciado.

Tan rápidamente había sido evacuada, que el enemigo dejó abandonados 140 inválidos, así como uno de sus cirujanos, y hasta que fuera escogido algún lugar de mutua seguridad para los enfermos, de acuerdo con las capitulaciones del convenio de Lord Eliot, nosotros trasladamos muchos de nuestros heridos allí, quedando los del enemigo como rehenes contra cualquier traición de su parte. Fue nombrado un gobernador, y la plaza se hallaba atestada con gran número de enfermos y de ociosos de nuestro propio Ejército. Ahora que las vidas de los prisioneros eran respetadas, fue sorprendente la falta de precaución de nuestra gente, y esto trajo como consecuencia más de una captura.

Había yo pasado varios días en Estella muy agradablemente, sin levantarme nunca hasta las

respected, the incaution of our own people was striking, and caused more than one capture.

I had spent several days at Estella very agreeably, never rising till twelve o'clock; and as the good people of the house in which I was quartered seldom rose till ten, we were admirably suited to each other. One morning, however, by a great chance, unable to sleep, I dressed at eight o'clock, and went to the lodgings of a friend who was quartered at an inn on the market-place, the patrona, or mistress, of which was noted as one of the few Cristinos in the place.

I observed some bustle in the streets, and heard some talk of the Cristinos coming; but as this was repeated every day, and I had been accustomed always to hear march beat, not having been more particularly informed of the approach of danger, and as I saw no preparations for the departure of the sick and wounded, I had resolved on remaining. I took no notice, but went to rouse my friend out of his sleep, trying to persuade him that he had overslept himself, and that it was past twelve. We took chocolate, the patrona smiling and seeming in high glee,

Doce meses de campaña - Twelvemonth's campaign

doce, y como las buenas gentes de la casa en la cual me hallaba alojado casi nunca se levantaban hasta las diez, encajábamos admirablemente los unos en los otros. Una mañana, sin embargo, por una gran casualidad, no pudiendo dormir, me vestí a las ocho y fui a las habitaciones de un amigo, que se hallaba alojado en una posada de la plaza del Mercado, y cuya patrona se distinguía por ser una de las pocas Cristinas de la ciudad.

Observé algún bullicio en la calle y oí decir que los cristinos venían; pero como esto se repetía todos los días y me había acostumbrado a oír tocar marcha, no habiendo sido informado más detalladamente de la proximidad del peligro ni visto preparativos para retirada de los heridos y enfermos, resolví quedarme. No di importancia a la cosa y marché a despertar a mi amigo e intenté persuadirle de que había dormido demasiado y de que eran las doce dadas. Tomamos chocolate; la patrona reía y parecía de muy buen humor, cuando, al asomarnos al balcón, el asistente de mi compañero corrió escalera arriba y me informó de que la columna López, que pasó la noche

when, on going to the balcony, the servant of my host rushed up stairs, and informed me that the column of Lopez, which had encamped the previous night, was close by, and that when the last peasant left them, the cavalry of the vanguard were at the distance of only a mile and a half, and the road along the river was smooth as a table. Above two hundred housekeepers, who, on the evacuation of the place, had made demonstrations of royalism which would have compromised them, had already fled.

To mend the matter, my servant was so alarmed, that he made innumerable mistakes in saddling our anxiety was lest the enemy should enter before we were ready. Once on horseback, we had little to fear. The gay and cheerful aspect of the place in an instant vanished; all the stalls from the well-furnished market were cleared. This spoke volumes as to the difference of honesty, or at least the severity of discipline on that point, between the enemy's columns and our own. Half the shutters were shut; the inhabitants retired from their doors; and it became almost like a city of the dead.

Capítulo 21 / Chapter 21

anterior en el campo, se hallaba muy cerca, y que cuando el último campesino dejó de verla, la caballería de la vanguardia se hallaba tan sólo a milla y media, y que el camino a lo largo del río era tan llano como una mesa. Alrededor de 200 patronas que, al evacuar la plaza los liberales, habían hecho demostraciones de carlismo que les hubieran comprometido, habían huido ya.

Para colmo de desgracias, mi asistente estaba tan alarmado, que cometió innumerables faltas al ensillar. Nosotros temíamos que el enemigo entrase antes de que estuviéramos listos; una vez a caballo, poco teníamos que temer. El aspecto alegre y bullicioso de la plaza desapareció en un instante; todos los puestos del bien abastecido mercado quedaron limpios. Este detalles mostraba bien a las claras la diferencia de honradez o, por lo menos, la diferencia de severidad en la disciplina, en este punto, entre las columnas del enemigo y las nuestras. La mitad de las persianas fueron cerradas y la plaza parecía un cementerio.

Habiendo galopado tan lejos

Having galloped as fast as was safe along the pavement, we took the road to the mountain, and reached an eminence which it takes about ten minutes to ascend, but from whence you look into every street as plainly as from its own steeple, when we saw a troop of carabineros enter. They went straight to the market-place at a brisk trot. About ten minutes' ride farther on a curious spectacle presented itself. The good citizens, who did not find it wise or profitable to await the arrival of Lopez, with their wives on mules or on the little mountain horses, were here anxiously watching the result. We reassured them, by repeating what they had already been told, that the column could not remain above a few hours, as Iturralde was advancing with four battalions, and that they must speedily retire; which was a fact, and turned out as we predicted. From this spot they could see everything going on in Estella; and if the enemy passed through the other gate, we could escape by a dozen different roads, without the possibility of being overtaken, as the most spirited horse can go no faster than a mule on

Doce meses de campaña - Twelvemonth's campaign

como pudimos a lo largo del pavimento, tomamos un camino hacia la montaña y llegamos a una eminencia que se tarda como unos diez minutos en ascender y desde donde se ven todas las calles como desde un campanario, y entonces vimos entrar una tropa de carabineros. Se encaminaron derechos a la plaza del Mercado, a un trote ligero. A unos diez minutos de distancia se nos ofreció un curioso espectáculo. Los buenos ciudadanos que no creyeron prudente o provechoso el esperar la llegada de López, estaban allí, con sus mujeres montadas en mulas o en caballitos de montaña, observando ansiosamente lo que ocurría. Nosotros las consolábamos repitiéndoles lo que se les había dicho, o sea, que la columna no podía permanecer más de unas pocas horas, pues Iturralde avanzaba con cuatro batallones y, por consiguiente, tenían que retirarse rápidamente, lo que ocurrió, de hecho, tal como lo predijimos. Desde este lugar ellos podían ver todo lo que pasaba en Estella, y si el enemigo salía por la otra puerta, nosotros podíamos escapar por una docena de caminos diferentes sin la

the broken pathways that lead up to it.

As the siege of Villafranca was continuing, I started to regain head-quarters. We travelled all day through torrents of rain, and as we passed the tableland round the Venta de Urbasa, the wind was so high, that I was obliged to take off my cloak, and work my way up against it by going in a zigzag direction, as the torrents of water beat with such violence against my face that it was impossible to see if going straight against it; and my horse had already stumbled several times in the holes and ditches which the rain had filled with water.

I lodged in a village of the Burunda, where, in the evening, three or four of the members of the consejo, or council, came to smoke their cigarillos, and to inquire the news. Since we had cleared Burunda of its garrisons, the inhabitants had been pretty free from rations; but three squadrons of our cavalry and several battalions now quartered there, which again made them open their pursestrings, made them all outrageous; and we had a violent discussion, they

Capítulo 21 / Chapter 21

posibilidad de ser alcanzados, pues el más ligero caballo no puede caminar más deprisa que una muía por los difíciles senderos que conducen a la montaña.

Como continuaba el sitio de Villafranca, yo partí para unirme al Cuartel general. Anduvimos todo el día a través de torrentes de agua, y cuando pasamos la meseta que rodea la venta de Urbasa el viento era tan fuerte que yo me vi obligado a quitarme mi capote y abrirme paso zigzagueando, pues la fuerza del agua batía con tal violencia contra mi cara, que me era imposible marchar de frente, y, además, mi caballo había caído ya varias veces en los agujeros y zanjas, que estaban llenos de agua.

Yo me alojé en una aldea de la Burunda, donde, por la noche, tres o cuatro de los miembros del Concejo o Ayuntamiento vinieron a fumar cigarrillos y a averiguar noticias. Desde que dejamos limpia la Burunda de sus guarniciones, los habitantes estuvieron bastante libres de la requisa de raciones; pero los tres escuadrones de nuestra caballería y varios batallones que quedaron allí acuartelados, hicieron que los

declaring that the peasant could stand the rations he was obliged to furnish no longer. In all the districts which had been the principal theatre of war I was accustomed to these expressions of discontent; and never did the inhabitants complain so vehemently as during the first two or three months that I was with the army. Experience taught me the way of silencing their murmurs. I appeared at last to chime in with them. "You are quite right, my friends; the peasant cannot stand the exactions any longer; we shall be obliged to give up to the Cristinos." This instantly elicited all their patriotism and party spirit. "Give up to the Cristinos? Never! We Navarros we who have beat them so often give up? They shall burn our houses over our heads take our last cow, and our last sheaf of corn or stalk of maize before ever we acknowledge any but Don Carlos, or give up to the Christina!" to whom, en passant, they applied no very polite epithets. This was invariably the case. Often those who complained most bitterly were the most violent Carlists. This feeling of devotion to their cause absorbs every other even that

[592]

aldeanos tuvieran que abrir sus bolsas, lo que les irritó; tuvimos una violenta discusión, en la que ellos declararon que el campesino no podía resistir por más tiempo la entrega de raciones; yo estaba acostumbrado a escuchar estas expresiones de descontento en todos los distritos que habían sido teatro principal de la guerra, y nunca los habitantes se quejaron tan vehementemente como durante los primeros dos o tres meses que pasé con el Ejército. La experiencia me enseñó a acallar sus murmullos; por fin, me puse de acuerdo con ellos. "Ustedes tienen razón, amigos míos; el aldeano no puede sobrellevar estas exacciones por más tiempo; nos veremos obligados a entregarnos a los cristinos." Esto despertaba inmediatamente su patriotismo y su espíritu de partido. "¿Entregarnos a los cristinos nosotros? ¡Jamás! Nosotros, navarros; nosotros que tantas veces les hemos batido, ¿entregarnos? Ellos quemarán nuestras casas sobre nuestras cabezas, se apoderarán de nuestra última vaca, de nuestra última mazorca de maíz, antes de que reconozcamos a nadie más que a Don Carlos, o antes de que nos entreguemos a Cristina"; a la cual aplicaban,

of vengeance. A peasant of Eulate, in the Amezcoas, had been beaten with the flat of his sword by an officer, for his unbearable and uncourteous behaviour. The peasant vowed revenge. Two months after, the officer being wounded, was surprised at finding the same individual come to the village where he was, to apprise him that he was in danger, for which purpose he had come after nightfall several miles. When the officer thanked him, he told him to thank not him, but heaven, that he was a Carlist; and refused to take any reward. When the wounded man observed that he was in great pain with his shoulder, he very coolly observed, "Me alegro"- "I am glad of it", and went his way.

On reaching head-quarters, the siege of Villafranca, which had lasted five days, had been interrupted on account of the weather, but was however speedily resumed. Villafranca is a small town, some leagues to the south of Tolosa and east of Bergara, situated in a plain, through which winds the river Orrio, and on the high road from Bayonne to Burgos. Previously to taking Tolosa, this place was invested. Like

de paso, epítetos no muy corteses. Esto ocurría siempre; a menudo, los que más se quejaban eran los más vehementes carlistas. Este sentimiento de devoción a su causa absorbía todo otro, aun el de la venganza. Un campesino de Eulate, en el valle de Amezcoa, había sido golpeado con lo ancho de su espada por un oficial, por su conducta descortés e insufrible. El campesino juró venganza; dos meses después, habiendo sido herido el oficial, se sorprendió al enterarse de que el mismo individuo castigado vino a la aldea donde él estaba a enterarle de que se hallaba en peligro, para lo cual había caminado de noche varias millas. Cuando el oficial le dio las gracias, le dijo que no se lo agradeciese a él, sino al cielo, de que era un carlista, negándose a recibir premio alguno. Cuando el herido dijo que tenía mucho dolor en su espalda, el campesino contestó fríamente: "¡Me alegro!", y se marchó.

Al llegar al Cuartel general, el sitio de Villafranca, que había durado cinco días, se hallaba interrumpido a causa del mal tiempo; pero fue rápidamente recomenzado. Villafranca es una villa situada a pocas leguas

most of the towns in the northern provinces, the houses are high, and the streets narrow, so that the place covers but little ground. The whole was surrounded by a high and massive wall, round which a fosse had been dug, and the gates blocked up with planks laid edgewise and filled up with mud, besides a double ditch and chevaux-de-frise. Here all the Cristinos of the surrounding country had retired; those who were suspected of royalism had been driven out, the newcomers without ceremony taking possession of their homes: consequently its present inhabitants consisted of all who were most obnoxious in the country, who had taken refuge there. The garrison consisted of three hundred of the line, and about three hundred Urbanos. Such was the number of men within the place; and from their known attachment to the contrary opinions, and the muskets that were found dirtied, although, on the surrender of the place, they endeavoured to make it appear that only forty were Urbanos, there is no doubt but that all were under arms. On one side Villafranca is overlooked by a steep hill. Without this

al sur de Tolosa y al este de Bergara, en una pequeña llanura que atraviesa serpenteando el río Orio, en el camino real desde Bayona a Burgos. Antes de tomar Tolosa, esta plaza fue cercada. A semejanza de la mayor parte de las poblaciones del Norte, las casas son altas y las calles estrechas, de tal manera, que la población ocupa poco terreno. El conjunto se hallaba rodeado de un muro alto, macizo, alrededor del cual se había cavado un foso, y las puertas estaban cerradas con planchas colocadas de canto, con el espacio libre de barro, además de tener una doble zanja y "chevaux de frisse". Aquí se habían retirado todos los cristinos de la comarca, y aquellos que eran sospechosos de carlismo habían sido expulsados, tomando los recién venidos posesión de sus casas sin ningún título; por consecuencia, sus actuales habitantes eran los más adversos de toda la comarca, que se habían refugiado allí. La guarnición consistía en trescientos soldados de línea y alrededor de trescientos "urbanos": éste era el total de fuerzas dentro de la plaza, y por su adhesión conocida a la opinión contraria, y por los fusiles que se encontraron

circumstance, it might have baffled the efforts of the Carlists much longer, as the only heavy pieces were the mortars and the eighteen-pounder.

Being all wretchedly lodged, I went with two other officers, and took up my quarters about three miles up the bank of the river, in a large forge. The house adjoining was spacious and comfortable, and the owners apparently wealthy. Having ordered supper, we began to make acquaintance with our hosts; but a young lady seemed to be the mistress, and the others, superintendents, servants, and workmen. On inquiring the news, of course I gave them as favourable an account as possible of the Carlists, as generally the inhabitants took a lively interest in our success; and informed them that, unless Villafranca surrendered next day, preparations were making to storm it, and every living soul would be put to the sword. On this the lady of the forge burst into tears; and I gathered, with some difficulty, that her father and a brother were Urbanos, and then in Villafranca. We did our best to console her. We knew it was impossible for Valdes again to

Capítulo 21 / Chapter 21

sucios y usados, no hay duda de que todos se hallaban bajo las armas, aunque al rendirse la plaza intentaron hacer ver que sólo había cuarenta "urbanos". De un lado, Villafranca se halla dominada por un monte muy empinado; a no ser por esta circunstancia, sus defensores hubieran frustrado los esfuerzos de los carlistas durante mucho más tiempo, pues sus solas piezas pesadas eran los morteros y el cañón de dieciocho libras.

Hallándonos todos míseramente alojados, yo fui con dos oficiales más y tomé alojamiento en una gran herrería, situada a unas tres millas, río arriba. La casa contigua era espaciosa y confortable, y sus propietarios, aparentemente, ricos. Habiendo ordenado la cena, empezamos a trabar conocimiento con nuestros patrones; pero parecía que una joven señora era la dueña, y los demás, superintendentes, criados y obreros. Al pedirnos noticias, yo las di, naturalmente, favorables a los carlistas, pues los habitantes, por regla general, mostraban un vivo interés por nuestros éxitos, y les informé de que, a no ser que Villafranca se entregase al día siguiente, se

take the field, particularly to penetrate into the province, where, the valleys being narrower and the plains of trifling extent, every five minutes he was liable to be stopped either from advancing or retreating, by the Carlists. Moreover, since the defeat of the 2nd and 3rd of January, they showed no desire to meet Zumalacarregui in the province; and the total discomfiture of Iriarte at Gurnica by Gomez had added to this another fatal example. The main army of the Queen therefore made no further demonstration than advancing from Pamplona towards the Burunda, whence, finding Iturralde there with his division, they speedily retreated.

In the first instance, our men had taken possession of some houses, not fifty yards from the gate, during a dark night. Here they commenced mining. On their retiring from before the place, the Cristinos sallied, and burned these houses. It was supposed that battering the place alone would suffice. Two mortars, one throwing shells of 175 pounds weight, played incessantly, and did considerable damage, though each time a shell was seen in

[596]

hacían preparativos para asaltarla, y que toda alma viviente sería pasada por la espada. Al oír esto la señora rompió en lágrimas, y yo pude entender, después de algunas dificultades, que su padre y su hermano eran "urbanos" y se hallaban en Villafranca. Hicimos todo lo que pudimos para consolarla. Nosotros sabíamos que era imposible que Valdés saliese de nuevo a campaña, especialmente para penetrar en esta provincia, en la que, por ser los valles más estrechos y las llanuras muy reducidas, se hallaría expuesto a ser detenido por los carlistas cada cinco minutos e imposibilitado de avanzar o de retirarse. Además, desde la derrota del 2 y 3 de enero, ellos no mostraban ningún deseo de enfrentarse con Zumalacárregui en aquella provincia. Y la total derrota de Iriarte en Gurnica por Gómez fue un nuevo y fatal golpe. El ejército principal de la Reina, por consiguiente, no efectuó otra demostración que la de avanzar desde Pamplona hasta la Burunda, desde donde, al encontrar allí a Iturralde con su división, se retiró rápidamente.

En el primer avance, nuestros soldados se posesionaron de

the air, a man, placed on the look-out in a steeple, struck the bell to give the inhabitants warning, so that they might rush into the houses, where they ran less risk. It seems surprising how our heavy pieces had ever, by the mere draught of oxen, been brought up the steep slippery road such a height, the soil of which was stiff clay soaked by the long rain. A breach was at last effected in the wall of two massive old houses, and, although scarcely practicable, the General ordered the assault. As Villafranca is in the province of Guipuzcoa, he gave the post of honour to the 1st battalion of Guipuzcoa, and in particular to two companies, which were to lead the way. Three battalions of Navarre were to follow. They advanced silently with ladders to scale the walls. Having had two or three men killed, the two foremost companies fell back, and resolutely refused to be led again to storm the place. When the officers of the companies signified this to the General his fury knew no bounds. He broke the commissioned and non-commissioned officers, and ordered the companies to draw lots for one man in ten to be shot, for cowardice according,

Capítulo 21 / Chapter 21

algunas casas que se hallaban a menos de cincuenta metros de la puerta, durante una noche obscura. Aquí comenzaron a preparar una mina. Al retirarse los nuestros de delante de la plaza, los cristinos hicieron una salida y quemaron estas casas. Se supuso que bastaría con batir la plaza: dos morteros, uno de los cuales lanzaba bombas de 175 libras, disparaba incesantemente y causó considerable daño, aunque cada vez que se veía una bomba en el aire, un hombre colocado en el observatorio de la torre sonaba una campana para dar aviso a los habitantes, de tal modo, que éstos pudieran precipitarse dentro de las casas, en cuyo interior el peligro era menor. Es sorprendente cómo nuestras piezas pesadas pudieron jamás ser arrastradas por parejas de bueyes por aquella empinada cuesta, a tan considerable altura y estando el piso de arcilla completamente mojado por las incesantes lluvias. Por fin, se abrió brecha en el muro de dos sólidas viejas casas, y aunque apenas era practicable, el general ordenó el asalto. Como Villafranca se hallaba en la provincia de Guipúzcoa, concedió el puesto de honor al primer batallón de dicha

to martial law. It was now too late to order on the battalions of Navarre to storm it, as the garrison had thrown out lights in the ditch all round it.

The next day, the cowardly behaviour of the Guipuzcoans being known, Captain Lachica, a very spirited officer commanding the 8th company of Guides, offered to lead the forlorn hope, a hundred and twenty men having volunteered for that purpose. Amongst the first were eighteen French soldiers, all that were in the army; immediately after four companies of the 3rd battalion, or the Requeté, also volunteered; and also the four first companies of the battalion of Guides. All those chosen for the assault were ranged all day along the bank of the river, drinking, singing, and merry-making. The approach of danger seems to play the part in the soldier's thoughts of death when introduced in the old drinking-songs, reminding him of how short a time he may have to devote to pleasure and the bowl.

Lachica deserves some notice in this memoir. Previous to the death of Ferdinand he had

provincia, y, en particular, a dos compañías que debían ir en la avanzada; seguirían tres batallones de Navarra. Avanzaron silenciosamente, con escalas, para subir a la muralla. Habiendo sufrido la pérdida de dos o tres hombres, las dos compañías de la avanzada se retiraron y se negaron resueltamente a asaltar la plaza. Cuando los oficiales de las compañías informaron de esto al general su furia no tuvo límites. Pegó a los oficiales y ordenó que las compañías echaran suertes para fusilar a un hombre de cada diez, por cobardía, de acuerdo con la ley marcial. Se hacía ahora demasiado tarde para mandar a los batallones de Navarra que asaltasen la plaza, pues la guarnición había iluminado la brecha y todo lo que le rodeaba.

Al día siguiente, conocido ya el cobarde comportamiento de los guipuzcoanos, el capitán Lachica, un valiente oficial que mandaba la octava compañía de Guías, se ofreció para mandar la avanzada, para cuya empresa se habían ofrecido ciento veinte hombres. Se encontraron entre ellos dieciocho soldados franceses: todos los que estaban en el ejército. Inmediatamente

been in the horse grenadiers. His dwarfish but withal well-proportioned figure, scarcely higher than his fur cap, rendered him the butt of continual jokes, which his spirit was the last to have brooked, and occasioned continual affairs of honour, which are severely punished in the Spanish army. On one occasion, having struck an insolent trooper, who probably had drunk too freely, the man drew his sword, and made a furious cut at him; he parried this, and severed his head to the jaw-bone. According to martial law he was right; but he gave in his resignation, finding that his diminutive size occasioned continual quarrels, and excited a want of respect in the soldiers. He was placed on half pay, and had retired home to Andalusia. When, little by little, the Queen's government was obliged to send all their officers into the northern provinces, he received an order to join a regiment of lancers; being of Carlist opinions, he threw up his commission; but it was intimated to him that, unless he set out with a good grace, he should be conveyed to the corps to which he had been appointed by carabineros from station to station. He therefore

Capítulo 21 / Chapter 21

después también se ofrecieron como voluntarias cuatro compañías del tercer batallón o "Requeté", y también las cuatro primeras compañías del batallón de Guías. Todos los escogidos para el asalto estuvieron formados todo el día a lo largo de la orilla del río, bebiendo, cantando y de muy buen humor. Parece que la proximidad del peligro influye en el ánimo del soldado como para recordarle lo fugaz de los placeres de la vida, los que intenta apurar en unas horas de locura.

Lachica se merece algún comentario en esta memoria. Antes de la muerte de Fernando había servido en los Granaderos de Caballería; su pequeño, pero bien proporcionado cuerpo, apenas más al toque su gorro de piel, le hacía objeto -de continuas bromas, las que su espíritu toleraba con dificultad, y las que ocasionaban continuos lances de honor, que son severamente castigados en el Ejército español. En una ocasión, habiendo golpeado a un insolente soldado, que probablemente había bebido demasiado, éste desenvainó su espada y le tiró una terrible estocada; paró el golpe y le partió la cabeza hasta la

resigned himself to his fate, determined to pass over to Don Carlos, which he did before he had been a week in Pamplona. In our service he had been in the first instance in the cavalry, and thence exchanged to the Guides, where he much distinguished himself during the defeat of Valdes.

On obtaining leave to lead the forlorn hope, he begged, instead of any promotion, that he might gain by it the lives of the soldiers now at the prevention to be tried for cowardice, saying, that he had conversed with them, and he was willing to answer with his head that they would be the first to scale the walls with him. This the General readily granted; and the men were liberated. The storming party were all in the highest glee. Every one was talking of soon crossing the Ebro for good. This, however, might have been only conjecture; and as such I should have considered it, had I not heard it from the General's own lips, and he was always particularly guarded in announcing what his intentions were. Lachica having kindly proposed to cede to me a part of his men, I went to Zumalacarregui to

mandíbula; según la ley marcial estaba en su derecho; pero presentó su renuncia, dándose cuenta de que su diminuto tamaño ocasionaba continuas riñas y faltas de respeto en los soldados. Se le colocó en la reserva y se retiró a su casa de Andalucía. Cuando, poco a poco, el Gobierno de la Reina se vio obligado a enviar todos sus oficiales a las provincias del Norte, Lachica recibió la orden de unirse a un regimiento de lanceros, y siendo de opiniones carlistas, renunció a su nombramiento; pero se le hizo saber que, a no ser que se uniera a su fuerza de buena voluntad, sería conducido al Cuerpo para el que había sido nombrado, por los carabineros, de estación en estación. El se resignó, por lo tanto, a su suerte, y determinó pasarse a Don Carlos, lo que realizó antes de transcurrida la semana de su estancia en Pamplona. En nuestro Ejército estuvo al principio en la caballería, y luego cambió por los Guías, donde se distinguió mucho durante la derrota de Valdés.

Al obtener permiso para mandar la avanzada del asalto a Villafranca, pidió, en lugar de un ascenso, el que le concediesen el perdón de las

volunteer on the forlorn hope with him, the French soldiers having all offered to go with me. He refused, on the plea that I was a cavalry officer, "of whom," said he, "I shall soon be in want. We are going into the plains of Old and New Castille in a few days, and I reserve you for a service equally desperate and honourable, in your own arm."

As the breach had already been filled up, and it was intended to scale the walls, the ladders having been prepared, the place would not have been carried without some slaughter. The men remained all night without receiving the order to storm. Zumalacarregui, acquainted with a movement of Espartero to relieve it, and aware that the surrender of the place would follow his defeat, delayed the assault to save the lives not only of all the inhabitants, but of those of his own men, who must have perished.

Burgess arrived from the Baztan with another officer, where he had been attending on the eldest of the two sons of General Cuevillas, who, three weeks before, at the battle of Elzaburu, where Oraa's column had been

Capítulo 21 / Chapter 21

vidas de los soldados que se hallaban ahora en la prevención para ser juzgados por cobardía, diciendo que él había hablado con ellos y que estaba dispuesto a responder con su cabeza de que ellos serían los primeros en escalar los muros de la plaza con él. A esto accedió el general enseguida, y los soldados fueron libertados. Las fuerzas de asalto se hallaban de muy buen temple; todos hablaban de cruzar pronto el Ebro definitivamente. Esto más bien parecía una mera conjetura, y como tal la hubiera yo considerado, si no la hubiera oído de los mismos labios del general, y eso que éste era muy reservado para anunciar sus futuras intenciones.

Habiendo propuesto Lachica cederme parte de sus hombres, pedí a Zumalacárregui que me dejase tomar parte en el primer asalto con él, pues los soldados franceses se habían ofrecido a seguirme; él rechazó mi petición alegando que yo era un oficial de Caballería, de los que (me dijo él) "me veré muy pronto necesitado. Vamos a ir dentro de breves días a las llanuras de Castilla, y yo le reservaré para un servicio igualmente desesperado y honorable, en su propia arma".

destroyed, had been mortally wounded, a bullet having fractured the spine. Burgess instantly pronounced that there was no hope of saving him. He was attended by his mother and sister. At Lecumberri, on returning to head-quarters, he saw 480 prisoners, who were afterwards sent to us; they had all been taken at Elzaburu. The capitulation effected by Lord Eliot had only been known the day previous, and to this circumstance they were indebted for quarter.

Espartero, assembling seven thousand men from the garrisons of Bilbao and San Sebastian, resolved to attempt a *coup de main*, with a view to surprise the Carlist army and to relieve the place; during a dark and stormy night, he marched across the mountains to attack us with the above force. Zumalacarregui, however, whose vigilance never slept, acquainted with the movement, disposed of everything for his reception, and sent Eraso with eight companies; whose march could be more easily concealed, to attack him during his march in the darkness.

Doce meses de campaña - Twelvemonth's campaign

Como la brecha había sido ya tapiada y se intentaba escalar las murallas, y se hallaban preparadas las escaleras, la plaza no hubiera sido tomada sin cierta mortandad. Los soldados permanecieron toda la noche sin recibir la orden de asalto. Zumalacárregui, enterado de un movimiento de Espartero para libertar la plaza, y de que ésta se rendiría si aquél era derrotado, retrasó el asalto para salvar las vidas, no sólo de todos los habitantes, sino también de aquellos de sus hombres que iban a perecer.

Burgess, con otro oficial, llegó del Baztán, donde había estado asistiendo al mayor de los dos hijos del general Cuevillas, quien, tres semanas antes, en la batalla de Elzaburu, donde la columna de Oráa había sido destruida, fue mortalmente herido por una bala, que le fracturó la columna vertebral; Burgess dijo en el acto que no había esperanza de salvarle; fue asistido por su madre y su hermana. Encontró en Lecumberri, al volver, al cuartel general y cuatrocientos prisioneros, los que después nos fueron enviados a nosotros; todos habían sido hechos en Elzaburu. El

Espartero could scarcely be blamed for making this desperate effort, or for the want of success that attended it. His design, once suspected by the Carlists, could produce nothing but a disastrous result. Although entirely routed by eight companies, the very numbers of his men increased their confusion; their inferiority on this point was a protection to the Carlists. The attack commenced on the heights of Descarga.

Espartero, leading his troops to surprise the besiegers along the narrow road, perishing with cold, and pierced through to the skin by the rain, slipping and falling every instant in the mud, was suddenly himself surprised by the discharges of musketry of the Carlists, who knew they had only to fire upon the road and rending the air with their shouts of "¡Viva el Rey! ¡Viva Zumalacarregui! ¡Hay cuartel! ¡Hay cuartel!" (There is quarter! there is quarter!) rushed upon them. So demoralized was at that time all the Queen's army by the successes of the Carlist leader, that, making one discharge, they dispersed and fled or surrendered, whole companies throwing down their arms. The son of Eraso

Capítulo 21 / Chapter 21

convenio firmado por Lord Eliot, justamente había sido conocido el día anterior, y a esta circunstancia debieron el que se les diera cuartel.

Espartero, reuniendo siete mil hombres procedentes de las guarniciones de Bilbao y San Sebastián, decidió intentar un golpe de mano, con vistas a sorprender al ejército carlista y levantar el asedio; durante una negra y tormentosa noche, marchó a través de las montañas para atacarnos con la citada fuerza. Sin embargo, Zumalacárregui, cuya vigilancia nunca dormía, sabedor del movimiento, lo dispuso todo para recibirle, y envió a Eraso con ocho compañías para atacarle durante su marcha, en la obscuridad, ocultando muy bien sus movimientos.

No puede censurarse a Espartero por realizar este esfuerzo desesperado, o por la falta de éxito que le acompañó. Su plan, una vez sospechado por los carlistas, no podía dar nada más de sí, sino un resultado desastroso. Enteramente derrotado por ocho compañías, el excesivo número de sus fuerzas aumentó la confusión, y la inferioridad en número de los carlistas fue una ventaja grande

behaved with peculiar gallantry on this occasion.

Fortunately for the vanquished, the treaty of Lord Eliot and their late success considerably calmed the animosity of our men; and not a hundred of the enemy were killed or wounded, although before day-break 1,800 prisoners were made; those who escaped reaching Bilbao in the most pitiable plight, without hats, without shoes, and covered with mud from head to foot. Espartero himself had had his cloak pierced by the thrust of a lance from one of Eraso's own escort; and Mirasol and all his staff were made prisoners in a house by the roadside. Mirasol, who is a little man, was fortunate enough to make his escape in the following manner: as the uniform of brigadier-general is only distinguishable in the Spanish army by the embroidered cuffs, he turned these up, and saying that he was a "tambor" as all the soldiers were anxious to capture officers, and no one would condescend to secure a drummer he received a sound kick, and was delivered to the custody of those without, from whom, having more prisoners than they could manage, he

para éstos; el ataque empezó en las alturas de Descarga.

Espartero, que conducía sus tropas a lo largo del estrecho camino, tiritando de frío y empapadas en agua, cayendo y levantándose a cada instante en el barro, fue repentinamente sorprendido por las descargas de fusilería de los carlistas, que sabían que lo único que tenían que hacer era disparar sobre el camino: atronando el espacio con los gritos de: "¡Viva el Rey! ¡Viva Zumalacárregui! ¡Hay cuartel! ¡Hay cuartel!", se lanzaron sobre ellos. Tan desmoralizado se hallaba en aquel entonces el ejército de la reina por los éxitos del jefe carlista, que, hecha una descarga, se dispersaron y huyeron o se rindieron, dejando abandonadas las armas compañías enteras. El hijo de Eraso se portó con especial valor en esta ocasión.

Afortunadamente para los vencidos, el tratado de Lord Eliot y sus últimos éxitos calmaron considerablemente la animosidad de nuestros soldados y no llegaron a ciento los muertos y heridos del enemigo, aunque antes de amanecer se llevaban hechos más de mil ochocientos

easily escaped.

The next morning a parlementary was sent into Villafranca, to inform the besieged that Espartero, coming to their relief, had been entirely defeated, and that, if they did not surrender immediately, the place would be stormed. Having sent out an officer to assure themselves of the veracity of this statement, by seeing and conversing with the prisoners, he returned with a confirmation of the futility of any further hopes of succour. The place was accordingly given up: the same afternoon, at three o'clock, we took possession. The national guard were disarmed, and, as had been promised, their property was respected themselves being dismissed to their homes, with a hint that, if they in any way again interfered against Don Carlos, they would be treated with less gentleness. Amongst the Urbanos were the father and brother of our patrona of the forge, both unhurt.

A great quantity of stores of all kinds eight hundred muskets, an 8-pounder, but only a small quantity of powder was taken. The fortifications were

Capítulo 21 / Chapter 21

prisioneros. Aquellos que escaparon, llegaron a Bilbao en el estado más deplorable, sin chacos, descalzos y cubiertos de barro de pies a cabeza. El mismo Espartero tenía su capote atravesado por un lanzazo de uno de la escolta de Eraso, y Mirasol y todo su Estado Mayor fueron hechos prisioneros en una casa situada a la orilla del camino. Mirasol, que es un hombre pequeño, tuvo la fortuna de escapar de la siguiente manera: como el uniforme de brigadier se distingue solamente en el Ejército español por los puños bordados, los volvió del revés y dijo que era un tambor, y como todos los soldados tenían interés especial en capturar oficiales y a nadie le interesaba coger a un tambor, recibió una sonora patada y fue entregado a la custodia de los que se hallaban fuera, de quienes, por tener más prisioneros de los que podían custodiar, pudo fácilmente huir.

A la siguiente mañana fue enviado un parlamentario a Villafranca, para informar a los sitiados que Espartero, que venía en su socorro, había sido enteramente derrotado, y que si no se rendían inmediatamente, la plaza sería

immediately rased, and we marched to invest Bergara, where some of the fugitives from his column, and it was for a time supposed Espartero himself, had taken refuge. Altogether it contained thirteen hundred men in garrison, and nine pieces of artillery, great and small. As soon as the fall of Villafranca was known, the city of Tolosa was abandoned by the garrison with such precipitation, that they left behind them two 12-pound iron carronades, having previously spiked them; also a great quantity of flour, salt fish, and 25,000 cartridges. It was immediately taken possession of, so that we had not even the trouble of marching against it. What with the large garrison Bergara now contained, to consume the little provision within, the facility the surrounding heights afforded the Carlists to batter the place, and the total inability of any of the Queen's generals to relieve them, V aides having been entirely defeated Triartes's column dispersed at Gurnica, that of Oraa at Elzaburu, and that of Espartero, of which they formed part, on their way to Villafranca, left them no alternative but to surrender. The soldiers, even if the

Doce meses de campaña - Twelvemonth's campaign

asaltada. Habiendo enviado un oficial para cerciorarse por sí mismos de la veracidad de este informe, y habiendo hablado con los prisioneros, volvió a confirmarles la noticia y a confirmarles lo inútiles que eran sus esperanzas de socorro. La plaza, por consiguiente, se entregó aquella misma tarde; a las tres tomamos posesión de ella. La Guardia Nacional fue desarmada, y, conforme a lo prometido, sus propiedades fueron respetadas y ellos fueron enviados a sus casas con la advertencia de que si de cualquier manera se mezclaban en nuevas luchas contra Don Carlos, serían tratados con menos amabilidad; entre los "urbanos" se hallaban el padre y el hermano de nuestra patrona de la ferrería, ambos sanos y salvos.

Una gran cantidad de provisiones de todas clases— ochocientos fusiles, un cañón de ocho libras, pero sólo una pequeña cantidad de pólvora fue cogida. Las fortificaciones fueron inmediatamente destruidas, y marchamos para embestir a Bergara, donde algunos fugitivos de su columna, y por algún tiempo se creyó que el mismo Espartero también, se habían

officers had been disposed to resist when they knew that Zumalacarregui himself was under their walls, refused to fight. He offered to allow the officers to go when they pleased; but if it were not surrendered the same day, he gave them his word that he would storm it. Colonel Carvallar, the governor, having held a council of war, answered, that if the evacuation of Tolosa was verified, he was willing to surrender. Accordingly, two officers proceeded to the spot, and having satisfied them although I believe this was only matter of form the next day Bergara was surrendered.

As we were marching in, we met upon the road the officers of the garrison, all excepting the governor of Bergara, on foot, and without their swords. According to the capitulation, on their promise not to serve against the Carlists, they were allowed to where they chose, and several were accompanied by their wives; one or two had children; they were followed by some carts drawn by oxen.

Excepting the colonel, there was not one who had either a gentlemanly or a military aspect; one or two, round and

Capítulo 21 / Chapter 21

refugiado. En conjunto, contenía mil trescientos hombres de guarnición, y nueve piezas de artillería, grandes y pequeñas. En cuanto se supo la rendición de Villafranca, la ciudad de Tolosa fue abandonada por la guarnición con tanta precipitación, que se dejaron dos cañones cortos de doce libras, habiéndolos reventado previamente, así como una gran cantidad de harina, pescado salado y veinticinco mil cartuchos. De ésta se tomó posesión inmediatamente, de manera que ni siquiera tuvimos la molestia de marchar contra ella. Con la guarnición que ahora contenía Bergara, las pequeñas provisiones que había dentro, la facilidad que daban las alturas cercanas para que los carlistas bombardearan la plaza, y la incapacidad total en que se encontraban los generales de la Reina para levantar el sitio (pues Valdés había sido totalmente vencido, la columna de Iriarte dispersada en Gurnica, la de Oráa en Elzaburu, y la de Espartero, de la cual formaban parte, en su marcha para Villafranca), no les quedaba otra alternativa que la de entregarse. Los soldados, aun cuando los oficiles se dispusieron a resistir, se

fat fellows, had rather, indeed, the appearance of grocers or tallowchandlers than of soldiers. In the Carlist army this was comparatively rare: some had a stern and half-brigand appearance; but, on the whole, the officers were much more distingue or more warlike in appearance. I must, however, explain that, generally speaking, a great difference was perceptible between the officers of the enemy made prisoners in the latter part of the war, and those in the early stages of it, who had all gone through the regular routine, and were many of them men who had served in the constitutional war; whereas latterly, to supply the losses they sustained, they seemed to have given commissions to any one. I was struck by hearing a Carlist, an old Castillian captain, who had followed the King to Portugal, repeating the day of the month several times with peculiar emphasis, to his comrade, as we passed the prisoners; and, on inquiring the reason of it, he informed me, that exactly that day twelvemonth they had found themselves in the same humiliating situation in Portugal disarmed, and passing on foot through the ranks of the victorious Pedroites: there

negaron a luchar cuando supieron que Zumalacárregui en persona se hallaba bajo sus murallas. El ofreció autorizar a los oficiales para que se fuesen cuando quisieran; pero si no se rendían el mismo día, les daba su palabra de que la asaltaría. El coronel Carvallar, gobernador, después de celebrado Consejo de guerra, contestó que, si la evacuación de Tolosa era cierta, él estaba dispuesto a entregarse. De acuerdo con esto, dos oficiales fueron allí, y, habiéndose cerciorado, aunque yo creo que esto fue una pura formalidad, al día siguiente Bergara se rindió.

Cuando entrábamos, encontramos a los oficiales de la guarnición, a todos, exceptuando al gobernador de Bergara, a pie y sin sus espadas. De acuerdo con la capitulación y su promesa de no luchar contra los carlistas, se les permitió ir donde quisieran; varios estaban acompañados de sus mujeres, y uno o dos tenían hijos; detrás de ellos iban algunos carros tirados por bueyes.

Exceptuando al coronel, no había ninguno que tuviese aspecto de caballero ni de militar; uno o dos, gordos y

was, however, this striking difference our men did not, even by a single expression, further than "Viva el Rey!" insult their misfortune; whereas they had been robbed, maltreated, and many of them murdered.

The day following that on which Zumalacarregui took possession, Charles V. made his triumphal entry. Thirteen hundred men surrendered prisoners of war; the number of those we now had in our hands became quite alarming; Oñate, Mondragon, and Villareal were full. I spent a night at the latter town, where there were fifteen hundred prisoners, and only eight hundred men to guard them. They all loudly begged to be allowed to enter our ranks, declaring that they had hitherto been deceived by their officers, who declared that, the Carlists never forgave those who had once served against them, and had put even the deserters to death in the most cruel manner.

Eibar, famous for its manufactories of arms, but which was only garrisoned by Urbanos, had been invested by several battalions of Guipuzcoa. Zumalacarregui

fuertes en verdad, tenían más aspecto de tenderos o de fabricantes de velas de sebo que de soldados. En el Ejército carlista esto no era frecuente. Algunos tenían un aspecto muy duro, y casi de malhechores; pero, en conjunto, los oficiales eran más distinguidos o tenían un aspecto más guerrero. Yo debo, sin embargo, explicar que, hablando en términos generales, había una visible diferencia entre los oficiales del enemigo hechos prisioneros en el final de la campaña, de los del principio; éstos habían tenido un entrenamiento regular, y muchos de ellos habían servido en la guerra de la Constitución, mientras que últimamente, para cubrir las pérdidas que habían sufrido, parecía que habían dejado entrar a cualquiera. Me llamó la atención el oír a un carlista, a un viejo capitán castellano que había seguido al Rey a Portugal, repetir varias veces el día del mes, con especial énfasis, a su camarada, cuando pasábamos delante de los prisioneros, y cuando pregunté la razón de esto, me informó que ese día, exactamente, hacía dos meses, se hallaban en la misma humillante msituación en Portugal, desarmados y

offered them, if they surrendered, to respect their property, and allow them to return unmolested to their houses, on giving up all arms, ammunition, and horses; if they did not, he would storm the place, and they should be treated according to the laws of war. Eibar surrendered, and the same night that the fall of Bergara was known the garrison of Durango escaped to Bilbao. The next night we slept in Durango.

The evacuation of Salvatierra was here confirmed; and we were also informed that all the heavy artillery, provisions, and stores had been sent out of Vitoria with only five battalions, and the U rbanos remained to garrison. There was no doubt but that this small force would have abandoned it on our approach; and Zumalacarregui was now determined to march upon that city, and thence upon Burgos, and either force the enemy to a battle, or move forward upon Madrid. His rapid successes had struck such terror and consternation into the Queen's army, that all the forces in Navarre and the provinces would neither have given him battle, nor have opposed, excepting as far as

pasando a pie por entre las filas victoriosas de los "pedroites"; había, sin embargo, esta notable diferencia: nuestros hombres no insultaron su desgracia, ni siquiera con una sola frase, más que la de "¡Viva el Rey!", mientras que ellos habían sido robados, maltratados, y muchos de ellos, asesinados.

Al día siguiente al en que Zumalacárregui tomó posesión de Bergara, Carlos V hizo su entrada triunfal en ella. Mil trescientos hombres se rindieron como prisioneros de guerra; el número de los que ya teníamos en nuestro poder era bastante alarmante: Oñate, Mondragón y Villarreal estaban llenos. Yo pasé una noche en este último punto, donde había mil quinientos prisioneros, y sólo ochocientos soldados para guardarles. Todos pidieron a voces permiso para entrar en nuestras filas, declarando que hasta entonces habían sido engañados por sus oficiales que les decían que los carlistas nunca perdonaban a los que alguna vez habían servido contra ellos, y que habían matado hasta a los desertores de la manera más cruel.

Eibar, famoso por sus fábricas

the garrisons along its banks might his crossing the Ebro; nor, if Iturralde had been left with only ten battalions, have been able to follow him in the rear. Their men would not fight on any terms. Bets ran high in our army that in less than six weeks we should be in Madrid; and any odds would have been given that we should be there within two months. One thing only was wanting money; the coffers of Don Carlos were absolutely empty. When he had arrived in Navarre, he had relied for pecuniary resources on a contract with a Jew named Baron Maurice de Haber: this had been signed on board his British Majesty's ship the Donegal, on the 14th of June, for the loan of five millions sterling. Haber had been accredited, and recommended by the house of Gower and Co.; and when Don Carlos passed through Paris, Mr. Jauge, the Royalist banker, confirmed his hopes, and offered to undertake the negotiation of Haber's loan in France. Jauge was in consequence, when he attempted publicly to dispose of stock, thrown into prison. Other financial arrangements were proposed, but through a long series of

de armas, pero que sólo estaba guarnecido por "urbanos", había sido sitiado por varios batallones de Guipúzcoa. Zumalacárregui les ofreció, si se rendían, el respetar su propiedad y el permitirles volver a sus casas sin ser molestados si entregaban todas sus armas, pólvora y caballos; si no lo hacían, sitiaría el lugar y serían tratados según las leyes de guerra. Eibar se rindió, y la misma noche en que se difundió la noticia de la rendición de Bergara, la guarnición de Durango huyó a Bilbao. La siguiente noche dormimos en Durango.

La evacuación de Salvatierra se nos confirmó aquí, y también se nos informó que toda la artillería pesada y las provisiones habían sido sacadas de Vitoria, con sólo cinco batallones de escolta, y que los "urbanos" se quedaban para guarnecerla. No hay duda de que esta pequeña fuerza la hubiese abandonado a nuestra llegada, y Zumalacárregui estaba ahora decidido a marchar contra la ciudad, y de allí a Burgos, para forzar al enemigo a una batalla o ir sobre Madrid. Su rápido éxito había consternado y atemorizado tan completamente al ejército de la

mismanagements, and a succession of deplorable intrigues, this was neglected; and the government of Don Carlos found itself (as it had been all along, excepting a few thousands which had been sent by friendly powers) left entirely to its own resources, which, in a country already obliged to feed the contending armies, were necessarily very trifling. It was the more provoking, as Europe was full of speculators who would, it is true, on rather exorbitant terms, have furnished means: had it not been for the lack of resources, Charles V. might at the present hour have been on the undisputed throne of Spain. Many who were heavily engaged in the loans of the Cortes and of the Queen would have purchased stock to protect themselves.

This want of pecuniary supplies was the reason why the great error of attacking Bilbao instead of crossing the Ebro and profiting by the panic of the enemy, was committed. The King declared that not only was he without money to pay the arrears, but he had not the immediate expectation of receiving any, and that Bilbao, a rich and mercantile city, which might

Reina, que las fuerzas de Navarra y las Provincias ni se atrevían a darle batalla ni a oponérsele a que Cruzase el Ebro, excepción hecha de las guarniciones situadas en sus orillas, las que pudieran intentarlo; ni hubieran sido capaces de seguirle a la retaguardia si Iturralde hubiera quedado con sólo diez batallones. Los cristinos no querían luchar bajo ninguna condición. Se apostaba fuertemente en nuestro ejército a que en menos de seis semanas estaríamos en Madrid, y se daba cualquier momio a que estaríamos en Madrid antes de dos meses. Sólo una cosa faltaba: dinero; los cofres de Don Carlos estaban absolutamente vacíos. Cuando llegó a Navarra, se había confiado, para las necesidades monetarias, a un contrato que tenía con un judío llamado barón Mauricio de Haber; aquél había sido firmado en el barco de Su Majestad británica "Donegal", en 14 de junio, por un préstamo de cinco millones de libras esterlinas. Haber había sido acreditado y recomendado por la Casa Gower y C.º, y cuando Don Carlos pasó por París, Mr. Jauge, el banquero realista, confirmó sus esperanzas y se ofreció para negociar el

furnish a temporary assistance, must be besieged and taken. This Zumalacarregui strongly opposed: Bilbao would take them several days; besides, it was entirely a false military movement: inconvenient as it might be, it was better to take advantage of the panic of the enemy before he could recover, and march on Vitoria, Burgos, and Madrid advancing through districts hitherto untired by the constant passage of troops, and leading the army to feel that as they were approaching the termination of their labours, money would have been less necessary.

On reaching Burgos the Queen's government would probably have fled; the Carlist party in Madrid would have then raised their heads, and the capital once taken, all the resources of the kingdom would be in their hands, and Bilbao, Pamplona, and all the garrisoned towns must naturally have fallen. Unfortunately the want of money made such an impression on those about the King, that he was advised, against his better judgment, almost to insist upon the taking of Bilbao, and he merely put the question, "Can you

Capítulo 21 / Chapter 21

empréstito de Haber en Francia. Jauge fue hecho prisionero cuando intentó disponer de su empréstito públicamente. Se propusieron otros arreglos financieros; pero, a consecuencia de una larga serie de equivocaciones y una sucesión de deplorables intrigas, se descuidó este problema, y el Gobierno de Don Carlos se encontró (como había estado siempre, si se exceptúan unos pocos miles que habían sido mandados por poderes amigos) abandonado enteramente a sus propios recursos, los que, en un país que estaba ya obligado a alimentar a los ejércitos beligerantes, eran, por necesidad muy pequeños. Y esto era tanto más desagradable, cuanto que Europa estaba llena de especuladores que hubieran, con condiciones bastante exorbitantes, es verdad, obtenido los recursos; a no haber sido por la falta de éstos, Carlos V podía, en la hora presente, haber estado en el trono de España. Muchos que estaban comprometidos en los empréstitos de las Cortes y de la Reina hubieran comprado el papel carlista, para protegerse a sí mismos.

Esta falta de medios

take it?" to Zumalacarregui. "I know that I can take it, but it will be at an immense sacrifice, not so much of men as of time, which now is precious," was the reply of the General.

He spoke, unfortunately, too truly, though, perhaps, he never anticipated that his own life was to be wasted before its walls. The evil genius of the Carlists having prevailed, and the attack oil Bilbao having been so fatally decided upon, sending the rest of his artillery on to Bilbao, while batteries were erected there, with an 18-pounder and two mortars he marched at the head of three battalions on Ochandiano, where a garrison of three hundred and eighty men of the regiment of provincials of Seville, commanded by the Marquess of San Gil, had fortified the place. They did not, however, surrender on the first summons, consequently our artillery began to play. All the houses were crenelled, but the principal fortification was the church, round which tambours had been constructed.

We commenced the attack at eight in the morning, battering down some houses they were in. Eight or ten, whose vicinity

pecuniarios fue la razón de que se cometiera el gran error de atacar a Bilbao, en vez de cruzar el Ebro y aprovecharse del pánico del enemigo. El Rey declaró que no sólo estaba sin dinero para pagar los atrasos a sus hombres, sino que ni siquiera tenía la esperanza de recibir nada en fecha próxima, y que, por lo tanto, Bilbao, la rica y comercial ciudad, que podía ofrecer una ayuda, por lo menos temporal, debía ser sitiada y tomada. Zumalacárregui se opuso tenazmente a esto: Bilbao les costaría varios días; además, era un mal movimiento militar; aunque fuera de menos ventaja inmediata, era mejor aprovecharse del pánico del enemigo antes de que se pudiese reorganizar, y marchar sobre Vitoria, Burgos y Madrid, avanzando a través de distritos que no estaban cansados por el constante pasar de las tropas, y haciendo ver al Ejército que, como se acercaba el término de sus penalidades, el dinero sería menos necesario.

Al llegar a Burgos, el Gobierno de la Reina hubiera, probablemente, huido; el partido carlista, en Madrid hubiera levantado cabeza, y, una vez tomada la capital,

to the church annoyed them, were set fire to by their own people. Our troops after that entering the streets drove them from house to house, by making holes in the wall with a pick-axe above their heads, and dropping through hand grenades. By one o'clock they were driven into the church and its vicinity.

Four thirteen-inch shells fell successively into this edifice, which was crammed full, the last wounding twelve men, and killing two. As they found the mortar had now been brought to bear well upon it, they hung out a white flag. On this an officer and a Sergeant stepped forward, but were immediately fired at from a house still in possession of the enemy, the former was wounded in the leg, the latter shot through the brain. At this piece of treachery Zumalacarregui swore he would put every soul to the sword, unless the authors of it were given up. When the garrison surrendered at discretion, the men who had fired proved, however, that they knew nothing of the white flag having been hung out, and consequently only remained prisoners of war.

Here, besides three hundred

todos los recursos del Reino estarían en sus manos, y Bilbao, Pamplona y todas las ciudades guarnecidas hubieran, naturalmente, caído en sus manos. Desgraciadamente, la falta de dinero hizo tal impresión en los que rodeaban al Rey, que se aconsejó a éste que insistiera en la toma de Bilbao, y solamente hizo esta pregunta a Zumalacárregui: "¿Puede usted tomarla?" "Sé que puedo tomarla; pero será un inmenso sacrificio, no tanto de hombres como de tiempo, que ahora es preciso", fue la respuesta del general.

El habló, desgraciadamente, con demasiada veracidad, a pesar de que nunca sospechó que perdería su propia vida ante aquellos muros. Habiendo triunfado "el equivocado parecer de la camarilla de Don Carlos, y decidido, con tanta fatalidad, el ataque a Bilbao, mientras se montaban las baterías allí, marchó Zumalacárregui, con un cañón de dieciocho libras y dos morteros, a la cabeza de tres batallones, sobre Ochandiano, donde una guarnición de 380 hombres del regimiento de Provinciales de Sevilla, mandados por el marqués de San Gil, había fortificado el pueblo. No se rindieron, sin

and eighty prisoners, the band of the regiment, a quantity of provisions, one hundred thousand cartridges, and five hundred muskets, all nearly new and of English manufacture, having the Tower mark upon them, and probably forming part of those sent by the Duke of Wellington pursuant to the treaty of the quadruple alliance, were taken. The band was very good, and as we had nothing but our trumpets, drums, and clarions in the army, proved an acquisition: they evinced their willingness to serve Don Carlos. As soon as Zumalacarregui knew, however, that they required a cart or a couple of mules to carry their instruments, he sent them off to the royal quarters.

On entering the church, it presented a scene which baffles all description: knapsacks, chakos, great coats, broken chairs, benches, and ornaments, were scattered in all directions: in the centre the flag-stones had been taken up, and four of the killed were laid in a large hole which had not yet been filled up; the mouldering skulls and bones, turned up in digging, being thrown up with the earth all over the pavement.

Doce meses de campaña - Twelvemonth's campaign

embargo, a la primera insinuación, y, en consecuencia, inició el fuego nuestra artillería. Todas las casas estaban aspilleradas; pero la principal fortificación era la iglesia, alrededor de la cual se habían construido tambores.

Empezamos el ataque a las ocho de la mañana, tirando abajo algunas casas en que se hacían fuertes; ocho o diez, cuya cercanía a la iglesia les molestaba a ellos mismos, fueron incendiadas por su propia gente. Después de esto, nuestras tropas entraron en las calles y desalojaron al enemigo de casa en casa, haciendo agujeros en las paredes con un pico, con el que hacían agujeros más altos que sus cabezas para tirar a través de ellos granadas de mano. Para la una habían sido todos empujados hacia la iglesia y sus alrededores.

Cuatro granadas de trece pulgadas cayeron sucesivamente en este edificio, que estaba completamente lleno, la última de las cuales mató a dos hombres e hirió a doce. Como se dieron cuenta de que el mortero estaba ahora preparado para atacarles de lleno, izaron bandera blanca. Entonces, un oficial y un

Early the next morning we returned to Durango, and thence marched on Bilbao, whither the artillery had preceded us. Ochandiano, invested at eight in the morning, had surrendered before nightfall. This was the last triumph of the Carlist chief; just as he was beginning to reap the fruit of all his labours, an untimely death dashed them from his grasp.

On a fine summer's afternoon, we formed beneath the huge trees of the shaded promenade, alongside of which is a magnificent fives-court, and commenced our march along the dusty road. This was the last time that I saw Zumalacarregui in the saddle; his stern but, noble features I had never witnessed wear such a gloomy aspect, rendered more striking by the contrast of the merry faces around him: for in an army there are few who judge any farther than what they see immediately about them, or trouble themselves beyond the morrow; and the idea of entering a city like Bilbao, which was within a few leagues, and which they never doubted a moment of taking, was, perhaps, even more

Capítulo 21 / Chapter 21

sargento se adelantaron; pero fueron tiroteados desde una casa que todavía estaba en poder de los rebeldes; el primero fue herido en una pierna, y al segundo le atravesaron el cráneo de un balazo. Ante esa traición, Zumalacárregui juró que pasaría a todos por la espada, a menos que entregasen a los autores. Cuando la guarnición se entregó a discreción, los hombres que habían disparado pudieron probar que no sabían que se había izado la bandera blanca, y, en consecuencia, quedaron como prisioneros de guerra.

Fueron tomados aquí, además de 380 prisioneros, la banda del regimiento, gran cantidad de provisiones, cien mil cartuchos y quinientos fusiles, casi todos nuevos y de construcción inglesa, de la marca "Tower", y que, probablemente, formaban parte de los que fueron mandados por el duque de Wellington a consecuencia del tratado de la Cuádruple Alianza. La banda era muy buena, y como no teníamos más que trompetas, tambores y clarines en nuestro ejército, fue una buena adquisición; ellos dieron su conformidad a servir a Don Carlos. Tan pronto

agreeable than a march on Madrid, which was many hundred miles away. There was in what I have stated no imagination, as it was observed by every one: an officer in particular said to me, "Look at the General! one would say he was going to mount a scaffold, rather than to pounce upon such a prey as Bilbao." "He has not got over wearing his black coat," was carelessly observed. This was in allusion to his having substituted a dress coat, on his last visits to the King, for the zamara, or dark fur-skin jacket he always wore over a black waistcoat. He had latterly put on this black coat, when he went to see his Majesty, it having been observed to him that his jacket was not a fitting costume to go to court in; for he always refused wearing the uniform of a Lieutenant-General, and seemed to take a pride in his uncouth dress, which, excepting his red trowsers, was only military because he had rendered it so. The soldiers, unaccustomed to see him thus, and he probably being in rather severer mood than usual when they made the observation, had all imagined "That Uncle Tomas," as they expressed it, "was always in an ill humour when he had to put

[618]

como Zumalacárregui se enteró, sin embargo, de que necesitaban un carro y un par de muías para llevar sus instrumentos, los mandó al Cuartel Real.

Al entrar en la iglesia, ésta ofrecía un aspecto imposible de describir: mochilas, chacos, abrigos, sillas rotas, bancos y ornamentos estaban tirados en todas direcciones: en el centro, los baldosines habían sido arrancados, y cuatro de los muertos estaban colocados en un gran agujero, que todavía no había sido rellenado; las enmohecidas calaveras y los huesos sacados durante la excavación habían sido arrojados, junto con la tierra, sobre el piso.

A la siguiente mañana, temprano, volvimos a Durango, y de allí marchamos a Bilbao, adonde nos había precedido la artillería. Ochandiano, atacado a las ocho de la mañana, se había rendido antes de anochecido. Este fue el último triunfo del jefe carlista; cuando estaba empezando a recoger los frutos de todos sus esfuerzos, una muerte prematura los arrebató de sus manos.

Una buena tarde de verano

on a dress coat."

He never wore any of the several orders conferred upon him; even when at Oñate, after the battle of Vitoria, Don Carlos threw round his neck the grand cross of St. Ferdinand, an honour to which a subject can scarcely ever aspire he only wore it as far as his camp. In his red cap and zamara, his whip slung across it, he had more than once signified his intention of entering Madrid at the head of his favourite battalion of guides, with their hempen sandals and cartridge belts.

That his death was a loss to Spain, all those that knew him are well persuaded. I might write a long chapter of his intentions in case of success in prosecuting innumerable great and useful schemes, which would have gone farther towards the reforming and regenerating his country, than those of all the self-styled Liberals. If he had lived two months longer, to reap the fruit of his toil, such a chapter might have been as interesting as it would now be wearisome to the reader; and if he had lived, perhaps, as Mazeppa says

formamos bajo los grandes árboles del sombreado paseo, al lado del cual hay un magnífico juego de pelota, y comenzamos nuestra marcha a lo largo del polvoriento camino. Esta fue la última vez que vi a Zumalacárregui montado; yo nunca había visto sus severas, pero nobles facciones, con aspecto tan sombrío, el que contrastaba con las alegres caras que le rodeaban, pues en un ejército hay pocos que juzgan más allá de lo que les rodea, o que se preocupen de algo más lejano que el mañana, y la idea de entrar en una ciudad como Bilbao, que estaba a unas pocas leguas, y que ni por un momento dudaron de conquistar, era, acaso, más agradable que una marcha hacia Madrid, que estaba a muchas millas. En lo que he dicho no hay nada que sea imaginario, pues fue observado por todos, y un oficial, en particular, me dijo: "Mire al general. ¡Cualquiera diría que lo llevan a la horca, en vez de ir a apoderarse de tan buena presa como Bilbao!" "No se ha acostumbrado a llevar su abrigo negro", observó alguien de pasada. Esto era una alusión a la sustitución que había hecho de la zamarra o chaqueta de piel obscura que

"At this hour I should not be Telling old tales beneath a tree."

siempre llevaba, sobre un chaleco negro, por el traje de vestir que empleó en sus últimas visitas al Rey. Últimamente se había puesto sobre éste un abrigo negro, pues se le había hecho observar que su chaqueta no era un traje apropiado para la corte, pero él siempre rehusaba llevar el uniforme de teniente general, y pareció que se enorgullecía de su rudo vestido, el que, exceptuando sus pantalones colorados, era militar solamente porque él lo había hecho así. Los soldados, no acostumbrados a verle vestido de esta manera, y estando él de peor humor que de costumbre cuando hicieron esta observación, habían todos imaginado que "tío Tomás", como le llamaban, "estaba siempre de mal humor cuando tenía que ponerse el traje de vestir".

Nunca llevó ninguna de las varias condecoraciones que se le habían concedido, ni aun cuando en Oñate, después de la batalla de Vitoria, Don Carlos le puso alrededor del cuello la gran cruz de San Fernando, un honor al que una persona apenas puede aspirar; sólo la llevó puesta hasta el campamento. Con su boina roja y su zamarra y su látigo

colocado a través, había más de una expresado su intención de entrar en Madrid a la cabeza de su batallón favorito, el de Guías, calzado con sus alpargatas de cáñamo y llevando sus típicas cartucheras.

De que su muerte fue una pérdida para España, todos los que le conocían están persuadidos. Podría escribir un largo capítulo acerca de sus intenciones en caso de triunfo, de su afán de llevar a cabo innumerables, magníficos y útiles proyectos que hubieran hecho más en pro de la reforma y regeneración del país que todos los proyectos de los liberales. Si hubiera vivido dos meses más para recoger los frutos de sus esfuerzos, tal capítulo hubiera sido tan interesante para el lector como ahora sería aburrido, y si hubiera vivido, quizás, como decía Mazeppa, yo

no estaría a esta hora contando viejos cuentos bajo un árbol.

Capítulo 22	Chapter 22
Bilbao. Portugalete. Sitio de Bilbao. Falta de pólvora. Zumalacárregui, herido. Efectos de esta desgracia. Su interviú con el Rey. Actividad del enemigo. Mala inteligencia. Explicación. Una conferencia. Debilidad de Don Carlos. Se intenta entrar en Bilbao. Muerte de Zumalacárregui.	Bilbao. Portugalete. Siege of Bilbao. Failure of ammunition. Zumalacarregui wounded. Effects of it. His interview with the King. Activity of the enemy. Misunderstanding. Explanation. A parley. Weakness of Don Carlos. Attempt to enter Bilbao. Death of Zumalacarregui.

Bilbao está a unas 17 millas al noroeste de Durango, a orillas del río Ibaizábal[60]. Cerca de la ciudad el río forma muchas curvas. El campo, aquí, aunque llano en comparación con el interior, es, a pesar de todo, muy montañoso, y la carretera, que está "macadanizada"[61] en muchos sitios, se halla cortada en la misma roca. A derecha e izquierda, acercándose por el camino de Durango, lo único visible es la maciza iglesia de Begoña, que, rodeada por unas pocas casas, se eleva en las afueras de la ciudad. A la derecha hay algunas llanuras, parte con bosque y parte cultivadas, formadas por las sinuosidades del río antes de llegar a un puente hermoso y ancho sobre el cual pasa el camino a Bilbao, que está todavía oculto por un monte

Bilbao is about seventeen miles north-west of Durango, along the banks of the river Ibaizabal, or Ivaizaval, as it is pronounced. On approaching the city the river winds a great deal. The country here, although level in comparison with the interior, is, notwithstanding, very hilly, and the road, which is macadamised, is cut through the rock in many places. On your right and left, approaching it by the road from Durango, all that is visible is the massive church of Begoña, which, surrounded by a few houses, rises outside the city. On your right are some plains, partly wooded and partly cultivated, formed by the sinuosities of the river, before you reach a wide and handsome bridge of stone,

cubierto de viñas. Al otro lado de este puente hay unos pocos caseríos, una casa regular a la izquierda y a la derecha una venta. Este lugar se llama el Puente Nuevo, aunque, como ocurre con el Pont Neuf, de París, su apariencia antigua contradice su nombre; y aquí, durante todo el sitio, los carlistas tuvieron establecido su Cuartel general.

Bilbao, construido en forma diseminada, sobre todo en la parte próxima al río (el que, al pasar por la ciudad, donde continúa zigzagueando hasta el muelle principal, es más estrecho, pero más profundo, que en Puente Nuevo), parece, por lo que pudimos juzgar como sitiadores, una ciudad hermosa. También se ha construido sobre la orilla izquerda, pero en poca extensión, y a esa parte se le llama Bilbao la Vieja, la que se une a un barrio y comunica con la orilla derecha por un puente colgante.

Las casas a orillas del muelle y en las plazas parecen todas muy altas, regulares y bien construidas, casi todas de piedra, con balcones, pero todas limpias y bien pintadas.

En una plaza está el hospital,

which spans the river, and over which passes the road to Bilbao, which is still concealed by a hill covered with vines. On the other side of this bridge are a few cottages, a tolerable house to the left, and on the right is a venta. This spot is termed Puente Nuevo, from the vicinity of the bridge, although like the Pont Neuf at Paris, its antique appearance belies its name: and here, all through the siege, the Carlist head-quarters were fixed.

Bilbao, built in rather a straggling manner, chiefly along the right bank of the river, which, in passing through the city, where it continues to wind as far as the principal quay, is deeper but narrower than at Puente Nuevo, seems, as far as we could judge, as besiegers, to be a handsome city. The left bank is also built upon, but to a much less extent, and that part is called Bilbao la vieja, or Old Bilbao, which joins a suburb, and communicates with the right bank by a suspension bridge.

The houses along the quays and in the squares seem all very high, regular, and well built mostly of stone, with balconies, but all clean and

un edificio inmenso, pero que parece, por el gran número de ventanas, más bien un gran invernadero que un hospital, y más pintoresco que sólido. Es, exceptuando quizás a Cádiz y Barcelona, la ciudad más comercial de España, y se dice que tiene un aspecto animado y alegre. De esto no podíamos darnos cuenta muy bien, pues aun cuando a veces se suspendía el fuego, pocos se aventuraban a pasear por las plazas o por las calles. Alrededor de la ciudad el suelo es fértilísimo, y en dirección al mar, que está a seis millas de distancia, las orillas están sembradas de "villas" y casas de campo. En la orilla izquierda, cerca de la bahía de Vizcaya, está Portugalete, en la cual tienen que anclar los barcos mayores que no pueden subir el río. Esta fue fortificada y guarnecida por el enemigo. Estaban anclados entonces en Olaveaga, un poco en las afueras de Bilbao, al pie del monasterio de San Mames, cuatro o cinco barcos mercantes franceses e ingleses, y tres barcos de guerra, el vapor del Gobierno francés Le Météore, una goleta francesa y el buque de Su Majestad británica Saracen. Los oficiales que mandaban estos barcos tuvieron una entrevista con

well painted. On one square is the hospital, an immense building, but resembling, from its number of windows, a large green-house rather than an hospital, and seeming more picturesque than solid. It is, perhaps, excepting Cadiz and Barcelona, the most, commercial city in Spain, and is said to present a most gay and lively aspect. Of this we could judge but little, as even when the firing was suspended, there were but few that ventured from under the piazzas or through the streets. All around the city the soil is exceedingly fertile; and all the way to the sea, which is six miles off, the banks are studded with villas and country-houses. On the left bank, near the Bay of Biscay, is Portugalete, off which the larger vessels that cannot come up the river are obliged to anchor. This was fortified and garrisoned by the enemy. There were then lying at Olaveaga, a little out of Bilbao, at the foot of the monastery of San Mames, four or five French and English merchantmen, and three ships of war; the French government steamer, Le Météore, a French goelette, and his Britannic Majesty's ship the Saracen. The officers

Capítulo 22 / Chapter 22

Zumalacárregui, quien, según la referencia del capitán que mandaba en la ría, procedió con mucha cortesía y dio un pase para el cónsul británico para que comunicase con toda libertad con el Saracen.

Bilbao, en donde había en aquel tiempo 30 piezas de artillería, hubiera sido difícil de ser tomado batiendo los fuertes aislados, que eran más bien obras de campaña hechas en las terrazas situadas alrededor de la ciudad, y unidas por una muralla con un hondo foso; es decir, difícil para nosotros, que no teníamos más que dos cañones de 18 libras en nuestro tren de batir; nuestras piezas de bronce de seis y ocho hacían poco daño, y nuestras baterías eran desmontadas por el número y pesadez de los cañones del enemigo, muchos de los cuales eran de 32 libras. Asaltarla era relativamente fácil, y hubiéramos tomado la ciudad con una pérdida de menos de 500 hombres; Zumalacárregui resolvió asaltarla. En la orilla izquierda del río, y en una altura que domina el lugar donde se encuentra el hospital, fueron colocados tres morteros, y, en frente de Begoña, en la orilla derecha, se emplazó una

in command of these vessels had an interview with Zumalacarregui, who, according to the admission of the captain commanding on the river, behaved very politely, and gave a pass for the British Consul to be allowed to communicate freely with the Saracen.

Bilbao, in which were at that time thirty pieces of artillery, it would have been difficult to have taken by battering down the isolated forts, or rather fieldworks thrown up on terraces round the city, and joined by a wall with a deep ditch that is to say, difficult for us, who had but two 18-pounders of battering-train; our brass pieces of six and eight doing little damage, and our batteries being dismounted by the number and heaviness of the enemy's guns, many of which were 32-pounders. To storm it was comparatively easy, and a loss certainly under five hundred men would have made the town our own; and on storming it Zumalacarregui resolved. On the left bank of the river, on a height immediately overlooking the place where the hospital stands, were placed three mortars; and in front of Begoña, on the right bank, a

batería de dos cañones de 18 libras, a poca distancia de una terraza y muralla que dominaba gran parte de la ciudad.

En la iglesia de Nuestra Señora de Begoña, que, aunque situada fuera de las murallas, es la principal de Bilbao, se situó el batallón de Guías; nuestras municiones fueron llevadas en carros de bueyes y colocadas detrás de la iglesia; a la izquierda de ésta había un palacio. Como se viese que las paredes de este edificio eran bastante sólidas, se hicieron dos troncras y se colocaron piezas de cañón. Habiendo abierto fuego, por fin, nuestras baterías, se nos informó, al anochecer, que casi se había abierto una brecha. Se había echado a suertes y les había tocado a la primera y segunda compañías de Guías ser los primeros en el asalto. Zumalacárregui, en unas pocas palabras, informó a los soldados que los cien primeros que entrasen recibirían una onza de oro cada uno; si caían, sus familias serían atendidas; y se les concedería derecho al saqueo durante seis horas. Se le contestó con fuertes gritos pidiendo que se les mandase al asalto. En este momento faltó nuestra munición; se mandó

battery of two 18-pounders was advanced to within a short distance of a terrace and wall, which commanded a great part of the city.

In the church of Our Lady of Begoña, which, although without the walls, is the principal one of Bilbao, the battalion of guides was stationed; our ammunition being drawn up in carts by oxen, and ranged behind the church. To the left of this was a palacio. As it was found that the walls of this building were sufficiently solid, two embrasures were made, and pieces of cannon placed in them. Our batteries having at last, opened fire, it was reported, by nightfall, that a breach was nearly effected. Lots had been drawn, and it had fallen on the first and second companies of guides to lead the way for the storming party. Zumalacarregui, in a few words, informed the men that the first hundred who entered the place should each receive an ounce of gold; if they fell, their families should be well provided for; and six hours' pillage were to be given. He was answered by loud shouts, to send them on. At this moment our ammunition failed; messenger after

Capítulo 22 / Chapter 22

mensajero tras mensajero, pero habiendo decaído el fuego, la brecha que se había abierto fue cerrada con sacos de arena, y habiendo tenido tiempo de repararla, la brecha se convirtió en el sitio más difícil de asaltar, pues probablemente habían colocado en ella "chevaux de frisse" y cavado trincheras en su otro lado. Entonces Zumalacárregui retrasó el asalto hasta el día siguiente, e hizo preparativos para colocar una batería bastante más a la izquierda de Begoña, habiéndose decidido en favor del plan, más acertado, de destruir la muralla que unía los diferentes fuertes y de entrar en la ciudad, puesto que cuando ésta fuera tomada, aunque las terrazas y fuertes de alrededor la dominasen, sólo la podían quemar o destruir y tendrían que rendirse al fin.

El palacio de junto a la iglesia de Begoña[62] ofrecía una vista dominante, y aunque no distaba más de 200 metros de los trabajos del enemigo, a la mañana siguiente, a pesar de los consejos de su Estado Mayor, Zumalacárregui, que quería ver todo por sí mismo, salió con su catalejo al balcón, a pesar de que las persianas de la ventana estaban como una criba a causa de los balazos

messenger was despatched, but the fire having slackened, the breach that had been made was filled up with sand-bags; and, having once had time to repair it, the breach became the most difficult place to get over, as probably they had placed chevaux-de-frise, and dug trenches on the other side. Zumalacarregui now delayed the storming till next night, and had preparations made for establishing a battery considerably on the left of Begoria, having now decided on the wiser plan of battering down the wall that united the separate forts, and entering the city; as, when that was taken, all the fortified points and terraces round it, although commanding it, could only burn it, and must eventually surrender.

The palacio next to the church of Bilbao afforded a most commanding view; and although not above a hundred toises from the enemy's work, early the next morning, notwithstanding the representation of his staff, Zumalacarregui, who would see everything himself, went out with a telescope into the balcony, although the woodwork of the window was like a riddle, and all the bars

Doce meses de campaña - Twelvemonth's campaign

recibidos y todas las barras, menos tres, habían sido arrancadas por la metralla. En el momento en que cualquiera aparecía a la vista, el enemigo empezaba su fuego de fusilería; de modo que, al ver un hombre tan a tiro, el que, a juzgar por su catalejo y chaqueta de piel negra, evidentemente era un oficial superior, todos los soldados de las baterías y de los trabajos fortificados empezaron a tirotearle. Se ha dicho que fue herido por uno de los marinos ingleses desde el barco que se encontraba en el río, al servicio de la Reina; pero esto es imposible de comprobar, y es más que probable que fuera un español el que disparó la bala que ocasionó su muerte, puesto que los marinos de la batería eran lo más, 20 o 30, y todos están conformes en que se hizo una descarga de por lo menos cien fusiles. El general se retiró lentamente del balcón; pero dándose cuenta de que no podía disimular su cojera, confesó por fin que estaba herido. Una bala que rebotó en una de las barras del balcón, le hirió en la pantorrilla de la pierna derecha, sin tocar la tibia, le fracturó un hueso menor, y, sin tener fuerza para penetrar mucho, como acontece con los tiros

excepting three were torn away by the grape-shot. The instant any one appeared in sight, the enemy commenced their fire of musketry; so that, on seeing a man so exposed, and by his telescope and black fur jacket evidently a superior officer, all the men lining their batteries and the works commenced firing on him. It has been said that he was struck by one of the English marines, from the steamer in the Queen's service, then in the river; but this it is impossible to ascertain, and it was more than probable that it was a Spaniard that sped the bullet which occasioned his death (although a shot fired from behind a wall is scarcely a subject worthy of dispute), as the marines in the battery could not at most have been more than twenty or thirty; and all agree that a discharge of at least a hundred muskets took place. The General came slowly out of the balcony, but finding that he could not conceal his lameness, he at last admitted that he was wounded. A bullet, bounding from one of the bars of the balcony, struck him in the inner part of the calf of the right leg, passed without hurting the *tibia*, and fracturing the smaller bone, without having force to penetrate, as it is usual with

Capítulo 22 / Chapter 22

perdidos, quedó incrustada, como dos pulgadas más abajo, en la carne.

Había pasado yo la noche anterior cerca de Zornoza, a unas nueve millas, en la carretera de Durango, y allí recibí órdenes para unirme a su Estado Mayor, para el que había sido nombrado, muy temprano, aquella misma mañana. Como yo había estado delante de Bilbao, donde el alojamiento era horriblemente malo, al recibir un segundo aviso, a las nueve de la mañana, no me di prisa, a causa de haber permanecido todo el día anterior a caballo y estar muy cansado. Cuando llegué al pueblo de Zornoza se me hizo saber que había sido llamado tan temprano porque el general estaba herido y querían que acompañara a Burgess, cuya asistencia médica se precisaba, y quien tenía dificultades para hacerse entender. El había salido hacía ya media hora. Salí de prisa, pero sólo llegué a Bilbao cuando el general era llevado, con cama y todo, por la carretera, por doce soldados. Parecía que sufría, pero hablaba y fumaba su cigarrillo durante todo él camino como si nada le hubiese sucedido. Burgess no había examinado la

spent shot, dropped two or three inches lower down in the flesh.

I had spent the previous night near Zornoza, about nine miles off on the road to Durango, and had received orders to join his staff, to which I had been appointed, early next morning. As I had already been before Bilbao, and the accommodation was wretchedly bad, on receiving a second summons at nine in the morning, having been all the preceding day on horseback, I did not hurry. On reaching the village of Zornoza, I was informed that I had been sent for thus early, because the General was wounded, to accompany Burgess, whose medical assistance was required, but who had difficulty in making himself understood. He had already been gone half an hour. I spurred away, but only reached Bilbao as the General was carried, bed and all, by twelve soldiers along the road. He seemed in some pain, but conversed and smoked his cigarillo all the way, as if nothing had happened. Burgess had not examined the wound, as he also had only been in time to join him; but from the description given by

Doce meses de campaña - Twelvemonth's campaign

herida, pues sólo había llegado a tiempo de unirse a la comitiva; pero por la descripción dada por el médico que le atendía era de escasa importancia. A pesar de esto, la necesidad de separarse del Ejército y el no poder dirigir las operaciones del sitio, parecía que turbaban su mente. A lo largo de la carretera, la noticia de que Zumalacárregui había sido herido, corrió veloz como la pólvora; los campesinos y soldados se agrupaban alrededor de su lecho; tomó chocolate dos veces durante el camino, diciendo: "Supongo que no podré tomar nada más", lo que los doctores confirmaron.

Debido a la lentitud de nuestra marcha, era ya anochecido cuando llegamos a Durango. Una de las mejores casas de la ciudad, en frente del palacio donde se alojaba el Rey, fue preparada para recibirle; todos los ministros estaban esperándole. Como Zumalacárregui—lo que creo ya he mencionado— no había estado nunca en buenas relaciones con los que rodeaban al Rey, los recibió con bastante aspereza. Cuando le preguntaron si sentía dolor, contestó bruscamente: "¿Se imaginan que una bala a través

the surgeon that attended, it was very trifling. Notwithstanding this, the necessity of quitting the army, and being unable to direct the operations of the siege, seemed to prey upon his mind. All along the road where the news of Zumalacarregui being wounded had flown like wildfire, the peasants and soldiers thronged round his couch. He took chocolate twice on the road, saying, "I suppose I must not take anything else?" which the doctors confirmed.

It was already, on account of the slowness of our march, nightfall before we reached Durango. One of the best houses in the town opposite the palacio, in which the King was lodged, was prepared for his reception. All the ministers were in waiting to receive him. As Zumalacarregui which I believe I have already mentioned had never been on cordial terms with those about the King, he received them rather bluntly. When they inquired whether he was in pain, he replied, abruptly, "Do you imagine that a bullet through the leg does not hurt?" On examining the wound, it was found as I described: he had a little fever,

de la pierna no duele?" Al examinar la herida, se encontró ser como yo la he descrito; tenía algo de fiebre, que aumentó durante la noche. Su primera observación, cuando le dejaron los compañeros del Rey, fue: "Tanto va el cántaro a la fuente, que al fin se rompe. Dentro de dos meses no me hubiera importado ninguna clase de herida." Fue asistido por el médico de su propio Estado Mayor (un hombre que había desertado de los cristinos unas semanas antes y en el que parecía tener gran confianza), el propio médico del Rey y Burgess. Los dos primeros opinaban que en un mes, tan ligera era la herida, podría de nuevo montar a caballo; el último afirmó que bastaba con menos tiempo para su curación, y dijo que en dos o tres semanas debía, si se le trataba como era debido, poder volver a sus ocupaciones. También era Burgess de opinión que la bala se debía sacar enseguida; a esto se opusieron los otros dos, y hasta la cura de la herida fue dejada para la siguiente mañana. También se opuso Zumalacárregui a que le pusieran una venda o un bálsamo samaritano de vino y aceite, que decía era innecesario. Los tres dormían

which augmented during the night. His first observation, when left by the King's people, was, "The pitcher goes to the well till it breaks at last. Two months more only, and I would not have cared for any sort of wound." He was attended by the surgeon of his own staff a man who had deserted over from the Cristinos a few weeks before, and in whom he seemed to place confidence the King's own physician, and Burgess. The two former were of opinion that in a month, so slight was the wound, he would be again on horseback: the latter stated a still shorter period for his recovery, and said that, in a fortnight or three weeks he ought, if properly treated, to be able to resume his occupations. Burgess was also of opinion that the bullet should be instantly extracted: this was opposed by the other two, and even dressing the wound was neglected till next morning: he also opposed their putting on any bandage, or a Samaritan balsam of wine and oil, which he said was unnecessary. They all three slept in the same room, keeping watch by turns: for my own part, being unwell, and very tired, I ordered the alcalde to furnish me with a

en el mismo cuarto, velando por turnos; por mi parte, no encontrándome bien, y además muy cansado, ordené al alcalde que me diera alojamiento, y a la mañana siguiente, temprano, volví al cuarto del general.

A las seis, Don Carlos vino a ver a Zumalacárregui, y ambos conversaron durante largo rato; había lágrimas en los ojos del Rey, y la entrevista fue muy tierna; Zumalacárregui estaba muy pálido y exhausto por haber dormido muy poco durante la noche. Leyó y firmó varios documentos. Entonces me dijo que deseaba que yo informara a Mr. Burgess que como su herida era de muy poca importancia y que, además de su médico de cabecera, el Rey había mandado el suyo para atenderle, sería mejor que él, Burgess, volviera a Puente Nuevo, donde sus servicios serían más útiles a los heridos. También me mandó que me uniera al Estado Mayor de Eraso, quien, "ad ínterin", era comandante en jefe. Fue llevado en una litera a Segura, y de allí a Cegama, a distancia de unas 30 millas, pasando a través de la villa de Ormaiztegui. Tres veces, durante un lapso de muchos años, había pasado por el lugar

lodging, and early the next morning returned to the General's room.

At six o'clock Don Carlos came to see Zumalacarregui, and they conversed at considerable lenorth: the tears stood in the King's eves, and the interview was highly affecting. Zumalacarregui looked very pale and exhausted, having slept but little all night. He read over and signed several papers. He then desired me to inform Mr. Burgess, that as his wound was of a most trifling description, and, besides his own senior surgeon, the King had sent his to attend him, he (Burgess) had better return to Puente Nuevo, where his services might be more useful to the wounded. He also dismissed me, to join Eraso's staff, who, ad interim, was commander-in-chief. He was carried on a litter to Segura, and thence to Cegama, a distance of about thirty miles, passing through the village of Ormaiztegui. Thrice after a lapse of many years he had passed through the spot of his nativity, which he had quitted at an early age once during the defeat of the enemy on the 3rd of January, when we had all gone through at full speed in pursuit; once

de su nacimiento, que había dejado a una edad muy temprana: una, durante la derrota del enemigo, él 3 de enero, cuando pasamos a toda velocidad en su persecución; otra, después de la derrota de Espartero, la rendición de Villafranca y la evacuación de Tolosa y Salvatierra por el enemigo, cuando avanzaba para tomar a Bergara, y la tercera, echado en una litera, a causa de una herida que fue mortal, cuando fue a dejar sus huesos a poca distancia del lugar de su nacimiento, que estaba oculto por una montaña que había sido teatro de uno de sus primeros triunfos.

Murió, si recuerdo bien, once días después de haber recibido la herida. Deliraba entonces, y expiró de un modo que era característico en su vida. Parecía imaginarse, en su enajenación temporal, que iba a la cabeza de sus partidarios, en una acción desesperada, y exhaló su último suspiro llamando a los oficiales por sus nombres y dando órdenes de cargar o de retirarse a su batallón favorito, como si hubiera estado librando la última batalla que debía decidir la suerte de España, y en la que le hubiéramos visto caer con menos pena. Con él, no sólo

after the defeat, of Espartero, the surrender of Villafranca, and the evacuation of Tolosa and Salvatierra by the enemy, when he was marching to invest Bergara; and a third time, stretched on a litter by a wound that proved mortal, when he came to lay his bones within a short distance of his birth-place, which was only hidden from sight by a mountain that had been the scene of one of his early triumphs.

He died, if I remember right, the eleventh day after he received his wound. He was then delirious, and expired in a manner characteristic of his life: he seemed, in this temporary derangement, to fancy himself leading on his followers in some desperate action; and breathed his last calling his officers by name, and giving orders to his battalions to charge or retire, as if he had been fighting that last battle which must have decided the fate of Spain, and where we should have seen him fall with less regret. With him, not alone the Carlists, but Spain, lost a man whose like she had not seen for long years, and which I hope she may soon look upon again.

los carlistas, sino España, perdió un hombre como el que no se había visto otro durante largos años y como el que deseo pueda ver pronto.

Cuando me separé de él en Durango, yo nunca esperé esto. Siempre le habíamos visto escapar tan providencialmente, y estaba tan unido a nuestra causa, que nunca soñamos que pudiera morir. Nos hubiera extrañado menos que un terremoto hubiera tragado a la mitad del ejército. Yo volvía a Puente Nuevo; pero todas las operaciones languidecían visiblemente; Zumalacárregui había abierto brecha el segundo día. A pesar de que se trajeron nuevas piezas, esto nunca se consiguió después. El gobernador, Mirasol, que se había enterado de que Zumalacárregui estaba herido, había dado a la guarnición la noticia profética de su muerte. Los gritos y vivas de la guarnición anunciaban a los carlistas su satisfacción. "Hemos matado a vuestro bárbaro jefe." "El terrible Zumalacárregui ya no está con vosotros." "¿Habéis hecho salchichas con su sangre, bandidos?" Nuestros hombres respondieron con unos innecesarios disparos y juraron

When I parted from him at Durango I never anticipated this. We had seen him always escape so providentially, and he was so bound up with our cause, that we had never dreamed that he could die. It would have seemed less strange to us if an earthquake had swallowed up one-half of our army.

I returned to Puente Nuevo, but a languor was visible in all our operations. Zumalacarregui had battered in breach the second clay. Although fresh pieces were brought up, this was never afterwards effected. The governor Mirasol, who had somehow gained intelligence of Zumalacarregui's being wounded, had given out to the garrison the prophetic falsehood of his death, Their loud and deafening cheers announced to the Carlists their exultation. "We have killed your barbarian leader! The terrible Zumalacarregui is no longer with you. Have you made sausages of his blood, brigands?" Our men answered by a very useless fire of musketry, and swore that the heart's blood of a Christino should flow for every drop that their chief had shed. From this moment, however, a great

Capítulo 22 / Chapter 22

que la sangre del corazón de un cristino correría por cada gota que su jefe había derramado. Desde este momento, sin embargo, era visible en el enemigo un nuevo aliento y una mayor energía. Aumentaron sus fortificaciones, hicieron dos salidas y dispararon con sorprendente intensidad contra nuestras baterías. Si la iglesia de Begoña no fue derribada, fue debido a sus macizos muros. Yo estaba en el campanario cuando la campana mayor quedó hecha trizas por un disparo de un cañón de 12 libras. Dos o tres casas en las que algunas compañías de nuestras tropas estaban de guardia, fueron acribilladas como un cedazo; pero como estaban construidas de piedra y mortero, no consiguieron derribar ni la mitad de ellas. Nos desmontaron un cañón en el palacio, y el mortero grande rompió uno de los radios de la rueda. Cómo ocurría esto, yo no lo sé; pero su íuego principal parecía dirigido a la izquierda de la iglesia, donde hicieron brecha en una pared de piedra de gran espesor, sin ningún uso aparente, sin hacernos otro daño que matarnos cuatro bueyes. Un disparo de cañón de 24 libras

increase of energy and spirit was visible in the enemy. They strengthened their works, made two sorties, and fired with surprising vigour on our batteries. If the church of Begona was not levelled, it was only owing to its massive walls. I was in the steeple when the largest bell was dashed to pieces by a 12-pound shot. Two or three houses, in which companies of our troops were on guard, were riddled like a sieve; but being built of framework and plaster, they were unable to knock half of them down. We had a gun dismounted in the palacio, and the large mortar broke one of its spokes. How it happened I know not, but their principal fire seemed directed to the left, of the church, where they battered in breach a stone wall of great thickness, without any apparent use, doing no further damage than killing four oxen; one 24-pound shot going through those that were yoked to two carts laden with ammunition, which had somehow been left exposed. Two men were killed under the Piazza, beside the church, by shells. An artilleryman lost his head by a cannon-shot, and six or eight were wounded by the splinters of the bell, but

atravesó a dos que estaban uncidos a un carro cargado de municiones que había sido dejado en un sitio peligroso. Dos hombres fueron muertos debajo de la plaza, cerca de la iglesia, con bombas. Un artillero perdió su cabeza por un disparo de cañón, y seis u ocho fueron heridos con trozos de la campana; pero no me enteré de ninguna otra pérdida durante las cinco o seis horas que duró el intenso fuego.

Hicieron los sitiados una salida a la mañana siguiente, con la intención de coger algún ganado en una colina cerca del camino. Nuestros hombres fingieron una retirada para hacerlos salir; pero viendo que eran demasiado astutos, se precipitaron sobre ellos y los empujaron hacia la plaza. Un capitán de Marina, un irlandés al vicio de la Reina, fue muerto en esta salida; creo que su nombre era O'Brien. El conde de Mirasol, al publicar la nota oficial, decía: "Mi caballo fue herido; también fue muerto el capitán O'Brien". Esto debe de ser una referencia satisfactoria para los hombres que están bajo Evans[63]: el saber en qué estima serán tenidos por aquellos por quienes están dispuestos a derramar su

further I heard of no loss during the five or six hours their heavy fire lasted.

A sortie was made next morning, with a view to seize on some cattle on a hill beside the rope-walk. Our men feigned a retreat, to draw them away; but finding them too wary, they rushed upon them, and drove them in. A captain of marines, an Irishman, in the Queen's service, was killed in this sortie; his name was, I believe, O'Brien. Count Mirasol, in publishing the official account, remarked, "My horse was wounded; Captain O'Brien was also killed." This must be a satisfactory reference for the men under Evans, to know the estimation in which they will be held by those for whom they are about to shed their blood. An English captain may fight, if not for victory or a place in Westminster Abbey, for a place in the bulletin next to a Spanish brigadier-general's horse.

It was next day, I believe, that I was sent by the commander-in-chief *ad interim* Benito Eraso with Lieutenant-Colonel Arjona and another officer, on board his British Majesty's brig the Saracen. Here we had a

sangre. Un capitán inglés puede pelear, si no por la victoria o por un lugar en la abadía de Westminster, por un hueco en el boletín, al lado del caballo de un brigadier español.

Creo que fue al día siguiente cuando fui enviado por el general en jefe "ad ínterin", D. Benito Eraso, con el teniente coronel Arjona y otro oficial, a bordo del bergantín de Su Majestad británica "Saracen". Aquí tuvimos una conferencia con los oficiales navales ingleses y franceses a propósito de una equivocada interpretación que había tenido lugar. Zumalacárregui había dado un pase al cónsul inglés para subir y bajar a la ciudad por el río y comunicar con los barcos de su propio Gobierno. Sin embargo, inmediatamente después de ser herido, Guibelalde, que estaba al mando de algunos batallones acuartelados a lo largo de la orilla del río y cerca de San Mames, se había negado a reconocerlo, alegando que se lo habían dado sólo por un día. Habiéndose relevado las tropas que estaban en las orillas y no habiéndoseles repetido las órdenes de permitir pasar por el río a todos los barcos con la bandera francesa o inglesa, se

conference with the English and French naval officers, relative to a misunderstanding which had taken place. Zumalacarregui had given a pass to the British Consul to proceed up and down the river from the city, to communicate with the ships of his own government. Immediately after his being wounded, however, Giubelalde, who was in command of some battalions quartered along that bank of the river and about San Mames, had refused to acknowledge it, imagining it to have been given only for one day. The troops along the banks having been changed, and the orders to allow all boats with the French and English flag to proceed down the river not having been repeated to them, they had refused to allow any whatever to go either up or down the river to Portugalete. This of course was but a mistake; but it appears to have been an unwarrantable proceeding, as it was detaining French and English vessels against their inclination, and the blockade had only been declared from higher up the river than where they were lying, where a double row of boats and barges had been sunk across the river.

Doce meses de campaña - Twelvemonth's campaign

habían negado a autorizar a nadie que subiera el río o bajara a Portugalete. Esto, naturalmente, era una equivocación, pero parece que fue un proceder inexcusable, pues lo que hacían era detener barcos ingleses y franceses contra la voluntad del jefe y el bloqueo sólo se había declarado desde más arriba del río que él lugar donde estaban ellos anclados, donde una doble fila de buques y barcas habían sido hundidas, cerrando el paso de la ría.

El capitán que mandaba en el río, cuyo nombre no recuerdo, y el cónsul, declararon que, en su entrevista con Zumalacárregui, éste se había portado admirablemente, y había dicho que si los habitantes ingleses que no quisieran dejar la ciudad, en caso de que fuera tomada por asalto, colocaban la bandera inglesa sobre su puerta, sus casas serían respetadas, a cuyo efecto se darían órdenes severísimas. También, sin ninguna dificultad, había dado a los cónsules y comandantes franceses e ingleses permiso para ir de la ciudad a Olaveaga, y viceversa; pero inmediatamente después de que fue herido, ocurrió un gran cambio. No solamente le

The Captain commanding on the river, whose name has escaped my memory, and the Consul, declared, that on their interview with Zumalacarregui he had behaved in the most handsome manner; and had said that those British inhabitants who did not choose to leave the city, in case the place was taken by storm, on placing the British flag over their doors, should have their houses respected, to which effect the strictest orders should be given. He had also, without difficulty, given permission to the English and French consuls and the commanding officers to go from the city to Olaveaga, and vice versa; but, immediately after he was wounded, a great change took place. Not only they refused to allow the Consul to return to Bilbao, but to let his boat go down the river. On applying to Giubelalde, he said, "Do you wish me to compromise myself by acting contrary to my instructions?" The truth was, he had received general orders strictly to keep up the blockade; and as Eraso had not thought necessary to repeat to him the exceptions in favour of the consuls and French and English officers,

negaron al cónsul el derecho de ir a Bilbao, sino que también prohibieron a su barca ir río abajo. Al dirigirse a Guibelalde, éste dijo: "¿Desea que me vea comprometido por actuar contrariamente a mis instrucciones?" La verdad era que había recibdo órdenes generales para bloquear estrictamente, y como Eraso no creyó necesario el repetirle las excepciones en favor de los cónsules y oficiales franceses e ingleses, él siguió las instrucciones al pie de la letra. La confusión sobre las barcas fue rectificada inmediatamente, y galopamos a Puente Nuevo para pedir a Eraso un pase para el cónsul, que fue enviado inmediatamente, y fijamos la mañana siguiente para una interviú entre los dos cónsules y Eraso.

Al día siguiente, los dos cónsules, sus intérpretes y el capitán, vinieron calle abajo, desde el paseo de Miraflores, precedidos por Marineros que llevaban sus banderas, y fueron presentados a Eraso. Eraso comenzó por disculparse de la detención de sus barcos, por lo cual ofreció destituir al general de la división, que había sido el culpable de esta agresión; y entregó a los cónsules y capitanes pases para ellos o

he adhered to them to the letter. The mistake about the boats was immediately rectified, and we galloped on to Puente Nuevo to get the pass from Eraso for the Consul, which was immediately sent down; and the next morning was fixed on for an interview between the two consuls and Eraso.

Next day, the two consuls, their interpreters, and the captain, came down the road from the promenade of Miraflores, preceded by sailors carrying their flags, and were introduced to Eraso. Eraso commenced by apologising for the detention of their boats, for which he offered to suspend the general of the division who had been guilty of the aggression; and he furnished the consuls and captains with passes either for themselves or their responsible officer. The consuls, finding him thus far easy, demanded that all British and French subjects should be allowed free ingress and egress to and from Bilbao. This was insisted on in a very haughty manner by the French consul; and I doubt not, if it had not been for that circumstance, might have been obtained. He was, however, told, that if he was not aware

para quien los sustituyese con responsabilidad. Los cónsules, encontrándole en buena disposición, le pidieron que todos los ciudadanos ingleses y franceses recibieran permiso para entrar y salir libremente de Bilbao. El cónsul francés insistió sobre esto de una manera muy altiva, y yo no dudo que si no hubiera sido por esta circunstancia, lo hubieran obtenido. Se le dijo que si él no sabía las leyes de la guerra, debería conocerlas; que sólo por favor, una vez declarada la plaza en estado de sitio, los carlistas permitían alguna comunicación con ella, y que habiendo dado al cónsul y a los habitantes autorización para marcharse de la villa sitiada, no estaban de ninguna manera obligados a exceptuarles de las penalidades de una plaza tomada por asalto. Dicho esto, la petición fue inmediatamente denegada.

Nos hizo gracia la petición del cónsul inglés de "que como sin duda, el general no hacía la guerra a los cónsules y a sus familiares", se les permitiera mandar un criado con una cesta todos los días para comprar carne fresca, que no había probado durante algún tiempo. Según parece, éste era un artículo que escaseaba

of the laws of war, he must be made acquainted with them; that it was only by favour that the Carlists, having declared the place in a state of siege, allowed any communication whatever with it; and even that, having given the consul and inhabitants leave to quit the place, they were by no means bound to exempt them from any of the penalties of a place taken by storm. On this the demand was immediately abandoned.

We were rather amused by the English consul's begging, as "no doubt the General was not making war on the consuls and their families," to be allowed to send out a servant with a basket every day, to fetch a little fresh meat, which for some time they had not tasted. It appears it had become a very scarce article in the place; a pound of beef had been sold for 48 reals, or 12s., and a dozen eggs were worth 36 reals. Eraso smiled, but very politely said, that certainly he would not only permit it, but, if they would send out a servant with the English flag, he would order meat to be given for all of them. The French consul thanked him, but observed with nonchalance, "I do not know

mucho: una libra de buey había sido vendida por 48 reales, o sea 12 chelines, y una docena de huevos valía 38 reales. Eraso sonrió, pero dijo con mucha cortesía que no sólo lo permitiría, sino que, si mandaban un criado con la bandera inglesa, ordenaría que se le diera carne para todos ellos. El cónsul francés le dio las gracias, pero observó con cierta desgana: "Yo no sé cómo se las arregla, pero mi criado siempre ha encontrado carne." "¿La ha encontrado? —dijeron su colega inglés y el intérprete, al mismo tiempo—. Quisiera saber dónde se puede encontrar." Esto nos hizo mucha gracia. El día anterior, a bordo del Saracen, uno de los oficiales, de cuyo nombre no me acuerdo, me preguntó si podía hacer que pasase una cesta de provisiones de Bilbao a un amigo particular suyo. Al día siguiente llegó dirigida a mí una cesta conteniendo pollos y patos. Habiendo obtenido permiso, la única dificultad era encontrar a alguien que nos llevase dentro de la ciudad, pues los campesinos temían que no les dejasen salir de nuevo, y era un asunto muy embarazoso dar órdenes a los centinelas, que se cambiaban continuamente, de no disparar contra ellos, especialmente

how it is, my cook has always found meat." "Has he?" said his British colleague and the interpreter all in a breath "I should like to know where it is to be had." This amused us exceedingly. The previous day, when on board the Saracen, one of the officers, whose name has escaped my memory, requested of me, if I could do so, to get a basket with provisions passed in to Bilbao, to a particular friend of his. The next day a basket containing fowls and ducks arrived, addressed to me. Having obtained permission, the only difficulty was to find some one to take them in; as the peasantry were afraid they would not be let out again, and it was a matter of considerable embarrassment to give orders to the posts, which were constantly changing, not to fire at them, in particular when they sallied. The thought immediately struck me, that it would be a good plan to send it in by the sailor carrying the union jack, whom I imagined, of course, to be an Englishman. He turned out to be a sailor from the French steamer Meteore. I ordered the basket to be given to him, with a message that it was for his consul. On entering Bilbao it was delivered to the French

cuando salían. Se me ocurrió inmediatamente que sería una buena idea mandarla por medio de un marinero, llevando la bandera inglesa, quien yo imaginaba, por supuesto, que sería un inglés. Resultó ser un marinero del barco francés Météore. Ordené que se le diera la cesta con un mensaje diciendo que era para el cónsul. Al entrar en Bilbao fue entregado al cocinero del cónsul francés; y los oficiales del Météore que comieron aquel día con su patrón, me informaron más tarde que habían brindado a lá salud de los ingleses.

Desgraciadamente, tan pronto como Zumalacárregui dejó el mando, su plan de asaltar la ciudad fue desechado, contra la opinión insistente de Eraso. El Rey opinaba que sería un acto injustificable el entregar una ciudad a los horrores de este recurso desesperado de la guerra, pues una tercera parte de la población era carlista, e inocentes y culpables perecerían por igual cuando se desatara la furia de los soldados. Horrorizado por las reflexiones que se le hicieron, el Rey, que es un hombre de una rectitud de conciencia notable, y quien, aunque puede a menudo equivocarse en sus

consul's cook, who, deeming it as an ill wind that blows nobody any good, forthwith proceeded to spit them; and the officers of the Meteore, who that day dined with his master, informed me afterwards that they had drunk a health over them to the providence of the English.

Unhappily, as soon as Zumalacarregui had given up the command, against the urgent representations of Eraso, his plan of storming the place was overruled. The King was persuaded that the giving up a city to the horrors that must follow this desperate resource of warfare would be a most unwarrantable act, as above a third of the population were Carlists, and innocent and guilty would all perish alike before the fury of the soldiery when once let loose. Struck with horror at the representations that were made him, the King, who is a remarkably conscientious man, and who, though he may often err in judgment, would not, to gain his crown, commit the slightest act which he considered wrong, gave positive orders that the extreme works only should be stormed, where only the military defending them would

[643]

Capítulo 22 / Chapter 22

juicios no cometería, para ganar su corona, el menor acto que considerase injusto, dio órdenes terminantes de que sólo fueran asaltados los fuertes y trabajos exteriores de fortificación, donde sólo los militares que los defendían sufrirían ante la furia de los vencedores.

Esta falsa clemencia, o más bien debilidad, de que los Borbones han sido tan a menudo culpables, ha sido causa de que se hayan derramado mares de sangre. ¿No hubiera sido mejor que una parte de aquellos tibios partidarios de dentro de la ciudad hubieran perecido, que no el que cientos de aquellos que junto a él estaban armados y habían consagrado su existencia a su causa, cayeran en combates sucesivos? La consecuencia fue que cuando las tropas fueron informadas de que asaltarían los fuertes, y sólo los fuertes (correr todos los peligros y ser engañados en la recompensa que al soldado en todos tiempos y lugares se ha enseñado a considerar como el premio a sus esfuerzos desesperados, recompensa que consiste en entregarse a escenas de asesinato y pillaje, que para deshonra de la naturaleza del

suffer from the fury of the victors.

This false mercy, or rather weakness, which the Bourbons have so often been guilty of, has caused oceans of blood to be spilled. Would it not have been better that a part of those lukewarm partisans within the city should have perished, than that hundreds of those who were armed around him, and had devoted their existence to his cause, should fall in successive combats. The consequence was, when the troops were informed that they were to storm the forts, and the forts only, to run all the risk and be cheated of the recompense which the soldier in all times and places has been taught to look upon as the reward of his desperate efforts, namely, to riot in scenes of murder and rapine, which, to the disgrace of the nature of man, seem to be the only allurements that can lead him over the bristling rampart, and into the very cannon's mouth, they naturally refused to mount the walls, or, at least, from the observations that were made, it was known that they would have done so.

Many of the Colonels of battalions, and the Captains of

hombre parecen haber sido los únicos motivos que pueden llevarle a asaltar la erizada muralla y a la misma boca del cañón), se negaron, naturalmente, a escalar las murallas, o, por lo menos, por las observaciones que se hicieron, se sabía que se hubieran negado.

Muchos de los coroneles de los batallones y los capitanes de las compañías declararon que estaban dispuestos a ir, pero como simples voluntarios, y que a menos que se les permitiese a sus hombres el saqueo, rehusaban la responsabilidad de guiar sus batallones al asalto. Se decidió entonces bombardear la ciudad; pero como Zumalacárregui solamente había ordenado que se trajera una pequeña cantidad de municiones, sabiendo bien que Bilbao era fácil de ser tomado por asalto, aunque inexpugnable para los carlistas por otros medios, se vieron obligados a esperar hasta que llegasen tropas nuevas. Todo esto era perder un tiempo precioso y dar ocasión al enemigo para recobrarse de su pánico y para adquirir nueva confianza y fuerza; mientras en Bilbao continuaban aumentando sus medios de

companies, declared that they were willing to go but as simple volunteers, and unless their men were allowed the pillage, refused the responsibility of leading their corps to the assault.

It was then decided that the town should be bombarded; but as Zumalacarregui had only ordered a certain quantity of ammunition to be brought up, well knowing that Bilbao was easy to be taken by storm, although impregnable to the Carlists by other means, they were obliged to wait till fresh troops could arrive. All this was wasting precious time, and allowing the enemy to recover from their panic, and gather fresh confidence and strength; while in Bilbao they only continued to increase their means of defence, where a few shells fell harmlessly, or tore off the roofs of a few houses.

An attempt was now made to throw auxiliaries into the city, by landing at night a force on the right bank near the sea-shore. Our troops stationed there, forced them speedily to re-embark. Espartero, however, having collected seven thousand men at Portugalete, and knowing that nearly all the force their late

Capítulo 22 / Chapter 22

defensa, cayeron unas pocas granadas que no causaron daño alguno y sólo hundieron los tejados de algunas casas.

Se hizo una intentona para introducir fuerzas auxiliares en la ciudad, desembarcándolas de noche en la orilla derecha, cerca de la costa. Nuestras tropas allí estacionadas, les obligaron a embarcar rápidamente. Espartero, sin embargo, una vez reunidos 7.000 hombres en Portugalete, y sabiendo que todas las fuerzas que las últimas derrotas le habían dejado, unos 18.000 hombres, avanzaban para efectuar un enlace, y que la mayor parte de nuestras tropas habían sido mandadas para observarles, determinó hacer un esfuerzo para entrar en la ciudad.

La noticia de la muerte de Zumalacárregui, circulada prematuramente, sirvió admirablemente para levantar el ánimo del enemigo. Durante todo el tiempo que Zumalacárregui había estado sitiando y tomando guarnición tras guarnición, no se dio ni un paso. Del más completo abatimento, pasaron, por efecto de esta noticia, a la falsa esperanza de que, muerto Zumalacárregui, los carlistas se

defeats had left them, about eighteen thousand men, was advancing to effect a junction, and that the greater part of our troops had been sent to observe them, he determined on making a push to enter the city.

The news of Zumalacarregui's death, prematurely circulated, had wonderfully inspirited the enemy. All the time that he had been besieging, and taking garrison after garrison, not a step was made; from utter despondency they were roused by this intelligence to the fallacious hope that, Zumalacarregui dead, the Carlists would be dispersed on the slightest efforts, and immediately advanced.

Eraso had been left with only six battalions immediately round Bilbao; he was himself persecuted by the unpitying disease which since my departure has carried him to the grave. He got up from his bed to take the command of three battalions, which were opposing the passage of Espartero, who, from Portugalete, could not reach Bilbao without crossing the Salcedon, a river which runs into the Ibaizabal, considerably higher than the latter city. All

Doce meses de campaña - Twelvemonth's campaign

dispersarían ante el menor esfuerzo, e inmediatamente avanzaron.

Se dejó a Eraso con sólo seis batallones alrededor de Bilbao; para entonces era ya víctima de la implacable enfermedad que después de mi partida le llevó al sepulcro. Se levantó de su cama para tomar el mando de los tres batallones que se oponían al paso de Espartero, quien, desde Portugalete, no podía llegar a Bilbao sin cruzar el Salcedón, un río que desemboca en el Ibaizábal bastante más arriba que la última ciudad. Toda la orilla sur estaba ocupada por los carlistas, y las casas de enfrente del puente de piedra que atraviesa el río habían sido aspiiJeradas, de manera que le rechazaron sin dificultad en todos sus esfuerzos para pasarlo. Un capitán del ejército de la Reina hizo un esfuerzo desesperado para cruzarlo; avanzó con un soldado que tocaba el tambor y 18 hombres; antes que hubiesen llegado al principio del puente, tambor y tamborilero y todo el grupo que había intentado abrirse camino (excepto cinco), incluyendo al valiente capitán, rodaron en el polvo. Los sobrevivientes se retiraron precipitadamente. Espartero,

the southern bank was lined by the Carlists, and the houses fronting the stone bridge which traversed the river had been previously crenelled, so that they with little difficulty repulsed him in all his efforts to cross it. A desperate push was made to carry the bridge, by a Captain of the Queen's army; he advanced with a drummer, the drum beating, and eighteen men; before they had reached the bridge-head, drum and drummer, and all the party that attempted to lead the way, excepting five, including the gallant captain, were rolling in the dust. The survivors precipitately retired. Espartero, acquainted with the march of Castor's Biscayan battalion and two others to take him in flank, precipitately retired to Portugalete.

We had hitherto received the most satisfactory accounts of Zumalacarregui's convalescence, and we joined in the feeling of our soldiers, who replied to the shouts of the enemy, that we had lost our leader "You will see, in a few days, whether we have lost him!" The next morning, like a thunder-stroke, came the intelligence of his death. Every one, when I returned from the monastery of San Mames,

[647]

enterado de la marcha de los dos batallones vizcaínos de Castor y de otros dos para cogerle por el flanco, se retiró preciptadamente a Portugalete.

Habíamos recibido hasta entonces buenas noticias de la convalecencia de Zumalacárregui, y nos unimos al sentimiento de nuestros soldados, que replicaban a los gritos del enemigo, que decía que habíamos perdido nuestro jefe: "Veréis dentro de unos pocos días si lo hemos perdido." A la mañana siguiente nos llegó la noticia de su muerte como una bomba. Cuando volvía del Monasterio de San Mames, donde había estado, todos presentaban un semblante misterioso y acongojado. En seguida comprendí que alguna desgracia había ocurrido, pero nunca sospeché la realidad. Todavía intentaron ocultarla a los soldados; pero la noticia volaba en todas direcciones por las filas, aunque en forma de cuchicheo. Pareció, sin embargo, que la noticia desmoralizó menos a los soldados de lo que yo había imaginado, aunque muchos de los oficiales y clases de los Guías, que todavía estaban alojados en Begoña, no podían ocultar sus lágrimas.

where I had been, was looking mysterious and gloomy. I saw directly that some mishap had happened, but never dreamed of the reality. They still endeavoured to conceal it from the men, but the news was flying, although only whispered, in every direction in their ranks. It seemed, however, to carry less discouragement than I should have imagined, though many of the officers and privates of the guides, who were still stationed at Begona, could not conceal their tears.

Little by little it was spoken of more openly, and the Navarrese battalions, but. particularly the guides, loudly demanded to be led to storm Bilbao to revenge his death. " We will go without pillage! we will go without the hundred ounces! we will go even if h were before us!" were their incessant exclamations.

If the enthusiasm of the troops had even then been taken advantage of, Bilbao might have been captured before the columns advancing to relieve it, and who came hesitatingly, and feeling their way, could have forced us to raise the siege.

Doce meses de campaña - Twelvemonth's campaign

Poco a poco se empezó a hablar más claramente, y los batallones navarros, y particularmente los Guías, pedían a grandes voces se les dejase emprender el asalto de Bilbao, para vengar su muerte. "Iremos sin saqueo." "Iremos sin las cien onzas." "Iremos aunque el infierno esté delante de nosotros." Estas eran sus incesantes exclamaciones.

Si se hubiera aprovechado el entusiasmo de las tropas, Bilbao podía haber sido tomado antes que la columna que avanzaba, y que venía titubeando, nos hubiera forzado a levantar el sitio.

Las consecuencias de esta nueva victoria hubieran sido incalculables. Vi a uno de sus sirvientes, que le había asistido durante todo el tiempo; parece ser que, a pesar de la fiebre, Zumalacárregui persistió en ocuparse de los asuntos. Los médicos habían decidido, por fin, extraer la bala; pero como había descendido varias pulgadas en la pierna, tuvieron que cortar y cortar, e hicieron la operación de una manera tan bárbara, que sufrió un dolor muy intenso, por efecto del cual se desmayó; para calmarlo, le dieron opio, según

The consequences of this fresh success are incalculable. I saw one of the servants who had attended him all the while; it appears that, notwithstanding a continuation of fever, he had persisted in occupying himself with affairs. The surgeons had at last determined on extracting the bullet, but as it had fallen many inches lower, they kept cutting and cutting away, and performed the operation in so barbarous a manner, that he suffered most intense pain, from the effect of which he fainted; to lull this, they had given him opium, it appears, in too great a dose, for soon after the bullet was extracted he died in delirium, as I have already described. He was placed in a leaden coffin in the church of Cegama, the little village on the banks of the Orrio where he breathed his last. A key was sent to his wife, a key to the king, and a third remains with the coffin.

All his fortune, which consisted of fourteen ounces of gold, or 48z., he left to his household. To his widow he bequeathed only the grateful remembrance of his Sovereign: and although he lies without even the tribute of the humblest monument to tell where he expired, in his

Capítulo 22 / Chapter 22

parece, en una dosis demasiado fuerte, pues poco después de que la bala fue extraída, murió delirando, como ya he descrito. Fue colocado en un ataúd de plomo en la iglesia de Cegama, el pueblecito sito a la orilla del Orio, donde exhaló su último suspiro. Se envió una llave a su mujer, otra al Rey y la tercera quedó en el cofre.

Dejó toda su fortuna, que ascendía a 14 onzas de oro, o sea 48 libras, a los sirvientes de su casa; a su viuda sólo dejó el grato recuerdo de su Soberano; y aunque yace sin siquiera el tributo del más humilde monumento que muestre dónde expiró, en su pobreza y en su gloria, su nombre vibrará muy alto en España por muchos años venideros[64].

Si alguna vez Don Carlos se sienta en su trono, deberá su victoria a Zumalacárregui. Aquel jefe, cuando murió, dejó los asuntos del Rey en una posición muy diferente de la en que se hallaban en el período de la muerte de Fernando, y legó a Don Carlos los medios de triunfar en una terrible lucha que al principio se presentaba como imposible.

Zumalacárregui dejó una

poverty and his glory, his name is one that Spain will ring with for many years to come.

If Don Carlos ever sit on its throne, to Zumalacarregui he will be indebted for his success. That Commander, when dying, left the King's affairs in a position very different from that in which they stood at the period of Ferdinand's death, and bequeathed to Don Carlos the means of triumph in the desperate struggle which at its commencement was so hopeless.

Zumalacarregui left a little box containing papers, supposed to be plans of a campaign for continuing the war.

Doce meses de campaña - Twelvemonth's campaign

pequeña caja que contenía documentos, que se suponía eran los planes de campaña para continuar la guerra.

Capítulo 23

Esperanzas de los cristinos después de la muerte deZumalacárregui. Se levanta el sitio de Bilbao. Ejecución de dos desertores cristinos. Muerte de Eraso y Reina. El autor abandona el Ejército. Origen de este trabajo.

Chapter 23

Hopes of the Cristinos after Zumalacarregui's death. Siege of Bilbao raised. Execution of two deserters. Cristinos. Death of Eraso and Reina. Lopez Reina. The writer leaves the Army. Origin of the work.

Tan pronto como la muerte de Zumalacárregui (los jefes de las tropas enemigas habían hecho ya circular con anterioridad rumores de la misma para animar a sus soldados) fue conocida, todas las fuerzas liberales, que ya he indicado eran unos 18.000 hombres, avanzaron rápidamente para efectuar un enlace con Espartero y socorrer a Bilbao. Algunos de los oficiales del Saracen y de los barcos franceses vinieron a cenar conmigo al siguiente día de haber tenido noticia de la muerte de Zumalacárregui. Sus nombres se me han olvidado, excepto el del subteniente Nogers. Hablaba perfectamente el francés y español, y parecía muy bien informado y caballeroso. En general, los oficiales del ejército de la Reina que conoció en Bilbao, no parecía

No sooner was the death of Zumalacarregui (rumours of which had been previously circulated amongst the enemy's troops by their leaders to encourage them) known in reality to have happened, than the whole of their force, which I have stated was in number eighteen thousand men, rapidly advanced to effect a junction with Espartero, and relieve Bilbao. Some of the officers of the Saracen and the French vessels came to dine with me the day after we had received the news of Zumalacarregui's death. Their names have all escaped my memory excepting Lieutenant Rogers. He spoke perfectly the French and Spanish languages, and seemed a very well-informed and gentlemanly man. In general, the officers of the Queen's army they met in Bilbao seemed to have made

Capítulo 23 / Chapter 23

que le habían hecho una impresión muy favorable.

Mirasol, el gobernador, deseando ganar tiempo, mandó un emisario con una bandera de tregua, quien indicó que deseaba tener alguna comunicación con los sitiadores. En consecuencia, el teniente coronel Arjona, hijo del ex gobernador de Sevilla, y Zariategui, el secretario de Zumalacárregui, entraron en la plaza.

El primero había conocido anteriormente a Mirasol. Vieron en seguida, sin embargo, que no tenían ninguna intención de rendirse. En lo que le concernía, se portó muy cortesmente; almorzaron con él, y al salir fueron escoltados por varios de sus oficiales hasta las puertas. Se formó un grupo con los habitantes más turbulentos de la ciudad, para insultarles a su paso. Eran, principalmente, de la clase comercial o de la más ínfima categoría; y, no contentos con gritarles desde lejos, al final se aproximaron. Arjona pasó inmediatamente y dijo que no seguiría adelante, entre los insultos de un grupo de malvados. "No podemos evitar—dijo el comandante—

far from a favourable impression on them.

Mirasol, the governor, anxious to gain time, now sent a parliamentary with a flag of truce, who stated that he was desirous of holding some communication with the besiegers. Lieutenant-Colonel Arjona, son of the ex-governor of Seville, and Zaraitegui, Zumalacarregui's secretary, accordingly entered the place.

The former had known Mirasol previously. They soon found, however, that he had no intention of surrendering. As far as regarded himself, he behaved very politely; they lunched with him, and on departing were escorted by several of his officers to the gates. A mob of the most outrageous of the inhabitants gathered, however, to insult them on their passage. They were chiefly from the commercial classes, or the very lowest of the rabble; and not content with crying out at a distance, at last pressed close on them. Arjona immediately stopped, and said he would not proceed amidst the insults of a set of miscreants. "We cannot prevent," said the Commandant, "the people from expressing their feelings."

que el pueblo exprese su sentir."

Arjona dijo que si no les podía imponer silencio y hacerles respetar a un parlamentario, que en todas partes era sagrado, volvería a casa del gobernador.

"¡Oh!—dijo el cristino con desprecio—, ¡no tema nada, no le harán ningún daño!" "No—dijo Arjona, que era un joven y animoso oficial—. No tengo miedo por mí mismo; podrían matarme; pero mañana, ciento cincuenta de sus oficiales estarían colgando al otro lado del Puente Nuevo, por Antonio Arjona."

Fue al final de este puente, donde fueron ejecutados los oficiales de los Provinciales de Granada el anterior enero.

La proximidad del enemigo debió de convencer, aunque tarde, a los consejeros del Rey de lo mal que le habían aconsejado. Bilbao podía haberse tomado por asalto muchas veces. Con la artillería que poseían los carlistas, desorganizada como estaba, y con treinta piezas pesadas que tenía el enemigo dentro de la plaza para destrozar sus cañones, hubieran sido

Arjona said that if he could not impose silence, and make them respect a parlementary, which everywhere was held sacred, he would return to the Governor's house.

"Oh," said the Christino, sneeringly, "fear nothing; they shall do you no harm." "No," said Arjona, who was a young and spirited officer, "I have no fear for myself. I might certainly be put to death; but to-morrow a hundred and fifty of your officers would be dangling at the other end of Puente Nuevo, for Antonio Arjona."

It was at the end of this bridge that the officers of the Provincials of Granada were executed the preceding January.

The approach of the enemy, when too late, must, have convinced the King's counsellors how erroneously they had advised him. Bilbao might have been taken by storm over and over again. With such artillery, disorganised as it was, which the Carlists possessed, and thirty heavy pieces within the place, to knock their batteries to pieces, it would have

[655]

necesarias seis semanas para hacer alguna impresión sobre la ciudad sitiada. Un tiempo precioso se había invertido inútilmente de este modo, mientras que el enemigo se recobraba día por día de su pánico: la muerte de Zumalacárregui les devolvió la confianza.

Se determinó entonces atacar al ejército que avanzaba en su socorro. El mismo Carlos tomó el mando de su ejército. Moreno fue nombrado jefe de su Estado Mayor, y Eraso quedó sitiando a Bilbao; pero poco a poco se habían retirado tantas fuerzas suyas, que se vio obligado a levantar el sitio; en seguida marchamos a Villarreal de Álava. Los carlistas llegaron dos horas demasiado tarde para atacar al enemigo en circunstancias ventajosas, y habiendo cometido este error, ambos ejércitos parecían temerosos de entrar en batalla, y se cruzaron, después de una pequeña vacilación, sin disparar ni un solo tiro.

Al volver al Cuartel Real, después de finalizar mi ausencia, fui testigo de la ejecución de dos desertores. Pertenecían al 3° de Castilla compuesto de los prisioneros tomados en Treviño, que

required six weeks to make any impression by bombarding it. Much precious time had thus been expended for no earthly purpose, while the enemy were daily recovering from their panic; the death of Zumalacarregui quite restored their confidence.

It was now determined to attack the army advancing to its relief. Carlos himself assumed the command of his army, Moreno was appointed chief of his staff, and Eraso was left before Bilbao; but little by little so much of his force had been drawn off, that he was obliged to raise the siege, and we marched on Villarreal de Álava. The Carlists were two hours too late to attack the enemy in positions under highly advantageous circumstances, and the Royalists having committed this blunder, both armies seemed afraid to engage, and passed each other, after a little hesitation, without firing a shot.

On joining again the Royal quarters in quest of my leave of absence, I was witness to the execution of two deserters. They belonged to the 3rd of Castille, composed of the prisoners taken at Treviño,

habían abrazado la causa de Don Carlos. Habiendo resuelto desertar, se aprovecharon de una espesa niebla para escapar, y encontrando a un campesino, le encañonaron con sus fusiles y le prometieron media onza de oro si les llevaba a las tropas de la Reina, jurándole que le fusilarían al instante si intentaba traicionarlos.

A poca distancia, particularmente cuando hay niebla, las tropas de ambos ejércitos sólo se diferencian por las boinas de los nuestros o por los chacos o gorras de cuartel del enemigo. Los campesinos se acordaron inmediatamente de que varios de los batallones carlistas de Álava llevaban también la gorra de cuartel, y, conociendo el pueblo en que uno de estos batallones estaba acuartelado, les condujeron allí. Al verlos a cierta distancia, los soldados se imaginaron que todo iba bien; pero cuando el guía llegó cerca del pueblo, gritó con todas sus fuerzas: "¡Muchachos, aquí hay dos traidores!" Dándose cuenta de que habían sido traicionados, intentaron, sin ocuparse siquiera de castigarle, salvarse en una huida precipitada. Fueron perseguidos y, como no

who had embraced the cause of Carlos. Having resolved to desert, they profited by a dense fog to abscond, and having met with a peasant, loaded their muskets before him, and, promising him half an ounce of gold if he led them to the Queen's troops, swore that they would shoot him the instant they were betrayed.

At a little distance, and particularly during a fog, the only distinction easily made between the troops of both armies, is in the round bonnets of ours and the shakos or foraging caps, or *gorras de cuartel*, of the enemy. The peasant immediately recollected that several Carlist battalions of Álava wore also the foraging cap, and knowing the village where one of them was quartered, led them thither. On seeing them at a distance, the two soldiers fancied all was right, but when their guide had got them close upon the village, he shouted out with all his might, "Muchachos! aqui hai dos traidores!" "¡Muchachos, aquí hay dos traidores!" (Here, my lads! here are two traitors!) Perceiving that they were betrayed, they attempted, without even giving themselves time to punish

Capítulo 23 / Chapter 23

conocían el terreno, fácilmente capturados.

La mayor parte del ejército carlista se dirigía ahora hacia Salvatierra, la que Zumalacárregui hizo que fuese abandonada por los cristinos. Salvatierra es una plaza muy antigua, situada a la izquierda de la carretera entre Pamplona y Vitoria; está rodeada de una antigua muralla de considerable altura y solidez. Aunque fue fuerte en un tiempo en que la artillería era desconocida, se hallaba en un estado muy primitivo: sus murallas, flanqueadas solamente por torres cuadradas, no ofrecían más que un abrigo inadecuado contra las máquinas de guerra empleadas en los tiempos presentes; pero debe recordarse que al principio de la guerra los carlistas estaban en el mismo estado en que se encontraban todos los ejércitos antes que se hubiera conocido el uso del cañón, y aun peor, pues no tenían los medios que los guerreros de otros tiempos habían usado a falta de cañones (la catapulta, el ariete, etc., etc.).

Por lo tanto, todo lo que pudiera resguardar a los carlistas de un tiro de fusil era

him, to save themselves by a precipitate flight. They were, however, pursued, and as they did not know the country, they were easily recaptured.

The march of the greater part of the Carlist army was now directed on Salvatierra, which Zumalacarregui bad previously forced the Cristinos to abandon. Salvatierra, a very ancient town, situated on the left of the road from Vitoria to Pamplona, was surrounded by an old wall of considerable height and solidity. Although strong at a time when artillery was either unknown, or in its primitive state, its walls flanked only by square turrets, afforded but an inadequate shelter against the engines of hostility employed at the present day. But it must be remembered, that in the commencement of the war the Carlists were in the state in which all armies were before the use of cannon was known, and even worse, for they had not the means which the warriors of former times had used in the absence of cannon the catapult, the scorpion, and the battering-ram.

Anything that would ward of a musket-shot thus became a fortification to their enemies,

Doce meses de campaña - Twelvemonth's campaign

una fortificación para sus enemigos, hasta que, a costa de la perseverancia y trabajo de un oficial de Artillería, lograron fabricar, por fin, en los bosques y en las montañas varias de estas formidables armas; una vez obtenidas, les permitieron procurarse otras; pero en el principio estaba la dificultad.

Cuando Salvatierra fue evacuada por el enemigo, los carlistas tomaron posesión de ella, y como de costumbre, empezaron en seguida a destruir las fortificaciones. Este, sin embargo, era un trabajo de bastante tiempo; encontramos aquí, encadenados unos a otros y trabajando en estas fortificaciones, a doscientos "peseteros" y "chapelgorris", quienes, desde la convención de Lord Eliot, habían recibdo cuartel; pero nunca se les habían confiado armas; en verdad, si Zumalacárregui se hubiera inclinado a hacer una prueba, los soldados se hubieran negado por unanimidad a recibirlos en sus compañías: tal era el odio que les inspiraban. Por el contrario los regimientos de línea, en el momento que-cambiaban su gorra de cuartel por la boina, se les miraba y se les trataba

until, by the exertions and perseverance of a single artillery officer, they at last succeeded in manufacturing in the woods and mountains several of those formidable weapons, which, once obtained, enabled them to procure others; but that beginning was the difficulty.

On Salvatierra being evacuated by the enemy, the Carlists took possession, and, as usual, immediately began demolishing the fortifications. This, however, was a work of some time. We found here, chained together, labouring at them, two hundred peseteros and chapelgorris, who, since Lord Eliot's convention, had received quarter, but were never intrusted with arms; indeed, if Zumalacarregui had been inclined to have made a trial of them, the soldiers would unanimously have refused to receive them into their company, so great was the hatred they always inspired. With the line, on the contrary, the instant they exchanged their shako for the beret, they were looked upon as brethren, and treated as such.

Amongst these prisoners was one old man whose

como hermanos.

Entre estos prisioneros había un anciano, cuya apariencia indicaba inmediatamente que era de clase superior a los labradores que le rodeaban. Me enteré después de que era un marqués. He olvidado su nombre; pero se había distinguido entre los liberales, y fue capturado por una partida cuando salía de Vitoria con una pequeña escolta a levantar un cuerpo de voluntarios para el servicio de la Reina; por lo tanto, se le trató como un "pesetero". Parecía sobrellevar el cambio de circunstancias con gran fortaleza. A la llegada del Rey se mitigaron las duras condiciones de su prisión, y en la noche siguiente, el hijo del marqués y otro oficial, con una bandera de tregua y una pequeña escolta, vinieron de Vitoria a proponer un canje por la familia de un oficial superior que era prisionero del enemigo. Así se hizo.

Desde Salvatierra, yo seguí al Rey, en medio de una tempestad espantosa, a Eulate, en el valle de Amezcoa. Al siguiente día nuestro ejército tomó posiciones en Arroniz con catorce batallones, mientras que Eraso ponía sitio

appearance immediately indicated him to be of a superior class to the labourers about him. I was afterwards informed that he was a marquess. His name I have forgotten; but he had rendered himself notorious amongst the liberals, and was captured by the partida when sallying with a small escort from Vitoria, to levy a free corps for the service of the Queen: he was therefore treated as a pesetero. He seemed to undergo the change of circumstances with great fortitude. On the arrival of the King the hard labour was mitigated, and the next evening the marquess's son and another officer, with a flag of truce and a small escort, came from Vitoria to propose an exchange for the family of a superior officer held prisoner by the enemy. This was effected.

From Salvatierra, I followed the King through a tremendous storm to Eulate, in the Amezcoas. The next day he took up his position with fourteen battalions at Arroniz, Eraso having meanwhile laid siege to Puente la Reina, to force Cordova to a battle. Here, learning that my passport had been sent on to Eraso, I joined him before

a Puente la Reina, para forzar a Córdoba a aceptar una batalla. Habiéndome enterado aquí de que mi pasaporte fue enviado a Eraso, me uní a él delante de Puente.

Encontré a Eraso en una pequeña aldea a tiro de fusil de la plaza; llegué a ésta al mediodía. Eraso, que poco a poco moría de tuberculosis, acababa de levantarse y estaba comiendo.

Este hombre, que demostró ser un hábil soldado y era, en mi opinión (aunque a gran distancia), el que seguía a Zumalacárregui en capacidad), había luchado con el mayor desinterés por el carlismo; fue a Eraso a quien Zumalacárregui ofreció el mando cuando salió a campaña, a causa de su antigüedad en la categoría; pero aquél, confesando francamente que él creía que Zumalacárregui tenía mayor talento que él, se negó a aceptarlo. Se daba perfecta cuenta de que se estaba muriendo; tenía esta convicción desde hacía muchos meses, y le confirmaban en ella los síntomas de su enfermedad. El se comportó, por consiguiente, a lo largo de su carrera, como

Puente.

I found Eraso in a little village within gun-shot of the town: this I reached at mid-day. Eraso, who was gradually dying of consumption, had just got up, and was at dinner.

This man, who proved himself a skilful soldier, and ranked, in my estimation although still at a humble distance next to Zumalacarregui, had fought through a most disinterested feeling of Royalism. It was to Eraso that Zumalacarregui offered to give up the command, on account of his seniority of rank; but he, as a partisan, frankly acknowledging that he believed Zumalacarregui's talents greater than his own, refused to accept it. He was well aware that he was dying; he had even firmly entertained this conviction many months before, which may have confirmed the symptoms of his disease. He had, in consequence, behaved throughout his career like a man who, with the prospect of death almost face to face, saw the littleness of all worldly ambition. His last exploit was the defeat of Espartero on the heights of Descarga, and the capture of 1800 prisoners.

Capítulo 23 / Chapter 23

un hombre que, mirando frente a frente la proximidad de la muerte, comprendía la pequenez de toda ambición mundana. Su último éxito fue la derrota de Espartero en los altos de Descarga y la captura de mil ochocientos prisioneros. Cuando yo me despedí de él y le expresé mis fervientes votos por su curación, meneó la cabeza y dijo con una sonrisa melancólica: "¡A la caída de la hoja ya no existiré!" El profetizó con verdad, pues seis semanas después expiró.

Yo observé que el había tomado bajo su protección a toda la familia y servidumbre de Zumalacárregui. Estos eran, en su mayor parte, rudos campesinos de las aldeas en las cuales había pasado su primera juventud el héroe de Ormaiztegui. Aunque él había demostrado una preferencia en favor de ellos como compatriotas más inmediatos, no recibieron colocaciones ni ascensos que estaba en su mano conceder, si no era de acuerdo con sus respectivos méritos. Antes de despedirnos, Eraso me pidió una copia de la cabeza de Zumalacárregui que figura en el frontispicio de esta obra: me dijo que era de un gran parecido.

When I took leave of him, and expressed a hope for his recovery, he shook his head, and said, with a melancholy smile, "At the fall of the leaf I shall be no more." He prophesied truly; for about six weeks after he expired.

I observed that he had taken all Zumalacarregui's servants and household under his protection. These were mostly churlish peasants from the villages in which the hero of Ormaiztegui had spent his early youth. Although he had evinced a preference for them as his immediate compatriots, they met with no places or promotion that it was in his power to bestow, beyond their slender merits. Eraso, before we parted, begged of me to give him a copy of the head of Zumalacarregui, which forms the frontispiece to this work: he pronounced it a striking likeness.

As it was my intention to depart for the frontier in a few hours, I went to dine with Colonel Goni, of the 1st battalion. During dinner, we were alarmed by a discharge of musketry. As his battalion was on duty opposite Puente, we immediately mounted our horses, which, fortunately,

Como era mi propósito el partir para la frontera dentro de pocas horas, fui a comer con el coronel Goñi, del primer batallón. Durante la comida nos alarmó una descarga de fusilería. Como su batallón estaba en servicio frente a Puente la Reina, montamos inmediatamente en nuestros caballos, los que, afortunadamente, estaban ensillados, y partimos para la batería. Puente la Reina se halla situado en el declive de una montaña; el río Arga corre delante de él por un lado; éste se hacía inabordable, debido a dos baterías colocadas en ligeras eminencias. Al avanzar, nos encontramos con que el enemigo había hecho una salida y se había apoderado de una batería que habíamos colocado enfrente de aquéllas. Poniéndose Goñi al frente de dos compañías que se hallaban en guardia como a cien metros de allí, avanzamos y la recobramos con muy pequeñas pérdidas; Goñi fue ligeramente herido en el muslo.

Lo primero que vimos al entrar fue a Reina, tendido y muerto; había recibido un bayonetazo en el corazón, del cual aún salía la sangre caliente, y un tiro que le atravesó la

were ready saddled, and proceeded to the battery. Puente la Reina stands on the declivity of a hill; on the further side the river Arga runs before it: this end was rendered unapproachable by two batteries on slight eminences. On advancing, we found that the enemy had made a sortie, and taken possession of one which we had erected opposite these. Having placed himself at the head of two companies, which were on guard about a hundred yards from it, we advanced, and recaptured it, with a trifling loss, Goni being wounded but very slightly in the thigh.

The first thing that met our sight on entering, was Reina lying dead; he had received a bayonet wound through the heart, from which the yet warm blood was bubbling, and a shot through the throat; we next perceived Lieutenant Plaza with his brains blown out; and seven artillery-men, all killed by shots that had evidently been fired the muskets touching, as the clothes of two of them were burning like tinder. All this happened through the negligence of the sentinel, who had fallen asleep, and had first

Capítulo 23 / Chapter 23

garganta; en seguida vimos al subteniente Plaza, con la cabeza destrozada, y a siete artilleros, todos ellos muertos por disparos que, evidentemente, habían sido hechos a quema ropa, pues los uniformes de dos de ellos ardían como yesca. Todo esto ocurrió por la negligencia del centinela, que cayó dormido, y que pagó el primero el precio de su descuido. Cansado de vigilar la batería toda la noche, Reina dormía durante una hora en medio de las granadas, y el resto se hallaban comiendo. Se supone que algún espía debió arrastrarse por entre las viñas e informar al enemigo de lo que ocurría, pues de tal manera les sorprendieron, que los artilleros no tuvieron tiempo ni de agarrar sus fusiles antes de la huida. De las declaraciones de éstos, se deduce que Reina, Plaza y siete artilleros se entregaron como prisioneros de guerra. "¡Cuartel para los que se entreguen de rodillas!", gritaban los cristinos. Reina y otros obedecieron esta indicación. Después de un intervalo de diez minutos, cuando ellos habían perseguido al resto y enclavijado nuestras piezas, asesinaron a los prisioneros a sangre fría, pues la descarga se oyó en la batería después de

paid the forfeit of his carelessness. Tired with superintending the battery all night, Reina was taking an hour's sleep between some shells, the rest were eating. It is supposed some spy must have crept through the vines, and given the enemy intelligence of this; for he so completely surprised them, that the artillerymen had not time to snatch their muskets up before they fled. From the evidence of these men, it appears that Reina, Plaza, and seven artillerymen surrendered prisoners of war. "Quarter for those who surrender on their knees!" cried the Cristinos. Reina and the others obeyed this injunction. After an interval of ten minutes, when they had pursued the rest, and spiked our pieces, they murdered those prisoners in cold blood; as it was after that time that the discharge was heard in the battery. Three of the bodies of their victims had their hands tied behind their backs by pocket-handkerchiefs, and one by the strap of a cartouch-box, which had been cut up for the purpose. This was the first time since the Eliot convention that they were called on to apply it to the persons of Carlist officers,

Doce meses de campaña - Twelvemonth's campaign

todo esto. Tres de los cadáveres de sus víctimas tenían las manos atadas detrás de la espalda por medio de pañuelos, y uno, por la correa de una cartuchera que había sido cortada para este menester. Esta es la primera vez, desde el convenio de Eliot, que ellos tuvieron ocasión de aplicarlo a las personas de los oficiales carlistas, aunque Zumalacárregui observó tan bien el tratado, que hizo durante el último mes por encima de cuatro mil prisioneros. Ellos habían conseguido, como ya lo he dicho antes, inutilizar nuestras piezas, y de la manera más completa, aunque empleando clavos de hierro en lugar de acero, por lo que fueron fácilmente sacados con tenazas y media hora después nuestra batería abrió fuego de nuevo. Yo no pude conseguir que ninguno de los soldados (probablemente, por algún sentimiento supersticioso) me prestase el cortaplumas o las tijeras para cortar un poco del cabello de Reina, para enviárselo a su hermano, un jefe de escuadrón bajo cuyas órdenes yo había servido, y con el cual estaba en relaciones muy íntimas. Por fin, me vi obligado a usar el sable de un

although so well had Zumalacarregui observed the treaty, that above four thousand prisoners had been made during the last month. They had managed, as I have stated, to spike our pieces, and in a most complete manner, only with iron instead of steel nails; so that they were easily drawn out with pincers; and half an hour after the battery opened fire again. I could not get any of the soldiers, probably from some superstitious feeling to lend me a knife or scissors to cut off a little of Reina's hair to send to his brother, a chef d'escadron, under whose orders I had served, and with whom I was particularly intimate. I was obliged at last to use the sword of an artilleryman, which was very sharp. Reina and his brother had been the means of saving the lives of many of the prisoners, and were as noted for their humanity as their valour.

Two days after, when I was near the frontier, the battle of Mendigorria took place, in which the Carlists were worsted, although the defeat led to no important results. Reina, who had received the intelligence of his brother's

Capítulo 23 / Chapter 23

artillero que estaba muy afilado. Reina y su hermano habían mediado para salvar la vida de muchos prisioneros, y eran tan sobresalientes por su valor como por sus sentimientos humanitarios.

Dos días después, cuando yo me hallaba fuera de la frontera, tuvo lugar la batalla de Mendigorría, en la cual los carlistas llevaron la peor parte, aunque la dorrota no trajo resultados de importancia. Reina, que había recibido la noticia de la muerte de su hermano y el triste recuerdo que yo le envié, se distinguió por haber salvado a dos batallones de Castilla. López, con quinientos caballos, les persiguió, cuando Reina fue autorizado a cargarle con el tercero y cuarto escuadrones: en total, doscientos cuarenta caballos. Rompió por entre las filas y derrotó a la caballería de López y, hecho una furia, hizo una gran carnicería para vengar la muerte de su hermano. He oído de un testigo de vista que se me unió después en Bayona, que todo el cuarto escuadrón volvió con sus lanzas chorreando sangre.

Tomás Reina, aún un hombre joven, fue capitán de coraceros de la Guardia de Fernando. Se

death, and the melancholy token I sent him, distinguished himself by saving two battalions of Castille. Lopez, with five hundred horse, was pursuing, when Reina was allowed to charge with the 3rd and 4th squadrons, in all two hundred and forty horse: he broke and routed the cavalry of Lopez, and, giving no mercy, made a great slaughter, to avenge the murder of his brother. I have heard from an eye-witness, who joined me afterwards at Bayonne, that all the 4th squadron came back with their lances dripping with blood.

Tomas Reina, still a young man, was captain of cuirassiers of Ferdinand's guard. He had much distinguished himself, and was a great favourite with Zumalacarregui. No one more deeply lamented or endeavoured to assuage, as far as lay in his power, the horrors of civil war. Since then I have heard that he has become the Claverhouse of the Carlist army having vowed never to spare foes who showed so little kindness to his own blood.

The last scene I witnessed before leaving the Royalist army was as the first had been

distinguió mucho y fue un gran favorito de Zumalacárregui. Ninguno lamentaba más profundamente o intentaba mitigar los horrores de la guerra civil más que él, en cuanto de él dependía. Desde entonces he oído que se ha convertido en el Claverhouse del ejército carlista, por haber hecho voto de no salvar nunca a los enemigos que demostraron tan poca caridad para su propia sangre.

La última escena que yo presencié antes de dejar el ejército carlista fue, como lo había sido la primera, una muy sangrienta. Reina fue una de mis primeras relaciones. Pocos, muy pocos de aquellos que conocí al principio de la guerra, hace un año, sobrevivieron a sus vicisitudes, y los eslabones de las amistades que yo había contraído se habían roto uno a uno. Tres días después volví a cruzar la frontera y cambié mi boina roja y mi espada por un sombrero redondo y un bastón.

Mi objeto al detallar algunos pasajes de mi campaña, tomados de notas hechas sobre el terreno, ha sido el dar alguna información acerca de

one of bloodshed. Reina was one of my earliest acquaintances. Few, very few of those I had known in the beginning of the war, a year ago, survived its vicissitudes and the links of the friendships I had contracted had one by one been broken. Three days after, I re-crossed the frontier, and abandoned my red beret and sword for a round hat and walking staff.

My object in detailing a few passages of my campaign, mostly from notes made on the spot, has been to give some account of the difficulties with which a man whose exploits are worthy of some record had to struggle, and what he achieved, and to enlighten the public, by the history of what Don Carlos has hitherto contended with, as to the real chances of success which the devotion and energy of the Basque people give his cause.

las dificultades con que tenía que luchar un hombre cuyas hazañas son dignas de ser anotadas, y lo que él consiguió, e ilustrar al público, por medio de la historia, de las dificultades con que Don Carlos había hasta entonces luchado, y de las probabilidades de éxito que la devoción y energía del pueblo vasco dio a su causa.

Capítulo 24

Observaciones sobre la Casi Intervención. Refutación del derecho de la Reina a ella. Demostración de la falsedad con que se engañaba al público. El coronel Evans y los "auxiliares". Lo que se encontrarán si salen a campaña. Las consecuencias, si permanecen en guarnición.

Aunque la credulidad de John Bull es universalmente reconocida como grande, sorprende cuan completamente le han mantenido en la mayor ignorancia unos pocos de los jefes de la Bolsa por un período tan largo y por medio de la intriga y del soborno, acerca de lo que ocurría en las provincias del Norte de España, lo que para muchos era cuestión de interés vital.

La mayor parte de los acérrimos defensores de la Reina lo son porque si el trono que ha usurpado para ella desapareciese, su dinero se evaporaría a la vez. De esto se hallan perfectamente sabedores; pero en cuanto a la justicia de la causa, ni les interesa ni entra en sus

Chapter 24

Observations on the Quasi Intervention. Refutation of the Queen's right to it. Falsehood practised to deceive the public demonstrated. Of Colonel Evans and the auxiliaries. What they will probably meet with if they take the field. The consequences if they remain in garrison.

Great as the gullibility of John Bull is universally admitted to be, it is a matter of surprise how thoroughly a few of the rulers of the money market have, by bribery and intrigue, for so long a period contrived to keep him in total ignorance of what was going on in the northern provinces of Spain, and which, to many, was a question of very vital interest.

The greater part of the vehement supporters of the Queen are so, because if the throne that has been usurped for her should flit away, their money would vanish with it. Of this they are perfectly aware, but as to the justice of the case, it neither enters into their calculations nor interests them. They find it just, because it is profitable, that a

cálculos. Ellos encuentran justo, porque les es provechoso, el que una nación tenga un Gobierno, aunque sea contrario al mismo, y que sus derechos sean pisoteados por fuerzas extranjeras y mercenarias, si es necesario, para que unos pocos realicen grandes fortunas en las Bolsas de Londres y París.

De la intervención de los hombres que han ido al mando de Evans, aunque yo creo que será inútil, tengo que decir unas pocas palabras. Si los accionistas de la City de Londres se imaginan que España va a ser conquistada, como Portugal, con su oro, se hallan completamente equivocados en sus cálculos acerca del carácter español. Hablo en el caso de que apoyen a la Reina como apoyaron a Don Pedro, pues 10 o 15,000 hombres serían como una gota de agua en el mar y harán a la causa de la Reina más daño que bien. No tiene límite la injusticia y la falsedad de que son culpables al exponer los asuntos de la Península, por lo cual han arruinado y engañado a tantos y arruinarán a millares más, cuya total ignorancia del caso solamente puede hacerles acreedores a nuestra piedad.

nation should have a government, however adverse they may be to it, crammed down their throats, even if necessary, by a parcel of strangers and mercenaries, to make the fortunes of a few individuals in the cities of London and Paris.

Of the intervention of the men gone out under Evans, useless as I believe it will be, I have but a few words to say. If the extensive stockholders in the city of London imagine that Spain is to be conquered, like Portugal, with their gold, they are miserably mistaken in their estimate of the Spanish character. I am talking in case of their supporting her as they did Don Pedro; for, any ten or fifteen thousand men would be like a drop of water in the sea, and will do the Queen's cause more harm than good. There is no limit to the injustice and falsehood they have been guilty of, in representing the affairs of the Peninsula, by which they have inveigled and ruined many, and will ruin thousands more whose utter ignorance of the rights of the question alone entitles them to our pity.

The public were led to believe that the majority of the nation

Al público se le hizo creer que la mayoría de la nación se hallaba en favor del testamento por el cual Fernando violando la ley establecida, alteró la sucesión al trono, a condición de que éste fuera rodeado por las "soi-disants" instituciones liberales. En este consentimiento se apoyaban los derechos de Isabel y la exclusión del trono de Don Carlos. No existía el derecho, de acuerdo con su propio razonamiento, sin el voto de la mayoría; y de acuerdo con sus declaraciones, una grandísima parte del pueblo se hallaba en favor del Gobierno, que contaba además con un ejército de 120.000 hombres, todas las plazas fuertes y todos los recursos del reino. ¿Cómo es posible, si todo esto es verdad, que ellos necesitasen la ayuda del extranjero? Y de tales cuales les fueron allí enviados, de los que eran las barreduras de un país, y de un país que en este particular se parece a un estercolero, donde flores y nobles frutos parecen nacer en medio de la porquería y del estiércol, más prolífico en esto último que ningún otro país del mundo[65]. Si la mayoría se hallaba en favor del Gobierno de la Reina, no tendría necesidad de auxiliares,

was in favour of the will by which Ferdinand, in violation of the established law, altered the succession to the throne, on condition of its being surrounded by soi-disant liberal institutions. On that consent hinged the rights of Isabella and the exclusion of Don Carlos. There was evidently no right, according to their own reasoning, without this majority; but, according to their statements, the majority of the people were in favour of government, which had also the army of 120,000 men, all the strong places, and all the materiel of the kingdom. How is it possible, if all this were true, that they should need the aid of strangers? And such as have been sent them the sweepings of a country, and of a country, too, in that particular resembling a hotbed, where noble fruits and flowers seem to spring amidst dung and filth, more prolific of the latter than any other in the world. If the majority were in favour of the Queen's government, it could have no need of auxiliaries holding, as it does, every resource and least of all such auxiliaries as have been sent them. If it be not so, the right of the Queen is at once destroyed, on their own

teniendo en sus manos, como tenía, toda clase de recursos, y menos aún de la clase de auxiliares que se le enviaron. Y si esto no era así, el derecho de la Reina quedaba al momento destruido con sus mismas premisas, y es una injusticia hiriente el tomar parte alguna contra Don Carlos, pues en este caso se obraría solamente por sentimiento de lucro.

Cómo los tenedores de acciones (me refiero a los que se hallan cegados inocentemente) pueden todavía dar crédito, como lo hacen, a las afirmaciones de aquellos periódicos que les han engañado y traicionado tan palpablemente, no acabo de comprender. Cualquiera que lea todos los números de la mayor parte de estos oráculos publicados durante los dos últimos años, encontrará en ellos repetidamente mencionado, cuando la cuestión empezó a discutirse por primera vez en Inglaterra, "que la facción carlista, o más bien, las bandas armadas, representadas como elementos devastadores del reino, no existían". Aunque nunca habían existido, se nos informaba posteriormente de que habían sido completamente destruidas.

principles, and it is a crying injustice to take any part against Don Carlos; for it is, then, clearly for the sake of lucre only.

How the stockholders those I mean who are innocently blind can still give faith, as they do, to the statements of those papers which have so palpably betrayed and deceived them, exceeds my comprehension. Let any one take all the numbers of the greater part of these oracles for the last two years past, and they will find it repeatedly reported, that when the question first began to be agitated in England, "the Carlist faction, or rather the armed bands, represented as desolating parts of the kingdom, did not exist." Although they had never existed, we were subsequently informed that they were entirely destroyed. After being crushed and destroyed repeatedly, they met with constant and fatal defeats; and yet, when the intelligence of the defeat of Valdes came by the unquestionable authority of Lord Eliot, and the fact of Bilbao being besieged by Zumalacarregui was equally undisputed which certainly was enough to convince the simplest minds of their

[672]

Doce meses de campaña - Twelvemonth's campaign

Después de haber sido aplastadas y destruidas repetidas veces, aún sufrían derrotas constantes y fatales; y cuando llegó la noticia de Valdés por medio de la indiscutible autoridad de Lord Eliot, y cuando el sitio de Bilbao por Zumalacárregui era igualmente discutido (lo que bastaba, ciertamente, para convencer a las mentes más sencillas de su falsedad, para lo cual una mirada a las declaraciones absurdas y contradictorias acerca de los asuntos de España desde el principio, hubiera sido suficiente), aun entonces y después de todo esto fueron creídos tanto como antes; ¡tan inclinados nos hallamos todos a creer lo que deseamos!; y el pueblo, naturalmente, dice: "aquellos que posean valores españoles, por lo menos, tendrán que estar enterados".

En cuanto a los "auxiliares", se nos dice que el gran conocimiento (topográfico a lo sumo) que el coronel Evans poseía del país iba a hacer milagros; y, ¿qué supone este conocimiento con el que tenían Mina, "el Pastor" y cien jefes más en ambos bandos, no sólo de la posición de las montañas, caminos y aldeas, sino también de cada sendero,

falsehood, for which a retrospection of their own contradictory and absurd statements of Spanish affairs since the beginning alone should have sufficed still, after all this, they were as much credited as before; so anxious are we to believe what we wish; and people naturally say, "Those who hold Spanish stock at least ought to know."

Regarding the Auxiliaries, we are told that the great, knowledge Colonel Evans possesses of the country is to work miracles a topographical knowledge at best; and what is that to the knowledge Mina, El Pastor, and a hundred other officers on either side have, not only of the position of the mountains, roads, and villages, but of every path, rivulet, and almost the number of stones on every bridge[69].

Of Mina's talent as a leader he knows nothing, or at least has yet had no opportunity of developing it; and the oratorical powers he possesses, however useful among his constituents at Westminster, will be of little use among the mountains and peasantry of the provinces. Some boldly affirm that his plan to bring the war to a conclusion is, to

[673]

riachuelo y casi del número de piedras de cada puente?[66]

No tiene nada del talento de Mina como jefe, o por lo menos no ha tenido ocasión de desplegarlo, y las facultades de orador que posee, por muy útiles que sean entre sus electores de Westminster, le servirán de muy poco entre las montañas y los campesinos de las Provincias. Algunos, atrevidamente, afirman que su plan para acabar con la guerra consiste en apoderarse de algunas posiciones dominantes; para aquellos que conocen el país, esto no merece comentarse. Para información de aquellos que no lo conocen, yo me tomaré la libertad de observar que cuando el ejército de la Reina era infinitamente más numeroso que lo es ahora, cuando el ejército carlista, sin un solo cañón, no ascendía a 6.000 hombres, siendo general en jefe Rodil, guarneció todas las poblaciones importantes y fortificó toda posición dominante del país tanto como le fue posible, y, sin embargo, se encontró con que todo era totalmente inútil. Ahora que los carlistas son 30.000 y poseen artillería, lo que no hace posible el fortificar simples casas y conventos,

seize on certain commanding positions. To those who know the country, this requires no comment. For the information of those who do not, I shall take the liberty of observing, that at the time the Queen's army was infinitely more numerous than it is at present, when the Carlist army, without a single gun, did not amount to six thousand men, Rodil, being commander-in-chief, garrisoned every large town, and fortified every commanding military position in the country, as far as it was possible, and yet found that it was entirely fruitless. Now that the Carlists are thirty thousand men, possessed of artillery, which no longer renders it possible to fortify mere houses and convents, what is Colonel Evans, who, after all, is in a subordinate capacity, to do with his six or eight thousand ragamuffins?

As far as regards the men, they are still perfectly undisciplined; and, natural as bravery and decision is to my countrymen, supposing this first obstacle already got over, I have no hesitation in saying, that of all troops in the world to contend in a guerrilla warfare, they are the most unfitted. Supposing that they could defeat the

[674]

¿qué va a hacer el coronel Evans con sus 6 u 8.000 andrajosos, cuando, después de todo, ocupa una posición subordinada?

En lo que atañe a sus hombres, se hallan aún totalmente indisciplinados, y aunque la decisión y la bravura es innata en mis compatriotas, suponiendo que este primer obstáculo quedara vencido, no dudo en afirmar que de todas las tropas del mundo, ellos son los menos aptos para luchar en una guerra de guerrillas. Suponiendo que ellos pudieran derrotar a los batallones carlistas, ocurriría lo siguiente: en este caso, ya no habría lucha contra un enemigo franco, sino una guerra en la cual sus enemigos serían el hambre, la fatiga, la enfermedad y el cuchillo y, lo peor de todo, la repentina transición de la necesidad a la abundancia.

¿Son éstos—yo me pregunto—los enemigos que el soldado británico ha calculado tener enfrente? Y éstos, no debe olvidarse, se hallan muy lejos de ser soldados británicos. Se ha esperado engañosamente que el nombre de estos "auxiliares" y la sola vista de sus capotes rojos

Carlist battalions, they will only reduce it to this. It then becomes no longer a stand-up fight, but a war in which their antagonists will be hunger, fatigue, disease, and the knife, and, worst of all, the sudden transitions from want to plenty.

Are these, I demand, the antagonists the British soldier is calculated to battle with? And these, it must be remembered, are very far from being British soldiers. It has been fallaciously hoped that the name of these auxiliaries and the sight of red coats alone would have a wonderful effect; but we must remember that the troops of the French empire had at least as wide a reputation at the period of their invasion, and struck, on account of their excesses [70], infinitely more terror than our own: yet this carried no discouragement into the hearts of the Spaniards; and the hundreds of thousands of these conquerors of Europe who perished without the glory of a single fight, fill an eventful page of Napoleon's history, and might have proved a useful lesson.

The mountains of Navarre are not the worst; the war would

Capítulo 24 / Chapter 24

produciría un efecto maravilloso; pero nosotros debemos recordar que las tropas del Imperio francés tenían, por lo menos, tanta reputación en el período de su invasión, y produjeron a causa de sus excesos [67] más terror que las nuestras, y, sin embargo, esto no causó ningún desaliento en los corazones de los españoles, y los cientos de miles de estos conquistadores de Europa que perecieron sin la gloria de una sola lucha, llenan una importante página en la historia de Napoleón y ofrecen una lección muy útil.

Las montañas de Navarra no son las peores; la guerra recomenzaría en Cataluña o Galicia si el Rey fuera transportado allí y si fuera posible sacarlo de las provincias insurreccionadas. Se hizo popular el dicho entre los soldados franceses de que los navarros eran como los gusanos: "Córteselos en dos, y dos navarros surgirán contra usted." Yo conozco a un teniente coronel al servicio de Francia, que, cuando José estaba en Madrid, al conducir su batallón desde la frontera sin una simple escaramuza, perdió tres quintos de sus hombres. España se hallaba

only recommence in Catalonia or Gallicia, if the King were to transport himself thither, and if it were possible to drive him out of the insurgent provinces. It became a saying amongst the French soldiers, that the Navarrese were like worms cut them in two, and two Navarrese rose up against you. I know a lieutenant-colonel in the French service, who, when Joseph was in Madrid, in leading his battalion from the frontier, without a single skirmish, had lost three-fifths of his men. Spain was then deluged by an immense army. The aid the stockholders can send will be but an insignificant division. That they will be able to reduce it to a guerrilla warfare, I do not, however, for an instant anticipate, but believe that they will be vigorously opposed. In the first place, I am convinced that several of those battalions of Navarre, which, since the beginning have followed Zumalacarregui, and become inured to the greatest fatigues and hardships the human frame is capable of enduring, accustomed during nearly two years to daily skirmishes and engagements, are in other respects much better soldiers than the auxiliaries can possibly be made for many

entonces inundada por un inmenso ejército. La ayuda que los tenedores de acciones pueden enviar, sólo puede ser una insignificante división. El que ellos puedan reducir la lucha a una guerra de guerrillas, ni por un instante puede suponerse, sino que creo que, por el contrario, se les hará frente con toda energía. En primer lugar, estoy convencido de que varios de los batallones de Navarra que desde el principio han seguido a Zumalacárregui y se hallan acostumbrados a las más grandes fatigas y penalidades que el cuerpo humano puede sobrellevar, habituados durante casi dos años a escaramuzas y encuentros diarios, son, en otros respectos, mucho mejores soldados de lo que los "auxiliares" puedan ser durante muchos meses venideros. El batallón de Guías de Navarra, particularmente, si alguna vez lo tienen enfrente, va a resultarles un enemigo muy diferente de lo que se imaginan los hombres que van a luchar bajo Evans. Además, cada media hora de su marcha, mientras Don Carlos domine en las Provincias, los carlistas pueden tomar una posición en la que, o rechazarán completamente a sus

months to come. The battalion of guides of Navarre in particular, if ever they should meet them, may prove very different foes from what perhaps the men under Evans may imagine. In the next, every half hour of their road, while Don Carlos keeps in the provinces, the Carlists can take up a position, where, either they will repulse their foes entirely, or, if the latter carry the position, which is, after all, unimportant, they will find that they have three or four or six or eight times as many killed and wounded as the Carlists, and be obliged to make for the first fortified town, to repair their losses, subject to being harassed during their retreat. Or, on the other hand, the Carlists will retreat before them, leading them through places like the Ulzama or the Sierra de Andia, where, exposed to the hot sun or the piercing night wind, without being able to shelter one tithe of their force, they will be reduced to half rations, and often without one small pot per company to cook them in, unless they carry their kitchen utensils with them a pleasant addition to the baggage, when obliged to march through two feet of mud, or up and down a natural

enemigos, o si éstos la toman, lo que después de todo no tendrá importancia, se encontrarán con que tienen tres, cuatro, seis u ocho veces más muertos y heridos que los carlistas, y se verán obligados a refugiarse en la primera ciudad fortificada para reparar sus pérdidas, expuestos a ser molestados durante su retirada. O pudiera ocurrir que los carlistas se retirasen ante ellos, haciéndoles marchar por lugares como la Ulzama y la sierra de Andía, donde, expuestos al sol caliente o al penetrante frío de la noche, sin poder encontrar abrigo ni para una parte de su fuerza, reducidos a medias raciones y con frecuencia sin un caldero por compañía para cocerlas, a no ser que lleven con ellos sus utensilios de cocina, lo que constituye una agradable adición a su bagaje cuando se está obligado a marchar por terrenos con dos pies de barro o subiendo y bajando una escalera natural construida en las rocas. Agregúese a esto las partidas que se apoderan de las provisiones y de los rezagados. Después de dos o tres días de tal recreo, ellos se verán probablemente atacados con violencia, y entonces, lo sé por mi propia experiencia, aquellos soldados hambrientos,

staircase of the rock. And then come the partidas cutting off all supplies and stragglers. After two or three days of such amusement, they will probably be attacked in earnest, when I know, by my own experience, that hungry, soaked through, and benumbed by the small piercing rain, and half dead by fatigue, men will let themselves be killed with sticks and stones without making any defence.

From these privations a day or two's march will lead them to a country, where, for about the value of a farthing, the soldier can obtain his bottle of wine; and in such circumstances commend me to the sobriety of that respectable portion of my countrymen who have enlisted under the banners of her glorious Majesty! And mark, that within a gun-shot there is always a merciless foe hovering round like the wolf, to make quick work with all who straggle from the fold. On the mules, or baggages as they are called in Spanish, it is with difficulty that the bare necessaries for a day or two can be carried without fear of their being cut off. For you cannot, if near a Carlist army, procure rations as they do; their partidas preventing the

mojados, traspasados de frío por la lluvia penetrante y medio muertos por la fatiga, se dejarán matar con palos y piedras, sin intentar siquiera defenderse.

Después de estas privaciones, con sólo un día o dos de marcha, se encontrarán en un país donde por cinco céntimos podrá llenar el soldado su botella de vino, y en estas circunstancias es inútil encomendarse a la sobriedad de la respetable porción de mis compatriotas que se han alistado bajo las banderas de Su Gloriosa Majestad. Y fijaos, que a tiro de fusil hay siempre un enemigo implacable rondando como el lobo para dar rápida cuenta de todos los que se rezagan de su grupo. A lomo de las muías o en bagajes, como les llaman en España, se hace difícil el transportar lo meramente necesario para uno o dos días sin peligro de ser sorprendida, y no es posible, hallándose cerca de un ejército carlista, el conseguir raciones como lo hacen ellos: sus partidas impiden al paisanaje, quien, por otra parte, no se halla muy inclinado a hacerlo, que lleve un solo artículo a los cristinos. Si se envía una fuerza para escoltarles, ésta será cortada

peasantry, nothing disinclined to being stopped, from bringing a single article to the Cristinos. If you send out any force to escort them, they will be cut off, unless half your army marches to escort a few mule-loads from one place and a few from another, which of course is a downright impossibility, if you are combining any military operations. If you convey with you a sufficient number of mules and baggage-horses, when you get along the narrow roads where there are precipices and glens on one side, and high and steep rocks on the other, and your men cannot go two abreast, how are you to defend them? And yet everywhere, directly you leave a valley on the Camino Real, such are to be met with. If you detach *éclaireurs* to reconnoitre above you and below you, such are the obstacles they meet with, you could not advance a mile an hour; and otherwise, if you have many baggages, although they may be in the centre of a column often thousand men, a partida will rush down from the rocks above, cut the throats of your mules, and disappear in the ravine below, where you dare not pursue them, leaving the carcasses to

Capítulo 24 / Chapter 24

por el adversario, como no vaya medio ejército para escoltar unas pocas muías de un lugar y otras pocas de otro, lo que supone una verdadera imposibilidad si se trata de combinar cualquier clase de operaciones militares. Si se llevan consigo suficiente número de muías y bagajes, en cuanto se marcha a lo largo de un camino estrecho, en que hay precipicios y valles a un lado y rocas altas y casi perpendiculares en el otro, por donde no pueden marchar dos de frente, ¿cómo se les puede defender? Y, sin embargo, en todas partes, en cuanto se deja un valle situado en el camino real, se encuentra uno con todo esto. Si se destacan exploradores para reconocerlo por arriba y por abajo, son tales los obstáculos que se encuentran, que no se podría avanzar ni una milla por hora. Y, por otra parte, si uno tiene muchos bagajes, aunque éstos se encuentren en el centro de una columna de 10.000 hombres, una partida descenderá rápidamente de entre las rocas, cortará los cuellos de vuestras muías y desaparecerá por la barrancada de abajo, por la que nadie se atreverá a perseguirlos, dajando los cuerpos yertos de los animales para embarazar el

embarrass the road. In the centre of an army of fifty or a hundred thousand men, it would be the same thing; your men, who can go but two by two between the baggages, can offer but a feeble resistance, although multitudes are before and behind them, but who cannot get up to give them succour.

If they are allowed, as some would propose in reply to these objections, to replace the garrisons, and remain behind the walls only, from what knowledge I have of the Spanish character, I shall be somewhat, surprised. The jealousy of the Spaniards is proverbial, but we must understand it of strangers, much rather than of their women. Their consent to the acceptance of foreign aid has only been wrung from the liberal party and the army by downright necessity; and after the many hard blows they have met with, they will certainly not be got to fight while they are paving strangers to do their work for them, if those strangers are to remain in the garrisons. If such should be the case, I can foresee nothing-but dissensions between them and the Spanish troops; which probably will, at all events,

camino. En el centro de un ejército de 50 a 100.000 les ocurriría lo mismo; vuestros hombres, que sólo pueden ir a razón de dos de frente entre los bagajes, apenas pueden ofrecer una débil resistencia, aunque haya multitudes delante y detrás de ellos, pero que no pueden socorrerles.

El que fueran autorizados, como algunos propondrían en contestación a estas objeciones, a reemplazar las guarniciones y a permanecer detrás de los muros, dado el conocimiento que tengo del carácter español, me causaría una gran sorpresa. Es proverbial el carácter receloso de los españoles; pero este recelo lo emplean más para con los extranjeros que para con sus mujeres. Su consentimiento para aceptar la ayuda extranjera ha sido arrancado al partido liberal y al ejército por pura necesidad, y después de los muchos y duros golpes que han recibido, no se conseguirá de ellos que luchen mientras están pagando a los extranjeros para que hagan sus veces, si estos extranjeros van a permanecer en sus guarniciones. Si esto ocurriera, yo sólo puedo prever disensiones entre ellos y las tropas extranjeras, que es en lo

terminate the affair. We must not suppose they will give the English credit for assisting them from any friendly impulse, for they are well aware that it is only from mercenary motives. I am not alluding to the employed, but to their employers.

The liberal's class, too, and the population of the towns, are precisely the classes in Spain where a dislike to the English does prevail; they accuse us of things which are not worthy of refutation. They will tell you very gravely, that when the English were in Spain, they had orders, while wearing the mask of friendship, to burn all their manufactures, which they did; and that, at the battle of Toulouse, the Duke of Wellington placed the Spaniards, according to the instructions he had received, where they were sacrificed, because they were known to entertain liberal opinions. All over Europe it is certain we have met with the unfortunate fate, not only of having our real faults and errors severely commented on, but of being more calumniated and ill-used by fame than any people under the sun. The northern provinces of Spain, at least had retained, amongst the

que parará probablemente todo este asunto. No debemos esperar que ellos (los españoles) concedan a los ingleses su aplauso por haberles ayudado obedeciendo a un impulso de amistad, pues están bien enterados de que todo es debido a motivos mercenarios. No aludo a los empleados, sino a los que los emplean.

La clase liberal y la población de las ciudades son precisamente las clases donde prevalece en España un mayor desafecto a los ingleses. Nos acusan de cosas que no merece la pena ni de refutarse. Ellos os dirán muy gravemente que cuando los ingleses estaban en España tenían órdenes, mientras se cubrían con la máscara de la amistad, de quemar todas sus fábricas, lo que ellos hicieron, y que en la batalla de Tolosa el duque de Wellington colocó a los españoles, siguiendo las instrucciones que había recibido, donde fueran fácilmente sacrificados, porque se sabía que ellos abrigaban opiniones liberales. Es cierto que por toda Europa hemos tenido la mala suerte de que se nos haya acusado no sólo de nuestras faltas y errores reales, sino de haber sido más

peasantry and all those classes which compose the Royalist party, a grateful recollection of the eminent services we had rendered them and although the same dislike of all born beneath a foreign sky prevails there as in the rest of Spain, the name of an Englishman was hitherto a high recommendation. As usual, we must undo all this to favour a party by whom we shall be none the better liked, and make ourselves deservedly the detestation of the inhabitants as much as the French have been since their invasion, and further to cover our name with disgrace in the eyes of Spaniards of all classes.

Thus far I had written before the mercenaries had sallied from San Sebastian and Santander; and although some months have elapsed, and some trial has been given, I see no reason to alter a line of what I have recorded. In what I had ventured to predict, the event has fully borne me out. It is now more than six months since these British auxiliaries have entered Spain. Not their warmest advocates can pretend that they have reaped either glory or advantage to themselves or the government they went to

calumniados y maltratados que ningún otro pueblo bajo el sol. En las provincias del Norte de España, por lo menos, había retenido el paisanaje y todas aquellas que componen el partido realista un recuerdo agradable de los eminentes servicios que les habíamos hecho, y aunque existe allí la misma antipatía por todo lo que ha nacido bajo un cielo extranjero como en el resto de España, el título de inglés era hasta ahora una gran recomendación. Como de costumbre, vamos a perder todo esto para favorecer a un partido por el cual no seremos más queridos, y vamos a convertirnos en algo detestable para los habitantes, tanto como lo fueron los franceses desde su invasión, y vamos a cubrir nuestro nombre con el oprobio ante los ojos de los españoles de todas las clases.

Hasta aquí había escrito yo antes de que los mercenarios hubieran salido de San Sebastián y Santander, y aunque han pasado algunos meses y se han hecho algunas tentativas, no encuentro razón alguna para alterar ni una línea de lo que he escrito. En aquello que me aventuré a predecir, los hechos me han dado toda la razón. Hace ahora

serve; and according to the accounts of their adversaries, and even of totally impartial authorities, they have met with nothing but discomfiture and disgrace, which unhappily they will entail on the British name amongst the Spaniards, who will not discriminate between a nation and the refuse of a nation, a designation to which Evans's corps generally are entitled. Of course there may be, and I believe there are, some exceptions, but I also believe them to be few. Whatever my private judgment may be as to the accounts that are to be selected as most veracious from the contradictory statements that have been made of the three reconnoissances, skirmishes, or engagements in which the Anglo-Spanish legion has been engaged at Hernani, Arrigorriaga, and on the road from Vitoria northward, I shall not here venture to give an opinion, as it has been my object throughout this work to confine myself to the narration of facts of which I was either an eye-witness or am enabled to speak with certainty.

The reader, by referring to the map, may however distinctly perceive that each of the two first movements was made to

Capítulo 24 / Chapter 24

más de seis meses que los "auxiliares" británicos han entrado en España. Ni sus más fogosos defensores pueden pretender que ellos hayan cosechado ni gloria ni ventaja para sí mismos o para el Gobierno al que fueron a servir, y según las relaciones de sus adversarios y aun de autoridades completamente imparciales, ellos nada han conseguido más que derrotas y deshonra, las que, desgraciadamente, repercutirán sobre Inglaterra entre los españoles, los cuales no distinguirán entre una nación y los desperdicios de esa nación, calificativo éste que puede muy bien aplicarse al Cuerpo mandado por Evans. Naturalmente que puede haber, y yo creo que hay, algunas excepciones; pero también creo que son muy pocas. Cualquiera que sea mi juicio particular en cuanto a las versiones que deban escogerse como las más veraces de entre los relatos que se han dado de los tres reconocimientos, escaramuzas o acciones en los cuales la legión anglohispana ha intervenido, en Hernani, Arrigorriaga o en el camino de Vitoria hacia el Norte, yo me aventuraré a dar aquí mi opinión, pues mi objeto ha sido en toda esta obra el

open a communication between the coast and the plains of Vitoria and the Rivera, by forcing a passage through the mountainous part of the country by the roads from San Sebastian and Bilbao to Vitoria. Along the first of these the British legion advanced to Hernani, where the first skirmish took place against the division of Gomez, composed of the rawest troops in the army of Don Carlos. This affair was differently represented by both sides; but neither will dispute the fact, that the Anglo-Spanish garrison of San Sebastian retired to its walls, from whence along that road they never sallied again, and that from San Sebastian to Bilbao they went by sea, when they did quit for the latter place. From Bilbao they marched several leagues along one of the Vitoria roads, with the bulk of the Cristino army. An affair took place at Arrigorriaga, also differently represented, but of which the result was again, that they retired back to the coast, or at least to Bilbao, from whence they had come.

These, we are gravely told, are reconnoissances, and for the city politicians and

Doce meses de campaña - Twelvemonth's campaign

limitarme a la narración de hechos en los cuales, o he sido un testigo de vista, o me hallo capacitado para hablar con certeza.

El lector, con fijarse en el mapa, puede, sin embargo, distinguir con claridad que cada uno de los dos primeros movimientos se hizo para abrir comunicación entre la costa y las llanuras de Vitoria y de la Rivera, forzando el paso a través de la parte montañosa del país, por los caminos que conducen de San Sebastián y Bilbao a Vitoria. Por el primero de éstos avanzó la legión británica hasta Hernani, donde tuvo lugar la primera escaramuza contra la división de Gómez, compuesta de las tropas más bisoñas del ejército de Don Carlos. Este hecho fue relatado de modo diferente por ambas partes, pero ninguna de ellas negará que la guarnición angloespañola de San Sebastián se retiró dentro de sus murallas, de donde nunca salieron otra vez por aquel caminó, y que de San Sebastián a Bilbao se fueron por mar cuando se trasladaron a esta última plaza; de Bilbao avanzaron algunas leguas a lo largo del camino de Vitoria con el grueso del ejército cristino. En Arrigorriaga tuvo

fundholders this may do very well; but every military man must in an instant see the humbug of pretending that reconnoissances are made with four-fifths of a garrison, or all the disposable force, and in such a manner that the safety of it is compromised, when fifty or a hundred men would have answered all the same purpose.

When the junction with Cordova at Vitoria was effected finally, it was by making a considerable circuit to the west, not by the direct road from north to south; in attempting which they were twice driven back. Having joined Cordova, they again made the essay in this last affair of the 17th of January, by marching from Vitoria northwards, to open a communication between the plains of Vitoria and Rivera and the northern coast, through this tract of country (the provinces of Biscay and Guipuzcoa) into which, since the arrival of the auxiliaries, they had never penetrated; the result was, as in the former experiments they had made, that they were obliged to retreat back to Vitoria.

So that now they are reduced

Capítulo 24 / Chapter 24

lugar una acción, que fue relatada de distintas maneras, pero el resultado de la cual fue una nueva retirada a la costa, o por lo menos a Bilbao, de donde ellos salieron. Estos, se nos dice con toda seriedad, son meros reconocimientos, y esta explicación puede muy bien servir para los políticos y tenedores de bonos de la City; pero todo militar debe caer en la cuenta, al instante, del engaño que supone el pretender que los reconocimientos se hacen con los cuatro quintos de la guarnición o con toda la fuerza disponible, y de tal forma que la seguridad de la plaza queda comprometida, cuando 50 o 100 hombres bastarían para el caso.

Cuando, por fin, se hizo la unión con Córdoba en Vitoria, fue mediante un considerable rodeo hacia el Este; no por el camino directo de Norte a Sur; al intentarlo por el Este, fueron rechazados dos veces. Habiéndose unido a Córdoba, ellos intentaron de nuevo marchar por el camino directo de Vitoria hacia el Norte, para abrir comunicación entre los llanos de Vitoria y la Rivera, por un lado, y la costa norte, por otro, a través de esta parte del país en la cual nunca

to the necessity of going this circuitous route, unless they make a more successful effort to open the road, which I have very strong reasons to disbelieve. Meanwhile, day by day, the infantry of Don Carlos augments, in more rapid proportion than the forces of the enemy melt away, and the state of the case may be summed up in these few words.

The force of Don Carlos is too great in Biscay, Navarre, and Guipuzcoa, for all the Queens troops, including the auxiliaries, and all that Mendizabal will ever get together of his levee en masse, to dislodge him. If it is attempted, they will meet with nothing but defeat and destruction.

The army of Don Carlos, on the other hand, from want of cavalry, will never (if the Queen's continue in its present state) be able to cross the Ebro and advance along the plains of Castille, without incurring the same penalty. Furthermore, Don Carlos cannot raise sufficient cavalry in those provinces. The country produces none, and the expense and difficulty of getting more than enough to

Doce meses de campaña - Twelvemonth's campaign

habían penetrado los "auxiliares" desde su llegada; el resultado fue, como en los anteriores experimentos que hicieron, que se vieron obligados a retirarse de nuevo a Vitoria. De tal modo, que ellos se ven obligados ahora a seguir por la ruta de circunvalación, a no ser que realicen con éxito nuevos esfuerzos para abrir el camino recto, lo que, en mi opinión, es muy difícil.

Mientras tanto, la infantería de Don Carlos aumenta de día en día en mucho más rápida proporción de la en que se deshacen las fuerzas enemigas; la situación puede resumirse en pocas palabras. La fuerza de Don Carlos es demasiado gr/ande en Vizcaya, Navarra y Guipúzcoa [68], para que todas las fuerzas de la Reina, incluyendo los "auxiliares" y todos los elementos que Mendizábal pueda reunir con su levantamiento en masa, puedan desalojarle de ellas. Si lo intentan, no obtendrán otro resultado que la derrota y la destrucción.

Por otra parte; el ejército de Don Carlos, por falta de caballería suficiente, no podrá nunca (si las tropas de la Reina continúan en su actual estado)

supply accidental deficiencies from France is too great.

The advance on Madrid will, therefore, probably be made from the eastern provinces of Catalonia and Valencia; the former of which is in the same slate as the Basque provinces were a year ago; the latter as in the commencement of the war; and here any number of cavalry may be raised. The insurgents, whose organisation is proceeding slowly, and can only be accelerated by the arrival of repeated divisions from the camp of Don Carlos, are, however, too strong to give the Queen's government any chance of checking them, by any force which it has now in, or which it can send to, those provinces, without abandoning, or so much weakening its defence of Castille, that it would leave the shorter road open to him, by which he might proceed at once to the capital. Thus, slowly, events must work their way, and the Queen has no remedy (as far as human foresight can penetrate) but in a French intervention, which is now very unlikely to take place.

The day is gone by when even a national intervention on the

[687]

cruzar el Ebro y avanzar a lo largo de las llanuras de Castilla sin incurrir en la misma imposibilidad. Más aún, Don Carlos no puede organizar caballería suficiente en aquellas Provincias. El país no produce caballos, y el gasto y la dificultad de traerlos de Francia, para cubrir bajas, es demasiado grande.

El avance sobre Madrid, por consiguiente, se hará, con toda probabilidad, desde las provincias del Este, Cataluña y Valencia, la primera de las cuales se encuentra el mismo estado que las Provincias Vascas hace un año; la segunda se halla en el comienzo de la guerra, y en ella puede organizarse toda la caballería que se quiera. Los insurrectos, cuya organización marcha lentamente y que sólo puede acelerarse por la llegada de divisiones del campo de Don Carlos, son, sin embargo, demasiado fuertes para que el Gobierno de la Reina los domine mediante fuerzas que pueda enviar allí, sin abandonar o debilitar mucho la 'defensa de Castilla, de tal modo que dejarían abierto el camino más corto por el que el enemigo puediera marchar sobre la capital. De este modo, lentamente, los

part of England would terminate the contest. Don Carlos may proceed but slowly; but he loses nothing by delay. The Queen's government runs the risk of going hourly to pieces by the breakers amongst which it is stranded. The civil war, which has so long desolated one of the fairest lands of the European continent, is not likely, therefore, to terminate very speedily, and all attempts that foreign powers can make, so far from accelerating its conclusion, would, at best, but smother a fire which will inevitably break out again, and which must and will, therefore, burn to its ashes, and come naturally to its end.

If a French intervention had taken place, if the partisans of Don Carlos had been dispersed, and he himself killed or taken prisoner, those who imagine that this would put an end to the struggle, either err very much in their estimate of the Spanish character, or much misapprehend the state of the case.

It is not a mere war of succession, but of the conservative principle, throughout the country,

acontecimientos marcharán por su camino, y la Reina no tiene otra solución (en cuanto la humana previsión puede anticipar) que una intervención de Francia, lo que ahora es muy poco probable.

Han pasado los tiempos en los que una intervención nacional por parte de Inglaterra hubiera terminado la lucha. Don Carlos avanzará lentamente; pero él nada pierde con la demora. El Gobierno de la Reina corre el peligro de deshacerse en pedazos entre las rocas en las cuales se halla encallado.

La guerra civil que durante un largo tiempo ha asolado una de las tierras más hermosas del continente europeo, no es probable que termine muy rápidamente, y todos los intentos que los poderes extranjeros puedan realizar, en lugar de acelerer su conclusión, lo más que harán es sofocar un fuego que inevitablemente arderá de nuevo y que debe quemarse hasta sus cenizas, para llegar a extinguirse totalmente.

Si la intervención francesa hubiera tenido lugar, si los partidarios de Don Carlos hubieran sido dispersados y él

against the destructive one; and of the whole edifice of Spanish nationality against a small, though powerful faction. There is too much pride in the Spanish people, of which the immense majority are Carlists, to abide by the decision of foreigners; and that determined spirit which beat back the Moor, and baffled the efforts of the great modern conqueror, is still easily to be disturbed from its slumbers in the most lukewarm, when the national jealousy is in any way awakened.

Under these circumstances, it must be a matter of deep regret to every Englishman who views the question in the same light as myself, that the belligerent parties had been in any way interfered with, except as the Duke of Wellington interfered, by a mission of peace, to the success of which, in saving the lives of five thousand of the inhabitants of that country which he had once liberated by his sword, I myself was witness, during the few months only that I remained after the Eliot convention. The Administration which has succeeded that of his Grace has only added fuel to the flame, and fresh elements to

mismo muerto o cogido prisionero, aquellos que se imaginan que esto terminaría la lucha, o se equivocan mucho en su conocimiento del carácter español, o desconocen totalmente la situación.

No se trata de una mera guerra de sucesión, sino de la lucha entre el principio conservador contra el espíritu destructor en todo el país, y de la gran masa de la nación española contra una facción pequeña, pero poderosa. Hay mucho orgullo en el pueblo español, del cual la inmensa mayoría son carlistas, para aceptar las decisiones de los extranjeros, y aquel espíritu decidido que rechazó a los moros y se burló de los esfuerzos del gran conquistador moderno, pudiera fácilmente removerse en medio de sus cenizas, que a lo más se encuentran tibias, pero no apagadas, cuando el orgullo nacional despierte.

En estas circunstancias, debe ser objeto de profundo pesar para todo inglés que examine la cuestión a la misma luz que yo, el haber intervenido en esta contienda, a no ser, como lo hizo el duque de Wellington, por medio de una misión de paz, del éxito de la cual, al ahorrar las vidas de 5.000 de

the chaos of civil discord.

los habitantes del país que antes liberó por su espada, fui testigo yo mismo durante los pocos meses que permanecí después del convenio de Lord Eliot. El Gobierno que ha sucedido al de Su Gracia, sólo ha añadido combustible a la llama y nuevos elementos al caos de la lucha civil.

Tabla de correspondencias de los topónimos y nombres propios originales utilizados por el autor

Forma original utilizada por Henningsen	Correspondencia
A ver que no passan, muchachos!	¡Que no pasen muchachos!
Acedo	Azedo
Aizcorbe	Aizkorbe
Alava	Araba
Alavese	Arabese
Allio	Allo
Alsassua	Altsasu
Amescoas	Amezkoa
Antes que Dios fuesse Dios	Antes de que Dios fuese Dios
Aqui Robledo se escappo	Aquí Robledo se escapó
Araquil	Arakil
Arbissu	Arbizu
Arieta	Arrieta
Arrigoriaga	Arrigorriaga
Arispe. See Harispe	Harizpe
Armencha	Armentxa
Arrouniz	Arronitz
Arquijas	Arkijas
Artasa	Artaza
Arragon	Aragón
Atoun	Ataun
Ayuela	Abuela
Baja-te! Queres bajar, Falso!– Factioso!	¡Bájate! ¿Quieres bajar? ¡Falso, faccioso!
Baqaindano	Bakedano
Baron de Los Vallos	Barón de Los Valles
Basquense	Vascuence
Bastan	Baztan
Bayonne	Baiona
Belingero	Belengero
Beruesa	Berrotza

Tabla de correspondencias del autor

Bidassoa	Bidasoa
Bilboa	Bilbao
Biscay	Bizkaia
Biscayans	Bizkaians
Borde	Borda
Borunda	Burunda
Cacadores	Cazadores
Cagadores	Cazadores
Calbahora	Calahorra
Calhahora	Calahorra
Campezza	Kanpezu
Campezzu	Kanpezu
Carascal	Carrascal
Cegama	Zegama
Chapelgories	Txapelgorris
Chapelgorries	Txapelgorris
Chinchilli	Chinchilla
Christines	Cristinos
Christino army	Cristino army
Christinos	Cristinos
Ciga	Ziga
Cirauki	Zirauki
Contrasta	Kontrasta
Cordova	Córdoba
Decastillo	Dicastillo
Descarga	Deskarga
Dona Maria	Donamaria
Douros	Duros
Echari-Arenas	Etxarri Aranatz
Echauri	Etxauri
Echeveria	Etxeberria
Eckala	Ekala
Eguia	Egia
Elisondo	Elizondo
Espelette	Ezpeleta
Evroy	Erro
Eybar	Eibar
Factiosos	Facciosos
Gerona	Girona
Goulinas	Gulina

Doce meses de campaña - Twelvemonth's campaign

Grenada	Granada
Guerilleros	Guerrilleros
Guernica	Gernika
Guevara	Gebara
Guibelalde	Gibelalde
Guipuscoa	Gipuzkoa
Guipuscoans	Gipuzkoans
Hai quartel por usted, Vedos!	¡Hay cuartel para usted, Vedos!
Hai quartel!	¡Hay cuartel!
Halto el fuego	Alto el fuego
Haranoz	Aranaz
Harispe	Harizpe
Huarte	Uharte
Huarte Araquil	Uharte Arakil
Irurdiaga	Izurdiaga? (Errotik gertu)
Irurzun	Irurtzun
Ituralde	Iturralde
Jauregui	Jauregi
L'ogercito de la fe	El ejército de la fe
La Vendee	La Vendée
La vida! la vida! por la carita!	¡La vida, la vida, por caridad!
Las Dos Hermanas	Biahizpe
Labisbal	La Bisbal
Labispal	La Bisbal
Lathchica	Lachica
Lecaros	Lekarotz
Lecumberri	Lekunberri
Lentechas	Lentejas
Lequieto	Lekeitio
Lesaca	Lesaka
Llaregui	Ilarregi
Lodoso	Lodosa
Logrono	Logroño
Maestu	Maeztu
Maneru	Mañeru
Mansano	Manzano
Marineshi	Mariñaxi
Marquis	Marquess
Masanos	Manzano
Mendaca	Mendatza

Tabla de correspondencias del autor

Mesquinez	Mezquínez
¡Mi alegro!	¡Me alegro!
Miquelets	Mikeletes
Molinas de Santa Cruz	Molinos de Santa Cruz
Morones	Moriones
Morriones	Moriones
Muchachos! aqui hai dos traidores!	¡Muchachos, aquí hay dos traidores!
Narque	Narkue
No passaran!	¡No pasarán!
O que el sol illuminaba los peñascos	O que el sol iluminara los peñascos
Ochandiano	Otxandio
O'Donnel	O'Donnell
Olaveaga	Olabeaga
Olzagutias	Olazti
Olzagutia	Olazti
Onate	Oñati
Ormaistegui	Ormaiztegi
Oraquieta	Orokieta
Paja	Paga
Pampeluna	Pamplona
Pasado par las armas	Pasado por las armas
Pena de la vida	Pena de muerte
Penacerrada	Peñacerrada
Puenta la Reyna	Gares
Que no hai lugar por cobardes	Que no hay lugar para cobardes
Requete	Requeté
Reyna	Reina
Rivera	Ribera
Riveira	Ribera
Roncal	Erronkari
Roncesvalles	Errozabal
Roncesvallos	Errozabal
Sanguesse	Zangotza
Santa Cruz de Campezzu	Kanpezu
Santesteban	Doneztebe
Segama	Zegama
Segastibelza	Sagastibeltza

Doce meses de campaña - Twelvemonth's campaign

Soane	Seoane
San Sebastian	Donostia
Sumbillo	Sunbilla
Taffala	Tafalla
Tans	Taus
Trevino	Treviño
Una ves á la guerra nos engañamos	una vez en la guerra nos engañamos
Urbassa	Urbasa
Urbassu	Urbasa
Urdax	Urdazubi
Val de Lena	Val de Lana
Val de Llana	Val de Lana
Val de Rana	Val de Lana
Vallos	Valles
Varrena	Barrena
Verastegui	Berastegi
Viana	Biana
Villareal	Villarreal
Villa-Real	Villarreal
Vittoria	Vitoria
Ximenes	Ximenez
Yiana	Biana
Yrurita	Irurita
Zavala	Zabala
Zornosa	Zornotza
Zugaramurdi	Zugarramurdi
Zumalacarregui	Zumalakarregi
Zuniga	Zuñiga

Tabla de correspondencias de los topónimos y nombres propios originales utilizados por el traductor

Forma original utilizada por Oyarzun	Correspondencia
Álava	Araba
Alio	Allo
Las Amescoas	Valle de Amezkoa
Andía	Andia
Aizcorbe	Aizcorbe
Arispe	Harizpe
Armencha	Armentxa
Arróniz	Arronitz
Baquedano	Bakedano
Baztán	Baztan
Bayona	Baiona
Berástegui	Berastegi
Berrueza	Berrotza
Cegama	Zegama
Ciga	Ziga
Cirauqui	Zirauki
Contrasta	Kontrasta
Cusnasch	Cusnach
Dallo	Allo
Donamaría	Donamaria
Echarri Aranaz	Etxarri Aranatz
Echauri	Etxauri
Echeverría	Etxeberria
Ecala	Ekala
Eguía	Egia
Espelette	Ezpeleta
Fué	Fue
Gerona	Girona
Guernica	Gernika
Guevara	Gebara
Guibelalde	Gibelalde
Guipúzcoa	Gipuzkoa

Tabla de correspondencias del traductor

Guipuzcoanos	Gipuzkoanos
Ilarregui	Ilarregi
Irurzun	Irurtzun
Izurdiaza	Izurdiaga
Jáuregui	Jauregi
La chica	Lachica
Las Dos Hermanas	Biahizpe
Lecaroz	Lekarotz
Lecumberri	Lekunberri
Lequeitio	Lekeitio
Lesaca	Lesaka
Mariñashi	Mariñaxi
Narcúe	Narkue
Ochandiano	Otxandio
Oalzagutía	Olazti
Oñate	Oñati
Ormáiztegui	Ormaiztegi
Oroquieta	Orokieta
Puente la Reina	Gares
Roncal	Erronkari
Roncesvalles	Errozabal
Sagastibelza	Sagastibeltza
San Sebastián	Donostia
Santa Cruz de Campezu	Santa Cruz Kanpezu
Sumbilla	Sunbilla
Urdax	Urdazubi
Valde-Espina	Valdespina
Vera	Bera
Vergara	Bergara
Viana	Biana
Vizcaínos	Bizkainos
Vizcaya	Bizkaia
Zumalacárregui	Zumalakarregi
Zúñiga	Zuñiga

Notas / Notes

---

[1] Henningsen, Charles F., *The Siege of Missolonghi and other Poems*, J. Gardiner, Whittaker, Treacher, and Arnott, London & Brussels, 1829.
[2] Henningsen, Charles F., *The Last of the Sophis. A poem*, London, 1831.
[3] Henningsen, Charles F., *Scenes from the Belgian Revolution*, Longman, Rees, Orme, Brown, Green and Longman, London, 1832, p. iii. Cursivas en el original.
[4] Henningsen, Charles F., *Revelations of Russia: or The Emperor Nicholas and his Empire, in 1844 by one who has seen and describes*, H. Colburn, London, 1844.
[5] Henningsen, Charles F., *The White Slave; or, The Russian Peasant Girl*, H. Colburn, London, 1845.
[6] Henningsen, Charles F., *Eastern Europe and the Emperor Nicholas*, T.C. Newby, London, 1846.
[7] Kubrakiewicz, Michał, *Revelations of Austria. Edited by the author of "The revelations of Russia," "Eastern Europe and the Emperor Nicholas," etc.*, T. C. Newby, London, 1846.
[8] Henningsen, Charles F., *Sixty Years Hence. A Novel*, T. C. Newby, London, 1847.
[9] Henningsen, Charles F., *Analogies and Contrasts; or, Comparative Sketches of France and England*, T. C. Newby, London, 1848.
[10] Henningsen, Charles F., *The National Defences*, T. C. Newby, London, 1848.
[11] Henningsen, Charles F., *Kossuth and "The Times"*, Charles Gilpin, London, 1851.
[12] Henningsen, Charles F., *The Past and Future of Hungary: being facts, figures and dates illustrative of its past struggle and future prospects*, T. C. Newby, London, 1852.
[13] Henningsen, Charles F., *Personal Recollections of Nicaragua*. Existe un artículo sobre sus andanzas en Nicaragua titulado "General Frederick Henningsen, Major-General in the army of Nicaragua" (Frank Leslie's Weekly, April 18, 1857). Ver asimismo, *Official report of Gen. Henningsen to Gen. Walker of the operations at Granada: from the time he assumed the command up to the final evacuation of the place; and, Official report of Col. Waters to Gen. Walker of the operations of his command, during the night of the 11th of December in the vicinity of Granada*, s.n., s.d.
[14] Henningsen, Charles F., *Letter from General C. F. Henningsen, in reply to the letter of Victor Hugo on the Harper's Ferry invasion*, New York, 1860.

[15] Henningsen, Charles F., *Memorial, respectfully addressed to the Congress of the Confederate States*, Richmond, 1862.
[16] Henningsen, *Doce meses...*, cap. 1.
[17] Debe querer referirse a todos los vascos (nota del traductor).
[18] El hecho ocurrió el 21 de diciembre de 1833, en Arteaga. Fué así. El barón del Solar de Espinosa apresó en Munguía a los cuatro hijos de Zabala—Laureano, Pedro Ignacio, Gregoria y María, todos ellos de tierna edad—, propalando entre las gentes, para desacreditar al general realista, que éste se los había confiado, y llevándolos en vanguardia.
"Estaba el carlista a la mesa—escribe el malogrado Monterilla-en sus *Coplas y brochazos del vivac*—, cuando recibió la primera noticia. Impávido, comunicó órdenes a De la Torre, el cual, indignado de tanta vileza, escribió al barón para que desistiese de su intento. Zabala tomó posiciones. El jefe enemigo colocó a los infantes en primera fila. Avanzaron simultáneamente hasta situarse a tiro de pistola; los niños Laureano y Pedro caminaban por su pie, instando clemencia; las desfallecidas niñas avanzaban empujadas por los soldados. ¡Escena que la pluma se resiste a describir en toda su horrenda visión para el infortunado padre!... Zabala—sobreponiéndose a la angustia y con una grandeza superior a la de los leones de Tarifa, ante aquel desgarrador dilema—, gritó, más que pronunció, estas palabras, que deben registrarse con letras de oro en las páginas de la historia nacional: "Antes fui vizcaíno que padre... ¡Fuego!"
La victoria fué de los defensores de Carlos V. Espinosa pudo salvarse con algunos de los suyos, aunque, fué separado del mando y sustituido por Espartera. Las cuatro inocentes criaturas del vencedor salieron providencialmente ilesas (nota del traductor).
[19] El autor está equivocado. Eraso nació en Garinoain (Navarra), cerca de Tafalla, en 1793 (nota del traductor).
[20] Fué hecho prisionero este general aragonés cuando, disfrazado de arriero, cruzaba el Ebro por el puente de Miranda (nota del traductor).
[21] Exagera mucho el autor la indolencia de los campesinos vasconavarros (nota del traductor).
[22] Se refiere a la "laya", que en Navarra era de dos puntas (nota del traductor).
[23] Propiamente, el título de "Señor" afecta al "Señorío" de Bizkaia (nota del traductor).
[24] Propiamente, el título de "Señor" afecta al "Señorío" de Bizkaia (nota del traductor).
[25] Parece ser que su esposa era de Lodosa, no él, como se dice en otra nota (nota del traductor).

²⁶ No es del todo exacta la referencia. Don Santos Ladrón de Cegama, vastago de noble familia, vino al mundo en el pueblo navarro de Lumbier el año 1784, y dio por vez primera el grito de "¡Viva Carlos V!", no es Estella, sino en Tricio — Rioja—, el 3 de octubre de 1883 (nota del traductor).
²⁷ 1.500 hombres y no 1.600 según Henningsen.
²⁸ Nada tiene de particular, por estar aún fresco el recuerdo de la invasión napoleónica (nota del traductor).
²⁹ De gótico lo califica el autor (nota del traductor).
³⁰ De ahí el nombre de "peseteros" (nota del traductor).
³¹ Se denominan "las Provincias", por antonomasia, en esta obra, a las Provincias Vascongadas (nota del traductor).
³² Aquí pone excesiva imaginación el autor. El contrabandista vasco siempre ha sido pacífico y rara vez se enfrentó con la fuerza o empleó armas. Su defensa fué siempre la huida ligera y veloz (nota del traductor).
³³ Aunque próximo al ayuntamiento del valle del Baztan, no forma parte de él (nota del traductor).
³⁴ Se trata de la carretera de Pamplona a Tolosa y San Sebastián (nota del traductor).
³⁵ Existe un pequeño error geográfico aquí. Las Dos Hermanas están en la carretera que parte de Irurzun para Tolosa (nota del traductor).
³⁶ Juan Bautista Esain, natural de Larrainzar (Navarra), salvó a Caros V de la captura, llevándolo una noche a hombros por vericuetos peligrosísimos. Por eso se le llamó "El burro del Rey" (nota del traductor).
³⁷ Siempre que el autor emplea la frase "a media paga", debe referirse a la situación de reemplazo o reserva de los oficiales (nota del traductor).
³⁸ Carnicer, jefe de Aragón, fué descubierto al intentar pasar por el puente de Miranda de Ebro disfrazado de arriero, camino del Cuartel Real, y fusilado. Le sustituyó en el mando Cabrera (nota del traductor).
³⁹ El autor dice, por error, "de la Rivera" (nota del traductor).
⁴⁰ El autor denomina Burunda a los dos valles que en Navarra se denominan Burunda y Barranca.
⁴¹ Los historiadores Zaratiegui, Madrazo, etc., no mencionan estos horrorosos detalles en sus biografías de Zumalakarregi, aunque dan cuenta de que se cometieron excesos (nota del traductor).
⁴² Aquí cometía un ligero error el autor, que ha sido enmendado (nota del traductor).
⁴³ Debe querer decir "mañana" (nota del traductor).
⁴⁴ Iturralde tenía orden de permanecer casi oculto en su posición, y el haber avanzado a destiempo fué la causa de que el magnífico plan de Zumalakarregi no se hubiera llevado a cabo (nota del traductor).

Notas / Notes

⁴⁵ No estamos conformes con la interpretación del autor (nota del traductor).

⁴⁶ La batalla de Mendigorría la perdieron los carlistas por la impericia del general González Moreno (nota del traductor).

⁴⁷ Note of the author. These resemble the common acorn; when roasted they are sweeter even than the chestnut.

⁴⁸ Día 3 en el original, no 13.

⁴⁹ Note of the author. On the entry of the allies into Lyons, the French dragoons, imagining that they had been sold by their generals, exclaimed, "Nous sommes vendus, mais pas encore livrés."

⁵⁰ Abreviatura de un juramento inglés: "God damn it" (nota del traductor).

⁵¹ Hay en la frontera un pueblo del mismo nombre. (nota del traductor).

⁵² Note of the author. There is a village on the frontier of the same name.

⁵³ Esto ocurre especialmente en el País Vasco (nota del traductor).

⁵⁴ He aquí la copia de este certificado: "Don Tomás Zumalakarregi, comandante en jefe de los ejércitos de Su Majestad Don Carlos V, por la presente certifico: que D. Joaquín Mezquínez, c o mandante de un batallón del ejército rebelde y gobernador de este fuerte de Echarri Aranaz, lo defendió con la mayor bravura con sus hombres, que se componían de cuatro compañías de Provinciales de Valladolid y una de Artillería de la Guardia, desde el 14 del presente mes hasta el día de hoy, a pesar de la explosión de más de trescientas granadas en el fuerte mismo, doscientos disparos de cañón y una considerable brecha efecto de una mina. Don Joaquín Mezquínez, como militar, defendió su puesto con honor, y solamente se rindió cuando el fuerte se hallaba todo él en ruinas; para que conste y sea apreciada la bravura y el talento con que defendió el fuerte, he creído oportuno darle este certificado en mi Cuartel General de Echarri Aranaz hoy, 19 de marzo de 1835.—Firmado: Tomás Zumalakarregi." (nota del autor).

⁵⁵ Note of the author. The following is a copy of this certificate: "Don Tomas Zumalakarregi, commander-in-chief of the armies of his Majesty Don Carlos the Fifth, hereby certifies that Don Joaquin Mezquínez, commander of a battalion in the rebel army, and governor of this fort of Echarri Aranaz, defended it with the greatest bravery, with his men, composed of four companies of Provincials of Valladolid and one of artillery of the guard, from the 14th of the month to the present day, notwithstanding the explosion of more than three hundred shells in the fort itself, two hundred cannon-shot, and a considerable breach, the effect of a mine. Don Joaquin Mezquínez, as a military man, defended with honour his post, and only surrendered when the fort was all in ruins. That his bravery, and the skill with which he defended it, may be appreciated and remain recorded, I have thought proper to give this certificate, at my

headquarters of Echarri Aranaz, this 19th day of March, 1835. (Signed) Tomas Zumalakarregi.
⁵⁶ Comandante militar de Baiona.
⁵⁷ Aquí comete un pequeño error geográfico el autor, pues Contrasta pertenece a Álava y no al valle de Amezkoa (nota del traductor).
⁵⁸ A la de Baiona, por el rodeo de Tolosa y San Sebastián (nota del traductor).
⁵⁹ Que significa: "Cuando no se tiene ya esperanza, el vivir es un oprobio y el morir un deber" (nota del traductor).
⁶⁰ Nombre que se da a veces al Nervión, y más especialmente desde la confluencia con el Durango (nota del traductor).
⁶¹ Es interesante este detalle (nota del traductor).
⁶² Aunque el original dice Bilbao, se ve claramente por el contexto que se trata de la iglesia de Begoña (nota del traductor).
⁶³ Evans era el jefe que mandaba la Legión Británica (nota del traductor).
⁶⁴ En la actualidad existe un monumento al caudillo, en la iglesia de Cegama (nota del traductor).
⁶⁵ Se ve que el autor es muy duro en sus juicios, no sólo sobre España, sino también sobre su propio país (nota del traductor).
⁶⁶ Al preguntar a un oficial carlista que había servido a las órdenes de Mina si esta cualidad se exageraba, me contestó: "Nos hallamos ahora sobre el puente de Sumbilla; si fuera usted a ver a Mina a Cambó, él podría decirle a usted cuántas pulgadas tiene de largo y ancho y cuántas piedras a lo largo del parapeto (nota del autor).
⁶⁷ En esto parece que los "auxiliares" han demostrado ser, por lo menos, iguales a los franceses (nota del autor).
⁶⁸ El autor omite Álava, sin duda por parecerle que forma parte de las anteriores (nota del traductor).
⁶⁹ Note of the author. On inquiring of a Carlist officer, who had served with Mina, whether this quality was exaggerated, he replied, "We are now on the bridge of Sumbillio if you were to go to Mina at Cambaud, he could tell you how many inches it is long and wide, and how many stones there are along the parapet."
⁷⁰ Note of the author. Here it appears the auxiliaries have proved themselves at least on a par with them.

Este libro se terminó de imprimir
el 24 de diciembre
de 2014